KB262860

항일 노농운동의 선구자

서 정 희

근현대사의 현장에서 만난 외할아버지

하

이성규 지음

지식산업사

항일 노농운동의 선구자

서 정 희 (하)

초판 1쇄 인쇄 2006. 3. 29.
초판 1쇄 발행 2006. 4. 1.

지은이   이 성 규
펴낸이   김 경 희
펴낸곳   (주)지식산업사
주 소   서울시 종로구 통의동 35-18
전 화   (02)734-1978(대)
팩 스   (02)720-7900

인터넷한글문패 지식산업사
인터넷영문문패 www.jisik.co.kr
    전자우편 jsp@jisik.co.kr

등록번호 1-363
등록날짜 1969. 5. 8.

ⓒ 이성규, 2006
ISBN 89-423-1092-3 03990
ISBN 89-423-0049-9 (전2권)

책값은 뒤표지에 있습니다.

이 책을 읽고 지은이에게 문의하고자 하는 이는
지식산업사 전자우편으로 연락 바랍니다.

상권 차례

제 4 장

좌우의 갈림길에서

1. 제1차 공산당사건

검거선풍

1925년 12월 13일 오전에 체포된 서정희는 그날 곧 신의주로 호송되었다.〔자료 12-2〕[1] 이에 앞서 신문은 여러 날 계속해서 전국에 걸친 사회운동자 검거를 보도하고 있었는데, 이 검거선풍은 11월 29일 밤부터 시작되었다. 먼저 검거된 사람들은 박헌영과 그의 아내 주세죽(여성동우회), 권오설(노농총동맹)·임원근(신흥청년동맹)·허정숙(여자청년동맹)·유진희·주종건 등으로, 모두 화요계의 맹장들이었다. 이 7명 가운데 허정숙·권오설·주건종은 일단 석방되었다.

이 사건을 보도한 12월 1일자《조선일보》는 신의주 경찰서원이 서울에 와서 활동하고 있으며 신의주에서도 청년 1명이 체포되었다는 사실을 함께 보도함으로써 7명의 검거가 신의주에서 발생한 모종의 대형사건과 관련되어 있음을 암시하였다.[2] 그 다음날 신문은 박헌영 등 4명이 12월 1일 밤 신의주로 압송되었으며, 경찰은 계속 관련자 체포를 곳곳의 경찰에 비밀리에 의뢰하였다는 것, 종로서와 신의주 경찰이 서로 범인을 체포하려고 암투를 벌이고 있다는 것, 그리고 본 사건은 신의주에서 발각되었

---

1) 1925년 12월 15일자《조선일보》는 서정희의 체포와 호송을 14일로 전하고 있으나, 〔자료 12-1〕, 그가 신의주경찰서에서 첫 신문을 받은 것이 12월 14일이므로,〔자료 12-14-1〕 13일에 체포된 게 정확한 것 같다.
2)《조선일보》, 1925년 12월 1일자, 〈좌경운동자 대검거로 眼鼻莫開하는 종로서 29일 이래 박헌영 등 7명을 검속하고 방금도 엄중한 취조를 계속, 신의주에서 청년 일명 被捕〉〈신의주 서원도 입경 활동, 사건 내용은 확대되는 모양〉

지만 화요회와 신흥청년동맹을 중심으로 공산당 비밀결사를 결성하고 국외와 연락한 사건이었다는 것을 보도하였다. 종로경찰서 고등계 과장도 '단언하기는 어렵지만 비밀결사를 조직한 것은 틀림없음'을 확인하였다.[3]

경찰이 사건 내용을 계속 비밀에 부쳤지만 '공산당사건' 또는 '주의자사건'이란 명칭으로 속보는 계속되었다. 경찰은 2일 새벽 노농총동맹과 한양청년연

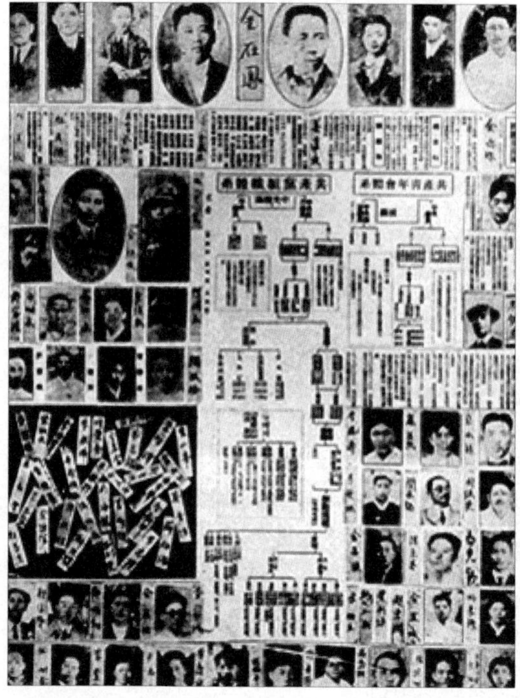

조선공산당사건을 대서특필한 신문기사(《동아일보》,
1931년 9월 13일자). 왼쪽 위에서 두 번째가 피고 서정희

맹 사무실을 긴급 수색하여 문건을 압수하는 한편 많은 회원들을 연행하여 조사하였으며,[4] 마산에서는 김상주가, 강화에서는 박길양이 각각 체포되어 12월 3일 오전 삼엄한 경계 속에서 신의주로 압송되었다.[5] 11일에는

---

3) 《조선일보》, 1925년 12월 2일자, 〈검거된 4씨, 신의주서에 호송, 1일 밤 11시에 떠나는 특급열차로 떠났다고, 각지 경찰에 밀전 발송〉〈종로 경찰 천안에 출동〉〈주의자 검거내용은 공산당비밀결사 사건, 화요회와 신흥청년동맹회를 중심으로 하여, 비밀결사를 조직하여 해외와 연락하였다고, 경찰부 이하 각서 합동활동〉〈신의주와 종로 양 경찰서의 암투, 범인을 잡은 공을 세우려고, 사건을 서로 **빼앗으며** 암투〉〈사건의 발단은 신의주경찰서에서, 국경을 맡은 모씨가 신의주경찰서에 체포되어〉〈명언키는 難하나 비밀결사는 사실, 경찰부 東 고등과장 談〉
4) 《조선일보》, 1925년 12월 3일자, 〈종로서 형사대 의연 활동 계속, 노농총동맹과 한양청맹의 두 회관을 엄중히 수색했다, 공산당 비밀 사건 속보〉

다시 화요회의 홍증식, 노농연맹회의 진병기, 대구 용진단의 서상욱도 신의주로 호송되었고,[6] 12일에는 먼저 신의주로 압송되었던 박헌영, 임원근 등 4명이 이미 신의주 검사국으로 송치되었다.

민중운동자대회와 적기사건

경찰은 여전히 내용을 공개하지 않았지만, 이 사건은 그해 4월 17일과 18일 비밀리에 각각 결성된 조선공산당과 고려공산청년회에 대한 탄압이었다. 1925년 초 일단의 공산주의자들은 4월 15일에서 17일 사이에 전조선기자대회를, 4월 19, 20일 이틀은 전조선민중운동자대회를 각각 소집하여 경찰과 세인의 관심을 모두 이 두 대회에 돌려놓았고, 자연스럽게 한곳에 모인 핵심 멤버들은 공산당을 조직한다는 전략을 세웠다. 전조선기자대회는 예정대로 열렸고, 약 500명이 참석하여 대성황을 이룬 가운데, 언론 압박에 대한 투쟁을 다시 한번 다짐하였다.[7] 무명회가 주최한 이 대회의 참석자들이 대부분 '주의자'들이었기 때문에 경찰은 이 대회에 당연히 신경을 집중하였지만, 민중자대회 이후에도 24, 25일에는 전조선형평사총회, 29, 30일에는 '노농총동맹 분규 선후책 토의', 5월 1일은 메이데이, 5월 2일에는 '사회운동자동맹 발기대회' 등을 비롯한 여러 사상단체의 각종 대회가 연이어 기다리고 있었다.

여기에 참가하기 위하여 지방과 국외에서 '주의자'들은 잇따라 입경하였고, 일본의 유명한 사회주의자 다카쓰 세이도우(高津正道)를 비롯한 각

---

5) 《조선일보》, 1925년 12월 4일자, 〈각지에서 계속 검거〉

6) 《조선일보》, 12월 13일자, 〈주의자사건 관계로 3씨를 검거 호송, 11일 오후에 종로서에서〉

7) 《동아일보》, 1924년 4월 15일자, 〈진용을 整齊한 조선의 필진, 억압된 언론계에 활약의 제1보〉 〈남에서 북에서 … 참가기자 7백명〉 ; 4월 16일자, 〈유랑한 주악리에, 엄숙한 개회식, 의미 깊은 장내의 빛다른 장식, 활기에 넘치는 만장의 기분〉. 실제 지방에서 도착하지 못한 신청자도 많아 개막식에는 463명만 참석하였다.

단체의 주요 인물들도 서울에 머물고 있었다. 다카쓰는 1923년 8월 북성회 강연단의 배후인물로 알려지기도 하였는데, 당시 안광천과 함께 서울에 나타난 그는 조선공산당 조직을 지도, 감독하려는 행세를 하여 화요계의 반발을 샀다고 한다.8) 일본 노농총동맹과 일본정치연구 전국대회를 비롯한 내외의 축문과 축전도 잇따라 답지하였다.9) 경찰은 무언가 '의외의 사건'이 발생할 것을 우려하였고, 4월 18일 비밀회의를 소집, 요시찰 인물에 대한 미행과 감시를 철저히 하고 필요하면 검거도 불사하겠다는 방침을 세웠다. 경찰과 사상단체 사이의 일대 회전(會戰)이 예상되는 상황이었다.10)

20일 시작될 민중운동자대회에는 총 352개의 단체 대표 약 5, 6백 명이 참석할 예정이었다. 《동아일보》는 총 352개 참가단체 내역을 노농관계 160, 청년관계 85, 사상관계 36, 형평관계 16, 전남 노농 109[11]라고 전하였다. 전남의 노농단체를 별도로 분류한 것은 이 대회에 전남의 노농단체들이 가장 적극적으로 참여하였다는 점과 전 조선 노농운동에서 차지하는 전남 운동가들의 비중과 구실을 단적으로 말해 준다. 특히 이와 같은 전남 단체의 대거 참가는 4월 13일 광주노동공제회 회관에서 개최된 전라노농연맹회 제2회 정기총회의 결의를 실천한 결과가 분명하다. 232개 단체 대표 67명이 참석한 이 총회는 집행위원장 서정희의 사회 아래 조선민중운동자대회에 참가하기로 결의하였다. 이 총회는 민중운동자대회 참가를 독려하기 위하여 소집된 성격이 강한데, 서정희가 서울의 성대한 대

---

8) 김준엽·김창순, 《한국공산주의운동사》 2, 고려대 아세아문제연구소, 1979, 296~298쪽.
9) 《동아일보》, 1925년 4월 21일자, 〈축문축전〉.
10) 《동아일보》, 1925년 4월 19일자, 〈전 조선각지로 운집한 주의자, 절박한 각 사상단체의 대회, 경찰당국의 비밀회의, 바야흐로 기세를 내는 각종 사상단체, 거사 전부터 숨씨를 뽐내는 경찰의 태도, 風雨飜覆?, 작금의 사회상〉. 같은 면 〈漫遊에, 겸사겸사, 일본 주의자 高津正道氏 談〉은 그가 북풍회와 연락하여 입경하였다는 소문을 부인하고 그냥 놀러 왔다는 그의 주장을 전하고 있다.
11) 《동아일보》, 1925년 4월 17일자, 〈벽두의 집회, 전조선민중운동자대회〉.

회를 연출한 주역의 하나였던 것은 분명하다.

결국 경찰은 19일 밤 11시에 민중운동자대회 금지를 돌연 통보하였다. 주최 측은 즉시 김약수·정운해 등 4명의 교섭위원을 선정하여 당국과 교섭하였으나, 이 대회를 '공산주의를 목표로 한 것'으로 분석한 경찰이 대회 개최를 다시 허락할 리가 없었다. 김약수는 경찰의 태도를 이랬다 저랬다 하는 어린아이와 같은 짓이라고 비난하였지만, 경찰은 어떤 형식의 회합도 절대 금지한다는 태도를 재확인하고, 일반인의 교통을 차단하는 한편 대회 장소에서 개회를 기다리던 각 단체 대표들을 강제 해산시켰다.[12] 분개한 대표들은 오후 3시에 파고다공원에 모여 시위를 계획하였으나 역시 강제 해산되었다. 1932년 11월 상해에서 체포되어 신의주로 압송된 조봉암의 예심결정서에 의하면 이 시위 계획은 20일 갑자기 김찬의 방에서 소집된 조선공산당 중앙집행위원회에서(18일 조직) 결정된 것으로서 그 총 지휘는 조봉암이 담당하였다고 한다.[13]

그들은 남산에 모여 야간의 시중(市中) 시위를 모의하고 저녁 8시 반부터 종로 우미관 앞과 관철동 단성사 앞에 모여 붉은 깃발 5개를 들고 '전조선민중자대회 만세' '무산자 만세'를 외치며 시위를 벌였다. 마침 야시(夜市)에 나왔던 시민 수천 명도 합세하니, '실로 근년에 없던 큰 소동이' 일어났다. 붉은 깃발에는 '무리한 경관의 압박에 반항하자'는 검은 글씨가 씌어져 있었다. 당황한 경찰은 기마경관 50명을 출동시켜 부녀자를 제외한 사람들을 닥치는 대로 구타하며 군중을 해산시키고 15명을 연행하였다.[14] 야시의 한복판에서 광포한 경관과 흥분한 군중이 밀고 밀리는 대

---

12) 《동아일보》, 1925년 4월 21일자, 〈민중운동자대회 경찰이 돌연 금지, 대회를 앞에 두고 재작일 밤 9시에, 종래의 태도를 갑자기 변하여 대회 금지, 반동을 촉진하는 당국의 폭위〉 〈긴급회의, 분개한 준비위원들, 밤을 새워 활동, 제2차 교섭〉 〈"공산주의를 목표, 그래서 단연히 금하였소", 田中 고등경찰과장 담〉 〈회합은 절대 금지, 무슨 형식으로든지 절대로 금지, 경기도 馬野 경찰부장 담〉 〈번복 무상, 아이들 일 같소, 교섭위원 김약수 담〉

13) 정태영, 《조봉암과 진보당》, 한길사, 1991, 312쪽, 제5부 자료집 참조.

활극, 이것이 그 유명한 '적기사건'이었다.《동아일보》는 이 사건을 '억압
으로 폭발된 민중의 기혼(氣魂)'으로 평가하고 평지풍파를 일으킨 당국을
거듭 비난하면서 '압박의 결과는 소란'뿐임을 경고하였다.15)

 이 사건의 주모자로 구속된 서정희의 장남《조선일보》기자 서범석
은16) 법정에서 '연설적인 어조'로 대회를 금지한 당국을 비난하고 "두 달
이라는 긴 세월을 두고 준비하는 것을 경찰이 번연히 알면서 그 전날 밤
에 이르러 돌연히 금지시킨 것을 대단히 분개하였다"고 당시 심정을 진술
하였는데,17) 훗날 그는 그날의 사건을 다음과 같이 회고하였다.

 1925년 4월 20일 내가 기자가 된지 60일도 채 되지 않은 때이다. 민중운
동자대회가 열리는 그날 새벽 경무국으로부터 집회금지의 명이 떨어졌다.
… 나는 본부와 회의 장소, 지방대표들의 숙소를 뛰어다니다가 '이것은 기
사거리이다. 이것이야말로 내가 할일이다' 하고 지방대표가 묵고 있던 관
철동 모 여관에서 기사를 써 가지고 한걸음에 본사를 달려가니 오전 10시
이전이라 유부장 외 몇 사원들만 있고 局內는 썰렁하였다. 유부장의 "어서
가 보시오" 하는 격려의 말을 듣고 또 본부로 뛰어갔더니 화요계 중진 사
우들의 얼굴이 그곳에 다 있었다. … 본부 밀실에서 뛰어나오는 김단야 씨
가 정오 탑골공원 집회 사진촬영이란 지령을 내린다. 나는 내가 맡은 지방
대표들에게 연락을 마치고 오후 1시 반경 탑골공원에 들여가려고 하였으

---

14)《동아일보》, 1925년 4월 22일자,〈"무리한 압박에 반항하자", 적기를 선두로 시위
 행렬, 무산대중의 만세를 고창하면서, 단성사와 우미관 앞에 두 대로 나뉘어, 억압
 으로 폭발된 민중의 氣魂〉〈기마대의 출동, 살풍경의 종로, 더욱 복잡한 야시의 한
 복판, 날뛰는 경관과 밀리는 군중, 혈안의 경찰, 흥분된 군중〉.
15)《동아일보》, 1925년 4월 24일자, 사설〈압박의 결과는 소란, 평지에다 풍파를 일으
 키는 당국자〉.
16)《조선일보》, 1925년 5월 2일자,〈적기사건의 12명 필경 검사국에 넘겨〉는 경찰이
 서범석과 신철수 두 사람을 주모자로 지목한 사실을 전한다.
17)《조선일보》, 1925년 5월 2일자,〈적기사건의 12명 필경 검사국으로 송치〉; 1925년
 5월 28일자,〈적기사건 공판속보〉.

나 그때 벌써 경관대가 앞뒤 문을 지키고 들여보내지 않는다. 경찰은 옥외 정보를 얻었던 것이다. 후문에서 여러 동지들과 서성대던 중 누군가 "남산 공원으로" 하고 지시를 한다. 우리는 반문 한마디 없이 슬쩍 흩어져서 남산 공원으로 기어 올라갔다. 오후 2시경이었다. 이곳저곳에서 올라오는 동지들의 얼굴 근 백 명이 한 곳에 모였다. "죽일 놈, 살릴 놈" 하는 울분에 찬 동지들의 소음을 제지하는 사람, 그가 바로 조봉암 씨였다. 조씨는 총독부의 대회 금지를 규탄하는 일장 연설을 한 뒤에 그 자리에서 만세를 부르고 시위를 하자고 제의한다. 집합한 얼굴들은 신흥경성청년회의 동지들과 대구에서 온 무정부계 徐黑波 씨 등 면면들이다. "옳소" 하는 소리가 나온다. 나는 "잠깐만" 하고 "시위라는 것은 적에게 威를 보여주는 것인데 남산 一隅에서 만세를 부르고 흩어진다면 무의미하다. 오늘 밤 시중에서 데모를 하자"고 하고 일장의 선동연설을 했다. 그 말에 "옳소" 하는 소리가 조씨의 제의 때보다 더 강했다. 조씨는 즉시 "나도 찬성이오. 그런데 구체적으로 말해 보시오" 하였다. 나는 즉시 이날 밤 8시를 기하여 탑골공원과 우미관 앞에서 데모대가 출발하여 종로 거리에서 합류한 후 종로서 앞을 지나 종로 네거리에서 기세를 올린 다음, 총독부까지 가는데, 우미관 집합은 경성청년회가 담당하고 탑골 공원 집합은 신흥이 담당하자고 제의하였다. 한 사람의 이의도 없이 즉시 행동에 착수하였다. 다행히 이 자리의 모의는 행동까지 보안이 잘 되었다. 나는 신문사에 들러 남산 집회까지의 사실을 보고하였으나 그날 밤 행동 계획은 시치미를 떼고 말았다. 밤 7시까지 삐라도 준비하였고 적기도 수십 개 장만한 뒤 두루마기에 캡을 눌러 쓴 후 8시 조금 전 우미관으로 나아갔다. 벌써 수십 명의 동지가 모여 있었다. 두루마기 속에 감추었던 旗와 삐라를 나누어주었다. 행진을 시작하였다. 서흑파의 우렁찬 목소리로 '높이 들어라'의 노래에 합창하는 근 백 명의 동지 행렬은 20평 남짓한 골목을 벗어나 종로 거리로 나왔을 때는 수백 명의 군중이 되었고, 탑골공원에서 동 시각에 출발한 新興隊와 합하여 근 천의 민중이 종로서로 향하여 행진이 시작되었다. 인사동 입구에 행진이 이르렀을 때, 수

송동에서 10여 기마경찰과 모자 목걸이에 拔劍한 경관들이 우리 행렬을 헤
쳤다. 마침 종로 거리는 길을 고치느라고 자갈이 노면에 깔렸을 때이다. 경
관들의 행동도 우리의 행동도 이 때문에 불편하였다. 종로서 앞에서 우리
는 해산하였다. 데모 군중에서 10여 명이 체포되었다. 다행히 주모자 급들
은 하나도 잡히지 않았다. 한 사람 서흑파 씨가 경관과 난투를 벌이다 잡히
고 말았다.18)

조선공산당과 고려공산청년회의 결성

서범석은 그 다음달 체포되어 악명 높은 종로서 고등계 형사 미와로부
터 "애비도 못됐더니 너도 그렇구나"는 욕설부터 들어야 했다. 전날 체포
된 서흑파가 이미 남산공원의 모의를 다 자백한 것이다.19) 경찰은 즉시
주모자 급을 모두 검거함으로써 수완을 과시하였다. 그들은 민중운동자
대회도 금지하였고, 그 여파로 일어난 '근년에 없었던 큰 소동'을 이 정도
로 진압한 데에 안도하였을 것이다.

그러나 이 와중에서 경찰은 우려하였던 '의외의 사건'이 일어나는 것을
놓치고 말았다. 이 사이 공산주의자들은 작전대로 조선공산당을 국내에
서 조직한 것이다. 조선기자대회의 마지막 날인 4월 17일 오후 1시에서
4시 사이 20명가량의 주의자들은 을지로에 있는 중국 음식점 '아서원'에
서 회동하여 주연을 즐기는 것 같았다. 기자대회에 참석한 사람들은 대부
분 동대문 밖 상춘원으로 야유회를 갔지만, 이들은 역사적 사명을 위하여
특별히 모여 주연을 가장하며 조선공산당의 결성을 결의하였다. 참석자
는 김재봉·김낙준(김찬)·김두전(김약수)·주종건·윤덕병·진병기·조

18) 서범석, 〈을축년 대홍수와 북풍회 사건〉, 《언론비화 50편－원로기자들의 직필수
기》, 일간내외경제·코리아헤럴드, 1978, 177~179쪽.
19) 서범석, 위의 글, 179~180쪽.

동우·조봉암(박철환)·송봉우(송덕만)·김상수·유진희·독고전·정운해·최원택·이봉수·김기수·신동호·박헌영·홍덕유 등으로 알려졌다. 사실상 창당대회인 이 아서원 회의는 경찰의 추적을 피하기 위하여 전격적으로 진행되어 규약이나 강령도 토의하지 못하였고, 김재봉·김찬·조봉암·조동우·김약수 등을 전형위원으로 선정하여 전권을 위임하였다. 이 전형위원들은 김약수·김찬·유진희·주종건·조동우·정운해·김재봉 7인으로 중앙집행위원회를, 윤덕병·조봉암·송봉우 3인으로 중앙검사위원회을 각각 구성하였다.

다음날 중앙집행위원 7인은 김찬의 집에서 회동하고 김재봉을 책임비서, 김찬을 조직부, 유진희를 정경부, 김약수를 인사부, 주종건을 조사부, 조동우를 선전부, 정운해를 노동부 비서로 각각 임명하였다. 강령과 규약은 11월까지도 확정되지 않은 것 같으나, 중앙집행위원회는 창당을 보고하기 위하여 그해 5월 조동우와 조봉암을 코민테른에 파견하였다.[20]

한편 4월 18일 서울 훈정동 박헌영의 집에서는 《동아일보》 대표 박헌영·임원근, 《조선일보》 대표 김단야·홍증식, 《시대일보》 대표 조이환(曺利煥), 노농총동맹 권오설, 신흥청년동맹 김찬·김동명·조봉암, 대구청년회 신철수, 인천청년회 장수산(장순명), 마산청년회 김상수, 강화청년회 대표 박길양, 신의주청년회 임형관, 안동청년회 안상훈, 이 밖에 김일성·김광·주세죽 등 18명이 회동하여 고려공산청년회를 결성하였다. 이 조직은 공산당의 외곽 청년단체로서 만 18세 이상 25세(또는 30세) 이하의 청년을 대상으로 6개월의 후보기간을 둔 후 자격을 심사하여 2인 이상 회원의 보증으로 입회를 허락하지만, 일단 회원이 되면 끝까지 회를 위하여 일한다는 규약을 정하였다고 한다. 박헌영은 12월 2일 경찰의 신문에서 고려공산청년회의 목적을 "현 사유제도를 부인하고 현재의 노농 러시아적 단체를 조직하는 것"으로,[21] 12월 4일 김상수는 '조선의 적화'로 각

---

20) 김준엽·김창순, 앞의 책, 제9장 제1절 〈조선공산당의 결성〉 참조.

각 진술하였지만,[22] 같은 날 다음과 같은 임형관의 진술은 더 구체적이다.

> (공청의) 주의 강령은 현대의 자본주의를 타파하고 현재의 제국주의적
> 국가를 전복하여 우리가 주의로 하는 공산정부를 수립하려는 데 있으며,
> 그것을 위하여 각 郡에 군청년연맹을 조직하고, 조직이 완료됨과 동시에
> 道청년연맹을 조직하여 일단 혁명의 시기에 단체적 행동으로써 직접 행동
> 적 수단 아래 정부를 전복하려는 데에 있다.[23]

이들은 7인 중앙집행위원회(임원근·권오설·김단야·김찬·홍증식·조봉암·박헌영)와 3인 중앙검사위원회(임형관·조리환·김동명)를 조직하고 곧 활동에 들어갔다. 이들은 곧 소련의 국제공산청년회와 연락하여 자금을 지원받아 그해 11월까지는 21명의 청년을 선발하여 모스크바 공산대학으로 유학시키는 한편, 군단위 조직에도 착수하기 시작하였다.[24] 1926년 5월 1일 임원근의 진술에 의하면 군연맹도 27개는 조직이 완료되었고, 몇 개는 조직 중에 있었다고 한다.[25]

이들의 활동은 비밀리에 진행되었고, 일제 당국도 이를 파악하지 못하고 있었다. 그해 5월 12일부터 치안유지법이 조선에서도 시행되었기 때문에 이들의 활동은 곧 형사 처벌의 대상이었다. 치안유지법은 '국체의 변혁, 또는 사유재산제도를 부인할 목적으로 단체를 조직하거나, 그 정황을 알고 그 조직에 가입한 자, 그것을 협의한 자, 이들에게 재산상의 이익을

---

21) 〈박헌영 외 10인 조서〉, 682쪽. 그러나 박헌영은 "우리들의 주장은 폭력에 의해 국체의 변혁을 꾀하거나 혁명을 일으키려는 것이 아니고 자연, 즉 장래 오는 시기를 기다려 역사적 진보 과정에 따라 자기의 주장을 관철하려는 것"이라고 주장하였다 (684쪽).
22) 〈박헌영 외 10인 조서〉, 685쪽.
23) 〈박헌영 외 10인 조서〉, 697쪽.
24) 김준엽·김창순, 앞의 책, 제9장 제2절 〈고려공산청년회의 결성〉.
25) 〈김재봉 외 19인 조서 (2)〉, 519쪽.

제공하거나 약속한 자, 이 목적을 위하여 소요, 폭행, 기타 생명, 신체 또는 재산에 해를 가하는 범죄를 선동한 자'는 모두 10년(또는 7년, 5년) 이하의 징역 또는 금고에 처할 것을 규정하고 있었다. 치안유지법이 조선에 시행된다는 방침이 결정되자, 경찰은 공산당은커녕 지금까지 합법적인 지위를 누려왔던 상당수의 사상단체도 해산되지 않을 수 없다고 전망하고 있었다.[26]

신의주사건과 공산당 검거

비밀을 철저하게 유지해 온 공산당 활동은 11월 22일 신의주 국경청년 연맹 회원들의 폭행사건으로 드러나기 시작하였다. 이날 저녁 어느 식당 2층에서 연회를 벌이던 국경청년연맹 회원 20여 명이 아래층에서 일본 경찰과 회식하던 조선인 변호사·의사를 포함한 일행 5명에게 시비를 걸고 구타한 사건이 발생하였는데, 이때 집행위원장 김득린은 팔에 차고 있던 붉은 완장을 가리키며 "이것이 성공하였다! 이것이 성공하였다!"고 외쳤다는 것이다. 청년회원들은 23일에도 기고만장하여 폭행이 성공한 것을 자축하였지만, 수상히 여긴 경찰은 회원 김경서의 집을 수색하여 고려 공산청년회 중앙집행위원회 자격 사표(査表)와 통신문 3통을 찾아내었고, 11월 25일 이것이 박헌영이 상해에 있는 조봉암에게 보내는 문건이라는 사실, 그리고 4월 박헌영이 중심이 되어 고려공산청년회가 결성되었다는 자백을 받아내는 데 성공하였다. 더욱이 경찰은 신의주의 단체가 단순한 연락책이 아니라 중앙공산당을 결성하는 데도 중요한 구실을 한 뿌리 깊은 공산주의 세력의 일부라는 사실도 밝혀냈다.[27]

---

26) 《조선일보》, 1925년 5월 5일자, 〈치안유지법 실시와 조선의 사상단체, 12일에 시행되는 동시에 해산될 단체도 있을 듯하다, 주목의 초점은 주의의 색채〉.
27) 김준엽·김창순, 앞의 책, 제9장 제4절 〈신의주사건—조선공산당의 검거〉 참조.

12월 1일자 신문이 박헌영을 비롯한 7명이 11월 29일에 체포되었다는 소식을 보도하였을 때, 아니면 12월 2일자 신문이 검거의 범위가 확대되고 있다는 것, 그리고 이 사건은 화요회와 신흥청년연맹이 중심이 된 비밀결사 공산당사건이라는 소식을 보도하였을 때, 일반인은 몰라도 적어도 관련자들은 4월 이후 자신들의 활동이 발각되었다는 사실을 짐작하였을 것이다. 그들은 당연히 일단 피신하는 것이 상책이었을 것이다. 12월 10일 무렵 윤덕병과 진병기도 체포되자 화요계의 김재봉과 김찬은 비로소 조선공산당의 존재가 발각되었다고 판단하고 피신을 의논하였으며, 서둘러 강달영 등을 불러 전권을 위임하고(12월 15일) 사후를 대비케 하였다. 김찬은 이때 상해로 피신하였지만, 김재봉은 19일 체포되었다.[28]

이들의 대응도 대단히 늦었지만, 서정희와 김약수는 이 검거선풍이 자신들과는 무관한 듯 행동한 것 같다. 서정희도 13일 체포되기까지 특별히 피신한 흔적이 없지만, 김약수는 12월 2일 소련 국제농민위원회가 일본 농민조합을 통하여 보냈다는 기근구제금의 행방을 찾기 위하여 일본으로 떠났다.[29] 김찬은 이때 부산까지 가서 김약수와 상의하고 귀경하였다고 하는데,[30] 김찬과 김약수는 12월 2일까지도 사태를 전혀 파악하지 못했음이 분명하다. 일본을 방문한 김약수는 국내 사정을 전혀 듣지 못하였는지, 그의 방문을 계기로 12월 9일 동경에서 개최된 '일본·중국·조선 삼국 사회운동자간친회'에 참석하여, 일본의 무산정당, 중국의 동란, 조선의 사회운동을 협의한 후 일본과 중국의 사회운동자들과 축배를 드는 여유도 부렸다.[31] 정말 아무것도 모르는 사람처럼 귀국하였다. 14일 밤 8시 그는 부산에서 서울행 기차를 탔다. 밤 10시 50분 열차가 대구역에 도착하자마

---

28) 〈김재봉 외 19인 조서 (3)〉, 616쪽.
29) 《조선일보》, 1925년 12월 2일자, 〈조선기근구제회 일본에 위원파견, 각일각으로 핍박이 심하여 가는 이재동포를 하루 바삐 구제코저 김약수씨를 금일 대판으로〉.
30) 김준엽·김창순, 앞의 책, 18쪽, 자료편 Ⅰ 〈김락준조서〉, 18쪽.
31) 《조선일보》, 1925년 12월 15일자, 〈각국주의자 회합, 동양제사회운동을 협의, 김약수씨의 도일을 기회로, 삼국주의자가 일석에 모여〉.

자 대기하던 형사는 객실에 들어가 불문곡직 그를 체포, 그대로 서울로 압송하여 15일 아침 8시 종로경찰서에 인계하였다. 그날 밤 그는 일단 방면되었던 주종건과 함께 신의주로 호송되었다.[32]

처음 검거선풍이 불었을 때, 김약수를 비롯한 북풍회 인사들은 아마 화요계가 독자적으로 추진한 사업이 발각된 정도로, 아니면 자신들이 별로 참여하지 못한 고려공산청년회만 발각된 정도로 생각하였던 것 같다. 서정희와 김약수가 체포된 직후, 고등경찰 당국은 공산당과 고려공산청년회의 결성이 동시에 발각되어 "조선운동선상의 인물들이 일망타진될 것"이라 호언하였지만,[33] 북풍회 인사들을 비롯하여 자신은 안전하다고 믿었던 주의자들은 이미 도피 기회를 놓치고 말았다. 검거 계기를 제공한 신의주 폭행사건에 대해서도 실로 어처구니없는 '경솔함'을 한탄하지 않을 수 없지만, 공산당 창당의 주역들도 일제 경찰의 수완을 너무 과소평가한 것이다. 연막을 치고 경찰을 속이며 창당한 4월의 '승리'에 너무 도취된 것은 아니었을까? 검거는 계속되었지만, 12월 17일자 신문이 〈주의자 대검거 사건은 게재금지〉라고 광고하면서부터 이 사건의 추이와 진상은 더 이상 공개되지 않았다. 일반인들이 사건의 진상을 일부나마 알게 된 것은 1927년 4월 3일이었고,[34] 1927년 9월 13일 제1회 공판이 시작된 당일에야 더 자세한 내막이 공개되었다.[35]

---

32) 《조선일보》, 1925년 12월 16일자, 〈사회운동자의 전국적 대검거, 주의자 비밀결사 사건으로 전국의 운동자를 속속 검거, 열차중에서 김씨도 피포〉. 그러나 《동아일보》는 13일 밤 11시 대구에 하차하여 여관에 투숙 중인 김약수를 14일 오후에 검거하였다고 전했다.〔자료 12-2〕

33) 《조선일보》, 1925년 12월 16일자, 〈"운동선상 인물을 전부 검거할 듯하다", 사건의 내용은 두 가지라는, 모 고등경찰 당국자담〉.

34) 《동아일보》, 1927년 4월 3일자, 〈기미운동 이후 조선 초유의 비밀결사 사건, 조선공산당·고려공산청년회 내용, 작 2일 일부 해금〉.

35) 《동아일보》, 1927년 9월 3일자, 〈반도 근대사상 3대 사건의 1, 조선공산당 공판 금일 개정, 법정에 공개될 공전의 비밀사〉

수감생활

신의주형무소   12월 14일 신의주에 도착한 서정희는 그날 곧 경찰의 신문을 받았고,〔자료 12-14-1〕 12월 17일 제2차 신문을 받은 후〔자료 12-14-4〕 12월 19일 신의주 지방법원 검사국으로 송치되었다.〔자료 12-14-8〕 그에게 적용된 법은 역시 치안유지법이었다. 그날부터 신의주에서 감옥생활은 시작되었다. 여기서 그는 12월 21일〔자료 12-14-10〕과 22일〔자료 12-14-11〕 검사의 신문을 받았고, 다시 1926년 2월 3일〔자료 12-14-14〕과 5월 18일〔자료 12-14-17〕 두 차례 예심판사의 신문을 받았다. 조선총독의 명령에 따라 경성지방법원으로 이송이 결정된 날은 1926년 7월 1일이었다.〔자료 12-15-18〕 그러나 5월 14일 신병으로 신음하던 그는 보석을 신청하였다. "원래 건강한 신체로서 입감되어 7개월 이상 구속된 금일 신체의 쇠약이 심하며, 또 피고인이 가족 10명을 부양하고 있었는데 일조에 피고인이 입감한 후 그 가족의 생활 참담함이 극에 달하였다"는 이유를 적시한 보석허가원을 변호사 이인(李仁)이 제출하였다.〔자료 12-3-1〕

그 다음날 서정희는 보석이 되면 신의주 고진사동 153번지 장학룡의 집에 거주할 것과 무단으로 다른 곳을 가지 않고 호출 시 언제라도 출두할 것을 약속하는 청원서를 제출하였다.〔자료 12-3-2〕 바로 그날 변호사 이인에게 보석결정서가 전달된 것으로 보아 5월 15일 신의주 장학룡의 집으로 거주를 제한하는 조건으로 일단 출옥하였던 것 같다. 따라서 5월 18일의 예심은 출옥 상태에서 받았을 것이다. 그러나 18일 신문하는 가운데 그의 병세가 더욱 악화된 것을 확인한 예심판사는 자택 요양을 허락하였는데, 그날 서정희는 다음과 같은 청원서를 제출하였다. 이 청원서는 서정희의 친필로 보인다.

본인은 감옥에서 보석을 得하여 출옥 중이온 바 금회 귀가의 허가를 得하여 귀가 중에는 명령에 의하여 확실히 근신하기로 합니다. 각종의 노동운동과 청년운동에는 관계치 아니하오며 또는 그 운동 관계인과는 왕래치 아니할 것과 또는 자기 피고사건에 대하여는 절대 出틀치 아니할 것과를 맹서하고 어청으로부터 소환 명령이 有하면 즉시 출두할 일을 맹서함.〔자료 12-3-3〕

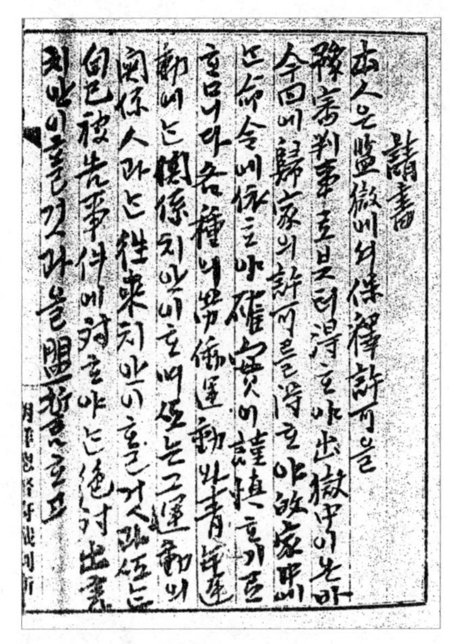

보석신청서

그는 5월 23일 서울 자택으로 돌아왔다. 그가 신의주감옥에서 얼마나 고생하였는지를 짐작할 수 있지만, 판사도 이 사건의 피고들 가운데 가장 나이가 많은 그를 특별히 배려하였을 것이다. 결국 그는 약 6개월 동안 신의주감옥에서 생활한 것이다.

어느 감옥인들 별 차이가 없겠지만, 신의주감옥은 특히 추운 것으로 유명하였는데, 그는 바로 그곳에서 겨울을 다 지낸 것이다. 훗날 서정희는 이 추위를 다음과 같이 회상하였다.

신의주에 한번 발을 들여 놓은 이는 누구나 다 상상할 일이지만 압록강을 넘어 기어드는 찬 바람은 실로 사람의 뼈를 깎고 살을 베어 낸다. 감방 안에 외로히 앉으면 처음은 발이 얼고 전신의 오장육부로 흘러내리던 뜨겁던 혈관이 고드름에 채인 수차통같이 얼려진다.〔자료 1-13〕

그해 겨울 그가 동상에 시달렸을 것임은 새삼 지적할 필요도 없지만, 이 감옥에서 7년을 복역한 조봉암의 다음과 같은 회고는 서정희가 그 추

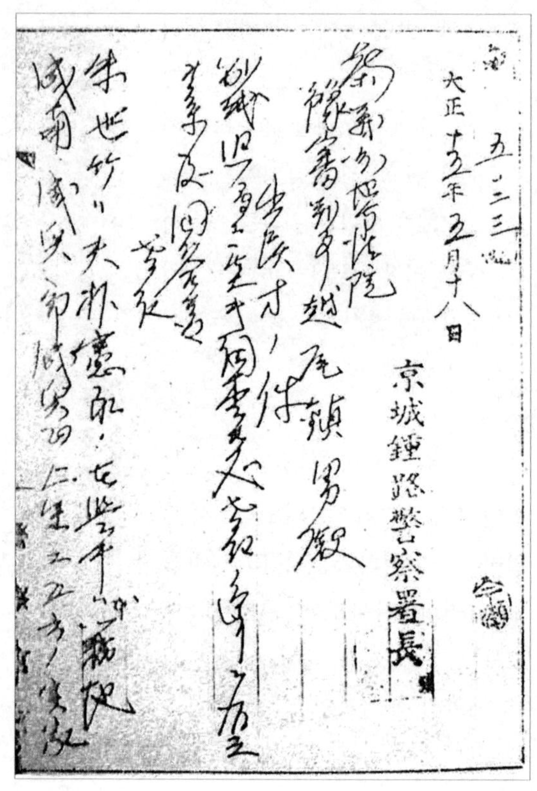

운 밤을 독방에서 어떻게 보냈는지를 상상하는 데 도움이 될 것이다.

　　나는 자유의 구속이라는 것 이외에는 추위 고생이 제일 컸다. 신의주 추
위는 이름난 추위이다. 그런데 수인들은 그 추위에 대해서 거의 무방비 상
태다. 독방 마루바닥 위에 얇은 거적 한 닢을 깔고 이불 한쪽을 덮고 눕는
데 밤새 몸이 떨릴 뿐이지 푸근히 녹는 일은 거의 없다. 떨다가 떨다가 지
쳐서 잠이 오는데 그 잠든 사이에 슬그머니 얼어 죽으면 네모난 궤짝에 넣
어서 파묻는 것뿐이고 요행 죽지 않으면 사는 것이고, 살면 징역살이를 되
풀이하는 것뿐이다.36)

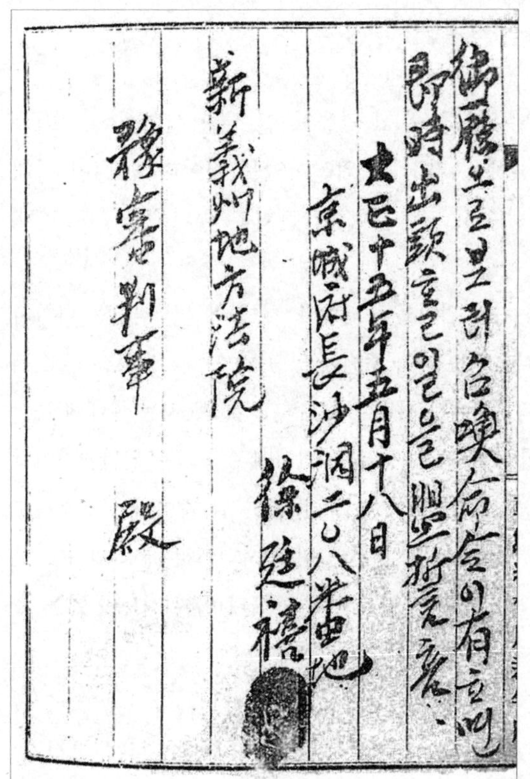

서정희 귀가청원서
(왼쪽 그림과 이어짐)

　이러한 추위에서 오직 생존할 뿐 어떤 생각도 할 겨를이 없었을 것이다. 그러나 감옥의 농민들도 처자와 농사 생각만 하면 '더운 여름에도 소름이 끼쳤다' 하니 밖에 두고 온 농민들의 참상을 뇌리에서 떨칠 수 없었던 서정희는 추위도 별로 의식하지 못한 채 번민의 밤을 보내며 몸만 차갑게 얼어갔을 것이다. 그러나 그는 이러한 감옥 속에서 혈관을 다시 뜨겁게 끓어오르게 하기에는 너무나 나이가 많았다. 평소에 건장하였던 그에게 판사가 자택 요양을 허락할 정도로 병세가 악화된 것은 바

36) 조봉암, 〈내가 걸어온 길〉(정태영, 《조봉암과 진보당》, 한길사, 1991, 제5부 자료집, 362쪽에 수록).

로 이 때문이었을 것이다.

혹한 속의 면회　　이렇게 추위와 싸우고 있을 무렵 장남 서범석이 면회를 왔다. 면회, 이것은 수감자들에게 가장 큰 위안이었을 것이다. 1924년 서대문형무소에 수감되었던 이봉수도 다음과 같이 면회의 즐거움을 논하였다.

> 면회는 참으로 여러 가지 위안을 주더니다. 첫째 침침한 감방을 나와서 좀 걸어 다니게 하고 다음에는 자기 주변에 있던 바깥소식을 직접 말로 듣게 하는 외에 간수와 죄수밖에는 사람이라고는 구경도 못하는 자에게 조선옷 입은 사람을 가까이 보게 하는 등 일은 면회에 부속되는 위안거리이려니와, 독방에 오래 동안 홀로 있어 쌓이고 차였던 말 주머니의 일부라도 토로함은 실로 상쾌한 일이더니다. 더욱이 바깥 사회에서 매일 만나도 반갑던 친구의 얼굴을 이에 보고 그 말을 친히 들으니 어찌 기쁘지 않을 수 있겠습니까?[37]

그러나 서정희의 나이 탓이었을까? 젊은 이봉수에게는(1924년 당시 33세) 그토록 즐거웠다는 면회는 서정희의 마음을 더 쓰라리고 싸늘하게 만들었다. 당시 서정희와 같은 사건으로 신의주형무소에 함께 수감된 북풍회의 맹장 송봉우는 면회실로 나가는 과정과 그 분위기를 다음과 같이 회상하였다.

> '철그럭' 하는 잠을쇠 여는 소리가 나자마자 내가 있는 감방 문이 선득 열린다. 나는 튀여 나갔다. 멀리 서 있는 간수 — 나를 데리러 온 간수 — 를 보니 감옥 내에서 잡무를 보는 간수이다. 범칙을 하다가 발각되면 이 종류의 간수가 데려가는 것이다. 나는 이 간수를 보고는 '근일은 내가 범칙

____

37) 이봉수, 〈철창회고 (5)〉, 《동아일보》, 1925년 7월 21일자.

압록강도 얼어버린 신의주의 엄동설한

하다가 발각된 것도 없는데 왜 또 나를 데려내나' 하였다. 나는 용수를 쓰고 천천히 걸어갔다. 그리고 나를 다리러 온 간수를 보고 독기가 잠복한 어조로 '뭣하러 다려가우' 하였다. 그는 '어서 가, 가보면 알지' 한다. 감옥은 1분 뒤에 알 일이라도 미리 가르쳐 주지 않는 것이 통례이다. 그런 줄 잘 알고 있으면서도 언제든지 재감인들은 그들을 데려가는 간수에게 반드시 묻는 것이다. 어리석은 일이지만 이도 또한 재감인에게 공통된 일반적인 심리이다. 면회실 — 窟이라는 것보담은 궤짝이라는 것이 타당할 것이다 — 에 섰었다.[38]

필자는 어려서부터 용수를 뒤집어쓰고 호송되는 수인들의 사진을 볼 때마다 '인권'은 몰랐지만 너무나 섬뜩하였고 가슴이 아렸다. 이 기록에서 수인들이 감방에서 면회실을 갈 때도 용수를 써야 했다는 사실을 비로소 알게 되자 이제 '인권'을 안다는 나이지만 그 말이 왠지 공허하게 느껴졌고, 서정희가 용수를 쓰고 어디로 왜 가는지도 모르고 간수에게

---

38) 송봉우, 〈재감중 어머니 병보를 듣고〉, 《삼천리》, 1931년 12월호.

끌려 면회실에 갔으리라 생각하니 형언할 수 없는 감정이 솟구쳤다. 이 궤짝 같은 방에 서서 그는 아들 범석을 본 것이다. 직접 그의 회상을 들어보자.

　　　이렇게 추운 어느 날 … 하루는 간수가 부르기에 나가니 면회실 문이 딸각하고 열린다. 손바닥만한 문 쪽 저 편에 아들 범석이 서 있었다. 나는 얼른 그의 손을 쥐고 싶은 충동에 견딜 수가 없었다. 악수라는 것은 비단 우리같이 부자가 상회하는 이 마당이 아닐지라도 그저 친우들끼리라도 서로 손을 잡았다 놓으면 어떻게나 마음이 상쾌하고 피가 끓어오르는지도 모른다. 그러나 감옥 안에서 그리 할 자유가 어디 있으랴! 범석의 얼굴을 보매 나 역시 할 말이 없고 그 역시 할 말 없는 듯 서로 물끄러미 쳐다볼 뿐, 한참 만에 나는 겨우 "집에 다 잘 있느냐?"

"네, 잘 있습니다."

어느새 시간인가? 널조각 문은 딸각하고 닫쳐 버릴 뿐.

범석이가 눈에 쌓인 그 감옥 문전을 머리 숙이고 혼자 터벅터벅 걸어나갈 생각을 함에 어쩐지 간수에게 끌리어 독방으로 돌아오는 내 마음은 무한히 쓰리고 춥다. 감옥의 면회실! 그는 얼마나 슬픈 기록을 이 땅 사람들에게 날마다 끼쳐 주는가?〔자료 1-13〕

서정희가 그 추운 감옥 독방에서 '떨다가 떨다가 지쳐 잠이 든 사이에 슬그머니 얼어 죽지 않은 것'은 떨칠 수 없는 번민과 무한히 쓰리고 아픈 마음이 더 컸기 때문인지도 모른다. 1926년 5월 23일 중병의 몸으로 일단 귀가한 그는 궁색한 살림이었지만 가족의 간호로 점차 건강을 회복하였다. 보석 중임에도 그는 1926년 11월 18일 노농총동맹 중앙집행위원회에 참석하였다.〔자료 8-38·39〕 이것은 그가 귀가 때 '각종 노동운동과 청년운동에 관계치 아니하고, 그 운동의 관계인과는 왕래하지 않겠다'는 약속을 위반한 것이다. 11월 31일 법원이 그를 호출하여 앞으로 근신하지 않으면 보석을 취소하겠다고 위협하였다.〔자료 8-40〕 그러나 법원은 이때 보석을 취소하지는 않았다.

서대문형무소　　그러나 1927년 3월 7일 경성지방법원의 예심판사는 예심을 종결짓는다는 구실로 다시 서정희를 서대문형무소 미결감 독방에 가두었다.〔자료 12-4〕 그러나 서정희가 국회에 제출한 이력서에는 이 재수감을 '1926년 11월의 《농인(農人)》 발행사건'에 관련되어 보석이 취소된 결과로 기술해 놓았는데, 김종범의 《해방전후의 조선진상》은 1926년 9월 '잡지농인 사건'으로 그가 재투옥된 것으로 전한다.〔자료 17-3〕 그래서 필자는 《농인》이란 잡지를 찾아보았다. 그러나 철저히 검색하지 못한 탓인지 1926년 11월이나 9월에 발행된 《농인》은 찾을 수 없었다.

　대신 다음과 같은 두 가지 사건을 확인할 수 있었다. 하나는 1927년 3월 모스크바 공산대학 출신 김정환을 중심으로 개성의 공산주의자들이 '조선농인사(朝鮮農人社)'를 조직하고 《농인》이란 잡지를 내기 시작하였으며, 1927년 10월 정식으로 개성공산당을 조직하여 활동하다 1928년 검거된 사건이다.[39] 또 하나는 1927년 1월 20일 여운홍·조경서·최종섭·은선규 등이 농촌 계발과 문맹퇴치, 농민의 상호부조와 생활개선을 목적으로 '조선농인사'를 조직하고 《조선농인》을 발행하려고 한 사실이다.〔자료 16-3〕

　잡지 이름을 중시하면, 3월 초 《농인》을 발행하려던 개성의 공산주의들이 서정희와 연락하였을 가능성도 농후하다. 1927년 3월 초에는 별다른 혐의점은 없었지만 모스크바 공산대학 출신이 주도하는 단체와 서정희가 연락하는 것을 당국이 원치 않았기 때문에 그를 재수감하였는지도 모른다. 그러나 《조선농인》을 발행하려는 '조선농인사'의 이사들 가운데 조경서(曺景叙)와 최종섭(崔鍾涉)은 광주노농공제회·광주소작인연합회·전라

---

39) 《동아일보》, 1928년 11월 30일자, 12월 1일자.

신문에 실린 공산당사건 피고 서정희
(《동아일보》. 1931년 9월 13일자)

노농연맹회를 같이한 서정희의 옛 동지들이며, 특히 조경서는 노농총동맹 중앙집행위원과 형평사 광주지사 고문도 서정희와 함께한 사람이었다.〔자료 7-1〕 또 은선규는 서정희가 기근구제위원으로 고창을 방문하였을 때 그를 환대한 고창청년회의 지도자였다.〔자료 10-8·9〕 그러므로 인적 관계로 보면 《농인》보다는 《조선농인》과 모종의 관계를 맺었을 가능성이 더 높다.

물론 서정희는 이 두 잡지 모두와 별 관계가 없었는지도 모른다. 그러나 서정희가 이력서에서 자신의 재수감을 《농인》 발행과 관련시킨 점으로 보아 적어도 당시 《농인》 또는 《조선농인》과 일정한 관련이 있었고, 이 때문에 자신이 재수감되었다고 믿었던 것 같다. 11월 21일 노농총동맹에 참석한 이후 그는 '근신하라'는 경고를 받지 않았던가? 서정희가 보석 중에 이런 잡지의 발행에 간여하였다면, 당국이 그를 재수감할 이유는 충분하였다.

그러나 판사는 예심의 종결을 위한 재수감임을 강조하였는데, 실제 그에게 결정적으로 불리한 자료인 강달영 수기 보고서가 확인되었기 때문에(뒤에 기술) 예심판사는 다시 강도 높은 조사가 필요하다고 판단하였을 것으로 추정된다. 어쨌든 그는 봄기운이 채 돌지 않는 싸늘한 3월 초 서대문형무소로 들어갔다. 다시 이봉수의 〈철창회고〉를 통하여 그가 서대문형무소 독방까지 들어가는 과정과 그를 맞이한 독방의 풍경을 보자.

어둑컴컴한 반지하실에 들어가니 먼저 현금과 귀중품을 영치하라기에 몇몇 전씩 하는 돈들을 내어 맡기고 다음에는 靑服을 갈아입고 시키는 대로 이리 저리 들어가니 어떤 대합실 같은 데로 몰아넣습니다. 그 사이에 무슨 수속을 하는지 10분 이상이나 기다리게 되었습니다. 간수의 명하는 대로 꿇어앉아 있으니 일종의 말 못할 기묘한 감상이 일어나는 중 ⋯ 다시 거기를 나오게 되었습니다. ⋯ 작은 문 앞에 당도하니 문선 위에 '구치감'이란 목패가 붙어 있습니다. 열어주는 문을 줄줄이 넘어 들어가니 좁다란 토간이 낮으면서 동남간을 향하여 끝이 아찔하게 내다보이는 흙마루가 삼지 ×같이 앳쳐 놓여 있습니다. 간수가 부르는 대로 하나씩 따라가는데 나는 셋째 번에 불리워서 명찰을 손에 쥐고 그것을 볼 사이도 없이 북받쳐 넘어오는 한숨을 억제하면서 따라갔습니다. 土 마루를 절반 가서 떨거덕 소리가 나자 '탕' 하는 문 닫는 소리에 놀래 정신을 차리니 나는 벌써 房內에 들어섰습니다. 시키는 대로 좌정하고 앉으니 온갖 생각이 떠오르기 시작했습니다. ⋯ 전등불에 房內를 살펴보니 나 하나 살아갈 기구는 넉넉하더니다. 한구석에는 주전자와 사발이 놓여 있고, 한구석에는 빗자루가 하나 걸려 있었고, 또 한구석에는 똥통을 구석 안에 앉혀 놓고 그 앞에는 세수대야와 걸레 빠는 그릇인 듯한 것이 있고, 방안에 길이로 건너 친 실줄에는 걸레가 둘씩이나 있습니다. 방은 한 평이나 되는 장방형의 板間인데 뒤에는 유리창이 있어 앉아서도 능히 허공을 볼 수 있더니다.[40]

시차는 약 2년 반 후이지만, 만약 서정희도 자신의 경험을 글로 남겼다면 이 기록과 별 차이가 없었을 것이다. 그는 꼭 20년 전인 1907년, 오적암살사건으로 체포되어 수감되었던 한성 평리원감옥에 비해 훨씬 나은 감방을 보고 무슨 생각을 하였을까? 다소 위안을 얻었을 것인가? 아니면 일제의 '근대화'에 쓴웃음을 지었을 것인가? 그 역시 이봉수처럼 처음 독방에 혼자 좌정하였을 때 온갖 생각이 떠올랐을 것이다. 그는 여기서 1928년 2월 13일 무죄로 석방될 때까지 11개월 이상을 보냈다. 빗자루와 걸레로 마룻바닥을 청소하며 건강도 지키려고 하였을 것이다.

---

40) 이봉수, 앞의 글, 《동아일보》, 1925년 7월 8일자.

그러나 역시 늙은 그에게 감방생활은 무리였을까? 그는 다시 위장병에 걸려 1927년 12월 17일 이후의 변론공판에는 출정하지 못하였다. 그래서 1928년 1월 6일 변호사 송운은 형무소로 그를 방문하여 더 이상 출정하지 않으면 불리하다는 것을 알리고 가능한 출정을 종용하여, 1월 12일 이후에는 출정하기로 결심하였다.〔자료 12-7·8〕 그러나 병세가 더욱 악화된 그는 2월 9일 면회온 친구에게 자기는 회생할 가망이 없다며 옥중에서 죽게 되면 집안일과 사회의 일을 처리해 달라는 유언까지 하였다. 변호사들은 노인의 몸으로 더 이상 감옥에 있으면 생명이 위험하다는 이유로 2월 10일 보석원을 제출하였다.〔자료 12-9〕 그러나 그는 2월 13일까지 버텼으며, 무죄가 선고된 13일 저녁 7시 반 무렵 중태의 몸으로 출옥하여 가족과 친지들의 따뜻한 영접을 받았다. 이날 14명의 출옥을 영접한 인파는 400명이 넘었다.〔자료 12-10·11〕

신문(訊問)과 혐의 부인

신의주에 도착한 날부터 서정희는 신의주 경찰, 신의주지방법원 검사, 예심판사의 신문 각각 2회, 총 6회의 신문을 받았고, 사건이 경성지방법원으로 이송된 이후 1927년 3월 7일 서대문형무소에 재수감된 그해 다시 1회의 예심 신문을 받았다. 서정희의 혐의는 치안법 위반이었고, 구체적으로 추궁된 내용은 1925년 4월에 결성된 조선공산당과 관련 여부였다. 이 혐의는 다시 (1)4월 17일의 창당 이전 모의에 가담하였는가 (2)4월 17일의 창당에 참석하였는가 (3)4월 17일 이후 가입하였는가 (4)가입은 하지 않았지만 편의를 제공하였는가 (5)공산주의를 공명하였는가? 등으로 세분될 수 있을 것이다. 이 가운데 (5)는 다른 혐의를 방증할 수 있는 근거는 되지만 그것만으로는 치안유지법의 처벌 대상은 아니었다. 모든 피의자는 결정적인 증거가 제시되지 않는 한 피의 사실을 부인하기 마련이며,

정치적 또는 사상적 대(大)옥사의 경우 사건 자체도 조작되는 일도 적지 않고 억울한 희생자도 으레 나오기 마련이다. 따라서 신문 조서만으로 사건의 진상을 추적하는 것은 대단히 위험하며, 실제 판결의 결과가 진실에 근거하였다는 보장도 없다. 그러므로 서정희가 무죄로 석방된 사실이 곧 그가 1925년에 결성된 조선공산당과 무관하였다는 것을 의미하지는 않는다. 그러나 경찰, 검찰, 예심판사의 신문에서 서정희는 혐의를 모두 부인하였으며, 실제 공산당을 창당한 주역들도 서정희의 관련을 부인하였다.

우선 (2)4월 17일의 창당에 참석하지 않은 사실은 쉽게 증명되었던 것 같다. 그 회의에 참석한 윤덕병도 12월 18일의 신문에서 당시 서정희는 "광주로 여행을 하고 있었기 때문에 자리에 함께하지 않은 것으로 기억한다"고 진술하였지만,〔자료 12-14-5〕 그는 4월 13일 광주에서 개최된 전라 노농연맹회에서 민중운동자대회의 참석을 독려한 이후에도 계속 광주 부근에 머물고 있었던 것 같다. 그는 전남 단체의 민중운동자대회 참가를 계속 독려한 것으로 추정된다. 그는 1926년 5월 18일의 예심에서 민중운동자대회와의 관계를 질문 받았을 때, "후원자의 한 사람이었습니다만 단지 이름을 올린 데에 불과하다"고 진술하였는데,〔자료 12-14-17〕 이는 20일의 대회 참석을 위하여 서울로 올라오지 않았기 때문에 답변이 가능했다. 어쨌든 4월 17일 그가 광주지방에 있었다는 사실을 경찰이 확인하는 것은 쉬웠을 것이며, 실제 참석자 누구의 입에서도 서정희가 17일 '아서원'의 회의에 참석하였다는 진술은 나오지 않았다.

다음은 (1)과 (3)의 문제, 즉 그가 사전에 적어도 의논한 일이 있었고 그 취지에 찬성하여 창당 이후에 가입하였느냐는 점인데, 1925년 12월 14일 첫 신문에서 서정희는 이 문제를 다음과 같이 답변하였다.

> 답 : 그런 일은 결코 없소. 나는 농민운동이라든가 노동운동에 힘쓴 바는 있으나 공산당이라는 것에 (힘쓴 바는) 절대로 없기 때문에 더 이상 할 말도 없소.

......

　문 : 다시 묻지만 공산주의 비밀결사를 조직할 때 정말로 김약수, 김재봉
　　　등과 하등의 모의에 참여하지 않았는가?
　답 : 정말로 그런 일은 없소.〔자료 12-14-1〕

　그러나 다음날 15일의 신문에서 김상수는 서정희가 4월 17일 회의에 참석한 사실은 부인하였지만, 조선공산당에 가입하거나 관계한 것에 대해서는 '모른다'고 진술함으로써〔자료 12-14-2〕 의문의 여지를 남겼다. 16일 공산당이 조직된 이후 가입한 당원에 대한 진술을 강요받은 김약수는, 그 문제는 "김재봉이 총괄하고 있었기 때문에 나는 모른다"고 잡아떼었지만 서정희에 대해서는 다음과 같이 답변하였다.

　서정희는 노농총동맹에 있는 자로 조선공산당이라고까지는 적나라하게 말하지 않았지만, 어느 정도까지는 사정을 밝히고 이해를 구하자 그 사람도 찬성해 주었으나, 그 후 내가 이용하였던 것에 지나지 않소.〔자료 12-14-3〕

　대단히 약하게 말하였지만, 해석하기에 따라서 서정희는 소극적이나마 '그 정(황)을 알고 공산당에 가입한' 것이며, 치안법에 의하면 이것은 10년 이하의 징역 또는 금고에 해당하는 범죄이다. 경찰이 다음날 다시 서정희를 추궁한 것은 당연하였다. 참고삼아 조서의 관련 부분을 다시 그대로 소개해 보자.

　문(1) : 지난번 신문은 진술한 대로 틀림은 없었겠지?
　답(1) : 그렇소. 틀림없소.

　문(2) : 그러나 김약수는 비밀결사의 정황을 밝혔고 당신도 찬성의 뜻을 표

하며 조선공산당에 가입했다고 주장하고 있는데 어떻게 된 것인가?

답(2) : 그런 일은 없으며, 그러한 이야기를 들은 바도 없소이다.

문(3) : 정직하게 진술하는 것이 이로울 텐데, 어떤가?

답(3) : 뭐라고 이야기하든 지금 이야기하는 그대로요. [자료 12-14-4]

이 앞에는 이름과 나이를 확인하는 간단한 절차, 이 뒤에는 김약수와의 친분을 묻고 답하는 간단한 문답이 있을 뿐이다. 이 조서 전체를 천천히 재연해도 5분도 채 걸리지 않을 것이다. 그러나 혐의의 핵심에 관한 신문이 이렇게 간단히 끝났을 리도 없지만, 당시 경찰의 피의자 신문이 이렇게 민주적이고 신사적인 문답만으로 진행되었다고 믿는다면 너무 어리석은 일일 것이다. 필자는 다른 신문조서도 그렇지만 특히 이 조서를 읽을 때 문자 자료를 무심히 읽으면 얼마나 전혀 다른 세계를 보게 되는가를 실감하지 않을 수 없었다. 고압적인 분위기로 피고를 제압하려는 경찰과 이런 신문에 이미 익숙한 녹녹치 않은 피의자 사이에 맴도는 팽팽한 긴장은 말할 것도 없지만, 두 번째 문답에서 세 번째 문답까지 오는 사이에 무슨 일이 벌어졌을 것인가는 상상하고도 남는다.

1927년 9월 13일 공판이 시작되면서 피의자에 대한 고문이 크게 문제되었지만(뒤에 기술), 1927년 10월 블라디보스토크 주재 일본 영사는 공산당 공판의 비공개를 항의하는 조선인들의 동태와 조선인들이 발행하는 《선봉》의 내용을 외무대신에게 다음과 같이 보고하였다.

치안유지법은 이번 101명이 처벌된 근거인데, (그들은) 이 법을 비난하고, 이 법의 집행관은 법관과 경찰이지만, 경찰의 고등과의 활동, 밀정의 실제 행동 중에서 경찰은 항상 허구의 음모, 폭파, 선전비 등을 스스로 고의로 날조하고, 그것을 적발하여 자기의 賞奬 내지는 지위 향상에 급급하며, 또 이 때문에 피구금자에 대한 경찰의 취조 고문 방법이 참혹의 극에 달한 모양을 상세히 기록하였으며, "조선의 공산주의는 경찰이 스스로 만들어 낸 것으로서, 관헌과 자본가들은 101명을 투옥한 것으로 족하다고 여기고 있지만, 그 대신 또 수천 명의 운동자가 배전의 노력으로 운동을 계속할 것을 모르고 있다"고 운운하였다.41)

'천하가 다 아는' 일제 검경의 고문을 새삼 들먹이는 것은 진부하고 '순진한' 일인지도 모른다. 그러나 공판이 진행되면서 101명의 피고 가운데 90여 명이 고문당한 사실이 폭로되었다면,42) 위에서 인용한 재소련 조선인들의 비난도 결코 단순한 일반론적인 추측이나 과장은 아니었다. 피고들 가운데 가장 나이가 많아 노인으로 취급당한 서정희는 혹 고문을 면한 극소수에 속하였을지도 모르지만, 고문에 익숙한 그가 이번에도 으레 치루는 과정으로 생각하여 굳이 새삼 불평하지 않았을지도 모른다. 어쨌든 피의 사실을 추궁하는 문답과정에서 위협과 욕설, 폭력이 난무하지 않았다면 오히려 이상하다. 조서관이 결국 그의 부인 주장을 간명한 기록으로 정리하기까지 서정희는 무수한 고초를 겪었을 것이며, 이 고초는 신문 때마다 되풀이된 동일한 문답과정에서 또 되풀이되었을 것이다. 그의 계속된 부인에도 경찰은 서정희가 '그 정(황)을 알고 조선공산당에 가입한 것'으로 판단하여 검사국으로 송치하였다.〔자료 12-14-8〕

그러나 서정희를 배려한 탓일까? 검찰로 송치된 이후 김약수는 더욱 철저히 서정희와 공산당의 관계를 부인하였다. 그는 서정희와 자신의 관계는 공산당으로서가 아니라 개인적인 친분으로 맺어진 사이이며, 따라서 자신은 공산당이나 공산주의를 위하여 그를 이용한 일도 없다고 잡아떼기 시작한 것이다.〔자료 12-14-13〕 이전의 진술을 번복한 김약수도 이 때

---

41) 1927년 10월 24일 在浦潮斯德 총영사 渡邊理憲 외무대신 남작 田中義一 殿, 〈조선공산당 사건공판과 신문기사에 관한 건〉, 《조선공산당관계잡건》 1, 고려원, 1990, 737~738쪽.
42) 《동아일보》, 1927년 10월 22일자, 〈고문사실 들어나는 대로 2차, 3차 고소제기, 고문판명된 피고 90여인〉.

문에 상당한 고초를 겪었을 것이다. 그러나 검사국도 '서정희는 그 정(황)을 알고 이 공산당에 가입한 것'으로 판단하고 1925년 12월 22일 예심을 청구하였다.[43] 1926년 5월 12일 신의주지방법원 예심에서도 김약수는 서정희의 관련 여부에 대해서 예심판사와 다음과 같은 문답을 주고받았다.

문 : 서정희는 북풍회 조직 후 공산당에 관여했나?

답 : 그 사람은 전혀 관계가 없다.

문 : 그러나 작년 12월 15일 신의주경찰서에서 취조를 받을 때는 서정희에게 어느 정도 사정을 밝히고 공산당에 가입시켰다는 취지를 진술하지 않았나?

답 : 그때 이야기는 사회운동, 노동 문제 등에 있어서 객관적으로는 서정희가 우리들에게 이용당하고 있는 것으로 보이지만, 그는 소작문제에 대해 우경적이었기 때문에 내부에서는 우리와 밀접한 관계가 있는 것은 오히려 곤란하게 될 것이라고 말했던 것이다.〔자료 12-14-15〕

또 당원의 관리를 총괄하였다는 책임비서 김재봉도 1926년 5월 13일 신의주의 예심에서 서정희 문제를 다음과 같이 진술하였다.

문 : 서정희는 결당 후에 관계를 맺기 시작한 것이 아닌가?

답 : 그 사람은 내가 아는 한 공산당에는 관계하지 않았다.

문 : 그러나 김약수는 서정희가 결당 후 공산당의 목적을 양해하여 찬성하고 있었다는 취지로 말하고 있는데 어떻게 된 것인가?

답 : 서정희는 공산당에 관계하고 있지 않았다. 만약 관계가 있다면 내가 모를 리가 없다. 김약수가 어떤 이유로 그렇게 진술했는지 나로서는 모르겠다. 서정희가 미리 알고 있었는지, 공산주의에 찬동하였는지 여

---

43) 〈김재봉 외 19인 조서 (1)〉, '예심청구서', 441쪽.

부는 모르겠다.〔자료 12-14-20〕

  1925년 12월 19일 체포된 김재봉에 대한 신의주 경찰과 검사국의 신문조서는 확인하지 못하였지만, 역시 이 문제가 적어도 한 번쯤은 거론되었을 가능성이 높은데, 그때도 그는 비슷한 답변을 하였을 것이다. 서정희는 이들이 자신의 혐의를 강하게 부인해 주었다는 사실을 알고 있었을까? 5월 18일 서정희는 공산당의 존재조차 몰랐다고 더욱 강하게 잡아떼었다.〔자료 12-14-17〕 그러나 1926년 7월 일제 당국은 서정희에게 결정적으로 불리한 문건을 입수하였다. 6·10만세사건을 주동한 일부 공산당원들의 체포를 발단으로 시작된 수사는 결국 그해 7월 김재봉이 후사를 부탁한 강달영 책임비서 체제의 제2기 공산당도 거의 일망타진되고 당과 관련된 일체의 문건을 압수하였는데, 여기에 황산(강달영)이 코민테른에 보고한 1926년 4월 26일자 〈정권(停權) 당원의 반동에 관한 보고〉가 포함된 것이다. 이 문서는 김약수·서정희·정운해·김마명·신철·이호·배덕수·송봉우·이규송·이충모·이헌·조동혁 등 북풍계의 주요 인사들을 출당시키고 그 이유를 보고한 내용인데, 서정희와 관련된 부분만 소개하면 다음과 같다.

> 一. 지난번 신의주사변이 일어났을 때 전기 김약수, 서정희, 정운해 등이 당칙을 무시하고 반동적인 행동을 취해 비밀폭로 등의 행위를 한 전말은 이미 중앙집행위원회에서 상세히 보고하였으니 이에 해당 사실의 열거는 생략한다.
>
> 一. 전기 제인이 당의 정신과 總領規則을 무시하고 김약수 개인을 절대 숭배하는 당파적 행동으로, 赤露로부터 조선기근구제회로 보낸 돈 2만 원도 당의 命令대로 기근구제금으로 널리 분배해야 함에도 불구하고 김약수 개인명의로 은행에 저금하고 북풍회 선전을 옳은 일로 생각하는 행위는 당연 김약수 개인행동 즉 당칙위반이었는데도 그들은 김약수의

행위가 정당하다고 여겨 이에 따랐다. 당중앙간부는 당대회에서 선거를 해야 할 일이 있으면 중앙간부 중 결원이 있을 때 특별한 사고가 발생하지 않은 경우는 당대회가 아니면 중앙간부의 선거를 할 수 없는 것으로 당칙이 정해져 있음에도 불구하고, 김약수는 당파적으로 전기인 중에서 중앙간부를 뽑는 불법선거를 강요했으니 당연 당칙위반인데도 그들은 김약수와 그의 주의를 정당하게 여기고, 그의 주장을 관철시키려는 당파적 행동을 하였다. <u>서정희, 김약수 등은 당원 비당원 구별 없이 곳곳에서 당의 비밀을 기탄없이 토로하고 중앙간부를 모함하는 당칙위반에도 불구하고 그들은 서정희의 행동이 정당하다고 주장하여 당의 조종을 받지 않았다.</u> 《조선일보》가 정간에서 해금되었을 때에 총독부 당국의 위압으로 당원 3, 4명이 조선일보사로부터 제적되었는데, 당의 조종이 전과 다름없이 가능해야 하므로 제적받은 일부로써 조선일보사를 성토박멸시키는 것도, 《조선일보》의 행동을 감시하여 만약 당의 조종을 벗어나 반동적으로 행동할 시에 성토 박멸시키는 것도 늦지 않기 때문에, 금후 행동을 더욱 주시하고서 단호한 행동을 취하고자 하는 것은 당중앙간부 전체의 의지였음에도 불구하고, 제적사건에 바로 《조선일보》를 박멸하고자 했던 것은 김약수 1인의 의견이었다. 결국 전자의 의견대로 가결되었음에도, 김약수가 북풍회를 조종하여 《조선일보》 박멸운동을 하고 자파와 북풍회로 제휴행동을 한 것은 당연히 당칙위반임에도 불구하고, <u>전기 제인은 김약수 개인을 옹호하고 중앙간부의 결의에 반대행동을 감행한 일.</u>

一. 그들이 이와 같은 행동으로 당을 당파적으로 이간시키는 것이 심해지자, 당에서는 부득이 그들에게 정권처분을 단행하고 조선이 특수지역인 관계로 그들에게 이것을 언도하지 않고, 그들을 당파로부터 이탈시키려고 당은 백방으로 노력하는 동시에 그 행동을 감시하였으나, 그들은 조금도 반성의 빛이 없이 (오히려) 송봉우는 임원근의 애인인 허정숙과 간통하였는데, 당파에 익숙한 그들이 당을 화요회계 당으로 보고…〔자료 12-15〕

요컨대 당이 화요계에 의해서 농단된 것에 불만을 품은 김약수·서정희 등이 사사건건 김약수를 중심으로 파당을 지어 종파적으로 행동하고, 당의 비밀을 누설하는 행동도 일삼아 일단 그 일파를 정권(停權)시켰으나, 개전(改悛)의 정이 없어 출당 처분을 하지 않을 수 없었다는 것이다. 여기서 당권파의 주장이 과연 정당한지 여부는 관심의 대상이 아니다. 중요한 것은 이유야 어쨌든 서정희가 북풍회계 인사들과 함께 출당 처분된 것이 사실이라면 그가 공산당에 입당한 것도 부인할 수 없는 사실이라는 점이다. 이 문건이 압수된 것은 7월 18일이었고, 종로경찰서는 8월 10일 피의자 49명의 신병과 함께 이 문건을 포함한 관련 자료 일체를 경성지방법원 검사국으로 송치하였다.44) 신의주지방법원에서 예심을 받던 1차 공산당 사건의 피의자들이 1926년 7월 12일 경성법원으로 이송된 것은 바로 2차 검거된 공산당과 이들이 같은 뿌리였다는 것을 확인하고 심리할 필요가 있다고 판단하였기 때문일 것이다.

경성 예심판사가 이 문건을 증거로 다시 김약수를 추궁한 것은 1927년 2월 21일, 이날 신문에서 김약수는 '공산당을 위하여 서정희를 이용하였다'는 진술(1925년 12월 16일, 자료 12-14-3)을 번복하면서 취조관의 추궁을 다음과 같이 피해 갔다.

> 문 : 그러나 서정희가 공산당원이었다는 것은 틀림없지 않은가?
> 답 : 그런 일은 난 모른다.
> 문 : 이것은 강달영이 수기했던 회의록 및 보고서이며, 이것은 그것을 번역
> 한 것으로, 거기에는 서정희도 피고 및 기타 조선공산당원과 함께 출
> 당된 것으로 되어 있어 서정희가 당원이었던 것은 틀림없는 것으로 생
> 각되는데 어떤가?
> 이때 押第九七八號 證第二號(二二丁), 第十八號(一丁), 第五十三號(十

---

44) 〈제2차공산당사건검거보고철〉, 74쪽.

五丁 第七三丁)의 각 해당부분을 보여주었다.

답 : 강달영이 무슨 연유로 그렇게 기록하였는지는 몰라도 서정희가 당원
인지 아닌지 전혀 모른다.〔자료 12-14-19〕

이전의 신문에서 서정희의 입당 사실을 부인한 그가 이번에는 "서정희
가 당원인지 아닌지 전혀 모른다"고 진술한 것은 출당 관계 문건이 제시
되었기 때문일 것이다. 이 진술은 자신은 몰라도 혹 다른 사람을 통하여
입당하였을 가능성을 시사하는 것처럼 보이기도 한다. 하지만 서정희와
김약수의 관계로 보아 김약수가 아닌 제3자를 통해 입당했을 가능성은 적
어 보이므로 이것 역시 서정희의 입당을 강하게 부인한 것이나 다름없었
다. 더욱이 "강달영이 무슨 연유로 그렇게 기록하였는지 모른다"는 발언
은 결국 강달영의 수기 자체가 날조되었을 가능성을 시사한 것인데, 뒤이
은 추궁에서 그는 강달영이 그 보고서를 날조한 이유까지 추측하였다.

문 : 피고는 조선공산당의 규약을 무시하고 그것에 위반되는 행동을 취하
고 있었던 것은 아닌가?

답 : 그런 일은 없었다.

문 : 그러나 이 증거 18호 〈정권당원의 반동에 관한 보고서〉에는 그런 뜻
의 기재가 있는 것은 어쩐 일인가?

답 : 국제공산당에 대하여 조선공산당이 얼마나 조직적인 행동에 나서고
있는가를 보이기 위하여 제멋대로 기재한 것으로 사료된다.

그러나 김약수의 진술은 자신을 비롯하여 '증거 18호 보고서'에 언급된
인사들의 출당 사실은 부인하였지만, 반드시 그들의 입당까지 부인한 것
은 아니었다. 이에 비해 3월 5일 김재봉은 진술에서 김약수·서정희·정
운해 등 11명의 출당 사실도 부인하였을 뿐 아니라 김약수와 송봉우를 제
외한 나머지 서정희를 비롯한 9명은 이규송만 빼고 모두 면식이 있지만,

혹 강달영 시대에 입당하였는지는 몰라도 그 이전에 입당한 것은 모른다고 단언하였다. 아울러 그는 강영달이 무엇 때문에 이런 문건을 만들었는지 모르겠다는 말도 덧붙였다.〔자료 12-15-20〕 이에 앞서 그는 '증거 18호 보고서'에 언급된 '총령규칙' 또는 '당칙' 등을 근거로 공산당 강령규약의 존재를 추궁받았을 때도(2월 28일) "나를 빼놓고 중앙집행위원회를 열어 결의하였다면 또 다른 문제이지만, 내가 아는 범위 내에서는 지금도 말한 바와 같이 제정된 일이 없다"고 증언하였다.[45]

결국 김약수와 김재봉의 진술을 종합하면, 서정희의 입당을 입증하는 '증거 18호 보고서'는 강달영이 '조선공산당은 이미 강령과 규칙을 정비하여 그 위반자도 엄중히 처벌하는 조직적 정당임'을 코민테른에 과시하기 위하여 날조한 것이며, 김약수의 출당을 조작하기 위하여 다시 그 당파인 북풍계 인사들마저 당원처럼 꾸며 함께 출당시킨 것처럼 작성한 것이었다는 추론이 가능하다.

서정희가 '증거 18호 보고서'로 추궁받은 것은 김재봉의 신문 이틀 후인 3월 7일, 이날 바로 그는 보석이 취소되고 다시 수감되었다. 필자가 그의 재수감을 이 문제와 관련시켜 이해한 것은 바로 이 때문이다. 김약수와 김재봉의 진술을 이미 알고 있는 것처럼 서정희도 강달영의 수기를 들이대자 "그 사람이 무슨 이유로 그렇게 기재하였는지는 모르지만, 나는 지금 말한 대로 공산당에 입당하지 않았다"며 혐의를 완강히 부인하였다.〔자료 12-15-21〕

또 하나 서정희가 집중 추궁받은 문제는 북풍회와의 관계인데, 북풍회를 공산주의 사상단체로 간주한 당국은 이 관계의 심도에 따라 서정희의 공산당 가입 여부를 추정할 수 있다고 생각하였던 것 같다. 첫 신문에서 서정희가 북풍회 집행위원으로서 서무부를 담당하고 있었다고 순순히 진술한 것〔자료 12-15-1〕은 미처 그가 이 문제의 심각성을 의식하지 못하였

---

45) 〈김재봉 외 19인 조서 (3)〉, 625쪽.

기 때문이었을 것이다. 그러나 그뒤의 진술에서는 북풍회와의 실질적인 관계를 완강히 부인하였고, 공산주의를 위하여 김약수 등이 조직한 공산당에 편의를 제공한 혐의도 부인하였다. 오히려 자신의 본령인 소작쟁의와 노동문제에서 김약수 등의 도움을 받았음을 강조하였다.〔자료 12-15-11〕김약수도 서정희의 주장을 뒷받침해 주었는데, 서정희가 노농총동맹의 집행위원으로 소작운동을 계속하였을 뿐 북풍회의 일원으로 활동하지는 않았다고 진술하였다.〔자료 12-15-15〕 또 서정희는 자기가 아는 한 북풍회는 공산주의 단체가 아니며, 자신은 공산주의를 연구하지도 않았고, 따라서 공명(共鳴)하지도 않는다고 주장하였다. 이 문제는 앞서 〈북성회 · 북풍회와의 제휴〉에서 상세히 언급하였기 때문에 그 부분을 다시 참고해 주기 바란다.

서정희의 마지막 예심을 담당한 판사는 고이 세쓰조(五井節藏). 1927년 10월 경성지방법원으로 이송된 간도공산당사건이 그에게 다시 배정되었을 때, 이번 공산당사건의 변호인단은 일제히 경성지방법원 원장에게 엄중 항의하고 기피의 뜻을 전달하였다. 그 이유는 그가 이번 공산당사건을 다루면서 고문과 폭행을 휘두른 전력이 있어 일부 피고는 고소까지 준비하고 있는데, 또 그에게 사건을 배정하면 다시 무슨 짓을 할지 모른다는 것이었다. 당시 변호사 이인은 다음과 같이 분개하였다고 한다.

예심정의 고문이라니, 법원이 생긴 이후로 처음 있는 일입니다. 아무리 조선이라 하기로 검사정에서도 아니하는 고문을 재판장과 같은 예심판사가 고문을 하다니, 그럴 수가 있습니까? 이런 오정판사에게 또 간도공산당사건을 맡긴다면 어떠한 일을 할런지 알 수 있겠습니까?[46]

---

46) 《동아일보》, 1927년 10월 22일자, 〈간도공산당취조에 五井 예심판사 기피, 조선공산당사건을 맡아 취조할 때, 불미한 행동이 있었다는 이유로써, 변호인단에서 항의 제출〉〈'고소를 준비중인데 담임은 천만부당', 또 무슨 짓을 할 줄 아느냐, 변호사 김병로씨 담〉; 10월 23일자, 〈법원당국자를 역방, 오정 판사기피 항의제출, 간도공

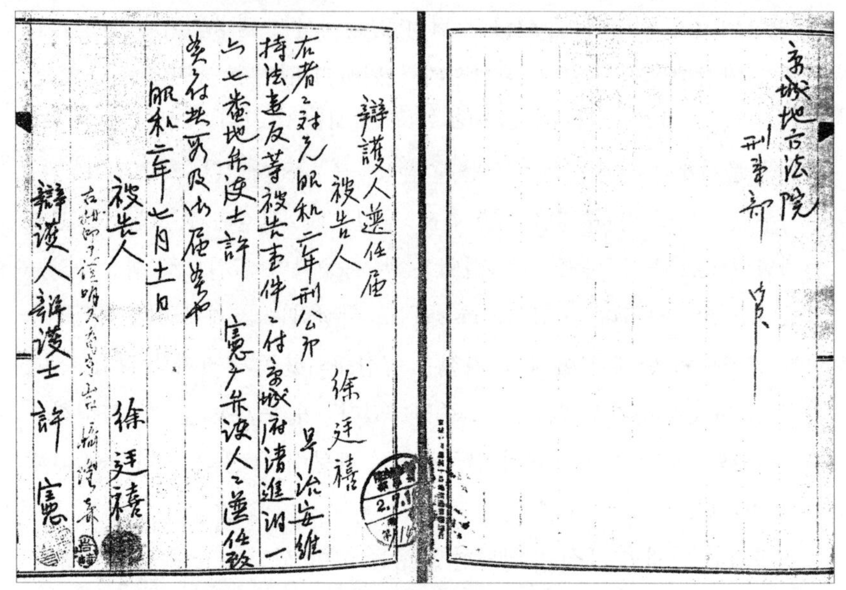

변호사 선임계(허헌)

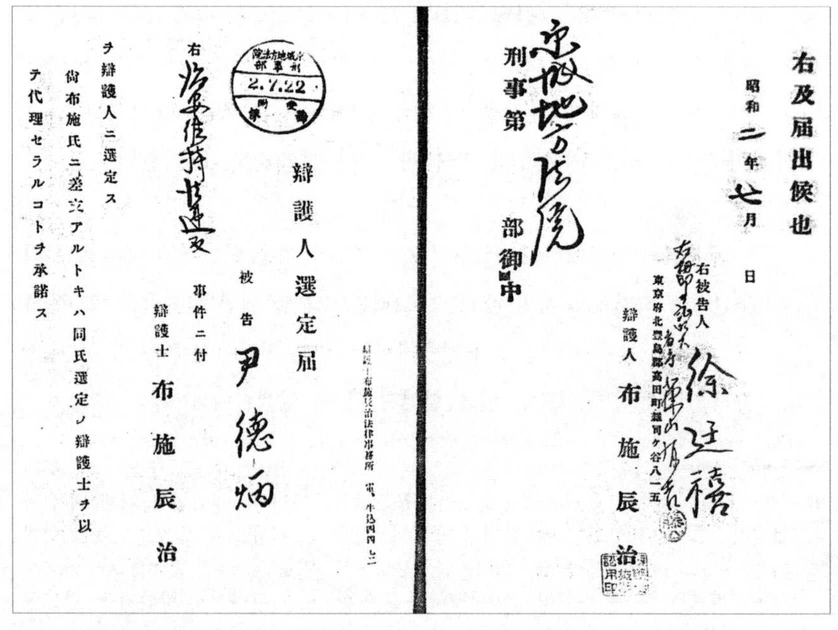

변호사 선임계(후세 다쓰지)

서정희가 마지막 예심에서도 끝까지 혐의를 부인하기까지는 또다시 많
은 고초를 겪었을 것이다. 김종범은 김약수의 '열렬한 주장'으로 서정희
가 무죄로 석방되었다고 하는데,〔자료 17-3〕 서정희의 자녀들은 지금도
이 사실을 기억하며 김약수를 고마워한다. 그러나 서정희 자신의 완강한
부인, 김약수를 비롯한 동지들의 유리한 진술에도 서정희는 면소되지 않
았다. 그가 기소된 혐의는 "공산당의 창립 후 그 목적을 숙지하고 동(同)
당에 가입하여 경성부의 야체카 또는 프락치에 배속되었다"는 것이었다.
〔자료 12-17〕

재판의 시작

공판이 시작된 것은 9월 13일. 3월 30일 예심이 종결되고 5개월 반 이
상이 지난 후였다. 재판이 지연되는 동안 피고들의 법정 구류기간이 넘었
기 때문에 법원은 또 해당자들의 구류 갱신 절차를 취하지 않을 수 없었
다. 서정희도 7월 9일, 바로 그날 결정된 구류 갱신서〔자료 12-16〕를 간수
한테서 전달받았다.[47] 이에 앞서 공판을 위한 변호사의 선임도 시작되었
는데, 전체 피고인들의 무료 변론을 자청한 변호인은 모두 28명이었다.[48]
서정희의 변호를 위해서도 최진(崔鎭, 4월 15일), 장도(張燾, 4월 21일), 한
상억(미상), 김찬영(미상), 허헌(7월 12일), 후세 다쓰지(布施辰治, 7월), 김
병로・김용무・김태영(7월), 이인(8월 10일), 후루야 다다오(古屋貞雄, 9
월), 이승우 등 모두 11명이 발 벗고 나섰다. 물론 이들은 다른 피고도 함
께 변론하였고, 특히 일본 자유법조단에서 파견한 후세와 후루야는 피고

---

47) 고려대 아세아문제연구소 소장 희귀문헌(이하 '고대 아연'으로 약함) 문서번호
   300-101, 0613-0614, 達達證書.
48) 《동아일보》, 1928년 1월 15일자, 〈헌신적으로 노력한 담임변호사 제씨, 밤을 새이
   고 날이 짧다고, 하루 같이 노력한 변호사〉.

전원의 변호를 담당하기도 하였다. 당시 법원에서 작성한 〈변호인일람〉
의 서정희 난에 기록된 11명의 변호사들 가운데 이인이 맨 먼저 기록된
것을 보면, 서정희 변호인단의 대표는 이인이었던 것 같다. 서정희가 변호
사와 연서하여 제출한 변호선임계에 찍힌 그의 무인(拇印)은 다른 사람의
것에 비해 유달리 작아 보인다.[49] 변론에 큰 기대를 걸지 않은 심정이 드
러난 것일까?

이 사건의 피고는 총 101명, 그래서 세인들은 이 사건을 '101인사건'이
라고도 하는데, 1925년 11월 말 이후에 체포된 1차 공산당과 1926년 6월
이후에 검거된 2차 공산당 관련자들이 모두 함께 재판을 받게 된 것이다.
9월 13일 첫 공판이 시작되고 나서 피고 96명(5명 분리심리)에 대한 심리
가 완료된 것은 1928년 1월 14일, 총 48회의 개정 가운데 사실심리는 28
회, 검사의 논고 및 구형에 이틀, 변호사 변론에 18일, 피고 최후진술에
하루가 각각 걸렸는데, 이처럼 장기간에 걸친 공판은 경성지방법원이 창
설된 이래 처음 있는 일이었다고 한다. 이토록 재판이 오래 걸린 것은
피고의 숫자도 많았지만 사법권 침해, 고문 경찰 고소, 재판장 기피 등
보통 재판에서는 생각하기도 어려운 문제들이 너무 많았기 때문이다.[50]
사실 이 과정은 단순한 재판이 아니었다. 이것은 총독부 식민통치의 탄
압과 부당성을 폭로하려는 피고들과 사회단체들 및 일반 여론(일본 사회
주의자들까지 연대한)을 대변하는 변호인단과 식민통치를 대변한 법원
사이의 일대 접전이었다.

9월 13일 오전 경찰의 삼엄한 경계 속에서 94명의 피고는 새벽 6시부
터 8시까지 자동차 4대에 분승하여 법원으로 호송되었으며, 9시 40분 간
수들이 비로소 피고들의 수갑과 용수를 벗기며 재판을 준비하였다. 거의

---

49) 서정희의 변호사선임계는 '고대 아연' 300-101, 0006, 0065, 0077, 0261, 0427, 0645,
   0818, 1273, 1895에 수록되어 있다.

50) 《동아일보》, 1928년 1월 15일자, 〈철창신음 삼개 성상, 재판계속 5개월 만에 종결, 사법
   권 침해 등 고장 속출하여 전후 개정 48회, 개원 후 初有事, 공산당 공판 1심 작일 종료〉.

3년 만에 초췌한 모습으로 상면하는 피고들, 그리고 가족과 피고들은 말 없이 목례를 주고받았다. 첫날 재판은 공개. 그러나 초가을의 찬비를 맞으며 새벽 2시부터 방청권을 얻으려고 법원으로 몰려온 가족과 친지들에게 4시 반부터 배부된 방청권은 불과 83매여서, 이를 얻지 못한 가족들은 법원 앞에서 용수를 쓴 채 호송된 피고들의 모습을 먼발치에서나마 보려고 서성거렸다. 서정희의 가족은 방청권을 얻었을까? 불의의 사태에 대비하여 법원과 형무소 주변에는 정복 경관 100여 명과 수많은 사복 경찰이 배치되었다. 종로서와 서대문서는 거의 전 직원이 동원되었고, 동대문서는 호구를 조사한다는 구실로 집집마다 방문하면서 고압적인 분위기를 조성하였다.[51] 오사카경찰이 9월 12일 이 재판을 성원하기 위한 대대적인 시위 계획을 탐지하고 이날 이후 거의 백 명의 재일동포를 검거한 것을 감안하면,[52] 서울의 경찰이 이 법석을 떤 데도 이유가 있었던 것이다.

법정 투쟁

소송절차의 하자　첫 공판이 시작되어 피고의 점명(點名)이 끝나면서 변호인들은 이의를 신청하기 시작하였고, 첫날부터 공판은 중단되었다. 먼저 변호사들이 제기한 문제는 이 법정이 형사소송법을 위반하였다는 것

---

51)《동아일보》, 1927년 9월 13일자, 〈오후 6시부터 피고등 호송, 자동차 네 대를 사용하여 호송, 8시 반에 종료 예정〉〈종로서전담 엄중한, 기마경관까지 출동 경계, 예비검속은 아니할 작정, 상경자 3백명〉; 9월 14일자, 〈지방법원 3호 법정! 출석 피고 94명, 밤을 새우며, 기다리던 쇄도한 방청인, 법원 내외와 감옥부근의 엄중한 경계, 전후 4회로 호송 종료〉〈춘풍추우 3년만에 초췌한 얼굴로 상대, 애달퍼하는 피고인의 가족, 목례의 극적 광경〉〈淋漓한 秋雨深夜, 방청권 얻으려는 군중, 5시까지 방청권 83매 분급, 피고 자동차나 보려고 방황하는 군중, 백여명 경관대의 嚴戒〉; 9월 15일자, 〈특별호구조사 공산당 공판정 개정 당일, 東署의 딴 활동〉.

52)《동아일보》, 1927년 9월 20일자, 〈공산당공판 시위운동, 사전 발각 백명 검거, 대판 재류 운동자 총검거〉.

이다. 우선 백광흠의 경우 예심결정서에 기재되어야 할 적용 법률이 없기 때문에 그는 실제 죄목도 없이 억울하게 구금된 셈이므로 당장 석방해야 한다는 것이다. 물론 이것은 예심판사의 사무 착오였을 것이다. 그러나 백광흠은 병이 너무 위독하여 출정도 못하였기 때문에 실제 보석도 시급한 상태에 있었다. 이것은 권승렬 변호사가 특히 제기한 문제였다.

한편 김태영 변호사는 박헌영 외 19명이 신의주지방법원에서 경성지방법원으로 이송되는 수속 절차가 위법이었다는 점을 지적하였다. 즉 총독부 재판부령 제8조에 의하면 조선총독이 특별한 필요가 있다고 사료되는 때에는 지방법원에 속한 형사소송사건을 다른 지방법원으로 이송시킬 수 있다고 규정된 것은 사실이나, 그 명령은 개개의 독립기관인 판사에게 내려함에도 이번 사건의 경우 이송 명령이 지방법원장에게 하달되었다는 것이다. 그러므로 판사는 공소기각 처분을 내려 박헌영 외 19명도 일단 석방해야 한다는 것이다.[53]

백광흠의 경우는 순전히 법원의 과실이었지만, 김태영 변호사가 제기한 문제도 법리상 일리가 있다는 점을 법원도 인정하지 않을 수 없었다. 그러나 검사는 법원장을 통하여 판사에게 명령이 전달되었기 때문에 별 문제는 없다고 주장하였으며, 이 문제를 계속 확대시키면 공판만 지연될 뿐, 피고들에게는 하등 유리할 것이 없다고 오히려 은근히 협박하였다. 특히 박헌영 등의 경우는 석방은 되지 않고 신의주법원으로 돌려보냈다가 다시 데려오는 절차만 되풀이될 뿐이라는 것이다.[54] 변호사들의 문제 제기는 일제의 재판이 얼마나 무성의하고 자신들이 만든 사법절차조차

---

53) 《동아일보》, 1927년 9월 14일자, 〈수속위법을 변호사지적, 개정반일에 延期乃已, 관계판사 구수회의〉; 9월 15일자, 〈항쟁중의 양문제, 금일도 파란난면, 공소기각 항변내용〉〈죄명도 없이 일년여 옥생활, 재판소의 과실로 공판에 지장, 시일이 천연될가 일반은 우려, 백광흠의 심리문제〉〈공소가 기각되면 20명은 석방, 이론상 불법 감금, 변호사 김태영씨담〉; 9월 16일자, 〈김태영씨의 항변서 내용〉(전문).
54) 《동아일보》, 1927년 9월 15일자, 〈수속위법과 관계자담, ‘문제 확대되면 피고에 불이익’, 長尾 검사정 담〉.

제대로 준수하지 않는가를 폭로한 점에서 의미가 있을 뿐 실제 이 문제로 피고들이 완전 방면될 전망이 있지는 않았다. 그 때문에 가족들과 일부 변호사도 이 문제를 더 이상 확대하는 것은 바람직하지 않으며, 어쨌든 빨리 심리를 진행하여 구금기간을 단축하는 편이 좋겠다는 의견을 내었다. 결국 한종국 변호사가 그 뜻을 판사에게 전달하였고, 법리상 문제로 고심하던 판사도 이를 수락하여 문제가 있는 채 재판을 계속하기로 하였다.[55]

방청 금지와 사법권 침해　　그러나 본격적인 파란은 방청 금지에서 시작되었다. 첫날 피고 점명이 끝난 직후 검사는 이번 재판을 공개할 경우 '치안에 방해되는 점이 적지 않으니' 방청 금지를 명하라고 판사에게 요청하였다. 즉각 이인·김병로 등은 이미 사건도 알려질 만큼 알려졌을 뿐 아니라 별로 큰 사건도 아니라는 점을 들어 비공개 재판을 강력히 반대하였다. 그러나 15일 오전, 전날 밤 11시부터 기다려 새벽 1시 무렵에 겨우 얻은 방청권을 소중히 가슴에 안고 있다가 들어온[56] 일반 방청객은 퇴장당하였다. 그날 오후부터 재판은 모두 비공개로 진행되었을 뿐 아니라 그 내용의 보도도 일체 금지되었다. 이 결정에 변호사 전원은 분연히 퇴장하며 항의하였지만, 당국의 입장은 단호하였다. 당국은 이런 사건은 행동상 법률을 위반한 것 자체보다는 피고들이 공판과정에서 자연히 설명하기 마련인 사상 설명과정이 방청자와 일반에게 적화(赤化)를 선전하는 호기가 되기 때문에 더 위험하다고 판단하고 있었다.[57]

동경의 조선인 단체 재일노총·신간회동경지회·학우회·동경조선노

---

55)《동아일보》, 1927년 9월 16일자, 〈공소기각문제, 김태영씨 주장과 재판장 태도〉

56)《동아일보》, 1927년 9월 16일자, 〈방청권은 단 80장, 오전 0시반에 배부, 그리운 사람의 얼굴이나 보여줄 종의쪽, 가슴에 붙안고 눈물을 흘리는 피고의 가족〉.

57)《동아일보》, 1927년 9월 16일자, 〈특별방청만은 허가, 일반의 방청은 금지, 변호사 전원 분연퇴장〉 ; 9월 17일자, 〈행동상 법률저촉보다 사상설명이 적화선전, 방청금지는 계속할 터〉.

조 등도 '총독××정치 반대동맹'을 결성하고 창립총회를 9월 17일 개최할 예정이었다.[58] 이 재판이 공산주의의 선전장이 되고, 여기서 '주의자 영웅'들이 다시 감옥 밖의 운동을 고양시키는 상황을 일제 당국이 방치할 리도 없었지만, 비공개 재판으로 피고들이 절호의 기회를 놓친 것도 사실이다. 재판이 비공개되기 직전 연출되었던 박헌영의 다음과 같은 '영웅적 투쟁'은 더 이상 일반에 공개될 수 없었기 때문이다. 즉 변호사들이 지나친 경찰의 경계가 피고들의 자유로운 공술을 억압하니 간수 15명, 감독 2명만 입정시키라고 요구하자, 재판장이 추후 고려하겠으며 오늘의 경계는 그대로 두겠다고 답변하였다. 이때 돌연 박헌영이 일어나 피고를 대표한다며 다음과 같이 열렬하게 절규하였던 것이다.

> 우리는 전 무산계급의 전위 분자로 이 공판에 나서게 되었는데, 우리를 다수한 경관으로 위압하는 것은 전 무산대중을 위압하는 반증이다. 만약 재판장이 이 경계를 해제치 아니하고 일반 방청을 허락하지 아니하는 때에는 우리는 변호사, 사실심리도 필요 없고, 차라리 재판장이 하루나 이틀 동안에 너는 징역 얼마, 너는 징역 얼마라고 즉결언도를 하여 주기 바란다.[59]

9월 20일 제4차 공판 개정 직후, 통곡소리가 난 후 곧 박헌영이 평소에 끼던 근시 안경마저 벗겨진 채 간수에게 끌려나왔고, 뒤이어 졸도한 염창렬이 들려 나온 사실도[60] 비공개 법정에서 감행된 박헌영의 '영웅적 투쟁'의 일부였을 것이다. 이 사건은 17일 제3차 공판에서 종로경찰서 고등계 경부보가 피고들의 공술을 필기하는 모습을 발견한 박헌영이 즉

---

58) 《동아일보》, 1927년 9월 20일자, 〈총독○○정치 반대동맹기성, 동경에 있는 각 단체가 합동, 총독정치반대동맹을 창립, 17일 창립총회 개최〉.
59) 《동아일보》, 1927년 9월 16일자, 〈변호도 불원, 실리는 何用, 1, 2일간으로 즉결 희망, 피고석으로 첫 절규〉.
60) 《동아일보》, 1927년 9월 21일자, 〈비밀리에 계속되는 공산당 공판, 제4일에는 개정 벽두부터 대혼란, 법관총퇴로 공판 양차 중지, 박헌영 퇴정, 염창렬 졸도〉.

각 이와 같이 피고의 자유 공술을 위압하는 상태에서는 재판을 거절한다고 항의한 것과[61] 관련된 것으로 보인다. 이 17일의 '투쟁'은 보도 금지로 약 2주 후에나 김병로 변호사가 사법권 침해 문제의 경위를 밝힐 때 비로소 공개되었다. 이 사건도 그렇지만, 10월 14일 블라디보스토크 신한촌에서 개최된 '조선공산당사건반항대회'의 격문 중 다음과 같은 구절은 일제가 왜 방청을 금지하고 그 탐문보도조차 금지하였는가를 잘 말해주는 것 같다.

> 9월 13일 조선공산당사건 공판 개시의 소식을 듣고 우리는 극도로 흥분하여 그 진행 모양을 주목해 왔지만, 매일 보도는 우리의 노기 분한을 더욱 깊게 할 뿐이었다. 공판 방청의 금지! 피고의 졸도! 70 노인과 검속 구타![62] 박헌영 동지의 노호! 악법의 적용! 등 우리는 그것을 알게 되는 매일 매시 이를 갈며 철권으로 책상을 쳤으며, 혹은 남몰래 눈물을 흘리며 울기도 하였지만…[63]

또 19일 스스로 "무슨 깊은 생각도 있을 리 없다"고 밝힌 어느 무명씨가, 조선옷이 없어 죄수복을 입고 법정에 선 피고들의 가련한 모습을 전한 보도를 보고, 옷이 없는 피고 전원에게 한 벌씩 보내지 못하는 자신의 처지를 안타까워하는 마음을 담은 편지와 함께 조선옷 두어 벌을 김태영 변호사에게 전해달라고 우송한 '미담'도[64] 있었다. 이는 법정에 선 피고

---

61) 《동아일보》, 1927년 10월 1일자, 〈사법권을 침해한 경로는 여차, 우리가 지킨 태도는 이러해, 변호사 김병로씨 담〉.

62) 이 노인은 박일병의 부친 박형석으로, 그는 9월 17일 아들을 호송하는 차나 보려고 법원 부근에 서성거리다 제지하는 경찰에 의해 법원 안으로 끌려가 구타당하고 공무집행방해죄로 검속되었다. 《동아일보》, 1927년 9월 18일자, 〈법원내에서 순사가 폭행, 아들 타는 자동차나 보려는 노인, 공무집행방해라고 순사가 구타, 변호사가 검사에 항의〉 참조.

63) 〈조선공산당사건공판반항대회〉, 《조선공산당관계잡건》 1, 고려원, 1990, 744쪽.

들의 모습과 행동 하나 하나가 일반인의 동정과 지지를 얼마나 자극할 수 있는가를 잘 말해 준다. 공판 내용은 보도되지 못하였지만, 박헌형이 출정을 거부하고 단식을 계속한다는 소식은 보도되었고, 자세한 내용이 비공개되면서 오히려 많은 추측을 낳으며 세상사람들의 관심을 더 끌기도 하였다.[65] 많은 사람들은 '역시 박헌영이구나' 하고 감탄하면서 동정을 금치 못하였을 것이다. 필자도 이 기사들을 보면서 해방 후 그가 그렇게 신속히 공산당 세력을 재규합하고 당을 장악한 이유를 일부나마 이해할 수 있었다. 10월 3일 무국주의자(無國主義者) 김건중이 공개재판정에서 '혁명의 성공은 피값과 정비례한다'며 '학설을 강연하였을' 때[66] 당국은 이번 공산당 공판의 방청과 보도를 일체 금지한 것이 정말 다행이었다고 생각하였을 것이다.

감옥의 동지들과 호응하여 일대 접전을 벌이려던 바깥의 동지들이 방청 금지를 강력히 비난하고 대책을 강구한 것은[67] 예상된 일이었지만, 사태는 뜻밖의 방향으로 전개되었다. 당초 일반방청을 금지하되 특별방청은 허락하였는데, 변호사들은 특별방청은 판사에 한할 것과 기자의 방청을 요구하였지만, 재판장은 기자의 방청은 불허하고 판·검사 말고 직책상 필요한 자 2, 3명에 한하여 입정시키고, 정사복 경찰은 절대로 입정시키지 않겠다는 약속을 하였다.[68] 그러나 9월 17일 3차 공판정에 종로경찰

---

64) 《동아일보》, 1927년 9월 21일자, 〈피고에게 의복, 김변호사 집에 소포, 무명씨가 기부〉.

65) 《동아일보》, 1927년 9월 23일자, 〈양대문제의 접종돌발로 제5일에는 중지상태, 오전에는 박헌영이가 돌연 불출정, 오후에는 경관의 필기가 또 문제, 형무 사법 경찰의 창황〉 〈박헌영이가 출정거부? 면회한 변호사는 일체 함구, 형무당국의 약속으로 말 못한다고, '정신만은 毫無異狀'〉 〈박헌영을 중심, 떠도는 추측의 여러 가지, 변호사도 기자에 암시만 보여〉 ; 9월 24일자, 〈재작일부터 출정 거절한 박헌영은 절식, 박헌영은 밥 안 먹는다고 차입을 말라고, 형무소에서 차입한 사식을 돌려보내어, 형무소에서 차입중지 명령〉.

66) 《동아일보》, 1927년 10월 4일자, 〈법정에서 학설강연 '혁명의 성공은 피값과 정비', 무국주의 김중건 공판〉.

67) 《동아일보》, 1927년 9월 21일자, 〈방청금지대책, 강구회를 유지들이 발의〉.

서 고등계 경부보가 피고의 등 뒤에 숨어서 진술을 필기하고 있는 장면을 발견한 박헌영은 즉시 항의하고 재판 거부를 선언한 것이다. 이에 변호사들이 즉각 판사를 면담하여 항의하자, 판사는 그 경관의 입정을 허가한 일도 없고, 만일 경찰이 입정하여 필기하고 있다면 크게 불가한 일이라며 잡아떼었으나 변호사들이 증거를 들이대자 할 수 없이 앞으로 그런 일이 없도록 하겠다고 약속하였다.[69]

그러나 9월 22일 5회 공판에서도 경찰이 사복을 입고 참석하여 필기를 계속하다가 다시 피고들에 의해서 발각되었으며, 변호사들의 항의로 재판장은 경찰의 필기를 금지시켰다.[70] 23일 6차 오전 공판이 끝나자 변호인들은 이 문제를 사법권에 대한 중대 침해로 규정하고 오후 입정을 거부하였으며, 이 문제가 철저히 해결되지 않으면 계속 입정을 거절하기로 하였다.[71] 이들은 27일의 재판에도 입회를 거부하였으며, 29일의 재판도 불투명해졌다.

변호사들은 피고를 취조하던 경관이 특별 방청인으로 참석하여 피고의 진술을 필기하는 것도 피고의 자유 공술을 방해하는 중대 문제이지만, 판사의 금지 약속에도 불구하고 경찰관 방청이 강행된 이면에는 외부의 압력이 깨어든 것이 분명하며, 이것은 명백한 사법권의 침해이므로, 이 상태에서는 재판이 무의미하다고 주장하였다. 변호사들은 속기기자를 입정시켜 피고의 공술을 필기하는 것을 허용한 형사소송법을 이용하자고 제의하기도 하였다.[72] 또 변호인단은 27일 밤 긴급 회의를 소집하고 변호인단

<hr>

68) 《동아일보》, 1927년 9월 16일자, 〈특별방청만 허가 일반의 방청은 금지, … 검사정 중재의 4개조항 교섭〉〈◇교섭전말◇〉.
69) 《동아일보》, 1927년 10월 1일자, 〈사법권을 침해한 경로는 여차, 변호사 김병로씨 담〉.
70) 《동아일보》, 1927년 9월 23일자, 〈종로서 고등주임, 검사와 돌연 면회, 돌연히 불러다 무엇을 물어봐, 경관필기문제의 전개〉〈오후에 개정, 두 가지 문제로 중지하였다가, 경보부는 필기만 못해〉.
71) 《동아일보》, 1927년 9월 24일자, 〈사법권침해문제로, 변호사단궐기 항쟁, 오후에 입정치 않고 대책을 협의, 금후의 전개가 일대 주목〉.

이 각자 피고와 의논하여 자유행동 형식으로 각자 변호사 사임계를 제출하는 한편 고등법원장·복심법원장·지방법원장·검사정·정무총감·법무국장 등을 방문하여 사법권 침해를 엄중 항의할 것을 결의하였다.

28일 오전 우선 이승우·최진·김태영·김영무 등 7명의 변호사가 사임계를 제출하였다.73) 이에 관계 검사와 판사도 대책을 숙의하였고 문제의 종로경찰서 고등계 주임을 불러 의논도 하였지만,74) 검사는 이유 없이 입정하지 않는 변호사는 징계하겠다는 강경한 입장을 표명하였다. 재판장도 9월 27일과 29일의 공판에서 피고들이 정말 공술의 자유가 제약되고 있는지 여부를 판단하고 나서 다시 이 문제를 고려하겠다는 자신의 성의를 변호사단이 무시하였다며, 변호사가 입회하지 않아도 공판을 강행하겠다고 선언하였다.75)

이어서 29일 판사는 피고를 한 사람씩 서(西) 예심정(豫審廷)으로 불러내어 무언가 주의를 준 것 같았다. 변호사들은 이것 역시 중대문제라고 들고일어났지만, 법원 측은 늦어도 10월 4일에는 공판을 재개한다는 방침을 세웠다. 재판장이 관선 변호사를 붙일 것인지, 변호사 없이 재판을 진행할 것인지, 그리고 그 어느 경우에서도 피고들이 재판을 거부할 것인지 귀추가 주목되는 순간,76) 돌연 검사정이 중재안을 제의하였다. 변호사단

---

72) 《동아일보》, 1927년 2월 28일자, 〈제6일의 파란계속으로, 제7일은 필경중지, 사법권 침해 문제로 양차나 밀의코, 변호사단은 입회를 거절〉 〈'판관의 성의는 시인, 모방면 견제가 문제, 변호사단의 발표하는 요지〉 〈속기기자 입정을 변호사가 제의, 항의한 끝에〉.

73) 《동아일보》, 1927년 9월 29일자, 〈변호사단 일치단결, 요로당국에 책임힐문, 자유행동을 취하여 사임결의, 사임의 이유를 옥중피고에도 전달〉 〈작일 오전까지 우선 7명 사임〉.

74) 《동아일보》, 1927년 9월 28일자, 〈변호사의 凝議를 따라, 관계 법관도 밀의〉.

75) 《동아일보》, 1927년 9월 29일자, 〈'무고히 출정치 않으면, 법대로 징계처분', 長尾 검사정 담〉, 〈'불출정해도 재판개정', 矢本 재판장 담〉.

76) 《동아일보》, 1927년 9월 30일자, 〈돌연 휴정코 예심정으로 피고를 한명씩 호출, 변호사는 한 명도 입회를 아니해, 제8일 개정 20분만의 파란〉 〈又 ― 중대문제라고, 변호사단 긴급대책 凝議〉 〈의외의 문제와 구구한 일반의 추측, 변호사 없이도 재판

의 항의를 받은 요코다(橫田) 고등법원장도 이 사태는 사법권의 침해까지는 아닐지라도 법정 취체권을 침해한 것은 명백하니 조사하겠다고 언명하였을 뿐 아니라[77] 피고들의 태도도 더욱 강경해졌기 때문에, 이 중재가 제안된 것 같다. 한 사람씩 불려 나갔다 다시 재판정으로 돌아온 피고 한 사람이 재판소 주변까지 들릴 정도로 높은 언성으로 5분 동안 무언가를 말한 후 법정에서 끌려나와 형무소로 호송된 사실도 법정에서 피고의 더욱 강경한 항의가 있었음을 짐작케 하는데, 형무소로 돌아간 피고들은 변호사의 긴급 면회를 요청하고 더욱 강경한 태도를 표명하였다고 한다. 아마도 피고들은 재판의 전면 거부를 결의한 것인지도 모른다. 검사정의 중재 결과 변호사단이 제기한 경찰의 특별방청은 전면 금지되었고, 판사는 자유로운 공술을 방해하는 일은 앞으로 일체 엄금하겠다고 약속하였다. 변호사단의 요구가 관철된 것이다.[78] 재판은 10월 4일 다시 속개하기로 하였다.

10월 2일 변호사들이 형무소를 면회하여 피고들에게 이 사실을 설명하자, 피고들은 재판을 매일 열어 신속히 진행할 것, 통역을 갖추어 줄 것, 특별 방청자를 보통 방청석으로 옮길 것, 한 사람씩 단독 심리를 하지 말 것 등을 요구하였다.[79] 4일 아침, 재판이 속개되면 무슨 일이 일어날지 모

을 받을는지, 문제의 진전은 어디까지〉〈'우리의 방침으로는 4일 개정', 피고 대개는 공판을 즐기는 듯, 모 유력 법관의 담〉.

77) 《동아일보》 1927년 9월 30일자, 〈사법권침해는 몰라도 법정 취체권 침해는 분명, 사실은 이제 알았으니 조사를 하겠다고, 질문간 변호사위원들에게 대답을 하여, 橫田 고등법원장 언명〉.

78) 《동아일보》 1927년 10월 1일자, 〈검사정이 돌연 중립중, 검사정이 뜻밖에 나서 문제의 해결을 간청해, 변호사단은 두 번이나 긴급회의를 열고 교섭, 변호사단에게 문제해결 제의〉〈단독호출 받은 피고들 변호인에게 긴급면회 緊請, 피고들의 태도 去益 강경〉〈'자유공술의 장해물은 금후부터 절대엄금', 변호사 요구에 이렇게 대답하여, 변호사단이 결국 승리〉.

79) 《동아일보》 1927년 10월 4일자, 〈강경한 피고들이 4개조 요구, 공판을 매일 계속하여 달라고, 파란 단락을 변호인단이 면담〉.

르겠다며 군중은 법원 주변으로 모여들었고, 이에 따라 경찰의 경계도 강화되었지만, 오전 10시 15분 재판장은 갑자기 재판의 공개를 선언하였다. 항상 재판장 주변을 떠나지 못하던 가족들은 "뜻밖에 반가운 소식을 듣고 기쁨으로 악악 소리를 지르고 날뛰며 서로 앞을 다투어 약 80장의 방청권을 빼앗다시피 받아서 입장하였는데 … 공개된 지 채 40분이 못 된 11시 35분에 이르러 일반의 방청은 또다시 금지한다는 재판장의 선언으로 잠깐 동안 피고들의 얼굴을 대하였던 일반 군중은 또다시 법정 밖으로 밀려나고 말았다." 이 사이 심리를 받은 사람은 홍덕유로, 그 내용은 본 사건과 무관한《조선일보》지방부 기자 시절의 신문지법 위반에 관한 것이었다.[80] 공산당사건은 비공개한다는 방침을 고수하면서 비공개에 대한 여론의 비난을 다소 완화할 수 있다고 생각한 '묘책'이었는지는 몰라도, 너무나 얄팍한 잔재주를 비난하기에 앞서 애절한 마음을 농락당한 가족들의 상처를 먼저 위로하지 않을 수 없다.

재판이 속개되었지만, 매일 공판을 열어 달라는 피고들의 주장에도 불구하고 10월 8일(토요일)에 예정된 재판은 간수들의 무도(武道)대회로 취소되었고[81] 10월 10일 후세가 처음 변호사단에 합류한 것을 계기로 변호사단은 종래의 주장을 종합하여 다음과 같은 요구를 제출하였다. 즉 단식으로 위독한 박헌영을 비롯한 병중의 피고들을 전원 보석할 것, 재판은 매일 열 것, 속기기자를 입정시킬 것, 중요 피고들에게 자필 공술서를 제출케 할 것. 그러나 판사는 이 요구를 대부분 거절하였다. 다만 피고의 자필 공술서 제출 문제는 자기의 권한 밖이지만 형무소에 지필묵을 차입하라고 권하였다. 변호사들은 즉시 지필묵을 차입하자 김약수·강달영·권오설·김재봉·이준태·임원근 등 10명이 자필 공술서를 제출하기로 하

---

80)《동아일보》, 1927년 10월 5일자,〈개정직후 돌연히 공개, 불과 반시간에 又復 금지, 전광석화의 무언극 일막〉〈공개된 순간에는 홍덕유만 심리, 내용은 신문지법 위반〉.
81)《동아일보》, 1927년 10월 27일자,〈간수들이 없어서 명일 개정은 休止, 작 6일은 별문제 없이 개정이 되었으나, 명 8일은 간수들의 유도대회로 휴정〉.

였다. 이 공술서는 피고가 자신에게 유리한 진술을 충분히 할 수 있는 기회였다.[82]

그러나 대부분의 요구를 거부당한 변호사들은 대책을 숙의하였고, 특히 법정의 여유가 없고 서기가 기록을 정리할 수 없으며 형무소의 인원문제로 매일 개정할 수 없다는 것은 핑계에 불과할 뿐이라며 거듭 매일 개정을 촉구하는 한편, 형무소를 찾아가서 피고들을 대대적으로 면회하였다. 무언가 중대한 사태의 진전을 추측케 하였지만, 변호사들은 대책회의의 내용을 일체 비밀에 부쳤다.[83] 이 무렵 사회단체들도 각종 항의집회를 준비하고 있었다. 13일 공판에서 변호사들이 피고들을 직접 방문하여 목숨이 경각에 달린 정황을 확인한 박헌영·조이환·백광흠의 보석을 강력히 요구하고 나설 때에도[84] 공격 목표를 병자 보석으로 설정하고, 감옥을 방문하는 것처럼 보이게 했다. 박헌영은 심신상실(心神喪失), 조이환은 폐결핵, 백광흠은 결핵성 늑막염과 폐렴이라는 것이었다.

후세·김병로·허헌·후루야 변호사가 서정희를 비롯한 14명을 형무소에서 면회한 것은 10월 14일 오전이었는데, 이때까지 변호사들은 총 28명을 개별 면회하였다. 이날 신문은 보석으로 풀려나 입원한 백광흠이 정신이상으로 광란하는 목불인견의 참상과 변호사들이 보석금을 지불하여 마침내 조이환이 보석된 사실도 보도하였다. 그러나 단식투쟁으로 심신상실 상태가 되어 사경을 헤매는 박헌영은 끝내 보석되지 않았다. 판사는

---

82) 《동아일보》, 1927년 10월 12일자, 〈교섭중의 5개조항을 재판장이 殆 전부 불응, 요구 조건이 대개 불성공이 되어, 목적은 기여히 관철할 작정으로, 변호사단은 재차 협의〉 〈자필 공술서, 십명이 제출〉 ; 10월 13일자, 〈자필공술서 제출요구는 필경 관철, 거절할 이유가 없으므로, 피고에 지필을 제공〉.

83) 《동아일보》, 1927년 10월13일자, 〈요구관철방침강구차 의미심장한 피고방문, 결과 여하로 또 중대사태 야기? 회의 내용은 당분간 비밀〉 〈포시변호사 성명서발표, 매일 개정반대 이유는 애매모호한 구실뿐〉.

84) 《동아일보》, 1927년 10월 14일자, 〈박헌영·조이환·백광흠 등, 3피고는 명재경각, 보석 않음은 인도상 不容貸, 방문결과로 사실판명〉 〈피고보석 문제로 재판도 지연〉 〈진단서첨부 보석을 청원〉.

박헌영은 '투쟁'만 중단하면 해결될 문제로 간주하였을 것이다. 변호사들은 밀의를 계속하고 있었고, 가족들은 음산한 바람이 뼈를 찌르는 법정 밖에서 "추위에 떨면서 맨발로 부들부들 떨면서, 허리를 구부리고 변소 출입하는 피고들을 행여나 저이가 그이가 아닐까 하는 기대로 시퍼런 문 속으로 그림자가 사라지도록 바라보고" 서 있었다. 노인은 변소 출입이 잦다고 하였던가? 추위에 떨며 몸을 구부리고 남보다 자주 변소에 출입하였을 서정희의 모습이 눈에 보이는 것 같다. 신문은 무언가 큰 문제가 터질 것 같다고 또 예측하였다.[85]

고문경관 고소 마침내 10월 16일 권오설·강달영·홍덕유·이준태·전정관 5명은 김병로·허헌·이인·김태영·한국종 등 7명의 변호사를 대리로 세워 종로경찰서 고등계 주임 미와 미쓰로(三輪和三郎)·경부보 요시노 후지구라(吉野藤藏)·김면규, 순사부장 오오모리 히데오(大森秀雄) 4명을 경성지방법원에 '폭행능학독직(暴行凌虐瀆職)'죄로 고소하였다. 피고들이 종로서에서 취조 받을 때, 이 4명은 우에노(梅野)·유(柳)·한(韓) 등의 형사들과 함께 온갖 폭행을 하여 권오설은 앞니 두 개가 부러지고 다른 피고들도 중상을 당하였다는 것이다.

변호사 후루야 다다오는 이 사건을 "헌법과 법률로 보장된 인권을 유린한 용서 못할 중대범죄"로 규정하였다.[86] 일제 경찰에 구금되어 고문과 폭행을 당하지 않았다면 오히려 이상한 현실에서 단순히 고문 폭행을 폭로, 호소한 정도가 아니라 직접 그 폭행자 경관을 고소한 것을 필자는 과문한 탓인지 들어 본 일이 없다. 신문은 이것을 '근래에 드문 중대한 사

---

85) 《동아일보》, 1927년 10월 16일자, 〈변호사단 밀의빈번, 대문제 폭발의 전조? 陰風砭骨의 冷落한 廷外에 피고의 가족은 委依佇立〉〈면회한 피고 전후 28명〉〈입원한 백광흠 정신에 이상, 경관을 타매하고 ○○만세를 고창, 식칼을 들고서 닥치는 대로 찔러, 참상정상은 목불인견〉〈보증금을 내고 조이환은 보석〉.

86) 《동아일보》, 1927년 10월 17일자, 〈공산당피고 5인, 요로경관을 고소, 변호사 7인을 대리인으로, 작일 경성지방법원에 제출, 萬目注視의 문제 전개〉.

건'으로 표현하였지만, 일제 식민통치사상 전무후무한 일이 아니었는지 모르겠다. 실로 만인이 주시하지 않을 수 없는 문제였고, 재판 진행에 커다란 영향을 미칠 수 있는 중요한 사태의 전개였다. 이런 문제란 일단 거론되면 여론을 좌우할 수 있는 폭발적인 위력을 발휘할 수 있으며, 당국도 명분상 그대로 묵살할 수만도 없는 골칫거리가 되기 마련이다.

이 고발은 바로 그동안 변호사단이 밀의를 거듭하며 세운 작전이었던 것이다. 그러나 사실 이번 사건에서 고문문제는 처음부터 폭로되기 시작하였다. 즉 9월 14일 제2차 공판에서 후루야 다다오 변호사는 경계를 구실로 많은 경관이 임석한 것을 재판장에게 다음과 같이 항의하였다.

> 법정 안에는 여전히 다수한 경관이 들어서서 오래 동안 독감방 생활을 한 피고들에게 정신상 위압이 될 뿐 아니라, 육체상에도 다대한 영향이 있어서 도리어 자유로운 공술을 하기에 어려울 터이니, 이 점에 대해서는 재판장의 반성을 요구하는 바이며, 작일 피고 80여 명을 면회한즉, 그 대부분이 경찰서에서 다대한 ○○○○○○○○○○○○ ○○○○○○○○○○○○ ○○○○○○○을 하였다 하니 그 사실 여부는 모르겠거니와 다수한 경관이 들어서 있는 이런 법정에서 피폐한 피고들이 자유로운 공술을 할 수 없는 것은 명백한 사실이니…[87]

29개의 ○ 부분이 무슨 내용인지 모르겠다고 하는 사람은 아마 고문을 자행한 당사자들과 그들을 비호하는 세력뿐일 것이다. 그러나 조금만 이 구절을 세심하게 읽으면 당국이 경계를 구실로 많은 경관을 법정에 임석시킨 것 자체가 곧 피고를 고문한 사실을 스스로 시인한 것이라는 점을 알 수 있다. 그 의도는 피고들에게 고문한 사실을 다시 상기시켜 경찰에

---

87) 《동아일보》, 1927년 9월 16일자, 〈피고점명을 개막, 벽두 제변호사 열변, 법정 안의 경계를 철폐할 것, 방청공개, 병피고보석 주장, 법정내는 일시 긴장〉.

서 강요받아 한 진술을 번복하지 못하도록 위압하기 위한 것이기 때문이다. 후루야 변호사가 경관의 철수를 주장하기 위하여 경찰의 고문 사실을 거론하고, '피폐한' 피고들에게 경찰의 임석이 정신상 위압이 될 뿐 아니라 육체적으로도 영향이 있다고 주장한 것은 바로 이 점을 폭로한 것이었다. 그러나 이때까지만 해도 변호사단이 고문을 문제화하려는 의도는 없었던 것 같다. 당국이 고문을 언급한 구절을 완전 삭제시키지 않고 그 문자 하나하나를 'O'으로 처리시키는 정도로 보도를 허용한 것도 이 때문일 것이다.

10월 16일 5명의 피고들이 고문 경찰을 정식 고소한 것은 경찰의 특별 방청과 필기 문제가 일단락되어 다른 문제로 법정투쟁을 다시 한 단계 높일 필요가 있다고 판단하였기 때문인 것 같다. 변호사단의 빈번한 밀의는 그들이 이 문제의 사건화가 가져올 파장을 심각히 숙고한 때문일 터인데, 사실 '공공연한 비밀'의 폭로란 으레 '있을 수도 없는 일이며, 있지도 않았다'는 부인으로 끝나기 마련이다. 고소를 제기한 5명은 모두 제2차 공산당 사건으로 검거되었는데, 그들의 검거로 조직이 완전 노출되고 관련 문서도 거의 압수되어 공산당이 철저히 붕괴되었다는 것은 주지의 사실이다. 특히 고소한 5명 가운데 한 사람인 2기 공산당 책임비서 강달영은 너무나 쉽게 모든 비밀을 자백한 것으로 비난받기도 한다.[88] 그가 7월 17일 체포된 지 이틀 만에 자백하기 시작한 것은 사실이다. 그러나 그는 그 사이 몇 번 자살을 기도하였으며, 18일에는 겨우 일부만 공술하였고, 19일의 자백으로 서류가 압수된 이후에도 암호에 관한 설명은 완강히 거부하였으나 경찰이 고심 끝에 해독법을 알아낸 이후에야 비로소 협조하였다고 한다.[89] 그가 경찰을 고소한 것은 '자살하지 못한 과오'를 속죄하기 위함이

---

88) 서대숙, 《한국공산주의운동사 연구》, 화다, 1985, 85쪽. 이 책에 따르면 강달영이 모든 것을 자백하는 데는 대나무 막대기와 바늘침에 의한 기초적인 고문밖에는 필요치 않았다고 한다.
89) 〈제2차 공산당사건검거보고철〉, 134~135쪽.

었을까?

안팎으로 비난 여론이 비등하는 가운데, 변호사들은 경찰이 법원의 보조기관이란 이유로 고문경찰을 비호하는 것은 법률을 파괴하는 짓이라며 성역 없는 수사를 촉구하는 한편 물적 증거도 제출하겠다고 공세를 폈다.90) 총독부 경무국도 현재 증거는 없지만 문제가 문제인 만큼 방관하지는 않겠다는 입장을 표명하였고,91) 10월 22일 재일본 단체 대표의 항의 방문을 받은 경성법원 검사정, 총독부 경무국장, 법무국장 3명도 확실한 증거만 드러나면 단호히 처치하겠다고 거듭 약속하였다.92) 변호사들은 피고를 조사한 즉 90명 이상이 고문당한 사실을 확인하였다며 2, 3차의 고소를 준비한다고 기세를 올렸고,93) 특히 예심판사 오정도 그 대상이라는 사실을 밝히기도 하였다.94)

여론의 압력, 그리고 명분상 고소된 사건을 일단 조사하지 않을 수 없는 검찰은 우선 피소된 경관들 가운데 조선인 1명에게 모든 책임을 전가시키려는 듯 그를 지방으로 전출시키는 한편 우선 피해자인 고소인을 조사하기 시작하였다.95) 그러나 검사는 고소인을 조사한다는 핑계로 경관의 조사는 자꾸 연기하다가 10월 26일에야 형식적인 취조를 하였다. 변호

---

90) 《동아일보》, 1927년 10월 20일자, 〈고문고소와 공당공판, '보조기관이유로 비호는 법률 파괴, 증거수집도 검사활동에 달렸으니, 엄정 민활하게 취조하란 고옥씨 말, 보류한 물적 증거도 제출〉.
91) 《동아일보》, 1927년 10월 19일자, 〈고문고소장 검사국에 회부, 결국은 물적 문제이라고, 長尾 검사정담〉.
92) 《동아일보》, 1927년 10월 23일자, 〈재일단체 대표 고문사건을 항의, 경무당국과 법원당국은 단호 처치를 언명〉.
93) 《동아일보》, 1927년 10월 22일자, 〈고문사실 들어나는 대로 2차, 3차 고소제기, 증거수집에 고심하는 변호사단, 고문 판명된 90여인〉.
94) 〈간도공산당 취조에 五井예심판사 기피, 변호사단에서 항의제출〉, 〈'고소를 준비중인데, 담임은 천만 부당', 또 무슨 일을 할 줄 아느냐, 변호사 김병로씨 담〉.
95) 《동아일보》, 1927년 10월 19일자, 〈고문사실은 김면규에게 전가? 모든 책임을 한 사람에게 돌려, 지방으로 전근 내정〉 ; 10월 22일자, 〈원교검사 담임으로 작일부터 취조개시〉.

사들은 또 고소인에 대한 피해조사가 너무 소략하다며 항의하였고,[96] 제2
차 고소도 준비하고 있다고 으름장을 놓았다.[97] 감옥으로 고소인들을 계
속 방문하며 증거를 수집한 변호사들은 11월 1일 마침내 증거물을 제출
하고 검사·증인·변호사도 입회한 현장검증과 고소인과 피고소인(경관)
의 대질을 요구하였다.[98] 이에 검사는 근우회 회원 김영희와 이봉수의
부인 강형순을 우선 증인으로 불러 '여러 가지 차마 보지 못할 상황'을
진술받기 시작하였는데, 당시 검사는 홍덕유의 부인이 받아 간 피 묻은
내복과 양말에 대해서도 물었다고 한다.[99] 김영희와 강형순의 조사를 보
도한 그날 《동아일보》는 동경 니시간다(西神田) 경찰서가 러시아혁명 기
념강연 문제로 검거된 조선인 여학생을 성고문한 사실도 대서특필하였
다.[100] 이 여학생들도 고문한 경관을 곧 고소하였는데,[101] 역시 공산당사
건의 고문 고소사건이 큰 사회·정치 문제로 부각된 상황에서 가능하였
던 것 같다.

　검사는 피소된 종로경찰서의 경관들도 비밀리에 취조하기도 하였

---

96)《동아일보》, 1927년 10월 25일자, 〈천하의 시청을 집중한 고문 경관고소 사건의
　　전개〉〈고소인 공술청취로 경관취조는 연기, 고소인 이준태를 재조사〉; 10월 26
　　일자, 〈천하의 시청을 집중한 고문경관 고소사건의 전개〉〈연기, 又 연기! 금일에
　　나 경관취조, 변호사단 검사태도 감시〉〈다시 취조하란 항의를 제출? 검사의 조사
　　가 거칠다고, 변호사단에서 밀의〉.
97)《동아일보》, 1927년 11월 1일자, 〈변호사단 돌연긴장, 제2차 고소제기? 법정, 감옥
　　양방면으로 대활동, 고문경관사건 益 확대〉.
98)《동아일보》, 1927년 11월 2일자, 〈'고문현장을 임검, 고소인과 피고소인 대질', 검
　　사, 증인, 변호사도 입회요구, 변호사단 증거제출〉〈五角對面 취조〉.
99)《동아일보》, 1927년 11월 10일자, 〈고문경관 고소사건, 제1차증인 호출, 김영희 강
　　형순 두 여자를 호출하여, 원교검사가 당시 광경을 심문할 터, '기억에 남은 차마
　　못 볼 광경'〉; 11월 12일자, 〈천하의 시청을 집중한 고문경관고소 사건의 전개,
　　'취하 받은 피고 의복중 내의와 양말에 혈흔', 증인으로 심문받은 강형순씨 담〉.
100)《동아일보》, 1927년 11월 12일자, 〈혁명기념일에 검거된 조선여학생을 고문, 러시아
　　혁명기념강연으로 검거된 조선 여학생을 발가벗기고 고문해, 동경 西神田署의 駭擧〉.
101)《동아일보》, 1927년 11월 23일자, 〈고문당한 여자 2명, 고소를 준비, 동경에서 고
　　문당한 두 여자 진단서 내여 경찰을 고소해, 동경경찰고문사건〉.

다.[102] 그러나 11월 16일 검사는 기소할 만한 증거가 전무하다는 이유로 사건을 불기소 처분하였다. 이미 예상된 일이었을 것이다. 결국 검사의 수사는 '누구나 다 아는 범죄'를 처벌하기 위한 것이 아니라 '경찰의 만행'은 있을 수 없다는 점을 다시 한번 강변하기 위한 절차에 불과하였던 것이다. 변호사들도 검사가 다시 기소할 것을 기대하지는 않았겠지만, 즉각 항고 수속을 밟기 시작하였다. 변호사 김병로는 고문이 명백한 사실임에도 반대 증거도 제시하지 않고 불기소한 검사를 비난하였다.[103] 18일, 변호사단은 복심법원에 항고서를 제출함으로써,[104] 고문사건을 계속 문제 삼겠다는 의지를 재확인하였으며, 11월 25일에는 필요한 증인 3명을 다시 신청하기도 하였다.[105] 이날 《동아일보》는 함남 단천군 북두면 주재소에서 취조받던 농민이 이틀 만에 시체로 나와 각 단체가 현장으로 급히 간 사실을 크게 보도하였다.[106] 이에 앞서 11월 22일 법원은 박헌영의 보석을 마침내 허가하였다.[107] 그는 계속된 단식투쟁으로 정신이상 증세를 보이면서 두 차례나 목을 매고 자살을 기도하였기 때문에 법원은 그에게 밤낮으로 쇠고랑을 채워 놓았다고 한다.[108]

---

102) 《동아일보》, 1927년 11월 13일자, 〈피소경관을 호출, 비밀리 신문 착수, 제1차 길야, 김 양경보부취조, 고문고소사건진행〉〈작일 오전 취조는 삼륜경부와 대삼부장, 사람의 눈을 피하며 양경관 출정〉.

103) 《동아일보》, 1927년 11월 17일자, 〈고문고소 필경 불기소, 변호사단 항고수속, 기소증거 불충분의 이유로, 사건 진전은 又復 如何〉〈불기소처분을 했으면, 반증거표시가 필요, 고문한 것은 명백한 사실, 고소인대리 변호사 김병로씨 담〉〈기소증거 전무, 담임한 검사 원교씨 담〉.

104) 《동아일보》, 1927년 11월 18일자, 〈경관불기소사건 금일에 정식 항고, 검사태도를 엄중 감시〉.

105) 《동아일보》, 1927년 11월 26일자, 〈고문사건항고, 증인 3인 신청〉.

106) 《동아일보》, 1927년 11월 25일자, 〈주재소에서 취조받던 농민, 2일만에 시체되어 단천 대신 주재소에 괴사건, 각 단체 대표 현장급행〉.

107) 《동아일보》, 1927년 11월 23일자, 〈박헌영보석출감, 작일에야 보석허가 되어〉.

108) 《동아일보》, 1927년 11월 16일자, 〈박헌영도 발광 상태, 양차나 일사도모, 밤낮으로 쇠고랑을 차고 지나, 변호사단 보석청원〉.

재판장 기피　　고문 고소사건을 항고한 바로 그날 오후 2시 50분 무렵 공산당사건 변호사 김병로 등 9명은 돌연 재판장 기피를 선언하고 퇴정함으로써 재판은 다시 중단되었다. 그들이 기피를 선언한 재판장은 야모토(矢本)였다. 그 이유는 재판장이 변호사단이 신청한 증인 49명 전원을 각하하였기 때문이다.[109] 야모토는 너무 피고들을 관대하게 다룬다는 이유로, 한때 엄하기로 유명한 마쓰히로 판사로 경질된다는 소문이 있을 정도로 비교적 피고들에게 동정적인 인물이었다.[110] 11월 12일 제26차 공판으로 사실심리가 종료된 후 피고에 대한 변호사단의 대질심문이 시작되자[111] 변호사단은 11월 16일 경찰·판사·법원서기·학무국장·신문기자·사회운동가·피고가족, 심지어 기생 2명도 포함된 총 49명의 증인을 신청하였는데,[112] 17일 오전의 공판에서 재판장은 이를 모두 각하였던 것이다. 변호사들은 증인 전원 각하는 너무나 편파적인 태도이며, 따라서 공정한 판결을 기대하기 어렵다고 흥분하며 19일 장문의 기피신청서를 제출하였다. 신문에 연재된 기피신청서는 증인들을 열거하고 그들이 어떤 피고에게 어떤 유리한 증언을 할 수 있는가를 상세히 명시한 후, 이러한 증언 기회를 박탈한 판사를 신뢰할 수 없다는 점을 강조하였다.[113]

　만약 이 신청이 접수되면 법원이 기피신청에 대한 재판을 하기 위하여 3명의 판사를 임명하고, 그 판사들은 모든 기록을 검토하여 가부를 결정

---

109)《동아일보》, 1927년 11월 18일자, 〈증인신청 전부 각하로 재판장기피를 신청, 변호사퇴정으로 공판에 大停頓〉〈변호사단 돌연 퇴정, 긴장리에 비밀협의, 지방법원 2호 법정에서〉.

110)《동아일보》, 1927년 10월 19일자, 〈재판장경질 문제로 又一 중대 파란야기? 末廣氏 부장임명과 물의분분, 又復 사법권위문제〉〈'엄혹히 하라면 예심대로 판결, 흥분한 矢本재판장 담, 피고는 어디까지나 동정〉.

111)《동아일보》, 1927년 11월 13일자, 〈공판속개 전후 26회, 공산당사건 사실심리 종료, 9월 13일 개정, 荏苒 3개월간, 주목 초점은 대질 심문〉.

112)《동아일보》, 1927년 11월 17일자, 〈증인 전부 49인 각서장, 고등계주임, 당시 기생 두명까지 섞였고, 학무국장까지 신청〉.

113)《동아일보》, 1927년 11월 21·22·23·24일자, 〈기피신청서전문〉.

하는 데 적어도 4개월이 걸리므로, 공산당 재판은 빨라야 4개월 후에나 다시 열릴 수 있다고 전망하였다.[114] 그러나 재판장은 '심증만 얻으면 되지 증인이 무슨 필요가 있느냐' '증인 환문이 반드시 피고에 유리할 것도 없는데 왜 고집을 부리느냐'는 생각이었던 것 같다.[115] 또 이 기피신청에 대한 항간의 억측도 구구하였고, 자신들의 구금기간만 연장될 뿐이라고 반대하는 피고들도 많다고 떠들고 다니는 사람도 있어, 변호사들은 19일 해명차원의 성명서를 발표하였다.[116] 그 중요한 부분만 소개해 본다.

조선공산당사건이 去 9월 13일 개정된 이래 我等 변호인은 혹은 사법권의 독립과 법의 신성 확보를 위하여, 혹은 법정 내외의 취체에 대하여, 혹은 공판공개 금지에 대하 여, 혹은 고문경관의 법정 잠입 및 필기사건에 대하여 불굴의 정신으로서 투쟁하여 왔다. … 그동안 피고 등은 경찰서 및 예심정에서 혹심한 고문에 의하여 허실의 공술을 하였다. 또 공술하지 않은 것을 조서에 기재한 것이 있음에 대하여 변해한 바가 있었고, 필경에는 일부 피고인으로부터 고문경관에 대한 폭행 능학죄의 고소까지 제기하게 되어 입회 변호인은 물론 일반 세인으로 하여금 본건에 대하여 심각한 의혹을 가지게 하였다. 각 피고인은 전기의 사정에 의하여 경찰서 및 예심정에 있어서 하등의 유리한 반증을 들을 수 없었다. 그들은 공판에 이르러 비로소 그 기회를 얻지 아니하면 아니 된다. … 그런데 재판장은 공판기록이 아직 완성하지 못하였고(서정희 외 34명 공판기록 미정리), 따라서 증거

114) 《동아일보》, 1927년 11월 19일자, 〈재판장기피 신청이유는 금일 서면으로 제출, 재판서는 판사 세사람을 지명하여 기피에 대한 가부를 먼저 재판 결정, 공판속행은 빨라도 4개월 후?〉 〈'증인 전부 각하는 편파한 재판이 확실' 재판장 기피 신청 이유에 대하여, 변호측 대표 모씨 담〉.

115) 《동아일보》, 1927년 11월 19일자, 〈'심증만 있으면 증인은 하용, 증인환문이 반드시 피고에게 이익하다고만은 할 수 없다', 기피신청과 모판사 담〉.

116) 《동아일보》, 1927년 11월 20일자, 〈정돈된 조선공산당공판, 변호사단의 凝議, 일반에는 성명서 발표, 돌아다니는 오해와 풍설을 풀기 위하여, 협의한 결과로 장문의 성명서를 발표해, 근 백장의 이유서제출〉.

결정에 있어서 각 피고인의 공판정에 있어서의 공술을 내용을 아직 명백하게 하지 못하였음에도 불구하고 我等 변호인이 신청한 필요한 반증 전부를 冷然히 각하하였다. 이와 같은 것은 피고를 위하여 피고의 변호를 주로 하여 사실의 진상을 규명하지 아니하면 아니 되는 공판중심주의, 직접 심증주의의 직임을 저바리고 사건의 妄斷을 감행하고자 하는 것이라고 단언할 수 있다. … 如斯한 재판장의 편파적인 태도에 대하여 我等은 도저히 묵과할 수 없었다. … 我等이 재판장의 기피신청에 의하여 101명 피고의 개인 고초가 늘어지는 것은 사실이다. 그들이 신음하고 있는 참상을 생각할 때 분통을 금할 수 없다. 그러나 그들에게 유리한 반증도 듣지 못하고 徒然히 기계적인 변호에 급급하여 우리의 천직을 다하지 못하여 사회적 의의에 있어서 중대한 사건을 輕輕하게 종료시키게 하는 것은, 각 피고인에 대하여서나 일반사회에 대하여서 我等으로서는 차마 할 수 없는 바이다.[117]

이 성명서는, 중대한 재판에서 검경의 일방적인 각본대로 끌려 다니며 들러리나 설 수 없다는 입장과, 따질 것을 따질 경우 오히려 피고들의 고통을 연장시킬 수도 있다는 우려 사이에서 변호사단이 얼마나 고민하였는가 잘 말해 준다. 11월 22일 김병로·김태영·후루야 세 변호사가 피고들을 다시 방문하여 재판정 기피신청의 이유를 설명하고 이후의 대책을 협의한 것은[118] 이 결정이 결코 쉽지 않았음을 다시 한번 말해 주는 것 같다. 그러나 기피신청 이유서와 변호사단의 성명이 보도됨으로써 세인들은 비공개 재판의 내용을 어느 정도 알게 되었을 뿐 아니라, 재판 자체도 얼마나 무리하게 조선의 '주의자'들을 탄압하고 있는지를 다시 한번 확인할 수 있었을 것이다. 이 성명서가 없었다면 우리는 이때까지도 서정희를 비롯한 35인의 공판기록이 아직도 정리되지 못한 사실을 알 수 없었

---

117)《동아일보》, 1927년 11월 20일자, 〈성명서전문, 19일 변호사단 발표〉.
118)《동아일보》, 1927년 11월 23일자, 〈피고를 방문, 중요한 협의, 세 변호사가 형무소를 방문, 작일 변호사단 활동〉.

을 것이다. 어차피 '주의자'들의 목적이 식민통치에 항의하고 그 타파를 도모하는 것이었다면, 그리고 그들도 식민통치의 야만성을 폭로할 수 있다면, 자신들의 고통이 좀더 연장되는 것은 감수하고자 하였을 것이다.

그러나 일제 당국은 이 재판을 연장함으로써 자신들의 비리가 꼬리를 물고 폭로되는 것을 더 이상 원치 않았던 것 같다. 기피신청을 접수한 법원은 곧 담당판사를 배정하고 방대한 재판기록을 담당판사에게 넘겼다.[119] 방대한 기록을 검토하는 데는 당연히 긴 시간이 필요하다. 형사소송법 353조는 '어떤 문제로 공판이 15일 이상 정지되면 모든 심리를 처음부터 다시 해야 한다'고 규정하고 있었다. 처음에는 법원도 심리갱신은 불가피하다고 판단한 것 같다.[120] 그러나 기피신청 담당판사는 사건이 의외로 간단하여 일주일 정도만 기록을 대강 검토하면 12월 초순에는 판결할 수 있다고 장담하였으며,[121] 12월 3일 오후 전격적으로 기피신청 각하 결정을 발표하였다. 재판장이 사건을 편파적으로 재판할 리가 없으며, 따라서 그 재판장을 기피할 이유가 없다는 것이다. 각하이유서에는 피고에 대한 기소 내용이 이미 피고의 진술이나 기타 증거로 입증되었으므로 새삼 그것을 번복할 증인을 부를 필요가 없다는 점이 비교적 상세하게 적시되었다. 그 분량도 변호사단이 제출한 기피신청서의 약 4분의 3 정도에 달하는 장문이었다.[122] 이 발표와 함께 기피당하였던 야모토 판사는 하루 속히

---

119) 《동아일보》, 1927년 11월 22일자, 〈기피신청 받은 재판장을 재판할 재판장결정, 지연되는 공산당공판〉〈공판조서만 2천 5백매, 기피재판장에 넘어가기에〉 ; 11월 25일자, 〈서류전부 정돈, 배석도 결정, 기피재판장에 넘겨〉.

120) 《동아일보》, 1927년 11월 26일자, 〈백단일피고 심리를 전부갱신, 공판정지 상태가 15일 계속하면, 심리를 다시 한다고 법률의 명문이 있어, 문제 첩출의 공산당공판〉〈'공판수속갱신은 법률상 불가피, 그러나 간단히 할 수 있어' 담임재판장 矢本氏 담〉.

121) 《동아일보》, 1927년 11월 27일자, 〈기피재판은 내월 초순경, 공산당사건에 대한 변론은 동 20일후나 될 듯〉 ; 12월 4일자, 〈'기피재판은 십일내 결정, 사건은 의외로 간단하다' 기피재판장 山根氏 담〉.

122) 《동아일보》, 1927년 12월 6일자, 〈공산당사건 재판장 기피신청은 却下乃已, 기피할 이유가 없다는 것이 이유, 공산당공판은 금년내 재개〉〈각하이유전문〉은 12월

개정하여 구형과 변론을 그해 안으로 종결할 뜻을 비쳤고,[123] 피고들과 상
의하며 여러 각도로 사태를 검토한 변호사단도 더 이상 재판을 지연시키
는 것은 피고에게 불리하다고 판단하여 12월 5일 항고를 포기하였다.

재판장은 곧 재판을 재개하면서 그동안 피고들이 요구한 대로 매일 개
정하여 재판을 신속히 진행하겠다는 방침을 밝혔다.[124] 형사소송법에 규
정된 '15일 이상 재판 정지 때 심리를 갱신한다'는 문제는 판사도 변호사
도 일체 언급하지 않았다. 그러나 15일 재개된 공판에서 형식상의 갱신수
속을 취하기 위하여 공개를 선언한 것을 보면, 판사와 변호사단은 이 문제
는 이 정도로 처리하고 재판의 속결에 합의한 것 같다. 공개된 재판은 잠
깐 주소와 성명을 묻다가 5분 만에 다시 비공개를 선언하고 곧 검사의 논
고로 들어갔다.[125] 11월 말 전북 옥구에서는 소작쟁의가 2개 주재소를 습
격하는 '폭동'으로 발전하여 대대적인 검거선풍이 불었다.[126] 12월 초에는
3차 공산당 활동이 포착되기 시작하여 경찰은 또다시 분주하였고,[127] 신

---

6 · 9 · 10일 3회로 연재되었다.

123) 《동아일보》, 1927년 12월 6일자, 〈하루라도 빨리 개정할 예정, 관계변호사 입회문
    제도 고려, 시본 재판장 담〉 〈금년대 종결, 구형과 변론은〉.

124) 《동아일보》, 1927년 12월 6일자, 〈변호사단 숙의, 항고는 불신립? 시일을 천연함
    은 도리어 피고에 고통, 피고의 의견도 들어〉 ; 12월 7일자, 〈항고권포기 금년내
    결말, 사건의 진행만 위주하여, 공산당 공판 불일 재개〉 〈매일 개정 진행, 개정일
    자도 쉬이 결정할 터, 재판장 시본씨 담〉.

125) 《동아일보》, 1927년 12월 16일자, 〈개정된 공산당공판, 피고가족운집, 말로만 5분
    공개〉.

126) 《동아일보》, 1927년 11월 30일자, 〈옥구소작쟁의, 까닭 없이 소작권 이동, 친소따
    라 소작료작정, 중치면 천여 농민 일시회합, 불평폭발의 최초동기〉 〈현장에 급행
    한 각 단체, 대표에 퇴거명령, 현장에 들어가는 것을 엄금, 고압적인 경찰태도〉 ;
    12월 1일자, 〈옥구소작쟁의, 검거된 농민 주야로 취조중, 죄명은 공무집행 방해 등,
    인원수는 상금 불명〉 〈희생자가 많을 듯, 누구의 소위인지도 알 수 없어, 神都 사
    법주임 담〉 ; 12월 2일자, 〈사람만 보면 검속, 눈붉은 군산경찰, 일대의 인심은 불
    안에 싸여, 옥구쟁의 사건 속보〉 〈도지사방침은 엄중한 처벌, 군수와 농장측 도청
    방문〉.

127) 《동아일보》, 1927년 12월 7일자, 〈조선공산당의 당중당, ML당조직확장, 중대
    사명 띄고 잠입한 김철수, 비밀리에 경찰 대활동〉 〈간도공산당 부활차 출발임

의주법원은 고려혁명당 공판을 시작하였다.[128] 당국과 변호사 모두 새로운 싸움을 준비하지 않을 수 없었기 때문이었을까? 2월 13일 선고에 대해 검사가 일체의 공소권을 포기하였고 극소수를 제외한 대부분의 피고가 선고대로 복역하기로 결정한 것도 이때 쌍방이 양해한 속결 원칙의 일부였던 것 같다.

재판이 재개된 것은 12월 15일, 역시 방청은 금지되었다. 병보석으로 출감하였던 백광흠은 그 이틀 전 결국 병사하였다.[129] 예정된 속결 방침에 따라 16일로 검사는 구형을 완료하였다.[130] 최고 7년, 최하 1년의 형이 각각 구형된 가운데 서정희는 징역 1년을 구형받았다.[131] 서정희의 구금기간은 이미 15개월을 넘고 있었다. 그 다음날부터 시작된 변호인의 변론은 12월 26일에 일단 휴정에 들어감에 따라[132] 1928년 1월 6일부터 재개되었다.[133] 12월 17일 이후 병으로 출정하지 못하였던 서정희는 변론이 끝나기 직전 병을 무릅쓰고 출정하였는데, 당초 1월 17일까지 예정되었던 변론은 14일로 종결되었다. 장장 5개월 만에 끝난 재판에서 대부분의 피고들은 혐의 사실을 부인하였다고 한다.[134]

시에 검거, 박응칠사건의 일부 진상〉.

128) 제1회 공판은 12월 16일에 예정되었으나, 12월 19일로 연기되었다. 《동아일보》 1927년 12월 21일자, 〈피고 2명 공술거절, 대혼란 이룬 재판정, 재판장 단독으로 심리진행, 고려혁명당 제1회 공판〉.

129) 《동아일보》, 1927년 12월 14일자, 〈공산당피고 백광흠 영면, 철창에서 얻은 병으로, 多恨한 20평생〉.

130) 《동아일보》, 1927년 12월 17일자, 〈공산당공판 계속개정, 박길양보석 청원도 제출, 작일로 구형완료〉.

131) 《조선일보》, 1928년 2월 14일자, 〈검거이래 4개 성상만에 조선공산당 형기언도〉.

132) 《동아일보》, 1927년 12월 27일자, 〈금년의 공판은 작일로 종막, 해를 넘기게 되는 공산당공판, 신년에 개정될 변론진〉.

133) 《동아일보》, 1928년 1월 6일자, 〈공산당공판 명일개정, 변론안한 변호사가 아직도 19인, 판결은 1월후에나〉.

134) 《동아일보》, 1928년 1월 10일자, 〈조선공산당공판 16, 7일간 결심, 변호할 변호사는 얼마 안 남아, 양피고는 冒病 출정〉 ; 1월 15일자, 〈철창신음 삼개성상, 재판계속 5개월에 종결, 공산당공판 일심 작일 종료〉 〈피고의 대부분 범죄사실 부인, 피

변론이 끝난 직후 변호사들이 마지막으로 제기한 문제는 판결 이전 피고들의 보석이었다. 대부분의 피고들이 이미 구형된 형량 이상을 구금상태에 있었기 때문에 이론상으로는 충분히 가능한 일이었고, 법원도 그 점은 인정하였다. 대상 인원은 70명이었다. 하루라도 피고들의 구속상태를 풀기 위한 마지막 노력이었던 것이다.135) 그러나 실제 구금일수와 법원이 인정하는 구금일수 사이에는 상당한 차이가 있는 것도 문제였지만, 막상 1인당 약 100원씩 총 7천 원이나 되는 보석금을 준비할 형편도 못되었다.136) 결국 변호사들의 마지막 노력은 성사되지 못하였다. 그러나 실제 판사가 선고 인정한 피고들의 구금일수는 최장 360일, 최단 60일이었고 대부분이 150일 또는 180일에 불과하여 석방된 피고는 무죄 12명과 징역 8개월에 집행유예 처분을 받은 2명, 총 14명에 불과하였다.137) 설혹 변호사들의 마지막 진력이 성공하였을지라도 대부분은 한 달도 못되어 다시 수감되었을 것이다.

이 보석 노력이 실제로 포기된 1월 18일 오후 3시, 변호사들이 계속 요구해 왔던 박길양의 보석이 허가되어 이인과 김병로가 각각 50원씩을 내어 보석금을 준비한 뒤 19일 오전 석방수속을 밟기 위하여 형무소로 달려갔다. 하지만 박길양은 이미 오전 6시에 옥사하였다.138) 박길양도 서정희

고의 건강은 나아졌다고, 시본재판장 담〉.

135) 《동아일보》, 1928년 1월 18일자, 〈조선공산당사건 70피고보석가능, 주요 인물을 제한 대다수가 구형보도 구금일수의 추가로, 변호사측 수속준비〉 〈가능성 충분, 법원당국측관측〉 〈이론보다 실제, 내교섭도 진행중, 전력을 다하여 교섭을 할 터, 변호사 모씨 담〉.

136) 《동아일보》, 1928년 1월 19일자, 〈공산당피고보석은 보증금이 대난관, 한사람 앞에 100원씩 잡아도 7천여원의 거액〉 〈단 하루라도 일찍 나왔으면, 피고 가족들의 열망대로, 각 변호사 최선 노력〉.

137) 《조선일보》, 1928년 2월 14일자, 〈검거이래 사개성상만에 조선공산당형기언도〉.

138) 《동아일보》, 1928년 1월 20일자, 〈철창에 신음턴 박길양 영면, 32세의 청춘을 일기로〉 〈운명임시 보석, 다 죽게 되어 보석했다고, 담임변호사측 분개〉 〈시체도 옥중 지체, 오직 하나인 친누이에게 전보, 지우는 교섭에 분주〉.

처럼 병이 위중하여 변론 공판에는 거의 출정하지 못하였다. 51세의 서정희도 유언을 할 정도로 위독하였지만 그 고비를 넘겼는데, 32세의 젊은 박길양은 끝내 병마를 이기지 못한 것이다. 그의 옥사는 일제 사법행정의 잔혹성을 다시 한번 폭로해 주었다. 변호사들이 마지막으로 70명의 보석문제를 거론한 것도 결코 단순한 법정투쟁의 일환이 아니라, 실제 병에 시달리는 많은 피고들이 한때나마 조금 나은 환경에서 심신을 쉴 수 있게 하려는 인간적인 충정이었던 것이다.

여론과 사회단체의 성원

일본과 대만 무산단체의 성원　　변호사단이 동원할 수 있는 거의 모든 방법으로 법정에서 싸울 수 있었던 배후에는 각종 사회단체와 여론의 절대적인 지지와 이념을 초월한 전 민족적인 성원이 있었다. 이 성원의 형태 또한 다양하였다. 재판의 부당성을 폭로하고 이에 맞서 싸우는 피고와 변호인단에 대한 동정과 격려가 성원의 목적이었던 만큼 가능한 한 많은 집회를 열고, 강력한 결의문을 안팎에 발표하는 형식이 주종을 이루었다. 일본인 변호인을 위한 환송연도 그 일환이었다.

　이 재판에 직접 참여한 일본 변호인은 후루야 다다오, 후세 다쓰지, 가토 간이치(加藤貫一) 3명으로, 이들은 일본의 자유법조단과 노동농민당에서 각각 파견되었다. 후세는 북성회 강연단과 의열단·박열 등의 변호로 조선에서는 이미 유명인사가 되었는데, 나주 궁삼면 토지회수운동을 지원하기 위하여 조선을 방문할 정도로 조선과는 특히 인연이 깊었다. 이에 비해 후루야는 주로 대만 사회주의운동을 지원하고 있었는데, 이번 공산당 공판을 위하여 제일 먼저 입경하였다. 서정희가 9월 후루야를 변호사로 선정하여 제출한 변호인선정계에는 간수 요코오 마사이치(橫尾政一)가 서정희 이름 아래 찍힌 무인이 서정희의 것임을 증명한다는 내용이 첨가 되어 있다.[139] 일본인 변호사들은 제약이 많은 조선인 변호사들을 적극 돕는 한편 일본과 대만의 항의와 동정 여론을 조성하는 데 크게 기여하였던 만큼 그들을 정중하게 송별하는 것은 당연하였다. 그러나 그 영송을 대대적으로 벌인 이유는 단순히 예절상의 문제는 아니었다.

　일본인 변호사들의 파견은 재일 노총과 신간회 동경지회가 공동 노력한 결과였다. 이들은 1927년 조선총독폭압정치 반대운동을 벌였는데, 공산당사건 재판이 시작되자 운동의 초점을 이 공판에 맞추고, 일본 노농당 및 자유법조단과 접촉하여 변호사 파견을 교섭한 것이다. 아울러 재일 노총은 정남국·이동재를, 신간회 동경지회는 강소천·권대형을, 대중신문사는 최익한을 공판 방청 대표로 파견하였는데, 귀국한 이들은 후루야 등의 안내, 신간회 본부와의 상담, 일본으로 정보 전달, 심지어 후루야 등과 함께 소작쟁의를 응원하는 등 적극적인 활동을 벌였다.[140] 결국 일본인 변호사들의 응원 출장은 재일 노총, 신간회와 조선 내 운동단체들이 벌인 공동투쟁의 일환이었고, 나아가 조선·일본·대만 무산계급운동의 연대 투쟁을 상징하는 중요한 사건이었던 것이다. 따라서 영송 행사 역시 그 투쟁과 상징에 부합하는 형식과 내용이 필요하였다.

일본인 변호사 영송회　　안재홍을 비롯한 사회 유지들이 9월 14일 후루야를 위하여 마련한 환영연회에는 80여 명이나 참석하였다고 하는데, 몇 달 후 ML당의 핵심 간부로 드러난 김준연의 '의미 깊은' 환영사에 이어 후루야는 다음과 같은 요지의 답사를 하였다.

　　　우리에게는 天賦한 생존권이 있으면서도 현재의 형편으로는 그것을 어떤 특수 계급에 빼앗기고 있으니 잃어버린 생존권을 다시 찾아내는 것이

---

139) '고대 아연' 300-101, 1895.
140) 水野直樹, 〈신간회 동경지회의 활동에 대하여〉, 스칼라피노·이정식 외 6인 지음, 《신간회연구》, 동녘, 1983, 133쪽.

우리의 사명일 것입니다. 내가 대만에 갔을 때 대만의 여러 동지들로부터 조선은 대만과 사정이 같은 처지에 있으면서 지금까지의 운동에 아무 연락이 없었은즉, 이번 가는 기회에 조선에 있는 동지들에게 같이 손목을 잡고 공동전선에 나서자는 말을 전하여 달라고 부탁을 들었습니다. 좁게 말하면 처지가 같은 우리의 여러 동지들과, 넓게 말하면 세계 각국의 이해가 같은 모든 동지들과 우리는 마땅히 손목을 맞잡고 천부한 사명을 위하여 싸워 나갈 것입니다.[141]

환영연은 인동철의 선창으로 만세를 부르며 끝났다고 하는데, 후루야는 '조선○○○○만세'를 외쳐 종로경찰서에 불려가 주의를 받았다.[142] 이 4개의 '○' 부분은 '무산계급' 정도로 추정된다. 이 답사는 후루야가 특히 대만과 조선의 연대를 위하여 공판에 참여한 것을 시사하는데, 실제 대만의 여러 단체들도 계속 성원을 보내옴으로써, 공산당 공판은 대만과 조선 공산·사회주의운동 및 일제 식민통치에 대한 공동투쟁의 단서를 열었다는 점에서도 중요한 의미가 있었다.

후루야가 11월 증인신청 각하로 변호사단이 재판장 기피신청서를 제출함으로써 재판이 일시 정돈되자 잠시 대만으로 가게 되었는데, 사회 유지들은 11월 23일 그를 위해 성대한 송별연을 또 준비하였다. 100여 명이 참석한 이 자리에서 안재홍의 송별사에 대한 답사로 후루야는 12월 4일과 5일 이틀 동안 개최되는 대만농민조합 전도대회(全島大會)와 일본 노동농민당대회에서 조선·일본·대만 노농운동을 협동케 할 공동위원회의 설치를 결의시켜 다음에 올 때는 그것을 선물로 가져오겠다고 기염을 토하였다. 이어서 진행된 감상담 순서 가운데 이황의 담화는 임석 경관에 의해서 제지될 정도로 불온하였다고 한다.[143] 《동아일보》는 후루야가 비

---

141) 《동아일보》, 1927년 9월 16일자, 〈천부생존권 찾는 것이 천직, 古屋씨의 의미심장한 답사, 성황이룬 古屋씨 환영회〉.
142) 《동아일보》, 1927년 9월 17일자, 〈古屋씨에게 주의〉.

단 공산당사건뿐 아니라 조선의 어려운 현실문제에 직면하여 '침식을 잊고 성심성의로 분투하였다' 평가하기도 하였지만,[144] 후루야의 환영회와 송별연이 모두 공산주의운동의 정당성과 그 탄압, 재판의 부당성을 선전하고 일본·조선·대만의 협동전선을 강화하는 무대였던 것은 명백하였다. 10월 20일 전대만 타도총독독재정치대회에서 격렬한 격려문이 오고,[145] 11월 14일 대만 민중운동단체인 대만문화협회·전대만공회일동·대만농민조합·대만무산청년회·대만부녀협진회·전대만청년독서회 6개 단체가 공산당 공판의 공개, 피고의 무죄, 치안유지법의 철폐를 주장하는 장문의 격려문을 발송한[146] 배경에는 후루야 다다오의 중개 구실이 크게 작용한 것 같다.

한편 신문들은 후세의 입경을 여러 차례 보도하였다. 10월 8일 "변호사단과 각 사상단체 대표 등 60여 명의 출영 속에 마치 개선장군과 같은 환영을 받으며" 입경한 그는 비공개에 격일로 열리고 있는 공산당 공판의 부당성을 시정시키겠다는 도착 일성을 토하였다.[147] 곧 비공개 재판의 부당성을 비난하고 재판의 공개를 촉구하는 성명문을 발표하였으며,[148] 그날 저녁에는 변호사단이 후루야와 함께 초대한 환영연에도 참석하였다.[149] 이 환영회 역시 단순한 친목과 교환(交驩)은 아니었겠지만, 10월 11일 후세를 위한 환영연은 마침 사법권침해 탄핵대회와 언론집회폭압탄핵

---

143) 《동아일보》, 1927년 12월 25일자, 〈철창에 남겨둔 채 떠나자니 눈물, 조선·일본·대만 협동전선, 古屋씨 송별연 광경〉.
144) 《동아일보》, 1927년 11월 20일자, 〈공산당개정이래 침식을 잊고 분투, 유지일동은 송별연을 열어, 古屋貞雄씨 대만에 향발〉.
145) 《동아일보》, 1927년 10월 21일자, 〈대만서도 격려문, 글월은 사뭇 격렬해〉.
146) 《동아일보》, 1927년 11월 16일자, 〈대만 6단체, 격려문 발송, 공산당 공판을 공개할 것과 치안유지법 철폐를 주장〉.
147) 《동아일보》, 1927년 10월 10일자, 〈'비밀재판은 불법, 공산당재판에는 힘쓰겠소', 입경한 변호사 布施辰治 담〉.
148) 전문은 1927년 10월 12일자 《동아일보》에 게재되었다.
149) 《동아일보》, 1927년 10월 10일자, 〈환영성황, 布施 古屋 양씨의〉.

집회가 모두 금지된 직후여서 분위기는 마치 궐기대회를 방불케 하였던 것 같다. 먼저 환영사에 나선 김기전은 후세와 후루야의 환영은 단순한 공산당사건의 변호인으로 환영하는 것이 아니라 "일본 무산민중 4천만과 조선 민족 2천 3백만을 연결시키는 역사적 중대 사명을 띤 사자"로서 두 사람을 환영한다고 선언하였다. 이어서 후세는 조선의 특수 사정 아래 유례없는 탄압을 받고 있는 언론과 피고 가족들의 고통은 일본의 여러 공산당사건을 변호할 때와는 차원이 다른 느낌을 받았으나, "공산당사건의 변호는 자기의 책임감으로부터 끝까지 변호를 철저히 할 것"을 다짐하였다. 이어서 후루야는 다음과 같은 요지의 발언을 하였다.

이번 사건의 변호는 자기 사명의 극히 일부분을 행하는 데 불과하다. 우리의 할 바 일은 더욱 앞으로 쌓이고 쌓여 있다. 일본의 무산민중과 조선민족이 협력하여 인간적으로의 평화를 세계적으로 건설하여야 할 중임을 다하여야 하겠다. 그러나 이러한 필연적이고 역사적인 모임을 노리고 보는 자가 있음으로써 지금의 분위기는 한층 더 험악하다. 이러한 분위기를 더욱 확장하고 영속하도록 힘쓰자.

또 동경재류자 청년동맹의 김영희 여사는 다음과 같이 노호하였다고 한다.

철창에 갇힌 백여 명의 피고가 무죄될 리는 없다. 그들이 형기를 마치고 출옥되기 전에 우리의 힘으로 ××이 ×××하자.

"××이 ×××하자"의 의미는 대체로 무산계급의 해방을 쟁취하자는 정도로 추측되는데, 변호사 김태영·이창휘·김병로 등도 이와 같은 분위기에 싸여 "불같이 뜨거운 열변을 토하였다." 홍분된 환영연이 끝난 것은 "밖에는 바람만 사납게 부는 밤 11시 무렵이었다."[150] 고문경관 고소가 제출되자 일본 노농, 농민당이 사건 조사를 위하여 다시 파견한 변호사 가토 간이치를 위한 10월 23일의 환영회 역시 비슷한 분위기였을 것이다.[151] 이 환영회 준비위원 명단에서 강소천의 이름을 발견하였을 때 필자는 순간적인 반가움이 곧 깊은 연민의 정과 아릿한 슬픔으로 변하는 것을 느꼈다. 필자에게 강소천은 늘 아름다운 동화의 세계를 떠올리게 하는 존재였기 때문이다. 1950년대 초반 그의 《사진 없는 사진관》과 《진달래와 철쭉》 등은 열 살도 못된 서울의 소년을 폐허의 삭막한 현실에서 멀리 다른 꿈의 세계로 데려다 주었다. 지금도 필자에게는 동화작가들, 특히 강소천은 '어른'이란 생각이 별로 들지 않는다. 환영회 사흘 전인 20일에도 강소천은 재동경 단체 대표의 한 사람으로 법원과 총독부 경무국·법무국을 방문하여 공산당 피고 고문사건을 항의하고 관련자 처벌을 요구하였다.[152]

강택진의 추도식　　강소천은 10월 24일에는, 전 재산을 기증하고 아이스크림 장수도 하였던 사회운동가 강택진의 1주기 추도식에서도 후루야 다다오, 박병형과 함께 의미심장한 추도사를 하였다고 한다.[153] 그는 단순히 신간회 동경지회의 대표가 아니라 조선공산당 일본부 조직부원의 임무를 수행한 것이다. '소년 같은 어른'도 식민통치 아래서는 '공산주의 투사'가 되지 않을 수 없었던 것인가? 이 기사들을 보고 나니 그의 동화는 무언가 '의식'도 있고, 깊은 '좌절감'이 베어 있었던 것 같기도 하다. 그러나 과연 조선공산당 일본부 조직부원 강소천의 사상이 우리에게 꿈을 주었던 그 동화의 세계에 반영되어 있었을까?

---

150) 《동아일보》, 1927년 10월 13일자, 〈흥분된 분위기 말끝마다 긴장, 참석한 회원 150 여명, 포시변호사 환영회〉.
151) 《동아일보》, 1927년 10월 22일자, 〈가등씨 환영회, 명일 국일관에서〉.
152) 《동아일보》, 1927년 10월 23일자, 〈재일단체 대표, 고문사건을 항의, 경무당국과 법원당국은, 단호 처치를 언명〉.
153) 《동아일보》, 1927년 10월 26일자, 〈2백여 동지회합, 강택진씨 추도회〉.

어쨌든 강택진의 추도식은 각 사회단체가 연합하여 조직하였지만, 역시 공산당사건을 성원하기 위한 성격이 강하였다. 이 추도식은 공산당사건과 관련된 집회가 일체 금지된 상황에서 200명 이상의 주의자 동지들이 한자리에 모일 수 있는 더없이 좋은 기회였을 것이다. 동경의 법률전선사(法律戰線社)가 후루야와 후세를 주 연사로 10월 12일 개최하려던 법률강화회(法律講話會)와 노동운동사가 후루야와 가토를 초청하여 개최하려던 학술강연회를 당국이 모두 금지한 것은[154] 주최 측도 예상한 일이었을 것이다. 법률강화회에서 후세는 〈법률투쟁과 해방운동〉, 후루야는 〈법률의 해부〉, 김병로는 〈사상취체법령에 대하여〉라는 제목으로 각각 강연할 예정이었다. 후세는 법률전선사의 주간이었는데,[155] 12월 설치된 것으로 보이는 법률전선사 조선지사의 경영은 농총의 조경서가 맡았고, 김병로·이인·김태영 3명은 고문으로 추대되었다.[156]

피고 가족 위로회　　일본인 변호사를 위한 영송연회에서 강조된 무산자운동의 역사적 필연성과 조선과 일본 또는 대만까지 포함한 무산운동의 연대는 변호인들이 피고의 가족을 위하여 10월 15일에 마련한 위로회에서도 강조되었다. 김병로·이인·허헌·김용무·김태영·후루야·후세 7명이 마련한 이 위로회는 물론 비공개 재판으로 방청도 못하는 피고 가족들을 위로하기 위한 것이었다. 여러 격려사에 답하여, 법원 구내에서 순사에게 폭행까지 당한 박일병의 아버지 박형석은[157] 많은 경관들의 감시 속에서도 "우리는 비관은커녕 무산계급을 위한 운동으로 수감된 것을 영광으로 알며 배불리 먹겠다"는 의연한 답사를 하였지만,[158] 《동아일보》에

---

154) 《동아일보》, 1927년 10월 13일자, 〈법률강회금지, 연사가 불온하다는 이유로〉 ; 10월 23일자, 〈노동강연회금지, 경찰로부터〉.
155) 《동아일보》, 1927년 10월 12일자, 〈법률강화회, 오는 12일에 천도교기념당〉.
156) 《동아일보》, 1927년 12월 27일자, 〈법률전선사지사, 조경서씨가 경영해〉.
157) 《동아일보》, 1927년 9월 18일자, 〈법원내에서 순사가 폭행〉.
158) 《동아일보》, 1927년 10월 17일자, 〈다수경관 감시중에 감개무량한 정담, 모인 사

게재된 참관기의 다음과 같은 구절은 그 분위기를 대변하는 것 같다.

> 그 회가 열리기 전에는 대개 짐작하되 회석은 일종의 울음바다가 되지 아니할까 하였습니다. … 그 자리에 출석한 수십 인의 남녀 가족은 실로 놀라울 만하게 씩씩하였습니다. … 공산당이라는 것은 무산계급 운동의 필연적 산물이고, 그리고 무산자계급은 현대사회의 필연산물입니다. 그러므로 그것은 결코 어떤 개인의 잘잘못의 소치가 아니라 사회가 결정하여 주는 것입니다. … 그들의 결사가 사실이었다면 그들이 현행법상 처벌당할 것은 피할 수 없는 일입니다. … 그러므로 우리는 그들이 무죄의 공판을 받을 터이니 가족 되는 분은 안심하고 계시라고 위로하여 드릴 수는 없습니다. 그러나 … 그 사건은 결코 개인의 문제가 아니고 인류역사가 진행해 감에 있어서 필연으로 산출된 사회적 문제이니 그들이 벌을 받는다 할지라도 어떤 의미에 있어서는 사회 자체가 또는 역사 자체가 벌을 받는 셈이니 한탄을 하여도, 원망을 하여도, 분개를 하여도, 역사·사회를 향하여 하는 수밖에 없습니다. 가족 되는 분을 가장 잘 위로하기 위해서는 그들의 생각을 편협한 인정으로부터 광범한 사회의식으로 해방하는 것이 가장 필요할 줄 압니다.[159]

변호사들의 궐기　공산당사건을 역사의 문제, 사회의 문제로 생각하였기 때문일까? 공산주의운동 역시 민족운동의 일부로 생각하였던 때문일까? 당시 공산당사건을 성원하는 데 좌우의 구별이 없었고, 변호사들도 그 성원을 극대화하려고 노력하였다. 그들은 사법권 침해 문제를 제기하면서 10월 9일 사법권침해탄핵대회 연설회를 중앙기독교청년회관과 경성공회당 두 곳에서 동시에 개최하려고 하였다.[160] 이것이 금지되자 다시 언론과

람은 70여명, 피고가족위로연광경〉.
159) 《동아일보》, 1927년 10월 18, 19일자, 〈공산당사건의 피고가족위안회를 보고 (1) (2)〉.
160) 《동아일보》, 1927년 10월 7일자, 〈사법권침해 탄핵연설회, 변호사단이 들고 일어

집회를 압박하는 처사라며 언론집회폭압탄핵 대강연회를 조직하여 39명
의 연사를 내정하고 13일 개최하려고 하였으나 역시 금지되었다. 금지된
것을 모르고 그날 모여든 군중으로 강연장 주변은 매우 혼잡하였다.[161) 마
치 1924년 6월 언론집회압박탄핵대회를 다시 보는 듯했을 것이다. 후루야
는 대만의 여론을, 후세와 가토는 일본의 동정 여론을 조성하는 데도 크게
공헌하였다. 10월 15일 밤 후세는 일단 동경으로 돌아가기 위해 서울을 떠
나면서 일본 정부에 폭압과 전권(專權)을 항의하고 일본 민중의 여론에 호
소할 계획이라고 밝혔다.[162) 그는 동경에 돌아간 직후 10월 18일에는 재일
조선인 동지들과 함께 (1)총독, 정무총감, 경무국장이 모두 자리를 비운 조
선의 상황 (2)조선에서 사법권 독립의 유무 (3)공산당 피고들에 대한 고문
책임 문제 등 3개 항목에 대한 공개질의를 당국에 제출하였다.[163) 동경 자
유법조단을 설득하여 10월 20일 사법권 침해와 고문을 고소한 변호인단의
조처를 지지하고 법원의 적절한 조처를 촉구하는 결의문을 채택하도록 하
였다.[164)

10월 27일 후세는 재일본 조선노농총동맹 대표 김한경, 신간회 동경지
회 대표 조헌영, 대중신문사 대표 박락종 3명과 함께 예산 문제로 동경에

나, 9일 시내 양처에서〉; 10월 9일자, 〈사법권침해문제, 금일 대탄핵, 공회당과 시
천교당에서〉.

161) 《동아일보》, 1927년 10월 10일자, 〈사법권침해의 탄핵은 경찰이 필경 금지, 又一
침해라고 법조단분개〉〈언론압박이라고 탄핵코저 작정, 경찰의 태도를 탄핵하겠
소, 변호사 김병로씨 담〉; 10월 13일자, 〈금일 양처에 일시 개최, 언론집회폭압탄
핵, 개회전부터 공기는 긴장, 출연연사는 39명〉; 10월 15일자, 〈수백명 군중 쇄도
로 대혼잡 연출, 검거자까지 일명을 내어, 금지된 탄핵대회〉.

162) 《동아일보》, 1927년 10월 17일자, 〈'폭압과 專權을 정부당국에 항의', 일본민중의
여론에도 호소, 경성떠나는 포시씨 담〉.

163) 《동아일보》, 1927년 10월 24일자, 〈관헌의 불법을 폭로하고 3개조를 당국에 항의,
다시 조선에 돌아오는 날까지 조선의 동지와 더불어 당국의 불법을 항의, 歸東한
布施씨의 활약〉.

164) 《동아일보》, 1927년 10월 22일자, 〈당국태도는 태만, 재판소반성 요구, 고소제기한
변호측 조치는 정당, 신밀엄정한 기소처분을 바란다고, 동경 자유법조단 결의〉.

출장 중인 조선총독부 정무총감을 방문하여 공산당 고문사건을 비롯한 조선통치 문제를 엄중 항의하였다.[165] 이 사실은 8일 후에나 보도되었고, 특히 그 회견기는 한 달 후에나 공개되었다.[166] 이들은 조선통치의 기본 방침이 과연 있는지 질문하면서, 공산당 공판의 비공개는 결국 고문에 의한 날조였기 때문이 아닌가, 총독부는 고문 경찰을 비호하고 있는가 등을 따졌다. 또 총감이 문제의 핵심을 회피하면서 총독부가 조선의 발전에 기여한 점도 적지 않다고 강변하자, 산미증산 정책도 결국 일본인의 쌀 소비만 증가시켰을 뿐 조선인의 쌀 소비는 오히려 감소한 통계를 제시하고, 동척을 비롯한 일본인 지주들의 조선 농민 착취상황을 신랄하게 지적하기도 하였다. 10월 25일 일본 노농당과 농민당이 제휴하여 고문사건항의운동을 결의하고 10월 26일 일본 변호사협회도 조선공산당 고문사건의 진상조사를 결의한[167] 배경에는 후세의 헌신적인 노력이 크게 작용한 것으로 평가된다. 10월 28일 일단 귀국한 가토 간이치 변호사도 "조선공산당사건을 중심으로 일어난 여러 문제의 정체를 일본 무산계급에 발표하여 일대 센세이션을 일으킬 것"을 다짐하였다.[168] 이와 같은 조선인과 일본인 변호사단의 분투는 조선 안팎 각 사회단체의 성원과 표리를 이루면서 진행되었다.

재일 조선인 단체의 궐기　　가장 먼저 움직이기 시작한 단체는 재일본조선노동총동맹 관서연합회였다. 그들은 공판이 시작되기 직전 항의 삐라(전

---

165) 《동아일보》, 1927년 11월 6일자, 〈정무총감방문 고문사건항의, 엄중한 항의질문을 하여, 재동경 각단체대표〉.
166) 《동아일보》, 1927년 11월 28일자, 12월 3·4·7·8일자, 布施辰治, 〈조선각문제로 정무총감과 회견기〉.
167) 《동아일보》, 1927년 10월 27일자, 〈일본변호사협회도 고문사건진상조사, 특파원을 파견 조사한다고, 정계에까지 문제 야기〉.
168) 《동아일보》, 1927년 10월 28일자, 〈제반문제를 일본민중에 피력, 오래동안 계속하던 분투, 가등씨 금일 渡東〉.

단)를 각 지부마다 수천 장씩 배포하고, 공판 전날인 9월 12일 오사카·고베·교토·시가현(滋賀縣) 일대에 일제히 살포하였다. 이어서 공판보고연설회를 개최하고 대대적인 시위도 벌일 계획을 세웠으나 사전에 발각되어 98명이 검속되면서 실패로 끝나고 말았다.[169] 그러나 9월 17일 재일노총, 신간회 동경지회, 학우회, 동경조선노조 등의 단체는 '총독○○정치 반대동맹'을 창립하였으며, 변호사단에 격려문을 보내기 시작하였다. 이 무렵 조선의 노총·농총·청총도 방청금지해제운동을 논의하기 위하여 연석회의를 개최하려고 하였으나 당국의 금지로 역시 불발로 끝났다.[170] '총독○○정치 반대동맹'은 '총독폭압정치 반대동맹'이 정확한 명칭인데, 일제 정보보고에 따르면 이 운동은 6월에 이미 시작되어 강연회, 인쇄물 배포 등을 통하여 "제국의 조선통치를 부인하는 것 같은 반항적 기세를 보이며 조선 내의 민중을 선동하는 데 노력하였다"고 한다.[171] 서울의 운동가 동지들은 마침내 9월 21일 방청금지에 대한 대책을 강구하기 위하여 강구회를 일단 발의하였다.[172] 그러나 9월 25일 개최된 청년총동맹 집행위원회, 26일 개최된 서울청년회 긴급집행위원회와 신흥청년회 집행위원회에서는 모두 공산당 공판 공개 요구와 변호사 환영회 개최 등을 토의하려 했으나, 그 순간 경찰이 제지하는 바람에 중단되었다.[173]

---

169) 《동아일보》, 1927년 9월 18일자, 〈대판중심, 각처에서 비라 산포, 노총관서연합회〉 ; 9월 20일자, 〈공산당공판시위운동 사전발각 100명 검거, 대판재류 운동자 총검거〉.

170) 《동아일보》, 1927년 9월 20일자, 〈총독○○정치 반대동맹기성, 동경에 있는 각단체가 연합, 총독정치반대동맹을 창립, 17일 창립총회개최〉〈삼동맹회의 금지〉〈변호사에 격려문〉.

171) 조선총독부 경무국, 《조선의 치안개황》(1927년 판), 69~70쪽.

172) 《동아일보》, 1927년 9월 21일자, 〈방청금지대책, 강구회를 유지들이 발의〉.

173) 《동아일보》, 1927년 9월 27일자, 〈청총위원회토의를 경찰당국이 금지, 공산당공판의 공개요구와 변호사환영계획 등을 금지〉 ; 9월 28일자, 〈서울청년결의도 당국이 금지해〉〈공산당사건의 결의 일체 금지, 신흥청년동맹의〉. 신흥청년동맹은 변호사단에게 감사를 표시하는 격려문의 발송 결의도 금지당하였다.

이와 같은 탄압 속에서도 9월 25일 재일본 시나가와현(神奈川縣) 조선
노동조합은 총독부 법무국과 경성지방법원에는 항의문을, 변호사단에는
격려문을 각각 발송하였으며,[174] 조선으로 달려온 재일 단체 대표들은 재
경단체와 연합으로 9월 30일 변호사단초대위로연을 개최하였다. 그 자리
에서 노농대중사 사원 권태희가 검속된 것을 보면 분위기는 역시 대단히
'불온'하였던 것으로 추정된다. 경찰이 사회단체의 변호사환영회 개최 토
의도 금지한 것은 바로 이런 사태를 예상하였기 때문일 것이다. 이 환영
회 준비위원에도 강소천의 이름이 다시 보인다.[175] 종로경찰서 고등계 형
사 몇 명이 무례하게 이 환영회에 쳐들어왔고, 이 무례에 대해 김태영 변
호사가 항의하였는데, 형사들은 오히려 명예훼손으로 고소하였다.[176] 이
는 변호사단의 계속된 분투에 대해 경찰이 불만을 표출한 것이지만, 변호
사 환영을 빙자하여 사실상 궐기 · 성토 무대를 펼치는 변호사단과 사상
단체들의 작전을 직접 방해한 것이었다.

10월 초 일본 자유법조단이 다시 사법권 침해의 진상을 조사하기 위하
여 대표 1명을 파견할 것이라는 소식이 전해지는 가운데,[177] 경찰은 각급
학교 학생의 대대적인 시위를 사전에 봉쇄하려고 혈안이 되었다. 국외에
서 각급 학교로 비밀리에 격문이 배달되었고, 재외 단체들은 학생을 동원
한 대대적인 시위를 계획한다는 첩보가 들어왔기 때문이다.[178] 보도의 통
제로 이 사건은 더 이상 알려지지 않았으나, 일제 정보보고에 의하면 9월
상해 재외한국혁명운동자동맹 명의의 〈조선공산당사건 공판에 즈음하여

---

174) 《동아일보》, 1927년 10월 4일자, 〈항의와 격려 : 神奈川 노조〉.
175) 《동아일보》, 1927년 9월 29일자, 〈공산당공판의 변호사 초대, 재일본 각단체와 재
    경각단체 연합〉 ; 10월 3일자, 〈변호사 환영회에서 대중사원을 검속〉.
176) 《동아일보》, 1927년 10월 7일자, 〈又一 관계 문제, 종로서와 변호사단의〉.
177) 《동아일보》, 1927년 10월 3일자, 〈자유법조단에서 침해진상조사, 사법권침해 문제
    에 대하여, 대표 1명의 소식〉 ; 10월 5일자, 〈자유법조대표, 6일에나 입경〉.
178) 《동아일보》, 1927년 10월 3일자, 〈공산당공판에 시위코저, 재외 各團이 획책, 정보
    를 접한 시내 각서 돌연 대활동, 시내 각교에 격문 밀송설〉.

학생 제군에 고함〉이란 격문이 국내에 배달되었는데, 그 내용은 일제히 동맹휴학과 시위운동을 전개하자고 종용하는 것이었다고 한다. 일제는 이것을 안팎이 호응하여 학생을 선동함으로써 민족적 항쟁을 조성하려는 것으로 판단하고 있었다.179) 이 무렵, 일본 노동농민당은 공산당 공판 즉각 공개, 총독부 경찰정치 철폐, 치안유지법 철폐, 조선민중에 대한 차별적 대우 철폐 등을 주장한 격문을 전 일본에 뿌리고 조선의 변호사단에게도 발송하였다.180)

국내 단체의 궐기와 당국의 탄압   이 문제의 토의조차 금지시켰던 당국의 정책이 완화된 탓인지 국내의 단체들도 10월 초부터 총독부와 법원에 재판의 공개와 사법권의 독립을 촉구하는 항의를, 변호사단에는 감사와 격려를 표시하는 결의를 채택하고 공문도 발송하였다. 그러나 10월 1일에는 영흥 신간회지회가,181) 10월 8일에는 전북의 순창청년동맹이,182) 10월 10일에는 영흥청년동맹이183) 저마다 항의와 감사의 표시를 결의하였다. 하지만 신간회 영흥지회의 경우 평강원근농민회·임실청년동맹과 함께 격려문 발송만 했다고 보도되었다.184) 또 10월 14일 삼천포무산청년동맹에서도 격려문만 발송하였고,185) 10월 15일 재판의 공개요구와 변호사단에 대한 감사를 결의한 신간회 마산지회, 노동연맹·청년동맹 3단체의 경우도 격려문의 발송만 했다고 다시 보도되었다.186)

----

179) 조선총독부 경무국편, 《조선의 치안 개황》(1927년판), 73쪽.
180) 《동아일보》, 1927년 10월 5일자, 〈전일본에 飛檄, 조선 공산당 공판에 대하여, 일본 노동농민당의 대활동〉.
181) 《동아일보》, 1927년 10월 4일자, 〈항의와 격려, 신간영흥지회〉.
182) 《동아일보》, 1927년 10월 12일자, 〈공개금지에 항의, 순창청년동맹〉.
183) 《동아일보》, 1927년 10월 13일자, 〈공산당공판에 격려와 항의〉.
184) 《동아일보》, 1927년 10월 20일자, 〈3단체 격려문, 변호사에게 발송〉.
185) 《동아일보》, 1927년 10월 23일자, 〈삼천포청맹, 격려와 위문〉.
186) 《동아일보》, 1927년 10월 19일자, 〈마산 3단체 감사와 격려〉 ; 10월 22일자, 〈마산 신간지회 격려문 발송〉.

  이러한 사실을 보면 지역에 따라 당국에 대한 항의문 발송은 금지되기도 하였던 것 같다. 이에 비해 15일 신간회 목포지회, 노동연맹·청년동맹, 신간회 원산지회는 항의문과 격려문을 모두 발송하였다고 한다.[187] 10월 25일자 《동아일보》는 인천의 두 단체가 21일 변호사에게 감사장과 격려문을 발송한 것을 뒤늦게 보도하였다. 한편 공산당 공판의 상황을 조사하고 일본으로 돌아간 재일본 조선인노동총동맹 대표는 14일 오사카에서 1차 보고대회를 연 후 진상보고 순회강연을 계획하였으며,[188] 오사카 니시조구(西城區) 조선인노동조합과 조선청년대는 18일 일본 내각에 직접 이 문제를 항의하는 감투(敢鬪)정신도 발휘하였다.[189] 22일 재동경 조선인 청년동맹은 공산당 고문사건을 항의하는 성명서를 발표하고 총독부 경무국에 항의문을 발송하기로 결의하였다.[190]

  그러나 전국의 수많은 단체 가운데서 격려문이나마 발송한 단체가 한 달 이상 되는 기간에 겨우 10여 개 정도 하였다는 것도 당국의 가혹한 탄압을 짐작케 한다. 사법권 침해 문제가 일단락되고 고문경관 고소사건이 터지면서 당국의 탄압도 더욱 심해졌다. 10월 20일 오전 재일본노동총동맹, 신간회 동경지회와 경도지회를 대표한 강소천과 이동재가 법원 검사정과 총독부 경무·법무 두 국장을 방문하여 고문사건을 항의하였을 때만 해도 이들 3명은 확실한 증거만 있으면 누구든 단호히 처치할 것을 약속하였다.[191] 그러나 그날 오후 경찰은 농총 재경중앙집행위원회의 토의안건 가운데 공산당사건 변호사단과 일본 노동농민당에 감사장을 발송하

---

187) 《동아일보》, 1927년 10월 22일자, 〈당국에는 항의, 변호사 격려〉〈공개금지 항의, 원산신간지회에서〉.
188) 《동아일보》, 1927년 10월 25일자, 〈재일본 각 단체에 진상 순회보고, 제 일착 대판 동포에 보고, 재일본노총대표 정남국씨〉.
189) 《동아일보》, 1927년 10월 23일자, 〈재대판노조, 내각에 항의〉.
190) 《동아일보》, 1927년 10월 30일자, 〈재동경청맹, 당국에 항의〉.
191) 《동아일보》, 1927년 10월 23일자, 〈재일단체 대표 고문사건을 항의, 경무당국과 법원당국은, 단호처치를 언명〉.

는 것은 문제삼지 않았으나, 고문 대책을 토의하면 회의 자체를 금지하겠
다고 압박하였다. 또 그 다음날 오전 경찰은 다시 농총 간부 인동철을 소
환하여 전날의 회의는 인정하지만 그 결의는 발표할 수 없다는 것, 그리
고 앞으로는 농총의 경우 2명 이상이 모이는 어떤 형식의 집회도 금지한
다는 것을 통보하였다.[192] 동시에 경기도 경찰부장은 다음과 같이 경찰의
입장을 밝혔다.

> 일반 집회를 금지하는 것은 혹은 이상적으로 보아 불가한 줄 압니다마
> 는 조선은 일본과 사정이 달라 민족주의자와 사회주의자의 분간을 할 수
> 없게 한데 어우러져 공산당 공판을 중심으로 하여 사회단체의 기세를 높
> 이는 모양이므로 그 공판에 관련된 일반적 집회는 어떤 정도까지 금지하
> 는 것이며, 우리로서는 할 수 있는 대로 그런 집회가 없기를 바라는 것입
> 니다.[193]

  23일부터 일주일 동안 여자청년동맹의 강좌,[194] 공산당 고문사건 등을
개최하려 했는데, 이를 토의하기 위하여 23일 마련할 계획이던 청년총동
맹 집행위원회,[195] 남녀학생연합회 토론회[196] 등을 당국이 모두 금지한
것은 예정된 수순에 불과하였다. 이 기사들이 모두 눈에 띄지 않을 정도
로 아주 작게 보도된 사실에서도 당국의 가혹한 탄압의 정도를 알 수 있
다. 이러한 상황에서 진주청년회와 신간회 하동지회가 격려문을 발송하
고,[197] 10월 26일 황해도 기자단이 감사장을, 10월 27일 거제도의 4개 단

---

192)《동아일보》, 1927년 10월 23일자,〈'2인 이상 집회는 금후론 절대 금지', 농총위원
　　장을 불러 종로서 성명, 고문대책강구도 금지〉.
193)《동아일보》, 1927년 10월 23일자,〈'공산당과 관련된 집회는 금지', 어느 정도까지
　　금지한다, 土師 경찰부장 담〉.
194)《동아일보》, 1927년 10월 23일자,〈여청강좌도 금지〉.
195)《동아일보》, 1927년 10월 24일자,〈청총회의 금지〉.
196)《동아일보》, 1927년 10월 27일자,〈남녀학생연합 토론회도 금지〉.

체가 격려문을[198] 각각 발송한 것도 대단한 용기가 필요하였겠지만, 특히 10월 24일 총독부 법무국장과 공산당사건 담당 재판장에게 공개재판, 병자피고의 보석, 고문경관의 단호한 처벌뿐 아니라 치안유지법의 철폐까지 요구한 항의문을 발송한 덕원청년동맹의[199] 간부들은 결코 무사하지 못하였을 것이다. '변호사 격려'에 비해 '당국에는 항의'의 활자가 훨씬 작은 것은 역시 당국의 비위를 크게 거스르지 않으려고 조심한 처사지만, 작은 활자로나마 치안유지법 철폐 요구까지 보도한 신문의 용기도 평가하지 않을 수 없다. 공산당 피고 고문사건을 보도하였던 《무산자신문》과 《대중신문》의 호외도 이 무렵 압수되었다.[200]

간도공산당　　10월 21일 《동아일보》는 포승에 줄줄이 묶여 서울로 호송되어 온 간도공산당사건의 피의자들 사진과 함께, 10월 3일부터 간도에 크게 검거선풍이 불었고, 검거자도 수백 명에 달할 것이라는 기사를 보도하였다. 이어서 23일자 《동아일보》는 제2차로 압송된 간도공산당원의 사진을 게재하였으며, 27일에는 이 사건의 개요를 보도하였다. 간도공산당은 본래 조선공산당 해외연락부 만주총국에 속한 동만총감부가 공산당이 1, 2차 검거로 와해된 후 스스로 독자적인 당으로서 코민테른의 승인을 얻기 위하여 활동해 왔다고 신문은 보도하였다.[201] 하지만 이 조직은 조봉암 등 화요계 인물들이 중국에 흩어져 있는 조선인 당원을 고려혁명당에서 분리시켜 조선공산당 산하 만주총국으로 편입시켜 운영한

---

197) 《동아일보》, 1927년 10월 26일자, 〈진주청년회 격려문발송〉; 10월 28일자, 〈하동신간지회 변호사단 격려〉. 단 이 기사들은 모두 발송일자가 없어 10월 22일 이전의 일을 뒤늦게 보도한 것일 수도 있다.
198) 《동아일보》, 1927년 11월 1일자, 〈거제사단체 격려문 발송〉.
199) 《동아일보》, 1927년 10월 28일자, 〈덕원청년동맹, 변호사 격려, 당국에는 항의〉.
200) 《동아일보》, 1927년 11월 3일자, 〈무산대중신문〉.
201) 《동아일보》, 1927년 10월 27일자, 〈제3국제공산당 승인얻고저 활동〉〈제1착으로 만주, 점진해 조선적화〉〈명부에 기입된 당원만 130여명의 다수, 후보 당원은 부지기수〉.

것인데, 공산당 공판에 항의하는 시위를 간도 용정에서 벌이려고 모의하다가 일망타진된 것이다.[202] 시위 한번 벌이려다 수 년 동안 길러온 커다란 비밀조직이 뿌리째 뽑힌 경솔함은 비난받아 마땅하지만, 그들은 동지들이 부당한 재판을 받는 상황을 그대로 묵과할 수만도 없었을 것이다. 그러나 공산당 피고들이 옥중에서 이 소식을 들었다면 또 한번 통곡하였을 것이다.

오사카 조선인노동조합　　10월 28일 발기한 오사카 조선인노동조합 동북지회가 암흑의 비공개 재판과 고문사건에 대한 법원의 애매한 태도를 항의하는 결의문을 채택하고, 10월 30일 재일본 조선인노동총동맹이 역시 비슷한 내용의 결의와 함께 고문사건의 진상을 폭로하는 전단 20만 장을 제작하여 살포하기로 결의하는 등 재일 조선인 단체의 항의는 계속되었다. 30일의 결의 가운데 제1항이 "조선공산당사건 암흑공판에 대하여는 ○○○○○○○○○○○○○○○○○○하되 그 방법은 집행부에 일임할 것"과 같이 사실상 완전 삭제된 것은 이 결의가 총독의 폭압정치 또는 식민통치 자체까지 부정한 격렬한 항의였음을 짐작케 한다. 당연한 일이지만 일본의 통치권이 미치지 못한 중국과 러시아 한인단체의 항의는 보다 격렬하였다. 재만 단체들도 비밀리에 '과격한' 항의격문을 계속 국내로 발송하여 경찰은 그 수색에 혈안이 되기도 하였다.[203]

　　블라디보스토크 신한촌의 반항대회　　10월 20일 블라디보스토크 신한촌에서 개최된 조선공산당사건 반항대회는 '101 혁명투사를 석방하라' '공판을 군중 앞에 공개하라' '일본 침략주의를 박멸하라' 등의 표어를 내걸고 결의문을 채택하였다. 참고삼아 그 마지막 구절만 소개해 보자.

---

202) 조선총독부 경무국 편, 《조선의 치안개황》(1927년판), 172~174쪽.
203) 《동아일보》, 1927년 11월 25일자, 〈재만○○단 과격문 발송, 서대문관내에서 발견, 시내 각서 대수색〉.

우리는 101인 공판의 정지를 요구한다. 101인 기타 '정치범' 등의 무조건 석방을 요구한다.

조선에 대한 일본의 침략을 구축하기 위하여 일제히 절규할 것.

일본의 침략정책을 철폐하라. 조선에는 일본 경찰 및 헌병을 둘 장소가 없다. 조선은 조선 勞力者 등의 조선이다!

옥중에서 고난을 받고 있는 동지들을 구조하기 위하여 일주간 의연금을 모집할 것.

반항시위대회를 조직할 것.[204]

당시 조선인치고 이런 주장을 소리 내어 외치고 싶지 않은 사람이 몇이나 있었을 것인가? 그러나 11월 이후 1928년 1월 14일로 변론을 마친 변호사들의 노고를 치하하기 위하여 15일 위로연이 개최되기까지[205] 변호사들에게 격려문을 발송한 국내의 단체는 개성청년동맹과[206] 옥구군 서수청년회(11월 12일)만 확인된다.[207] 그러나 누가 조선 밖 단체들의 '열렬한 투쟁'을 따라가지 못한 국내 단체들의 '무기력'과 '무관심'을 운운할 수 있을 것인가? 보석 중 끝내 병사한 백광흠을 위하여 12월 16일 고향 동래의 7개 단체가 마련한 단체장례도 금지된 상황이 아니었던가?[208] 1927년 12월 11일 개최된 신간회 창원지회의 대회 안건 가운데 '공산당공판사건'은 그 아래 괄호 안에 '토의금지'가 주기되어 보도되었다.[209] 이는

---

204) 〈조선공산당사건 공판반항 대회〉, 《조선공산당관계잡건》 1, 고려원, 1990, 743, 750~751쪽.

205) 《동아일보》, 1928년 1월 15일자, 〈변호사위로연, 15일 국일관에서〉.

206) 《동아일보》, 1927년 11월 9일자, 〈두 단체 격려〉. 또 하나의 단체는 오사카 조선인 노동조합 서부지회였다.

207) 《동아일보》, 1927년 11월 13일자, 〈감사와 격려, 변호사단에 대하여〉.

208) 《동아일보》, 1927년 12월 15일자, 〈백광흠 단체장, 고향 동래에서〉 ; 12월 17일자, 〈백광흠 단체장, 경찰로부터 금지〉.

209) 《동아일보》, 1927년 12월 17일자, 〈신간지회대회, 창원〉.

국내 단체들이 변호사단에 격려문조차 발송하지 못한 사정을 단적으로 말해 준다.

선고와 석방

조선독립과 민중해방　5개월에 걸친 피고·변호사단·사회단체와 경찰·법원의 대접전은 일단락되었다. 경기도 경찰부장은 공산당사건을 계기로 '민족주의자와 사회주의자가 분간할 수 없이 한데 어우러져 기세를 높이려고 하였다'고 지적하였다. 1928년 1월 27일 신의주지방법원 공판정에서 있었던 상해신한청년회 집행위원 김도현과 재판장의 다음과 같은 문답은 그 이유를 설명해 주는 것 같다. 김도현은 장개석의 상해 쿠데타 당시 중국공산청년단과 관련된 혐의로 상해 조계에서 체포되어 압송된 투사였다.

> 재판장 : 한인청년회는 자본주의 일본제국으로부터 벗어나 조선○○을 적
> 　　　　극적으로 운동하는 결사이지?
> 　　김 : 조금 다릅니다. 단순히 조선민족의 해방을 목표로 한 것이지요.
> 　　재 : 해방이란 것이 조선을 일본제국에서 ○○시키자는 의미로 ○○
> 　　　　한다는 것이 아닌가?
> 　　김 : 해방이란 것이 ○○이란 의미와 같다면 같겠지요.
> 　　재 : ○○하려는 마음을 언제부터 가졌는가?
> 　　김 : 그것은 물을 필요도 없지요. 조선사람인 의식이 있다 하면 그 의
> 　　　　식이 있는 때부터 난 것이지요. 즉 내가 철이 들어서 조선을 알게
> 　　　　된 때부터 그런 생각이 났었소.[210]

---

210) 《동아일보》, 1928년 1월 30일자, 〈상해법계에서 검거된 종합공산당원공판, 장개석

‘○○’이 ‘독립’이란 것을 모를 사람은 별로 없었을 것이다. 조선공산당의 목표가 궁극적으로 자본주의의 타도와 사회주의·공산주의 사회의 건설이었다는 것은 의문의 여지가 없으며, 실제 많은 피고들도 이 점을 당당히 밝혔다. 이에 비해 그들은 조선독립에 관해서는 비교적 소극적인 발언을 한 것 같다. 예컨대 김재봉은 “조선의 독립을 반대하지는 않지만 공산주의사회의 실현을 바라고 있다”고 답하였으며,[211] 서정희도 조선독립에 관한 현재의 생각을 묻는 신문에(1926년 5월 18일자) “달리 생각하는 바는 없지만 조선이 독립되면 나는 기쁠 것이다”라는 정도로 답변하였다.〔자료 12-14-17〕 김도현의 답변은 조선인에게 조선독립에 관한 생각을 묻는 것 자체가 얼마나 어리석은 질문이냐는 상식을 다시 일깨운 것에 불과하다면, 이 질문에 열을 올리고 ‘진지하게’ 답변하는 것도 희극일 것이다. 그러나 이 문제를 좀 더 이해하기 위하여 다음과 같은 홍증식의 진술을 주목해 보자.

> 그 후 사회주의, 공산주의를 연구함에 따라 조선 민중을 개방하여 구제하는 데는 독립운동으로는 목적을 달성할 수 없고 공산주의가 아니면 안 된다는 것, 공산주의 사회가 되면 한 민족이 다른 민족을 지배하는 것 따위는 없어지고 전 세계 민중이 안락한 생활을 할 수 있다는 생각을 갖게 되었다. … 공산주의사회가 되면 내지도 조선도 함께, 무산자는 안락한 생활을 할 수 있어 일본의 羈絆을 벗어나 조선은 조선 민족의, 일본은 일본 민족 각각의 나를 만들게 된다.[212]

이것은 ‘선(先) 공산주의 사회 건설, 후(後) 조선독립론’으로서 김재봉의

쿠데타 여파로 피촉, 예심으로 신음 5개월〉 〈○○희망은 조선을 알 때부터, 물을 필요도 없는 것이다, 피고의 거침없는 답변〉.
211) 〈김재봉 외 19인 조서〉, 495쪽.
212) 〈김재봉 외 19인 조서 (1)〉, 485~486쪽.

입장도 여기에 속하는 것 같다. 이에 비해 '자본주의 일본제국'에서 해방, 독립하는 것이 아니라 그냥 '일본제국'에서 해방, 독립되는 것을 구별한 김도현의 주장은 독립 이후 사회체제야 어떻든 '선 독립론'으로 보인다. 민족주의자와 공산주의자가 제휴할 수 있는 여지는 바로 여기에 있는데, 이번 공산당 공판뿐 아니라 많은 좌익사건에서 피고인들을 헌신적으로 변호한 이인은 훗날 당시 자신의 입장을 다음과 같이 회고하였다.

> 내가 변론하는 취지는 좌익사건이나 민족운동사건이나 그 취지는 같다. 내가 적극 변론하고 나섬은 일제 탄압에 시달리는 같은 동포를 구하자 함이요 민족독립운동을 옹호하자 함이지, 공산주의운동을 돕자는 것은 아니었던 것이다. 당시에는 공산주의자라 하더라도 좌익운동을 표방하지는 않았다. 앞에 내세우기는 민족해방이니, 그 뒷속에서 딴생각을 품은 경우 아니면 자기도 모르는 사이에 약간씩 물이 들어 있었을 뿐이다. … 이런 관계는 당시 흔히 들을 수 있던 경부선의 비유로 설명이 된다. 우리가 경부선을 타고 가는데 부산을 1천 리로 잡고 대구까지 7백 리라면 우리는 대구 가는 승객이요 공산주의자들은 부산까지 가겠다는 승객과 같다. 기차를 타고 갔으니 그들과 동행임에는 틀림이 없으나, 목적지를 같게 할 수는 없는 것이다. 이 비유는 내가 갑자기 만들어 낸 것이 아니요 당시에 드문드문 쓰던 말이나, 나는 공산주의자들을 만나면 '부산까지 가지 말고 대구에서 함께 내리세' 하는 말을 곧잘 했다. 그때마다 그들은 '네 그럽시다' 하곤 했다.[213)]

김도현 같은 사람은 아마 이인과 함께 대구에서 내릴지도 모른다. 그러나 대구를 거쳐 부산까지 가려는 사람들 가운데에도 이인과 동승을 거부하고 다른 열차를 타려는 사람도 있었겠지만, 대구까지 가는 것은 찬성하

---

213) 이인, 《반세기의 증언》, 명지대출판부, 1974, 106~107쪽.

지만 먼저 비행기로 부산을 갔다가 대구로 올라오려는 사람도 있었을 것이다. 김재봉이나 홍증식과 같은 사람은 바로 이 부류에 속한다고 해도 과언은 아닐 것이다. 과연 이인은 이런 사실을 알고도 그들을 헌신적으로 변론한 것일까? 아니면 적어도 그들도 대구까지는 동승할 것으로 믿었기 때문일까? 또는 부산까지 가려는 사람들의 생각은 실현될 가망이 없어 결국은 대구에서 함께 내릴 것으로 낙관하였던 것일까? 이인과 같은 민족주의자들이 대구까지 가는 데 사회주의자·공산주의자들의 협력이 절대적으로 필요하다는 점을 인정한 것은 분명하다. 실제 자타가 공인하는 공산주의자들 가운데에 대구 이후의 행로에는 별다른 관심이 없는 사람이 있었던 것도 사실이다. 공산당사건에 대한 비사회주의자들의 성원과 동정은 바로 적어도 대구까지는 함께 가야 하며, 또 함께 갈 것을 기대한 결과였을 것이다.

변론의 종결과 선고 공판　변론이 끝난 후 세인의 관심은 자연히 판결에 쏠렸다. 그러나 변호사들은 정주경찰서 서장이 사사로운 감정으로 변호사를 불법 감금하고 폭행한 사건에 항의하여 궐기하였으며,[214] 김병로를 비롯한 일부 변호사들은 다시 군산으로 달려가 옥구 소작쟁의로 구속된 피고들의 변론에 분주하였다.[215] 12월 초 서울은 제3차 공산당 검거선풍으로 다시 초긴장에 휩싸였는데,[216] 2월 4일 오후에는 모스크바 공산대학

---

214) 《동아일보》, 1928년 1월 29일자, 〈정주서장인권유린, 사감으로 불법감금, 경찰횡포의 일예증〉〈변호사단분기, 평양과 경성변호사단 분기, 적극적 대책을 강구중〉.

215) 《동아일보》, 1928년 2월 4일자, 〈각 변호사열변에 만장 방청객 감동, 재판장으로부터 주의 속출, 옥구소작쟁의 여록〉〈범죄케 한 것은 경찰이라고 갈파, 김병로 변호사담〉.

216) 《동아일보》, 1928년 2월 4일자, 〈종로서 철야 대검거, 昨朝까지 24, 5인 검거, 혐의는 제3차 공산당관계? 계통불문 범위 확대〉〈물적 증거 찾아 팔방으로 대수색〉〈수십처 가택수색, 모중대 서류 발견? 북부일대 공기긴장〉〈통행도 차단 등교도 못하게, 가족의 출입도 엄금, 어마어마한 수색법〉〈제3공산당조직은 탐지한지 已久, 문제는 물적 증거일 따름, 모 요로경관 담〉〈오후에도 계속 검거, 가택도 수색

교수 채(蔡)가 북풍계 인물들의 출영을 받으며 신의주에서 서울로 압송되어 왔다. 채는 조선 내 공산주의운동의 부진을 타개하기 위하여 북경에서 1년 동안 북풍계와 자주 연락을 취한 후 입국하다가 체포되었다고 한다.[217] 7일 밤에는 1차 공산당 주역의 한 사람이었던 조동호가 상해에서 체포되어 서울로 압송되어 왔다.[218] 공판을 앞둔 대대적인 검거선풍과 거물급의 압송은 공산당 피고의 엄벌을 예고하며 관련자들을 위협하기 위한 당국의 고의적인 작전 같기도 하다.

이런 와중에서 머지않아 공판이 있을 것이라는 몇 차례의 예보에[219] 뒤를 이어 마침내 '2월 13일의 공개 선고공판'이 발표되었다.[220] 2월 15일로 예정되었던 신간회 전국대회가 금지된 것도 이 선고공판 이후 혹 일어날지 모르는 사태를 대비한 때문으로도 추측되지만,[221] 개정 당일 대규모의 엄중한 경계를 위하여 치밀한 경찰의 작전도 수립되었다.[222] 방청권을

중〉; 2월 5일자, 〈종로서대검거 축일 확대, 주야로 계속 활동, 관계관청도 사건을 의문시, 공산당 증거가 불충분하면 보안법을 적용 기소?〉〈4일 오전까지 총수는 30명〉〈4일에도 계속 각처 대수색〉; 2월 6일자, 〈종로서대검거 축일 확대, 수십처 지방경찰에 수배, 검거는 전 조선에 파급, 검거된 피의자 취조 몰두, 5일 현재는 28인〉〈하씨가 감금중 안광천 탈주〉〈공산당조직비용 의문의 7천원금〉; 2월 7일자, 〈종로서 검거 일단락, 혐의자 정리에 착수〉; 2월 9일자, 〈검속자 대개 석방, 13인만 계속 취조〉.

217) 《동아일보》, 1928년 2월 6일자, 〈호송된 채교수, 서대문감옥에, 4일 오후 8시에 도착, 역두에는 동지 다수 출영〉.

218) 《동아일보》, 1928년 2월 9일자, 〈호송된 조동호, 종로서에 유치, 전후 사실을 일일이 시인, 금명간 검사국 송치〉.

219) 《동아일보》, 1928년 1월 26일자, 〈공산당 96피고 판결문정본 초안중, 불원간 판결을 나리게 될 터, 언도일엔 공판 공개?〉; 2월 6일자, 〈판결문 초안도 완성, 최후합의도 종료, 판결 당일에는 방청권 발행, 임박한 공산당 판결일〉; 2월 8일자, 〈내 15일 내 개정, 통지는 2,3일내로 발송, 공산당판결공판기〉.

220) 《동아일보》, 1928년 2월 9일자, 〈공산당판결 내 13일로 확정, 피고 101명중 두명은 세상을 떠났고, 세명은 분리되고 95명에만 언도, 당일에는 공판공개〉.

221) 《동아일보》, 1928년 2월 8일자, 〈내 15일로 개최될 신간대회 돌연금지, 보안법 제2조를 적용하여, 去去益甚한 집회취체〉〈경찰당국 경계, 혹 무슨 운동이 있을까바〉.

222) 《동아일보》, 1928년 2월 12일자, 〈又 명일로 임박한 공산당 판결일, 예상되는 당일

얻으려는 가족들은 전날 오후 6시부터 "바람 불고 캄캄한 추운 밤에 총총하던 새벽별이 스러질 때까지 졸리운 눈을 비비며 얼어빠질 것 같은 손가락을 혹혹 녹이며 긴긴 밤을 새워서 정문이 열리기를 눈이 빠지게 기다렸으나 14시간이나 세워 두었다가 오전 8시 정각에 비로소 논아 주기 시작하였는데," 방청권을 얻은 것은 300여 명 가운데 겨우 90명에 불과하였고, 많은 가족들은 눈물을 흘리며 돌아갈 수밖에 없었다.[223] 이 광경은 비극의 마지막 장면으로 훌륭한 소재였다. 신문들이 이 광경을 감성적으로 대서특필한 것은 당연하였다.

공판 전날만 해도 변호사들은 피고 가운데 30여 명은 무죄가 선고될 것이며, 미결기간이 이미 2년 이상 3년 가까이 되는 만큼 적어도 67명은 선고 즉시 출감할 수 있을 것으로 기대하고 있었다.[224] 2월 13일 오전 10시 30분, 피고 94명이 입정한 가운데 공판이 시작되자 재판장은 절차에서의 주의와 함께, 선고를 받고 불온한 행동을 하면 즉각 퇴장시킬 것이라고 경고한 후 다음과 같은 '가소로운' 충고를 덧붙이고 장문의 판결문을 낭독하였다. "장래 사회제도를 연구할 때 무슨 사상 자체에 들어가면 세밀히 연구를 할 수 없을 뿐 아니라 그 정체를 알 수 없을 터이니 그 점을 특별히 생각하기 바란다."[225] 판결 결과, 석방 대상은 무죄 12명, 집행유예 2명, 총 14명에 불과하였다. 나머지 80명은 최고 6년 최하 8개월의 징역이 선고되었으며, 모든 피고의 실제 미결기간이 선고된 총 형기보다도 50년이 더 길었음에도[226] 통산된 미결기간도 최다 360일 최소 150일에

대혼잡〉〈경계방침 협의 대장감독서기 종로서 방문〉; 2월 13일자, 〈경찰부대를 군대식 편성, 어마어마한 당일의 경계, 150여 경관동원〉.

223) 《동아일보》, 1928년 2월 14일자, 〈전야 초경부터 쇄도 법원전 저립 14시간, 14시간을 기다려도 방청권을 못 얻어, 눈물 흘리며 돌아가는 가족도 많았다, 혈루 얼킨 방청권 일매〉

224) 《동아일보》, 1928년 2월 13일자, 〈'30여인은 무죄, 60인은 출감 가능', 담임변호사단 관측〉.

225) 《동아일보》, 1928년 2월 14일자, 〈각항 주의후 판결문 낭독〉.

불과하였다. 변호사 김병로는 판결 결과를 "덮어놓고 어쨌든지 피고 94인을 벌을 주지 않으면 안 된다는 어떤 관념으로 하였다"고 비판하였다.[227] 서정희는 무죄 12명에 포함되었고, 검사가 공소를 포기함에 따라 13명의 동지와 함께 오후 7시 무렵에 석방되었다.

서정희 외 13인 석방　　2월 15일 《동아일보》는 서정희를 비롯한 석방자 14명이 가족과 친지 4백여 명의 영접을 받으며 출옥한 광경을 다음과 같이 전하였다.

> 오후 5시경에는 굳게 닫힌 서대문형무소 앞에는 수백 명이 모여들어 실로 서대문형무소가 창설된 이후 처음으로 보는 대혼잡을 이루었다. … 이 열네 사람이 4년 동안 얽혀 있던 쇠사슬을 끌러 놓고 철문을 나서자, 이제나 저제나 하고 기다리고 있던 그들의 가족 중에는 반가움에 넘치는 눈물과 함께 '아버지!' '오빠!' 하는 소리가 북악산 바람에 떨리며 흘러나왔고, 수백 명의 동지들은 오래 동안 못 보던 그들의 얼굴을 남보다 먼저 보기 위하여 '서동무!' '이동무!' 하고 우렁찬 소리로 고요한 저녁 공기를 깨치면서 뜨거운 악수를 교환하였다. 이 성대한 환영리에 출옥한 열네 사람은 4년 동안 있었던 형무소 정문을 배경으로 기념촬영을 한 후 십여 대의 자동차에 나누어 타고 각각 미리 정하여 둔 처소로 돌아갔는데, 그들의 간 곳은 다음과 같다더라. 서정희 씨 장사동 자택…

석방인사들 가운데 서씨는 서정희뿐, '서동무!'가 서정희를 부르는 소

---

226) 《동아일보》, 1928년 2월 14일자, 〈최고 6년, 최하 8월, 무죄는 불과 12인, 미결 통산은 최다 360일〉 〈미결과 기결의 총산, 철창 신음 400년, 미결기간이 기결기간보다 50년 더 길어〉.

227) 《조선일보》, 1928년 2월 14일자, 〈선입한 관념, 경중은 말하고 싶지 않다, 변호사 김병로씨 담〉.

리였다는 것은 새삼 지적할 필요도 없지만, '아버지!' 하고 부른 사람들 속에는 당시 숙명여중을 다니던 넷째 딸 경남도 섞여 있었다. 경남은 추운 겨울, 인적이 드문 서대문형무소로 몇 번이고 미끄러져 넘어지며 아버지를 면회간 기억을 아직도 하고 있는데, 이날의 '감격'도 잊지 않고 있다. 평소에도 친우들과 악수를 하면 "얼마나 상쾌하고 피가 끓어오르는지 모른다"는 서정희가[자료 1-13] '서동무!' '아버지!' 하고 달려온 동지들과 딸의 손목을 잡았을 때, 그는 아픈 몸에도 새삼 신선한 생명의 박동을 느꼈을 것이다. 광주노동공제회와 소작인연합회에서 오랫동안 함께 분투한 설병호도 무죄로 석방되었다. 두 사람은 손을 잡고 서로 위로하면서 남다른 감회가 있었을 것이다. 서정희 등이 타고 귀가한 자동차는 남산 자동차부에서 무료로 제공한 것이었다.[228] 이 역시 이 사건에 대한 좌우를 초월한 거족적 성원의 하나였다.《동아일보》 1928년 2월 14일자 사설 〈조선공산당사건 판결〉은 "이날을 조선사람의 사상사(思想史)상에 있어서 잊어버릴 수 없는 날"로 규정하였다.

석방된 공산당사건 피고 14명(《조선일보》. 1928년 2월 15일자)

자동차를 타고 그리운 가족들이 기다리는 장사동 집으로 돌아간 서정희는 병고에 시달린 몸을 일단 쉴 수 있었을 것이다. 그러나 그는 그날 밤도 결코 편안히 잠을 이룰 수는 없었을 것이다. 선고의 순간 재판장은, 김약수·김재봉 등은 징역 20년에 처할 것을 6년에, 권오설 등은 15년에 처할 것을 5년에 처한다는 '관대함'도 과시하였지만, 서정희는 실형을 선고받고 다시 차가운 감방으로 돌아간 동지들을 잊을 수가 없었을 것이다.

재판장의 판결이 떨어지자 "법정의 공기는 찢어지는 듯이 긴장되었고, 넓은 3호 법정은 냉수를 끼얹은 듯이 일종의 비통한 침묵에 잠기었다. 재판장의 입에 자기의 이름이 불릴 때마다 피고들은 갑자기 얼굴에 무거운 빛을 띠우다가 몇 년 하는 언도가 끝나면 혹은 어깨를 축 드리우고 혹은 봄날같이 얼굴이 개이며 혹은 형용할 수도 없는 쓸쓸한 웃음을 웃는 사람도 있었다."[229] "그들의 등 뒤에서 재판장의 입만 쳐다보며 가슴을 태우던 방청석에서는 땅이 꺼질 듯이 내뿜는 긴 한숨소리도 나고 훌쩍 훌쩍 느껴 우는 여자의 소리도 새어 나오며 방청권을 얻기에 밤을 새워 퉁퉁 부은 눈에 자주 자주 손수건을 대며 새빨갛게 된 눈으로 땅을 들여다보면서 퇴정하는 젊은 부인네의 비참한 광경은 단장(斷腸)의 느낌을 금할 수 없었다."[230] 이 가족들의 일부는 자기 자식이나 남편, 오빠가 출옥되지 못할 것을 뻔히 알면서도 석방인사들의 출영에도 나왔다가 차가운 바람 속에 눈물을 흘리며 돌아가는 광경은 보는 사람들의 애간장을 끊게 하였다고 한다.[231]

이 장면이 서정희의 뇌리에서 일시나마 떠나기까지는 오랜 세월이 걸렸을 것이다. 특히 자신의 '무죄'를 극력 주장해 준 김약수 등을 생각하면 자신의 석방만 기뻐할 계제도 아니었을 것이다.

---

229) 《동아일보》, 1928년 2월 14일자, 〈언도의 찰나, 침통한 침묵, 냉수를 뿌린 듯이 고요해〉.
230) 《동아일보》, 1928년 2월 14일자, 〈太息 끝에 嗚咽聲, 長嘆과 섞인 苦笑〉.
231) 《동아일보》, 1928년 2월 15일자, 〈원한에 잠긴 暗淚, 철문에 닫친 희망, 북악산 찬바람과 헛되이 싸우다가 돌아서는 발자욱 자욱에 고인 눈물, 입옥피고 가족의 단장극〉.

김약수·박일병·정운해·윤덕병·김연희 5명을 제외한 나머지 피고들은 공소를 포기하고 1심 판결대로 복역할 것을 결정하였다.[232] 그들은 마지막으로 면회간 변호사들을 통하여 동지들에게 다음과 같이 부탁하였다. (1)한 달에 한 번 면회를 와 줄 것 (2)세계의 운명을 알려 줄 것 (3)최근의 자연을 알려 줄 것 (4)낙향하는 동지들의 소식을 알려 줄 것.[233] 격리된 감옥의 공간을 뛰어넘어 세계와 자연, 그리고 동지들과 호흡을 함께하려는 굳은 의지의 표현이었지만, 특히 생명이 순환하는 계절의 변화를 알고 싶어하는 그들의 욕구에서 생명의 정지를 강요당하는 감옥의 조건을 새삼 읽을 수 있는 것 같다.

2월 16일 동지들은 출옥한 인사들의 고초를 위로하는 환영연을 베풀었다. 130여 명이 참석한 이 자리에는 앞서 출옥한 정재달·이성(李星)·김한(金翰)도 참석하였다. 무죄로 출옥한 이석의 '의미 깊은 답사'와 이문한의 '열렬한 말'은 임석한 십여 명의 사복 경관에 의해서 중지되었지만, 식을 마친 후에는 여흥까지 즐기면서 감개무량한 회포를 풀었다고 한다.[234] 이 환영회를 보도한 기사를 보면 서정희는 참석하지 않은 것 같다. 우선 병이 위중하기도 하였겠지만, 건강이 허락하였을지라도 그는 이 환영회에 참석할 심경이 아니었을지도 모른다.

서정희가 무죄로 석방된 것은 판사가 서정희 등 북풍계 당원의 정권(停權)과 출당을 보고한 강달영 수기 보고문서의 신빙성을 인정하지 않았기 때문일 것이다. 경찰과 검찰은 이 문서의 진위에 대해 강달영을 직접 신문하였을 것이다. 그 기록은 확인하지 못하였지만, 판사기피신청을 기각한 이유서가 정운해의 증인신청을 각하한 이유와 관련 "압(押) 제98호 증(證)

---

232)《동아일보》, 1928년 3월 8일자, 〈공산당 피고 직접 상고 취하, 상고한 두 사람은 복역키로, 공소 공판은 4월 중순〉.
233)《동아일보》, 1928년 2월 18일자, 〈금후의 희망은 1월 1차 면회, 세상을 등진 철창의 동지, 세계와 자연의 추이를 알려달라고〉.
234)《동아일보》, 1928년 2월 18일자, 〈사복경관 엄계리 출옥동지 환영회, 백여회중 모여 거행, 감개무량중 종종 情話〉.

제18호(강달영의 보고서)에 의하면 피고 정운해는 정권처분을 한 당원으로서 경(更)히 출당을 한 자로 기재"되어 있다고[235] 주장한 것을 보면, 적어도 강달영은 이 문서가 자신이 멋대로 조작한 것이었다고 진술한 일은 없었던 것 같다. 그러나 이 문서에 역시 정권·출당 당원으로 기록된 북풍계의 배덕수·이규송·이호도 모두 무죄로 석방되었다. 그 이유는 알 수 없지만 판사가 이 문서를 피고들에게 불리한 증거로 삼지 않은 것은 분명하다.

필자도 과연 서정희가 1925년 4월 조직된 조선공산당의 존재를 전혀 몰랐고 따라서 입당한 사실도, 편의를 제공한 사실도 없었는지, 혹은 알고는 있었으나 입당하지 않고 단지 편의만 제공하였는지, 혹은 강달영의 문서가 주장한 것처럼 당원으로서 정권되고 출당된 사실이 있었는지는 판단할 수 없다. 만약 강달영의 주장이 사실이었다면 서정희는 자신을 석방시키기 위한 동지들의 노력에 감사하지 않을 수 없었을 것이다.

그러나 그의 주장대로 공산당의 존재도 전혀 몰랐다면, 대단히 당혹스러웠을 것이며, 한편 깊은 배신감도 느꼈을 것이다. 그 자신도 정말 공산주의에 공명하였고 조선공산당의 창당이 필요하다고 생각하였다면, 자신을 항상 좌장으로 모시던 김약수 등이 그토록 중대한 일에 자기를 철저히 배제시킨 것에 분노를 느꼈을 것이다. 공산당을 조직하기 직전 소집된 조선민중운동자대회에 전남 단체들의 참여를 독려하기 위하여 그는 광주까지 내려가지 않았던가? 이 민중운동자대회는 공산당 조직을 위장하기 위함이었다는 것도 신문과정에서 다 밝혀졌지만, 그가 이 사실도 모르고 광주에서 참여를 독려한 것을 나중에야 알았다면, 자신을 지방으로 돌리고 서울에서 당중앙을 조직하고 간부직을 자기들끼리 배분한 동지들을 그는 어떻게 생각하였을 것인가? 반면 그가 공산주의에 공명하지 않았고 공산당의 조직에도 관심이 없었다면, 동지들이 참여를 권하거나 깊은 의논을

---

235) 《동아일보》, 1928년 12월 9일자, 〈각하이유전문 (2), 공산당사건 재판장기피의〉.

하지 않은 것을 당연하게 이해하였을 것이다. 그러나 이 경우 자신도 모르게 자기를 당원으로 만들어 놓았을 뿐 아니라 자신을 종파분자로 비난하며 정권, 출당 처분을 내리고 코민테른에 보고까지 한 공산당 간부들을 어떻게 생각하였을 것인가? 어느 경우건 서정희의 심경은 편할 수가 없었을 것이다.

그해 11월 말 서정희는 북풍회원 우봉운·정종명·남정석과 함께 종로서에 구금되어 출장온 평양 경찰의 엄중한 취조를 받았다. 모스크바 공산대학을 졸업하고 국내에 들어와 비밀결사를 조직하려던 정재직·김도엽과 서정희 등이 모종의 연락을 취한 혐의가 있다는 것이었다. 김도엽이 김약수의 조카였기 때문에 특히 북풍회원들이 의심을 받은 것 같다.〔자료 12-12〕 사흘 동안의 엄중 취조 끝에 서정희 등 4명은 모두 무혐의로 풀려났지만,〔자료 12-13〕 이 사건은 경찰이 서정희가 북풍회의 간부로서 계속 공산주의 비밀조직과 모종의 연락을 취할지 모른다는 의구심을 품었음을 말해 준다.

2. 신간회 운동

교육협회 평의원

출옥한 후 서정희는 우선 옥중에서 얻은 병을 치료하는 데 상당한 기간이 필요하였을 것이다. 현재 확인할 수 있는 출옥 후 그의 첫 공적 활동은 1928년 6월 15일 조선교육협회 정기총회에 참석한 것이었다. 이 회의는 《노동독본》과 야학교재의 편찬·간행, 정기강연회 등 그해의 사업계획을 결의한 후 임원을 개선하였다. 회장에는 남궁훈, 부회장에는 서예가로도 유명한 유창환(兪昌煥)이 각각 선출되었고, 유진태·홍명희·강인택·이석(공산당사건 무죄 석방, 일명 이봉수)·최현배·신명균 등 15명의 이사와, 허헌·최두선·이승복·이종린·송진우 등 20명의 평의원이 개선되었는데, 서정희도 20인 평의원에 포함되었다.〔자료 16-7〕

조선교육협회236)는 한규설·이상재·김사묵·최두선·윤치호·유성준·최두선·유진태 등 전국의 '유지계(有志界)를 망라한' 총 91명이 1920년 6월 20일 발기한 조선교육회를 개칭한(1922년 1월 24일) 단체였다. 조선교육회의 목표는 조선인의 힘으로 교육기관을 설립, 운영함으로써 3·1운동 이후 급격히 변화하는 세계의 사조에 대비하고, 강연을 통한 관념적 계몽의 차원을 넘어서 교육운동을 실천운동으로 끌어올리면서 조선의 모든 교육운동을 통일적으로 지도하고, 조선인의 교육문제를 연구하고 해결

---

236) 이하 조선교육협회에 관한 서술은 특별한 주가 없는 한 모두 이명화, 〈민립대학운동의 배경과 성격〉, 《한국독립운동사연구》 제5집, 독립기념관 한국독립운동사연구소, 1991, 27~31쪽을 참조하였음.

하려는 것이었다. 교육협회 역시 그 목적은 같았지만, 구체적인 사업목표를 (1)교육제도 개선 (2)교육사상 보급 (3)교육기관 확장 (4)교육풍기 개선 (5)도서관 설치와 잡지 발행 (6)교육공로자 표창 등으로 설정하였다. 교육협회는 수표교 42번지에 회관을 마련하고, 기관지 《신교육》을 발행하려고 하였으나 당국의 금지로 뜻을 이루지 못하였고, 1922년 이후 민립대학 설립운동에도 주도적인 구실을 하였으나 역시 성공하지 못하였다. 일제가 식민통치의 중요한 수단인 조선의 교육을 조선인의 민간단체가 주도하는 것을 용인하지 않았기 때문이다. 총독부 산하 조선교육회는 바로 조선교육협회가 수행하려는 사업을 직접 장악하여 조선의 교육을 식민통치의 보조장치로 편입하기 위하여 조직한 것이었다.

그러나 교육협회는 고학생들에게 회관을 무료 숙소로 제공하는 한편, 노동자·농민의 초보교육을 위한 교재를 편찬, 간행하였다. 초보적인 일용 상식과 함께 한글도 깨우치는 《노동독본》, 초급 일본어 교과서 《국어독본》, 초보적인 산수책 《노동산술》, 상용한자 1천 자를 가르치는 《한자초등》, 노동자에게 일상 왕복 편지쓰기를 가르치는 《노동서한》, 물리·화학·생물의 초보를 가르치는 《노동이과》 등은 모두 교육협회가 보급한 것인데, 당시 유행한 노동자·농민 야학의 주요 교재가 되었다. 이 교재들은 광주노동공제회가 운영한 야학에서도 사용되었을 것이다. 교육협회는 민족주의 단체로 분류되었고, 실제 그 주요 간부들의 성향도 대체로 사회주의자들과는 거리가 있었다. 그럼에도 이와 같은 노동자·농민의 교육과 고학생에 대한 배려의 이면에는 단순한 사회사업의 차원을 넘어서 사회주의운동에 대해 일정한 포용을 하고 있음을 시사하는데, 교육협회회관이 1920년대 각종 사회운동의 집회와 연락장소가 된 것도 이러한 각도에서 이해된다. 서정희가 활약한 언론집회압박탄핵대회, 기근구제회, 보천교성토회 등의 주요 회의도 모두 이곳에서 열렸다.

1928년 6월 15일의 교육협회 정기총회는 한규설이 기증한 2만 원 상당의 토지를 기반으로 조직을 재정비하여 부진하였던 사업을 다시 강화하려는 첫 모임이었다. 광주에서 민립대학설립운동에도 참여하였고,〔자료 16-1〕 광주노동공제회의 회장으로서 노동자·농민의 야학에 역점을 두었던 서정희가 교육협회에 참여한 것은 별로 특이한 일은 아니었다. 더욱이 이날 회의의 주요 의제가《노동독본》과 야학교재의 편찬·간행이 아니었던가? 그러나 20인 평의원 가운데 이시완(李時完)·김탁(金鐸)·강인택·이석·이승복(화요회원, 변호사) 등의 '주의자'가 포함된 것을 보면 이번 임원 개선이 사회주의 진영의 영입과 관련되었고, 서정희의 평의원 영입도 그 일환이었을 가능성이 농후하다. 이것은 당시 신간회를 중심으로 좌우가 합작한 상황을 고려하면 역시 특이한 일도 아니다. 송진우·최두선·이종린·박동완 등의 쟁쟁한 민족진영의 거물이 포진한 평의원에 서정희가 포함된 것은 민족진영이 그를 적어도 제휴할 수 있는 좌파로 인식했음을 시사하는 것 같다.

그 후 조선교육협회는《노동독본》(1·2·3),《노동산술》(1),《한자초보》(1),《과외독물(科外讀物)》(1) 등을 발행하여 무료로 배부하였으며, 보통학교용 교재 편찬도 계획하는 한편, 지도자 양성을 목적으로 전문가를 초청하여 전문 과학에 관한 주간 강좌도 개최하였다. 이러한 사업에 서정희가 실제 얼마나 참여하였는지는 확인되지 않는다. 그러나 이후 서정희는 교육회관 안의 별채로 거처를 옮겨 사회운동가들의 연락과 뒷바라지를 맡았다. 이것은 그에 대한 운동가들의 중망(衆望)을 반영한 것으로 이해되지만, 사실상 교육협회를 주도한 유진태와 서정희의 각별한 교유도 크게 작용한 것으로 보인다. 1935년 3월호《삼천리》가 기획한〈조선민중의 지도자총관〉에 포함된 서정희의〈구제사업의 공로자 유진태씨〉의 다음과 같은 구절은, 당시 교육협회에 대한 세인의 이미지와 아울러 서정희와 유진태의 개인적 친분을 잘 말해 준다.

옹은 우리 사회의 유일의 구제사업가인 줄 압니다. 밤낮으로 항상 사회사업 때문에 노심초사하여 왔습니다. … 그리하여 무엇보다도 患亂相救의

赤誠이란 후진청년들에게 과연 모범이 될 만합니다. 교육협회를 찾아오는 시골 어린 학생들에게 구원하여 주고 주선하여 준 눈물겨운 사실은 우리가 한번 두고 기념할 만합니다. 월사금 못내는 학생도 옹을 찾아서 구조를 받았고 기숙할 곳이 없는 학생도 옹을 찾아서 기숙할 곳도 얻었고 回顧無依한 고아나 반신불수의 환자도 옹을 찾아 구조를 받았습니다.〔자료 1-21〕

방학이면 제약회사에 나가 학비를 벌면서 간신히 1930년 3월 숙명여중을 졸업한 넷째 딸 경남이 그해 일본의 나라(奈良)여자고등사범학교에 유학할 수 있었던 것도 유진태의 도움이 컸다고 한다. 그녀는 일본에 건너가기 직전 출국 인사차 유진태를 방문하였을 때 여중 졸업식에서 우등상으로 받은 '좋은 벼루'를 선물하였다고 한다. 그녀는 만년에 그것밖에는 선물할 것이 없었던 당시 집안 형편을 서글프게 회상하였다.

잃어버린 운동의 현장

그러나 출옥 후 서정희의 최대 관심사는 역시 농민운동이었을 것이며, 1925년 말 체포되기 직전까지 열성적으로 주도한 광주의 농민단체들과 노농총동맹에 다시 참여하고 싶었을 것이다. 그러나 그는 곧 참담한 실망과 좌절을 되씹어야 하였다. 무엇보다도 그는 광주의 단체들과 더 이상 관계를 가질 형편이 되지 못하였던 것 같다.

광주노동공제회와 광주소작인회 연합회의 쇠퇴　　서정희가 체포되고 약 한 달 후 1925년 1월 20일 개최된 광주노동공제회 임시총회는 농민부와 노동부의 분리를 결의하는 한편 서정희를 농민부 집행위원(6인)의 1인으로 선출하였다.〔자료 5-38〕 그들 역시 서정희의 검거 소식을 신문을 통해 알고 있었지만 그를 의연히 간부의 일원으로 추대한 것이다. 광주의 농민운동가들이 그가 석방되면 다시 광주의 농민운동에 참여할 것을 기대하는 소망을 표시한 것이었다. 그러나 1926년 1월 12일 광주 사회운동계에는 커다란 불상사가 발생하였다. 즉 광주청년회 회원 50여 명이 광주노동공제회·전라노농연맹회 등의 사회단체가 입주해 있던 회관을 습격하여 기물을 파괴하고 회원을 폭행하였다. 이 폭거는 13일 저녁에도 다시 일어나면서 험악한 분위기가 조성되었고, 중상자도 속출하였다. 이 폭행의 주목표는 광주노동공제회였는데, 《조선일보》와 《시대일보》는 모두 그 원인을 '주의상의 충돌'로 분석하였다.237) 직접 구타당하여 두 번이나 졸도하였다는 노동공제회 집행위원장 설병호는 감정을 떠나 온화한 태도로 임하겠다는 입장을 밝히면서도 "계급투쟁의 격렬한 것을 표현한 것이니 사회운동이 한 걸음 더 나갔다"는 증거라며, 사실상 '주의상의 충돌'이었음을 확인하였다.238) 한 걸음 더 나아가 광주청년회의 습격을 '몇몇 변절자와 재벌의 박해'로 규정하였다.239) 그러나 광주청년회는 "주의상의 충돌이라 하였음은 전연 착오이며 이 분규 문제는 일시적이 아니요 숙감이 있었던 까닭이다"는 항의문을 즉시 《조선일보》와 《시대일보》에 보냈다.240)

---

237) 《조선일보》, 1925년 1월 14일자, 〈광주청년회원 50명이 노농연맹회관을 습격, 12일 밤에 50여명의 광주청년회원이 6단체의 회관을 파괴하여 크게 충돌, 중상자 2명, 원인은 주의상의 충돌〉 ; 15일자, 〈광주청년회원 공제회관 재습 13일 저녁때 또다시 습격하여 온돌 두곳 파괴, 경찰은 회원 13명 검거〉 ; 《시대일보》, 1월 14일자, 〈광주청년회원 50명 5단체회관 습격파괴, 주의상충돌로 폭력행동을 하였다, 중상자 2명은 입원치료중〉 ; 15일자, 〈공제회관 봉쇄, 곤봉들은 청년회원들이 회원을 찾아다니며 심지어 문서와 인장 등까지 집어가, 험악화하는 광주습격사건〉 〈사진 박은 본사 지국장까지 습격코자 수색〉. 이 《시대일보》 지국장은 화순지국장 曺景叙인데, 그 역시 전남 농민운동의 거물로서, 1925년 11월 19일 서정희와 함께 노농총동맹 중앙상무위원으로 선출되었다.
238) 《조선일보》, 1926년 1월 17일자, 〈우리는 일을 위하여 온화한 태도를 취하겠노라〉.
239) 《시대일보》, 1926년 1월 16일자, 〈'계급의식의 발달', 재벌의 박해로 굽힐 리가 만무, 광주노동공제회 설병호씨 담〉.
240) 《조선일보》, 1926년 1월 17일자, 〈'주의상의 충돌은 절대 아니다'라고 광주청년회의 항의〉.

　경찰도 즉시 김재명, 강석봉 등 청년회 간부 13명을 구속하여 검찰로 송치하였지만, 광주 인근의 사회단체는 물론 전국의 사회단체들이 이 문제를 좌시할 리가 없었다. 광주청년회와 광주노동공제회는 1920년 초 이래 사실상 자매단체와 같이 긴밀히 협조하면서 광주 사회운동의 양대 축을 형성해 왔고, 청년회 회원의 상당수는 노동공제회와 소작인회연합회의 회원이기도 하였다. 따라서 이번 청년회와 노동공제회의 충돌 사건은 일반 시민은 물론 사회운동계의 비상한 관심을 불러일으켰고, 각 사회단체들은 다투어 긴급회의를 열고 즉시 조사단을 파견하였다. 먼저 즉각 반응을 보인 것은 역시 피해 당사자인 전라노농연맹회와 광주노동공제회를 비롯한 광주 인근의 26개 단체였다(1월 15일).[241] 서울의 노농총동맹도 15일 오후 상무집행위원 박래원을,[242] 4단체 합동위원회는 17일에 상무집행위원 김연의를 각각 광주로 급파하였다.[243] 청년총동맹·전진회·경성청년연합회는 18일에,[244] 경성혁청당은 20일 밤에,[245] 17일 긴급총회를 개최한 조선노동당은 21일 오후에[246] 각각 조사원을 특파하였고, 17일 긴급총회를 개최한 한양청년연맹도 조사원 특파를 결의하였으며,[247] 마산청년연합회에서는 18일 진상조사를 결의하는[248] 등 경향 각지 단체들은 앞을 다투어 적극적인 관심을 보였다.[249]

---

241) 《조선일보》, 1926년 1월 20일자, 〈전라연맹 긴급대회 지난 십오일에〉 ; 《시대일보》 1926년 1월 16일자, 〈인근 卅六단체대표긴급회의, 형세험악 혈투재연, 광주에 모이어 작일 노농연맹회관에서 다수한 경관과 방청자의 입회로 열리어〉.

242) 《조선일보》, 1926년 1월 19일자, 〈광주사건에 노총위원파견 사실진상조사코저〉.

243) 《시대일보》, 1926년 1월 18일자, 〈4단체합동회 조사원특파〉.

244) 《조선일보》, 1926년 1월 20일자, 〈3단체특파원 광주로 출발〉.

245) 《조선일보》, 1926년 1월 23일자, 〈혁청당에서도 조사특파 광주사건조사차 20일에 떠났다〉.

246) 《조선일보》, 1926년 1월 21일자, 〈노당위원 금야출발〉.

247) 《조선일보》, 1926년 1월 20일자, 〈한양청년연맹 집행위원회〉.

248) 《조선일보》, 1926년 1월 22일자, 〈馬山公普문제와 광주사건 査實, 마산청년집행위원결의〉.

249) 《조선일보》, 1926년 1월 30일자, 〈조사원은 대표증 필요, 광주사건에〉의 다음과

한편《시대일보》특파원 김동환은 청년회 위원장 정상호와 직접 면담도 하면서 독자적으로 진상을 조사하여 그 결과를 4회에 걸쳐 보도하였는데,[250] 그가 파악한 진상은 다음과 같다. 즉 1925년 말 청년회관 소실 후, 청년회 임원 일부가 교체되면서 청년회관 재건을 위하여 대지주의 아들로서 독일 유학생인 정상호를 위원장으로 선임하였다. 이에 노동공제회 측은 청년회가 반동화 또는 부르주아화하였다고 비난하였다는 것이며, 이에 격분한 청년회 측이 먼저 노동공제회 위원장 설병호를 폭행하고 이어서 회관을 습격하고 폭행을 확대시켰다는 것이다. 정상호는 서정희와 함께 광주 3·1운동을 주도하고 옥고도 치른 청년이었다. 그러나 그의 아버지 정락교는 광주 일대의 대지주로서, 서정희가 광주노동공제회와 광주소작인회연합회의 위원장을 겸하면서 치열하게 전개한 소작인운동에서 최고의 악덕지주로 규정된 사람으로서, 그 때문에 광주의 수많은 소작인들이 희생되었다.

정상호는 김동환과 면담에서 노동공제회에 대한 사감(私憾)을 부정하였지만(《시대일보》 17일자), 1925년 소작문제에 관한 논설에서 자신이 경영하는 양파농장을 예로 들며 지주와 소작인의 공생을 강조하면서도 가장 중요한 소작률은 일체 언급하지 않은 것을 보면(상권 164쪽 참조) 그가

같은 기사는 경향 각지의 대표를 자칭하는 조사원들이 광주에 쇄도한 사실을 잘 말해 준다. "京地 각 단체에서 오는 대표자 중 조사의 본의는 전혀 忘置하고 언동이 수상한 자도 간혹 있음으로, 광주노동공제회에서는 기왕 인정하는 단체일지라도 신빙할 만한 대표증이 있어야 그 조사에 응하기로 결정하는 동시에, 경성청년연합회의 대표라는 정학원은 작년분 조선노농총동맹으로부터 제적처분을 受한 이유로, 광주노동공제회에서는 경성청년연합회대표로 인정치 않는다는 통고문을 경성청년연합회에 발송하였다더라."

250)《시대일보》, 1926년 1월 17일자, 〈광주청년회사건진상, 문책사 파견결의 특파원 김동환기〉 ; 18일자, 〈유산위원장이 문제 회관을 태워버린후 위원경질 정상호시위원장이 도화선?〉 ; 19일자, 〈무산대중의 구세주 , 노예계급을 건지기 위하여, 노동공제회의 분투사〉 〈자본가영합은 何故, 찬란한 역사에 무엇이 부족한가, 외관보다도 실제를 힘쓸 것이다〉.

소작인운동에 반대하는 대지주의 입장을 견지한 것이 분명하다. 광주 소작인운동의 중심체인 노동공제회가 그를 위원장으로 선임한 광주청년회에 우려를 표명한 것은 당연하였다. 정상호가 주장한 '숙감(宿憾)'이 바로 이러한 갈등에서 비롯된 것이라면, 이 문제의 본질은 역시 '주의상의 충돌' 또는 '계급적 갈등'이라고 해도 과언이 아니다. 그러므로 김동환은 이번 폭력사태를 전적으로 광주청년회의 잘못된 판단, 즉 회관 재건의 욕심 때문에 대지주를 위원장으로 선임한 것에서 비롯되었다고 결론짓고 광주청년회의 반성을 촉구하고는 보고를 마쳤다.

김동환도 광주노동공제회를 '전남 노동운동사를 빛나게 한 단체'라고 강조한 뒤 "광주노동공제회가 청년회와 협조하여 가지고 실제전선에 나서서 싸운 일은 일일이 매거할 수 없이 많다"는 사실을 지적하고 이번 불상사를 '천만 유감'이라고 한탄하였다(《시대일보》 19일자). 신의주감옥에서 서정희가 이 소식을 들었다면 정말 통탄을 금하지 못하였을 것이다. 특히 검거된 청년회원들 가운데 3·1운동에 함께 참여하였고, 1923년 여름방학에 귀국하여 소작투쟁에도 참여한 최한영도(상권 180쪽 참조) 포함된 사실을 알았다면, 그의 심경은 더욱 참담하였을 것이다.

그러나 이 문제는 곧 고질적인 운동계의 파벌과 연결되어 더욱 복잡해졌다. 즉 앞을 다투어 조사원을 파견한 사회단체들은 자파의 이해에 따라 사건의 진상을 상이하게 판단하였고, 따라서 그 대책도 다를 수밖에 없었다. 먼저 이 문제에 판단을 내린 단체들은 15일 조사원을 파견한 전남 여러 곳의 26개 단체들인데, 이들은 그날로 "가해자, 즉 부르죠아화한 광주청년회에 책문한다"는 입장을 표명하고 그 죄상을 일일이 폭로하는 성명서를 안팎에 반포하기로 결의하였다. 이 26개 단체에는 광주노동공제회·광주소작인회연합회·광주면소작인회·광주우치면소작인회·광주우촌면소작인회·광주석곡면소작인회 등 서정희가 직접 관계한 단체들이 포함되어 있다.251) 이어서 조선노농총동맹도 비슷한 입장을 표명하였다. 즉 광주청년회가 과거에는 무산운동단체였지만, 회관의 화재 이후에는 변절되어 간부의 반수가 자본계급, 특히 착취계급으로 선임되었다는 것, 그리고 이와 같은 사실을 비밀에 부쳤다는 것 등을 폭로하는 성명서 3천 장을 전국의 단체에 배포하였다고 한다.[252]

당시 노농총동맹의 중앙집행위원 및 상무위원은 화요회와 북풍회계가 다수를 차지한 반면 서울청년회계는 소수를 면치 못한 상황이었는데,[253] 1925년 11월 19일의 상임위원 개선에서 서정희와 조경서(서울청년회가 폭행하려던)도 7인 상무위원회 위원으로 선출되었다.[자료 8-36] 그렇다면 화요회와 북풍회가 주도한 4단체 합동위원회와 역시 그 계열인 한양청년연맹, 혁청당 등 12단체가 광주청년회를 '자본계급의 어용단체'로, 폭행의 주모자 강석봉·김재명·김태봉·한길조·이종대·조선만·강영석·강해석·김홍선·지용수·김연수 등을 '자본가의 주구'로 각각 규정하면서 이들을 계급운동전선에서 배제할 것을 결의하는 한편 습격당한 광주노동공제회 등 7개 단체에 위문의 뜻을 표한 것은 예상된 일이었다.

반면 서울청년회 계열인 경성청년연합회가 광주노동공제회의 부정한 간부 선임을 질책하면서 그 간부들의 파면과 함께 위원장 설병호와 집행위원 정윤모·신동호를 운동선상에서 구축할 것을 요구한 것도 역시 예상된 일이기도 하였다.[254] 광주노동공제회가 경성청년연합회의 조사를 거부한 것(주 14 참조)도 이 파벌적 이해를 예상하였기 때문일 것이다. 결국 이 불상사도 화요·북풍계와 서울청년회계 사이의 파쟁에 또 하나의 재료를 제공한 셈이었다. 3월 23일 폭행자로 검거 기소된 7명의 청년회 회원들 가운데[255] 김태봉이 옥중에서 자살한 것은 또 하나의 비극이었

---

251) 《시대일보》, 1926년 〈광주청년회사건진상 (1)〉.
252) 《조선일보》, 1926년 1월 25일자, 〈노농총동맹에서 광주사건전말을 삼천장이나 인쇄하여 가지고 일반 세상에 널리 공포하였다〉.
253) 김준엽·김창순, 《한국공산주의운동사》 3, 고려대 아세아문제연구소, 1979, 105쪽.
254) 《조선일보》, 1926년 2월 2일자, 〈광주사건과 두 가지 해석, 경성청년회에서는 공제회에 책임이 있다고〉 〈사단체와 12단체에서는 광주청년회성토 결의〉.
255) 《조선일보》, 1926년 2월 3일자, 〈광주청년회원 7명 기소되어 공판에〉. 처음 검거

다.256) 이 추악한 싸움의 한가운데 서 있는 자신을 발견한 때문이었을까?

이 불상사가 전국의 모범이 되었던 광주 사회운동을 크게 위축시켰을 것이다. 그해 6월 2차 공산당사건으로 광주노동공제회의 맹장 설병호·신동호·김유성·조준기 등이 체포된 사건은 더욱 그 침체를 가속화하였을 것이다. 1925년 10월 2일자 《시대일보》의 '광주일기자' 명의로 보도된 순회탐방 〈화려한 시가도 우리에겐 무관, 주인 잃은 광주 (4)〉는 광주청년회와 노동공제회가 모두 광주청년회 사건 이후 "다소 침체의 감이 있으나 청년회가 창설한 광주협회로257) 다시 활발하게 될 것으로 기대하였다." 그러나 이 탐방기가 소개한 광주의 사회단체들 가운데 소작운동 단체는 광주면소작인회만 포함되었고, 그 밖의 면단위 소작인회는 물론 광주 소작운동을 조직, 지도하였던 광주소작인회연합회도 보이지 않는데, 이후 광주노동공제회와 소작인회연합회의 활동은 확인되지 않는다. 1930년 5월 농민총동맹이 서면으로 임원을 개선하려고 가맹단체에 대표를 선정, 회신해 달라고 요청하였을 때 이에 응한 전남의 농민단체는 5개의 농민조합에 불과하였고, 광주의 농민단체는 보이지 않는다.258) 서정희가 조직한 광주의 농민운동 단체는 모두 소멸하였다고 해도 과언은 아닐 것이다.

전라노농연맹회 해체　한편 역시 서정희가 주도한 전라노농연맹회도 사정은 비슷하였던 것 같다. 1925년 2월 1일 전남해방운동자동맹의 창립은

된 13명 가운데 먼저 2명은 방면되고 다시 검사의 취조 결과 최한영·최준기·조선만·이종대 4명은 석방되고 7명만 기소되었다고 한다.

256) 《조선일보》, 1926년 4월 21일자, 〈정간중의 사회상 (1)〉 ; 3월 23일자, 〈옥중에서 자살〉.

257) 광주협회는 1926년 9월 20일 광주 사회운동의 분열을 극복하고 각 부문의 기민한 통일을 위한 통제기관으로 설립되었다고 한다. 광주노동공제회·광주청년회·광주기독교청년회·광주면소작인회 등 19개 단체가 발기하였는데, 광주소작인회연합회는 보이지 않는다(《동아일보》, 1926년 9월 17일자).

258) '고대 아연' 100-013, 〈朝鮮農民總同盟ニ干スル件〉(京鍾警高秘 7162호)

화요회계가 주도하였던 전남 노농운동에 서울청년회가 본격적으로 뛰어들어 경쟁하기 시작한 것을 의미하였다. 그 주요 간부는 이항발·김광진·강석봉·김재명 등이었다. 이후 전남 사회운동에 대한 서울청년회계의 영향력은 급속히 확대되었는데,[259] 1925년 11월에 조직된 광주인쇄직공조합도 그 한 예였다. 이 인쇄직공의 조합장은 김태봉, 부조합장은 이종대, 총무는 조선만이었다.[260] 이 단체의 간부들은 광주노동공제회를 습격한 광주청년회 회원과 상당수 일치하였다. 이 사실을 광주청년회에 서울청년회 세력이 깊숙이 침투한 명백한 증거라고 보면, 여기서 우리는 광주청년회 사건이 화요회계와 서울청년회 사이에 일어난 파쟁의 일환이었음을 확실히 인식할 수 있다. 또한 각 계파에 속한 단체들이 그 사건에 대해 왜 그토록 극단적으로 상반되게 대응하였는가를 다시 한번 이해할 수 있다. 어쨌든 광주청년회 사건으로 일전을 치른 서울청년회가 화요회·북풍회계가 주도한 전라노농연맹회를 방치할 이유도 없었을 것이다.[261] 여기서 그들이 택한 책략은 이 연맹회의 사실상 분해였다.

이것은 우선 연맹을 농민연맹과 노동연맹으로 분립하는 것이었다. 이것은 당시 노농총동맹의 정책과도 부합하였는데, 전라노농연맹회는 1925년 12월 중순 무렵 이미 이 분립을 결정하였다(《시대일보》, 1926년 12월 24일자). 그러나 이것은 광주노동공제회가 농민부와 노동부로 분리된 수준이었다. 이에 비해 서울청년회 측은 두 연맹으로 분립을 주도하였을 뿐 아니라 한 걸음 더 나아가 전남과 전북의 운동을 다시 분립시켰다. 그들

---

259) 신주백, 〈1925~1928년 시기 전남지방 사회운동연구─조공전남도당의 조직과 활동을 중심으로〉, 역사문제연구소 편, 《한국근현대지역운동사 II 호남편》, 여강, 1993, 129~130쪽.

260) 《광주직할시사》 권2, 1993, 620쪽.

261) 1926년 7월 23일 전남해방운동자동맹 2회 정기총회의 결의사항 가운데 〈전라노농연맹에 관한 건〉의 구체적인 내용은 알 수 없지만, 전라노농연맹에 대한 비판 내지는 부정적인 내용으로 추정된다. 《동아일보》, 1926년 7월 30일자, 〈전남해맹총회, 24일 목포에서〉 참조.

은 1926년 2월 24일 오전에는 전남노동연맹발기준비회, 오후에는 전남농민연맹발기준비회를 각각 발족시키고, 전라노농연맹회에 교섭위원을 파견하여 그 분리 및 준비회 발기단체에 참가할 것을 권고하였다. 그 결과 양측은 3월 27일 간담회를 개최하고 전남노동연맹과 전남농민연맹의 창립과 전라노농연맹회의 해체에 합의하였고, 전라노농연맹회는 그 다음날 (3월 28일) 개최된 제3회 정기총회에서 합의사항을 그대로 추인하였다.[262]

이와 같이 전라노농연맹회가 창립 2년 만에 스스로 해체하고 사실상 서울청년회가 주도한 재편에 흡수된 것과 다름없는 조건을 수락한 것은 서정희·최안섭 등의 맹장이 이미 공산당사건으로 체포되었기 때문이기도 하지만, 이미 서울청년회가 광주 운동계에 막강한 힘을 발휘하고 있었기 때문이었던 것 같다. 옥중의 서정희가 이 소식을 들었다면 또 한번 통한을 금하지 못하였을 것이다. 전라노농연맹회는 실제로 그가 주도적으로 조직한 단체였고, 제2회 정기총회에서도 집행위원장으로 선출되지 않았던가? 노동연맹회는 3개월 안에 노동·농민 두 동맹을 창립한다고 결의하였지만, 과연 전남의 두 동맹이 예정대로 창립되어 얼마나 실제 활동하였는지는 현재 확인되지 않는다. 그러나 2차 공산당사건으로 화요·북풍계가 거의 괴멸되면서 서울청년회 세력이 더욱 급속도로 확대된 상황에서 광주와 전남의 운동단체들이 거의 서울청년회계 인물들에 의해서 장악되었다면, '앞에서 뛰는 늙은 장수' 서정희를 다시 '어른'으로 모실 광주의 운동 현장은 더 이상 존재하지 않았을 것이다. 출옥 후 서정희가 다시 광주로 돌아가지 않은 것은 바로 이 때문이었다.

개점휴업인 농총　　그렇다면 중앙의 농민총동맹 상황은 어떠하였는가? 1926년 11월 18일 노농총동맹 제8회 중앙상임위원회는 서정희를 7인 상무집행위원회 위원으로 선임하였다. 그러나 그후 이 총동맹은 농민·노

---

262) 신주백, 앞의 글, 135~136쪽.

동 두 총동맹의 분립체제를 실현하기 위하여 노력하였고, 그 결과 1927년 9월 6일 그 분립에 성공함으로써, 두 총동맹은 그날 각기 중앙기관을 선출하였다. 당면한 경제투쟁에서 둘로 분리하여 발전시키는 것이 편리하다는 인식을 노농운동가들은 공통되게 하였기 때문이다. 1928년 말 현재 농민총동맹의 가맹단체는 2백에 달하였다고 한다. 그러나 농민총동맹과 노동총동맹은 모두 성립되자마자 모든 집회와 활동이 금지되어 개점 휴업상태가 되고 말았으며, 1928년 초에는 전혀 회무를 장악할 수 없는 상태가 되었다.263) 이에 1928년 3월 30일 농총은 서면으로 선출한 중앙집행위원회의 간담회나마 개최하기 위하여 관할 종로경찰서에 교섭을 벌였다. 그러나 경찰은 '2인 이상의 집회도 절대 불가하며, 농총은 그 존재 자체도 인정할 수 없다'는 입장을 재확인하였다. 고등계 주임 미와의 말을 직접 들어 보자. "노농총맹은 대정 13년(1924) 4월 23일에 집회금지를 당한 이래 결의권이 없는 단순한 간담회는 특인하였으나 그 의결의 서면대회로 따로 농민총동맹을 조직하였다는 것은 인정할 수 없는 일입니다. 그는 서면대회라는 것이 법규상 그 자유는 인정하나 금지 중에 출생되었다는 농민총동맹부터를 인정할 수 없고 따라서 그의 위원간담회를 허가할 수 없다는 것입니다." 이에 농총의 교섭대표 조경서는 경찰 측의 주장을 이해할 수 없다며 "우리로서도 대책을 강구하렵니다"라는 입장을 언론에 공언하였다.264)

조경서 등 농총 간부들이 무슨 대책을 강구하였는지는 알 수 없지만, 1930년 1일 1일자 《동아일보》 특집기획 〈1930년 전망, 우리는 어떻게 할까, 각 단체 주요간부포부〉에서 서정희는 '농총 중앙위원'의 자격으로 다음과 같은 포부를 피력하였다.

---

263) 김준엽 · 김창순, 앞의 책, 107~115쪽.
264) 《동아일보》, 1928년 4월 3일자, 〈농총해금운동, 경찰측은 단체도 인정 안해, 위원 측은 강구중〉.

조선 전 인구의 8할이나 점령한 조선의 농민운동이 어느 부분의 운동보다도 건실하고 또는 힘이 있어야 할 것은 두말을 요할 바 아니나, 아직까지도 집단적으로 큰 보람이 없게 된 것은 농민 자체의 각성이 작은 것도 원인이 되려니와 그보다도 주위의 환경이 그 생장을 저해하는 것도 가릴 수 없는 큰 원인이 될 것이외다. 이러한 환경에 처해 있다고 하야서 농민 자체의 운동이 결코 퇴보하거나 또는 지지할 리는 만무한 것이외다. 새해에는 어찌하겠느냐? 소신한 바 있으니 소신한 그대로 나아갈 것뿐이지오. 한 거름 더 나아가서 구체적으로 어찌 할 것을 말하기는 여러 가지로 보아 거북합니다마는 쪼각쪼각으로 비추인다 하면 농촌의 계몽운동과 농민 자체가 스스로서 자기에 대한 이해를 갖도록 할 것과 단결권을 자체가 찾아 갖도록 할 것이외다. 그리만 된다면 우리의 앞길에는 천백의 지장도 문제되지 않고 해결될 그날이 가까운 장래에 있을 것입니다.〔자료 1-5〕

1929년 《삼천리》 5월호가 기획한 〈인재순례 제2편 사회단체〉는 농총의 간부를 소개하면서 많은 간부들의 옥중, 망명, 지방 산재 상황을 명시하고 재경 중앙위원 한병락·최욱·한정식 3명만 소개하였다. 이것은 마치 서정희가 농총과 무관한 인상을 준다. 그러나 그가 위와 같이 1930년 1월 1일 중앙위원 자격으로 농총의 포부를 대변한 것을 보면, 그는 출옥 이후 곧 사실상 중앙위원으로 대접받으며 농총에 참여한 것으로 보아도 좋을 것 같다. 특히 그가 이날 "소신한 바가 있으니 소신한 그대로 나아갈 뿐"이라고 호언한 것은 단순한 객기가 아니었다. 실제 그는 농총의 진흥을 위하여 여러 방면으로 진력한 것 같은데, 1929년 말 이후 침체된 운동을 일신하기 위하여 농민총동맹대회를 소집하여 가맹단체를 확대하려는 계획을 세우기도 했다. 이 계획은 서정희를 비롯하여 조경서·천두상·최욱·배종철·강철희·한정식·한병락 8명이 주동하였는데, 이들은 스스로 대회준비위원이 되어 우선 중앙집행위원과 검사위원을 개선할 목적으로 지방에 산재한 약 130개 단체에 새로운 가맹신청 방법 및 위원후보선정 방법 통문을 발송하고, 다시 2회에 걸쳐 회신을 독촉하는 통문을 발송하였다. 서정희가 "소신한 바가 있어 소신한 그대로 나아갈 뿐"이라고 한 호언은 바로 이 계획의 추진을 말한 것이 분명하다.

그러나 1930년 5월 15일까지 회신을 보낸 단체는 불과 23개, 추천된 위원 후보도 9명에 불과하였다. 준비위원들은 회신 마감을 다시 5월 20일로 연장하였다.[265] 5월 22일 준비위원회가 각 도별로 중앙위원과 후보위원의 수를 할당하며 선거를 위촉한 가맹단체는 불과 29개였고, 예정된 중앙위원 40명도 채우지 못할 형편이었다. 이에 준비위원 측은 부득이 노농총동맹 시대의 가맹단체를 혼합하여 약 70개 단체에 보내는 서면대회의 형식을 취하지 않을 수 없었다.[266] 예상 밖의 저조였다. 1월 1일 신년 벽두에 낙관적으로 소신의 실천을 호언한 서정희는 크게 실망하였을 것이다.

1931년 10월 재만동포문제협의회의 결성 때에도 서정희는 농총을 대표하는 사람으로 인정되었다.[267] 그러나 1930년 《삼천리》 8월호에 소개된 농총의 간부 명단에도 서정희의 이름은 없다.[268] 또 1931년 7월 《이러타》 창간호가 기획한 〈일반사회단체조사부〉는 농총의 가맹단체를 32개, 개인적 가맹회원 총수를 24,180명, 회관은 신간회 본부 및 노총과 같이 사용하며 월세 35원은 아직 신간회가 부담, 현 단계 주요 사업은 김해 농련과

---

265) '고대 아연' 100-013 〈朝鮮農民總同盟ニ關スル件〉(京鍾警高秘 제6714호).

266) '고대 아연' 100-013 〈朝鮮農民總同盟ニ干スル件〉 및 附 農總發 제10호 〈중앙집행위원투표의 건〉 〈가맹단체급후보〉 참고. 가맹단체는 경남 10, 경북 2, 전남 5, 전북·강원·충북·황해 각 1, 경기 2, 함남 6에 불과하지만, 함남의 비중이 뜻밖에 높은 것이 주목된다.

267) '고대 아연' 100-015 京鍾警高秘 제13097호의 1(1931. 10. 28) 〈집회취제상황보고(단체)〉. 이성환 발언 "사회단체로서는 노총 정운영, 농총 서정희 등에 통지하였으나, 기타 단체에 통지를 결한 것은 인정해도 그것은 결코 고의가 아니며…"

268) 《삼천리》, 1930년 8월호, 〈현세력 총조사─농민운동〉. 조선농민총동맹 중앙위원 한병락, 〈단결된 二萬盟員〉 참조. 한병락은 30개 농민조합과 2만여 회원을 자랑하였지만, "일제 집회금지를 당하여 다소 외간에서 보기에는 불활발한 점도 있을 것이외다. 실상 집행위원회조차 겨우 간담회 형식으로밖에 하여가지 못하는 터이외다. 그러나 그것은 객관적 정세이니까"라고 사실상 개점휴업 상태를 인정하였다.

낙동강 소작쟁의로 전하였다. 그러면서 집행위원장 문석주 이하 간부들의 이름을 전하고 있는데, 여기에 서정희의 이름은 보이지 않는다. 아마도 지방 농민조합 단위로 구성하고 그 가맹단체에서 집행위원을 선임하는 방식 때문에 소속 농민단체가 없는 서정희가 위원으로 선출되지 못하였던 것 같다. 어쨌든 이 기사는 집행위원장 이하 다수의 위원들이 귀향 또는 재감(在監) 중임을 명기함으로써 사실상 농총이 개점휴업과 다름없다는 것을 시사하고 있다. 이에 비해 《비판》 12호(1933년 1월)에 게재된 S기자가 보고한 〈전선순례기〉의 다음과 같은 구절은, 개점휴업 정도가 아니라 남의 사무실(그것 역시 이름뿐인) 앞에 간판만 내건 당시 농총의 참담한 실상을 더욱 유감없이 보여주고 있다.

> 그 길로 종로 二丁目에 있는 신간회 본부를 찾아갔다. 문 앞에 이르니 조선농민총동맹, 조선노동총동맹, 신간회 본부 등 여러 간판이 붙어 있었다. 사무실에 찾아 들어가니 백발이 조금 섞인 정희찬 씨가 혼자 앉아 있었다. … "서병하 씨가 계시였으면 농총·노총에 대하여 자세한 말씀을 들려드리겠으나 지금 함흥에 붙잡혀 있음으로 제가 대신 잠깐 말씀드리겠습니다. … 그러나 객관적인 형세가 용서치 않으며 더구나 집회는 일체 금지되어 있음으로 표면적으로는 이러타 할 운동이 없는 것 같이 보이나 그것은 결코 그렇지 않습니다. ××노동조합사건, ××농민조합사건 같은 것은 모두 ××와 ××되어 있는 것 입니다." 두어 마디 서로 나누다 길에 나서니…

이상의 자료들은 1930년 5월 이후 서정희가 사실상 농총에 공식적으로 참여하지 않았을 가능성을 시사한다. 농총의 상황이 이상과 같았다면, 실제 그가 참여하여 활동할 농총은 존재하지 않았다 해도 과언은 아니다. 1929년에서 1930년 5월까지 그가 노력한 농총대회 소집은 바로 이러한 상황을 타개하기 위한 마지막 노력이었지만, 결과는 참담한 실패로 끝났던 것이다. 1931년 5월 박문희는 농총이 재조직기에 이르렀다고 판단하면

서 농민대중에 직접 들어가 혁명적인 조선농민조합을 재건할 것을 촉구
하였지만,[269] 정희찬이 지적한 바와 같이 객관적인 형세도 용납하지 않았
지만, 서정희 역시 더 이상 스스로 그 공간을 창조하기에는 너무 지쳤을
것이다. 결국 그는 출옥한 뒤 운동의 현장과 그 현장을 지도할 수 있는
중앙조직도 모두 상실하였으며, 더 이상 농민운동은 할 수 없었던 것이다.
1931년 5월《혜성》의〈기린아 편단〉에서 "걱정거리가 없느냐"는 질문에
서정희는 다음과 같이 답변하였다.

> 있다 뿐이겠소, 수두룩하오, 하나만 말한다면 운동이 안 되어서 큰 걱정
> 이요.[자료 1-10]

운동의 장을 상실하고 초조와 번민에 빠진 서정희의 모습이 선하다. 그
후 농민운동은 그와 무관하게 비합법적인 적색농민운동으로 전개되면서
농민들 역시 대거 희생되는 사태가 빈발하였다.

신간회 참여

서정희가 옥중에 있는 동안 조선민족 사회운동에는 또 하나 획기적인
변화가 일어났다. 1927년 2월 15일 신간회 창립이 바로 그것이다. 신간회
의 강령은 다음과 같이 극히 막연한 3개 항에 불과하였다. 즉 (1)우리는
정치·경제적 각성을 촉구한다. (2)우리는 단결을 공고히 한다. (3)우리는
기회주의를 일체 부인한다. 그러나 신간회는 종래 첨예하게 대립되었던
민족주의운동과 사회주의운동 사이의 공식적인 최초 합작기관이었다. 이

---

269) 박문희,〈사회단체에 보내는 독촉장, 재조직기에 임한 노·농총동맹〉,《혜성》1-3,
  1935. 5.

때문에 '민족협동전선' '민족 유일당' '민족 단일당' 등으로도 불렸고, 그에 대한 전체 민족의 여망도 실로 대단하였다.

종래 신간회의 성립 배경에 대해서 많은 연구가 있었지만 다음과 같이 요약 정리해도 큰 잘못은 없을 것이다.[270] (1)민족주의자들과 사회주의자들도 무언가 전 민족의 역량을 결집할 수 있는 조직의 필요성을 절감하였다. (2)일부 민족진영의 자치운동을 분쇄하기 위하여 비타협적 민족주의자들은 사회주의운동과 제휴를 원하였고, 사회주의 진영도 협동의 대상을 비타협적 민족주의자로 국한하였다. 이러한 제휴 모색은 2차 공산당 책임비서 강달영에 의해서도 시도되었고, 이에 앞서 1926년 7월 일부 공산주의자와 민족주의자들이 창립한 민흥회(民興會)에 의해서 이미 시도되고 있었다. (3)공산당을 비밀리에 조직한 공산·사회주의자들은 사상선전과 경제투쟁의 단계를 넘어선 정치적 투쟁을 표면단체, 즉 합법적 기관을 통하여 합법적 형식과 범위에서 전개할 필요가 있다고 판단하였다. (4)공산주의자들에게 이러한 정책을 유도한 이론은 코민테른의 '반제연합전선 전술'인데, 이것은 대체로 1920년 이후 코민테른의 일관된 식민지·반식민지 혁명전술이었다. 그러나 특히 코민테른은 1925년 조선공산당의 승인과 함께 그 임무를 규정하는 결의안을 채택하였다. 즉 '앞으로 조선 공산주의 단체의 정치·경제적 기본과제는 노동자, 농민, 지식인 및 소부르주아지를 결합하여 민족해방투쟁을 전개하는 것이다. 그 구체적인 조직 형태는 중국 국민당과 같은 민족혁명당을 건설하는 것이다. 공산당은 민족혁명당의 지도적 위치에서 당원을 두어야 하고, 노동자·농민의 지지를 얻어 이 단체를 좌익화하도록 노력해야 한다.

또 신간회가 성립된 이후지만 1927년 7월 김철수가 코민테른에서 받아

---

270) 많은 연구가 있지만 필자는 주로 김준엽·김창순, 《한국공산주의운동사》 3, 고려대 아세아문제연구소, 1973 ; 스칼라피노·이정식 외 6인, 《신간회연구》, 동녘, 1983 ; 이균영, 《신간회연구》, 역사비평사, 1993를 참고하였다. 특별한 주가 없는 것은 이들 논저를 참조한 것이나, 번거로움을 피하기 위하여 생략하였다.

온 '11개 지령'도 대체로 비슷한 내용이 포함되어 있었다. (5)공산주의자들에게 협동의 이론을 제공한 또 하나의 이론은 동경의 일월회를 중심으로 전개된 '방향전환론'이었고, 이것은 1926년 11월 15일 안광천의 정우회 선언으로 발표되었다. 이들에게 직접 영향을 준 이론은 일본 공산주의자 후쿠모토 가즈오(福本和夫)의 '협동전선론'과 '방향전환론(경제투쟁에서 정치투쟁으로!)'이었다. 이들은 사상단체의 통일이나 해체를 통하여 합법적인 무산정당을 조직함으로써 민족주의자들을 포괄한다고 구상하였고, 이에 따라 스스로 정우회 해산을 선언하였다(1927년 2월 21일). (6)민족주의자들이 추진한 신간회의 발기에 1927년 1월 공산주의자들의 참여가 결정되었고, 19일 그 발기가 공표되자 민흥회도 합류를 희망하였다.

물론 일부 사회주의자들(특히 서울청년회계인 전진회)의 반대도 있었다. 그들은 합법적 정치투쟁이 결국 타협적 민족개량주의로 타락할 것이라고 경계하기도 하였고, 민족운동에 계급운동이 매몰될 우려가 있다며 민족·사회운동을 각기 분리하여 양당을 건설한 후 협동해야 한다는 '양당론'과 함께 조선사회단체중앙협의회를 상설화하여 신간회를 포함한 모든 사회단체를 총괄하자는 주장도 제기하였다. 이 문제는 결국 공산당의 계급투쟁적 정체성과 주도권문제와 직결된 것이었던 만큼 신간회 해소 문제에서 대부분 재연되었지만, 신간회를 '민족 단일정당'으로 발전시키자는 주장이 일단 승리함으로써 좌우합작의 밀월은 시작되었다. 그러나 좌우합작이란 으레 주도권을 둘러싼 투쟁이 있게 마련이며, 민족진영도 공산당의 세력 성장을 경계하였지만, 공산당도 창립 당시부터 "홍명희를 수반으로 송내호·권태석을 그 보조자로 하여 당의 사명을 띤 신간 프락치를 조직하여 신간회를 그 정신에 기초하여 지도할 것을 노력하는 한편, 다수 당원을 지회에 가입시키도록 한 결과 각 지회에 좌와 같이 다수의 당원 및 회원을 입회시키게 되었다."271) 그렇다면 1927년 5월 18일 신석

---

271) 경기도경찰부, 《昭和 4년 5월 治安狀況, その一》(朴慶植 편, 《朝鮮問題資料叢書》 6,

우·홍명희·권동진·박동완·박래홍·안재홍·최익환·이관용·이옥 등이 순수 민족적 전위분자의 결속을 공고히 하기 위하여 '신간 그룹'을 형성하고, 그해 9월 공산주의자와 악수한 한용운을 경성지회 회장에서 사임시킨 것[272] 또한 충분히 예상된 일이기도 하다.

어쨌든 신간회는 좌우 합작으로 전 민족의 역량을 최대한 결집하여 일단 민족해방운동에 매진한다는 것을 암묵적으로 표방하였던 만큼 그 세력이 급속히 팽창한 것은 당연하였다. 1927년 2월 이후 수많은 단체들은 스스로 해체를 선언하고 신간회 지지를 선언하였다. 신간회 조직에 적극적이었던 《조선일보》와는 달리 처음에는 냉담하였던 《동아일보》도 1928년 1월 송진우의 경성지회 입회로 신간회에 참여하기 시작하였다. 송진우는 자치파로 지목되었던 만큼 안재홍 등의 간부들은 비밀리에 회동하여 송진우의 제명을 논의하기도 하였지만, 결국 민족당 파괴의 오명을 뒤집어 쓸 우려가 있다는 의견이 우세하여 불문에 부치기로 하였다. 그러나 소수나마 자치파의 참여는 신간회의 원칙을 훼손하는 일이었고, 이 문제는 신간회 해소의 직접적인 도화선이 되었다. 어쨌든 1928년 초 신간회는 118개 지회 2만여 명의 회원을 거느리는 대조직으로 성장하였고, 1931년 5월 해소 직전까지는 다시 총 지회 126개, 총 회원수는 39,914명으로 발전하였다.

서정희가 출옥한 1928년 2월 13일은 신간회 창립 1주년인 2월 15일 바로 이틀 전이었다. 신간회 측도 이 기념일에 성대한 대회를 준비하였고, 신문들도 기념대회의 의미와 적극적인 참여를 권고하는 기사를 여러 날 계속 대서특필하였다. 신간회 회원은 물론 일반인들도 이 '민족 유일당' 대회를 설레는 마음으로 기다리고 있었다. 그러나 2월 초부터 대대적인

東京 : アジア問題硏究所, 1983, 5의 〈Ⅲ. 各團體ト朝鮮共産黨トノ關係〉, 175쪽). 국내의 논저들은 대부분 이 일제의 보고를 불신하고 있지만, 굳이 부인할 근거도 없는 것 같다.
272) 강상덕 편, 《현대사자료》 29(조선 5), 동경 みすず書房, 1972, 96쪽. 공산당이 프락치로 배치한 홍명희가 이 '신간 그룹'의 핵심인물이기도 한 점이 흥미롭다.

검거선풍을 일으키고 있던(제3차 공산당 간부 체포) 종로경찰서는 2월 7일 돌연 '전 조선에 118처의 지회와 2만여 명의 회원을 둔 신간회'의 2월 15일 대회를 금지하였다. 그 이유는 "사회의 안녕질서를 해칠 염려가 있다"는 것이며, 특히 "동회는 단지 비교적 공막한 강령 3항만 게(揭)한 외에 조직의 목적실시 사항 등이 나변(那邊)에 재(在)한지에 대하여 구체적인 발표를 볼 수 없고, 더욱이나 각지에 조직된 지회 중에는 항상 착실을 결하고 수(遂)히 격월(激越)한 언동에 출한 예가 불소(不少)하다"는 것이다. 아울러 경찰은 분개한 회원들의 불온한 행동(경찰 탄핵 등)에 대비하여 경계도 폈다.

신간회는 "금지는 이 대회에 국한된 것이라니 시기가 문제라면 임시대회라도 소집하겠다"는 입장을 정리하고[273] 당국과 교섭을 벌이는 한편, 각 지회에는 "신중한 태도를 취하여 쓸데없는 불온행동을 하지 말 것"과 "창립 1주년 기념식을 온건히 하라"고 지시하면서[274] 당일 기념식을 갖는 것으로 만족하지 않을 수 없었다. 그래도 신간회 본부는 기념일을 '신간 데이'로 선포하여 회원뿐 아니라 전 민족의 축제로 만들려고 노력하였다. 1천 300여 명의 회원과 사회 여러 방면의 인사들이 참여하는 성대한 기념식을 준비하였고, 기념식장 문 앞에는 광명을 상징하는 전등 아치문을 세워 불야성을 만들기도 하였으며, 천도교기념관과 청년회관에서 각각 기념음악·무도를 공연할 계획도 세웠다. 《조선일보》는 특히 이러한 분위기를 감격에 넘친 필치로 보도하였다.[275] 그러나 경찰은 김해와 양산의 신간지회 설립대회도 금지하고,[276] 평양에서는 지나친 간섭에 항의하여 스스로 기념식을

---

273) 《동아일보》, 1928년 2월 8일자, 〈내15일 개최될 신간대회 돌연금지, 보안법 제2조를 적용하여, 去去益甚한 집회 취체〉〈시기가 문제라면 임시대회 소집, 여러 방면으로 건실히 활동, 신간모총무간사담〉〈경찰당국경계, 혹 무슨 운동이 있을가바〉.
274) 《대중신문》 13권(1928. 4. 29). 박경식 편, 《조선연구자료집》 5권에 수록.
275) 《조선일보》, 1928년 2월 15일자, 〈신간일! 15일! 전조선적 대기념, 농부는 광이를 놓고 행인은 멈추어, 3만여 회원 총동원!〉〈기념식과 음악무도〉〈百電이 爭光할 찬란한 賀門, 식장 문전에는 불야성, 신간은 광명을 상징〉.

포기하는 사태가 발생하는[277] 등 신간회에 대한 노골적인 탄압을 시작하였으며, 신간회의 예상과는 달리 그 후 신간회 대회는 일체 금지되었다.

　서정희는 감옥에서도 신간회의 출범을 알고 있었겠지만, 출옥 후 대회를 둘러싼 사태에도 비상한 관심을 갖지 않을 수 없었을 것이다. 본부의 신중 온건한 대응과는 달리 경찰이 지적한 바와 같이 일부 지회의 행동은 '격월(激越)'하였고, 이것은 점차 본부와 지회 사이의 갈등을 심화하였다. 2월 17일 간사회는 일제의 탄압에 대한 탄핵연설회 개최 승인을 요청한 하동지회의 건의를 거부하였다. 많은 지회는 이에 반발하였고, 본부가 비타협주의 원칙을 위배하는 것이 아니냐는 의구심을 품기 시작하였다. 특히 비교적 행동의 폭이 넓을 수 있었던 동경지회의 반발은 격렬하였다. 1927년에서 1928년 초 많은 지회가 회보 발간을 건의하였지만 본부는 이 모두를 허락하지 않았으며, 특히 동경지회가 기관지로 간행하려는《신간신문》계획도 적극 금지하였다. 1928년 8월 29일 국치일을 기하여 '전 조선 2천 3백만 동포는 일제히 무장하여 일대 폭동을 일으키자'는 격렬한 대중봉기 선동에 동참한 동경지회와 본부 사이의 불화는 피할 수 없었을 것이다.[278] 일제 당국은 당시 신간회의 상황을 다음과 같이 파악하고 있었다.

---

276)《동아일보》, 1928년 2월 10일자, 〈신간회지회설치 양처에서 경찰이 금지〉.

277)《동아일보》, 1928년 2월 16일자, 〈평양에서는 기념식 중지〉.

278) 水野直樹, 〈신간회 동경지회의 활동에 대하여〉(스칼라피노 · 이정식 외 6인,《신간회연구》에 수록)에 인용된 격문 〈전조선 2천3백만 동포제군〉은 재일 단체의 과격성을 잘 말해 준다. 이 격문에는 "함께 일어나서 놈들을 조선내지로부터 추방하자. 노동자는 쇠망치를 쥐고 학생은 방망이를 쥐고, 다른 모든 피압박대중은 손 닿는 대로 물건을 쥐고 혁명가를 소리 높여 부르면서 뛰어나가자! 가두시위 행렬로 그리하여 닿는 대로 ××하자! 경찰서가 있다면 그것을! 군청, 수비대, 면사무소, 주재소 등등 어떤 것이라도 눈앞에 보이는 것은 ××하자!" 또 제시한 슬로건은 '전민족적 대중투쟁을 통하여 신간회를 확립하자! 조선총독정치를 타도하자! 조선민족해방 만세!'로 장식하였다. 이 격문은 재동경조선인단체협의회 · 재일본조선노동총연맹 · 재일본조선청년동맹 · 신간회동경지회 4단체의 연명으로 발포되었다.

　　동회의 회합은 치안을 해할 우려가 인정되어 2월 7일 그 대회의 집회금지를 명하였지만, 본부에서는 재삼 그 해금을 간청하고 임시대회 개최 등을 계획하였지만 결국 목적을 달성할 수가 없었지만, 그래도 각 지회에 대하여는 망동을 경계하고 어디까지나 은인자중 하며 본부의 지휘를 기다리라는 통문을 발송하며 표면 온건한 태도를 취하며, 단지 관헌의 뜻에 맞추려고 노력하는 경향이 있다. 이것은 그들이 관헌의 양해 아래 정기대회 금지 후의 본회의 국면을 획책하려는 속셈이라는 것을 상상하기 어렵지 않다. 그러나 동경을 비롯하여 내지 각 지회 및 조선 내의 과격분자 중에는 본부의 미온적인 태도를 깨끗하다고 여기지 않고 신간회의 강령인 비타협주의를 무시한 반역적 행위라며 본부간부를 공격하고 혹은 본대회 금지에 대한 관헌의 조처를 조선인에 대한 특종 폭압이라며 당국을 비난 공격하는 등 그들 류의 역선전을 하는 자도 있다.[279]

　　이러한 사태의 추이 속에서 서정희가 언제부터 신간회에 참여하였는지는 확인되지 않는다. 그러나 그는 1929년 1월 19일 경성지회에 참석하여 임시 부의장에 선출되고[자료 13-1] 20일 속개된 회의에서 본부대표 후보위원으로 선출되었다.[자료 13-2] 《동아일보》는 이날의 회의장 광경을 다음과 같이 묘사하였다. 다른 신간지회 대회의 풍경과 분위기도 대체로 이와 비슷하였을 것이다.

　　회장 입구인 정문에는 보라 바탕에 흰 글자로 신간회란 기와 붉은 바탕에 흰 글자로 신간회 경성지회란 기를 교차하여 걸었으며, 장내는 왼편에 동회의 삼대강령과 회기를 좌우로 꽂았고 소년군으로 하여금 장내를 경계하는 한편, 경관석에는 소관 종로서를 위시하여 십여 경관이 회장 내외를

---

279) 경기도경찰부, 《치안개황》(1929. 5), 〈2. 민족운동의 과거 및 현상 Ⅱ－신간회창립 및 그 후의 행동〉.

경계하였으며 붉은 마크를 가슴에 단 회원 330여 명의 출석과 입추의 여지
가 없는 방청객으로 극히 긴장한 가운데서 … 조헌영·정종명 씨의 의미심
장한 축사와 김사목 씨의 축문 26통과 축전 10통을 낭독하였는데 축문 1통
은 압수되었으며…[자료 13-1]

서정희가 경성지회에 참여한 때가 1929년 1월 이전이었던 것은 확실한
데, 1930년 11월까지 그는 신간회에서 별로 중요한 구실은 하지 못한 것
같다. 경성지회 대회 직후 그는 2월 16일의 이정수 '동지장(同志葬)'에서
의식부장으로 봉사하였지만,[자료 16-8] 이것은 신간회와는 무관한 행사
였다. 신간회는 1929년 제3회 대회도 금지되자 결국 각 지회에서 선출된
대표회원 가운데서 다시 대표위원을 선출하는 이른바 복대표위원회(複代
表委員會)를 구성하였다. 6월 28일에서 7월 2일에 걸쳐 소집된 이 복대표
위원회는 집행위원장 허헌 이하 새로운 중앙집행위원·중앙상무집행위
원·검사위원을 선출하여 새로운 체제를 정비하였는데, 새 간부진에는
사회주의자들이 대거 진출함으로써 보다 적극적인 투쟁이 기대되기도 하
였다. 이 새 간부 명단에 서정희의 이름은 보이지 않는다. 경찰은 새 진용
의 출현과 그 활동을 다음과 같이 보고하였다.

소위 복대표회의 결과 그 중요한 자리는 모두 공산주의자들이 차지하게
되고, 이래 내부에서는 민족·공산 양파의 진영이 좀더 선명하게 되었으
며, 또 회 자체의 행동도 일변하여 적극적인 수단을 내어 각종 사회문제에
용훼하고 더욱 분쟁을 조장하는 것 같은 행동을 하여 혹은 직접 관헌의 조
처 또는 그 시정 방침에 대하여 항의하는 등 항상 반항적인 태도를 취하여
왔으나…280)

---

280) 경기도경찰부, 《치안상황》(1931. 7)(박경식 편, 《조선연구자료》 6에 수록), 〈新幹會
　　過去一年 / 動靜卜新幹會運動 / 淸算〉.

갑산 화전민가 방화사건　　　신간회의 신체제가 당면한 최초의 중대한 사회 문제는 갑산 화전민 방화방축사건이었다. 그해 6월 지난해 수재로 백두산 산림지대 갑산 '펑펑물'이란 곳으로 흘러들어와 화전을 일구어 연명하던 화전민 200여 호의 가옥을 모두 방화하고 내쫓은 사건이 있었다. 김병로의 회고에 따르면 이 사건은 단순한 산림보호 차원이 아니라 이 지역에 독립군이 왕래하는 것을 일본 비행대가 발견하고 독립군 토벌의 일환으로 일경이 이러한 만행을 저질렀다는 것이다.[281] 이 사건은 《조선일보》 1929년 7월 11일자 기사 〈생로(生路) 망연한 천여 화전민〉으로 그 만행과 화전민의 참상이 세상에 알려지기 시작하였다. 《조선일보》는 여러 날 계속해서 이 사건을 대서특필하고 갑산 화전민의 참사현장 답사기를 자극적인 어휘로 게재하는 한편[282] 화전민 문제에 대한 일반의 관심을 촉구하면서[283] 일제에 대한 반감을 고취하였다.

　이에 당국도 사태의 진상을 조사하지 않을 수 없었고, 만행 사실을 인정하기도 하였다.[284] 여러 사회단체들이 분기한 것은 당연하였다. 신간회도 "정의와 인도상 도저히 용서할 수 없는" 사태로 규정하고 사건 조사와 함께 총독부에 항의하는 문제도 검토하였다. 변호사회는 형사고발까지 고려하였다.[285] 이 무렵 여운형의 체포와 압송 소식이 알려지면서 《조선

---

281) 김학준, 《가인 김병로 평전》, 민음사, 1988, 170.

282) 《조선일보》, 1929년 7월 23일자, 〈농작한 薯類도 소실, 아사경의 천여 주민, 장정은 부황나고 어린 아이는 배고파 울어, 현실의 지옥과 방불한 현장, 참화당한 갑산 화전민〉; 7월 27일자, 〈수재로 모인 화전민 방화로 위협 구축, 살 수 없는 곳에 가지 않는다고 위협하고 반항하는 사람은 수모자로 경찰에 인지, 갑산사건답사기 (1) 갑산군 대흥리에서 본사특파원 한홍정 발신〉.

283) 《조선일보》, 1929년 7월 25일자, 〈원시생활하는 화전민, 전조선에 근 2백만, 그들에 대한 처치는 일대 문제, 생활난에 쫓겨 산중에 전전〉.

284) 《조선일보》, 1929년 7월 12일자, 〈화전민가 방화 당국서도 조사, 철저히 조사하겠다고, 산림부장 사실시인〉.

285) 《조선일보》, 1929년 7월 12일자, 〈화전민가 방화 신간회 분기, 인도상 그대로 있을 수 없다, 총독부에 항의 준비〉 〈조선변호사회 내용을 조사〉.

일보》는 〈풍운아 여운형〉을 연재하기 시작하였다. 이와 아울러 화전민사
태를 성토하는 각 단체의 동향도 계속 보도되었고,286) 일부 화전민은 총
독부에 항의하기 위하여 상경하는287) 등 사태는 더욱 확대되었다.

서정희 역시 이 사건에 무관심할 리가 없었지만, 그가 직접 나선 것은
17일 저녁이었다. 이날 교육협회회관에서는 저마다 개인 자격으로 각계
인사가 모여 이 문제에 대한 대책을 강구하였는데, 그가 이 회의에 참석
한 것이다. 각계 인사들은 장시간 토론 끝에 ‘화전민가 방화 대책강구회’
를 만장일치로 조직하고 즉석에서 조사위원 파견을 결의한 후 일단 해산
하였다. 이들은 19일 임시사무소인 신간회 경성지회회관에서 다시 모여
27인 위원회를 조직하였는데, 서정희도 그 위원의 한 사람으로 선출되었
다.〔자료 16-9〕 그러나 서정희는 그 전날 19일자 신문에서 남선노농총동
맹·전라노농연맹회·노농총동맹 조직 당시 행동을 같이하였던 옛 동지
이헌이 만주 아성현에서 일경에 체포되었다는 비보를288) 접하였을 것이
다. 이 소식에 그는 자신의 화려하였던 농민운동을 다시 회고하게 되었
겠지만, 화전민에 대한 동정심이 더욱 커졌을 것이다.

그러나 경찰은 화전민가 방화 대책강구회의 활동을 일체 금지하였고,
조사원의 파견도 금지하였다. 회의 명칭에 ‘방화’란 단어가 포함되었다

---

286)《조선일보》, 1829년 7월 15일자, 〈북청 각 단체 분기하여 토의, 청년회관에 10일 대
    표회의〉〈영림서원도 방화사실을 시인, 북청기자단과 문답기〉 ; 7월 18일자, 〈화전
    민가 방화로 각 방면서 분기토의, 17일 저녁 조선교육협회서, 청총서도 대책강구〉.
287)《조선일보》, 1929년 7월 16일자, 〈화전민가 방화로 진정원 又 상경, 산림주사가 불
    러서 오게 되자 뒤를 따라 상경하여 진정한다, 금일 오전중에 진정〉.
288)《조선일보》, 1929년 7월 18일자, 〈사회운동자거두 이헌 中領에서 피촉, 6월 하순에
    자금주선중 합이빈영사경찰에 잡혀〉. 이 기사에 따르면 이헌은 1925년 서울에서 어
    떤 사람에게서 수천 원을 얻어 만주로 가서 한교구축문제대책강구회에 참여하여
    활동하였다고 하는데, 이헌에게 자금을 제공한 사람은 바로 김병로였다. 김병로는
    이헌의 체포 소식을 듣고 자신도 체포될 각오를 하였다고 한다. 김진배《가인 김병
    로》(가인기념회, 1983)에 수록된 김병로 수상단편 〈독립운동자가 길림 경찰에 피검
    된 사건〉 참조.

는 것이 그 이유였다.[289] 이 대책강구회는 이러한 탄압에 대한 대책을 강구하였다고는 하나 실제 별다른 활동은 하지 못하였고, 따라서 서정희도 이 문제에 별다른 기여를 하지 못하였던 것 같다.

이 문제는 그 후 신간회가 직접 담당하여, 성토연설회 등 여러 가지 계획을 세웠지만, 결국 현지에 파견한 김병로의 보고를 기초로 총독부에 항의하는 것으로 일단 마무리되었다. 김병로의 회상 수필에 의하면 당시 화전민이 직접 신간회 본부를 찾아와 눈물로 호소하였기 때문에 일제의 검경이 위협하는 가운데 위험한 현장조사를 자청하게 되었다고 한다.[290]

광주학생운동과 민중대회　　1929년 말 서정희가 농총의 진흥을 위하여 진력하였다는 사실은 이미 앞에서 소개하였지만, 그해 12월 13일 새벽 그는 위원장 허헌 이하 신간회 간부 안재홍·권동진·이종린·유진태·홍기문·김병로·박희도·정정명·김항규 및 노동총동맹 관계자 등 40여 명과 함께 검거되었다.〔자료 10-3〕 이것은 서곡에 불과하였고, 그날 저녁까지 검거된 사람만 70여 명에 달하였으며, 이 사건과 관련하여 신간회원 44명, 조선청년총동맹·조선노동총동맹·근우회 관계자 47명, 총 91명이 검거되었다고 한다. 당국은 검거 이유를 일체 밝히지 않았고 보도도 철저히 통제하여 12월 16일자 신문은 이들 가운데 12명이 12월 14일 검찰에 송치된 사실을 보도하면서 '모모사건' 피의자가 '모법(某法) 위반'으로 송치되었다고 표현하고 12명의 이름도 밝히지 못하였다.

이것이 광주학생운동과 관련되었다는 사실이 공식 보도된 것은 광주학생운동의 전모가 비로소 공개된 12월 28일이었다. 이날 《조선일보》는 광주학생 충돌사건으로 전 조선의 주요 도시에서 2만여 명의 남녀 학생이

---

289) 《조선일보》, 1929년 7월 21일자, 〈화전민방화 '대책회'로는 일체 행동을 제한, 떠나는 조사원도 가지 못하여〉.
290) 김진배, 《가인 김병로》, 가인기념회, 1983에 수록된 김병로 수상단편 〈백두산 화전민 박해사건〉 참조.

맹휴와 시위를 벌인 사실을 2개 면 전면에 걸쳐 대서특필하였다. 이 신문은 이 사건을 '기미년 이래의 중대사건'으로 평가하면서 양면에 걸쳐 각지의 맹휴·시위·검거 상황과 아울러 지국에서 조사한 '광주사건의 개요'와 경무당국이 발표한 사건의 개요를 게재하였다. 당국의 발표만 그대로 보도할 수 없다는 의지의 표현이었다. 서정희를 비롯한 사회단체 인사들의 검거 이유 및 검찰로 송치된 15명(3명은 불구속)의 명단도 이날에야 비로소 보도되었다.

지금은 초등학교 고학년생 정도면 광주학생운동의 발단이 11월 3일 왜 발생하였고, 그 후 학생들의 전국적인 시위가 얼마나 장기간 치열하게 전개되었는가를 다 알고 있으며, 당시 《조선일보》가 '기미년 이래 중대사건'이라고 평가한 바와 같이 이 운동을 3·1운동 다음가는 중요한 항일민족운동으로 기념하고 있다. 물론 당시에도 동맹휴학과 학생의 가두시위, 그리고 체포가 계속되는 것을 직접 목격한 사람들이 많았기 때문에 학생들 사이에 심각한 모종의 운동이 전개되고 있다는 사실을 알 만한 사람은 다 알고 있었을 것이다.291) 그럼에도 일제 당국이 사건이 발생한 지 거의 2개월이 지난 후에야 보도를 허용한 것은 11월 3일 이후 계속 사태가 확대되고 있었고, 학생들의 구호도 '일본제국주의 타도'와 '피압박 민족해방 만세' 등과 같이 점점 격렬해지고 있어, 보도가 오히려 더 큰 사태로 발전할 것으로 우려하였기 때문일 것이다. 12월 9일 조선일보사 앞에서 시위 학생들이 대량 검거되는 것을 지켜본 안재홍은 학생들을 묵묵히 눈으로 보내〔默默目送〕 다음날 비감에 넘친 사설을 발표하였다. 다음과 같은 구절은 특히 필자의 마음을 아리게 하였다.

---

291) 예컨대 서울에서 가장 시위가 격렬하였던 12월 9일에는 경찰도 백수십 대의 차량으로 출동하여 1400명의 학생을 검거하였다고 하며, 특히 경신과 보성은 연합시위를 감행하다 일시에 900명이 체포되었다고 한다. 이날은 전 시가에 경찰이 치달리는 공포 분위기가 조성되었다고 한다(《동아일보》, 1929년 12월 28일자). 이것을 보도 통제하였다고 해서 서울 시민들이 몰랐을 리가 없었을 것이다.

‘潯陽江頭夜送客(潯陽 강 머리의 밤, 객을 보내노니)’이라고 唐代의 시인 백락천은 楓 葉蘆花(단풍잎 갈대꽃)가 쓸쓸하게 우거진 가을밤 강변에서 배 위에 가는 손을 이별하는 愁嘆을 하소연하였다. 가을이요, 밤이요, 또 가는 자를 이별하면, 그는 겹겹의 회포가 그야말로 걷잡을 수 없을 것이다. 가을의 이별은 더욱 쓰라린 것이요 평상한 이별이 워낙 안 되었는데, 秋懷 속의 이별은 일층 어려운 것이다. 하물며 愁心人이 愁心人을 보내고 父老가 자제를 보내는 것은, 남으로서는 그 가슴속을 짐작할 수 없는 것이다. ‘桃 花潭水深千尺 不及王倫送我情(복사꽃 흩어진 담수, 깊이가 千尺인들 나를 보내는 왕륜의 정에 미칠 것인가)’―이백은 천고의 초탈한 인물이다. 오히려 이별의 정을 하소연하니 그는 더불어 말하기에 適한 자인가. 백세의 후에 누가 吾人의 解懷를 할 자이뇨.292)

이것을 읽은 사람, 그 누구도 안재홍이 때가 어느 때인데 엄숙해야 할 사설에서 개인적 감상주의로 농담한다고 격분하지 않았을 것이다. 서울과 광주의 시민, 그리고 학생의 시위가 있었던 전국 각지에서 잡혀 끌려가는 학생들을 ‘묵묵히 눈으로 보낼 수밖에 없었던’ 사람들은 모두 안재홍과 똑같은 ‘이별의 정’을 하소연할 상대를 찾고 있었을 터이기 때문이다. 서정희 역시 ‘침울한 조선의 겨울’의 문턱에서 아린 가슴을 되씹고 있었을 것이다. 그러나 안재홍은 하소연할 상대를 찾고 있는 것이 아니었다. 이것은 비밀리에 추진되고 있는 13일 민중대회에 동참할 것을 호소한 것이었다. 이때쯤은 그 계획을 알고 있었을 서정희 역시 민중대회에서 무언가 보여줄 것이라 다짐하고 있었을 것이다. 그들은 ‘백세의 후’에나 그 심정을 이해해 주기를 바란 것이 아니라 ‘3일 후’의 결전을 준비하고 있었

---

292) 안재홍, 〈秋懷〉(1928. 12. 10)(《민세안재홍선집》 1, 지식산업사, 1981, 337~338쪽에 수록). 이에 앞서 12월 7일 경성일고 학생의 시위와 검거를 발표하지 못하고 12월 8일 사설 〈조선의 겨울―침울한 조선의 겨울〉을 통하여 암담한 현실을 새삼 절감한 침통한 마음을 분출하였다.

던 것이다.

보도가 통제된 속에서 서울의 단체들은 광주에 조사단을 파견하기 시작하였고, 신간회도 11월 10일 허헌·황상규·김병로를 파견하였다. 무사히 귀환한 이들의 보고를 확인한 신간회는 '광주학생사건보고 연설회'를 계획하였지만, 당국이 이것을 허가할 리가 없었다. 그래서 그들은 12월 13일을 기하여 대대적인 민중대회를 열려고 계획하였고, 이를 착착 준비하고 있었다. 그들은 민중대회를 열어 시위를 조직할 것을 결의하였으며 (1)광주학생사건의 진상을 폭로하자 (2)구금된 학생을 무조건 석방하라 (3)경찰의 학교 ××을 ××하자 (4)××한 경찰정치와 ××××××하자는 표어와 슬로건을 적은 격문 2만 장도 인쇄하였고, 허헌·권동진·김항규·이관용·홍명희·조병옥·이원혁·한용운·주요한·김무삼·손재기 등 11명의 연사도 내정하였다. 그러나 이러한 움직임은 12월 11일 경찰에 탐지되었고, 거사 당일 새벽에 경찰은 일시에 주요 단체의 간부를 체포한 것이다. 격문에 서명한 사람은 12명으로, 이들은 모두 검찰에 구속 송치되었는데(15명 송치, 송진우·안재홍·이시목 3명은 불구속 송치), 연사 11명은 모두 여기에 포함되었다. 이 가운데 허헌·홍명희·이관용·조병옥·이원혁·김무삼은 공판에 회부되고 옥고를 치렀다. 결국 안재홍과 서정희 그리고 결전의 날을 기다리고 있었던 많은 사람들은 다시 분루(憤淚)를 삼키지 않을 수 없었다.

이 사건은 결국 신간회의 주요 간부가 대부분 검거 또는 투옥됨으로써 신간회 본부의 기능이 크게 침체되는 계기가 되었다. 그러나 서정희는 격문의 서명자와 내정 연사의 명단에도 보이지 않는다. 《조선일보》에 따르면 "경기도 경찰부에서 검거된 사람 중 대부분은 무실한 것이 판명되어 석방"되었다고 하는데(1929년 12월 28일자), 혹 여기에 서정희도 해당되었다면, 그는 민중대회에 동참할 '전 경성시중의 각 단체 영수급 인물'로서 검거되었으나, 민중대회 계획에는 주도적으로 참여하지는 않았을 것이다. 그는 시위를 예정한 민중대회의 선두에 나서기에는 이미 어려운 노인이었다. 그러나 70대 노인 권동진도 연사로 내정된 것을 보면, 이 거사가 철저히 신간회의 현 간부 중심으로 계획되었음을 잘 알 수 있다. 어쨌든 '기미년 이래의 중대사건'은 그를 다시 감옥으로 몰고 가지는 않았다. 그러나 석방된 그의 심경은 스스로 적극 주도하고 감옥에 처박힌 기미년보다 편안하지 않았을 것이다. '묵묵히 눈으로 보내지 않을 수 없었던' 어린 학생들의 모습은 그의 뇌리를 떠나지 않았기 때문이다.

신간회 해소 반대

김병로체제의 조직부장　집행위원장 허헌과 홍명희 등 주요 간부를 잃은 신간회 본부 지도부의 공백은 일단 재정부장 겸 회계를 담당하였던 김병로가 서무부장과 조사부장도 겸하는 사실상의 김병로 1인체제로 메워 나갔다. 김병로는 훗날 사재를 털어가며 신간회의 사무실을 이전하는 등 어려운 살림을 꾸려 나가고, 1930년 4월 종로경찰서가 신간회의 비밀결사를 조작하여 탄압하려는 음모도 잘 극복한 일을 자랑 삼아 회고하였다.293) 하지만 김병로체제에 대한 불만은 점차 고조되었다. 특히 그해 11월 그가 정식으로 집행위원장에 선출되고 임원을 개선하면서 이 불만은 거칠게 표출되었다. 11월 9일 중앙집행위원회에서 임원 개선 직전에 각부 경과보고 순서에서 '연락부 서정희'가 보고한 것을 보면,〔자료 13-4〕 그는 김병로 대행체제에서 이미 연락부장을 담당하고 있었던 것 같다.

　당초 신간회 본부는 전체대회가 금지되었기 때문에 1929년도에 복대표위원회를 개최하여 임원을 개선할 계획이었지만, 당국이 그것도 금하자, 중앙집행위원회를 소집하여 전체대회의 권한을 대행시키려고 하였다. 물론 이것은 규약에도 없는 편법이었고, 당연히 많은 지회가 항의를 제기하

---

293) 김학준, 앞의 책, 195~206쪽 참조.

신간회 중앙집행위원회(《동아일보》. 1930년 11월 10일자)

였다. 본부는 이를 묵살하고 중앙집행위원회를 소집하였는데 총 56명 가운데 참석인원은 불과 16명이었다. 그럼에도 본부는 회의를 강행하여 김병로를 중앙집행위원장으로 선출하는 한편 39명의 중앙집행위원과 5명의 후보위원, 유진태 등 5명의 중앙검사위원을 선출하였는데, 서정희도 중앙집행위원에 선임되었다.[자료 13-5] 새로운 간부진은 19일의 4회 중앙집행위원회에서 선출되었는데, 여기서 서정희는 조직부장을 담임하는 중앙상무집행위원으로 선임되었다.[자료 13-5] 이로써 그는 '민족단일당' 신간회의 핵심 간부로 등장한 것이었다. 그러나 서정희가 참여한 김병로 위원장 체제는 처음부터 심각한 도전에 직면하였고, 결국 그 도전을 극복하지 못하고 신간회의 '해체'를 감내하지 않을 수 없었다.

그 이전부터 신간회는 주로 두 가지 측면에서 비판받고 있었다. 즉 (1) 객관적인 형세의 탓도 있지만, 가장 효과적이요 과학적인 전술을 토의 규정하여 부단히 그 진로를 타개하지 못함으로써 지극히 활동이 저조하고, (2)민족운동에 대한 가치를 회의하는 경향이 농후하다는 것이다.[294] 이것은 결국 능력의 문제가 아니라 투쟁적 실천보다는 온건·타협·관념적

지도노선이 강하다는 것인데, 여기서 한 걸음 더 나아가면 비타협적 원칙에 위반되는 자치론과 모종의 연결이 있다는 비난으로 발전한다. 김병로가 수많은 민족 사상사범의 변론으로 널리 명성을 얻은 것은 사실이다. 그러나 그는 좋게 말하면 '온건한 신중론자', 나쁘게 말하면 '나약한 타협론자'라는 평가를 받을 소지가 많았으며, 경찰 당국도 중요 사건을 처리한 구체적인 예를 들며 그의 지도노선을 다음과 같이 분석하였다.

> 당시 재정부장 겸 회계 김병로(변호사)는 집행위원장대리로서 동회의 실권을 장악하게 되었는데, 동인은 종래 신간회의 운동이 단지 관헌과 항쟁 대립하여 그 억압을 받아 하등 조선민중을 위해 공헌하는 바가 없는 것을 거울삼아, 자성하는 것과 같이 그 후에 발생한 《전북일보》 조선인 모욕사건,[295] 함경남도 단천 경찰의 발포사건 등 상당히 사회에 반향을 준 중요한 사건에 대해서는 스스로 그 지방에 출장하여 비교적 냉정한 태도로써 사실을 조사 발표하여 사건의 해결에 지장을 주는 것 같은 언동을 피하고, 본부 및 각 지회에 경거망동을 경계하는 듯한 방침으로 임하였으며, 지난해 9월 언문 각 신문지상에 재만 조선인의 학살사건이 상당히 과장적으로 보도되자 경성부 내 각 사회단체는 연합하여 그 대책을 고구하였지만, 결국 그것을 신간회에 일임하자 동회 본부에서는 천도교청년당 등과 연락하여 실상조사원으로 종래 사회운동 방면에 관계한 이극로(朝鮮字典 편집위원)를 파견하여 사실조사를 시켰는데, 이극로가 귀래한 이후 관계단체 대표 등에게

---

294) 김기림, 〈신간회전체대회, 대행중앙집행위원회 광경〉, 《삼천리》, 1931년 1월호 참조.
295) 일본인이 경영하는 《전북일보》의 기사에 '조선인은 도적의 근성이 있다'는 글이 게재되자, 기사의 취소와 사과를 요구하며 강경하게 항쟁하던 당지 사회단체 간부들이 구속되면서 사태가 확대된 사건이다. 김병로는 직접 전주에 내려가 상황을 조사하고 양측을 설득하여 (1)구속된 간부의 석방 (2)문제의 기사를 쓴 기자의 해직, (3)《전북일보》는 신간회 본부를 통하여 모든 조선인에게 사과하는 뜻을 동아·조선·중앙 세 신문에 게재하는 조건으로 문제를 원만히 해결하였다고 한다. 김병로, 〈전북일보 모독사건〉(김진배, 앞의 책에 수록).

> 보고한 것은 극히 온건하고 하등 과장한 것 같은 점이 없어 오히려 문제
> 해결상 상당히 효과가 있었던 것으로 인정된다.[296]

《전북일보》 모독사건에 대한 김병로의 타협은 '성공'으로 평가해도 좋
다. 그러나 재만동포 학살사건은 1930년 8월 길돈(吉敦) 철도 선로를 공산
당이 10여 군데 폭파한 사건과 관련, 중국 관헌이 동포 300여 명을 체포
하고 그 가운데 15명을 총살한 사건이다. 신간회가 파견한 조사원 이극로
는 그 인선에서부터 물의가 있었고, 오히려 재만동포를 압박한 중국 관헌
을 옹호하는 것 같은 보고문을 그대로 접수하였다는 비난이 비등하였으
며,[297] 특히 단천 농민학살 사건의 경우는 비난의 소지가 많았다. 1930년
7월 삼림조합의 횡포에 격분한 농민들이 면사무소를 습격하자 경관이 발
포, 농민 4명은 즉사하고 26명이 부상하고 경관도 10명이 부상한 사건에
서 발단하여 점차 민요(民擾)로 확대된 것이다. 현지 조사를 마친 김병로
는 결국 농민에게 소요죄를 적용하려는 경찰의 주장과 살상 경관을 고소
하려는 주장을 서로 양보하도록 하여 문제의 결론을 내렸다. 김병로는

---

296) 경기도경찰부, 《치안상황》(1931. 7), 〈新幹會過去一年ノ動靜卜新幹會運動ノ淸算〉.

297) 明源鎬, 〈신간회분규 측면관〉, 《신민》 1931-3, 13쪽 ; 《치안상황》(1931. 7), 〈신간회
    경성지회태도〉. "신간회 본부는 천도교 청년당 기독교 청년회와 공동으로 갹금하
    여 실지 조사원으로 9월 13일 李克魯를 파견하였고, 이극로는 만주 각지의 실상을
    조사, 10월 25일 귀환, 관계자에게 비공식으로 조사결과를 보고하였으나, 본건에
    관해서도 경성지회는 신간회 본부가 반동단체인 천도교 청년당과 연합토의하였을
    뿐 아니라, 실지 조사원을 파견하면서 3만 회원을 무시하고 비회원인 이극로를 파
    견한 것은 적절치 않으며, 본부의 진의를 양찰하기 어렵지 않다고 본부에 항의하
    였다. 또 이극로의 귀환 후 보고도 극히 애매하여 오히려 중국 관헌의 불법 압박
    을 옹호하는 것 같은 태도를 보인 것은 유감이라고 하여 본부 및 관계 단체에 대
    하여 인선이 부적당하였다는 취지의 항의문을 발송하는 등." 신간회는 이 문제를
    천도교청년당·천도교청년동맹·기독교청년회·불교·근우회와 협의하였다. 한
    편 조사원 이극로는 길림성 정부 수석 張作相과 만주의 실권자 장학량도 면회하여
    '30분 동안 이야기'하였다고 하는데, 귀국 후 장학량 회견기를 발표하면서 회견의
    경위, 절차, 환대 분위기만 전하였을 뿐 장학량과 나눈 '이야기는 사정이 許하지
    않아 略'하였다. 이극로, 〈滿洲王 張學良氏 회견기〉, 《혜성》 5-12, 1930. 12. 참조.

'실제 현상으로 농민들의 소요 사실을 부인할 수 없고, 도망하는 농민을 추격하였다는 증거도 수집하기 어려운 상황에서' 이러한 타협이 최선의 해결책이라고 생각한 것이다. 그러나 이것은 관점에 따라서는 '농민의 학살'을 그대로 인정한 일방적인 후퇴에 불과할 수도 있으며, 서정희 역시 이러한 타협에는 만족하지 않았을 것이다. 조사과정에서 만난 단천 청년 운동자들에 대한 다음과 같은 인상으로 말미암아 김병로는 그런 타협을 용인했을 것이라 생각되는데, '과격한 사회운동'에 대한 그의 시각을 잘 말해 준다. 김병로 지도노선을 이해할 수 있는 좋은 자료로 판단되어 인용한다.

> 거기에서 지방 청년들과 대화한 일이 있는데 그들은 거개가 17~18세인데 소년으로 기개는 장하다 할지라도 너무 과격한 언론과 행동이 도에 지나치다는 느낌을 받았다. … 그 지방에는 면에도 신간회를 비롯한 각 사회단체가 있었는데, 그 소년들이 모든 사무를 장악하고 있었으며, 노년은 물론 청·장년까지도 그 소년들에게 강압되어 있는 상태이었고, 더욱 면·동의 제반 사항에도 관여치 아니하는 것이 없으며, 심지어는 서로 교환적으로, 즉 말하자면 갑은 을의 집에, 을은 갑의 집에 가서 그 부형들을 위협하여 채권증서나 소작증서 등을 소각하게 하는 사태도 있었기 때문에, 나는 그 지방 사회단체의 선구되는 사람들에게 소년들의 행동이 한층 진보적이라고 할지 모르나, 너무 과격한 행동을 자행한다면 도리어 일반의 분노를 야기할 수 있고, 일본 경찰이 그것을 구실 삼아 무슨 불상사를 일으킬지도 모르는 것이니, 미리 경계하는 것이 좋을 것이라고 충고한 일도 있다. … 1931년 9월경 단천 노조사건의 대검거가 있어 각 사회단체 간부였던 청소년 40여 명이 처형된 사실이 있었던 것이다.[298]

---

298) 김병로, 〈단천농민학살사건〉(김진배, 앞의 책에 수록)

이것은 '기개는 장하고 진보적이지만 너무 과격하여 일반의 분노를 사고, 일본 경찰에게 빌미를 주어 쓸데없는 불상사를 야기시키며, 심지어는 죽음의 화를 자초하는' 당시 과격한 '어린' 사회운동자에 대한 김병로의 비판이라고 보아도 좋을 것이다. 그는 적색노조운동도 '도가 지나치게 과격하여 화를 자초하는' 길로 생각하였음이 분명하다. 당시 '과격한 어린' 사회주의자들 역시 이러한 김병로의 노선을 지지할 리가 없었을 것이다. 그들은 그 노선을 부르주아 또는 프티부르주아의 비겁한 타협주의로 배격하였을 것이다. 그들은 서정희를 비롯한 김병로의 새 간부진이 바로 이와 같은 노선을 더욱 강화했다고 판단하였다. 현재 많은 연구자들도 김병로의 체제를 신간회의 '우경화'로 비판하고 있지만,[299] 신간회 좌익이 이것을 좌시할 리도 없었을 것이다. 그들은 이제 신간회는 '(봉건적) 소부르주아의 정치집단으로서 민족개량주의 정치무대에 불과하여 노동대중의 투쟁의욕을 말살하는 존재'로 전락하였다고 판단하였고, 한 걸음 더 나아가 자치론자와 연대할 것으로 의심하였다.

본부와 경성지회의 갈등　　반대파들은 11월 9일 중앙집행위원회에서 첫 포문을 열었고, 그 도화선은 이른바 '박문희 문제'였다. 1930년 초 박문희는 자치운동의 '괴수'요 천도교 신파의 수령인 최린과 접촉,[300] 자치론과

---

299) 이만열, 《한국사연표》, 역민사, 1985, 244쪽. 1931년 11월 9일, 신간회 중앙집행위원회 개최와 위원장 김병로 선출을 기록한 후 ( )안에 "지도부 점차 우익적 경향을 보임"이라 명기해 놓았다.

300) 최린은 1927년 6월에서 1928년 4월까지 유럽과 미국의 사회운동을 시찰한 후, 새로운 각오로 자치운동을 추진하려고 결심하였다. 1930년 초부터 비공식으로 접촉하여 일단 천도교 구파 간부 권동진의 양해도 구하고 비밀리에 송진우·이창섭과도 의견을 교환하면서 점차 자신의 구상을 전파하였기 때문에 사회운동선상에 일대 혼란이 일어나게 되었다고 한다. 특히 구파 이종린(신간회 경성지회 위원장)은 자치운동은 천도교의 근본정신을 무시하는 것이라며 맹렬히 반대하였다. 《치안상황》(1931. 7) 박문희가 최린과 접촉하여 그 입장에 동조한 것은 바로 이때였을 것이다.

타협한 후 그 주장을 담은 원고를 《대중공론》에 보냈을 뿐 아니라 지방 회원에게 신간회의 운동방침 전환에 관한 의견을 말하였다는 것이다. 이러한 사실을 알게 된 경성지회에서는 박문희의 태도를 신간회에 대한 반역적 행위로 규정, 본부에 그 처분 방법을 제의하였다. 이것은 직접적으로는 박문희를 배척함과 동시에 간접적으로는 본부 측의 우경적 경향에 제동을 걸려는 책략이었다고 한다. 경성지회가 스스로 박문희를 징계하지 않고 그 처리를 본부에 요구한 것은 동지를 직접 '처벌'하는 '불인(不仁)'을 피하려는 의도도 크게 작용한 것 같다. 어쨌든 박문희가 1930년 7월 중앙상무집행위원들이 회합한 자리에서(경성지회 위원장 이종린 참석) 자기의 과오를 청산하고 복종을 선서하였기 때문에 본부는 더 이상 추궁하지 않았다.[301] 그러나 경성지회는 이 문제를 계속 물고 늘어졌다. 박문희도 1931년 1월, 자신의 입장을 다음과 같이 밝혔다.

> 항간에 자치문제가 喧騷히 돌아다닐 때, 일시 자치운동 이용론을 제의하여 2, 3동지로 더불어 의견교환도 하고 모 잡지를 통하여 발표도 하려고 하였었다. 그때 나는 다수 동지가 반대하면 이것도 나의 결정적 주장이 아닌 이상 행동에까지 옮기지 않기를 전제로 하고 있었다. 그럼에도 불구하고 금반에 신간회본부 對 경성지회 간에 문제가 되어 있음을 볼 때 나는 심히 유감으로 생각한다. … 나는 내 자신의 이론이 정당하든지 오류든지 간에 내 속에 감추어 두는 것을 싫어한다. 이론을 전개하여 보아서 오류라고 인정되는 때는 일시라도 청산하기를 주저치 않는다.[302]

이것이 진실의 전부라면 대단히 솔직 담백한 운동가의 당당한 해명이

---

301) 박문희 문제에 관해 주가 없는 것은 모두 경기도경찰부, 《치안상황》(1931. 7)을 참조하였음. 본부는 8월 15일자로 공문을 보내 "박문희를 조사한 결과 우리 회의 지도정신에 위반된 점이 없다"고 회신하였다.
302) 박문희, 〈전국적 해소와 시기〉, 《삼천리》, 1931년 1월호, 16쪽.

며, 더 이상 물고 늘어질 필요도 없는 것 같다. 1932년 8월 삼천리사가 '쟁쟁한 당대 논객'의 한 사람으로 선정한 박문희의 인물평을 맡은 김경재도 박문희가 최린과 만난 것은 사실이지만, 자치운동을 공모하였다는 것은 '악선전'이었으며, 그 문제가 신간회 본부와 경성지회 사이에 알력분쟁의 과녁이 된 것은 지금 생각하면 우스운 일이었다는 결론을 내렸다.[303] 김경재는 그를 신뢰한 것이다. 그러나 경성지회의 강경파가 1930년 11월 회의에서 다시 이 문제를 거론한 것은 박문희의 해명을 인정할 수 없었거나, 그의 문제를 최대한 이용하여 본부 노선을 견제하려는 의도로 해석된다. 이 회의를 참관한 김기림은 그 장면을 다음과 같이 전하였다.

오래 동안 본부와 京支 사이에 저기압을 양성하고 있던 본부 중앙위원 모씨의 소위 동회 지도정신에 배치된 언동에 관한 문제가 재건의의 형식으로 경지로부터 제출되어 상정되자 장내의 공기는 일시에 최고조로 긴장하였다. 위원들은 문제가 지도정신에까지 관련된 중대한 문제임으로 사실의 진상을 듣기를 경지에 요망한즉 경지 측에서는 이를 본부에 미루었다. 그러나 위원 정종명 씨 외 수인은 "이것이 한 사람의 동지를 운동선상에서 영영 매장하고 아니하는 큰 문제인데 어찌 진상을 발표 못하느냐?" 하고 완강히 경지에 그 설명을 요구하여 마지않았으나 경지에서는 개인적으로는 얼마든지 설명하겠으나 공식으로 발표할 수 없다고 완곡하게 진상의 설명을 회피하였다. 그러나 그동안에 장내는 일시 소란하였으나 돌연 경지의 홍기문 씨는 단호하게 결심하고 전기 모씨의 지도정신에 배치되는 언동을 예증할 것을 명료하게 선언하자 회의는 바야흐로 그 최고의 클라이막스에 도달한 것이다. 동씨의 말이 자연 ××문제 운운에까지 누차 접촉하자 임석한 경관은 또다시 문제가 시사에 긍하였다고 하여 그 토의를 금지하였음에

---

303) 김경재, 〈장자풍의 박문희씨〉, "쟁쟁한 당대 논객의 풍모", 《삼천리》, 1932년 8월호. 17쪽.

홍미의 초점이 되었던 동 문제는 또 다시 미궁에 빠지고 말았다.[304]

　필자는 이 장면에서 절망하지 않을 수 없었다. 단지 임석 경관의 금지로 토의가 중단되었기 때문이 아니다. 이것은 항상 있는 일이며, 이날도 3총(노동·농민·청년총동맹)의 해금에 관한 토의가 모두 금지되었다. 필자를 절망케 한 것은 바로 운동자들의 토의문화이다. 그토록 중대한 문제의 진상 발표를 서로 미루고, "개인적으로는 얼마든지 설명할 수 있으나 공식으로 발표할 수 없다"니! 당사자인 박문희가 동석하였기 때문에 차마 할 수 없다는 것인가? 이처럼 책임을 회피하는 사람들이 진지한 노선투쟁은 말할 것도 없고 간단한 문제의 토론이나 제대로 할 수 있을 것인가? 물론 이것은 일종의 '문화'였을 것이며, 때문에 총대를 맨 홍기문도 '단호한 결심'이 필요하였던 것이리라. 박문희를 직접 불러내어 청문회 형식으로 진상을 확인할 수는 정말 없었던가? 과연 박문희가 해명한 것 이상의 '진상'이 별도로 있었는가? 그는 한때 자치론을 이용할 생각으로 몇몇 동지들과 의견도 교환하였지만, 동지들이 반대하여 포기하였고, 그것을 오류로 인정하지 않았는가? 10일 회의에서도 이 문제는 재론되었고, 조사위원이 비로소 조사 결과를 보고하였으며, 박문희는 마지막으로 기립하여 "자기의 추문을 모두 부인하고 당분간 조직권 내에서 탈퇴할 것을 선명하고 앞으로 오직 현실의 투쟁으로만 그 과거를 청산하겠다"는 입장을 표명하였다.[305] 이에 본부는 박문희가 중앙집행위원으로서 본 회의 체면을 오손(汚損)한 점이 있다고 인정, 사건을 중앙검사위원에 회부하였고, 그 결과를 토대로 19일 중앙집행위원회는 박문희에게 견책처분을 내렸으며 박문희는 거듭 사과하였다고 한다.[306]

　그러나 경성지회 강경파들이 박문희 문제를 재론한 이유는 따로 있었

<hr>

304) 김기림, 〈신간회전체대회〉, 《삼천리》, 1931년 1월호, 10쪽.
305) 김기림, 위의 글, 11쪽.
306) 《치안상황》(1931. 7), 〈경성지회사건전말통지〉.

다. 바로 11월 9일의 대회에서 온건파들이 종래 개인가입 원칙을 단체도 가입할 수 있도록 회칙을 개정하자고 제안한 때문이었던 것이다. 이 안건은 이주연이 제안하고 이른바 온건파로 지목된 한병락·이항발·박문희가 지지 발언을 하였는데, 특히 박문희의 발언이 가장 길고 많았던 것 같다.[307] 문제는 이 제안문에는 "단체 또는 개인으로서 그 지도정신이 신간회와 상반되는 것이 있어도 조선민족의 당면 이익을 위해 투쟁하는 경우에는 협동 연락하는 방침을 수립할 일" 항이 포함되었다는 점이다. 이것은 결국 천도교(특히 신파의 천도교청년당)와 같이 지도정신이 다른 종교단체와도 제휴하여 합법운동을 전개하자는 제안이었으며, 사실상 이것을 자치운동의 용인으로 보아도 악의적인 해석은 아닐 것이다. 자치운동 절대 불가파가 이것을 좌시할 리는 없었고, 맹렬히 반대와 부결 대책을 준비하였다. 그러나 대세는 본부 측에 유리하였다. 이에 그들은 박문희 문제를 재론하여 그를 옹호하는 중앙간부를 공격함으로써 본부의 기세를 제압하려고 하였는데,[308] 첫날 9일에는 작전이 실패하여 이 안은 일단 가결되었다. 그러나 강경파는 10일에도 다시 박문희문제를 물고 늘어지면서 역습을 시도, 결국 바로 앞날의 의결을 취소하고 안건을 보류시키는 데 성공하였다.[309]

결국 박문희 문제는 자치운동 단체의 가입을 저지하려는 카드였지만, 여기서 우리는 근신해야 할 박문희가 사실상 자치운동을 용인하는 안건에 대해 그토록 열심히 지지 발언을 한 이유를 짐작할 수 있을 것 같다.

---

307) 김기림, 앞의 글, 10~11쪽. 이 참관기는 이 문제에 관한 토의를 반쪽 정도 할애하면서, 찬성자 4명의 8차 발언만 소개하였는데, 3차에 걸친 박문희의 발언이 보인다.
308) 경찰도 경성지회가 본부의 11월 9일 대회를 일단 승인한 후 건의안을 상정한 진의는 "건의 안건 중 박문희 문제 및 반동분자 응징에 관한 건 등으로써 본부의 처치에 대한 반격을 가하려는 저의에서 나온 것이라는 것은 주위의 상황에서 용이하게 상상할 수 있는 바"라고 보고하였다. 《치안상황》(1931. 7), 〈시간회경성지회의 태도〉.
309) 《치안상황》(1931. 5), 〈新幹會本部ノ動向〉.

이와 같은 그의 태도는 그의 강력한 부인에도 불구하고 그가 자치운동에 참여한 것과 다름없다는 판단을 주기에 충분하였을 것이며, 그를 굳이 옹호하는 사람을 자치파 동조자라고 평가해도 별로 곡해는 아닐 것이다. 10일 회의에서 방청석에서 계속 그를 비호하는 간부 측을 향하여 "간부들은 모(某)와 같은 자들이다"라는 야지가 나오자 이주연은 "맹연(猛然)히 일어나서 '우리를 모와 같다고 말한 자가 누구냐? 어느 곳이 모와 같다는 말이냐? 신간회운동을 위하여는 목을 베는 것도 피하지 아니하련다. 다만 한 사람의 투사를 잃어버리는 것을 아껴할 뿐이다'라고 노호하였다"고 한다.310) 그러나 박문희에 대한 구차스러운 옹호를 '인재를 아끼는 순수한 동지애'로 납득할 수 있는 사람은 과연 얼마나 있었을 것인가? 박문희는 1931년 1월 자치운동이용론을 동지의 반대로 곧 포기하였다고 해명한 바로 그 문장(앞에서 인용) 끄트머리에 협동전선의 강화와 재조직을 주장하면서 자치운동의 혐의를 받고 있는 수양동지회와 천도교청년당도 모두 그 협동 대상 단체에 포함시키고 있다.

더욱이 박문희를 옹호하는 간부들이 신간회의 실권을 장악하였고, 그들의 지원 아래 그가 다시 중앙집행위원이 되었다면, 본부에 대한 불신이 심화된 것도 당연하였다.311) 경성지회는 12월 17일 상무집행위원회를 개최하고 본부의 현 체제를 탄생시킨 11월 9~10일 전체대회대행 중앙집행위원회를 인정하지 않는 결의문을 채택함으로써 본부 전체에 대한 불신임을 선언하였다. 이어서 박문희사건, 이극로 파견과 그의 조사보고서를 둘러싼 문제, 전체대회대행 중앙집행위원회의 경과 등에 관하여 본부의 온건노선과 '변절'을 조목조목 폭로, 비난하는 통문을 전국지회에 발송하기로 의결하는 한편 지회의 결의에 반하여 본부 간부에 취임한 재정부 위원 홍봉유를 파면하였다. 그 후 양측에서는 타협을 모색하는 움직임도 있

---

310) 김기림, 앞의 글, 11쪽.
311) 이하 경성지회와 신간회 본부 사이의 분규에 관한 설명 가운데 주가 없는 것은 《치안 상황》(1931. 7), 〈신간회본부의 행동〉 〈신간회 경성지회의 태도〉를 바탕으로 하였음.

었고, 특히 경성지회의 이인·권동진·박희도 등이 팔을 걷고 타협을 주선하기도 하였다.[312] 그러나 본부는 박문희의 사표는 수리하였으나, 홍봉유를 즉시 조사부원으로 임명하였다(12월 23일, 자료 13-7). 1931년 1월 9일 중앙상무집행위원회에서 위원장 김병로가 더 이상 양보는 전 지회의 통제상 문제가 있다는 이유로 단호한 처분을 주장하자 서정희를 비롯한 이주연·양봉근 등도 대동소이한 의견을 진술함으로써 강경 대응으로 선회, 급기야 경성지회 소속 중앙집행위원 이종린 이하 31명을 부정기 정권(停權)에 처하였다.〔자료 13-8〕 11월 9일 선출된 중앙집행위원이 총 40명인 점을 감안하면 이것은 사실상 김병로의 친위 쿠데타였다고 해도 과언은 아니다. 이것이 얼마나 무리한 강경책이었는가를 서정희도 잘 알고 있었을 것이다. 특히 31명 가운데는 이종린과 홍기문, 그리고 북풍회 시절의 친근한 동지 정종명도 포함되어 있지 않은가? 그러나 그는 김병로와 같은 배를 탄 이상 김병로의 강경책을 지지할 수밖에 없었을 것이다.

이에 맞서 경성지회도 그날 밤 9시 임시집행위원회를 소집, 경성지회 소속인 김병로와 이항발은 제명, 서정희와 유진태 등 6명은 무기정권에 처하였다.〔자료 13-10〕 아울러 그들은 1930년 12월 17일에 결의한 본부 비난 통문 원안을 수정하여 《조선일보》에 게재하는 한편(1월 19일 이후 3일 동안) 전국지회에 발송하였다(1월 23일). 앞에서 본 바와 같이 서정희가 1차 공산당에 입당하였고, 파벌싸움의 와중에서 정권된 일이 모두 사실이었다면, 그는 그가 참여한 조직에서 두 번째 정권처분을 받은 셈이며, 그 이유 역시 별 차이도 없는 것 같다. 그래도 전에는 비밀리에 본인도 모르게(?) 처분되었지만, 이번에는 만천하에 '기회주의자', '타락간부' 등의 욕설과 함께 공개되었기 때문에 커다란 모멸감을 삭이는 데 많은 시간이 필요하였을 것이다. 이 과정에서 유언비어의 난무를 각 지회가 단속하도록 본부가 지령해달라는 경성지회 측의 요청을 받은 서정희는 당연히

---

312) 명원호, 〈신간회분규 측면관〉, 14쪽.

본부가 할일이라며 김병로 위원장에게 그 뜻을 전하기로 약속하였지만, 그 다음날 그들로부터 성의가 없다는 비난을 받기도 하였다.〔자료 13-9〕 1월 12일 경성지회 내부에서 최윤정·우봉운(북풍회)·권승렬·김용기 4명이 작성한 결의문이 서정희의 성의 있는 태도를 지적하면서 경성지회의 처사를 '일부 반동간부의 책략에 불과하다'고 비난한 것이 얼마나 서정희의 마음을 위로할 수 있었는지 의문이다.

지회의 해소운동　　이보다 더욱 심각한 도전은 지방지회에서 제기되었다. 그들은 본부 간부 부인에 그친 것이 아니라 신간회 자체의 '해소'를 주장하기 시작한 것이다. 이것은 곧 신간회 전체의 해소를 요구한 것이나 다름없었다. 이 문제를 처음 제기한 것은 부산지회였다. 부산지회가 제5회 정기대회를 개최한 것은 12월 6일, 27명의 회원이 참석한 이 회의에서 김봉한은 해소를 제안하였다. 그 이유는 "현재의 신간회는 소뿌르죠아 정치집단으로서 하등의 적극적 투쟁이 없을 뿐 아니라 전 민족의 역량을 집중한다는 미명 아래 도리어 노농대중의 투쟁의욕을 말살시키는 폐를 끼치고 있다는 것이다." 이 주장에 분위기는 긴장되었고 분분한 의론이 있었으나, 결국 지회가 충분히 문제를 연구하여 내년(1931) 전국대회에서 해소운동을 적극 전개하자는 쪽으로 마무리되었다.[313]

이어서 14일 이원지회에서는 '해체론'이 채택, 결의되어 역시 내년 전체대회에 상정하기로 하고 폐회하면서 '신간회 만세 삼창'을 불렀다고 한다. 해체의 이유는 여러 이론이 분분하였지만 결국 "계급분자들이 신간회에 들어가 있으면 자기 계급성을 흡수당한다"는 것이었다.[314] 이들은 또 만약 전체대회에서 해체론이 다수결로 통과되지 않으면, 이원지회만이라

---

313) 《동아일보》, 1930년 12월 18일자, 〈부산신간대회에서 신간해소를 제창, 신간운동에 일대 파문 던져, 전체대회에 제의키로〉.
314) 《동아일보》, 1930년 12월 19일자, 〈이원지회도 해체를 결의, 여러 가지 이론이 많았으나 83대 43으로〉.

도 해체하기로 의결하였다.315) 존재 의미를 부정하여 그 해체를 결의한 단체를 위하여 만세 삼창을 부른 것도 이해하기 어렵지만, 이들이 '해체'를 주장한 점도 특이하다. 신간회 해산과 관련한 찬반 논의에서 '해체'란 표현은 거의 사용하지 않기 때문이다.

당시 사회운동가들은 '해소'와 '해체'는 확연히 구분된다고 주장하였다. 즉 '해체'는 문자 그대로 해체이지만, '해소'는 "신간회란 조직형태가 새로운 다른 형태로 완전히 지양하는 그 순간"을 의미한다는 것이다.316) 따라서 '해소'는 일정한 목표가 달성될 때까지 운동과정이며, 그 가결은 그 운동의 시작에 불과하다. 이것은 결국 신간회의 생성과 소멸을 모두 운동의 한 과정으로 파악한 것인데, 다음과 같은 박창덕의 주장은 바로 이러한 주장을 간명하게 정리하였다.

> 민족주의자들은 해소를 해체와 동일시한다. 그렇지 않으면 일본 노농당의 해소론을 그대로 조선에 이식한 것처럼 인식한다. … 신간회 해소운동은 신간회에 뭉치었던 ××적 부대가 전 무산계급과 합류하여 가지고 보다 고도의 운동방향으로 약진하는 현상을 말함이다. 그러나 민족운동자 등은 이것을 이해하지 못하고 다만 신간회 그 조직만에 국한된 시각을 가지고 이 운동을 비판하려고 한다. 신간회란 그 조직은 민족주의자의 요망에 의하여 조직, 발전된 것이 아니다. 무산계급운동의 역사적 발전과정에서 成生된 조직이며 또한 전 무산계급운동의 한 발전단계에서 반듯이 소멸되어야 할 운명을 가지고 있었던 것이다.317)

결국 공산주의자들은 보다 발전된 무산계급의 운동을 위하여 신간회의 '발전적 해체'를 주장한 것인데, 이것을 굳이 '해소'로 주장한 것은 '민족

---

315) 《치안상황》(1931. 7), 〈해소문제의 대두 및 그 경과〉.
316) 김기림, 〈해소가결전후의 신간회—5월 15일 於京城 전체대회 광경〉, 15~16쪽.
317) 朴昌德, 〈반해소파의 頭上에 一棒〉, 《비판》 31-7·8, 25~26쪽.

역량의 총 집중'이라는 명분에 부응하여 적극 동참한 신간회를 스스로 해체하였다는 비난을 피하기 위한 의도로 해석된다. 경성지회가 이원지회에 '해체' 이유를 질의하고 그 회신을 검토한 뒤 반대 입장을 결의한 것은 그 회신이 '조선에서는 민족운동 불필요', '소부르주아 소시민 및 민족운동자는 극히 소수이기 때문에 제외해도 좋다'는 것을 '해체의 이론적 근거'로 적시하였기 때문인 것 같다. 이것은 그 이론의 조잡·유치성을 논하기 이전에 민족운동의 포기와 배제를 위한 신간회의 해체를 의미하기 때문이다. 이에 비해 김기림이 여러 지회의 해소론 가운데 통영지회의 이론을 "비교적 요약적으로 해소논의 진의를 포착한 듯하다"고 평가한 것은 '해소운동의 대체적 윤곽'에서 신간회 이후의 구체적인 운동방법을 다음과 같이 제시하였기 때문인 것 같다.

1. 해소의 의의를 일반대중에게 철저화시키기 위한 운동
   A. 노농대중의 일상 이익을 충실히 대표하며 그 획득을 위하여 정력적
      ×쟁 — 이에 의하여 그 조직형태의 이에 대한 무력과 소수 기회주의자
      들의 본질의 폭로
   B. 적의한 방법에 의한 선전
2. 노농재건 확대 강화와 신간회조직 내에 구성되어 있는 노농대중을 勞農組에 재편성하며 미조직 노농대중을 이에 조직화시킬 것
3. 민중의 일상이익의 획득 신장을 위하여 시간적 협동투쟁 기관의 創成[318]

이원지회의 해체결의 이후 전국의 지회들은 해소 찬반론을 격렬하게 벌였고, 신문과 잡지들도 앞을 다투어 '신간회 찬반 토론'을 기획하여 각계 방면의 의견을 소개하였는데, 해소 찬성 분위기는 더욱 확산되었다. 이에 대응하여 신간회 본부는 1930년 12월 23일 해소론의 부당성을 역설하

---

318) 김기림, 앞의 글, 15쪽.

는 공문 〈운동정세에 관한 지시의 건〉을 보내는 한편 지회의 동요를 방지하고 설득하기 위하여 중앙상무집행위원 5명을 지방에 파견하기로 결정하였다.〔자료 13-7〕 무슨 이유인지 충청도와 평안도·황해도로 각각 파견하기로 한 양봉근과 이주연은 실제 출발하지 않았지만, 서정희는 1931년 1월 12일 밤 함경남북도로 출발하였다. 전라도를 나주 출신 이항발이(11일 출발) 담당한 반면 1925년까지는 항상 전라도를 담당하였던 서정희가 함경도로 파견된 사실은 서정희와 전라도 운동권 사이의 관계가 소원해졌음을 반영한 것인지도 모른다.

어쨌든 엄동설한의 추운 북국으로 그가 떠난 날은 우봉운·최윤정 등이 서정희의 '성의'를 평가하며 경성지회의 간부를 비난한 바로 그날이었다. 서정희의 함경도 출장이 얼마나 계속되었는지는 확인되지 않는다. 그러나 그는 해체문제로 분열되어 찬·반파가 저마다 간판을 내건 이원지회도[319] 틀림없이 방문하였을 터인데, 그해《삼천리》4월호에 신간회 이원지회의 이름으로 신간회의 해소를 강력히 요구하는 논설이 게재된 것을 보면,[320] 이원지회는 그의 설득을 거부한 것이 명백하다. 그러나 길주(2월 2일)·단천(2월 12일)·홍원(2월 13일) 지회가 해소를 가결한 반면, 원산(1월 26일)과 함흥(1월 20일)이 저마다 반대를 의결한 것을 보면, 그의 '혹한의 북국 출장'은 전혀 성과가 없었던 것도 아닌 듯하다. 그러나 2월 이후 해소론은 더욱 기세를 올렸고, 경성지회가 해소를 의결(4월 14일)한 4월 중순까지 해소를 반대한 지회는 6, 찬성한 지회는 10, 해소를 보류하거나 해소연구부를 둔 지회는 7곳으로 나타났다.[321]

---

319)《동아일보》, 1930년 12월 24일자, 〈해체반대파들은 신간판을 게양, 이원을 떠나 차호에다가, 신간이원지회분립〉.

320) 신간회 이원지회, 〈我等의 운동과 신간회─금춘 전체대회와 해소론의 전망을 겸하여〉,《삼천리》, 1931년 4월호. 이 논설에는 종래 이원지회가 주장한 '해체'가 '해소'로 대체되었다.

321) 이영균,《신간회연구》, 470쪽〔표 5-2〕해소문제에 대한 지회 태도 표명의 상황. 이후 나주지회는 5월 8일, 통영은 5월 4일에 각각 해소를 의결하였다.

신간회 제2회 전체대회　　임시대회를 미루고 미루던 본부도 문제를 타개하기 위하여 5월 15, 16 이틀 동안 전체대회를 소집하였다. 창립대회 이후 1929년 6월의 복대표위원회 말고는 전국적 규모의 회의를 허가하지 않았던 경찰이 전체대회를 허가한 것은 뜻밖이었다. 일반인들도 이 허가가 무언가 숨은 의도가 있지 않느냐는 의혹을 갖지 않을 수 없었는데,[322] 경찰은 그 경위를 다음과 같이 보고하였다.

　　지난해 12월 이원·부산 양 지회에서 들어올린 신간회 해소의 봉화는 합법·비합법 양파가 대립된 동회의 내부에 또 한층 자극을 주어, 신흥 해소론은 민족적 개량 존속론자 혹은 본부 합법운동파에서 극력 저지에 노력하였음에도 불구하고 중앙 및 지방을 통하여 점차 회내에 세력을 얻어 비해소파를 압도하는 세력을 보이기에 이르렀다. 한편 본부 측에서는 해소문제가 점차 彌滿되고 반간부의 열이 높아지는 상황을 고려하여 연기에 연기를 거듭한 동회의 임시총회의 개최를 예정하고 각 지회에서 자파에 공명하는 분자를 대표로 출석시킬 수 있도록 종종의 획책을 꾸몄지만, 4월 중순 집행위원장 김병로, 상무집행위원 서정희, 검사위원 양봉근 등과 협의한 끝에 대회를 5월 15, 16일 양일 경성에서 개최할 것과 그것을 준비하기 위하여 그 전날인 5월 14일 중앙집행위원회를 개최할 것 등을 결정하고 … 그러나 본회는 창립 이래 소화 4년 6월 복대표위원회의 소집을 용인받은 것 이외에 전조선적 집회는 금지되어 왔지만, 지난 해 본부의 합법운동 전향과 각 지회의 찬부 양론의 대립은 점차 내부적 통제를 상실하여 본 대회를 용인하여도 치안상 커다란 지장이 없을 뿐 아니라, 오히려 본회를 조정하는 의미에

---

322) 김기림, 〈1936. 5. 16 P.M. 4. 신간회 최후의 전체대회를 보고〉, 《비판》, 1931년 6월호도 이 점을 다음과 같이 지적하였다. "하여간 이번 대회는 신간회 자신이 획득한 대회는 만만 아니다. 그것을 극도로 압축하고 있는 객관적 조건의 일시적, 예외적, 고의적 완화의 산물이었다. 대회에서 그 무엇을 이익으로 얻을 자는 신간회 자체뿐이 아니다. 이러한 의미에서 나는 이 대회를 관허대회라고 명명하고 싶다.

서 대회를 개최시킴으로써 무언가 얻을 것이 있다고 사료되어 이것을 용인
한 것이다.[323]

해소의 찬반파를 합법운동파와 비합법운동파로 구분한 것도 주목되지
만, 경찰이 전체대회를 허락함으로써 '무언가 얻을 것'을 기대한 점은 더
욱 주목된다. 전체대회의 해소의결 이후 경찰이 취한 조처를 보면 경찰은
신간회의 해체를 예상한 것으로 추측되지만, 이 경우 그들은 신간회를 표
면기관으로 이용하여 불법투쟁을 전개하려는 운동을 봉쇄할 수 있을 것
으로 기대하였을 것이다. 그러나 해소 반대가 전체대회의 이름으로 의결
되면, 그들은 보다 온건해진 신간회를 상대할 수 있는 이점이 있다고 판
단하였을 것이다. 어쨌든 전체대회 결과는 본부의 예상과는 달리 해소파
의 승리로 끝났다. 문제는 대표자격이었는데, 본부 측은 이미 해소를 가결
한 지회에서 보낸 대표를 인정하지 않음으로써 자파의 우세를 확보하려
고 하였다. 이미 해소를 결의한 이상 사실상 그 지회는 대표를 보낼 자격
이 없다는 논리였다. 그러나 서울의 분위기도 이미 해소론으로 기울었는
데, 특히 그들은 방청석의 향배를 간과하였으며, 무리한 책략이 일반의 반
감을 산다는 점도 너무 과소평가하였던 것 같다. 한 참관자는 대회 첫날
본부 측의 무리하고 무책임한 대회진행을 다음과 같이 비난하였다.

> 제1일이라 회장 문에 들어서니, 첫째에 불쾌감을 느끼게 하는 것은 문
> 파수군을 둔 것이다. 문제의 신간대회니 만큼 회원이나 야지군이 퍽 복잡
> 할 터이니까 없는 경비를 써 가면서라도 파수군을 사서 門直을 삼는 것도
> 상당한 명안이었지만은 파수군을 사는 데도 너무 무식한 사람을 사서 두었
> 기에 회장 출입하는 사람에게 너무나 무례한 일이 많았다. … 방청석을 가
> 진 사람도 일차 입장한 뒤에는 대소변 출입도 못하고 감금을 하다 시피하

---

323) 《치안상황》(1931. 7), 〈해소문제의 귀결 신간회본부의 전체대회〉.

고 방청권이 없는 사람이라도 양복이나 입고 擁盾直入格으로 회장으로 쑥 들어가면 의례 형사같이 생각하고 그대로 들여보냈다. 이것이 아마 누구나 그날의 첫 불쾌일 것이다. 그리고 아무리 시간 에누리 잘하는 조선 사람이기로 적어도 대중을 상대로 하는 모임이라면 혹 30분이나 늦어도 한 시간쯤은 容或無怪이지만은 두 시간을 지난 오정에 가서 미비한 일이 있어서 오후 두 시로 연기한다고 사회가 선언하는 것은 소위 민족단일당이라고 자칭하는 그 회가 아니고서는 볼 수 없는 일이다. 사실이야 어찌 되어 그리 하였던 것이던지 그 본부 사람들의 무책임하고 無主策한 것을 일반에 폭로한 것이 아니고 무엇이냐.324)

결국 첫날 대회에서 거친 항의와 방청석의 응원에 힘입어 본부가 인정하지 않으려는 해소파 대표 26명이 대표 자격을 획득하였고, 이로써 총 80명으로 증가한 대표의 판세는 이미 해소파의 승리를 예고한 것이었다. 상세한 과정은 생략하겠지만, 해소가 가결된 전후의 회의장 분위기와 이를 저지하려는 서정희의 다음과 같은 '분투'만 소개해 보자. 박한식은 그날의 장면을 다음과 같이 전하였다.

본부는 금번 대회는 비해소파의 무대가 될 것으로 믿으나 그러면서도 해소 측을 향하는 불절의 경계를 하여 왔다. 방청권 배부, 대의원 심사자격 등에 원만이 결여되었었다. 그에 대한 불평불만은 더욱 금번 대회로 하여 금 본부 측에 불리를 주게 되었다. 해소 건의안이 들어온 지회가 겨우 5개 지회라 하여 지회 해소파의 노력은 미약 不樣하다고 본 것이 관찰의 착오였다.325) … 경성의 사회운동자 전부의 공기가 해소에 기울어졌거든 지방에서 오는 대의원이 그들과 독립하여 신간회를 지지할 것이라고는 보지 못

---

324)《혜성》 1-4, 1931. 6, 〈신간대회 잡관잡평〉.
325) 해소 반대를 제출한 곳은 마산지회를 비롯한 8개 지회였다.

할 것이다. 현재와 같은 과도기적인 때에는 방청석의 공기가 회장의 기분을 좌우케 되는 때가 많다. 지방의 대의원은 방청석의 공기가 전반사회의 공기로 머리에 비춰지는 것이다. 경성지회대회를 부인하는 본부는 대회전야에 京支의 정권을 취소하고 경지 전 간부에게 대회 출석키를 급고하고 대회 당일의 수위를 일급을 주고 사다가 문번을 시켜 사회 운동자 즉 해소파의 입장을 견제하려고 했다. 그렇게까지 애쓴 노력도 대회가 열린 후의 형태는 본부 측으로 하여금 낙심을 주었다. … 경찰 측의 대회장의 취체도 긴장하였거니와 방청석은 그 大部分이 해소파였다. 그리하여 해소 측의 이론이 전개될 때마다 박수와 함성으로 응원한다. 비해소 측으로는 목포의 김상규 군이 자주 논쟁을 開放하였으나 그 主張은 하나도 성안되지 못하고 그대로 묵살되었다. 그가 언권을 얻고 기립하면 방청석은 야지가 시작된다. 대의원석에서도 마찬가지의 야지가 있다. 그러되 그는 신간회의 지지를 위하여 노력했다. 중앙간부석에서는 서정희 씨가 간간히 노기로 대성질호하면서 신간회의 지지를 위한 장광설도 아무 효과가 없다. 그저 야지와 욕에 묻혀 論을 중지하고 앉는 수밖에 없었다. 그때마다 그는 입에 거품을 물고 "여기는 적어도 의사장이요" 하고 소리를 지르나 누구나 그 소리를 들어주던가. 김병로 씨의 사회독재, 김상규 군의 논쟁, 서정희 씨의 노호도 별 수 없었다. 그리하여 대회 제1일에 있어 벌써 대회는 완전히 해소파에게 점령되고 말았다.〔자료 13-12〕

둘째 날인 16일에도 서정희는 야유 속에서 분투하였다.

서정희 씨가 京支에 관한 설명을 할 때에 방청석에서 야지하는 데 대분개하여 일반에게 怒叱號 슘한 것도 일장 희극이었었다.〔자료 13-13〕

결국 해소파가 다수를 차지한 대표들은 새로운 임원을 선출하여 김병로 위원장체제를 붕괴시켰으며, 이어서 신간회를 접수한 새 임원진들은 서둘러 상정된 해소안을 가결시켰다. 전날부터 이미 예상한 결과였지만, 마지막까지 '노성질호'하며 신간회를 지키려고 하였던 '늙은 장수' 서정희는 크게 낙담하였을 것이다. 그가 사회운동에 투신한 이후 이번처럼 공개 석상에서 야유를 받은 일도 없었을 것이다. 그러나 그를 더욱 실망시킨 것은 야유로 반대 의견을 봉쇄하려는 '대회 문화'보다는326) 그토록 민족운동의 중차대한 문제를 처리하는 대표들의 진지하지 못하고 무성의한 태도였을 것이다. 이것은 4월 14일 경성지회 해소결의 회의에서도 이미 연출되었지만, 이번 대회에서도 그대로 재연되었다. 참고삼아 두 대회의 참관기 일부를 소개해 보자.

〈4월 14일 경성지회대회〉

그 다음 순서에 있는 해소문제부터 먼저 토의하기로 결정되었다. <u>이때부터 장내는 다소 긴장미가 있어 보였으나 조금도 진지한 맛은 보이지 않았다.</u> 그리하여 이 해소문제의 이론 전개에 있어서는 처음 당국으로부터 금번 대회 개최의 양해를 얻을 때에 해소 편 비해소 편 어느 편이나 두 사람 이상은 이론을 전개하지 못하기로 제한되어 있다는 의장의 선언이 나오게 되자 잠시 의견이 구구하게 되어 … 그러한 제한이 되어 있으면 간부를 비공식으로나마 해소 편과 비해소 편의 프락숀 형식의 예비회의 같은 것이라도 가지고 두 사람씩이라도 충분한 이론을 전개하도록 준비도 없이 이제 대회 현장에 박도하여 여사한 제한이 있다는 것을 말함은 간부들의 실책이라고 질책하였으나, 결국은 모든 것이 지금하여는 세부득한 형편인즉 충분한 준비는 없다 하더라도 이미 제한된 두 사람씩의 이론이라도 들어보자는 것이 가결되어, 해소 편의 정희찬 씨가 등단하여 해소이론을 말하게 되어

---

326) 이 점에 대해서 당시 방청기는 다음과 같은 비판을 가하였다. "어느 會에나 傍聽席에 야지가 있지만은 이날처럼 야지 많은 적은 없는 것 같다. 특히 女子席에서— 그것도 없을 수 없는 일이나 너무 程度에 지나쳐서 第三者에서 도리어 不快를 느끼게 되었다."〔자료 13-13〕

있으나 세 마디도 채 못하여 중지를 당하는 동시에 원고까지도 빼앗겼다. 이때 장내 일반 군중은 일시에 홍분이 되어 발로 마루를 구르며 고함성이 한참 동안이나 계속되었다. 이리하여 해소이론은 쌌도 트기 전에 서리를 마졌음으로 장내의 분위기는 오직 蒼照할 뿐이었다. 그리하여 究境은 장내 정세가 돌변하였음으로 ─ 해소와 비해소에 대한 이론은 각자가 충분한 준비만 없을 따름이요 인식만은 가지고 있는 사실이므로, 해소의 가부를 즉시 거수로 가결하자는 번복결의에 의하여 신간회 京支의 해소는 일사천리적으로 급전하여 94표대 36표의 압도적 다수의 해소편으로 가결되고 말았다. … 해소 편의 거수를 하게 되자 방청석으로부터는 '손들어라, 손들어라' 하는 소리가 요란히 들렸으며 이와 반대로 비해소 편의 거수를 할 때에는 '손 내려라, 손 내려라' 하는 소리가 들렸다. 문제되던 해소문제는 해소위원 15명을 선거하고 일단락을 짓고 나자 장내에는 이상하게도 아지 못할 한 줄기의 愁雲과 한 뭉치의 만족한 기분이 돌아 보였다. 이와 같이 해소하기로 가결되자 벌써부터 해소하기를 아까워하는 기색이 보이던 회원들은 드문드문 퇴장을 하게 되었으며 … 신간 경성지회는 이미 해소되었으니 다시 임원선거가 더 필요치 않은 동시에 금후 일체의 사무는 해소위원이 처결할 것이라는 설과 ─ 경지의 간판이 있는 날까지, 아니 신간회의 간판이 있는 날까지는 임원이 있어야 할 것이라는 설이 한창이나 갑론을박으로 계속되었다. 그러는 동안에 대다수의 회원은 기권 퇴장하여 버리고 얼마 남지 않았다. 그러나 금후 일체 京支會務는 해소위원회에서 처결할 것이라는 편으로 가결되고 폐회하였으나 대회 전체를 통하여 하나도 심각한 긴장미가 있어 보이지 않았으며, 그 중에 제일 중요한 문제였던 해소문제도 亂散 空議와 같은 감이 없지 않았다.[327]

---

327) 관측생, 〈신간경성지회 임시대회 방청기〉, 《혜성》 1-3, 1931. 5.

〈5월 15, 16일 신간회전체대회〉

금연 게시가 곳곳에 붙어 있음에도 불구하고 나는 반항적 투사란 듯이 개회 중에 담배를 용대같이 피우는 이도 있고, 원로행각에 피곤한 탓이겠지만 의자에 코를 대고 쿨쿨 잠자는 이도 있고, 만사는 빵문제라 그러한지 개회 중에 빵을 쭉쭉 먹는 이도 있다. <u>누가 보던지 이날에는 전체가 긴장미와 투쟁 분위기는 도무지 보이지 않아서 퍽이나 낙망을 갖게 되었다.</u> … <u>제2일에 추태를 연출한 것은</u> 심사위원들의 부정확한 심사다. 일차 본부를 불신하고 다시 심사하는 이상 정확하고 정밀하게 하여야 될 터인데 한번 심사결과를 공포한 후 회원의 질문이 있으면 또 다시 심사를 하여 <u>반복무상의 小兒戲的 추태를 연출, 재연출하는 것은 보는 사람으로 도리어 민망스러웠다.</u>328)

이윽고 간부개선이 필하고 동일 오후 세 시 반경에 해소비판의 건이 최후에 상정되었다. 인천·동경·통영 각 지회의 건의안이 낭독되고 다음에 경성지회의 해소 건의의 이유를 설명하기 위하여 '카프'의 시인으로 유명한 임화 군이 등단하였으나 임석경관으로부터 중지 일갈을 먹고 강단하였다. 필경 해소동의 取決한 결과는 절대다수로써 가결되었다.329) <u>때는 바로 1931년 5월 16일 하오 4시. 해소의 찬부 여하를 막론하고 이 시각은 조선운동사상 특이한 시간을 의미한다.</u> 이 순간을 기점으로 하고 조선의 운동은 재정돈을 위한 분열과 동시에 새로운 코스로의 질적 비약이 있어질 것임으로써이다. 그러나 아무 기념의 형식이 없이 평범하게 지나버린 데 대하여는 누구보다 먼저 때의 의장에게, 그리고 다음에 대표회원들에게 방청인으로서도 불만을 느끼게 하였다. 해소가결의 뒤를 이어 前 중앙간부석은 일시에 비어 버리고 해소파 중에서도 퇴장하는 이들이 있어서 마치 해소

---

328) 《혜성》 1-4, 〈신간대회잡관잡평〉.
329) 80명 가운데 반대는 2표에 불과하고 20여 명이 기권, 나머지가 모두 찬성.

가결로써 대회 직능은 필한 것처럼 되었다. 일방으로 그 후의 일체 동의는 임석경관으로부터 일체 금지되자 대회는 지극히 惰力化 무기력하고 피동적으로 되어져서 전연 수습할 수 없는 혼란에 빠졌다. 반대파에 향하여는 그렇게까지 용감하고 열렬하던 해소파는 무슨 까닭인지 이 기념할 만한 대회 자체의 기를 올리고 더욱 의의 있게 하며 나아가 한 개의 力點을 만들기 위하여는 그렇게 萎微不振하였던가? 우리들은 그 폐회 직전의 그 혼란과 무기력한 타성이 일반 방관자의 머리 속에 남긴 추악한 인상에 대하여 대회를 위하여 슬퍼한다.[330]

이날에 해소결의가 된 것은 해소파의 승리니까 물론 박수, 대박수를 할 것이다. 그러나 해소결의 후 추후 문제를 토의코자 할 제 경찰이 此를 금지하되 의장 이하 회원이 하등 반항적 말 한마디도 없이 유유 퇴장하고 해소결의만 하면 천하만사를 다 해결한 듯이 그저 박수들만 하는 것은 너무도 섭섭한 일이었다. 해소가 문제가 아니라 해소 후의 일이 문제가 아닌가.[331]

일반인에게 커다란 불쾌감, '추악한 인상', '너무나 섭섭한' 마음을 준 그 대회에서 패자가 되어 총총히 퇴장한 서정희의 착잡한 심경은 짐작할 수 있을 것 같다. 물론 패자의 쓰라림, 분노, 허탈감도 컸을 것이다. 그리고 조선 민족운동의 장래를 우려, 개탄하는 마음도 가득하였을 것이다. 그러나 그 성패를 떠나, 무책임, 무성의, 무기력하고, 진지함이 결여된 대회에서 그토록 중대한 민족운동의 진로가 일사천리로 결정되었다는 사실, 그리고 자신이 바로 그 대회를 주최하고 운영한 최고 간부의 한 사람이었다는 사실에 더욱 몸서리쳤을 것이다. 또 1930년 11월에서 1931년 5월까지 회원 39,410명을 가진 신간회의 회비로 들어간 돈이 단돈 7원뿐이었다

---

330) 김기림, 〈1936. 5. 16 P.M. 4. 신간회 최후의 전체대회를 보고〉, 《비판》, 1931년 6월호.
331) 《혜성》 1-4, 〈신간대회 잡관잡평〉.

는 사실을332) 상기하며 또 한번 절망하기도 하였을 것이다. 이러한 상황에서 과연 누구와 함께 민족의 앞날을 실천적으로 진지하게 논의할 수 있단 말인가? 그 역시 김경재가 지적한 다음과 같은 서울의 '정치풍토'의 한가운데 서 있는 자신이 서글펐을 것이다.

> 경성은 정치도시인 만큼 경성의 운동자에게는 진실성이 적다. 시골에 있어서는 현인군자도, 남의 구설이란 꿈에도 모르던 사람도, 경성에 와서 있으면 여러 가지의 험구가 나고 이간과 중상에 빠져서 나갈 길을 모두 허덕이고 있다. 그리하여 일종의 낭인이 되고 만다. 사람이 奸猾하지 못할수록 더욱 이간에 떨어지고 중상을 입게 되는 것이다.333)

서정희의 해소반대론

그렇다면 서정희는 왜 그토록 열심히 신간회 해소를 반대하였는가? 공식 대회에서는 찬반 이론이 제대로 토의되지 못하였지만, 1931년 1월 이후 여러 신문 잡지를 통한 각계 인사의 찬반은 활발하게 개진되었으며, '현란한 이론'(때로는 무슨 말인지도 알 수 없는)도 난무하였다. 김기림은 이 '활발한 지상 토론'을 다음과 같이 비판하였다.

> 근래에 우리는 너무나 고답적인 이론을 신간회에 관하여 많이 듣는다. 그러나 그것이 신간회의 권외에서 더욱이 아무 대중적 배경이나 실천을 통하지 아니한 문자 그대로 고답적 신사·귀족적 안전지대적 提論일 때처럼 우리들 보는 자의 이목에 걸리는 일은 없다. … 신간회 내부의 대중을 통하

---

332) 《혜성》 1-4, 〈신간대회 잡관잡평〉.
333) 김경재, 〈장자풍의 박문희씨〉, 《삼천리》, 1932년 8월호.

여 실현될 가능성이 있는 제론이 아니면 그것은 망상이다. 참월이다. … 한 개의 결의나 이론이 에펠의 탑과 같이 숭고하고 화사할지라도 究境에는 그 것의 가치를 결정하는 것이 실천 이외에는 아무것도 없다. 그렇지 못한 한 그것 들은 詩的 가치 이상의 일매의 空文에 불과하리라.334)

이러한 현란한 찬반론이 개진되는 가운데 특히 김병로와 안재홍 등은 장문의 해소반대론을 여러 번 개진하여 해소론의 근거를 조목조목 비판하였지만, 서정희가 공식적으로 반대 입장을 표시한 것은 1930년 12월 초 부산지회의 해소 결의 소식을 접한 직후였다. 그는 이 소식에 대한 논평을 요구한 기자에게 해소는 "조선의 현실을 너무나 무시한 일"로 개탄하였는데,[자료 1-6] 1931년 2월 다음과 같이 자신의 입장을 간명하게 요약, 발표하였다.

>   <u>신간회는 小뿔조아적 정치운동의 민족주의단체요, 결코 계급투쟁의 사회주의단체는 아니다.</u> 조선의 정세로 보아서 어느 정도 어느 시대까지 사회주의자가 민족주의자와 협동전선에 나서서 최고 이상을 도달하도록 호상 노력을 할 것은 물론이나 원래에 그 주의를 말살하거나 망각할 수는 없는 것이다. 신간회가 처음 탄생할 때에 일반의 대세가 그리되었던지 일시적 정책으로 그리하였던지 경향을 물론하고 사회주의자 개인으로나 단체로나 모두 이구동성으로 曰 신간회를 支持하자, 원조하자 하고 公然, 선언을 하고 심지어 <u>어떤 지방에서는 농민운동 단체와 노동운동 단체를 해산까지 하고 신간운동으로 들어왔었다.</u> 이래 수개 성상에 외세의 불화로 그리되었던지 내재적 역량의 불급으로 그리 되었던지 <u>신간회가 큰 역할을 수행치 못한 것은 사실이나 신간회 자체가 해소론자 등의 운운함과 같이 농민운동이나 기타 각 부분 운동을 방해하거나 말살시킨 것은 아니라고 생각된</u>

---

334) 김기림, 〈해소가결 전후의 신간회 ─5월 15일 於京城 전체대회 광경〉.

> 다. 일보를 讓하야 해소를 용인한다 하야도 현하 조선의 정세에 있어서 그 이상의 더 좋은 단체를 산출할 수 있을까. 만일에 오류가 있다면 최초 탄생 당시에 사회주의자가 민족주의운동에 가담한 것이 제일의 오류요, 기왕 합동을 하였다면 그 내부의 조직을 현재보다 더 충실하고 힘있게 하고 각 부문으로 나아가서 노동운동이나 농민운동으로 적극적 진출을 하도록 하는 것이 당연할 것이요, 그냥 맹목으로 해소만 한다면 그보다 이상의 오류는 없을 줄로 안다. 그럼으로 나는 어디까지 해소론을 부인하는 동시에 노농운동을 토대로 삼아 신간운동의 신진로를 전개하랴 한다.〔자료 1-7〕

서정희의 논리는 너무나 단순하고, 이론이 없는 것처럼 보이기도 한다. 그러나 당시 난무하였던 화려한 논설 이상으로 문제의 핵심을 간명하게 직설한 것이며, 이 이상의 장광설은 '이론가'의 현학적 유희에 불과한 것인지도 모른다. 서정희도 신간회의 활동 부진을 인정하였다. 그리고 외세(일제의 탄압)와 내부 역량의 부족이라는 두 측면에서 그 원인을 분석하였다. 그러나 그는 이 결함은 노동운동과 농민운동을 적극 추진함으로써 극복될 수 있다고 확신하였다. 그러므로 그는 신간회가 농민운동을 비롯한 각 부분 운동을 방해하거나 말살시켰다는 해소론자들의 주장을 배격하였으며, 신간회가 본래 소부르주아적 정치운동을 목적으로 조직된 민족주의 단체임을 강조함으로써, 계급투쟁은 신간회의 활동 영역이 아니며, 무산계급이 '헤게모니 전취(戰取)' 운운하는 것도 신간회의 원칙에 위배된다는 점을 분명히 못 박았다. 사실 이것은 신간회에 참여할 때 사회주의자들도 이미 양해한 원칙으로, 그들도 조선의 특수 사정을 인정하였기 때문이라는 것이다. 서정희는 신간회에 참여한 사회주의자들이 그 주의를 견지하는 것에 찬성하는 한편 노동·농민 단체들까지 모두 해산하여 신간회에 참여하는 것은 반대하였다. 이 사실로 보아서는 1927년 말에서 1928년 초 사이에 일부 사회주의들(특히 서울청년회계)이 신간회의 적극 참여를 주장하면서 계급적 독자성을 버릴 것을 주장한 이른바 '청산론'을 전적으로 지지한 것은 아니라고 할 수 있다. '청산론'이 크게 강조한 사회주의자들에 의한 '헤게모니 전취 유보'는 신간회 참여를 선도한 제3차 공산당의 일관된 주장이기도 하였지만, 서정희는 바로 이것을 협동 전선의 기본 전제로 이해하였다. 서정희에 의하면 이것이 조선의 특수 사정을 고려한 '현명한' 판단이었다면, 그 특수 사정이 변하지 않은 상황에서 프롤레타리아가 헤게모니를 전취하지 못하여 계급투쟁에 걸림돌이 되고 있다는 이유를 내세워 신간회를 해소하자는 것은 앞뒤가 맞지 않는다는 것이다. 1932년 1월의 다음과 같은 서정희의 주장은 이 점을 보다 분명히 지적하고 있다.

> 나는 1931년을 회고할 때에 신간회 해소를 가장 유감으로 생각합니다. 신간회를 조직할 당시에는 조선이라는 특수성을 가진 지대에서 이 같은 전 민족적 결성체인 단체 조직의 필요를 느낀 까닭이라 합니다. 그런데 조선이 이러한 중대한 필요에서 해탈되어 이른바 특수성이 소멸된 형적이 없다는 점으로 보아서나 해소를 주장하는 이유의 준비된 역량이 불완전한 점에서 이러한 초조 무지한 해소는 조선 운동선에 있어서 많은 중대한 과오를 범하였다고 단언합니다.〔자료 13-4〕

만약 협동전선을 포기한다면 문제는 다르다. 그러나 그것을 포기하지 않는다면, 상황이 바뀌지 않은 조건에서의 새로운 조직은 결국 신간회 이상의 좋은 결과가 되기 어렵다는 것이 서정희의 판단이었다. 그는 조선의 특수 상황에서 민족협동전선의 필요성을 절감하였다. 때문에 이러한 상황에서 신간회의 사실상 해체를 주장하는 것은 '조선의 특수 현실을 너무나 무시하는 일'로 생각하지 않을 수 없었던 것이다. 그는 현 상황에서 신간회의 맹목적인 해소는 오히려 운동을 크게 침체시킨다고 우려한 것이 분명하다.335) 그러므로 그는 해소를 '중대한 과오' '더 이상 없는 오류'로 규정하고 열성적으로 반대한 것이다.

그러나 해소론자들은 이제 현실 상황이 바뀌었다고 인식하였다. 종래 신간회 해소론의 배경과 관련, 1930년 이후 일본 노농당을 중심으로 대두하였던 '해소론'의 영향,[336] 코민테른의 정책 변화, 즉 소부르주아 단체와 분리를 촉구하고 신간회를 일본제국주의와 협력하는 민족개량주의적 단체로 각각 규정한 1928년 12월 테제와 프로핀테른의 1930년 9월 테제[337] 등이 지적되었지만, 이것은 결국 정세 변화에 대한 인식에 기초한 것이었

---

335) 楊奉根, 〈其後의 정세와 오인의 태도〉, "신간회 해소 후 諸情勢 전망", 《삼천리》, 1031년 12월호 가운데 "대회 당시에 즉시 해소를 열화같이 주장하고 날뛰는 우리 신진 해소파에 酬應하던 어떤 반해소파 지방 대표 한 분은 '그래 다수결로 가결되었다고 하자. 해소의 기대에 反한 해소 후의 우리 운동의 침체와 대중 이탈이 있다면 그 책임은 해소파 제군에 있다'고 침통한 어조로 따지어 말하였다"는 증언은 반해소파의 일반적인 감정을 잘 대변하였다.

336) 高永煥, 〈신간회 선후책〉, 《동광》 23호, 1931은 일본에서 한때 성행한 해소론이 조선에 수입된 후 "무비판적으로 융숭한 후대를" 받게 된 것을 비판하였다.

337) 12월 테제는 "노동조합에 대하여 계급정신을 고취하여 단체를 재조직하고 공고히 하지 않으면 안 된다. … 조선의 주의자들은 자기의 전 공작 자기의 전 임무 중에서 명료하게 소부르죠아 당파와 분리하여 혁명적 노동운동의 완전한 독자성을 엄중히 지켜야 한다. 그러나 혁명 투쟁의 편의상 일시적인 제휴가 필요하게 되면 그것은 허락한다. … 그러나 이 공동 동작은 '주의운동과 부르죠아 운동의 합류'가 되어서는 안 된다"는 것을 지시하였다. 또 프로핀테른의 9월 테제는 세계 공황에 따른 프롤레타리아트의 계급투쟁과 민족해방운동의 격화를 지적하면서 다음과 같이 주장하였다. "일본 제국주의는 민족개량주의적 부르죠아지에게 자치를 약속하려는 것으로써 그들을 매수하여 그들의 도움을 얻어 새로운 혁명물결에 방파제를 쌓으려고 한다. 조선에서의 혁명 물결의 증대, 중국 및 인도에서의 혁명, 그리고 소비에트연방에서의 사회주의 건설의 성과 앞에 떨고 있는 민족개량주의적 부르죠아지와 그 단체 《조선일보》《동아일보》 및 천도교의 일부는 장개석의 중국 반혁명을 모방할 가치가 선례로 생각하고 있다. 그들은 일본 제국주의와 협력하여 반 소비에트 사주를 하고 있다. 신간회도 똑같은 민족개량주적 단체이다. 그들은 학생 스트라이크 및 노동자 시위운동에서의 그들의 사보타지 정책에 의해서 그것을 증명하고 있다."(김준엽·김창순 편, 《한국공산주의운동사》 3, 고려대 아세아문제연구소, 1973 부록에 수록)
    그러나 이균영은 9월 테제의 작성에 참여한 함흥지회의 간부들이 해소반대론을 주도한 것을 지적하면서, 9월 테제는 공산주의자들에게 신간회 해소를 지시한 문건이 아니었다고 주장한다. 이균영, 《신간회연구》, 역사비평사, 1993, 517쪽.

다. 즉 신간회의 결성 이후 극심한 경제공황에 빠진 내외의 정세가 반동화하였고(장개석의 국공합작 배신, 일본의 다나카[田中] 내각과 무산정당을 용인하지 않는 정우회의 압승과 대대적인 공산당 탄압, 강경파 야마나시 도모노미야코[山梨伴造] 총독 부임 등), 이에 따라 무산계급의 계급투쟁도 격화되었기 때문에, 이것을 효율적으로 조직할 새로운 운동형태와 조직이 필요하게 되었다는 것이다. 더욱이 그들은 신간회 안의 '헤게모니 전취'마저 실패한 이상,[338) 더 이상 신간회를 존속시킬 이유가 없다는 것이다.

눈살을 찌푸리게 하는 현란한 이론도, 독자를 서글프게 하는 감정적이고 폭력적인 언어의 난무도 결국 객관적 정세를 어떻게 평가하느냐 하는 현실 인식의 차이에서 비롯된 것이었다. 그러나 이것은 단순한 인식상의 문제에 그치는 것이 아니라 신간회의 목표였던 '합법적 정치투쟁이 어떻게 가능하냐는 문제였고, 따라서 치열한 정치적 투쟁이 되었던 것이다. 그 판단이 옳았건 틀렸건, 서정희가 상황의 변화를 인정하지 않았다면, 정세변화론에 바탕을 둔 해소론을 반대한 것도 당연하였지만, '합법적 정치투쟁'을 위하여 신간회에 참여하였던 사회주의자들이 그것이 불가능한 상황이 되었다고 판단한 순간 신간회를 떠나려고 한 것도 당연한 일이었다. 일제 경찰이 해소의 찬반을 '합법·비합법의 대립'으로 파악한 점은 실로 정곡을 찌른 것이었다. 그러나 사회주의자들이 신간회를 탈퇴하지 않고 해소를 주장한 것은 신간회 존속론자들이 현실적으로 가능하다고 판단한 '정치운동'의 성격을 의심하였고, 그것을 방치할 수 없다고 판단하였기 때문이었던 것 같다.

---

338) 1931년 4월 14일 경성지회 해소대회에서 정희찬이 낭독한 〈문제의 전체성에 대한 我等의 시각〉이 과거 운동의 오류를 "신간회를 무산계급 독자당의 대용물로까지 추대한 것, 부르죠아 민족주의자를 민족적 해방운동의 영도자로 奉戴한 것"이라고 지적한 것은 이른바 '헤게모니 전취'의 실패를 자인한 것이다. 《치안상황》(1931, 7), 〈해소문제의 원인〉 참조.

신간회와 '합법적 정치투쟁'

　김병로체제 신간회에 대한 공격의 도화선을 자치운동을 의심케 한 박문희사건이었다는 점은 이미 앞에서 지적하였지만, 1930년 9월 프로핀테른의 9월 테제도 신간회를 '자치를 조건으로 매수된 《조선일보》《동아일보》, 천도교의 일부(신파)와 똑같은 민족개량주의적 단체의 하나로 규정한 것은(주 102 참조), 신간회 해소의 찬반 핵심이 결국 신간회의 자치운동 여부와 관련되었음을 시사한다. 그러나 기이하게도 해소의 찬반에서 이 문제를 직접 거론한 것은 거의 전무하다고 해도 지나친 말은 아니다. 이원지회가 해소를 주장하면서 "무조건 타협의 사기적 이론을 배격하자!"와 함께 "뿔죠아 전초배(前哨輩)의 갈 길은 자치운동뿐이다!"를 구호로 끄트머리에 제시한 것이[339] 유일하다. 그러나 이것도 신간회가 자치운동을 한 것을 비난하였다기보다는 그 계급적 성격상 자치운동을 할 것이라는 예측적 비방에 불과하다. 실제 신간회가 자치문제를 공식 의제로 상정하거나 토의한 일도 없었으며, 신간회가 자치운동을 하였다는 사실을 공개적으로 비난한 논설도 없다. 그렇다면 과연 신간회는 자치문제와 전혀 무관하였는가? 또는 일부 의혹은 있어도 심증에 불과하였기 때문에 반대파 역시 이 문제를 정식으로 거론하지 않은 것일까?

　조선의 자치, 물론 명백한 친일 어용단체들은 이것을 공공연하게 표방하였다. 그러나 그것은 사회에서 철저히 외면당하였고, 적어도 그런 성격이 아닌 조선의 단체와 개인은 자치문제의 거론 자체를 최대의 금기로 삼았다. 지금도 이광수의 〈민족개조론〉(1922)과 〈민족적 경륜〉(1924)은 민족개량주의의 대표적 논설로서 사실상 자치운동을 위한 포석이었다고 평가하는 사람들이 많지만, 당시 이 논설이 크게 물의를 빚은 것도 역시 그런 혐의를 받았기 때문이다. 그러나 당시 이 논설을 반박한 논설은 많았

---

339) 신간회 이원지회, 〈아등의 운동과 신간회〉, 13쪽.

어도, 자치론을 직접 거론하여 공격한 것은 없었다. 1931년 이광수 자신
도 이 논설은 단순히 '민족적 당면 이익의 획득에 대한 구체적 의견을 개
진한' 것뿐이었다고 주장하였다. 그러나 그는 자신의 논설이 커다란 물의
를 빚은 데 대해 다음과 같이 인정하였다.

> 이 글을 쓸 동안에 나는 아무에게도 상의한 적이 없고, 이 원리에 대하
> 여 누구와 토의를 거듭하고 쓴 일도 없다. 더구나 누구의 말을 들은 일 같
> 은 것은 전무하였다. … 그런 뒤 나는 볼일이 있어 중국여행을 떠났다. …
> 나와서 보니 조선사회의 여론은 물 끓듯 하고 내가 중국에 간 것도 일부러
> 안도산을 만나기 위하여 간 것이라고 한다. 그리고 들으니 내 일문이 자극
> 되어 재경 인사를 위시하여 지방인사 20여 씨가 서울에 모였었고, 그것은
> 정치단체(소위 남들이 연정회 운운하는 것)를 조직하기 위함이었다 하여
> 동경유학생의 궐기, 재내 단체의 분기 — 이리하여 《동아일보》 비매동맹이
> 처처에 일어나고, 결국 나는 신문사에서 쫓겨나고 사장 송진우 씨마저 責
> 을 負하고는 사직하였던 것이다.340)

이 물의의 핵심에 '자치론'이 있었다는 사실을 아는 사람은 다 알 것이
다. 그러나 이광수는 이것은 순전한 오해였다는 것이다. 물론 이광수의 위
와 같은 해명은 설득력이 부족하다. 〈민족적경륜〉은 1924년 1월 벽두 《동
아일보》의 사설이었고, 따라서 그 집필자가 '누구와 전혀 의논하지 않았
다'는 말도 어불성설이며, 연정회는 《동아일보》가 주도한 자치운동의 사
전 준비였다는 것도 아는 사람은 다 알고 있었기 때문이다. 그러나 여기
서 필자가 강조하고 싶은 것은 이광수가 이 일련의 사태가 결국 자치운동
과 관련된 것임을 잘 알고 있었음에도 그 '오해'를 해명하면서 '자치'란

---

340) 이광수, 〈'민족개조론'과 '경륜'〉, "특집—최근 10년간 필화, 舌禍史", 《삼천리》,
1931년 4월호.

단어를 일체 언급하지 않은 사실이다. 당시 《동아일보》 불매운동을 벌인 사회단체도 《동아일보》의 '자치운동'을 직접 거론한 일도 없었고, 여론에 밀려 결국 연정회에 대한 세간의 의혹은 모두 오해라고 변명하며 인사 개편까지 단행하지 않을 수 없었던 《동아일보》도 그 '의혹'과 관련하여 '자치'란 단어는 일체 사용하지 않았다.

1930년 천도교 신파 지도자이며, 3·1운동 33인 가운데 한 사람이었던 최린은 자치운동의 '복안을 수립하여 합법적으로 당당하게' 일본 정부와 교섭할 계획을 세우고 여러 사람들과 접촉하였고,[341] 이에 대한 소문도 무성하였다. 이 때문에 천도교 구파는 4월 9일 각 신문에 다음과 같은 요지의 결의를 발표하였다. 즉 '본월 4월에 최린파 천도교 일부에서 소위 조선자치운동을 하기로 결의하였다 하니 이는 천도교의 정신에 위배됨으로 아등은 차를 절대 반대함.' 이것이 아마도 '자치운동' 반대를 직접 거론한 최초의 공개문서 같은데, 천도교 신파는 즉각 반발하였고, 증거도 없이 자파를 중상한다며 구파에 대한 폭행도 불사하였고, 양측은 증거를 제시하며 공방을 벌이기도 하였다. 그러나 최린 자신은 부인도 긍정도 하지 않았고, 구파가 제시한 증거도 몇 사람의 애매한 전언에 불과하였다. 그 증거에는 '어린이운동의 아버지 방정환 선생님'의 '증언'도 포함되어 있었다. 손재기는 방정환으로부터 다음과 같은 말을 들었다고 주장하였다. "그동안 여암장(如庵丈)께서 우리 청년들에게 대하여 … 조선의 현실을 타개하기 위해서는 자치운동이라도 하여야 하겠다는 말은 벌써부터 들었다, … 지금에 있어서 우리 조선에서도 인도 간디의 운동과 같이만 한다면 누구든지 찬성할 것이 아니냐." 그러나 대질 신문에서 방정환은 자신의 발언 경위와 내용을 다음과 같이 진술하였다.

안국동 네거리에서 (손재기 씨를) 만나 "요새 如庵宅에서 자치운동을 하

---

341) '고대 아연' 100-011 경종경고비 제3032호(1930. 5. 20) 〈천도교 간부 행동의 건〉.

려고 했다니 어찌된 일이냐"고 묻기에 나는 웃으면서 "나는 요새 너무 바빠 참석을 못했다"고 하였다. 손재기 씨가 다시 "그때 이돈화 씨만은 반대하였다는 말까지 있더라"고 하기에 "그분이 약은 이인데 왜 반대하였을 리가 있는가"라고 하였더니, 또다시 "만일 인도의 자치운동과 같이만 한다면 우리도 찬성하겠다"고 하기에 "이러나저러나 그렇게 결의한 것을 직접으로는 아직 듣지 못한 일이라"고 하였다.

손재기는 방정환이 말을 바꾸었다고 화를 내면서, 이것만으로도 최린 일파가 자치운동을 한 증거라고 주장하였지만, 신파는 그것은 증거가 되지 못한다고 맞섰다.[342] 어린이에게 사랑과 꿈을 준 것으로만 알고 있었던 '고마우신 방정환 선생님'이 이 구차스러운 장면에 등장한 것은 필자에게 또 한번 서글픔을 안겨 주었다. 공개적인 자치운동 반대결의도 이처럼 극히 애매한 증거에 의존할 수밖에 없었던 것은 자치운동이 구체적이고 공개적으로 제안될 수 없었기 때문일 것이다. 1929년 기석구(奇石駒)는 자치운동을 '유령'에 비유하면서 그 기묘한 정황을 다음과 같이 묘사하였다.

현하 조선사회에 한 유령이 있으니, 그 이름은 자치운동이다. 일부 공직자의 무리와 서 푼짜리 정치 부로카 등이 찧고 까부는 것을 문제 삼는 것이 아니다. 적어도 조선의 休戚을 진심으로 생각하노라는 인사들 가운데에서 다소간 대중을 배경으로 한 단체 가운데에서 자치운동의 방아쇠를 그릴랴고 한다더라 혹은 하는 것이 이것이다. 그들의 본 것이 유령이요, 그들이 말한 것이 유령이라 아무도 그 적확한 정체를 보았다 함이 아니요 설혹 또 보았다고 스스로 보증하는 사람이 있을지라도 듣는 사람 역시 짐작하여 듣는 형편이다. 그러나 유령을 본 이야기는 수 년 來로 가끔 전파

---

342) '고대 아연' 100-013 경종경고비 제6288호(1930. 5. 9) 〈최린파 자치운동 반대결의 전말 보고에 관한 통문 우송에 관한 건〉.

되어 왔었다.343)

  앞에서 서술한 박문희사건은 바로 1930년 초 박문희가 최린과 여러 번 회
합하였기 때문에 일어난 것이었다. 천도교 구파가 최린의 '음모'를 '소위 조
선자치운동'으로 규정하고 반대결의를 서울 안 여러 신문에 게재하는 한편
〈최린파 자치운동 반대결의 전말 보고에 관한 건〉이란 문서를 전국의 천도
교청년동맹 지부에 발송함으로써(4월 18일), 박문희와 최린의 회합이 자치
운동과 관련되었다는 점을 부정하기는 어려웠을 것이다. 박문희가 1931년
일시 '자치론 이용'을 생각하였다고 시인한 것(앞에서 서술)도 바로 이 때문
이다. 그럼에도 박문희 사건이 거론된 신간회 회의록에서(경성지회건 본부
건) 박문희가 '자치운동'에 관련되었다는 언급은 전혀 발견할 수 없다.

  또 신간회의 김병로체제는 천도교청년당·수양동우회 등 자치운동 추
진을 의심받고 있던 단체의 신간회 가입을 추진하였지만, 역시 자치운동
과도 타협할 수 있다는 입장은 결코 밝히지 않고, 단지 "그 지도정신에
있어서 신간회와 상반된 것이 있어도 조선민족 당면의 이익을 위하여 투
쟁을 전개하는 경우 협동 연락하는 방침을 수립한다"고 우회적으로 표현
하였을 뿐이다. 일제 경찰은 이와 같은 김병로 노선을 "천도교 최린 일파
가 주장하는 자치운동에 상응하여 합법운동을 주창한 것"으로 파악하고
있었다.344) 일경도 자치운동과 합법운동은 일단 구분한 것이다.

  그러나 '민족운동의 급진파' 이종린 일파는 어디까지나 종래의 비타협
주의 태도를 갖고 이에 대항한 것이나, 경성지회가 본부를 그토록 공격한
것은 결국 이 '합법운동'이 사실상 자치운동을 의미한다고 판단하였기 때
문일 것이다. 그러나 이종린도 신파와 다시 대동단결을 합의한 탓인지
(1930년 12월 23일),345) 그 자신이 경성지회의 위원장으로 본부와 갈등을

343) 奇石駒, 〈崔麟論〉, 《비판》, 1931년 5월호.
344) 《치안상황》(1931. 7), 〈과거 사회 운동의 개관〉.
345) 이 합동은 최린 측이 무조건 구파와 합동하겠다고 제안함에 따라 이루어졌는데,

조장한 장본인의 한 사람이었음에도 막상 1931년 경성지회가 4월 14일 해소를 가결하자, 안재홍 등과 경성지회대회를 불법이라며 부인하고 경성지회의 부활을 협의하였다. 이러한 사실은[346] 그 역시 신간회의 '합법운동'을 결국 지지하였다고 해석하지 않을 수 없는 것 같다.

신간회는 처음부터 '합법운동'을 표방하였던 만큼 신간회의 참여자와 지지자가 그 '합법운동'을 지지하는 것은 당연하다. 문제는 이 '합법'의 범위와 성격인데, 이 '합법'이 결국 경찰의 집회 허가와 임석 경관의 간섭을 일단 접수해야 함은 물론이다. 그러나 이 조건 아래서도 당시 모든 사회단체들이 단체를 조직하고 나름대로 활동한 것은, 그 범위 안에서나마 무언가 투쟁하고 얻을 것이 있다고 판단하였기 때문일 것이다. 그러나 허가된 사상단체는 사상의 연구와 토의가 목적이었고, 노농단체는 기본적으로 노동자·농민의 당면 이익을 쟁취하기 위한 경제투쟁이 목적이었다. 이에 비해 신간회는 '정치운동'을 목적으로 조직된 단체였고, '합법적 정치운동'이 과연 구체적으로 무엇이냐는 문제가 당연히 제기되지 않을 수 없었다. 그러나 신간회는 이 문제를 명확히 제시한 강령이나 지침도 없었을 뿐 아니라 오히려 비타협주의 원칙을 표방함으로써 더욱 혼란을 증폭시켰는데, 이 문제는 신간회가 창립될 때부터 예상된 자체 모순이기도 하였다.

일제 경찰은 1925년 말, 또 하나의 활발한 민족운동을 포착, 다음과 같은 보고서를 검사국에 올렸다. 이 자료는 자치운동이나 신간회 창립 배경과 관련된 논의에서 거의 이용되지 않는 것 같아, 전문을 소개하여 그 시점에서 자치운동을 이해한 여러 세력과 개인을 밝혀 두고자 한다.

그 제안은 그가 추진한 자치운동의 포기를 전제한 것이었다. 그러나 경찰은 "최린이 종래의 모든 것을 버리고 교를 위하여 전혀 자치운동을 방기하는 것은 無計의 실을 범하는 것이며, 오히려 이 사이에 구파 측을 자파로 유도할 수 있도록 서서히 비책을 꾸미고 있는 것으로" 파악하고 있었다. 《치안상황》(1931. 7), 〈자치운동의 대두와 천도교〉 참조.

346) 朴漢植, 〈신간 최후 전선대회기〉, 43쪽.

1. 기정의 운동 실행을 위하여 5두목을 선정

   제일 먼저 그 실행의 책임자로서 5인의 두목을 정하여 그것을 분담, 지역을 정하였음. 더욱 확대되면 두목의 수도 증가하겠지만 (현재) 그 인명과 지역은 다음과 같다. 평안도 최린과 이광수, 전라도 김성수와 송진우, 경기·강원도 박승빈. 이중 이광수는 당분간 이름을 들어내지 않고 金麗植으로 하여금 전적으로 그것을 담당하게 하였으므로 김여식은 목하 평안도에 빈번히 출장하여 동지 규합에 노력하고 있다고 함. 또 김성수·송진우 등은 백관수를 대리로 하여 남선 각지에 같은 출장을 하고 있는 형적이 있음. 또 김과 송 등은 협의할 일이 있다는 핑계로 재미중인 장덕수를 불러들일 것을 결의하고 소집장을 발송하였음. 이 계획의 실행을 위해서는 이미 보고한 바와 같이 천도교의 농민사 활동에 의하여 다수의 인물과 금전을 수집하려고 함.

2. 이종린·안재홍 등의 행동

   안재홍은 최초 발기에 진력하였으나 《조선일보》 사원인 입장상 《동아일보》에 반대하기 위하여 斷然 탈퇴하고 주의자와 악수를 모색하였으나, 이종린은 중요한 발기자의 일인이면서도 두목이 되기를 원하지 않고 표면상 탈퇴하였고, 천도교 신파(오종창 일파)인 종리사 등에 반대하면서 부내 주의단체에 접근하고 있음. 이종린의 탈퇴 이유는, 이가 자치 요구의 전제로서 전조선에 일대 소요를 일으켜 혼란시킨 후 제안하지 않으면 성공할 수 없다고 주장한 것에 대하여 다른 사람들이 희생을 치루지 않더라고 결과는 동일하므로 다수의 단결된 힘에 의해서 무저항 운동을 하면 된다고 응하지 않았기 때문에 의사가 일치되지 않아 탈퇴하는 동시에 조선물산장려회는 나의 세력권내이지만 참여할 수 있다고 말하였는데, 본서가 추찰한 바에 의하면 조금 그 뜻이 다르다. 즉 정말 전기와 같이 언동을 하였다면 그것은 반대파를 통일하려는 하나의 수단으로서 상당한 지반이 확립될 때까지 짐짓 반대에 서서 시기를 보아 합동하려는 것이 진의라는 것은 동인의 종래 행동에 비추어 보아 명백함.

요컨대 이종린은 별동대 두목으로 보아 지당하다고 믿음.

3. 사회운동자의 태도

누차 자치운동에 찬성해 달라는 교섭에 대하여 중요한 주의자간에서 의견을 타진한 결과 당분간 하등의 의사를 표시하지 않고 일의 되어 가는 것을 보자고 함께 결정하고, 북풍회계는 그 약속을 지키고 있지만 화요회계에서는 《조선일보》(안재홍 등)와 행동을 같이할 방침으로 세우고 구체적인 행동에 대해서는 임기응변할 것을 결정하였음.[347]

이에 앞선 1925년 12월 23일 보고서는 다음과 같이 구체적인 운동방법 및 '자치'의 내용과 함께 서울청년회계의 동향도 보고하고 있다.

운동의 방법에 관해서는 주요 간부 수 명 이외에는 알 수 없지만 대체로 언론·집회, 기타 기회를 잡아서 민족주의로써 서로 제휴하지 않으면 조선민족은 멸망 이외에 없다는 것을 선전하여 여론이 비등할 때, 희생자를 내서 전 조선적 일대 소동을 야기하고 그 틈을 타서 일본 정부에 대하여 '군

---

347) '고대 아연' 100-4-033 경종경고비 제1023호(1926. 1. 29) 〈민족주의 운동 발흥에 관한 건〉. 한편 경종경고비 제13545호(1925. 12. 23)는 안재홍과 북풍회의 태도를 다음과 같이 보고하였다. "본 운동 발기인의 한 사람인 안재홍이 최근 북풍회계의 한 간부에게 털어 놓은 것을 들으면, '세간에서는 《조선일보》를 화요회의 가담자로 간주하고 있으나 《조선일보》는 반드시 화요회만 원조하는 것이 아니며 어느 단체에 대해서도 동일한 태도를 보지하고 있다. 최근 북풍회계는 《동아일보》가 주창하는 민족주의 운동에 가맹하여 원조하는 것이 적지 않지만 북풍회가 《조선일보》와 굳게 악수하면 좋겠다.' 이에 대해 북풍회 한 간부가 '귀하도 본 운동의 발기자의 한 사람으로 듣고, 이번 북풍회가 《동아일보》에 가맹하는 것은 곧 귀하 등이 모두 찬성하였기 때문이 아니겠냐고 묻자, 安은 자신도 최초에는 발기자였지만 《동아일보》에 대항하는 《조선일보》의 자위상 제1회에 출석한 이래 탈퇴하고 그 대책에 부심중이라고 말하여, 북풍회에서는 협의 끝에 어떤 회답도 하지 않고 두고 있는 사실이 있다." 자치운동 자체에 반대한 것이 아니라 《조선일보》와 《동아일보》의 대립관계로 탈퇴하였다는 안재홍의 발언과, 안재홍의 향배가 화요회와 북풍회의 결정을 좌우한 것이 주목된다.

사와 외교를 일본 정부에 일임하고 (그에) 상당한 조세를 거두게 하고 그 밖에는 일체 조선인의 손으로 專行하는 자치제의 실시를 요구'하며, 그것에 응하지 않을 경우에는 전적으로 일본 정부의 무리한 처분이므로 우리 조선인은 영원히 그에 복종할 수 없다는 운동을 하면 점차 감퇴하는 민족주의사상을 존속시킬 수 있다. … 또 서울청년회를 비롯한 중요한 주의 단체 간부에게도 미리 찬성을 얻고 있으므로 극력 주의 중.[348]

여기서 《동아일보》와 《조선일보》, 그리고 북풍회와 화요회·서울청년회의 갈등이 눈살을 찌푸리게 하지만, 어쨌든 이 보고를 신뢰하면 큰 소요 계획은 일단 포기되었으나 1925년 12월 중순 이후 《동아일보》를 중심으로 민족주의자들과 사회주의자들이 대부분 자치운동에 합의하였음을 인정하지 않을 수 없다. 바로 그 무렵 총독부 주변의 일본 정객들이 자치제 실시를 제안하고 있었고, 조선의 일부 운동가들도 일본 헌정회 내각이 조선 식민정치에 변화를 가져올 것으로 예상하고 있었다.[349] 위와 같은 1925년 말의 합의는 바로 이러한 상황과 무관하지 않을 것이다. 만약 이 운동이 그대로 신간회로 연결되었다면 신간회는 자치운동을 최대의 당면 목표로 설정하고 공개적으로 그 운동을 전개하였을지도 모른다.

그러나 1926년 3월 10일 사회주의와 민족주의의 통일전선을 협의하기 위해 강달영·권동진·안재홍·유억겸·박동완·오상준·신석우 등이 회합한 자리에서 이종린은 최린을 크게 비난하였다. 최린이 이광수·《동아일보》·안창호, 조선자치를 주장하는 일본 정객들과 제휴하여 자치운동을 추진하고 있음이 의심의 여지가 없다는 것이다.[350] 이것은 이종린 자신도 동참한 자치운동을 스스로 부정한 것이지만,[351] 이 회합에서 최린

---

348) '고대 아연' 100-4-033 경종경고비 제13545호(1929. 12. 23) 〈민족운동발흥에 관한 건〉.
349) 한상구, 〈1926~28년 민족주의 세력의 운동론과 신간회〉, 《한국사연구》 86, 한국사연구회, 1994, 140~148쪽 참조.
350) 김정인, 〈1910~25년간 천도교 세력의 동향과 민족운동〉, 《한국사론》 32, 1944. 12, 186쪽.

이 '타협적 민족운동자'란 이유로 천도교를 운동의 기본 기관으로 삼는 것을 일단 보류하였다. 이것은 결국 '비타협'을 좌우합작의 원칙으로 합의한 것이며, 좌우협동의 '국민당' 본부를 만주에 설치하려고 한 것도352) 바로 이 때문이었던 것 같다. 또 이를 전후한 시기 안재홍이 주도한《조선일보》의 사설은 자치운동을 '관제적 타협운동'이며, 특히 일본 정객의 조선자치론은 조선 민중을 마취, 질식시키고 민족운동의 보조를 교란시키려는 책략에 불과하다고 거듭 주장하였으며, 안재홍 자신도 신간회가 성립되기 직전까지도 비슷한 견해를 개인적으로 여러 차례 발표하였다.353)

그러나 2차 공산당이 6·10만세운동을 계기로 궤멸적인 타격을 받은 이후 1926년 9월 송진우·김성수·최린·최남선 등이 주도한 연정회(1924년 자치운동을 목표로 조직되었다가 여론의 공격으로 중단)의 부활 계획에 이종린이 주도자의 한 사람으로 참여하였고, 한위건·김준연·홍명희 등 신간회 참여를 적극 주장한 공산주의자들도 참여한 것은 무척 흥미로운 일이다. 이 계획은 일본인 정객 아베 미치이에(阿倍充家)의 간여가 밝혀지자 김준연과 안재홍이 민흥회에 통보함에 따라 자치운동을 반대하는 민흥회와 전진회의 방해로 성사되지 못하였다.354) 이 사건을 고비로 위기를 느낀 비

---

351) 이종린은 최린과 함께 1924년 1월 비밀리에 결성된 연정회에도 참여하였다. 연정회가 자치운동을 전개하기 위한 단체로 의심받은 것은 잘 알려진 사실이다.

352) 조선총독부경무국, 〈조선공산당사건의 검거 전말〉(1926. 8)에서 '7. 조선공산당이 기획한 사업, (ㅁ) 미착수 한 것, (2) 비타협적 민족운동' 참조.

353) 반찬승, 《한국근대정치사상사연구-민족주의 우파의 실력양성운동론》, 역사비평사, 1991, 358~361쪽.

354) 姜東振, 《日本의 朝鮮支配政策史研究》, 동경대학출판회, 1979, 436쪽. 阿倍充家는 조선의 자치운동론자로서 그가 齋藤實 총독에 보낸 보고서에 따르면 그는 마치 1920년대 조선자치운동을 모두 조종한 배후 인물처럼 보이는데, 이광수·최린·최남선 등은 그에게 정세를 보고하고 지휘받는 하수인처럼 보고하고 있다. 연정회 부활 계획을 주도한 인물은 송진우·김성수·최린, 참여자는 박희도·김준연·조병옥·김여식·최원순·심우섭·홍명희·박승철·백관수·민태완·변영로·김찬영·홍승선·김필 등이었다고 한다. 1924년 연정회에는 박승빈·조만식·이승

타협적 민족주의자와 사회주의자가 합동하여 비타협 원칙 아래 신간회를 조직하였다는 것이 종래의 일반적인 통설이다. 실제 자치운동 추진자로 지목되었던 최린과 이광수를 비롯한《동아일보》계가 신간회의 결성 당시 배제된 것은 사실이며, 적극적인《조선일보》와는 달리《동아일보》가 처음에는 신간회에 극히 냉담하였던 것도[355] 바로 이 때문이었다. 그러나 좌우를 가릴 것 없이 공개적으로는 '비타협'을 강조하면서 신간회 조직을 주도한 상당수의 인물들이 실제 비공개 비밀회합에서는 이미 자치운동을 양해한 것도 사실이다.

1925년 말 자치운동을 양해한 사회주의자들의 논리가 무엇이었는지는 확인되지 않는다. 이에 비해 이미 지적한 바와 같이 신간회에 참여한 사회주의자들이 논리는 민족협동전선과 '합법적 정치투쟁'을 주장한 정우회 선언에 비탕을 둔 것이었다. 이 선언은 그 제휴 대상을 비타협적 민족주의자들에 국한시킨 것으로 알려져 왔다. 그러나 정우회와 대립한 서울청년회계 전진회의 검토문이 정우회선언을 '타협운동의 대변자 또는 찬미자', '우경론자의 억지 명분'으로 비판하였지만, 실제 정우회 선언이 주장한 합법적 정치 투쟁은 현실 운동의 인정 즉 일정한 '타협'을 전제한 정치운동을 의미한 것이었다. 그 구체적인 방법은 합법적 무산정당의 결성을 통한 의회 참가 전술이었다.[356] 신간회 창립 이후 정우회선언을 발표한 안광천(3차 공산당 책임비서)이 신간회의 '비타협주의'를 냉소한 것은 바로 이 때문일 것이다. 1927년 봄 동경에서 최린의 자치운동을 후원한 사회주의자들은 바로 안광천의 동지들이었을 것이다.[357] 일본 무산정당의 의회전술 역시 일단 자본주의체제에 대한 '잠정' 승인을 의미하는 것이지만, 이것은 혁명을 위한 우회전술일 수도 있다. 그러나 식민지 조선

훈·서상일도 참여하였다고 한다.
355) 명원호,〈신간회분규측면관〉, 11쪽.
356) 이 문제는 한상구, 앞의 글에서 잘 지적하고 있다.
357) 한상구, 위의 글, 165~166쪽.

에서 합법정당의 의회전술은 독립과 혁명의 우회전술일 수도 있지만, 곧 독립의 전 단계로서 자치의 설정을 의미하지 않을 수 없으며, 이것은 곧 비타협론자들이 극력 반대한 '타락한 타협주의'가 된다.

이와 같이 신간회에는 사실상 독립 이전의 자치단계운동을 인정하는 사람들이 처음부터 대거 참여하였을 뿐 아니라, 당시 조선의 합법적 정치 운동이란 사실상 자치운동이 되지 않을 수 없다는 사정을 알고 있는 사람들이 '합법 정치운동'을 위하여 조직한 '민족단일당'이 신간회였다면, 신간회가 공개적으로 자치운동을 추진하는 것이 오히려 정상이었을 것이다. 그러나 신간회는 '비타협주의' 원칙을 내걸었는데, 당시 '비타협'은 적어도 자치운동은 인정하지 않는 사실을 의미하였다. 결국 신간회는 자체의 현실적인 운동목표와 운동원칙이 처음부터 모순된 상태로 출발하였으며, 그 원칙이 민족감정의 정서에 강력히 부합되는 한 조직의 목표를 위한 행동은 사실상 불가능하였다. 신간회의 활성화는 곧 비타협주의의 완화나 포기를 요구하기 때문이다. 1928년 이후 송진우를 비롯한《동아일보》계의 참여가 허용된 것은 신간회의 운동 목표에 부합되었기 때문일 것이며, 이것은 신간회의 활성화를 위한 비타협주의의 양보였다고 해도 과언은 아니다. 그러나 그 현실을 긍정한 신간회가 비타협주의 원칙을 거듭 강조한 것은 그 태생적 모순을 극복하지 못한 때문임을 의미하지만, 이는 다시 신간회의 활동 폭을 제한한 것도 분명하다.

일본의 일부 정객들이 조선의 자치를 주장한 것은 물론 조선의 독립을 위한 '준비'가 아니라 조선 통치의 안정과 효율을 위한 것이었다. 그러나 조선의 자치는 조선인이 원한다고 주어지는 것은 결코 아니었고, 일본 정계에는 조선의 자치를 결코 허락할 수 없다는 의견이 다수를 차지하였으며, 심지어는 총독부도 폐지하고 내지(內地)와 동일한 통치를 관철하자는 '내지연장주의(內地延長主義)' 주장도 강하였다. 그러므로 조선자치론도 실제 실현될 가능성도 적었고, 많은 조선인들이 일본 정객의 자치론을 일종의 술책으로(민족정신의 마취, 민족운동의 분열) 간주한 이유도 이유가 충분히 있었다. 그러나 실제 자치의 불가피성을 절감한 사람들은 그 '술책'을 알면서도 일본의 일부 책사와 왕래, 의견을 교환하고 협조를 구하지 않을 수 없었다. 한편 일본의 강경파에게는 '독립운동의 첫 단계'가 될 수도 있는 자치운동은 결코 허용할 수 없는 불온한 운동이었을 것이다. 결국 자치운동은 일본의 강경파와 조선의 비타협 민족주의 둘 다에게 모두 위험한 발상이었고, 따라서 공개적으로 논의되고 추진될 성질이 아니었다. 더욱이 이 운동은 강점 이래 일제가 양성한 어용 친일단체와 엄격히 구분될 필요도 있었다. 조선의 자치운동이 유령처럼 떠돈 것은 바로 이 때문인데, 이정섭은 그 이유를 다음과 같이 지적하였다.

> 왜 그 운동이 표면화 못할까? 그것은 필경 누구나 여태 민족주의자로 자처하던 것이 갑자기 ××운동자노라고 말하기가 거북하다는 것과 아무 실력 없이 그냥 일어났다가 일에 실패하면 일거양실이 되고 만다는 것이 ××운동단체의 표면화를 곤란케 하는 이유 아닐까?[358]

이어서 이정섭은 자치운동, 합법·비합법, 타협·비타협을 둘러싼 문제와 관련 지도자의 판단과 처신을 다음과 같이 주문하였다.

> 지도자가 절개를 변하지 않고 시대에 적응하여 민중의 복리를 증진시킬 수 없다면 지도자는 그 절개를 廢履와 같이 버려야 한다는 것이다. 민중이 경제적으로 파멸 당하든 말든 간에 나는 내 절개만 지켜나간다고 한다면, 그것은 샌님적 절개주의자요 민중의 지도자는 아니다. … 總히 타협적 민족운동이라 또는 절대적 민족주의운동이라 하는 두 운동 사이에 어떤 근본적 차이가 있는 것이 아니다. (중략) 요는 이 두 가지 가운데 그 어느 운동에 의함이 ○○을 속히 달할 수 있을까 하는 방편상 문제요 편리상 문제이

---

358) 李晶燮, 〈최근 정세와 최린씨〉, 《삼천리》, 1932년 10월호, 17쪽.

다. 어느 것이 더 진리이냐 하는 문제는 아니다.[359]

그러나 조선의 지도자들은 자치를 진리의 문제로 보았고, 그것을 공개적으로 제안하거나 지지하는 행위를 용서받지 못할 변절로 여겼다. 신간회의 김병로체제가 자치운동을 준비하는 정책을(특히 단체 가입) 취하려 하였고, 최린 등과 자치운동을 논의한 박문희를 비호한 것은 바로 신간회의 합법적 정치운동을 위한 사전 포석이었다. 그러나 그들이 이 정책을 자치운동으로 당당히 거론하지 않았던 것도 바로 이 금기를 깰 용기가 없었기 때문이다. 한편 신간회 창립을 지지하고 참여한 공산주의자들이 해소를 주장하기 시작한 것은 그 이유와 논리야 어쨌든 결국 그들이 당초 목표하였던 '합법적 정치운동'의 포기를 의미하였다. 그러나 그들이 해소 반대파를 '변절자'로 비난하면서도 그 근거로 자치운동을 명시적으로 거론하지 않은 것은 해소 반대파에 대한 최소한의 예의였지만, 동시에 자신들이 사실상 자치운동을 위하여 신간회에 참여한 사실을 은폐한 것이었다고 해도 과언은 아닐 것이다. 1927년 봄 최린이 동경에서 사회운동자들의 후원 아래 자치운동을 구체화하려고 노력하고 있었을 때, 신간회의 주요 간부들이 '천도교신파·수양단·《동아일보》 일파의 자치파 일단이 신간회를 탈취하려고 책동하고, 공산당 일파는 그것을 조정하기 위하여 종종의 책동을 한다'고[360] 판단한 것도 결코 근거가 없지는 않았을 것이다. 당시 그 간부들은 '여러 요건에 의하여 만약 자치운동 단체가 출현하면 신간회가 분열, 붕괴될 것으로' 예측하였다고 한다. 이 간부들은 바로 신간회 안의 비타협적 민족주의자들로서 자치당이 출현하면 곧바로 자치운동을 배척하는 신간당을 조직하기로 결의하였다고 하는데, 그 성원의 대부분은 바로 자치운동을 일시(?) 양해한 사람들이었다는 것도 잊어서는

---

359) 이정섭, 위의 글, 18쪽.
360) 이 책동은 자치운동파의 배척이 아니라 조정이었다는 점을 잊어서는 안 된다.

안 된다.[361]

어쨌든 1927년 초의 예측과는 달리 자치당의 출현이 아니라 신간회의 '우경화'를 반대하는 공산주의자들이 신간회에서 탈퇴하지 않고 그 해소를 주장함으로써 신간회는 해체되었고, 신간당도 출현하지 않았다. 신간회의 해소를 가결한 대회들이 도무지 진지함이 없고 '추악한 인상'만 주었던 까닭은 바로 찬반론자 모두가 신간회의 태생적 모순을 정면으로 거론하지 못하고, 자치운동을 사실상 양해하였음에도 이를 배격하지 않을 수 없었던 자신의 모순을 은폐한 결과로 해석된다. 이 점은 김병로체제의 핵심 간부로서 신간회 해소를 '노호질성'으로 반대한 서정희도 마찬가지였다. 그 역시 신간회의 '합법적 정치운동'이, 그리고 이른바 김병로의 '우경화'가 모두 사실상 자치운동을 양해한 것이었다는 점을 모를 리 없었을 것이다. 그러나 그 역시 신간회 해소를 극력 반대하면서도 자치운동을 정정당당하게 주장할 수는 없었던 것이다.

신간회의 해소가 가결된 순간 경찰은 신간회의 일체 활동을 금지하였으며, 중앙집행위원회도 '전(前) 중앙집행위원회'를 명기하면 허락하겠다고 '조롱'하였다. 일단 해소를 결의한 이상 중앙집행위원회도 있을 수 없다는 것이다. 신임 중앙집행위원들이 '전(前)'자 붙이는 것을 불쾌히 여기고 회의를 포기한 것 역시 명분을 중시한 행동이었지만, 그들은 모든 문제를 서울에 있는 위원들에게 위임하고 저마다 귀향하였다.[362] 경찰이 '해소'를 해체로 해석한 것은 '무리'라고 비난해 보았자, 이것으로 신간회가 실제 해체되었다는 사실은 부인할 수 없게 되고 말았다. 결국 신간회는 창립대회와 해체대회 단 2회의 전체대회만으로 막을 내렸으며, '해소'와 해체의 구분도 말장난이 되고 말았다. '무언가 얻을 것을' 고려하여 제

---

361) 梶村秀樹·강덕상 편, 《현대사자료》 29, 東京 : みすず書房, 1972. 98~97쪽. 신간당의 주요 성원은 이관용·신석우·박동완·박래홍·권동진·최익한·안재홍·홍명희·송내호 등이었다.

362) 박한식, 〈신간 최후 전선대회기〉, 43쪽.

2회 대회를 허락한 경찰은 결국 '신간회 해체'란 성과를 얻었다.

반면 해소파들은 신간회의 '합법적 정치운동' 즉 사실상의 자치운동 준비를 봉쇄할 수 있었다. 그러나 이와 함께 민족협동전선이 소멸된 것도 커다란 아쉬움이었지만, '합법적 정치운동'을 위하여 신간회를 조직한 사람들이 '비타협의 절대 명분과 절개'에 스스로 얽매였다면, 신간회의 해체는 예정된 것이었고, 신간회를 매개로 형성된 민족협동전선의 소멸 역시 예정된 것이었다. 안재홍을 비롯한 비타협주의자들은 일본 정부가 진정한 자치를 허용하지 않으리라는 사실을 잘 알면서도 자치운동을 벌이는 행태를 '명리(名利)를 위한 기만적 자치운동'이라면서 배격하였다.363) 그렇다면 그들이 진실로 자치단계의 현실적 불가피성을 인정하였다면, 왜 '일본 정부로부터 일단 자치를 쟁취하는' 운동을 당당하게 전개하지 못하였을까? 그들 역시 '명리를 위한 정상배', '친일파'로 오해받을 수밖에 없다는 현실을 두려워하였기 때문일까? 안재홍이 은둔을 떨쳐버리고 모두 '백열(白熱)한 투사로 정치적 분야에 나서'자고 촉구한 것은 실제로 현실적 정치운동을 시인한 것이었다. 그는 "어찌하여 더불어 회합하지 않느냐? 토의하지 않느냐? 그리하여 만부득이한 곳에 비타협, 타협으로 대립하게 하지 않느냐?"고 절규하였다.364) 그러나 그 자신도 자치론을 정정당당히 제안하고 현실적인 자치의 타협과 비타협의 경계를 토론하지 못하였다. 그 역시 스스로 한탄한 '급속히 완화하기 어려운 조선의 특질', 즉 '정치적 결백'과 '불관용'을365) 너무나 잘 알고 있었기 때문이었다고 해석하면 너무 지나친 비약일까? 1927년 초 최남선은 홍명희에게 자치운동이 구체화하면 신간회 회원의 반은 가담할 것이라고 예측할 만큼 신간회 안에 내심 자치운동을 지지하는 사람이 많았고,366) 앞에서 지적한 바

---

363) 梶村秀樹·강덕상 편, 앞의 책, 97쪽.
364) 안재홍, 〈은둔생활과 투쟁생활〉, 《조선지광》 61, 1926, 11.
365) 《조선일보》, 1926년 12월 19일자 사설 〈조선 금후의 정치적 추세〉.
366) 梶村秀樹·강덕상 편, 앞의 책, 96쪽.

와 같이 자치운동에 대비하여 신간당을 조직한 핵심 멤버의 상당수도 자치체를 일시(?) 양해한 사람들이었다. 그럼에도 사실상 본부의 자치운동 혐의를 이유로 해소를 주장한 해소파의 명분에 신간회가 무기력하게 해체되었다는 사실은 '정치적 결백'에 융통성을 허용하기 어려운 식민지 정치문화를 떠나서는 이해하기 어려운 것 같다. 신간회가 해소된 다음날 안재홍의 다음과 같은 한탄은 바로 서정희도 하고 싶은 말이었을 것이다.

> 일정한 전향과정도 밟음도 없이 漫然한 机上 설계적인 비실천적 해소 단행은 그 본질에 있어 해체 解黨과 다름이 없는 결과로 빠지는 것이니, … 조선의 小부르층으로서의 독자한 처지 경향을 무시하고 단순한 공식적 좌익이론에 들어맞추어 독단적 또는 고답적 해소를 결행할진대, 그는 비약의 意想에서 도리어 소아병적 과오를 범할 수 있는 것이다. 요컨대 조선의 운동은 건듯하면 最大型의 의도와 最前線的 논리에 열중, 집착하는 동안 왕왕 면밀 또 엄정한 기획 정책을 소홀한데 붙여, 선의의 실책과 동경적 과오를 범하기 쉬우니, 동지의 비난을 무릅쓰면서 일정한 界線까지 과감한 행진을 지속하는 중간적 투사가 없는 것이 일결함이라 하겠다. 중간적 투사를 의식적으로 요구할 수 있는 것은 조선의 현하 과정이 課하는 史的 현상의 하나일 것이다.367)

---

367) 안재홍, 〈기로에 선 신간회─처음된 전체대회〉, 《조선일보》, 1931년 5월 16일자, 사설(《민세안재홍선집》 1, 지식산업사, 1981, 407쪽에 수록).

3. 만주조난동포 구제·위문 운동

조선인의 중국인 습격과 예비검속

　신간회의 해소 이후 좌절과 침울 속에 보내고 있었던 서정희는 여름이 본격적으로 시작된 7월 5일 아무 설명도 없이 예비검속되었다. 5일과 6일에 걸쳐 경찰은 시내 각 사상단체 간부 60여 명을 일거에 검속하고, 서정희를 비롯한 30명은 종로경찰서에 유치하였다. 아무 설명은 없었지만 서정희 등은 7월 3일 인천에서 시작하여 전국으로 확산된 중국 화교에 대한 조선인의 대대적인 폭행 사건 때문에 검속되었다는 점을 대체로 짐작하였다.〔자료 16-10·11·12〕

　1931년 7월 초, 화교에 대한 폭행·방화·파괴·약탈·살인을 자행한 조선인의 전국적인 폭동은 우리 민족사에 드리운 수치스러운 사건의 하나였다. 문제의 발단은 7월 2일 심야에 배포된 《조선일보》의 호외였다. 《조선일보》 장춘 특파원이 보낸 전보로 만든 호외였는데, 〈삼성보 동포 수난 익심(益甚), 2백여 명 우복(又復) 피격, 완성된 수로를 전부 파괴, 중국농민 대거 폭행〉이란 제목이었다. 《조선일보》는 이것을 7월 3일 본 호에 다시 싣는 한편, 두 번째 호외를 발행하였다. 〈중국관민 8백여 명과 2백동포 충돌부상, 주재중(駐在中) 경관교전 급보로 장춘 일본주둔군 출동준비, 삼성보에 풍운 점급(漸及)〉〈대치한 일·중(日中) 관헌 1시간 교전, 중국기마대 6백명출동, 급박한 동포안위〉라는 제목들도 대단히 절박하고 자극적이었지만, 7월 4일자 《조선일보》에 다시 실린 기사의 내용은 조선농민 다수 '부상'이 아니라 '살상'으로 되어 더욱 충격적이었다.368)

이 심야의 호외에 자극 받은 조선인들의 첫 반응은 인천에서 있었다. 서울 주재 중국 총영사의 보고에 의하면 인천에서는 3일 새벽 2시, 흥분한 조선인들이 중국인 음식점·상점에 투석하며 중국인을 폭행하였으며, 4일에는 서울을 비롯한 전국 각지로 확대되어 7월 10일까지 전례 없는 조선인의 만행이 계속되었다. 중국인이 모두 피난소로 도망하는 바람에 평소 중국 음식점의 우동으로 점심을 해결하던 서울의 직장인들이 냉면을 먹을 수밖에 없어 냉면집이 갑자기 '호황'을 누리는 속에서369) 80여 명이 식중독에 걸리고 그 가운데 3명이 죽는 웃지 못할 촌극이 벌어지기도 하였다.370) 중국 측 발표에 의하면 중국인 사망 142명, 중상 546명, 실종 91명, 재산 손실 416만 3천여 원(日貨)에 달하는 대참사가 발생한 것이다.371) 중국인들은 계속 떼를 지어 탈출, 귀국하였다. 대체로 참상은 남한 쪽보다 북한 쪽이 심하였는데, 특히 7월 5일 밤에서 6일에 걸친 평양의 참사는 지옥을 방불케 하였다. 당시 한 조선인 목격자는 그 참상을 다음과 같이 증언하였다.

사건 전야에 부내에서는 만보산사건을 빙자하여 중국인을 힐난·협박·구타 등 경미한 충돌이 6건이나 발생하였다. 그러나 이것은 翌夜가 중국인 대학살이라는 인류 血史의 한 페이지를 더하게 하는 장본일 줄이야 누가 알았으랴. … 5일 밤의 폭동은 오후 8시 40분경 평양부 신창리 중국 요정 동승루에 어린애 십여 명이 투석을 시작한 것에서부터다. … 어린애 10여 명의 투석이 60여 명 장정의 투석으로 변하고 … 어느덧 군중은 수천

<hr>

368) 민두기, 〈만주에서의 만보산 사건(1931)과 한국 언론의 대응〉, 《시간과의 경쟁》, 연세대출판부, 2001, 188쪽.
369) 壁上生, 〈朝中人衝突事變餘聞－소란 와중의 넌센스 劇〉, 《혜성》 1-5, 1931. 8. 106쪽.
370) 《동아일보》, 1931년 7월 14일자, 〈냉면 먹고 80명 중독, 3일간 3명 절명, 청엽정에서 발생한 참사, 7명도 방금 생명위독〉.
371) 박영석, 《만보산사건연구》, 아세아문화사, 1978, 98~101쪽. 이 밖에도 만보산사건과 관련된 서술 가운데 주가 없는 것은 모두 이 책을 참고하였다.

명을 헤이게 되고, 고함은 점점 부근 사람을 모아 놓았다. … 군중은 2, 3백
명씩 떼를 지어 중국인의 굳게 닫은 상점을 향하여 투석하기 시작하였다.
… 오후 11시 이때는 벌서 평양은 북에서부터 남으로 중국인의 상점과 가
옥은 한 개를 남기지 않고 전부 부서진 때였다. 누구의 입에선가 무서운
유언이 퍼졌다. "영후탕(중국인 목욕장)에서 목욕하던 조선인 4명이 자살
(刺殺)되었다" "대치령리(부외)에서 조선인 30명이 중국인에게 몰살되었
다" "서역리에서. 중국인이 작당하야 무기를 가지고 조선인을 살해하며 성
안(부내)으로 들어오는 중이다" "장춘에서는 동포 60명이 학살되었단다"
… 냉정에 돌아가면 상식으로써 판단될 허무맹랑한 소리가 마침내 살인극
을 연출하고 말았다. … 곳곳에 살인은 공공연히 ××의 ×××에(!) 감행되었
다. 군중은 완전히 잔인한 통쾌에 취해 버렸다. 3, 4명 내지 6, 7명씩 피 흐
르는 곤봉을 든 장정을 앞세우고 2, 3백 명씩 무리를 지어 피에 주린 이리
떼처럼 맞아 죽을 사람을 찾아서 헤맨다. "여기 있다" 한마디의 웨침이 떨
어지면 발견된 중국인은 10분이 못 지나서 살려달라고 두 손을 합장한 채
시체가 되어 버린다. — 늙은이의 사체의 안면에 굳어버린 공포의 빛! 고사
리 같은 두 주먹을 예쁘장스럽게 쥐인 채 두 눈을 말동말동 뜨고 땅바닥에
엎어져 있는 영아의 시체! 날이 밝았다. … 아침부터 경관은 무장을 하였다.
군대가 출동하고 인근에서 응원경관대가 오고 — 그런 중에서도 백주에 다
시 再襲, 三襲 — ××의 ××로 피난장소 가던 중국인이 중도에서도 타살되고
목숨이 귀하여 8, 9명이 한곳에 숨었다가 몰사를 하는 등 … 이날 오후에는
천여 명 군중이 기빨을 선두로 '용감한 정예병'(!) 30명을 태운 화물자동차
를 앞세우고 기림리로 재습의 장도(!)를 떠났다. … 중국인은 결코 반항하
지 않았다. 군중은 반항 없는 약자에게 용감하였던 것이다. 이날 밤에는 다
시 부외의 중국인 가옥을 닥치는 대로 衝火 하였다. 밤새도록 평양성 밖에
는 불꽃이 뻗쳐 있었다. 사자 119, 중상 163(경무국 발표), 생사불명 63, 방
화 49, 가옥파괴 289. … 사건 翌夜부터 검거풍이 일어났다. 평양·대동 양
서 총 검거 1200여에 달하였다.372)

다른 민족에 대한 동족의 잔학한 만행을 이처럼 적나라하게 고발한 글도 찾기 어려울 것이다. 그러나 이것은 동족을 자학적으로 능멸하기 위한 것도, 중국인의 분노를 새삼 자극하려는 것도 아니었을 것이다. 이것은 바로 선량한 개개의 '인민'이 비이성적 집단으로 선동될 때 얼마나 잔학하고 폭력적이 될 수 있는가를 경고함과 동시에 그 현장에서 '폭도화한 군중의 만행'을 말리지 못한 자신, 그리고 조선인 전체의 참회를 촉구하기 위한 비장한 고해성사였다. 또 이것은 일제가 그 천인공노할 만행을 사실상 방치하고 방조한 행태를 고발한 것이기도 하였다.《동아일보》1931년 7월 8일자 〈괴자동차 출몰, 경찰은 정체조사 중〉 제목의 기사에는 평양부내의 모든 자동차를 경찰이 징발하였음에도 "화물차 한 대가 수십 명을 싣고 ○○이란 깃발을 들고 다닌 일이 있어" 경찰이 정체를 수색 중이란 대목이 보인다. 이 기사는 바로 경찰이 사실상 '폭도'를 방조했다는 인상을 주고 있는데, 위의 기사에서 경찰이 무장하고 군대가 출동한 상황에서도 화물차를 타고 기림리를 습격하러 떠난 '용감한 정예병(!)'을 대서특필한 것은 바로 당국의 방치와 방조를 고발하려는 의도가 분명하다.

종로경찰서 유치장 안의 파한과 고뇌

이와 같은 만행이 벌어지고 있는 동안 서정희는 30여 명의 동지들과 함께 종로경찰서에 구금되어 있었다. 경찰서 유치장은 서정희가 수없이 드나들던 곳이었다. 바로 그해 3월 김경재는 서울과 지방 경찰서 유치장의 우열을 논하면서 "사람 잘 ××고 ××취급하기로서는 종로경찰서"라고 꼬집으면서 유치장의 고통을 다음과 같이 토로하였다.

---

372) 吳基永, 〈평양폭동사건 회고〉, 《동광》 25호, 1931. 9.

> 겨울은 추운 것이 걱정이고 여름에는 더위보다도 악취가 견디기 어려운 괴롬이다. 마루바닥은 때와 기름이 저졌고 똥 냄새, 오줌 냄새, 그 위에 사람에게서는 송장 썩는 냄새가 나고 밤이면 빈대가 괴로움을 준다. 밤에 빈대라 함은 예양(禮讓)한 말이니 낮에도 빈대가 마루 틈에서 엉덩이 살을 물고 손등에도 기어오른다. … 대변보는 일이 큰일이다. 뒤지는 소용될 때마다 순사에게 청구하는데, 그도 사람 나쁜 놈이면 한 장도 안 주고 반장을 찢어 주되 똥통을 타고 앉은 후에야 준다. 남들이 물끄러미 나를 건너보고 있는데 나는 똥통을 타고 앉아 힘을 써가면서 대변보는 일이란 신사가 아닌 사람이라도 처음에는 대단히 거북하고 뒤가 나오지 않는다. 유치장에 있는 동안에 하는 일은 세 가지가 있을 뿐이다. 첫째는 매 맞는 일, 둘째는 밥 먹는 일, 셋째는 대변보는 일.[373]

필자는 1990년 처음 중국에 갔을 때, 사실상 남이 모두 볼 수 있는 중국 변소의 구조를 보고 '인민을 인간으로 보지 않는' 공산당 정책에 크게 격분한 일이 있었지만, 천하의 수재 논객이요 옥골선풍의 김경재도 유치장에 들어가는 순간 신사는커녕 '인간'이기를 포기해야 했던 것이다. 먹고, 싸고, 매맞는 것이 일과인 존재, 거기서 무슨 '인간'을 찾을 수 있을 것인가? 이 괴로움은 서정희도 수없이 경험한 일이었다. 그러나 이번은 대우가 전혀 달랐다. 자유만 구속하였을 뿐 실내의 생활은 거의 모든 것이 자유로웠고, 남녀 동지가 어울려 농담으로 하루를 보낼 수도 있었다. 정칠성을 비롯한 정순희·신경애·윤영자·강정임 등 근우회의 쟁쟁한 여성 장부들, 그리고 원세훈·정희찬(신간회 해소위원)·이항발·정백(서울 청년회)·김혁(해소파 신간회 중앙집행위원)·김종택(형평사) 등의 쟁쟁한 운동가들이 자유가 허용된 좁은 공간에 모였으니 실로 볼 만하였을 것이다. 그러나 신간회 문제로 극심한 반목을 보였던 사람들이 '강제로' 모인 자

---

373) 金世成(김경재의 필명), 〈유치장 생활〉, 《혜성》 1-1, 1931. 3.

리에 서먹함과 긴장감이 없을 수 없었을 것이다. 그 자리에 있었던 한 인사는 7월 7일 밤 자정을 넘어서도 잠을 이루지 못하며 그동안의 유치장 생활을 글로 옮겼다.[374] 방면된 후 야성(夜聲)이란 필명으로 발표된 그 글은 먼저 유치장의 분위기를 다음과 같이 묘사하였다.

> 치안유지법에 걸려 올 때이라면 戒護 엄격할 것인데 '할가 싶어서'의 예비검속이니 계호는 문화 계호인데, 자유는 구속하였을망정 차입의 자유, 起臥의 자유, 흡연의 자유, 발수신의 자유, 담화도 물론 자유의 자유, 독서의 자유, 좌석 이동의 자유이니, 재래식 유치 취급에 비교하면 훨씬 진보적이라는 것보담은 유치인 취급에 대한 기정 법률조문은 그대로인데 계호만은 문화적이다. … 여성 동지들은 많이 오지 않았으나 올 사람은 다 왔다. … 그들은 한편 자리를 점령하여 유치장 근우회를 만들고 있다. … 우리가 이곳에 오게 된 까닭을 모르겠다. 필시 삼성보 사건에 분개한 민중의 데모 때문에 들어왔거니 짐작뿐인데, 이 짐작이 틀림없을 것이다. 우리 방으로 들어오는 복도에 호떡집 때려부신 (7자 삭제) 각각 一隊씩 형사들에게 인도되어 저 아래층으로 내려갈 뿐 아니라 외계에서는 호외 뿌리는 방울 소리가 '절렁 절렁' 들려온다.

부자유 속의 자유, 불안, 바깥의 심상치 않는 사태에 대한 궁금증이 뒤섞인 좁은 그 공간에서 일본말을 모르는 원세훈은 취조에 대비하여 일본어 공부에 여념이 없었고, '동풍에 너털거리는 세류(細柳) 같은 자태'의 정칠성(해소파)은 《노동부인 문제》의 저술에 몰두하기도 하였다. 서정희와 함께 신간회 중앙상무위원으로서 해소 반대를 주장하였던 나주 출신의 농민운동가 이항발은 '청색 타올로 머리를 질끈 동이고 장의자에 올라앉아 바른 편 무릎을 턱에 고이고 고개를 좌우로 까닥이며 책을 읽기도 하

---

374) 夜聲, 〈유치장 풍경〉, 《비판》 3 · 4호, 1931. 8.

였다. 해소파의 맹장 정희찬은 평소와는 달리 침착하였고, 입심 좋은 서울 청년회계 맹장 정백은 한자풀이 '음담 창작'으로 좌중을 계속 즐겁게 하였으며, 김약천은 함께 검속된 애인의 곁을 잠시도 떠나지 않았다고 한다. 야성은 유치장에서도 유쾌함을 잃지 않은 서정희를 다음과 같이 묘사하였다.

> 서정희 군 젊은이 이상의 농담가. 젊은이 이상의 대식가. 젊은이 이상의 노력의 소유자인 徐老는 "선생은 백 살의 춘추는 넉넉히 가지시겠습니다"의 말에 허-허허 하는 웃음도 노익장지可呵.〔자료 16-12〕

그들의 화기애애한 파한(破閑)은 7일 오후, 절정에 달하였다. 그들은 40세 초반의 근우회 투사 정순희의 신랑감을 선발하며 무료함을 달래고 있었다. 야성은 이 장면을 다음과 같이 묘사하였다.

> ◇ 1940년형의 결혼예식
> 7일 점심을 마치고 나서는 어떤 분 하나가 정순희 씨의 배필을 이 중에서 선택하여 결혼식을 하자고 한다. "만실 좋소." 그 배필의 최적임자라고 하여 서정희 老가 뽑혔다. "여러분 이의 없소"이다. "이의 있소"이다. 항의자는 이항발 군이다. "그러면 이항발 군하고," "이의 있소." 그 사람은 정백 군이다. "그러면 정백 군하고." 아무도 항의하는 사람이 없고 일동은 모두 결정을 하여 버렸다. 그 다음은 일동은 폭소되었다.〔자료 16-12〕

항상 젊은이들과 유쾌하게 농담을 주고받는 서정희의 모습이 눈에 선하지만, 신간회 해소 문제로 극심한 대립을 보였던 투사들이 이처럼 노소와 남녀가 구분 없이 화기애애하게 농담할 수 있었던 것은 일제가 허용한 이 '좁은 공간의 자유'에서 더 이상 정치적, 사상적 쟁론은 무의미하다는 사실을 절감하였기 때문일 것이다. 그러나 이 화기애애한 파한도 그들의 마음속 깊이 응어리진 현실의 한(恨)을 녹일 수는 없었다. 1931년 6월 모종의 사건으로 어느 경찰서 '수훈실(授訓室)'에서 유치생활을 한 적성(赤星)은 '호랑이 같은 감시 순사'의 앞에서도 각종 농담과 심지어 장기자랑까지 하며 하루를 보낸 어느 날 저녁을 다음과 같이 묘사하였다.

> 오늘도 다 갔다. 지지하던 白日도 서산에 기울어졌다. 우리의 얼굴에 꿈의 손톱자국을 남기고 오늘도 다 갔다. … 그러나 정의 실마리 한곳은 알 수 없는 비애를 느끼었다. A나 B나 누구나가 다 그러하였다. 그 순간 실내는 묘혈처럼 정적하였다. 나종에는 입과 입에서 한숨이 새여 나온다.[375]

1940년형 모의 결혼식까지 하며 낄낄대었지만, 저녁 무렵 가늘게 내리던 빗줄기가 점점 굵어진 그날 밤, 빗소리를 들으며 자정을 넘도록 잠을 이루지 못한 야성은 자신의 심경을 다음과 같이 토로하였다.

> 저녁 獄空에 點點하던 細雨는 우리들의 흉중에 알 수 없는 구슬픔을 만들어 주더니, 지금은 沛然! 沛然! 밤은 깊어가고 실내는 죽은 듯 정적한데, 저- 夜雨聲만이 萬馬의 蹄聲처럼…….

가슴속의 구슬픔은 가랑비〔細雨〕 때문이 아닐 것이며, 죽은 듯한 실내의 정적도(묘혈처럼 정적) 검속된 사람들이 모두 잠들었기 때문이 아닐 것이다. 야성처럼 실내의 거의 모든 사람들은 잠을 이루지 못하였을 것이다. 이 죽은 듯한 적막은 바로 그들이 식민지 압제에 갇혀 있다는 현실을 새삼 직시한 때문이었을 것이다. 그들은 그것을 잠시 잊으려고 갖은 농담으로 하루를 보냈지만, 그럴수록 그것은 그들의 가슴을 더욱 압박하였을 것이다. 만 마리의 말발굽 소리처럼 요란하게 들리는 고요한 밤의 빗소리

---

375) 赤星, 〈유치장 스케취〉, 《비판》 2, 1936. 6.

는 바로 그들을 일깨우는 현실이었다. 그들이 이 적막과 그것을 깨는 빗소리의 의미를 결코 잊지 않았다면 밖에 나가서도 '관념의 유희적 논쟁'이나 '권력도 없는 권력투쟁'을 반성하고 청산할 수 있었을지도 모른다.

만보산사건과 선후 대책

유치장에 갇힌 일행들은 7월 8일도 전날과 비슷하게 보냈을 것이다. 그러나 중국인 습격이 수습 단계로 접어들었다고 판단한 경찰은 8일 밤 먼저 서정희와 이항발·정백·홍창유 4명을, 그 나머지는 9일에 모두 방면하였다.〔자료 16-11〕 서정희가 유치장에서 '농담과 적막한 비애의 교차'로 시간을 죽이고 있는 동안 검속되지 않은 사회 지도자들은 분주히 사태 수습에 진력하였다. 조선에 있는 중국인에 대한 폭행과 학살은 그 자체로도 있을 수 없는 만행이다. 그러나 이것은 중국인을 자극하여 중국에 있는 우리 동포에 대한 박해와 폭행으로 이어지고, 이 중국인의 폭거는 다시 일본이 중국에 거주하는 '제국 신민 조선인'의 보호를 빙자하여 무력 개입하는 빌미를 제공할 수 있는 우려가 많았다. 이것은 조선인과 중국인 모두가 원하는 바가 아니었다. 따라서 두 민족의 지도자들은 각기 자기 민족에게 이성의 회복과 자제를 촉구하는 한편 두 민족의 전통적인 우호와 단결을 강조하는 방향으로 문제를 풀어나갔다. 다행히 《조선일보》가 특종으로 보도한 이른바 '만보산사건'은 크게 과장된 오보였다는 사실이 확인되었다.

사건의 현장 만보산 삼성보는 길림성 장춘에서 북쪽으로 약 60리 정도 떨어져 있었다. 사건의 발단은 그해 4월 장춘에 거주하는 중국인 학영덕이 일본 측과 몰래 결탁하여 장농도공사(長農稻公司)를 설립한 후, 이 지역의 중국인 12호와 그들의 땅을 10년 동안 빌려 개간한다는 계약을 체결한 것이었다. 이 계약서 마지막에는 현(縣) 정부의 승인이 없으면 무효라는 단서가 있었다. 그러나 학영덕은 현 정부의 승인을 거치지 않은 채 조선인 이승훈 등 9명과 다시 임대계약을 맺고 조선인 농민 188명을 불러들였다. 현지에 도착한 조선인들은 곧 부근에 흐르는 이통하(伊通河)를 이용하여 20여 리에 달하는 수로를 만들었는데, 이 과정에서 중국인 토지를 주인의 허락도 없이 마구 파헤쳤다. 중국인이 항의한 것은 당연하였고, 중국 경찰도 조선인의 철수를 통고하였으나, 조선인 농민들은 계속 버텼다. 이에 현 정부가 현 정부의 승인을 받지 않은 학영덕과 중국 지주들 사이의 계약 자체가 무효라는 입장에서 조선 농민의 축출을 명령하였으나(5월 20일), 경찰은 그 명령을 이행하지 못하였다. 이에 장춘시는 조선인 농민 전원의 체포를 명하였으나, 역시 현지에 도착한 일본영사관 경찰관의 '조선 농민 보호'로 체포하지 못하였다(6월 2일).

여기서 문제는 장춘시와 장춘 주재 일본영사관의 대립으로 발전되었고, 양측은 일단 충분한 조사를 거쳐 최선의 해결을 하기로 합의하였다. 조사 결과 장춘시는 학영덕과 조선인 사이의 계약은 무효이며, 중국인의 농토를 파괴하면서 수로공사를 강행한 조선인의 행위는 불법으로 드러났으므로 수로공사를 중단하고 조선 농민은 전원 철수해야 한다는 종전의 입장을 재확인하였다. 그러나 일본 영사관 역시 '조선인의 합법적 권리'를 보장할 수밖에 없다는 입장을 되풀이하고 공사 계속을 주장하였다(6월 11일). 장춘시는 일본 측을 계속 설득하였지만, 일본 경찰의 보호 아래 조선 농민들은 공사를 계속하였다. 7월 1일 마침내 격분한 중국인 농민 2, 3백 명은 조선인 농민들이 쌓은 제방의 일부를 파괴하고 토지를 원상 회복시켰는데, 이때 일본 경찰이 중국인에게 사격을 가하였던 것이다. 인명 피해는 없었지만, 중국 경찰 7명도 현지에 출동하여 중국 농민들을 일단 귀가시켰다. 그러나 7월 2일 새벽, 중국 농민들은 다시 수로를 매몰하려고 하였고, 일본은 경찰을 50명으로 증원하여 이를 저지하는 한편 관동청에 병력 증원을 요청하였다.[376]

'만보산사건'의 현지 상황은 이상이 전부였다. 따라서 앞에서 언급한

《조선일보》의 호외와 잇따른 보도가 얼마나 과장된 오보였는가는 새삼 지적할 필요도 없었지만, 이 오보가 결국 엄청난 참사를 일으키고 만 것이 었다. 물론 《조선일보》가 고의로 허위 보도한 것은 아니었다. 그러나 그 특종은 일본영사관 측이 《조선일보》 특파원 김리삼에게 제공하고, 김리삼 은 진위를 확인하지 않고 본사에 급전(急電)을 때린 것이다. 본사가 이것을 긴급 뉴스로 믿고, 호외를 돌린 것은 수 년 이래 재만동포에 대한 중국 관 민의 박해가 이미 '제도화'하고 있었기 때문이다. 조선인이 그 호외에 그 렇게 쉽게 흥분한 것도, 황당한 유언비어에 금방 '학살자'로 돌변한 것도 언젠가는 있을지도 모르는 대대적인 중국 관민의 재만동포 박해가 마침내 터진 것쯤으로 앞뒤 없이 생각하였기 때문인지도 모른다. 1927년 1년 동안 에만도 길림·봉천성 정부는 재만 조선인을 단속하거나 쫓아내는 훈령을 14번이나 하달하였고, 그해 재만 조선인에 대한 각종 압박과 구축(驅逐) 사 건은 54건이나 발생하였다. 《동아일보》도 11월과 12월 재만동포의 안위 를 우려하는 사설을 4차례 게재하였는데,[377] 그해 12월 6일 전북 이리에서 처음 전개된 재만동포구제 시위운동이 전국적으로 확산되면서, 12월 9일 에는 서울에서 재만동포옹호동맹이 결성되어 재만동포의 권익을 보호하 는 운동이 거족적으로 전개되었던 것이다. 이번 조선인의 '폭동'은 어느 의미에서 재만동포옹호운동이 가장 바람직하지 못한 형태로 폭발된 것이 라고 해도 과언은 아니다.

그러나 7월 3일 이후 사태가 가장 바람직하지 않은 방향으로 흘러가자, 7월 4일까지도 '중국 관민의 기획적, 조직적 조선인 배척과 억압'을 비난 하면서 동족으로 '마땅히 정당한 의사와 행위가 표시될 기회를 가져야 한 다'는 다소 선동적 사설을[378] 내보내던 《조선일보》도 7월 5일에는 절대

---

376) 박영석, 앞의 책.

377) 《동아일보》, 1927년 11월 21일자, 〈쌜口조선농민구축령 : 其 대책 여하〉 ; 11월 28 일자, 〈재만조선인 학교문제〉 ; 11월 30일자, 〈재만조선인문제〉 ; 12월 9일자, 〈생 존권에 대한 자위책〉.

냉정을 호소하며, 합법적 방법으로 '재만동포의 앞길을 마음 아프게 근심해야 하지만, 그것은 중국인을 미워하거나 적대하는 것으로 해결되지 않는다'는 요지의 사설을 내보냈다.[379] 그러나 조선인의 폭동사태를 "동포 수난에 격분"이란 제목으로 보도함으로써 중국 측 책임을 강조하는 인상을 주었다. 그 다음날 냉정과 절제를 호소한 안재홍의 사설도 "조선에 있는 중국인에게 우정을 회복하는 것이 선결요령"임을 주장하였지만, 조선인의 만행을 막연히 '실책'으로 규정하면서 '그 실책을 결코 거듭하지 말 것'을 촉구하였을 뿐이다.[380]

이에 비해 처음부터 신중을 기하였던 《동아일보》는 7월 5일에는 서범석 특파원의 발신으로 〈군대출동은 허보, 중국농민해산, 중일경관대의 충돌도 경미, 만보산동포는 무사〉란 제목의 기사를 싣고, 만보산사태가 심각하다는 보도는 잘못된 것이며, 국내에서 중국인 배척도 중지되어야 한다고 강력히 호소하였다. 서정희의 장남 서범석은 당시 《동아일보》 봉천 특파원으로 활약하고 있었다. 7일에도 《동아일보》는 남경 특전(特電)으로 〈재내동포는 은인자중하라, 상해동포단체〉라는 제목의 박스 기사와 만보산의 평온함과 동포의 안전, 6일 밤 평양의 폭동은 근거 없는 유언(流言)에 촉발된 것임을 강조하는 기사를 게재하였다.[381] 한편 〈2천만 동포에게 고합니다 민족적 이해를 타산하여 허무한 선전에 속지 말라〉는 사설을 대서특필하여, 만보산사건이 선량한 민족애를 이용하려는 '검은 손'에 의

---

378) 《조선일보》, 1931년 7월 4일자 사설 〈통심한 재만동포의 운명, 면밀을 요하는 옹호대책〉.
379) 《조선일보》, 1931년 7월 5일자 사설 〈절대 냉정을 권함－재만동포 문제는 합법적임을 요한다〉.
380) 《조선일보》, 1931년 7월 6일자 사설 〈정치적 시련기이다－실책을 거듭하면 단연히 불가〉.
381) 〈만보산은 평온! 수로공사 태완성, 매몰된 것은 공사를 진행중, 재습의 우려는 전무〉 〈작야 평양의 폭동, 중국인상점습격, 오후 8시부터 철야 계속, 무근한 流言이 近因〉.

해 크게 과장되었다는 점을 밝히고 중국인에 대한 폭행 중지를 호소하였
다. 그 중요한 대목만 소개해 보자.

> 만보산 2백 명 동포는 안전하고 평안합니다. 지금 만주와 기타 중국 땅
> 에 있는 우리 동포들은 아직 무사하고 편안합니다. … 그리고 만주 기타
> 중국 땅에 있는 우리 동포들의 가장 간절한 소원은 '국내에 있는 동포들이
> 중국 사람에게 폭행을 말아 달라'는 것입니다(작일 상해 특전 참조). … 동
> 포 여러분은 만보산에 있는 200명 동포의 생명이 危境에 든 것처럼 생각하
> 고, 또 어떤 악의를 가진 자의 선전인지는 모르거니와 그 200명 동포가 학
> 살을 당한 것처럼 아는 이도 있는 모양이나 이것은 전혀 무근지설입니다.
> 무뢰배의 유언입니다. 또 조선 안에서도 조선 동포가 중국인에게 학살을
> 당하였다는 풍설을 돌리는 자가 있다고 하거니와 이것은 더구나 말도 되지
> 아니하는 허설입니다. … 이웃나라 사람의 생명과 재산을 파괴하는 것은
> 폭민이요 난민입니다. 우리는 이러한 사람을 민족의 죄인이라고 아니할 수
> 없습니다. … 조선 민족에 영원히 씻기 어려운 누명이 될뿐더러 중국에 있
> 는 백만 동포의 목에 칼을 얹는 것이니 이런 통탄할 일이 어디에 있겠습니
> 까. … 동포의 뜨거운 민족애와 굿세인 민족의식을 이용하려는 검은 손이
> 여러 가지 탈을 쓰고 각 도시에서 횡행하는 모양이니 선량하고 민족을 사
> 랑하는 동포여, 삼가고 서로 경계하실지어다.

'검은 손' '악의를 가진 자' 즉 일제의 계획적인 조작과 선동은 곧 사실
로 드러났지만, 이와 같은 사설이 나올 때까지 조선 각계 인사들의 노력
도 적지 않았다. 사건 직후 경찰이 주로 사회주의 계열만 예비검속한 이
유는 알 수 없지만,382) 어쨌든 검속되지 않은 인사들은 (주로 민족진영)

---

382) 이 문제는 결국 재만동포 문제의 근본적인 해결 방법과 관련된 것으로 추측된다.
　　대체로 민족주의자들은 국민당 정부를 인정하고 재만 조선인의 민족적 단결, 중국
　　귀화 또는 자치를 주장한 반면, 사회주의자들은 중국공산당과 제휴한 노동자·농

사태의 수습에 진력하였다. 이것은 사태가 가장 심각하였던 평양에서 먼저 구체화하였는데, 7일 아침 평양 각 단체는 심심한 유감을 표하며 '이번 사태가 조선인 전체의 의사가 아니다'는 점을 강조한 성명서를 연명으로 발표하고,383) 민중에게 고하는 〈급고문〉을 여러 단체로 발송하였다. 〈급고문〉은 간결하였지만 그 내용은 대체로 7월 7일자 《동아일보》 사설의 핵심과 비슷하였다.

그날 밤 9시 서울에서도 지도급 인사들은 사회각단체협의회를 소집하고 비슷한 내용의 성명서를 발표하는 한편, 재난 화교에 대한 긴급대책을 강구하기로 결의하고, 이종린·안재홍·송진우·유진태·주요한·김병로·이인·윤치호·이선근·명제세·손재기·정광조·이극로·한용운·김연수·박승빈·박흥식 등 30명의 실행위원을 선임하였다. 이날부터 각 신문사는 피난 화교를 위한 동정금품을 모았다. 이들은 보다 효율적인 활동을 위하여 사회각단체연합회를 결성하고 우선 조선인을 안정시키기 위하여 선전문 10만 매를 살포하였으며, 동정금을 갹출하여 화교를 직접 위문하고, 화교 상점이 다시 문을 열 수 있도록 주선하는 등 적극적인 활동을 벌였다.384) 이에 각 지방의 단체들도 적극 호응하여 강연회와

민의 반제제국주의 투쟁을 강조하였다(뒤의 글 참조). 그러므로 일제는 민족주의자들이 민족 감정 때문에 중국 배척운동을 전개할 것으로 기대한 반면, 사회주의자들은 이 기회를 이용하여 반제 투쟁를 선동할 것으로 우려하여 주로 사회주의자들만 검속한 것이 아닌가 싶다. 그러나 예상과 달리 민족주의자들이 중·일 양 민족의 친선 회복에 진력함으로써 일본의 음모는 실패하는 데 공헌하였다. 주로 사회주의자들에 대한 예비검속에서 서정희가 포함된 사실은 적어도 당국이 그를 아직도 사회주의자로 분류한 사실을 말해 주는 것 같다.

383) 《동아일보》, 1931년 7월 8일자, 〈조선인 전체의 의사가 아니다, 민중은 은인자중하라, 이번 사태를 유감으로 안다, 평양 각단체연합성명〉, 이 성명서는 이광수·안재홍·이종린·박연서 4명이 작성하였다.

384) 《동아일보》, 1931년 7월 10일자, 〈각계협의회 양차 위원회, 선전문 10만매 인쇄 배부, 동정금을 갹출〉 ; 7월 11일자, 〈고난의 재주중국인에 민족적 동정발발, 정신으로 물질로 위로에 진력, 각지에서 위문과 구제, 소맥분 백표를 위문토 교부, 금명간 개점토록 주선, 각계 협의회활동〉.

모금, 위문활동으로 중국과 조선 두 민족의 우의를 다지려고 노력하였다.[385] 평양 단체 대표들이 피난소를 위문 방문하였을 때는 중국인과 조선인 모두가 뜨거운 눈물을 흘렸다고 하며,[386] 처음 중국인 습격이 시작된 인천에서는 며칠 사이에 동정금 3천 원이 답지하였다.[387]

이러한 노력에는 사태를 확대하지 않고 원만히 수습하려는 중국 정부의 노력과 재만 동포의 안위가 현실적으로 다급하다는 인식도 크게 작용하였던 것 같다. 7월 7일 《동아일보》는 배일감정이 격앙되는 분위기 속에서도 만보산사건을 조선 농민과는 무관한 현지의 상조권(임대권) 문제로 규정하고 일본과 원만히 해결하겠다는 동북의 실권자 장학량과 장작상의 입장을 보도하였다.[388] 8일에는 길림성 정부가 각 관할 현에 재만 동포를 적극 보호하고 대우 개선을 도모하라는 명령을 하달하는 한편 재만동포 원로회의를 소집하여 사태수습을 논의할 예정이라고 보도하였다.[389] 또 13일에는 중국 외교부장을 회견한 상해 특파원 신언준이 '한교를 특별히 보호하겠다'는 외교부장의 약속을 타전해 왔다.[390] 이 기사들은 조선인을 안심시키고 중국인에 대한 적대감을 해소하는 데 크게 기여

---

385) 《동아일보》는 1931년 7월 11일에도 함흥·군산·신의주·평양·광주·대구 단체의 활동을 소개하였지만, 14일과 15일에는 〈고난하는 재주중국인에 민족적 동정발발, 정신으로 물질로 위안에 진력, 각지에서 보호와 구제〉라는 기사를 통해 전국 각지의 화교 보호와 구제를 상세히 보도하였다.

386) 《동아일보》, 1931년 7월 10일자, 〈평양단체대표위문, 상방에 熱淚滂沱, 위문하는 이도 울고 받는 이도 울어, 중국인 피난소에 전개된 극적 광경, 구제금 700원 교부〉.

387) 《동아일보》, 1931년 7월 15일자, 〈중국인위금, 3천원각출. 흡연히 모인 동정금품, 인천 각방면에서〉.

388) 《동아일보》, 1931년 7월 7일자, 〈조선농민과는 무관, 문제는 상조권, 장학량씨 훈전내용, 상해에서 신언준 특파원 발전, 만보산분규의 귀결〉〈길림성주석 장작상씨, 원만해결할 의향, 배일기세 의연앙등〉.

389) 《동아일보》, 1931년 7월 8일자, 〈길림성정부의 명령, 韓僑를 적극적 보호, 관하 각 현에 通命을 발표, 대우개선 편익도모〉〈연길시정주비처장, 한교원로회의소집〉.

390) 《동아일보》, 1931년 7월 15일자, 〈'양민족은 原無惡感, 韓僑는 특별보호', 본사특파원 왕외교부장과 회담, 오해 풀고 호상친선에〉.

하였다. 이에 비해 7월 8일 《동아일보》 봉천 특파원 서범석의 통신 두 건은 화교에 대한 박해가 재만동포의 안전을 얼마나 위협하고 있는가를 새삼 깨닫게 하는 계기를 제공하였다. 서범석의 통신에 의하면 이번 조선사태의 돌발로 재만 조선인 전부를 구축하라는 중국 국민정부 회의의 결의가 이미 동북 당국에 도착하였고 지방 관헌은 이미 퇴거령을 발하였다는 소문이 있다는 것, 그리고 중국인들이 크게 격분하여 사태가 심상치 않다는 것이다.[391]

7월 9일 중국어로 발표된 경성화상총회대표 궁학정의 성명서는 이러한 두 입장을 교묘히 결합한 것이었다. 궁학정은 사건 직후 화교 대표로 국민정부 회의에 출석한 후 조선으로 귀환한 사람이었다. 성명서 가운데 그가 '장개석, 장학량 등의 요인을 직접 배알하고 일시적 오해와 감정으로 발생한 사건 때문에 전통적인 양 민족의 우의를 손상할 수 없고 오히려 한교(韓僑)의 대우를 개선해야 한다는 건의를 올렸으며, 중국 정부가 그 건의를 채택하였다'고 밝힌 부분은 조선인의 우려를 해소시키려는 의도가 분명했다. 그러나 다음과 같은 구절은 다분히 위협적이며, '으스대는 대국인'의 모습이 눈에 선하다. 그러나 그 역시 중국과 조선의 싸움은 일본에 어부지리를 줄 뿐이라는 점을 강조하는 것을 잊지 않았다.

> 조선의 언론기관은 3, 5개에 불과하지만 우리나라는 그 백 배가 된다. 만약 근거 없는 소문에 얽매어 시비를 전도하고 선전을 확대하며 서로 보복하고 원수를 갚는다면, (그 결과는) 정말 상상하기도 어렵다. 그러나 이것은 어찌 우리 황제의 후손 문명국가가 취할 바인가! … 도요새와 조개가 서로 싸우면 좋은 결과란 없는 법이다.[392]

---

391) 《동아일보》, 1931년 7월 8일자, 〈조선사건의 돌발은 재만동포에 대영향, 중대시되는 문제추이〉 〈조선내 사변보도로 중국관민 격앙, 만보산사건에 중국인 피살설, 외교협회 방문간담〉. 뒤 기사에 의하면, 7월 4일 이래 중국 각 신문은 만보산사건에서 중국 농민 수십 명이 사상한 것으로 보도하였다고 한다.

같은 날 국민당 평양 지부장은 화교의 보호와 구제에 진력하는 사회단체에 감사를 표하고 화교들은 조선인을 원망하지 않으며 앞으로 더욱 친선을 다짐한다는 내용으로 담화를 발표했는데,393) 이는 궁학정의 성명서에 보조를 맞춘 것이었다. 이것은 모두 조선 거주 화교의 현실적인 안위가 다급하였기 때문일 것이다. 그러나 재만동포의 다급함도 이에 못지 않았다. 조선의 참사 소식을 들은 중국인, 특히 동포가 집중 거주하는 만주의 중국인들이 격분한 것은 당연하였다. 신문사 특파원에 불과한 신언준이 중국 외교부장을 회견하여 조선인 보호를 요청하고, 서범석이 요녕성 외교협회를 직접 방문하여 만보산사건의 진상(중국 농민도 한 사람의 사상자가 없다는)을 신문을 통하여 조속히 언론에 밝히고 재만동포의 보호를 요구한 것도394) 바로 중국인의 보복을 미연에 방지하려는 노력이었다. 재만동포 단체들이 본국인의 냉정을 호소하고 "진정히 동포를 사랑하면 중국인을 박해하지 말라"는 전보를 급히 보낸 것도 그들의 절실한 자구책이었다.395) 사건 발생 후 재만동포 지도자들은 즉각 '길림 한교 만보산사건 토구(討究)위원회'를 조직하고 〈경고(敬告) 중국동포〉라는 선언서(7월 10일)를 통하여 만보산사건은 일본인의 음모였음을 폭로하고, 중국과 조선 두 민족의 단결과 국내 중국인 습격의 중지를 호소하는 등 자위책을 강구하였던 것이다. 또 그들은 오보로써 전례 없는 참사를 촉발시킨 《조

---

392)《동아일보》, 1931년 7월 9일자,〈敬告我朝鮮 親愛的人民, 京城華商總會代表 宮學汀〉.

393)《동아일보》, 1931년 7월 9일자,〈조선민중을 원망 안는다, 사회단체에 감사, 국민당평양지부장 담, 금후론 일층 친선에〉.

394)《동아일보》, 1931년 7월 8일자,〈조선내사변 보도로 중국관민은 격앙, 만보산사건엔 중국인피살설, 외교협회방문 간담회〉. 이날 간담에서 요녕성 외교협회 주석 담 왕추 등 3명의 요인은 진상 발표는 쾌히 승낙하고, 조선인 문제는 동정을 갖고 신중하게 고려하고 있다고 답하였다고 한다.

395)《동아일보》, 1931년 7월 11일자,〈양민족친선을 방해, 대계의 전도에 암영, 조선내 중국인에 폭행말라, 길림재주 한교일도〉〈진정히 동포를 愛커든, 중국인을 박해말라, 局字街 동포의 급전〉; 7월 14일자,〈동성 한교단체, 자중을 懇望, 무순거쳐 본사에 타전〉.

선일보》특파원 김리삼을 소환, 사죄성명서를 작성케 하여 중국 신문사에 발송한 후 그를 살해하기도 하였다(7월 15일).[396]

7월 11일 각계연합협의회가 조선인의 진의를 중국 민중에게 전달하기 위하여 조선 안의 중국영사관과 중국인 단체뿐 아니라 중국의 각 통신기관과 정부 주요 부처에 타전한 것도[397] 중국인에 대한 사과와 함께 재만동포를 보호하기 위한 노력이었다. 이와 같이 사태를 수습하여 저마다 동포를 보호하려는 중국 측과 조선사회단체들의 노력은 7월 17일 각계단체연합회의가 사태의 조사를 위하여 조선에 온 주일 중국공사 왕영보(汪榮寶)를 위하여 마련한 환영회에서 다시 확인되었다. 이 자리에서 윤치호는 주최 측을 대표하여 이번 사태에 대한 유감의 뜻과 아울러 조선인 전체의 의사가 아니었다는 점을 다시 강조하였다. 왕공사는 재만동포의 안전보장을 확약하며 두 민족의 영원한 협조를 역설하였다.[398] 양 민족의 친선은 장개석의 친서와 중산복 한 벌을 《동아일보》 박금 기자에게 전달하는 순서에서 절정을 이루었다. 그 중산복은 장개석이 출전할 때 입었던 것이라고 한다. 실로 박기자에 대한 특별한 배려인데, 박기자는 국민회의에 참석하기 위하여 귀국하는 궁학정에게 조선 동포의 대우개선과 생활보장이 사태 수습에 중요한 조건이라는 의견을 개진하였고, 궁학정은 그 의견을 그대로 전달하여 장개석이 채택하였다는 것이다. 박기자가 궁학정을 통하여 휘호 한 폭을 장개석에게 보낸 것은[399] 자기의 의견을 장개석에게 꼭 전달

---

396) 그러나 7월 17일자 《천진대공보》에는 일본 측이 일본에 불리한 사죄서를 썼다는 이유로 김리삼을 살해한 것으로 보도하였다. 민두기, 〈만주에서의 만보산사건(1931)과 한국 언론의 대응〉, 《시간과의 경쟁》, 연세대출판부, 2001, 204쪽 참조.

397) 《동아일보》, 1931년 7월 14일자, 〈중국 중앙통신기관에 조선인진의를 타전, 전중국민중에게 고해달라고, 각계연합협의회에서〉〈성명서 발송한 각 주요기관〉.

398) 《동아일보》, 1931년 7월 18일자, 〈과거 현재 미래로, 양민족 협조가 필요, 환영석상에서 왕공사연설, 재만동포는 책임지고 보장〉.

399) 《동아일보》, 1931년 7월 18일자, 〈장개석씨로부터 중산복 途로, 성대한 전달식을 거행, 본사기자 朴錦氏에게〉.

할 것을 부탁한 증거이다.

7월 8일 밤 석방된 서정희가 각계단체연합협의회에 직접 참여한 증거는 확인되지 않는다. 그러나 그 긴박한 상황에서 친구들이 모두 분주한데 혼자만 집에서 쉬고 있지는 않았을 것이다. 어쨌든 서정희는 이번 사태에서 큰아들 서범석의 활약을 지켜보며 대단히 흡족하였을 것이다. 서범석은 만주의 상황을 정확하게 전달함으로써 조선인들이 냉정하고 합리적인 판단을 할 수 있는 자료를 제공하였으며, 만주에서 중국인의 조선인 배척을 방지하는 데도 크게 기여하였다. 그는 7월 7일 《동아일보》의 사설을 중국어로 번역하여 중국인에게 조선인의 진심을 전달하는 데 크게 노력한 것이다. 그동안 중국 정부는 중국인에게 경고망동을 경고하며 조선인 배척운동을 금지하였으며, 충돌 때 오히려 중국인만 처벌하는 자세를 일관하였다.

이와 같은 조선인과 조선의 화교, 재만동포와 중국 정부의 공동 노력에 힘입어 만보산사건을 도화선으로 폭발한 조선인의 화교습격사건은 더 이상 악화되지 않고 오히려 두 민족의 단결을 강화하는 계기가 되었다. 이 사태가 두 민족을 분열시키고 만주 침략의 명분을 찾으려는 일본의 음모였다는 사실을 양측이 모두 인식하였기 때문이다. 중국 측은 실제 조사를 통해 그것을 확인하였고, 중국인 습격 현장에서 일본인이 조선옷을 입고 난동을 지휘하였다는 화교의 증언도 확보되었다. 그해 7월 22일 만보산사건에 대한 채원배(5·4운동을 전후하여 신문화운동을 지원한 북경대학 교장, 국민당 원로)의 다음과 같은 보고는 당시 조선과 중국의 양 민족이 왜 그토록 냉정하게 절제하고 협력하였는가를 잘 말해 준다.

> (이 증거들은) 모두 이번 폭동은 (일본이) 방임하였을 뿐 아니라 실제 선동하고 지휘한 혐의가 있다는 것을 증명하기에 충분하다. 일본은 왜 먼저 만보산에서 분규를 일으키고 또 조선에서 폭동을 격발시켰는가? … 대저 滿蒙에 산거한 韓人은 50만이 넘는데 중국인이 공분하여 보복행동을 하면

중국 당국도 그들을 보호하기 어렵고 일본 측도 보호할 수가 없으니 중대 사변이 일어날 우려가 있다. 이 중대 사변이 바로 일본 측이 희망하는 바이며, 그들은 중국 당국이 그들을 보호하지 못하면 (자신이) 군대를 파견하여 韓僑를 보호한다는 구실로 자기의 욕망을 넘치려고 한 것이다. 그러나 뜻밖에도 중국 인민은 의화단 시대의 어리석음을 되풀이하지 않고 모두 '억울함은 풀 날이 있고, 채무는 주인이 있다〔冤有期 債有主〕'는 의미를 알고 '부드러운 것도 먹지 않고 단단한 것도 토하지 않는〔柔亦不茹 剛亦不吐〕' 습관을 양성하여 韓人에게는 (일본의) 피동자가 된 것을 연민하여 결코 원수로 여기지 않았고, 일본인에 대해서도 조금 이해하는 사람이 소수 있다고 여겨 모두 똑같이 仇敵으로 간주하지 않았다. 일본의 苦肉計가 효과를 올리지 못한 것은 이 때문이다. 일본인들의 최근 이러한 (책동의) 목표는 당연히 일관된 계획의 산물이며, 그들의 일관된 계획은 바로 만주와 몽고를 취하는 것이다.[400]

재만동포 문제 지상토론

그뒤 '조선인의 폭동'은 조선인과 중국인의 갈등이란 범위를 벗어나 국제 외교문제로 전화되어 국가 차원의 배상과 사과를 요구하는 중국과 이를 거부하는 일본 양국의 교섭과 갈등이 계속되었다. 물론 일본은 난동 조선인을 대거 처벌하였다. 그러나 중국인 습격사건은 결코 단순한 우발사고는 아니었다. 즉 그 사건의 배경에는 1927년 국민정부 수립 이래 중국의 국권회복운동과 러일전쟁 이래 확보한 만몽의 특수 이익을 확대하여, 결국에는 만몽을 더 확실히 지배하려는 일본의 대륙정책이 충돌하는 형세 가운데 낄 수밖에 없는 재만 조선인의 비극이 있었다. 때문에 이 비

---

400) 秋憲樹 편, 《자료 한국독립운동》, 연세대출판부, 1971, 155쪽.

극이 근본적으로 해결되지 않으면, 정도의 차이는 있을지 모르나 유사한 참극이 전혀 발생하지 않는다는 보장도 없었다. 사태가 일단락되어 조선의 여러 잡지와 신문들이 재만동포의 문제를 집중 거론하면서, 그 해결책을 모색하는 일종의 지상 토론회를 대거 기획한 것은 이 때문인데, 그해 9월 18일을 기점으로 발생한 만주사변은 재만동포 문제를 더욱 유동적이고 복잡하게 만들었고, 이에 토론은 더욱 가열되었다.

이 토론은 대체로 재만동포의 과거와 현재를 조명하고, 만보산사건의 진상과 그 근인(近因)과 원인(遠因)을 분석하면서 대책을 제시하는 형식으로 진행되었다. 중국 관민의 재만 조선인 압박과 구축은 중국인들이 재만동포를 (1)일본 제국주의 침략의 선봉이나 (2)공산당의 사주를 받은 '적화 주구'로 간주하면서 비롯되었다는 데는 대체로 의견이 일치하였다. 이 가운데 (2)는 앞에서 언급한 궁학정의 '경고(敬告) 아조선친애적인민(我朝鮮親愛的人民)'도 중국 관헌이 방치할 수 없는 불법 조선인 '부랑 악화 분자' 가운데 '코민테른의 응원을 받아 살인 방화를 하며 치안을 요란(擾亂)하는 자'를 특히 지적하였다. 신언준의 다음과 같은 항의는 재만동포의 공산주의운동이 동포의 안정을 얼마나 위협하고 있는가를 직시한 것이었다.

> 민중의 생명은 중하고 개인의 주의·이상은 輕하다. 몇 개인의 주의·이상을 위하여 민중의 이익과 생명을 초개시하는 분자들이 만주 들 위에서 狂舞하는 것은 2백만 동포의 운명을 위하여 근심할 바이다. … 또 좌익 소아병자의 일군이 행한 폭동운동에 대하여 나는 항의하고 싶다. 2백만 조선인을 국제적 정책상 희생품이 되게 하는 것은 우리 조선혼을 가진 자로서는 도저히 용서할 수 없다.

이 글은 재만동포 내부 문제를 지적하였는데, 이어서 그가 재만동포의 6대 난제 가운데 하나로 "다수 청년이 좌경운동에 심취하여 이상에 몰두하고 농촌의 개발, 농민 교양 등 실제 공작에 한각(閑却)한 것"을 지적한

것도 마찬가지다.401) 물론 이 운동은 관점에 따라 '혁명적 투쟁'으로 찬양
될 수도 있고, 이를 문제 삼는 것이 오히려 반동적 부르주아의 관점이라
고 비난받을 수도 있을 것이다. 그러나 이 운동은 주요한이 지적한 바와
같이 (2)를 형성하게 한 중요한 요인이 되었다는 사실은402) 공산주의자들
도 부정할 수는 없었을 것이다. 한편 (1)에 대해서는 일부 친일분자를 새
삼 지적할 필요가 없으며, 만보산사건에 이들이 끼여 있는 것도 사실이다.
그러나 보다 근본적인 문제는 재만동포가 '일본 제국의 신민'으로서 치외
법권이 적용되었기 때문에 발생하였다. 7월 17일 조사하러 조선에 온 왕
영보 공사도 문제의 근본 원인을 "조선인을 따르는 치외법권"이라고 분
석하였지만,403) 신언준은 이 문제의 핵심을 다음과 같이 잘 지적하였다.

조선인이 사는 곳에는 일본정부에서 영사관 설치를 요구하고, 영사관이
있게 되면 일본 상점, 일본 質屋(전당포), 척식회사 출장소, 거류민회 등이 생
긴다. 영사관이 있게 되면 경찰대가 있게 되어 중국의 사법행정권이 상실되
고 一朝有事之秋에는 교민보호의 이름으로 관동군 사령부에서 군대를 파견
한다.404)

이 때문에 주요한이 한탄한 바와 같이 "조선 사람이 아무리 변명해도
일본 세력의 앞잡이가 되는 것은 내심 여하보다도 밖으로 나타나는 사
실"405)이 되고 만 것이다. 이 문제는 결국 중국이 치외법권 철폐에 성공하

---

401) 신언준, 〈재만동포 문제에 대하여 협의회조직을 제창함〉, 《동광》 26호, 1931. 10. 9쪽.
402) 주요한, 〈만주문제 종횡담〉, "재만동포문제 특집", 《동광》 1931. 9, 3쪽. "그리고
    또 한 가지 청년들 중에 중국공산당원이 되어 만주폭동에 가담함으로 아직 훈련
    없는 중국 군경이 많은 무고한 조선인을 잡아다가 학대하게 되었고, 조선인이라면
    다 의심하고 시끄러우니 몰아내자는 생각이 나게 된 것 같다."
403) 《동아일보》, 1931년 7월 18일자, 〈과거·현재·미래로 양민족 협조가 필요, 환영
    석상에서 왕공사연설, 재만동포는 책임지고 보장〉.
404) 신언준, 앞의 글, 7쪽.

면 해결될 수 있다. 그러나 그 전망이 밝지 않은 상황에서는 조선인이 중국 국적을 취득하여 귀화하는 것도 한 방법이며, 중국도 이것을 강력히 요구하였다. 그러나 일본은 재만 조선인이 중국 국적을 취득해도 일본 국적 이탈을 인정하지 않았기 때문에 재만 조선인은 이중국적자가 되었고, 일본의 개입 구실은 여전히 있었다. 신언준은 이것을 '출가한 과부의 이혼을 허락하지 않는' 억지로 비난하였는데, 일본이 재만 조선인을 중국 침략의 매개로 이용하려는 정책을 포기하지 않는 한 조선인의 탈적을 허용할 리가 없었다.

이러한 상황에서 조선의 논객들은 재만동포 문제의 해결책도 제시하였다. 1931년 10월 《동광》 26호가 기획한 특집 〈재만동포는 어떻게 해야 할까〉의 설문에 제시된 해결책은 대체로 다음과 같다.

1. 대동단결 조직체(통일된 협의기관) 결성 : 송진우·저술가(익명)·숭전교수·김경재[406]·연전교수·박완[407]·최원순·함상훈·설의식

2. 중국국적 취득 귀화 : 저술가(익명)·이순탁(연전 교수)·《조선일보》[408]·김장환(《동아일보》)·김경재·연전교수·조선어학회·이형재·최원순·함상훈·이정섭·설의식

3. 자치구 내지 자치령 설정 또는 자치기관 형성 : 이인·조선어학회·김경재·김명식·《조선일보》[409]

---

405) 주요한, 앞의 글, 4쪽.

406) 김경재는 자치기관의 형성을 주장하였지만, 그 기능을 산업과 교육에 치중하는 것으로 한정하였기 때문에 여기로 분류하였다.

407) 박완은 특히 공산주의와 민족주의의 협동과 파쟁 청산을 주장하였다.

408) 그러나 《조선일보》는 귀화를 '민족관계에서 수치행위에 불과하지만 자주권이 없는 사람으로서는 그들의 생존을 유지하기 위한 한 방법'으로 인정하면서, 그것을 감수하지 않을 수 없는 한심한 현실을 개탄하였다.

409) 《조선일보》는 "민족××권 확립"으로 표기하였으나 안재홍이 집필한 1931년 10월 9일자 《조선일보》 사설 〈병화만난 재만동포─수난과정에서 각성할 일〉은 "집중, 통일, 자치가 재만동포 생존 보장상의 3건의 요책"이라는 《조선일보》의 주장을

    4. 기타 : 치외법권 철폐(박완)

        중국 관청에 조선인부 설치(조선어학회)

        경제적 토대 구축(최원순)

        조선 내에 민족적 중심기관 결성(서상일)

        자력 개척(김동환)

        재만 조선인의 영세중립국(현상윤)

위의 해결책 가운데서 1항 재만동포의 노력 여하에 따라 달성할 수 있는 목표인데, 신언준이 강력히 요구한 재만동포협의회가 바로 이 경우이다. 그러나 2항은 결국 치외법권 철폐와 일본 국적법 개정이 전제되지 않으면 그 의미가 없는 것이고 보면, 중국과 일본의 합의 또는 일본의 양보에 의존할 수밖에 없다. 이 점은 3항 역시 마찬가지인데, 당시 국민당 정부는 소수민족의 자결이나 자치에 별다른 관심을 보이지 않았고, 중국공산당이 "중국 내 소수민족의 자결권을 승인한 것"도 1931년 11월에 채택된 중화소비에트 헌법 14조가 처음이었다. 이 조항이 다시 소수민족 자치로 바뀐 것은 1938년 10월인데, 이때 조선족의 자치가 고려되었는지는 의문이다. 그들이 국민당의 공세에 쫓겨 다닐 때 산간 오지에 산재한 소수민족의 지지를 받기 위한 정책이었기 때문이다. 그러므로 3항은 너무나 우원한 이상에 불과한 것도 사실이다.

그럼에도 상당수가 이것을 거론한 것을 보면, 그래도 추진할 만한 운동이라고 생각하는 사람이 적지 않았던 것 같다. 주요한도 강렬한 민족성을 지닌 조선인이 중국에 동화될 가능성은 적고, 일정한 구역에서 독특한 문화를 보존하며 사는 조선인 자치부락이 생길 것으로 전망하였다.[410] 문제는 이것을 중국 정부에 어떻게 설득하느냐 하는 것인데, 김명식은 중국의

재확인하였다.

410) 주요한, 〈만주문제종횡담〉, 5쪽.

국권운동 회수를 지지하면 가능할 수도 있다고 전망하였다. 그러나 이것은 결국 국민당 정부와의 협력을 의미한다. 때문에 박일형은 김명식의 주장을 신랄하게 비판하였고, 둘 사이에 공방이 이어지기도 하였다.[411] 박일형의 논점은 요컨대 장개석과 협력을 통한 재만동포의 해결은 불가능하며, "조선의 푸로레타리아는 (중국의 푸로레타리아와의 합작에 의하여) ×××〔일본제-필자〕국주의 ××〔타도-필자〕라는 원칙을 세우고 이 원칙과 당면의 객관적 정세가 규정하는 전략전술에 기준하여 구체적 투쟁을 전개해야만" 해결될 수 있다는 것이다. 그렇다면 박일형이 중국에 있는 조선인 "민족주의자들이 '국민정부와 협력하여 조선인××〔공산-필자〕주의 초멸에 노력할 것'을 정책의 하나로 설정하고 민족주의자의 대동단결을 획책한다"는 소문에 격분한 것은 당연한 일이었겠지만, 그는 국민정부와 협력할 수 없는 이유를 다음과 같이 설명하였다.

> 조선 사람이 만주에서 박해와 참화를 당하는 원인은 무엇에서 오는가? 일언으로 폐하면 그것은 만주를 중심으로 한 ××〔중일-필자〕양국의 ××〔제국-필자〕주의적 알력이 그 이유의 전부라고 할 것이다. 그럼으로 이 문제는 결국 ××양국의 미묘한 대립관계가 근저로부터 절멸되는 때라야 비로소 해결될 것이고 ××양국의 대립관계 절멸은 자본주의 제 모순의 揚棄 없이는 불가능한 것이니 이리하여 외견상 특수 문제인 듯이 보이는 이 문제도 원칙상 제1의 문제와[412] 합류되는 것이다. 환언하면 재만 조선인 문제의 해결은 반×××〔제투쟁-필자〕의 일점에 귀착한다[413]

---

411) 박일형, 〈만주문제를 如是我觀〉, 《비판》 7호, 1931. 10 ; 김명식, 〈재만조선인문제 해결책에 대하여-박일형씨의 소론을 박함〉, 《비판》 8호, 1931, 11 ; 박일형, 〈재만 조선인문제재론-김명식씨의 미망을 矯함〉, 《비판》 9호, 1932. 1.
412) 이것은 이 문장의 앞에서 적시한 '노동자로서 자본가에게, 농민으로서 지주에게 착취당하는 것과 이것에서 생겨난 제 사실'이다.
413) 박일형, 〈만주문제를 여시아관〉, 《비판》 7호, 1931. 10. 38~39쪽.

만주에서 중국과 일본의 대립을 두 제국주의의 대결로 규정한 것도 찬성할 사람이 많지 않겠지만, 이와 같이 모든 문제를 반제투쟁과 자본주의 타도로 귀결짓는 태도는 바로 신언준이 항의하고 싶었던 '좌익소아병'이라고 해도 과언은 아닐 것이다. 그러나 박일형의 관점에서 보면, 《동광》 26호에 제시된 앞서 적은 해결책은 오히려 유토피아적 환상이며 지상(紙上) 공론에 불과할 것이다. 이와 같은 박일형의 결론을 지지하면서 자치령 건설론을 '미망'으로, 국적취득 문제를 '우활'로, 협의기관 건설론을 '허화적(虛花的) 정치욕'으로 각각 배격한 김약수의 논설414)은 박일형의 주장을 보다 구체적으로 해설한 성격이 강한데, 박일형과 김약수의 논설을 게재한 《비판》 7호의 다음과 같은 권두언은 재만 동포문제 해결을 둘러싼 민족·공산 진영의 갈등을 잘 말해 준다.

> 민족 뿌르조아지의 운위하는 재만동포 문제 해결책을 들어 볼 때 그 막연하고 무정견한 우론이란 것은 반분의 가치도 없는 것이다. … 재만동포 문제의 근본 해결책은 따로 있다. 다른 길을 밟는 곳에서라야만 완전히 해결되는 것이다. 무엇이냐? 말하라……

《비판》의 주간 송봉우는 위에서 소개한 《동광》의 설문에서도 "재만동포의 살 길은 있으나 말은 아니하련다"고 답변을 거절하였지만, 위 인용문 맨 끝의 말줄임표 부분은 바로 박일형과 김약수가 주장하는 조선과 중국 프로레타리아의 합작에 의한 반제투쟁과 자본주의 타도가 분명하다. 이 문제는 결국 중국의 정치 형세와 직결된 것이고, 이에 대한 판단 역시 각자의 사상에 따라 좌우될 수밖에 없지만, 1931년 12월 3일에 탈고한 박원일의 〈만주사변과 중국혁명〉은 국민당의 몰락과 공산당의 승리를 확신하였다. 즉 그에 의하면 남창폭동(1927년 6월) 이후 소비에트

---

414) 김약수, 〈재만조선인문제에 대한 견해 검토〉, 《비판》 7호, 1931. 11.

구역을 전국적으로 확대하고 있는 공산당은 일본의 침략에 무저항주의
로 일관하는 자본가와 지주의 정당 국민당을 대신하여 반제국주의 투쟁
에 불타는 노동자·농민을 혁명적으로 조직하여 머지않아 중국 혁명과
반제국주의 투쟁에 성공할 것이라 보았다. 그가 논설을 "특히 대서(大書)
할 것은 중국 ××과정에 있어 국제적 푸로레타리아트의 공전적(空前的)
성원이다"라는 구절로 논설을 마치면서[415] 전 조선의 '무산대중'에게 중
국 공산혁명을 성원할 것을 촉구하였다. 이러한 확신을 가진 사람에게
국민당과의 제휴란 시대 착오적 '반동적' 발상에 불과하였을 것이다. 이
에 비해 만주국이 성립된 이후에도 민족주의자들은 국민당 정권의 건재
를 확신하였다. 《동광》 1932년 4월호가 기획한 〈수난의 중국은 어디로〉
의 설문에 응한 이정섭·허헌·송진우·원세훈·함상훈·김징환·고영
환은 모두 이 점에 의견이 일치하였다.

　1945년 세계대전이 끝난 직후 중국 국민당과 공산당은 곧 내전에 돌입
하였고, 1949년 공산당은 대만을 제외한 전 중국을 장악하여 '공산혁명'
에 성공하였다. 박원일의 희망적 예측이 적중한 것이다(거의 20년 후). 그
러나 1945년까지도 중국의 '공산혁명'은 공산주의자들의 희망 사항에 불
과하였다, 더욱이 1930년대 초에 혁명이 머지않아 가능하다고 확신한 사
람은 거의 없었다. 당시 공산당은 국민당 정부의 총 공세에 밀려 겨우 명
맥을 유지한 상태였고, 1935년 연안으로 들어간 이후 1937년 중일전쟁까
지도 수세를 면치 못하였다. 국민당은 일본의 침략에 적극 대응하지 않는
다는 여론의 압력에도 불구하고 '먼저 국내의 혁명세력을 일소한 후 외세
에 대응한다'는 '선안내후양외(先安內後攘外)' 정책을 견지하였기 때문이
었다. 이 상황에서 재만 조선인과 중국공산당의 합작투쟁은 곧 조선인의
막대한 희생의 감수를 의미한다. 그럼에도 합작을 주장하는 것은 신언준
이 지적한 바와 같이 '자기의 승리를 위하여 민중을 꾀이고 속이어 무위

---

415) 朴元一, 〈만주사변과 중국혁명〉, 《동광》, 1932년 12월호.

의 희생이 되게 하는 죄'를 범하는 것에 불과하였다.[416] 실제 이후 계속된 공산당 폭동들은 재만동포의 생활을 크게 위협하였던 것도 사실이다. 국민당과의 합작이 그래도 재만동포 문제를 해결할 수 있는 현실적인 방안이었다.

이상과 같은 지상토론에 서정희의 참여는 확인되지 않는다. 그러나 그가 박일형·김약수의 주장을 지지하지 않은 것은 확실하다. 그는 거대한 이론에 사로잡혀 총체적으로 일괄 해결을 고집하는 것보다는 작지만 실현 가능한 방법을 중시하였기 때문이다. 아마도 그는 제1의 해결책 즉 대동단결, 통일적 협의회 조직과 함께 국적취득을 주장하였을 것이다.

만주사변에 대한 기대

1931년 9월 18일 일본은 마침내 만주 침략의 구체적인 수순을 밟기 시작하였다. 만보산 사건에서 대대적인 군사 개입의 구실을 얻지 못한 일본군은 9월 18일 밤 10시 반쯤 봉천성 북방 약 10리 지점, 중국군이 주둔한 북대영 부근 유조구(柳條溝)에서 발생한 만철 철도폭파 사건을 핑계로 신속히 작전을 개시하였다. 이 폭파는 물론 일본군이 조작한 것이었다. 그러

---

416) 그러나 김세민, 〈東滿의 정변과 재만동포 생활의 서광〉, 《혜성》 1-7, 1930. 10은 동만주 일대의 공산주의운동을 자랑스럽게 소개하고 그들의 과감한 희생과 투쟁이 세계가 괄목할 '커다란 정변'을 가져올 것으로 기대하였다. 그러나 그 역시 재만 조선인들이 중국공산당에 입당한 이후의 투쟁을 다음과 같이 묘사하였다. "입당 직후 ××운동 11주년 기념폭동, 5·30폭동, 길돈사변, 농촌폭동, 지주×× 등등으로 동만 일대의 살육시장으로 화하였으며, 대중적 검거는 그칠 줄 몰랐다, 급격한 정치적 변화와 赤白의 행진은 첨단을 걷기를 다반사로 알았고 만나면 ×고 ××이고 하였다." 과연 이것이 '재만동포 생활의 서광'인가? 여기서 열거된 폭동은 김준엽·김창순, 《한국공산주의운동사》 4, 고려대 아세아문제연구소, 1974, 415～429쪽에 상세히 나오는데, 《조선일보》의 보도 기사를 많이 인용하였다. 참혹한 상황도 모두 국내에 소개되었던 것이다.

나 일본군은 중국군 400명이 철도를 습격, 폭파하였다고 주장하고,[417] 즉시 출동하여 19일 새벽 1시쯤 북대영을 점령하고, 24일까지 요녕성과 길림성의 대부분을 점령하였다. 이에 9월 27일 장학량은 동북변방군 사령부와 요녕성 정부를 금주(錦州)로 이동시키고 군대를 집결, 항전을 준비하였다. 그러나 국민정부는 외교적 항의와 호소를 하는 국제연맹에 이상의 적극 대응을 회피하고 '무저항정책'을 고수하였기 때문에, 예상대로 일본군의 만주 완전 점령은 시간 문제가 되고 말았다. 10월 15일 국제연맹은 일본군의 철수를 결의하였다. 그러나 일본군은 11월 29일 치치하르를, 1932년 1월 3일 금주를, 2월 5일 하얼빈을 각각 점령함으로써, 동북 3성의 주요 도시와 철로를 장악하였으며, 3월 8일 마침내 청조의 마지막 황제 부의를 원수로 추대한 만주국 괴뢰 정권의 성립을 선포하였다. 일본 관동군 사령부 참모들은 1931년 9월 말 이미 '신정권' 수립을 연구하였고, 10월 21일 그들이 제출한 〈만몽공화국통치대강초안(滿蒙共和國統治大綱草案)〉은 그 '신정권'을 일본의 괴뢰국가로 규정하였다.[418] 일본이 바로 이 구상을 위하여 만주사변을 일으켰다면, 일본군이 중국의 항의나 국제연맹의 결의를 수용하리라고 기대하는 것 자체가 어리석은 일이다. 1931년 10월 이후 일본은 일부 중국인들을 동원하여 '만주독립운동'을 벌이기 시작하였던 것이다.

이와 같은 사태의 전개는 조선인의 비상한 관심을 끌었고, 10월 이후 신문과 잡지에 만주사변의 전말과 이후 사태를 전망하는 논설들이 대거 등장한 것 또한 당연한 일이었다. 1931년 10월 4일 홍효민이 어느 한 강대국에 의한 만주 병합을 반대하고 완전한 자주독립국가를 세우는 것이 동양평화를 유지할 수 있는 길이라고 주장한 것이나,[419] 박일형이 10월

---

417) 조선의 신문과 잡지가 모두 일본군의 주장을 그대로 보도할 수밖에 없었다.

418) 이것은 일본이 처음 만주국을 공화국의 형태로 조직하려고 한 것이 분명한데, 만주국이 정식 입헌군주제를 채택한 것은 1934년 3월 1일로, 이후 부의는 황제가 되었다.

10일 '만주독립국'을 제1차 세계대전 직후 프랑스에 편입되기 위해 급조
된 라인공화국에 비유한 것을 보면,[420] 조선의 지식인들도 10월 초 '만주
국'의 성립 가능성, 성격, 그것으로 말미암은 국제 정세 등을 심각하게 숙
고하였던 것 같다. 그러나 필자의 흥미를 끈 것은 다음과 같은 경찰의 '주
의자의 동정' 보고이다.

> 日支 충돌 사건이 발생한 이래 재경 주의자 중 일부에서는 이 사건이
> 세계대전의 近因을 양성하여 전 세계를 혁명의 거리로 화하게 될 것이라고
> 말하기도 하였으나, 시일이 경과하면서 그 정세가 도리어 평화적 해결로
> 나아가게 됨으로서 그들도 일지 충돌사건이 세계대전의 도화선이 될 조짐
> 이 없다고 평하게 되었으며 … 사건에 관하여 만주에서의 백만 동포의 利
> 害를 생각하는데, <u>만주독립 정부가 수립되던가 아니면 장학량이 정권을 장
> 악하여도 일본이 현재보다 더 많은 권익을 확보할 때에는 재만 조선인은
> 현재보다 유리한 입장이 될 수 있지만 당분간 역경을 면할 수 없다고 말하
> 고 있음.</u>[421]

이것은 10월 10일의 보고로서, 초기 사태가 일본의 일방적인 승리와
중국의 무저항정책으로 일본과 중국의 전면전 가능성이 점차 희박한 것
처럼 보이는 시점에서 분석한 조선의 주의자들의 동향인데, 일본이 보다
많은 권익을 확보하면 결국 재만동포에게 유리하다는 판단이 주목된다.
이것은 중국 관민의 박해 현장에서 그래도 재만동포를 보호하는 — 침략
의 명분을 위한 것이기는 해도 — 것은 결국 일본밖에 없다는 현실을 긍
정한 것인데, 이러한 인식이 결국 훗날 많은 조선인들이 — 좌우 불문하

---

419) 홍효민, 〈만몽문제와 日中충돌의 壁上觀〉, 《비판》 7호, 1931. 11. 48쪽.
420) 박일형, 앞의 글, 41쪽.
421) '고대 아연' 100-015 경고비 제8402의 15 〈日支충돌사건에 관한 관내상황〉(1931.
    10. 10).

고―만주국에 참여한 논리로 연결되었다. 그러나 중국에 대한 일본의 공세가 강화되고 일본에 대한 국제연맹의 압력이 다소 강화되면서 그들의 시국관도 다시 변화하였다. 10월 22일 경찰은 다시 다음과 같은 '주의자의 동정'을 보고하였다.

우리 군이 금주공격사건을 전기로 국제연맹에 대한 태도가 아연 강화된 본월 12일, 연맹이사회가 일본의 반대에도 불구하고 미국 옵서버 초청의 건을 13대 1로 가결한 것이 신문지상을 통하여 보도되자 경성에 있는 좌익 민족주의자 및 극좌분자 등은 무언가 기대되는 새로운 소식을 얻은 것 같은 태도를 보이고, "日支 분쟁에 연맹에서 일본에 대하여 극히 불리한 결의를 하여 일본의 입장이 여지가 없게 되는 것 같은 일이 있게 되면 일본은 절대 그것에 응하지 않을 것이고, 그럴 때에는 양국의 교전은 면할 수 없게 되고, 그것을 도화선으로 제2의 세계대전이 야기될 것은 불을 보는 것보다 더 분명하다. 세계전쟁 발발하면 점차 격화된 사상이 세계혁명의 원인이 될 수 있다"는 등의 언동을 하는 자가 있음. 한편 경성에 있는 사상잡지사들도 시국의 추이를 주시하고 그에 대한 비판적 예언에 관한 원고를 모집한 일이 있는데, 본월 12일 부내 서대문정 소재 동광잡지사에서는 시내 각 사상단체에게 일지분쟁에 기인한 제2 세계대전에 관한 예언적 원고 모집의 통문을 발송하였으며, 또 18일에는 와룡동 소재 시대공론사에서도 제2차 세계대전이 일어날 수 있는 원인, 시기, 장소 등에 대한 예언적 원고모집의 통문을 각 사상단체에 우송한 사실이 있음. 금후 국제연맹에서 제국의 입장이 불리한 것처럼 보도할 것 같은 일이 있으면, 그 때문에 주의자들의 책동이 점차 표면화되지 않을까 사료되어 계속 엄중 사찰 중임.[422]

---

422) '고대 아연' 100-015 경고비 제8402의 19 〈日支충돌사건에 관한 관내상황〉(1931. 10. 22).

일찍이 자치운동을 주장한 대구의 서상일은 1931년 3월 26일자 한 원고에서 '일본과 미국의 전쟁이 일어나지 않으면 조선의 독립은 불가능에 가깝다'는 의견을 표명하였다고 한다.[423] 서상일은 바로 그 전쟁의 가능성이 없다고 판단하였기 때문에 자치운동을 지지하였을 것이다. 그러나 많은 사람들은 만주사변으로 그 가능성이 열리기 시작하였다고 판단한 것이다. 물론 민족주의 좌익과 극좌주의자들도 중·일 전쟁 자체에서 일본이 패전할 것으로는 기대하지 않았을 것이다. 그러나 그들은 일본이 중일분쟁을 계기로 국제연맹과 충돌할 경우 세계대전이 발발할 가능성을 예측하였고, 그 틈을 타서 세계 공산혁명이 가능하고 조선도 해방될 것으로 기대하고 있었던 것 같다.

《동광》이 모집한 '제2차 세계대전에 대한 예언적 원고'는 1931년 11월호에 〈예언? 제2차 세계대전!! 언제 대전이 일어나나? 상대국은 어느 나라?〉란 특별기획으로 게재되었다. 여기에 답변한 사람은 모두 11명인데, 함상훈은 '이번 겨울과 내년 봄', 이봉수는 '늦어도 내년'으로, 안재홍은 1934년, 김우평은 3, 4년 이내, 문일평은 '수 년 내'로 각각 답하여 머지않아 세계대전이 터질 것으로 예상한 반면, 김용무·이선근·고영환·현상윤은 '10년 이내'로, 보전교수 옥선진은 '10년 이후'로 다소 시간을 길게 잡았다. 대부분의 사람들은 세계대전이 이르면 3, 4년 이내, 늦어도 10년 이내에는 발발할 것으로 예상하였던 것이다. 그러나 중국의 무저항정책이 계속되면서 중일전쟁의 가능성이 적어진 1932년 1월, 《혜성》 1931년 1월호가 기획한 〈만일 세계대전이 일어나면〉이란 설문의 결과는 상당한 차이를 보이고 있다. 이 설문에 답한 박희도·정운영·김경재·이성환·윤형식·강매(姜邁)·이종린 6명의 의견은 당분간 세계대전의 가능성은 희박하다는 데 일치하였다. 즉 중국은 현재 일본과 전면전을 불사할 실력이 없고, 소련과 미국도 당장은 중국의 전쟁을 적극 지원할 형편이 못되

---

423) 민두기, 〈만주에서의 만보산사건(1931)과 한국언론의 대응〉, 208쪽, 주 415 참조.

기 때문에 만주사변이 곧 세계대전으로 확대되지는 않을 것으로 전망한 것이다. 그래도 박희도는 세계대전이 "반드시 불원한 장래에 일어나리라고" 확신하였다. 그는 그 전쟁은 장기전이 되어 금력이 풍부한 측이 승리할 것으로 예측함으로써 일본의 패망을 은근히 암시하였으며, 다음과 같은 말로 세계대전의 결과 조선이 독립될 것이라는 조선인 일반의 희망을 대변하였다. "대전쟁의 영향에 대해서는 꼭 집어서 말씀 안 하더라도 다 아는 일이니 별로 말씀드리려고 아니합니다."

머지않아 전쟁이 일어나리라는 기대는 1933년에도 계속되었다. 1933년 3월 4일 최린은 자신을 방문한 일본 헌병에게 다음과 같이 조선인의 일반적인 분위기를 인정하였다.

지난번 국제연맹의 권고를 일본이 거부하고 국제 정국이 더욱 험악하게 되자 조선인은 일반적으로, '제2차 세계대전은 불가피한 일로서 다만 시기의 문제이다. 조선인이 다년간 염원하는 독립도 이 기회가 아니면 달리 없으며, 독립도 가깝게 있다고 기뻐하고 있으며, 우리 천도교도 그 생각을 갖고 입 밖에 내고 있는 것도 사실이다. …424)

한편 1933년 1월 16일 경성헌병대장은 경기도 지방법원 검사정에게 다음과 같은 좀 특이한 보고서를 보냈다.

최근 경성부에 있는 민족주의 선구자라 칭할 수 있는 <u>前상해임시정부 여운형, 前 조선일보 사장 안재홍, 변호사 김병로, 조선교육회장 유진태, 노동총동맹집행위원장 서정희, 원세훈, 前 신간회 집행위원장 허헌</u> 등은 '國

---

424) '고대 아연' 100-038 京憲高普 제172호 〈시국 及정치에 관한 천도교 최린의 언동에 관한 건, 보고'통첩'〉(1933. 3. 6). 최린은 헌병에게 조선인이 이런 생각으로 경거망 동할 경우 자신은 목숨을 바쳐서라도 방지할 것이라고 말했지만, 헌병은 그의 언동이 "진의가 아니라고 사료된다"고 보고하였다.

<u>聯의 동향으로 관찰하건대 금후 삼 년 안에 일본과 다른 외국 어느 나라 간에 전쟁이 발발할 것이며</u> 그때 일본은 반드시 경성에 계엄을 시행하고 경찰권은 군대 및 헌병이 장악하게 될 것인즉 만약 일본과 미국이 전쟁을 할 경우에는 기독교 관계자를, 日·蘇 전쟁의 경우에는 사회주의자를, 그리고 민족주의자는 어느 경우에도 전부 관헌에 살해되게 될 것이다. 대정 12년(1923) 관동지방 震災에서도 다수의 조선인을 살해한 일본이 전쟁의 경우 어떻게 우리들을 그대로 둘 것인가' 하면서 현저히 불안동요하고 있으며 그들이 서로 만날 때는 반드시 개전설에 논급한다.〔자료 16-13〕

위의 두 자료는 모두 만주국이 선포되고 1년 이상이 지난 뒤의 보고서이다. 그렇다면 대부분의 조선인들은 만주사변이 발생한 이후 '머지않은 장래'에, 특히 서정희와 그 동지들은 '1935년 무렵' 반드시 세계대전이 터질 것으로 줄곧 예측하고 있었던 것이다. 세계대전, 이것은 모든 인류가 함께 방지하지 않으면 안 되는 대참극이다. 그럼에도 조선인들은 세계대전을 독립의 유일한 기회로 생각하고 대전이 머지않은 장래에 발발하게 될 것을 기뻐하였다. 그들이 얼마나 독립을 열망하였던가, 또 식민지의 현실이 얼마나 가혹하고 암울하였던가를 잘 말해 준다. 누가 그들을 비난할 수 있었을까? 중국 전국시대 진(秦)나라 백성들도 전쟁이 일어나는 것을 고대하였고, 환희작약하며 전쟁터로 뛰어나갔다고 한다. 그들의 일상생활 역시 인간으로서는 도저히 감내하기 어려웠고, 전쟁에서 공을 세워야만 벗어날 수 있었기 때문이었다고 한다. 조선인들도 일본이 세계대전에 돌입할 경우 제3자로서 중립을 지킬 처지가 되지 못할 것이며, 조선인 역시 막대한 희생을 강요당하리라는 예상도 하였을 것이다. 서정희와 그 동지들이 우려한 일본의 '조선인 대학살'도 그 대참극의 시작에 불과할 것이다. 독립에 대한 희망과 조선이 겪어야 할 대참극에 대한 두려움과 공포, 예상되는 세계대전은 조선인들이 상반된 이 두 예감 사이를 방황하게 하였던 것이다. 서정희 역시 마냥 기뻐할 수도 없었겠지만, 그렇다고 두려움

에 동요하고만 있지도 않았을 것이다.

조선인들이 무언가 돌파구를 열어 줄 것으로 기대한 중일전쟁은 1937 년 8월 제2차 국공합작이 성립된 이후, 그리고 미국과 일본의 전쟁은 1941년 12월 말에 발발하였으며, 그 결과 1945년 8월 일본의 패망과 조선 의 해방이 실현되었다. 안재홍은 1931년 1월 "조선 사람은 몇 년 후에 잘 살게 되겠습니까"라는 설문에 다음과 같이 답변하였다. "잘 살 것은 아직 보장치 못합니다. 한 14, 5년 후이면 한 번 변동은 있겠지요."[425] 대체로 정확한 예측이었다. 14, 5년 후의 변동, 즉 해방은 되었으나 분단과 전쟁 으로 조선인의 고통은 계속되었기 때문이다.

만주사변 이후 재만동포의 참상

조선의 식자들이 무언가 기대감을 갖고 만주사변의 추이를 예의 주시 하면서 나름대로 사태를 분석하고 있는 동안 재만동포는 심각한 생존의 위협에 직면하고 있었다. 당시 신문들은 치안 붕괴에 따른 비적의 횡행, 일본군에 패퇴한 일부 동북군의 '비적화', 그들에 의해 생존의 위협을 받 는 산간오지에 거주하는 재만동포의 피난을 여러 날 계속 대서특필하였 으며, 그 만행의 주인공을 '중국 패잔병'으로 명기하였다. 1920~30년대 중국 군벌의 군대 상당수가 마적·비적의 '관군화(官軍化)'로 형성되었고, 특히 장작림의 동북 군대에 그 성격이 강하였다는 것은 잘 알려진 사실이 다. 그러므로 관군이 되었던 비적이 정권이 붕괴되면서 다시 비적으로 돌

---

425) 《동광》, 1932년 1월호, 〈각계인사들의 멘탈 테스트〉, 46쪽. 이 설문에서 원세훈은 조선이 잘 살 날을 '아시아 여러 민족의 해방과 연쇄하여 생각할 때, 10년 이내' 정도로 답함으로써 10년 이내 조선의 해방을 명언하였다. 별다른 설명 없이 '정확 히 自今 만 10년 이후'(변영만), '1940년 이후'(백인제), '한 10년쯤 후에'(이정섭), '한 10년 후면'(함상훈), '10년 내외로'(김용무)로 각각 답변한 사람들도 대체로 원 세훈과 같은 말을 했다고 보아도 큰 잘못은 없을 것이다.

아 간 것은 오히려 자연스러운 귀결이었다. 중국인들은 이를 '병비(兵匪)'라고 부른다. 패퇴한 동북군이 산간오지로 숨어들면서 그곳의 농민들이 가장 손쉬운 약탈 대상이 될 것은 예상된 일이었다. 생존의 위협에 직면한 재만동포들은 모든 것을 포기하고 맨몸으로 일본군이 점령한 철로 연변으로 몰려들었다. 그들은 적어도 일본군이 비적으로부터 보호해 줄 것으로 기대하였다. 그러나 일본군이 그들에게 의식주까지 제공할 이유는 없었다. 추위가 시작되는 만주의 늦가을, 그들은 떼거지가 되어 들판에 버려진 신세가 되었다. 당시 철로 연변으로 피난한 동포의 수는 대략 1만 8천 명가량이었다고 한다. 오지에서 피난하지 못한 대다수 동포(총 100만이라면 98만)의 참상 또한 상상하기 어렵지 않다.426) 그러나 10월 3일 밤, 무순의 재만동포 피난민구제 임시사무소에서 비장한 각오로 쓴 김명식의 다음과 같은 글은 재만동포에 대한 약탈이 단순한 '비적'의 문제만은 아니었음을 잘 말해 준다.

> 내가 이 글을 쓰려고 벌써 몇 번이나 붓을 들었으나 다소 고려할 점이 있어 쓰지 못하고 오늘까지 주저해 왔다. 그러나 나날이 심각화하는 재만동포의 학살 문제를 들을 때, 차마 그대로 묵과할 수 없어 이 붓을 든다. 전에도 그런 사실이 없었던 것은 아니지만 그러나 재만동포에게 더 한층 박해를 줄까 보아 신문잡지에 발표하지 않고 그대로 묵과하였으나, 오늘날 같이 이렇게 배척 압박이 극에 달한 이상 어찌 눈을 뜨고 그대로 있을까 보냐. … 오늘날 중국인의 말에 의하면 조선인을 배척하는 원인이 두 가지 있다고 한다. 하나는 小일본이라는 의미요 또 하나는 일본제국주의의 전위분자가 되어 만몽침략을 한다는 것이다. … 조선인이 오늘날 만몽에 와 살기 때문에 일본인의 만몽침략정책에 전혀 이용되는 점이 없다고는 할 수 없으나 그것이 약소민족인 우리의 입장으로 할 수 없는 현상이요, 또 이용

---

426) 서범석, 〈만주사변 이래의 재만동포 현상〉, 《신동아》, 1932년 5월호, 20쪽.

된다고 해도 우리를 박멸한다는 것은 도저히 이유로서 정당성을 갖지 못한다. … 현금 逐放을 당한 자 학살을 당한 자만 해도 不知其數이다. 現今 무순에 와 있는 피난민만 하여도 천백여 명이요 또 그들의 말을 들으면 학살당한 자가 헤아릴 수 없이 많다고 한다. 대개 그대들이 직접 본 것만도 300명이 넘는다고 한다. … 금번 ××××[만주사변 — 필자]이 무슨 우리에게 관련된 문제이냐, 잘됐든 잘못됐든 우리에게 하등의 관계가 있느냐 말이다. … 무슨 까닭으로 선량한 농민을 학살하느냐, 왜 가옥에 방화하며 왜 자산을 약탈하느냐 말이다. 배일운동에 '爲先打殺高麗人'이라는 슬로간은 무엇을 연유함이냐. … 어서 속히 이번 사건에 철저한 비판을 내리어 스스로 각성이 있기를 무엇보다도 재삼 부탁하고 그만둔다.[427]

서범석도 1932년 5월 만주사변 이후 만주의 중국인들이 조선인을 "제2 일본인이라는 관념을 가지고 대함으로써 중국(漢族)과의 친선은 상당히 오랜 시간을 경유하지 아니하면 어려울 것"[428]이라고 지적하였지만, 만주사변 이후 재만동포에 대한 학살과 약탈은 실제 단순한 비적의 만행만은 아니었고, 국내에 알려진 것보다 훨씬 더 심각하였다. 이것은 결국 중국인 피습사건의 원인(遠因)이 되었던 재만 조선인에 대한 중국인 감정의 연장이었다. 만주사변으로 항일감정이 격화되면서 조선인에 대한 악감정 역시 증폭하였고, 그들의 울분은 일본군의 보호를 받는 일본인 대신 '보호자가 없는 약한 조선인'에게 분출된 것이었다.

9월 24일 《조선일보》는 안동현 주재 일본영사가 "일중 교전으로 요녕성 각 현 내에 흩어져 있는 조선동포에게 감정에 격앙된 중국인이 혹 폭행을 할 염려가 있다 하여" 안동현 지사와 교섭하여 안동현 지사로 하여금 각 현 지사들에게 현 내 조선인을 보호해 주도록 요청한 사실을 보도

---

427) 김명식, 〈중국인사에 與함〉, 《비판》 7호, 1931. 11.
428) 서범석, 앞의 글.

하였다.[429] 또 10월 7일 《조선일보》는 상해에 있는 동포들이 "동북사변이 폭발한 후 남중국 일대에 만연하는 배일운동의 확대와 기타 동삼성에 있는 조선 동포에 대한 여러 가지 문제 발생에 대하여 상해에 있는 동포로서 그대로 있을 수 없어" 대회를 소집하고 6개 사항을 결의한(9월 25일) 사실을 보도하였다.[430] 그러나 재만동포에 대한 '습격' '난행'이 중국인의 배일감정과 관련되었으며 '중국 패잔병'뿐 아니라 배일감정이 격해진 일반 중국인도 많이 가세하였다는 사실을 《조선일보》가 처음 보도한 것은 10월 13일이었다.[431] 10월 26일에는 만행의 주체를 '토비 패잔병 농민'으로 밝힌 제목 아래 동포의 수난을 '약탈, 방화, 부녀에 폭행, 총살' 등으로 명시하면서 만주 여러 지방의 동포 피해 상황을 대대적으로 보도하였다.[432] 그러나 그 후에도 '패잔병'의 만행만 주로 보도한 《조선일보》의

---

429) 《조선일보》, 1931년 9월 24일자, 〈조선인보호를 현지사에게 통전, 만일의 변이 없도록 주의시켜, 작일 안동현지사가〉.

430) 《조선일보》, 1931년 10월 7일자, 〈동북사변에 대한 상해동포대회, 동삼성의 동포 문제에 관한 6개조를 결의하여〉. 이 대회는 이동녕의 사회로 진행되었는데, 만주사변 전후 사정에 대한 조소앙의 경과 보고와 6개조의 내용은 보도되지 않았다.

431) 《조선일보》, 1931년 10월 13일자, 〈新賓縣피난동포 18명 안동현 來着, 피땀 흘린 농작과 가구를 내버리고, 무순까지 야반도피〉는 피난민 방태식 씨의 증언을 다음과 같이 보도하였다. "금번 일중 사변이 일어나자 중국인들은 우리 동포에 대한 태도가 날로 심하여 갈 뿐 아니라 금번 사건도 너희들로 인하여 일어난 것이니 너희들을 그대로 둘 수 없다는 등 여러 가지로 폭언이 유행되던바 근일에 와서는 직접 행동으로 중국민들은 총검 등 무기를 가지고 각처에 산재한 동포를 ×××하는 등 무조건으로 구타하는 등 폭행이 날로 심하여 수십 호나 ××당케 됨으로써…" 만행의 내용을 명기하지 않은 것은 역시 독자의 흥분을 되도록 억제하려는 의도였을 것이다.

432) 《조선일보》, 1931년 10월 26일자, 〈패잔병박해는 혹심, 백만동포의 수난상〉 〈권농공사작인 백여명피습, 약탈, 방화, 부녀에 폭행, 공안국장도 사살〉 〈다수동포조난, 토비 패잔병 농민 결탁, 上二台 부락 흉흉〉 〈國境對岸 동포 안위가 염려〉 〈戰費를 동포에게 징수〉 〈負兒한 老女도 사격, 討食後 一洞 박해! 언어도단, 불가형용의 참상, 각지방별 조난상황〉. 이 가운데 길림지방의 조난상황만 소개해 보자. "길림관내에서 학살된 것은 판명된 것이 11명이고 또 다시 40명이 총살되었다는 바, 이것은 아직 조사 중이며, 길림수용소 안에는 세 살 먹은 아이가 패잔병에게 손가락을 잘리었으며 … 북삼가 백여 호 중 제8구에서만 총살된 것이 25명이며 … 의집으로

입장은 위에서 소개한 김명식의 글과는 달리 '일반 중국인의 대거 가세'를 의도적으로 축소 보도하려는 인상을 강하게 풍기고 있다. 이에 비해 일본 경찰도 조선인에 대한 학살과 폭행을 '중국 관민의 폭거'로 인정하고 있었다(아래에 인용한 10월 29일 보고서 참조).

그러나 이번 중국인에 의한 재만동포의 학살과 만행이 조선 안에서 강조될 경우 두 번째 중국인 습격이 폭발할 우려가 많았다. 그리고 이것은 다시 재만동포에 대한 대규모 학살, 다시 조선에 거주하는 중국인에 대한 학살이 끊임없이 반복될지도 모른다. 이것은 바로 만보산사건과 중국인 피습사건이 발생하였을 때, 조선과 중국의 지도자들이 가장 우려한 상황이었다. 조선의 언론이 '패잔병'의 만행을 주로 강조한 것은 바로 이것을 방지하려는 노력이었을 것이며, 김명식도 몇 번 붓을 들려다 "다소 고려할 점이 있어 오늘날까지 주저한 것"도 바로 이 때문일 것이다. 그럼에도 김명식은 중국인의 재만동포에 대한 학살과 폭행이 극에 달하였다고 판단하여, 눈물로 중국인들에게 호소한 것이다. 이에 비해 같은 잡지 같은 호에 실린 현초(玄礎)의 〈일중충돌과 재만 조선인 문제〉가 일·중 충돌의 원인을 두 쪽 정도로 분석한 후 막상 재만 조선인 문제에 대해서는 "이제 그들의 안위조차 물을 곳이 없다"고 단 한 줄로 한탄하고서는 '하략(下略)'으로 끝마친 것도 그 실상을 폭로할 경우 일어날 사태를 고려한 때문으로 추측된다. 여기서 필자는 전 일본 육군 대좌 신우균(申羽均)을 비롯한 친일 조선인들의 '만몽재주동포후원회' 발기계획에 대한 경기도 경찰의 다음과 같은 보고서를(1931. 10. 26) 상기하지 않을 수 없다.

　　　　일중분쟁 이래 일반 조선인의 동정은 너무나 무관심한 것을 유감으로

부터 습격하여 가족 9명 중에서 7명을 살해함으로써 … 이 급보를 받은 동포들은 건두산에서 숨어 3일간 숨어 지내다가 촌민들이 와서 무사하다고 전하는 소식에 돌아왔던 중 그 익일에는 재차 습격을 당하여 전멸되었다는데 도망하는 40명을 포위하고 방총하는 화중에서 … 세 사람만 겨우 도주하여 생명을 보존하였다."

여기고, 그와 같은 것은 단지 국책 수행상 불리할 뿐 아니라 시국이 재만 동포의 근본적 안전책을 강구하는 좋은 기회이기 때문에 이때 조선인으로서 국책 수행상의 후원 단체를 조직하여 여론을 환기시키는 데 노력하는 한편 재만 조선인의 피해 상황을 조사하여 중국 관헌의 죄상을 폭로하면 민심의 통일 내지 외교상에 도움이 되는 바 심대하다며 … 다른 민족 단체에 솔선하여 조직하려고 계획하고 있는데, 개최해도 지장이 없다고 인정되어 그것을 허용하였으나, 이 조선인 단체에서 만몽에서의 조선인 피해 진상 등을 발표하게 되면 … 근래 暴戾한 중국 관민의 재만 조선인에 대한 압박에 격앙 흥분된 일반 조선인의 감정을 자극하여 재류 중국인에 대한 보복적 폭행 등이 없을 것이라고 보장하기 어렵기 때문에 그 동정을 엄중 주의 중임.[433]

신우균 등이 생각하는 '재만동포의 근본적 안전책'은 만주를 완전히 점령한 일본에 의한 조선인의 보호일 것이며, 그들이 재만동포의 참상을 폭로하는 것은 동포에 대한 순수한 동정이나 인도주의적 분노에서가 아니라 일본의 만주 침략을 정당화하기 위한 수단이었다. 그 폭로는 곧 중국인과 조선인 사이에 피의 보복이란 악순환을 초래할 우려가 있다는 것도 알 만한 사람은 다 알고 있었을 것이다. 우리는 이 시점에서 김명식의 진심을 의심할 필요는 없을지 모른다(비록 훗날 그가 전향하였지만). 그러나 그가 더 이상 침묵할 수 없었던 바로 그 '순수한' 심정은 신우균과 같은 '국책 수행을 보익(輔翼)하려는 친일배'에게 좋은 명분을 제공할 수 있는 점 또한 부정하기 어려울 것이다. 동포의 참상을 폭로할 수도, 묵과할 수도 없는 상황, 이것이 바로 당시 이성적이고 성실한 조선인의 곤혹한 처지였을 것이다. 그러나 일본 경찰은 화교에 대한 '조선인의 보복 폭행'을

---

433) '고대 아연' 100-015 경고비 제8402의 22 〈일지충돌사건에 관한 관내상황〉(1931. 10. 26).

자기들이 방지하고 있는 것처럼 주장하였다.

> 일·중 충돌에 따른 재만 조선인의 학살 폭행 피해사건은 이제까지 신
> 문기사 게재 금지 때문에 그 진상이 일반에 잘 알려지지 않음에 따라 조선
> 인의 태도는 비교적 평정한 속에 지나가고 있으며 아직 재류 중국인에 대
> 한 보복적 폭행 등의 사실은 없어도, 최근 조선인 중 만몽 방면을 시찰하고
> 귀환한 자 및 피난 전입한 자 등으로부터 그 진상의 일부가 전해지자 점차
> 일반에 선전되게 되었고 중국 관민의 폭거에 분개하여 이 기회에 철저히
> 응징하지 않으면 안 된다고 현저히 일반 조선인의 감정을 자극하는 경향이
> 있어 엄중 주의 중. 주의자 및 일부 조선인들은 재만 백만 동포 구제의 긴
> 박한 견지에서는 일본군의 철저한 활동도 본래 찬성할 수 있지만, 조선 해
> 방이란 입장에서는 … 내심 분쟁의 험악화를 희망하는 것같이 말을 하는
> 자가 있다.434)

만주조난동포문제협의회 제1회 집행위원회에서 나경석이 조난동포의
참상을 보고하려고 하자, 임석 경관이 "본건은 다소 신문기사 경고에 저
촉되는 바가 있을 수 있고 또 치안방해 요소가 있다고 인정되어" 금지하
였다.435) 이 사실을 보면 일제가 중국 관민에 의한 재만동포의 학살과 만
행에 대한 구체적인 보도를 금지한 것도 확실하다. 그들 역시 조선인의
피해가 너무 혹심하여 적어도 그 시점에서는 바람직하지 않은 '조선인의
극단적 행동'을 자극할 우려가 있다고 판단하였기 때문일 것이다. 그러나
화교에 대한 보복을 원하지 않은 조선인 지도자들의 이성이 이미 그 폭로
를 절제하고 있었던 점을 기억해야 할 것이다. 그해 10월 9일 안재홍은
《조선일보》 사설 〈병화(兵禍) 만난 재만동포 — 수난과정에서 각성할 일〉

---

434) '고대 아연' 100-015 〈일지충돌사건에 관한 관내상황(제24호) 3, 일반 선인의 동정〉.
435) '고대 아연' 100-015 경종경고비 제13215호 〈집회취체상황보고(통첩)〉(1931. 10, 29).

을 통하여 재만동포 참상에 대한 냉철한 판단과 행동을 다시 한번 호소하
였다.

> 가뜩이나 年來로 부대끼고 못 견디는 재만동포가 어떻게나 그 禍厄 속
> 에서 지내는가는 조선 내 2천만 心에 찌르르 울릴 바이다. … 조선의 식자
> 선구자와 일반의 청년 학생과 거리 위의 인민들까지, 실로 냉정 또 심각한
> 연구와 그 의지표현으로써 그 해결의 실마리를 풀어 나아가도록 노력하여
> 야 하겠다. 우락부락하게 막 달려들어 일이나 저지르고 후회를 갈망치 못
> 하는 따위의 민족적 실태는 다시 말기로 하고 지금부터라도 차근차근 계획
> 과 실행의 견실한 길을 나아가야 할 것이다.

여기서 그가 경계한 '민족적 실태'는 바로 만보산사건을 계기로 촉발된
중국인 습격이었다.

좌익이 불참한 만주조난동포문제협의회

10월이 깊어갈수록 재만동포의 참상은 더욱 확대되어 갔다. 서정희는
당시 심경을 다음과 같이 술회하였다.

> 일단 문제가 전 만주로 퍼지어 광막한 만주벌에 올 곳 갈 곳이 없이 兵
> 難에 쫓기는 동포의 참상을 가만히 눈을 감고 생각할 때 뼈를 끊어내는 듯
> 한 아픔을 느끼었다는 것은 나뿐이 아니라 조선 민족의 한 사람 된 자는
> 누구나 한가지로 느끼었을 것입니다.〔자료 1-15〕

이러한 상황에서 친일배들이 '민족감정'을 자극하여 조선 민중을 '일본
의 국책 수행에 유리한 폭행'으로 유도하려고 획책하고 있었고,436) 재만

동포의 긴박한 구제를 위해서는 일본의 철저한 승리도 지지할 수 있다는 경향도 일부 나타나고 있었다면, 민족주의 지도자들은 더 이상 고민만 하고 있을 수 없었을 것이다. 그들이 중국 관민을 적대시하는 대신 가해자를 '패잔병'으로 축소하고 우선 재난 동포의 고통을 위로하고 구제하자는 민족 감정에 호소하는 '거족적 운동'을 벌인 것은 바로 이 때문이었다. 그들이 모인 것은 1931년 10월 27일 오후 5시(종로 2가 기독교청년회관). 이에 앞서 26일 일부 발기인들은 당국의 허가를 받아 내었다.

조선일보사 사장 안재홍의 사회로 시작된 이날 회의에 참석한 사람들은 안재홍·서정희·이인·윤치호·김약수·송진우·원세훈·유광렬·현동완·명제세·박희도·이광수·이항발·이성환 등 총 46명으로, 대체로 민족주의와 사회주의 진영의 합동 형식은 갖춘 셈이었다. 회의는 안재홍이 발기 취지와 경위(최근 만몽을 시찰하고 돌아온 전 조선농민사 이성환의 발의)를 설명하는 것으로 시작되었다. 그러자 청년동맹의 심치령이 재만 노동자·농민의 위문을 목적으로 하는 발기회를 소집하여 사회단체에는 연락하지 않은 이유를 따졌다. 주최 측이 노총은 정운영에게, 농총은 서정희에게 연락하였을 뿐 다른 단체에는 시간 관계상 통지 못한 것을 문제삼은 것이다. 이에 안재홍은 노동자·농민뿐 아니라 전체 재만동포를 대상으로 한 구제가 목적이므로 단체보다는 개인 자격으로 참여하는 것이 보다 바람직하다는 의견도 제시하면서, 더 이상 절차상의 불비를 따지지 말고 의사를 진행하자고 제안하였다. 그럼에도 심치령과 김혁은 동참할 수 없다며 퇴장하였다. 그러나 대부분 안재홍의 제안에 찬성하여, 서정

---

436) 이 보고서는 친일 《대동신문》도 신우균 등과 비슷한 목적으로 활동 중임을 보고하고 있다.'고대 아연' 京高秘 제8402호의 23 〈일지충돌에 관한 관내상황 (제24호)〉(1931. 10. 29)은 만몽재주동포후원회의 강령을 다음과 같이 전한다. 1. 본회는 이 기회에 확고부동한 국책에 근거하여 재만 백만 동포로 하여금 하루라도 속히 참담한 고경에서 탈각하게 할 것을 기함. 2. 본회는 금번 만주사변에 대하여 만주에 在住하는 동포가 중국 측에게 약탈과 살해를 당한 사실을 명백히 사찰하여 선처할 것을 기함.

희를 의장에 선임하고 회의를 진행하였다. 그들은 우선 모임의 명칭을 토의하였는데, 먼저 정희찬은 재만노동자농민조난위안회란 명칭을 제안하였다. 그러나 구제와 위문의 대상은 전체 재만 재난 동포라는 안재홍의 의견이 우세하여 결국 만주조난동포문제협의회로 결정되었다(이하 협의회로 약칭). 명칭부터 좌우익이 격돌한 셈인데, 결국 민족주의 진영이 일단 승리한 것이다. 이어서 그들은 10명의 전형위원을 뽑아 43명의 집행위원을 선출한 후, 금품 모집을 비롯한 일체의 회무를 집행위원회에 일임할 것을 결의하고 일단 폐회하였다.[437]

10월 28일 서정희의 사회로 진행된 1회 집행위원회는 처음부터 파란이 일어났다.[438] 개회가 선언되자 어제 퇴장하였던 심치령이 일어나 자신이 집행위원에 선임된 사실을 신문지상을 통해서 알았으나 자신은 이처럼 "회합 및 동기가 애매하여 정체를 알 수 없는 박쥐회합"에는 참여할 수 없다고 선언하고 또다시 퇴장한 것이다. 그 후 점명(點名)한 결과 총 25명이 출석, 일단 서정희를 의장, 유광렬을 서기로 각각 만장일치로 선임하여 임시집행부를 구성하였다. 그러나 곧 유진희가 개인 사정을 이유로 사임을 표명하고 퇴장하자 뒤따라 정운영·박제영·정희찬·이남훈도 잇따라 사임, 퇴장해 버렸다. 이에 박승빈은 불만의 원인이나 경과에 대한 설명을 요구하였고, 서정희는 다음과 같이 해명하였다.

> 그 원인으로서는 단지 통첩 대상을 단체로 표준하지 않았다는 것인데, 어제 총회의 경과는 심치령·김혁이 퇴장한 이외에는 일반적으로 공기가 진정되었으나 오늘은 어제 탈퇴한 사람들을 집행위원에 선거하였기 때문에 오늘도 이러한 다수의 탈퇴자가 나오게 된 것이다.

---

437) '고대 아연' 100-015 경종경고비 제13097호의 1 〈집회취체상황보고(통첩)〉(1931. 10. 28)〔자료 14-1〕
438) 이날 회의에 관한 서술은 모두 '고대 아연' 100-015 경종경고비 제13215호 〈집회취체상황보고(통첩)〉(1931. 10. 28)에 의거하였다.

이때 원세훈은 탈퇴자가 본 회를 '박쥐회'로 공공연히 비방하는 상태에
서는 회의를 원만하게 진행할 수 없으니 대책을 먼저 강구하자고 주장하
였다. 그러나 서정희는 우리 목적이 조난동포의 구제이니 만큼 그대로 속
히 진행하자고 설득하여 곧 임원 선출로 들어갔다. 이들은 먼저 한용운·
명제세·이종린 등 8명을 집행위원으로 보선하고, 위원장에 윤치호, 상무
위원에 다음의 10인을 선출하였다.

> 서무부 : 서정희·백관수·김항규·원세훈·선우전
> 재무부 : 현동완·이태호·정세헌
> 선전조사부 : 이종린·안재홍·송봉우

사회주의 진영이 대부분 탈퇴하였기 때문에 집행기구는 불가피하게 민
족주의자 일색으로 구성되었다. 경찰은 이날 회의의 구성을 다음과 같이
보고하였다.

> 본 회합의 인원은 거의 민족주의자의 거두를 망라하였고 사회공산주의
> 자는 비교적 소수였는데, 사회공산주의자 특히 북풍계에 속하는 일파는 창
> 립총회에서도 심치령·김혁 등이 탈퇴하였지만, 민족주의자들은 오로지
> 그들을 끌어드리려고(?) 노력하여 그래도 김약수 이외에 수 명을 집행위원
> 으로 선거하였음에도 불구하고 본 집행위원회 석상에서도 의연히 정체가
> 몽롱한 박쥐회합에는 절대 반대한다고 욕설을 토하였고, 북풍계는 계획적
> 으로 탈회를 선언하고 탈퇴하였지만, 북풍회의 거두 김약수만은 의연히 그
> 자리를 지키며 한구석에서 묵묵히 경과를 응시하고 있었다. 살피건대 공산
> 주의자들은 자파와 주의 주장을 달리하는 민족계와는 가령 합동구제사업
> 일지라도 합류하는 것을 좋아하지 않고, 그들은 별도로 만주조난동포구제
> 를 계획하고 있는 前兆가 농후하다.

북풍회계는 서정희가 1923년 이후 노농운동 통합에 나섰을 때부터 행동을 같이해 온 그룹이었다. 그러나 이들과 서정희는 이미 신간회 해소문제에서 대부분 입장을 달리하였는데, 이들이 이제 조난동포구제사업에서조차 합동을 거부한 것이다. 그래도 민족진영이 북풍회계를 설득하려고 한 것은 옛 동지에 대한 서정희의 기대감이 작용하였을 가능성도 농후하지만, 김약수가 끝까지 퇴장하지 않고 구석자리를 지킨 것도 서정희에 대한 마지막 예의였는지 모른다. 단상 위에서 사회를 보며 옛 동지들과 다시 한번 결별한 서정희, 휘하의 동지들을 모두 퇴장시키고 묵묵히 구석에 앉아 있던 김약수, 이 두 사람의 시선은 얼마나 자주 부딪쳤을까?

서정희의 사회로 구제위문품 모집 방법에 대한 토론이 이어졌다. 형평사운동의 대부 장지필이 동아일보사가 이순신 장군 기념사업을 위하여 모금한 기금을 이 사업에 전용하도록 요구하자고 제안하였으나 부결되어 단순한 사건으로 끝났고, 현실과는 거리가 먼 원세훈의 '근본대책 수립' 주장도 지지를 얻지 못하였다. 즉 그는 철로 연변으로 피난한 동포보다 더 생존의 위협을 받고 있는 산간오지 재만동포의 참상을 강조한 후 그들의 귀국을 위주로 한 근본대책의 수립을 주장한 것이다. 이 주장을 안재홍은 다음과 같이 점잖게 잠재웠다.

> 재만 백만 동포를 지금 곧 전부 조난자로 간주하고 즉시 귀국을 종용하는 것은 중대한 문제이므로 본 건은 잠시 보류, 연구하기로 하고 먼저 금품 모집에 노력해야 할 것이다.

이어서 금품 모집과 조난동포 위령제를 위한 당국과의 교섭, 선전 방법, 조사원 파견 등도 논의하였으나, 필자가 이 회의에서 가장 주목한 것은 마지막 순서이다. 외부에 동정을 호소하기 전에 내부의 성의를 표시하기 위하여 집행위원들이 먼저 솔선하여 금품을 기부하자는 박희도의 제안에 따라 저마다 능력대로 금품을 갹출하였는데, 대부분의 사람들은 5원

(안재홍) 이하 50전(이범대) 이상을 기부하였다. 그러나 서정희는 솜 누빈 바지와 저고리를, 원세훈은 조끼 한 벌, 강우는 셔츠 한 매를 저마다 기부하였다. 이들은 돈이 없어 그 자리에서 입고 있던 옷을 벗었음이 분명하다. 당시 서정희가 얼마나 곤궁하였는가를 직접 증명한 장면이었다. 그의 자녀들이 아직도 '배고픈 어린 시절' '하찮은 물건을 들고 전당포 심부름을 다닐 때의 수치감'을 쓸쓸히 기억하고 있다. 그래도 그들이 가난을 당당히 견디고 학교에서는 수재로 이름을 날린 데는 바로 이처럼 입고 있던 옷마저 벗어 던지며 사회운동에 헌신한 아버지 서정희가 있었기 때문이었을 것이다.

협의회의 결성에 발을 맞추어 신문들은 대대적인 선전으로 뒷받침하면서 금품 모집에 앞장섰다. 1931년 10월 27일자 《조선일보》 사설 〈재만동포의 대책 여하, 무관심할 수 없는 이 책임〉은 재만동포의 경제·사회·정치적 곤경을 지적한 후 "만사에 사려를 기울여 최냉정(最冷靜)한 그러나 최열열(最熱烈)한 구제에 종사할 것"을 호소하였다. 이에 비해 같은 날 《동아일보》 사설 〈만주조난동포를 동아사(凍餓死)에 구하자〉는 더욱 감정적이고 자극적인 어조로 재만동포 구제에 동참할 것을 다음과 같이 촉구하였다.

수다한 피난동포—병약한 노인과 부녀와 임산부와 유아를 포함한 이 동포들은 작금 한랭한 일기에 끼니를 굶고 동복과 침구의 준비도 없이 동사와 아사를 기다리고 있다. … 이 가련, 비참한 동포들이 누구의 동족이냐 수천의 동포들이 만리 이역의 冬寒에서 굶주리고 있는 것을 좌시할 조선 사람이 어디 있으랴. … 위험은 박두하였다. 1일을 천연할 수 없다. … 동포여 이러한 비참한 경우는 자주 있는 일이 아니다. … 더구나 곳이 이역이요 철이 冬寒이니 만큼 그 비참한 정도는 더욱 크다 할 것이다. … 동포여 불 같은 동포애를 발휘하여 우리의 민족적 愛力이 얼마나 큰 것을 시위할지어다.

《동아일보》는 10월 29일부터 눈물 없이는 읽을 수 없는 감격적인 '민족애의 발로'를 계속 대서특필하였다. 예컨대 10월 29일자 〈재만동포의 참상 듣고 찬연한 동족애 발로, 빈부를 초월한 위호(慰護)의 지정(至情), 각지에서 금품 답지〉란 큰 제호 아래 역시 큰 활자로 〈송월동 토막민(土幕民)들이 의복 4백 건 기증, 푼푼이 모은 돈까지 보내어, 자신의 급박도 불고〉라고 제목을 단 다음과 같은 내용의 기사를 보자.

동정! 동정! 동정을 받아야 할 기한에 우는 빈민들의 동정이야말로 얼마나 귀한 눈물이냐? … 그들은 일간 누옥도 제 터가 못되어 서리 같은 철거명령을 받고 엄동이 박두한 오늘날에 불안공포에 사여 있는 문제 중의 토막민이다. 그들 중 대표자의 말은…

바로 그 옆 〈감격에 넘친 편지, 눈물에 젖은 의복〉은 송월동 토막 빈민 일동이 《동아일보》에 보낸 편지의 내용을 일부 전재하였다.

오호 애재라 우리는 귀보 제3894호의 사설을 읽고 상상 이상의 사실에 너무 놀래었나이다. 우리 송월동 토막 빈민은 과거이나 현재가 또한 만주의 광야를 어쩔 수 없이 동경하는 운명의 主입니다. 재만동포의 조난은 우리 동족이 다 당한 문제같이 생각됩니다. 우리는 … 오늘의 노동시장에서 학대와 艱苦로 몇십 전 얻은 중에서 우리 조난 동족을 위하여 적은 돈이나마 모아 올립니다. 우리 중에는 자기가 당장 입은 둘도 없는 양복저고리나마 벗어 보냅니다. 대체가 빈한한 우리들이라 의복이 없어서 누추하나 동족애만 생각하고 닥치는 대로 몇 가지 보냅니다. 누덕누덕 지은 버선 몇 켤레는 우리 자매들이 부끄러움을 무릅쓰고 이것이라도 부쳐달라고 눈물 섞여서 보낸 물건이올시다. 귀사여, 우리는 구급을 깨닫고 우선 금일은 이 사소한 것을 보내오니 만분의 일이라도 보태시옵소서. 남어지는 명일에 또 올리겠사오며, 이 민족적 동족애가 거룩하게 우리 겨레에게 깊이 깊이 뿌리 박히어 구제사업이 완벽됨을 기원합니다.

이것을 읽고 '반동적 《동아일보》가 감상적 민족주의로 무산계급을 속이고 우롱하는 비열한 조작극을 벌였다'고 분개할 '의식 있는' 사람도 있었을 것이다. 그러나 집도 없는 토막의 빈민, 그들은 만주 동포의 과거요, 만주 동포는 그들의 미래일 수도 있다는 것을 조선의 빈민들은 너무나 잘 알고 있었을 것이다. 그들 역시 언제 만주로 유랑할지 모르기 때문이다. 송월동 토막 빈민의 '민족애'는 결코 강요된 조작은 아니었을 것이다. 이 사실을 대서특필한 것은 물론 선전기술이다. 그러나 서정희와 원세훈이 그들의 바지저고리와 조끼를 각각 벗어서 내지 않았다면 얼마나 부끄러웠을 것인가? 이유야 어쨌든 '눈물의 운동'을 외면한 사람들은 적어도 한 번쯤은 꺼림칙한 마음이 들지 않을 수 없었을 것이다.

10월 29일 협의회는 절박한 어조로 금품 기부를 촉구하는 선포문을 발표하였다.

> 전조선 각층 각계의 사람들은 성과 힘을 다하여 그들을 도와주는 금품을
> 보내라!
> 그들은 고대한다.
> 요도 돈도 모두 필요하다.〔자료 14-3〕

이후 《동아일보》는 〈재만동포구제코저 지고한 열정발로, 각인각색의 눈물겨운 노력〉이란 특별 제호 아래 각종 눈물겨운 정성(철도직공, 무료실 환자 등)을 대서특필하는 한편 신의주 특파원 서범석과 《동아일보》가 파견한 위문사 양원모(10월 30일 오후 출발)가 방문한 피난소의 참상을 여러 날 계속 보도하였다.

《조선일보》 역시 비슷한 선전 방법을 취하였다. 금융조합 광고지를 뿌린 대가로 받은 돈을 모아온 고아들의 편지를 소개한 〈부모 없는 고아는

그래도 먹을 것이 있어, 만주에 있는 동포는 어떠할고, 경성보육원 등의 열성지극〉, 의주기독교청년회 노동야학부의 열두 살짜리 학생이 1전짜리 동전 12개를 가져왔다는 〈눈물겨운 동정, 하루 번 돈 12전〉. 《조선일보》 11월 5일자에 게재된 이 두 기사만 보아도 《조선일보》의 선전전략을 짐작케 한다. 이 소년은 이렇게 울먹였다고 한다. "선생님 조선 사람이 밥도 없고 옷도 없이 죽는다는데 정말입니까? 지난 장날에 삭짐 져서 번 것이 이것뿐이니 보내주십시오." 조선일보 특파원 신영우 역시 여러 날 계속해서 수용소의 참상을 전해왔다. 처음에는 〈재만조난동포 각지의 눈물겨운 동정〉의 제목으로 금품 답지를 보도하던 《조선일보》가 11월 말부터는 〈구하자! 궐기하자! 백만의 동포를, 열화 같은 동족애의 발동과, 눈물이 겨운 선물의 종종상〉이라는 보다 자극적인 제목을 붙인 것도 흥미롭다.

서정희의 만주 위문

마침내 협의회는 4일 오후 상무위원회를 개최하고 서무부 상무위원 서정희를 위문사로 선임하여 현장으로 파견하기로 결정하였다. 서정희는 11월 5일 밤 10시 위문금품을 가지고 서울역을 출발하였다. 봉천에 거주하는 백영엽이 그와 동행하였다.〔자료 14-4 · 5〕 그해 1월 신간회 해소운동을 반대하기 위하여 함경도행 야간열차를 쓸쓸히 탔던 서정희는 다시 엄동설한의 만주를 찾아 야간열차를 탔다. 그래도 동포를 위문한다는 기쁜 열정으로 초겨울 밤도 그에게는 뜨겁게 느껴졌을 것이다. 그러나 한편 사회 · 공산진영이 협의회에서 탈퇴한 사실은 그를 다시 춥게 하였을 것이다. 그들은 10월 30일 밤 노총과 농총을 중심으로 '재만조선노농민구제회'를 따로 발기하였던 것이다.[439] 그러나 경찰은 노총과 농총이 주최한

---

439) 《동아일보》, 1931년 10월 31일자, 〈재만조선노농민구제회발기, 노농양총주최로,

구제회는 활동을 금지하였다. 결국 그들은 재만동포 구제와 위문에는 동참할 수 없었다. 서정희가 출발하는 날 《동아일보》는 신의주 특파원 서범석 발신의 〈피난민동포 2천 9백, 희생자 309명, 판명된 피해자의 씨명〉을 통해 서범석이 직접 확인한 사망자와 그 이름을 크게 보도하였다. 이와 같이 씩씩하게 활약하는 자식이 그에게 다소 위안이 되었을까? 《동아일보》가 파견한 양일모와 서범석은 며칠 후면 서정희도 방문할 수용소를 순회 위문하고 있었다. 그해 12월 《삼천리》가 기획한 특집 〈눈물의 감옥 면회실〉에 서정희가 신의주감옥으로 자기를 면회 온 서범석을 회고한 〈부자 상회(相會)의 슬픔〉을 기고한 것도 이 무렵 든든하게 여긴 자식을 자랑하기 위한 것 같기도 하다.

넷째 딸 경남과 넷째 아들 경석은 서정희가 '눈물의 동정금'을 한 푼이라도 아끼기 위하여 곳간차를 이용하였다는 '전설'을 자랑스럽게 전한다. 만주의 역에서 그를 마중한 사람들은 그래도 그가 삼등열차는 타고 올 줄 알고 그쪽에서 기다렸으나, 곳간차에서 내린 그를 보고 모두 감동하였다는 것이다. 엄동설한 야간 북행열차의 불기 없는 곳간차에서 10여 년 전 방랑하던 만주를 회상하며, 가벼운 흥분과 긴장, 그리고 서글픔에 번민하는 늙은 서정희의 모습이 눈에 선하다. 그는 왕년에 자신을 '선생님으로 모시던' 북풍회계가 협의회에서 집단 탈퇴한 사실이 못내 아쉬웠을 것이다. 그러나 '농총이면 서정희'였던 그 농총이 자기를 빼놓고 따로 재만노동자·농민구제회를 조직한 사실은 그를 더욱 서운하게 하였을 것이다.

그 후 12월 4일 밤 귀국할 때까지 약 한 달 동안 서정희는 영하 30도를 오르내리는 안동(109명)·봉천(130명)·무순(237명)·신대자(49명)·철령(431명)·개원(237명)·사평가(632명)·정가둔(536명)·공주령(462명)·장춘(220명)·하얼빈(100명)·길림(187명)·영구(300명)·청원(1780명) 등 14개 도시의 피난동포수용소를 방문하여 작은 정성을 전달하며 그들의 고

금 30일 오후 7시 개막〉.

재만동포 위문사절단

통을 위문하였다.〔자료 14-14〕《조선일보》특파원 최일수는 봉천에서부터 그를 동행하였다. 협의회는 금품이 모집되는 대로 계속 서정희에 보냈으나 그 양은 너무나 적었다.〔자료 14-8〕 협의회가 모집한 금품은 모두 협의회가 처분할 수 있었다. 그러나 경무 당국은 신문사가 모집한 물건은 신문사가 자유롭게 처분하되 돈은 모두 총독부 사회과 소속 사회사업협회로 보내도록 지시하였다. 많은 성금이 신문사에 답지하여도 신문사는 그것을 협의회에 전달할 수 없었다.[440] 그는 11월 13일 신대자수용소를 위문한 직후 다음과 같은 세 번째 서신을 협의회로 보냈다.

---

440)《동아일보》, 1931년 11월 1일자, 〈내무경무당국자와 각신문사결정, 조난동포구제 품문제로〉.

(전략)… 생 등은 작야 봉천을 출발하여 신대자에 도착하였는 바 하물(위
문품)은 교섭과 같이 전부 무임으로 운반케 되어 작일 각 발송지로 띄웠습
니다. 그런데 당지에서 금번에 11호 가족 49인에게 의복 약 50점을 공평
분배하였고, 일금 19원 60전(매인당 40전씩) 분배하였는 바 無 非感激히 받
는 양을 사진으로 찍어 금명간 付呈 爲計입니다. …(중략)… 이들은 이곳에
서 과동할 모양인데 앞으로 얼마나 많은 구제의 손을 기다리는 바입니다.
생 등은 今午에 출발하여 철령으로 들어가려 하오며 봉천에서 지상으로 금
전 100원과 의복 2000여 점을 부쳤다는 것을 보고 봉천 임시사무소의 한석
제, 최사림 양씨에게 맡겨 찾아서 우리의 통지대로 부치라 하였사오니 양
지하시오며 본 보고의 기사와 사진은 양 신문사의 요구에 수응하심을 託합
니다. …(하략)〔자료 14-7〕

위문품을 무료로 부치는 교섭까지 하며 비용을 줄였지만, 겨우 1인당
40전과(쌀 반말 정도) 의복 1점 정도, 그래도 그들은 '감격하지 않음이 없
었다.' 11월 6일 사가평수용소를 위문한 서범석은 수용소 동포 1일 생활
비를 1전 7리로 보고하였다.441) 그러니 40전도 적다 할 수는 없다. 11월
18일 서정희와 최일수는 공주령수용소를 방문하여 《조선일보》가 가져간
의복 300점을 매호 3점씩 우선 분배하고 56세의 노인과 10인 이상의 가족
에게 1점씩을 추가 분배하자 목놓아 우는 사람도 있었다고 한다.〔자료
14-9〕 이것은 서정희나 신문사의 과장이 결코 아니었다. 11월 27일 서정
희가 영구수용소를 방문한 그 다음날 영구수용소 대표들은 다음과 같은
감사장을 서울의 협의회로 보냈다.

(전략)… 귀회 동포의 만복 益榮을 祝祈하오며 당지 피난민 일동은 무주

---

441) 《동아일보》, 1931년 11월 8일자, 〈조난동포 찾고, 본사 위문사 양원모 서범석 발
전, 공설시장에 수용된 남녀노유 6백여명, 적신공권에 기한만 徹骨, 사평가 수용소
의 참경〉〈1일 생활비, 1전 7리여, 낮에도 캄캄한 수용소에서, 해산한 산부가 2명〉.

목적으로 만주 황야에서 30여 년을 두류하다가 금번 사변을 당하와 실명 탈재하고 무의무식으로 방황유산하며 호탄지제에, 본월 27일 의외에 귀회 동포께옵서 열정으로 금품을 위문위원 서정희, 최일수 양씨께로 보내시오며 위문사께서 여러분의 대표로 간곡한 말씀과 위문품, 의복 백여 점과 위문금 60원[160원—필자]을 55호 296인에게 매명 50전씩 배부하였고, 특별히 만삭 임부 2명에게 2원씩 주심으로 감사히 받삽고 저희들 일동은 감사한 눈물을 아니 흘린 자 없습니다. 냉돌 한지에서 떨며 굶주리는 저희들은 자차로 엄동설한을 송백같이 無畏하리니 고국동포의 뜨거운 눈물의 동정은 백골난망이오며 저희들 일동은 감격의 감사하옴을 무엇으로 말씀드리오리까. 다만 귀회를 통하여 고국동포에게 감사를 드리나이다.[자료 14-12]

서정희는 적은 금품을 전달한 자신의 태도와 수용민의 반응을 다음과 같이 묘사하였다.

가는 곳마다 피난동포를 한곳에 모아 놓고 <u>적어도 두 시간 혹은 세 시간씩은 서로 무릎을 마주대고 여러 가지 이야기를 하고 들었소이다. 우리가 가지고 간 것은 결코 구제품이 아니고 위문품임을 분명히 말하고 따라서 조선의 뜨거운 정성을 전하자</u> 남녀노소 할 것 없이 다같이 울고 말았소이다. 그리고 가는 곳마다 조선 내의 뜨거운 동정에 대하여 감격하는 한편 "이와 같이 조선에서 동정해 주니 우리는 비록 어떠한 참경에 있다 할지라도 마음이 탁 놓이고 든든하게 믿는 힘이 생깁니다" 하고 감격하여 진정으로 말하는 데는 우리도 기뻤소이다.[자료 14-13]

그렇다! 동포들이 감격한 것은 구제금품이 아니었고, 성심 어린 위문 때문이었다. 그들도 본국에서 모집한 금품이 그야말로 '눈물 어린 동정'이었음을 잘 알고 있었을 것이다. 신문들이 빈민의 적성(赤誠)을 대서특필한 까닭은 감상적으로 동참을 선동하기 위함이기도 하였지만, 적은 위문품을 받는 피난민의 마음을 위로하기 위함이기도 하였던 것이다. 영하 30도를 오르내리는 혹한을 뚫고 늙은 서정희가 그 뜨거운 정성을 들고 달려와[자료 14-14] 두 시간, 세 시간 무릎을 맞대고 간곡한 위로의 말을 전할 때, 감격하지 않을 사람 있겠는가? 열(熱)과 성(誠)의 노인 서정희, 이번 위문사로 그보다 더 적임자는 드물었을 것이다. 더욱이 당시 만주의 치안은 극히 불안하여 여행하는 것 자체도 커다란 모험이었다. 서정희를 동행한 《조선일보》 최일수 기자는 11월 28일 마지막으로 청원수용소를 방문하던 상황을 다음과 같이 전하였다. 서정희의 일기처럼 읽어도 좋을 것이다.

기자는 금번 경성 만주조난동포문제협의회의 서위문사를 동반하여 지난 28일 상오 11시 30분 심해선으로 금번 사변 이래 패잔병에게 가장 참화를 입은 문제의 청원 행각의 길에 올랐다. … 동일 하오 석양에 동현 이도하자란 동포 촌락에 머물고자 북삼가자역에 내려 낯익은 길로 이도하자에 미쳐 당지 교회소로 들어간즉, 사정없는 칼날과 총뿌리에 놀래어 아직도 뛰는 가슴을 진정치 못하는 가엾은 동포들은 내뛰고 바람쏘는 어두운 중국 방옥에서 일면여구로 기자를 반갑게 맞는다. 우리는 동일 밤을 교회소인 김청식 씨 집에서 보내며 반갑게 모여온 당지 농민동포들과 밤을 새어 가며 저간의 정황을 대강 듣게 된 바 … 듣기에도 지긋지긋한 여러 가지 애화가 많이 흘러나온다. 그들은 심해선으로 북산성자를 향하여 도주하는 도중 차 내에서도 부근 논밭과 산록에 흰 옷만 보이면 맹렬한 총질을 하였다는 바 그때에는 별로히 사상자가 없었으나 정거장마다 내리는 병졸들은 삼삼오오 떼를 지어 도보로 걸으니 방방곡곡의 동포 촌락을 찾아 혹은 ○○ 혹은 방화 혹은 약탈 혹은 ○○ 등 갖은 폭행을 자행케 되어 청원현 내의 한진동의 가족 6인(○○)을 비롯하여 동현 내 김승만과 동현 '페지거우' 백창도 씨 내외며 동현 사도하자 박진삼, 동현 이도구, 석두인, 소가구 등 제 부락에서 생명을 ○○긴 수효가 25인에 달하게 된바 생명을 ○○ 방법에는 여러 가지 눈물겨운 애화가 많이 있다. 이러한 역사적 참변이 있은 뒤로 본지서의 각 당국에서 조선인 철저 보호에 대하여 동변진수 사우지산을 비롯하여 각 현 당국책임자에서 각각으로 엄중 인신한 결과 다소 공기는 완화되어 패잔병도 북으로 북으로 떠나게 되어 이때가지 큰 화는 입지 않았으나, 근일 또다시 청원 현 내에 패잔병이 북산성진으로부터 약 6백 명이 내려 달려 공기는 다시 험악해지는 모양인데 당지에 내왕하는 행객에게도 극한 취체를 가하여 몇십 리의 통행도 자유롭지 못하다 하며 당지 동포들은 우리 일행에게도 속히 다녀가기를 권한다. … 그들은 밤이면 셋식 넷식 짝을 지어 부근 동포 촌락으로 밀밀히 빠져 나와서 주인을 난타 결박하고 부녀자에게 ○○○○을 감행하는 일이 비일비재하다는바, 젊은 부녀자를 가진 사람들은 극도로 불안공포를 느껴 근근 조선 내지나 만철 연선으로 모여드는 사람이 그 수를 늘리고 있는바, 이에 수 일 전에 동현 남팔가자 동포의 곡식 나까리에 불을 질러 일 년의 수고가 오유에 돌아가게 한 일이 있으며, 동현 청초구 장응구 씨의 콩 나까리에도 방화하여 4, 50석의 콩은 재로 화한 사실도 있다. 그리하여 20여 명 불행한 동포들은 뜻 아닌 그리고 가치 없는 희생이 되어 그때 가장 공포 중에 부랴부랴 혹은 동포의 손으로 혹은 중국 사람의 손으로 몇 구덩이에 천고의 원한을 머금고 ○○게 된바 그 중 전기한 진동씨 가족 6인은 한 구덩이에 ○○다 한다. 그리고 기자가 해지에 여행하는 때에도 당지 4천여 동포들은 견궁지조 격으로 어디서 조그만 탕 소리만 들어도 "아이고 가슴 울렁거려!" 하며 손을 가슴에 얹는 실로 목불인견의 정상은 무엇이라 형언키 어려운 형태에서 앞으로도 얼마나 오랜 시일을 지나가서야 이때의 놀란 가슴이 안정될지 모르는 바이다.〔자료 14-11〕

인용문 가운데 앞의 ○○은 모두 '학살'이나 '강간'에 해당하는 단어, 뒤의 2개는 '묻었다'는 의미일 것이다. 너무나 끔직한 참변으로 활만 보아도 놀라는 새처럼 불안한 동포들에게 위험을 무릅쓰고 찾아온 서정희 일행이 얼마나 반가웠겠는가? 그들은 냄새나고 더러운 좁은 방에서 밤새 하소연하고 위로 받으면서, 놀란 가슴이 조금은 진정되었을 것이다. 서정희도 그들이 조금이라도 위로 받고 감격한 모습을 보고 기뻐하였고, 위로 받아야 할 불쌍한 동포들의 친절한 접대에도 감격하였다. 그가 귀국 직후 "금번 사명을 유쾌하게 수행한 줄 믿소이다"라고 피력한 것[자료 14-13]은 바로 이 기쁨과 감격을 말한 것이다. 그러나 말로 표현할 수 없는 갖가지 고통, 그리고 직접 목격한 차마 눈을 뜨고 볼 수 없는 참상들, 피난수용소의 너무나 열악한 조건들은 거대한 힘으로 그를 깊은 비통의 늪 속으로 끌고 갔을 것이다. 이 같은 참상은 비단 청원에서만 듣고 보지는 않았을 것이다. 1932년 1월 잡지 《비판》이 설문한 신년 소감에 서정희가 다음과 같이 답한 것은 바로 그 참상을 뇌리에서 지울 수 없었기 때문일 것이다.

> 재만조난동포의 참상을 차라리 보지 아니하였던들 좋았을 것을, 보고 온 뒤에는 그들의 정황이 자나깨나 잊혀지지 않소. 소감이라면 이것밖에 없소.[자료 1-16]

귀국과 사업의 계속

12월 4일 밤 귀국한 서정희는 바로 그 다음날 윤치호한테서 점심 초대를 받았다. 그날은 맑고 추운 날씨였다. 윤치호는 협의회 회장으로서 먼저 개인적으로 서정희의 노고를 위로하고 만주의 상황도 직접 듣고 싶었을 것이다. 이 자리에는 제2차 위문사로 파견된 현동완도 같이 있었는데, 이미 윤치호는 현동완을 다음 위문사로 내정하고 있었는지도 모른다.[자료 16-11-1] 12월 7일 서정희는 협의회 제3회 집행위원회에 참석, 위문활동 전말을 공식 보고하였고, 이어서 위원회는 그를 위한 위로연을 열었다. 그 자리는 30여 명의 저명인사가 참여하는 성황을 이루었다. 여기서 안재홍과 한용운은 서정희의 노고를 치하하고 노익장을 기원하는 축사를 하였

귀국한 서정희를 위한 위로연. 가운데 흰 두루마기를 입고 서 있는 이가 서정희
(《동아일보》. 1931년 12월 9일자)

으며, 서정희는 감사의 말과 함께 "건강이 허락하는 날까지 앞으로 더욱
사회의 심부름을 충실히 하겠노라"고 다짐하였다.〔자료 14-15·17〕. 모처
럼의 '호사'였지만 재만동포의 참상을 자나 깨나 잊을 수 없었던 그는 그
다지 기쁘지 않았을 것이다. 그러나 그의 마음을 더욱 착잡하게 만든 것
이 또 하나 있었다. 바로 재만동포를 우선 실질적으로 구제하고 보호할
수 있는 것은 결국 일본이었다는 점을 현지에서 직접 확인하였다는 사실
이다.

총독부 경무 당국이 신문사들이 모금한 현금을 모두 총독부 내무국 사
회과 산하 사회사업협회로 이관시킨 조치도 재만동포 구제의 주도권을
총독부가 장악하려는 의도였다. 한 걸음 더 나아가 총독부는 이 재단법인
조선사회사업협회 주최에 서울의 조선 신문과 일본 신문, 그리고 일본적
십자사 조선본부, 애국부인회 조선본부까지도 후원자로 편입시킨 관제
모금운동을 조직하였다. 그 격문의 제목도 〈중국패잔병 급 비적의 박해에
고생하는 우리 재만동포의 위문〉이었다.[442] 일부 지방에서 이 사회사업
협회의 모금운동이 있다는 이유로 군 단위 구제회 조직을 금지한 것,[443]

만주 위문을 마치고 귀국한 서정희
(《조선일보》. 1932년 1월 4일자)

‘조난동포’란 표현이 민중을 자극하여 두 번째 중국인 습격사건을 유발할 위험이 있다는 이유로 각종 형태의 모금운동에서 ‘조난동포’라는 용어 사용을 금지한 것[444] 등은 협의회에 대한 노골적인 탄압이었다. 1931년 11월 25일 만주조난동포문제협의회는 모임의 명칭을 만주동포문제협의회로 바꾸면서 그 이유는 밝히지 않았다.〔자료 14-10〕그러나 이 개칭 역시 ‘조난동포’란 용어를 불허한 당국의 압력이 분명하다. 창덕궁의 ‘대비전하’가 만주동포 구호금 1000원을 사회사업협회로 ‘하사하신’ 것은[445] 역시 관제 운동의 주도권을 인정한 배려였다.

이와 병행하여 총독부는 거금의 구호금도 아끼지 않았는데, 11월 12일 구호금 4만 2천 원을 지닌 외사과장을 만주로 파견하였고, 11월 25일에는 다시 2만 원을 추가로 송금하였다.[446] 서정희가 들고 간 몇백 원과는 비교가 되지 않는 거금이요, 실로 재만동포에 대한 총독부의 ‘적극적 배려’였다. 12월 2일 《동아일보》는 장춘의 일본영사관에서 제공한 1일 1인 7전으로 연명하는 장춘 피난동포의 비참한 생활을 크게 보도하였는데,[447] 당시 조난 동포에게 1인당 하루 7전씩이나마 지속적으로 제공한

---

442)《조선일보》, 1931년 11월 4일자에 실린 격문 참조.

443)《조선일보》, 1931년 11월 20일자, 〈민간구제는 불가! 함안경찰의 고압〉.

444)《조선일보》, 1931년 11월 28일자, 〈조난동포란 글자는 금지〉 이것은 선산의 조난 재만동포 구제 소인극에 대한 금지였다.

445)《조선일보》, 1931년 12월 2일자, 〈창덕궁에서 금1천원하사 만주동포구호금으로〉.

446)《조선일보》, 1931년 11월 27일자, 〈구급약 급송, 6만원구제금 발송〉. 활자도 별로 크지 않고 제목에 발송의 주체도 언급하지 않은 것은 총독부의 주도를 무시하려는 편집진의 의도로 해석된다.

조선의 단체는 없었다. 물론 조선의 위문사와 특파원들은 조난 동포에 대한 중국인의 호의와 동정도 크게 보도하였다.448) 그나마 실제 피난민에 대한 대책을 세운 것은 일본군이었으며, 서정희도 "중국인 패잔병과 도적들이 조선인이라는 명사를 들어 악행을 한 것도 사실이며, 또 그 후 일본 군대가 일본인을 철귀케 하는 동시에 그들을 구호하기에 노력한 것도 사실"임을 인정하지 않을 수 없었다.〔자료 14-16〕 또한 "앞으로 구제할 제는 군부 혹은 외무성 측에서 할 것으로, 비참하나마 과동은 할 것"이라는 현실을 부정할 수 없었다. 이어서 그는 피난민과 재만동포 전체에 대한 문제를 다음과 같이 전망하였다.

> 그러나 계속하여 자꾸 연선으로 더욱 모여들 것이요. 오지에 남아 있던 동포는 그나마 노자가 없어 못 오는 사람이 많이 있는 모양으로 이들은 이리저리 쫓기다가 추운 만주 벌판에서 얼어 죽을는지도 모르겠소이다. 이번 사변을 계기로 하여 확실히 만주의 조선인의 사상이 변한 것은 사실이오. 그러나 앞으로 어떻게 하여야 살겠냐는 문제에 대하여서는 나 역시 아직까지 결론이 나지 않소이다. 그러나 여러 가지 깊이 생각할 시기는 왔는 줄 아오.〔자료 14-13〕

서정희는 만주 조선인의 사상이 어떻게 변하였는지는 말하지 않았다. 그러나 철로 연변으로 모여들면 일본군의 보호를 받을 수 있고, 그곳으로 올 수 없는 사람은 결국 이리 저리 쫓기다 들판에서 죽을지도 모른다는 현실 때문에 변하게 되었다면, 그 변화의 내용은 일본에 대한 문제였을 것이다. 앞에서도 만주사변이 터졌을 때, 조선의 주의자들도 재만동포의

---

447)《동아일보》, 1931년 12월 2일자,〈구제금 7전也가 시달릴 생명의 양식, 장춘방면의 피난민 일증, 하루 7전으로 겨우 생명을 보전한다, 혹한하 재만동포참상〉.
448) 서범석이 타전한《동아일보》, 1931년 11월 8일자,〈중국인의 호의로 5처에 수용 구호, 위문사마저 소리를 내며 통곡, 철령에는 3백여명〉.

안위에는 일본군의 승리가 유리하다고 생각하였다는 사실을 확인하였지만, 직접 생존의 위협에 직면한 재만동포들은 이 문제를 누구보다 심각하게 생각하였을 것이다. 직접 자신들을 보호할 수 있는 일본을 지지하고 이른바 친일파가 되면 문제는 간단할지도 모른다. 그러나 그것은 민족 감정이 쉽게 허락할 수 없는 것이기도 하려니와, 중국인을 자극하여 더욱 심각한 재만 조선인 박해로 이어질 것이며, 이것은 실제 일본의 힘이 완전히 미치지 못하는 산간오지에 거주하는 보다 많은 조선인의 생존을 위협할 것이다. 서정희가 재만동포의 진로를 다시 여러 가지로 깊이 생각할 시기가 왔다고 절감하면서도 결론을 내리지 못한 것도 이 때문이었다. 그러나 이틀 후 기자회견에서는 그는 다음과 같은 자신의 관점을 밝혔다.

> 대체 그들은 만주에서 떠날 수는 없고 영주할 수밖에 없는데 그러자면 그 태도를 선명하여서 중국인을 절대로 감정으로 상대할 것이 아니라, 사변 전보다 더욱 친선을 도모해 가지고 그들 병비와 도적들을 선량한 중국인과 합력하여야 퇴멸하면서 영구한 계획을 강구하는 것이 좋으리라고 생각합니다.〔자료 14-16〕

협의회 집행위원회 모임에서 원세훈이 재만동포의 귀국대책 수립을 주장한 것도 결국 일본과 중국 사이에서 벗어나는 길이 '근본적인 해결책'이라고 판단하였기 때문일 것이다. 이것은 이론상으로는 맞는 말이다. 그러나 이 '근본적인 해결책'은 현실적으로는 불가능하였다. 그러므로 서정희는 재만동포가 만주에 영주할 수밖에 없는 현실을 인정하고, '선량한 중국인과 합력하여' 재만 조선인의 생존을 위협하는 중국 '병비와 도적'을 퇴치해야 한다고 주장한 것이다. 그러나 재만동포를 위협하는 무리는 '병비와 도적'만이 아니었고, 일본인의 대륙침략에 현실적으로 이용되고 있는 조선인의 '객관적 상황'을 진심으로 이해하는 '선량한 중국인'도 별로 많지 않은 만주의 특수 상황에서 해결책을 내는 일 역시 쉽지 않다는

만주동포조위가

것은 그 자신도 잘 알고 있었을 것이다. 그러나 이것은 그래도 그가 공개적으로 말할 수 있는 '최선책'이었을 것이다.

그가 귀국한 이후에도 조난재만동포 구제운동은 계속되었고, 신문들은 계속 동포의 참상과 '눈물에 젖은 동포들의 선물' 답지를 대대적으로 선전하였다. 서정희가 위문한 피난동포 수용소들은 잇따라 협의회에 감사장을 보내왔고,[자료 14-12·18] 서정희도 협의회 사무에 열심히 봉사하였다.[자료 14-19] 《동아일보》는 수용소 피난민의 수가 1931년 말 9400여 명에서,449) 불과 1주일 후인 1932년 1월 7일 현재 총 1만 536명으로 격증한 사실을 보도하였다.450) 재만동포들이 "계속 연선으로 모여들 것"

이라는 서정희의 예측이 적중한 것이다. 그해 12월 삼천리사는 조선일보사와 동아일보사의 사장에 대한 모의선거 결과을 발표하였는데, 서정희도 안창호·홍명희·주요한 등과 함께 2표를 받았다. 허헌은 3표. 우울한 겨울, 이것은 서정희와 그 동지들에게 한번 가벼운 실소를 자아내게 한 싱거운 웃음거리였을 것이다. 동시에 표가 너무나 분산된 사실을 우려한 사람도 있었을 것이다. 그 분산은 중망(衆望)을 모으는 지도자 그룹이 없다는 사실을 폭로하고 있기 때문이다.[451]

12월 29일부터 3일 동안 조선의 최고 무희 최승희가 재만동포를 위한 자선 무용회를 인사동 조선극장에서 개최한 것은 또 하나의 화제였다.[452] 그 무용회가 끝난 12월 31일은 애초에 당국이 협의회에 허락한 금품 모집 시한의 마지막 날이었다. 그러나 협의회는 1월 7일 제2차 위문사 현동완을 만주로 파견하였고,[453] 1월 16일에는 처음부터 계획하였던 희생된 재만동포 조위식(弔慰式)을 거행하였다. 이날 오후 3시 종로 중앙기독교청년회관에서 윤치호의 사회로 엄숙하고 성대하게 거행된 조위식을 1월 18일자 《동아일보》는 다음과 같이 보도하였다.

---

449) 《동아일보》, 1931년 1월 8일자, 〈만주각수용소의 피난동포격증, 연말 현재 9400여 인, 시국이 불안관계〉.

450) 《동아일보》, 1932년 1월 10일자, 〈오지에서 만철연선에, 피난동포 만명돌파, 18중요 도시의 수용자통계, 객월보다 약 2배의 격증〉.

451) 《삼천리》, 1931년 12월호, 〈조선일보 동아일보 사장 공천 결과발표〉. 1위는 역시 현 사장인 안재홍 112표. 이에 비해 동아일보사 사장은 송진우가 1위 164표, 이광수 24표, 김성수 13표, 안재홍 7표의 순이었다. 이 투표에는 전국에서 1032명이 참가하였다고 한다. 이 투표 결과로 어떤 분석을 내리는 것은 의미가 없을지 모른다. 그러나 1표를 얻은 경우는 모두 발표를 생략하였지만, 총 1032명이 투표한 결과 《조선일보》의 경우 2표(8인) 이상이 21명, 5표 이상은 1, 2위를 제외하면 3명에 불과한 사실은 중망이 집중된 지도자가 없다는 사실을 단적으로 보여 준다. 《동아일보》의 경우도 3위 안재홍 이하는 4표에서 6표가 6명, 3표가 4명, 2표가 10명이었다.

452) 《조선일보》, 1931년 12월 29일자, 〈재만동포동정무용, 명일부터 3일간, 이채있는 무용 수십종을 연출, 수입금은 만주에 보내기로〉.

453) 《동아일보》, 1932년 1월 9일자, 〈재만동포위문사〉.

회장에는 검은 표를 가슴에 꽂아 멀리 북으로 만주 참해 동포 위령을 위하는 참회자는 근 천 명에 달하였으며, 각 방면의 조위를 표하는 화환으로 실내의 기분은 자못 슬픈 침묵에 잠기었다.

구세군 악대의 애도곡 주악이 끝나자 서정희의 상황보고와 이종린 씨의 조위문 낭독과 각 단체와 각 기관의 弔慰辭를 일일이 낭독하고 이화여자전문학교 학생들의 〈따뜻한 내 고향을 떠나서 가실 적에 그 눈물 씻어 줄 이 없었네〉의 弔慰歌 합창에는 일동의 눈물이 알지 못하게 흘렀다. 일 분간 묵도가 있은 후 구세군 악대의 주악으로 의식을 마쳤다.

이화여전 학생들이 합창한 조위가는 사장조 2분의 3 박자의 구슬픈 곡조에 〈내고향 남쪽 바다〉를 작사한 이은상이 다음과 같이 가사를 붙인 4절의 노래였다.

    1. 따뜻한 내 고향을 떠나서 가실 적에
       그 눈물 씻어 줄 이 없었네, 그 눈물을
       거기 거기 그 바람 찬 데로
       어이 못해 찾아간 내 형제
    2. 멀고 먼 고향 하늘 바라고 눈물지며
       우시는 그 모양이 보이네, 눈에 뵈네
       거기 거기 그 거칠은 들에
       장기 쥐고 헤매는 내 형제
    3. 늙은이 어린이들 몰려서 이리 저리
       떠도는 그 몸 위에 웬일고, 어인 일고
       가진 고초 다 맛보는 데서
       뜻도 아닌 죽엄 떠 일웠나
    4. 눈 속에 방황하는 형제여 위로 받소
       멀리 간 넋이라도 들으소, 위로 받소

밝고 밝은 새 앞날이 있을 때

함께 모여 새 노래 부르리[454]

이 노래를 부르고 듣는 조선인들도 모두 '밝고 밝은 새 앞날'이 한 10
년 후쯤이면 찾아올 것으로 믿었을까? 그리고 만주에서 수많은 동포들이
학살당하였지만, 그래도 조선의 독립을 가져올 세계대전의 첫 단추가 시
작된 것을 그나마 위안으로 삼았을까? 그러나 이처럼 특별히 조위가까지
만들어 또 한번 민족의 심금을 울린 이 성대한 의식은 사실상 협의회 자
신에 대한 조위식이 되고 말았다.

씁쓸한 결산

1932년 3월 13일 《중앙일보》(《시대일보》《중외일보》의 후신)는 〈조
선일보 간부 등을 횡령혐의로 구인 취조〉라는 충격적인 소식을 보도하
였다. 《조선일보》에 접수된 만주동포 구호성금을 횡령한 혐의로 조선일
보사 사장 안재홍과 영업국장 이승복이 구인되어 취조 중이라는 것이다.
이 문제에 대해 《조선일보》는 3월 15일 그동안의 성금 접수와 지출을
다음과 같이 해명하였다. 즉 1931년 11월 1일에서 1932년 3월 10일까지
접수 12,065원 77전, 추후 접수 106원 95전, 총 12,172원 72전. 지출 1차(3
월 10일) 5,760원, 2차(3월 14일) 6,305원 77전, 총 12,065원 77전.[455] 숫자
로 보아 부정이나 비리는 없다. 그러나 문제는 지출 시기였다. 애초에 당
국은 모집 성금을 모두 총독부 내무국 산하 사회사업협회로 이관할 것을
조건으로 신문사의 금품 모집을 허가하였기 때문에, 지출은 사회사업협

---

454) 《동광》, 1932년 2월호 권두가.
455) 《조선일보》, 1932년 3월 15일자, 〈만주동포구호성금, 전후 2회로 청산, 접수금
　　12,065원, 77전, 사회사업협에 전달〉.

회로의 이관을 의미한다. 그 이관의 시점이 명시되었는지는 알 수 없지만, 하루 빨리 성금이 현지에 도착하기 위해서는 가능한 한 일정한 액수가 모금되는 대로 즉시 사회사업협회에 보내는 것이 상식이며, 적어도 모금 시한인 12월 31일 직후에는 전액을 넘겨야 했을 것이다. 《조선일보》의 해명에 따르면, 당초 1931년 12월 말까지 이관하도록 명령받았으나 그 날짜를 지킬 수 없어 1932년 2월 말로 1차 연기를 요청하였고, 역시 여의치 않아 3월 10일까지 완납할 것을 약속하였다는 것이다. 그러나 사회사업협회는 그런 일은 없었으며, 세 번 전화를 걸어 독촉한 적만 있다고 주장하였다.[456]

어쨌든 늦어도 12월 말에 이관하기로 약속한 성금을 '여의치 못해' 3월 10일에야 비로소 1차분을 이관시킨 것은 횡령은 아니나 유용한 사실을 시인한 것이며, 이것은 당시 《조선일보》가 재정상 커다란 곤란을 겪고 있었기 때문이었다. 자신이 모은 성금을 총독부 산하 단체로 넘기는 것에 대한 거부감이 작용하였을 가능성도 있고, 일제가 전화로 몇 번 독촉하다 갑자기 사장과 영업국장을 체포한 것은 《조선일보》를 탄압하려는 의도였을지도 모른다.[457] 그러나 민족애를 대대적으로 호소하며 모금한 '눈물의 정성'을 잠시나마 유용한 것은 변명하기 어려운 '도덕적 해이'이며, 적어도 《조선일보》를 탄압 또는 매도하려는 세력에게 절호의 빌미를 제공한 것은 이론의 여지가 없다. 경찰이 즉각 사장과 간부를 구속한 것도 당연하였지만, 《조선일보》의 정치적 입장을 비난하는 세력들이 일제히 포문을 연 것도 예상된 일이었다.[458] 당시 사회공산주의자들은 조선·동

---

456) 秋鐵嶺, 〈조선일보사 구제금유용사건 검토〉, 《비판》 13호, 1932. 5. 35쪽.
457) 유광렬은 이 사건을 한말 《대한매일신보》가 모집한 국채보상금을 유용한 혐의로 양기탁 선생을 구속한 일과 성격이 비슷하다고 해석하였다. 유광렬, 〈기자 반세기〉, 《민세 안재홍선집》 2, 지식산업사, 1983.
458) 鄭泰哲, 〈조선일보사간부의 만주동포구제금사건비판, 아울러 사회단체와 언론기관의 태도에 及함〉, 《혜성》, 1932년 4월호. 그리고 여기에 전재된 조선노동총연맹 정운영, 조선농총 서병하, 신간경성지회 해소위원장 정희찬, 전조선농민주합본부

아·중앙 3대 신문이 모두 부르주아의 수중에 장악되었다고 간주하였지만, 특히 "좌익민족주의자의 부대를 배경으로 한 《조선일보》는 개량주의적 경향을 목표로 하고 실천적으로 전락하고 있다"고 매도하였다.[459]

여기서 당시 《조선일보》를 비난한 폭력적 언어를 일일이 소개할 필요는 없다. 그러나 《조선일보》에 대한 비난은 민족주의 진영 전체를 '민족을 팔아 잇속을 채우는 위선자, 사기한'으로 매도하는 정도로 비약하였고, 《조선일보》의 비리가 협의회와 관계된 것처럼 선전되었다. 또 《조선일보》의 비리를 적극 보도하지 않은 《동아일보》도 싸잡아 비난받았고, 심지어 《동아일보》는 그래도 정체를 포장할 돈이 있어 성금을 유용하지 않았을 뿐 '그 계급적 본질상 《조선일보》와 똑같은 짓을 하고도 남을 놈'이라는 욕설도 난무하였다. 물론 안재홍이 협의회의 주요 간부였고, 《조선일보》가 협의회의 활동을 적극 선전하고 지원한 것은 사실이다. 그러나 신문사가 모금한 성금은 사회사업협회와 신문사 사이의 문제이고, 협의회가 개입할 여지도 없었으며, 또 협의회가 《조선일보》의 돈을 차용한 것도 아니었다. 그러므로 협의회는 3월 18일 성금의 모집과 배분 구조를 밝히고 《조선일보》의 유용사건과 협의회를 결부시켜 비난하는 부당성을 반박하였다.[460] 그러나 《조선일보》를 공격한 세력은 그것을 '시비분석과 책임회피에 약삭빠른 이른바 조선 인텔리 층의 고유적, 보편적 태도'로 조롱하면서 협의회를 계속 몰아붙였다. 이 세력이, 협의회 발기대회에서 퇴장하였고, 이에 앞서 신간회 해체를 성공시킨 사회·공산주의 진영이었다는 사실은 새삼 지적할 필요도 없다.

협의회를 뛰쳐나와 독자의 재만조난 노동자·농민동포 구제회를 결성하였으나, 경찰의 금지로 계획이 무산되어 사실상 재만동포 위문운동에서 제외된 사회·공산주의 진영 일부에서는 그 방법상 과오를 인정하는

의 비난 성명서, 秋鐵嶺, 〈조선일보사 구제금유용사건 검토〉 등을 참조.
459) 孤人, 〈신문신년호개평〉, 《비판》 10호, 1932. 2. 54쪽.
460) 《조선일보》, 1932년 3월 20일자, 〈만주동포구호금전말, 협의회 성명〉.

의견도 있었던 것 같다.461) 그러나 그들 대부분은 협의회의 성격 자체를
문제 삼아 그 해체를 목표로 삼았다. 협의회의 일부 간부들을 '좋은 명분
의 그늘 밑에 숨어 앉아서 정당치 못한 행동을 하는 자'로 비난한 것은462)
그래도 협의회 자체를 부정한 것은 아니다. 그러나 사회·공산주의 진영
은 점차 협의회가 민족협동기구를 재건하기 위한 민족주의자들의 포석이
아닌지 의심하기 시작하였다. 정운영이 이충무공 묘소 문제와 재만동포
구제 문제를 민족진영의 "정신적으로라도 민족적 동원을 시험하는 것"으
로 규정하고,463) 김약수가 역시 이 두 문제를 사회주의에 대결하기 위하
여 민족주의 세력이 '민족의식을 고조하기 위한 것'으로 설명한 점도464)
협의회에 대한 그들의 인식을 잘 말해 준다. 다음과 같은 진원의 비난은
그들이 협의회를 '타도'하지 않을 수 없는 명분을 잘 보여 준다.

　　피등 민족개량주의자들은 1931년 5월 16일 신간회의 해소가 가결되던
　　그때부터 그들의 정체가 너무도 명백히 드러나게 됨을 숨기려고 무한한 활
　　동을 하게 된 것이다. 안으로는 민족개량주의의 고취와 함께 민족적 표현
　　단체 재조직의 준비를 게을리 하지 않고, 밖으로는 적당한 기회만 한갓 엿
　　보고 있었던 것이다. … 그런데 마침 그들에게는 좋은 기회가 두 번 있었
　　다. 그 하나는 이충무공 유적 보존문제였고, 다른 하나는 아직도 엉키어 있
　　는 일·중 양국의 전쟁으로 기인한 재만동포조난문제이다. 이 두 사건은
　　그들로 하여금 민족적 감정을 전반적으로 환기시켜 민족개량주의 국가주
　　의를 고취하기에는 가장 적당한 것이었다. 더욱이 후자는 전자에 비해 민
　　족 전체의 감정을 움직이기에는 훨씬 유력한 것이며, 대중의 계급의식을

---

461) 일기자, 〈'조선운동의 재음미'의 음미―박완씨의 데마를 박살함〉, 《비판》 10호,
　　　1932. 2. 47쪽.
462) 洪 빨치산, 〈東征西伐〉, 《비판》 8호, 1931. 12. 121쪽.
463) 정운영, 〈사회주의세력의 일별〉, 《삼천리》, 1932년 3월호, 5쪽.
464) 김약수, 〈양세력의 비교〉, 《삼천리》, 1932년 3월호, 7쪽.

마비시키고 '민족적 단합'의 선전 及 선동을 하기에는 가장 용이한 것이었
다. … 다시 말하면 이런 사건은 조선민족으로써 계급을 초월하고 대동단
결하여 해결할 것이라는 것이다. 그러므로 그들은 이런 기회가 있을 때마
다 항상 민족적 중심단체의 필요성이 중차대하다는 것을 논술하는 것이 한
상투적 수단이다.[465]

실제 신간회가 해소된 이후 해소 반대파들은 새로운 민족협동기구의
필요성을 역설해 왔고, 실제 1932년 1월 이후 본격적인 재건운동을 하고
있었다(다음 장 참고). 이들은 바로 협의회를 주도한 세력이었다. 실제 이
들이 민족협동기구를 위한 사전 공작으로 협의회를 결성하였는지는 분명
치 않다. 그러나 그 협의를 받을 만하였던 것은 사실이며, 이는 협의회에
불참한 신간회 해소파들에게 불참의 명분뿐 아니라 협의회를 해체시킬
'사명감'까지 주었을 것이다. 하지만 협의회가 성실히 조난 동포를 위문
하는 한, 그 활동을 방해할 수는 없었다. 그러나 《조선일보》의 사건은 '동
포의 구제를 명분으로 한 사기극'으로 비난받을 수 있었고, 이 사건을 협
의회와 결부시킬 수만 있다면, 민족주의 세력 전체에 커다란 타격을 줄
수 있었을 것이다. 《조선일보》 사건을 계기로 《동아일보》와 협의회까지
싸잡아 비난받은 것은 바로 이 때문이었다. 이 사건은 결국 재만동포 위
문운동에 찬물을 끼얹었고, 유력한 후원자 《조선일보》를 잃은 협의회는
3월 25일 해체를 결의하였다. 마지막 회의에서 안재홍의 사표 수리와 함
께 결산 감사도 보고되었다. 이 보고에는 3건의 회계문제가 지적되었다.

---

465) 陳元, 〈'민족적표현단체재조직문제'에 대한 비판〉, 《비판》 10호, 1932. 2. 49쪽 ; 김
 경재, 〈최근의 조선운동〉, 《삼천리》 1932년 10월호, 24쪽의 다음과 같은 주장은 이
 것을 간결히 요약한 것이라고 해도 지나친 말은 아니다. 즉 "'고결'과 '비분강개'
 를 무기로 하는 속칭 좌익 민족주의자는 신간회의 해소 가결을 계기로 하여 울분
 을 그대로 갈팡갈팡 초조히 헤매다가 만주사변이 일고 재만동포가 환난에 든 것
 을 기회로 재만동포회를 상설하여 머리에는 어떤 환상을 그리면서 정체불명한 애
 매한 태도를 취해 보았던 것이다."

이것은 협의회의 도덕성을 공격하고 싶은 사람들에게 더 없는 호재가 되었는데, 유감스럽게도 여기에 서정희의 문제도 포함되어 있었다. 즉 그가 1차 위문사로 갔을 때 지출한 돈 30원 5전을 2월에야 반납하였으나 회계가 그 돈을 정식 처리하지 않은 것이다.〔자료 14-22〕

보고서가 문제 삼은 것은 회계였다. 그러나 서정희가 만주 위문 때 협의회가 인정하지 않은 지출을 하였고, 일이 끝난 뒤 그것을 변상한 사실이 있었던 것은 분명하다. 이 사실은 그 지출의 성격과 변상 결정의 시기에 따라 서정희의 도덕성을 크게 손상하는 ‘비리’가 될 수도 있다. 이것을 반대파들이 놓칠 리가 없었고, 그는 실제 《조선일보》와 나란히 비난받기도 하였다. 변상을 요청 받은 시기는 분명치 않으나, 그가 12월 7일 집행위원회에서 공식 출장 보고를 한 이후에야 이 문제가 발생하였을 것이며, 지출에 대한 당부 판정과 반납이란 절차가 그리 쉽게 거론될 문제가 아니었다면, 변상 요구는 빨라야 1월 중이었을 것이다. 그 판정에 다소 불만이 있었다면, 그가 2월에 반납한 것은 별로 문제가 되지는 않았을 것이다. 그렇다면 협회가 인정하지 않은 지출의 내용이 문제인데, 《조선일보》와 그를 함께 비난한 글에 의하면 그 내용은 그가 "무송, 길림 방면에서 개인구제에 부당하게 지출"한 것이었다고 한다.466)

그렇다면 ‘개인구제’란 무엇인가? 정말 사적으로 소비한 것인가? 그러나 이것은 결산검사보고에서 지적된 또 하나의 문제, 즉 ‘2월 24일 해림 조난동포 이숙경 외 5인에게 30원이 지급된 것’을 보면 그 성격이 밝혀진다. 조난 동포의 진료를 위하여 3차로 파견된 김탁원이 지출한 내용으로 보이는데, 이 역시 변상조치되었다. 이것은 실제 조난자에게 직접 지출된 것이었다. 그러나 금액으로 보아 5명에게 30원은 이례적인 과다지출이었다. 서정희가 특별히 임산부에게 추가 분배한 것도 2원 정도가 아니었는가? 검사원은 이것을 개인적 ‘동정’으로 판정하였고, 집행위원도 결국 이

---

466) 추철령, 〈조선일보사구제금유용사건검토〉, 《비판》 13호, 1932. 5. 87쪽.

에 대한 변상조처를 지지한 것이다. 서정희의 '개인구제' 역시 이러한 문제였을 것이다. 김탁원의 '부당지출'이 쉽게 판정된 것은 특정한 개인에 대한 예외적인 고액 분배는 인정하지 않은 관례가 이미 있었기 때문으로 추측된다. 이 관례는 바로 1차 위문 때 서정희의 지출분 검사에서 결정되었을 것이다. 서정희가 '부당지출'한 30원 5전이 몇 사람에게 분배되었는지는 모르지만, 이 역시 협의회가 인정하기에는 고액 분배였을 것이다.

이상의 추론에 큰 잘못이 없다면, 김탁원과 서정희가 특별히 비난받을 이유도 없지만, 이 사실은 오히려 협의회가 얼마나 엄격히 지출을 통제하였는가를 말해 준다. 또 하나의 문제점 역시 마찬가지다. 즉 영수증 1매가 빠졌다는 검사원의 지적이 있고 나서야 당무서기 홍봉유가 영수증을 가져왔고, 아울러 (장부에 누락된?) 40원을 가져왔다는 것이다. 그럼에도 검사보고에서 지적된 3건의 문제점이 협의회와 서정희를 공격하는 데 호재가 된 것은 《조선일보》의 성금 유용과 협의회의 관계를 주장하는 것이 억지라는 너무 분명한 상황에서도 《조선일보》와 협의회가 동일한 '죄'를 지었다고 선전할 수 있었기 때문이다. 즉 그 간부들이 모두 민족애에 호소하며 모집한 '눈물의 정성'을 유용(流用)하고 부당하게 사용하였다는 것이다. 이렇게 함으로써 이른바 '민족개량주의자로 전락'한 좌익 민족주의자의 '위선과 가면'을 폭로할 수 있다고 그들은 믿었던 것이다.

어쨌든 이 비난으로 서정희는 크게 절망하였을 것이다. 그는 그토록 성과 열을 다하여 혹한에, 그것도 치안도 극히 불안한 만주를 뛰어다닌 일을 후회하였을지도 모른다. 그는 러시아풍이 물씬한 하얼빈에서도 관광은커녕 오로지 피난민과 무릎을 마주 대고 위로만 하지 않았던가? 그는 상당한 재산을 다 없애며 사회운동에 투신한 자신이 '30원 5전'의 '부당지출'로 매도될 줄은 꿈에도 몰랐을 것이다. 그는 불과 석 달 전 흥분되고 긴장된 얼굴로 협의회에 참여한 감동을 기자에게 다음과 같이 말하지 않았던가?

협의회의 간판을 내걸고 전 민족에게 미약하나마 한 뜻을 발표할 때, 각 지 각층으로부터 소낙비 쏟아지듯이 민족의 열성이 모여드는 것을 볼 때 협의회 한 모퉁이 의자에 걸터앉아 있는 나는 스스로 가슴에 뭉게뭉게 치받쳐 올라오는 기쁨—그야말로 형용할 수 없는 감격을 느낀 것 입니다.〔자료 1-15〕

이 감격과 환희를 말하기에 앞서 그는 커다란 감격과 기쁨이 없었던 자신의 인생 역정을 다음과 같이 회고하였다.

여러 가지 일을 하는 가운데 지도자 되는 동지간에 사소한 일로 서로 신의를 깨뜨리고 헤어지고 배신하는 일을 당한 것이 한두 가지가 아니었습니다, 거의 그런 가운데서 지나며 적지 않은 설움을 辛酸히 맛보아 온 내게는 큰 환희에 넘치는 감격이 거의 없었다는 것도 무리가 아닐 것입니다.〔자료 1-15〕

이번에도 그는 이 쓰라린 설움을 다시 한번 절감하면서, 만주동포 구제운동이 종말을 고하는 것을 지켜보는 처지가 되었다. 그러나 그가 이 운동에서 '반생의 최대 감격'을 느꼈던 만큼 설움은 그 어느 때보다 컸을 것이다.

제 5 장

좌절과 시련의 세월

(1932~1945)

1. 민족협동기구 재건 실패

1932년 연두의 포성

《동아일보》는 1932년 1월 1일에서 4일까지 4회에 걸쳐 〈민족적 중심단체, 재조직의 필요와 방법, 각 방면 명사의 복안〉을 기획기사로 보도하였다. 의견을 개진한 사람들은 천도교 대령 정광조, 전 신간회 위원장 김병로(이상 1일), 조선교육협회 유진태, 중앙기독교청년회 총무 신흥우(이상 2일), 조선체육회장 윤치호, 스웨덴 경제학사 최영숙(여, 이상 3일), 전 신간회 간부 백관수, 여청간사 황애스덕(여, 이상 4일) 모두 8명. 이들은 모두 '민족적 중심단체'의 필요성을 역설하였다.

정광조는 '먼저 각계각층끼리 단합한 다음에 최후에 중심조직을 결성할 것을 주장하였고, 김병로는 사상과 주의를 초월한 협동과 단결을 표방하는 단체를 조직하자고 역설하였다. 이에 비해 유진태는 우선 각자 반성이 필요하며, 수보다는 질을 중시하여 3, 40명이라도 민족을 위하여 고락을 같이할 각오가 된 사람들이 민주적으로 조직할 것을, 신흥우는 민족의 대이상을 수립한 후, 그 이상을 표준으로 대의를 위하여 소아(小我)를 버리고 믿음으로 서로 응결할 것을 주장하였다. 윤치호도 소아를 버린 견고한 단합정신을 강조하였으며, 최영숙은 민족적 경제생활의 보호와 보장을 절대 조건으로 하지 않으면 영구한 단결이 불가능하다며, 민족적 경제생활에 토대를 둔 조직을 제안하였다. 유럽에서 경제학을 전공한 사람다운 주장이며, 대체로 민족정신에 호소한 다른 의견에 비해 이채롭다. 충분히 준비한 다음에 핵심 분자를 중심으로 조직하자는 백관수의 의견은 유진태와 비슷하고, 각층 별로 단체를 조직한 다음에 연통제식으로 중심단체를 조직하자는 황애스덕의 주장은 정광조의 복안과 비슷하였다. 이어서《동아일보》는 1월 8일자 사설〈민족적 단합의 문제─목하는 모색기호(摸索期乎 : 모색기인가)〉를 통하여 신간해 해소 이후 조선운동의 침체를 타개하기 위한 민족단합과, 그것을 실현하기 위한 중심단체 조직에 대한 구체적인 토론을 촉구하였다.

이에 뒤질세라《조선일보》도 안재홍이 집필한 신년호 사설〈재각성과 재인식─신협동의 길〉을 내보냈다. 그 가운데 다음과 같은 구절만 주목해 보자.

> … 그리하여 자신들이 가지는 결집될 수 있는 역량의 총화와, 그 표현의 가장 合策한 수단과, 그의 총체적 상대자와의 구체실천적인 관계와, 또는 그들의 전체를 싸고 도는 全 국제정세의 점층적 전개는, 합쳐서 우리들의 수난의 구렁이에서의 생장하는 생존운동을 조건 짓는 것이다. 그러나 그것은 전연 타락적인 이탈모반의 제 세력을 감시, 유인 및 배제하면서, 현실 일상의 제 정세─그 직접 당면한 제 이해에서 그 구체·실천적인 옹호 및 항쟁의 운동이, 그의 좌익과 中正的인 각파와의 손에서 대립인 양 기실은 동지적 또는 정략적의 견실한 협동의 실을 파악하는 도정에서만, 조선인으로서의 총체적 생장 앙양 및 비약의 제 단계를 강고하게 과정하는 수확으로 될 것이다. 작금 수 년, 분열 저 해 회의 陷擠의 와중에서 혼란 침체 좌절 角立의 상태에 빠진 조선의 사회는, 그의 존귀한 각자의 경험에 의해서의, 결국은 민족인으로서의 재각성과 현실 특수 정세의 재인식으로서, 그 원숙한 노성미를 가한 광의의 재협동을 결성함을 요하는 것이다. 1932년의 시일은 이것의 실천 도정을 우리에게 요한다. … 1932년의 도정은 장애 많은 정세에서, 더욱이 우리들의 의식적인 신협동을 籌備함을 시사 및 강요하고 있다.

《조선일보》 1월 3일자 2면과 3면의 상반부를 장식한 〈조선운동의 금후 방향, 각 단체 요인 제씨의 견해〉는 바로 위 사설에 상응한 기획이었다. 본래 전체 설문은 4개 항이었으나 사정(당국의 금지?)으로 제1항 '신간회 해소에 대한 귀견(貴見) 여하'와 제4항 '범민족적 단체 재건설 가부'만 실렸다. 이 설문에 응한 인사는 서정희를 필두로 모두 11명인데,《동아일보》의 기획과는 달리 '범민족적 단체' 재건설 반대론자도 포함시킨 점이 특색이었다.[1] 서정희·중앙불교회의 한용운, 기독교청년회의 현동완, 농민사의 김용준, 천도교 신파의 이종린, 전농사(全農社)의 이성환, 형평사의 장지필, 근우회의 우봉운 등 7명은 찬성파였고, 프로예술연맹 임화, 신간회 해소위원 권태휘, 사회조사연구소의 이남철은 반대파였으며, 윤형식은 유보적인 입장이었다. 민족주의 진영의 인사들이 적극적인 찬성 발언을 한 것은 예상된 일이었지만, 형평사의 장지필과 근우회의 우봉운도 찬성한 것은 다소 의외인데, 신간회 해소를 그토록 반대한 서정희는 다음과 같이 찬성 주장을 밝혔다.

> 신간회 해소를 특수한 우리 조선에 있어서 중대한 과오(過誤)를 범하였다고 본 나로서는 그 과오를 과오대로 방기(放棄)한다면 문제를 문제할 필요도 없습니다마는 과오를 회오하여 다만 한 대표적 ×성(?) 기관 즉 민족적 표현단체의 재건이 있지 아니하면 아니 될 조선인 동시에 물론 재건될 것은 추세인 까닭이 되고 말 것입니다.〔자료 1-14〕

이것은 그의 일관된 해소 반대론의 재확인이었지만, 당시 아직 진행되

---

1) 박찬승은《동아일보》가 사회주의자를 배제한 민족주의 진영만의 민족단체 건설을 주장한 반면,《조선일보》는 자치론을 주장하는 타협적 민족주의자들을 배제한 비타협주의 민족주의자들과 사회주의자들의 협동전선적 제2 신간회 같은 단체 재건을 주장하였다고, 양자의 차이를 지적한다. 박찬승 〈일제하 안재홍의 신간회운동론〉, 한국사연구회 편,《근대국민국가와 민족문제》, 지식산업사, 1995, 343~344쪽 참조.

고 있던 만주 조난동포 구제활동의 경험은 그의 소신을 더욱 강하게 하였던 것 같다. 그는 만주 조난동포 구제활동에서 민족의 유사시 대응할 수 있는 범민족적 통일기관의 필요성을 절감한 것이다.

"바로 이번(작년 말) 재만조난동포협의회(在滿遭難同胞協議會)의 한 일꾼으로 일을 보게 될 때 나는 비통과 동시에 큰 기쁨에 넘치는 감격을 느끼었습니다. 일단 문제가 전 만주에 퍼지 어 광막한 만주벌에 올 곳 갈 곳 없이 병란에 쫓기는 동포의 참상을 가만히 눈을 감고 생각 할 때 뼈를 끊어 내는 듯한 아픔을 느끼었다는 것은 나뿐이 아니라 조선민족의 한 사람된 자 는 누구나 한가지로 느끼었을 것입니다. <u>그때 보십시오. 이 문제에 대하여 미리 대책을 협의하고 각지의 여론을 집중할 만한 기관도 없지 않습니까. 그때 민중이 뜻을 물을 곳이 없어 한참 허둥거리던 것도 딱한 사정의 하나겠지요. … 그런 때에 창졸간에 생긴 것이었으나 협의희의 간판을 내걸고 전 민족에게 미약하나마 한 뜻을 발표할 때, 각지각층으로부터 소낙비 쏟아지듯이 민족의 열성이 모여드는 것을 볼 때 한모퉁이 의자에 걸터앉아 있던 나는 스스로 가슴에 뭉게뭉게 치받쳐 올라오는 기쁨 — 그야말로 형용할 수 없는 감격을 느낀 것입니다.</u> 그것은 돈을 많이 가졌다는 사람들보다 빈한한 생활을 하는 가정에서 더 많이 혹은 돈으로, 혹은 입었던 옷을 벗어 아낌없이 바치는 민족적, 대중적 열성을 볼 때 우리 민족의 장래에는 앞으로 다시 더 큰 희망이 있을 것을 생각하였습니다. 그것도 역시 민족적 대중의 힘으로써일 것입니다." 흥분되고 긴장된 얼굴로 여기까지 이야기한 씨는 "허허!" 하고 한번 다시 씨의 독특한 득의의 웃음을 하며 "우리 민족은 적어도 우리의 역사 우리의 문화를 가진 민족이니까!"라고 하며 말을 맺었다.〔자료 1-15〕

서정희는 바로 '역사와 문화를 가진 우리 민족'을 신뢰하였으며, 계층을 초월한 대동단결로 민족의 고난을 극복할 수 있다고 낙관한 것이다.

위 인용문은 그의 낙천적인 실천가의 모습을 생생하게 보여준다. 한편 사회·공산 진영이 반대한 것도 예상된 일이었지만, 여기서는 가장 길게 의견을 개진한 프로 문학의 맹장 시인 임화(林和)의 주장만 소개해 보자. 그는 '유일한 지도자는 ○○적 계급'이란 관점에서 다음과 같이 의견을 개진하였다.

범민족적 표현단체의 재건 필요를 일컫는 자가 있다면 그것은 주로 아래의 부류에 속하는 두 개의 정치조류를 대표하는 것이다. 처음의 하나는 과거의 조선 사람 ×주의운동을 청산주의(淸算主義) 독소를 가지고 파괴하던 특수조선(特殊朝鮮)의 대장들이 다시금 시장의 이름을 얻기 위하여, 간부의 지위를 매수하기 위해서 ○○운동을 인민주의(人民 主義)의 진구렁이로 끌어내리려는 최악의 기도와 아직도 민족 뿌르조아지에게 그 무슨 성(性)을 찾아보려는 경하할 만한 '사회'주의자 무리의 ○○적 반○국주의 통일전선의 사실의 적(敵)이 있고, 둘째는 신간회 해소투쟁의 홍수 속에서 불행히도 그들의 정치적 활동과 무대를 유실(流失)한 이른바 좌익민족주의 개량주의의 영원한 보답되지 않는 것에 대한 정치적 욕망의 표현인 것이다. 그러나 이 두 가지의 조류 속을 지배하고 있는 아름다운 환상의 물질적 기초는 이미 근저로부터 파괴되었으며, 따라서 <u>범민족적 표현 단체의 꿈은 조선은 어디로의 선상(船上)에서 자치주의적 항구로 상륙하기 위한 허울 좋은 구실에 불과한 것이다. 오직 현재의 조선에 있어서의 전민족적 ○○의 유일한 지도자는 ××푸로레타리아트 그것이며 전개하는바 노동자 계급의 영향 아래의 농민을 그 동맹자라고 그의 모든 반××주의적 요소를 포용할 수 있는 아래로부터서 광범한 통일전선 그것이 있을 뿐이다.</u> 만일 범민족 표현단체의 기도가 조금치라도 현실화된다면 이 위에 적은 바 두 부류의 것이 자치주의로 접근하는 또 한 개의 중간 단계의 것이 되는 이외에 아무것도 아닐 것이다.

결국 신간회 해소를 주장한 바로 그 이유 때문에 그와 성격 맞을 것으로 보이는 범민족적 표현단체를 반대한 것도 예상된 일이었다. 그러나 여기서 임화가 무산계급의 헤게모니를 통일전선의 기본 전제로 제시하는 한편, 그것이 관철되지 못한 '범민족적 표현단체'를 자치운동의 수단으로 반대한 것은 문제의 본질을 '정직하게' 지적한 것이었다. '혁명적' 무산계급이 일제 통치의 합법성을 일단 인정하는 순간 그 '혁명성'은 사라질 것이다. 또 '즉각 완전한 독립'을 포기한 민족운동은 일정한 타협을 전제하지 않을 수 없고, 그 타협에 자치운동이 포함될 수 있는 것도 사실이다. 그러나 찬성파의 그 누구도 '자치운동도 전술적으로 포용할 수 있는', 또는 '일단 자치를 쟁취'하기 위한 범민족적 표현단체에 관해서는 언급하지 않았다.

1월 8일자 《동아일보》의 사설은 "신년에 들어서며 조선의 사상계는 기(期)하지 않고 일치하여 민족적 단결문제, 그 활동의 전개 가부 및 그 방향 등에 대한 토론이 전개되는 듯싶다"고 지적하고, 그 원인을 신간회가 해소된 이후 조선운동의 '소조적막(蕭條寂寞)'한 상황에 대한 반성의 결과라고 분석하였다. 그러나 위에서 살펴본 《동아일보》와 《조선일보》의 기획은 기약하지 않고 일치된 것이 아니라 범민족 표현단체 재건을 열망한 신간회 해소반대파, 즉 민족주의 진영의 계산된 총 공세였으며, 두 신문사가 포문을 연 것이었다. 이들이 사전에 의논하지 않았다면 오히려 이상한 일일 것이다.

'해소' 직후 두 파의 전망

신간회가 해소된 직후, 두 파는 자신의 정당성을 주장면서 나름대로 해소 이후의 전망도 제시하였다. 1931년 《비판》 3 · 4권(7 · 8월)에 게재된 박창덕의 〈반해소파의 두상(頭上)에 일봉(一棒)〉과 안재홍의 〈해소파에

여(與)함〉은 바로 타협할 수 있는 양 파의 시작을 대변한 것 같다. 제목부터 살벌한(머리 위에 몽둥이로 일격을 안긴다) 박창덕의 논문 요점은 다음과 같다. '부르주아가 주도하는 민족운동은 결국 외국 제국주의 부루주아와 결탁하기 마련이고, 토착 부르주아는 자신의 욕망을 위하여 다시 국내의 노동자·농민을 외국 부르주아지와 함께 착취하지 않을 수 없기 때문에 진정한 민족통일운동은 오직 프롤레타리아트에 의해 영도되어야 하며, 따라서 그것이 아닌 어떤 협동전선은 용납할 수 없다'는 것이다. 이에 비해 안재홍의 제목은 점잖다. 그러나 그는 '조선의 민족적 소부르주아 소시민들은 반제적 요소로 존재하며 결코 반동화할 정세가 아니며, 따라서 민족·사회 진영은 동지적 병립 협동전선이 불가피하다'고 역설하는 한편, 꾸짖는 어조로 해소파에게 '과오를 인식, 청산할 것'을 촉구하고 특히 그들을 '좌익투사'를 명예로 여기고 무기획, 무비판적으로 '좌익' '급진'에 추수하는 부류로 조롱하는 것도 잊지 않았다. 이렇듯 두 파는 상대에 대한 감정적, 인격적 불신을 숨기지 않았다.

한편 《혜성》 권4(1931. 6)에 게재된 〈신간회 해소와 조선운동의 금후 전망〉은 두 파의 주장을 정리하기 위한 기획인데, 모두 8명이 의견을 개진하였다. 김원호·송진우·안재홍·신흥우·박희도 등은 새로운 형태의 협동전선 또는 기관이 결국 결성될 것으로 전망하였는데, 대체로 각 진영이 먼저 단결한 다음에 다시 진정한 의미의 협동전선이 이루어질 것으로 예측하였다. 이에 비해 사회 진영임이 확실한 'XYZ'는 다음과 같이 전망하였다. 합법 조직의 한계로 신간회가 해소된 만큼 앞으로의 (사회 진영의) 운동은 '부문적으로 지하'에서 전개될 것이다. 그러나 순 민족주의 측은 신간회와 형식은 다르지만 같은 내용을 가진 조직이 생길 것이다. 또 P생은 양측의 협동전선을 기대하는 것은 헛된 일이라고 단정하며 다음과 같이 전망하였다. 즉 ××주의는 ××적으로 전개되겠지만(사회주의는 지하에서 혁명적으로 전개), "민족우익은 自治 부스레기로, 그 좌익은 재래의 신간회로되 좀더 투쟁력 있는 조직으로" 전개될 것이다. 이 말은 적어도 민족주의 우익은 자치운동을 추진할 것이라는 사회주의 진영의 '확신'을 공개한 것이었다.

이 전망에서 주목되는 또 하나는 안재홍이 협동전선에 대비하여 '민족 운동자로서 진영을 따로 가지고 나아갈 필요성'을 강조한 점인데, 1932년 3월호《삼천리》에 게재된 안재홍과 기자의 다음과 같은 문답은 이 발언의 의미를 설명해 주는 것 같다.

> 기자 : 오늘 현재에 있어서 이미 결성되어 있는 조직적 민족주의층 세력을 헤자면 무엇 무엇을 가르칠 수 있겠습니까?
>
> 안　: 민족주의 세력을 말하면 그동안 우리에게 불가피적으로 닥치어온 여러 가지 객관적인 정세 때문에 강대한 조직을 가질 시간과 기회가 없이 그냥 역량이 분산된 대로 지내어 온 것이 사실이었습니다. 그 러키에 노동조합이나 농민조합에서와 가지는 것 같은 일정한 규율 밑에 이루어진 단체적 훈련을 통한 집결체는 몇 낫이 아니 되지만은 그렇더라도 각지 각처에 민족주의자라고 부를 수 있고 민족주의 단 체라고 볼 수 있는 巨然한 세력을 蔚然히 존재해 있으며 또 존재할 뿐더러 맹렬히 성장되어 나가고 있는 것은 사실입니다.
>
> (중략)
>
> 기자 : 이상에서 신간회 해소 이후의 민족주의 세력은 천도교·기독교·불 교 층에 있고, 물산장려회도 한 주요 세력이며, 따로 조선, 동아, 중 앙의 3신문과 제 잡지가 매개 세력으로 있는 것이 현하의 集成된 민 족주의적 세력의 전 계열이라 함은……
>
> 안　: 그렇다고 할까요? 그러나 그 전 체계가 무슨 체계가 무슨 통제가 있 는 결집된 세력으로는 볼 수 없지요. 민족주의적인 列立되어 있는 제 세력으로서 집중할 수 있는 각 부문을 이루고 있다고 하겠지요. 그리고 노동 농민 계층에서도 새로운 의미에서 좌익적 민족주의에 결국 입각하게 될 것이라고 나는 봅니다.[2]

같은 기획의 문답에 응한 김약수는 사회주의 세력을 다음과 같이 평가하였다.

> 지금 현상으로 말한다면 노농계층의 세력은 노총, 농총, 청총, 근우회 등에 있지요. 이것은 표현운동을 말하는 이로 누구나 다 공통하게 인정하는 바이니 … 그 밖에 여러 가지 계급적 세력이 망라되어 그것이 한 세력을 이룰 터이겠지요. 즉 반종교적 단체 등이나 또는 계급적 미술가, 음악가, 문학가 등 諸多의 결사가 한 계열에 서서 푸로문화연맹을 형성하는 것 같은 폭이 넓은 세력을 가질 수 있겠지요. … 그리고는 민족 좌익의 一部隊가 보조 세력으로 있게 되지요. … (천도교 내의 조선농민사계, 조선노동사계 및 이성환 씨의 전조선 농민조합계, 기타 협동조합, 소비조합 등은) 전혀 算外로 칠 수는 없는 세력이란 정도에 그칠 것일 줄 압니다. 더구나 협동조합 운동에 이르러서는 … 오직 기만일 뿐입니다.[3]

두 세력의 공방

저마다 나름대로 상황을 분석한 두 세력이 자기 세력의 확대와 결속에 열을 올린 것은 당연하였다. 박원일은 신간회 해소 이후 1931년 조선운동을 다음과 같이 대단히 긍정적으로(사회주의 입장에서) 평가하였다.

> 노동자는 노동조합으로 농민은 노농, 청년 · 소년 · 부녀는 각자의 부문으로 재편성 재조직되어 그의 확대강화 문제가 橫在케되었으며 종래의 소

---

2) 안재홍, 〈민족주의 세력의 계열〉, "삼천리 전체회의, 제1부문 – 민족문제, 현하의 민족주의 세력과 사회주의 세력", 《삼천리》, 1932년 3월호.
3) 김약수, 〈양 세력의 비교〉, "삼천리 전체회의, 제1부문 – 민족문제, 현하의 민족주의 세력과 사회주의 세력", 《삼천리》, 1932년 3월호.

위 지도분자인 소부르주아층의 고립, 분열, 몰락은 백일하에 전개되어 온 것이다.[4]

또 양봉근도 1931년 말 신진 마르크스 학도들의 항변과 낙관을 다음과 같이 전하였다.

해소 후의 조선사회운동을 누가 침체상태에 있다고 말하는가? 표면운동 —그 보담도 줄기차게 움직이고 있는 대중적 저력 지×운동을 보지 못하는 가? 최근 ×남에서 일어나는 사실을, 또 각지에서 (삼행 생략) 게 되는가?[5]

그러나 정운영이 노동총동맹의 가맹원 총수 2만 3천(가맹단체 57)에 제주도 해녀 7천 명을 포함시킨 것도[6] 당시 사회주의 진영이 얼마나 취약하였는가를 잘 말해 주지만, 사실 신간회 해소 직후 기선을 제압한 쪽은 민족주의 진영이었던 것 같다. 사회주의 진영은 1931년 후반기의 '충무공 이순신 묘소 보존운동'과 '재만동포 구제'를 민족적 동원을 시험하고 세력을 확장하려는 민족주의 진영의 술책으로 비난하였지만(앞의 장 참조), 1931년 5월 이후 전개된 다음과 같은 문화운동들도 민족주의 진영의 세력 강화와 결코 무관하지 않은 것 같다. 즉《동아일보》가 추진한 문화운동(5월 이후), 안재홍·조만식·윤치호 등에 의한 유적보존회 설립(1931년 5월 23일), 조만식·양주동에 의한 한글연구회 조직(6월 19일), 이광수 장편소설《이순신》의《동아일보》연재 시작(6월 26일), 27개 도시를 대상으로 한《조선일보》의 제1회 조선어강습회(7월 25일~8월 29일), 도원수 권율사당

---

4) 박원일, 〈과거 1년간의 조선사회운동〉,《동광》, 1931년 12월호, 10쪽.

5) 楊奉根, 〈其後의 정세와 吾人의 태도〉,《삼천리》, 1931년 12월호.

6) 정운영, 〈사회주의 세력 일별〉,《삼천리》, 1932년 2월호. 이것은 아마도 그해 1월 26일 제주 해녀단 500여 명이 해녀조합에 항거하고 주재소를 습격한 사건을 염두에 둔 것으로 추측된다. 그가 제시한 농총의 가맹단체 50여, 가맹원 3만 7천 역시 크게 과장된 것이었다. (앞의 글 참조)

을 중수하기(10월 26일) 위한 《동아일보》의 모금, 박승빈 등에 의한 조선어학연구회 조직.

김약수는 이 운동들이 민족의식을 고조시킨 성과에 대해서는 일단 인정하였다. 그러나 그것은 결코 '결집된 일방의 웅적(雄的) 세력'으로는 볼 수 없다는 입장이었고,[7] 정운영도 민족주의 세력은 더 이상 성장할 수 없고 오직 쇠퇴만 있을 뿐이라고 단언하였다.[8] 그들이 '범민족적 표현단체'에 냉소적이었던 것도 바로 이와 같은 자기 세력에 대한 과대평가, 상대에 대한 과소평가 때문으로 해석된다. 그러나 1932년 정월 동아·조선 양대 신문이 일제히 범민족단체 재건을 다시 공론화한 것은 1931년 하반기의 성과를 나름대로 자신한 때문으로 해석된다. 그해 말 안재홍이 표현단체 재건의 필요성을 역설하고[9] 양봉근이 "해소 후에 부절(不絶)히 닥치는 내외 제종(諸種)의 문제가 의연히 민족적 협동×선당(線黨)을 그리워하고 있는 것만은 엄폐치 못할 사실"이라고 주장했는데,[10] 이는 신년의 대공세를 예고한 것이었다.

안재홍·양봉근과 나란히 의견을 개진한 진영철도 두 사람과는 달리 표현단체의 재건은 '합법주의 투쟁이란 미명 아래 노동자계급의 투쟁의식을 저하시키거나 말살시키려는 개량주의적 의식의 발로'라고 공격하였고,[11] 특히 박만춘은 안재홍이 주장한 단체는 결국 "노농대중의 계급적 의식을 말살하고 계급적 단결을 분해시키려는 사회 파시즘으로 전락할 수밖에 없다"고 경고하였다.[12] 동아·조선 양대 신문의 공세 역시 즉각

---

7) 김약수, 앞의 글.
8) 정운영, 앞의 글.
9) 앙재홍, 〈표현단체 재건의 필요〉, 《삼천리》, 1931년 12월호.
10) 양봉근, 앞의 글.
11) 陳榮喆, 〈신간회 해소과정의 재음미〉, 《삼천리》, 1931년 12월호.
12) 朴萬春, 〈안재홍씨의 표현단체재건론을 駁함〉, 《혜성》, 1932년 2월. 1931년 1월 3일자 《동아일보》는 〈조직체의 생활훈련〉이란 제목 아래 '파시스트당의 조직체'를 반면으로 대서특필하면서 단지 타산지석으로 참고에 제공하기 위한 것일 뿐 이들

사회주의 진영의 반격을 불러왔다. 이들의 논지는 대체로 신간회 해소 논리의 반복이었기 때문에 새삼 소개할 필요도 없지만, 상대에 대한 인격 모독적 비방이 점점 심해졌고, 특히 그 공격이 '좌익 민족주의자'에 집중된 것이 주목된다. 참고삼아 현인(玄人)의 다음과 같은 주장을 보자.

> 만일《조선일보》의 사설〔1932년 1월 1일자―필자〕과 … 소위 범민족적 표현단체란 것이 재건설된다고 하더라도 <u>그것은 ××계급적 대중을 포용할 수 없는 것이니, 결국은 소위 좌익 민족주의자輩의 독자적인 조직체로 아니 될 수 없는 것이다. 그러므로 객관적 필요에 의한 어떠한 모멘트에서 민족개량주의에로 전락할 필연적 단애를 긱진에 두고서 그 거취를 방황하고 있다가 비로소 그 반동적 과정을 발견한 일부 소부르죠아지를 토대로 하여 계급적 대중을 유인하려는 의식적 행동에 불과한 것이다.</u> 그러나 이와 같은 彼等의 음모와 책동으로서 그 정치적 망상이 일시나마 실현된다 하더라도 그들을 휩싸고 있는 객관적 정세에 따라서 <u>개량과 ××의 양대 진영 중에서 봉건적 지조를 찬양하던 彼等은 不本意이나마 그 전자의 진영에 굴욕 降參을 하지 아니할 수 없을 것이며</u> … 이러한 의미에 있어서《조선일보》사설을 중심으로 한 3신문 전체가 외치고 있는 범민족적 표현단체의 재건 선전은 그들의 정치적 主策으로 삼고 있는 개량주의적 민족적 제일당의 촉성을 대중에게 강요하는 당돌 무상한 수작이었던 것이다. … <u>소위《조선일보》를 중심으로 하는 일파와 반해소론자의 일군 그 비시대적인 봉건적인 지조와 지사적 기개로서 그 전자의 굴종적 타협의 비굴함을 관념적으로 배척하고 있었으나 계급적 진영의 확대로 말미암아 그들의 필연적 전락과정에로 들어가고 있었음을 금 신년호 지상을 통하여 능히 간파할 수</u>

"군단의 조직에 반드시 공명하는 바가 아님은 물론이다"라고 입장을 밝혔다. 그러나 玄人,〈新聞新年號槪評〉,《비판》 10, 1932. 2은 이것을 "《동아일보》의 반동적 준동의 一助로서 악독한 뭇소리니의 파시즘을 수입하려고 하는 사회 파시스트적 의도에서 나온 것"으로 비난하였다.

<u>있는 것이다.</u> 즉《동아일보》의 '민족적 중심단체 재조직의 필요와 방법'과 《조선일보》의 '조선운동의 금후 방향' 등의 특호 활자로써 설치한 '마이크로폰'을 통하여 그야말로 <u>각층 各級을 망라한 명사 배우가 방송을 개시하였던 것이니,</u> 이것은 즉 그들의 합종 連環的 제휴로서 계급진영의 적대적 ×선의 부설을 희망하는 복안이라기 보담도 <u>벌써 잠행적으로 구체적 과정에 있는 것을 표시하는 것이니</u> 이러한 악랄한 독수를 살포하는 役者로서 그 전자는 ××× 등 諸人을 등장시켰으며, 그 후자는 모모 등의 諸人을 드러내었던 것이니 이에 나열된 소위 각 방면의 명사들의 정치적 견지는 … 공통적 개량성을 매개로 하여 민족개량주의적 진영의 대동단결…[13]

안재홍이 좌익 민족주의를 매개로 노농계급이 민족주의 진영에 동참할 것을 기대하였고, 김약수를 비롯한 사회주의자들이 대체로 좌익 민족주의를 노농계층의 보조세력으로 간주한 것은 결국 두 편이 좌익 민족주의를 대동단결의 절충지대로 인정하였기 때문이었을 것이다. 그러나 앞에서 소개한 임화의 범민족적 표현단체 반대론이 이미 그 노력을 '좌익 민족주의 개량주의의 영원히 보답 받지 않는 정치적 욕망'으로 매도하고, 좌익 민족주의자들을 '사회주의 무리 가운데, 혁명적 반제국주의 통일전선의 사실의 적'으로 규탄하였다. 위의 인용문도 좌익 민족주의는 결국 우익 민족주의가 주창하는 민족개량주의로 전락할 수밖에 없고, 따라서 그들 중심으로 건설될 범민족적 표현단체란 혁명적 대중을 유인하기 위한 수작에 불과하다는 견해를 달고 있다. 비슷한 시기 진원(陳元)도 좌익 민족주의자와 그들의 대동단결 노력을 다음과 같이 혹평하였다.

우익 민족주의자는 솔직하게 자치권 획득운동을 정치적 기도로 삼으며, 좌익은 교묘한 空殼적 언사를 번롱하여 그 개량주의적 정체를 숨기면서 민

---

13) 현인, 위의 글.

족뿌르조아지 及 소뿌르조아지의 이익을 도모하는 것이다. 그러므로 민족적 표현단체 재조직 문제를 중심으로 하고 그들의 정치활동은 점차로 표면화될 것이며 계급의식이 결핍한 대중층에게 그들의 활동을 뿌리박으려고 할 것은 용이하게 예상할 수 있는 사실이라 하겠다.[14]

같은 시기 같은 잡지에(《비판》 10호) 발표된 김약수의 〈조선운동의 新展開〉 제4장 '좌익 민족주의자의 폭상(暴狀)'도 비슷한 내용으로 추측되지만,[15] 이제 사회주의자들은 좌익 민족주의자들을 '교묘한 언사로 개량주의적 정체를 속이면서 혁명적 대중을 현혹하는 통일전선의 적'으로서, 솔직하게 자신의 정치적 목표를 공개적으로 추진하는 우익 민족주의자들보다 더 간교하고 음험한 부류라고 매도한 것이다. 이와 같은 극렬한 비난은 '혁명적 계급'의 영도문제에서 좌익 민족주의자들이 그들의 경쟁세력이라는 것을 잘 알고 있었을 뿐 아니라, 당시 객관적인 정세로 보아 '개량 즉 파시스트냐 혁명이냐 하는 양자택일'만 있을 뿐 더 이상 중간적 존재를 허용할 수 없다고 인식하였기[16] 때문으로 일단 해석된다.

그러나 여기서 필자가 주목하고 싶은 것은 위의 인용문이 좌익 민족주의자들과 민족진영의 지도자들을 '비시대적인 봉건적 지조와 지사적 기개' 또는 '명사 배우'로 매도, 조롱한 점이다.[17] 그 1개월 전 권일문(權一

---

14) 陳元, 〈'민족적 표현단체 재조직 문제'에 대한 비판〉, 《비판》 10, 1932. 2.

15) 유감스럽게도 필자가 참고한 영인본은 이 부분이 빠져 있어 확인하지 못하였지만, 제목으로 짐작건대 극렬하게 비난했음에 틀림없는 것 같다.

16) 현인, 앞의 글. 이 글에서 다음과 같은 구절을 보라. "××의 ×運을 목전에 둔 제3기의 일반적 위기에 임한 ××주의 현단계에 있어서 전 세계를 통하여 '파시스트'냐 '×××××'냐 하는 양대극단의 ××적 투쟁기에 … 회색의 가스를 살포하는 중간적 존재란 객관적 조건이 그 존재를 허용하지 아니할 뿐 아니라 … 양대 극단 개량이냐 즉 '파시스트'냐 ××냐의 결정적 분립의 출발점이 되었던 것만은 사실이다." 반면 안재홍은 "중간적 투사를 의식적으로 요구할 수 있는 것은 조선의 현하 과정이 課하는 史的 현상의 하나"라고 주장하였다(1931년 5월 16일자 《조선일보》 사설). 두 편의 분기는 바로 이와 같은 현상인식이 서로 다른 데서 비롯된 것이기도 하다.

文)은 3·1운동 이래 민족지도자들을 다음과 같이 성토하였다.

> 역사는 진전하였다. 3·1운동까지 오히려 혁명적 세력을 갖고 있던 有
> 産者的 모든 사상은 일전하여 오늘날 앙양하는 대중의식의 질곡이 되었다.
> … 과거의 지사 — 민족××운동에 있어서의 유산자적 사고 — 그것은 말할
> 것도 없이 민족주의를 표명한다. — 포지자는 그 시대의 착오에 의하여 그
> 영웅주의에 의하여 그 인식부족으로 인하여 가장 악성의 반동분자 뿌로커
> 로 전락하고 그 일부는 공공연히 ×의 ×로의 이행을 감행하였다. … 오직
> 일찍이 얻은바 '지사'의 간판을 사수하여 의식 없는 대중을 기만하여 그 석
> 일과 조금도 변함없는 영웅주의를 만족하고 糊口之途를 붙들어 가려는 일
> 심밖에 아무것도 없다.[18]

이와 같이 철저하게 매도된 좌익 민족주의자들 가운데 서정희가 포함
되었다는 사실에 대해서는 새삼 지적할 필요도 없지만, 권일문의 위 논설
바로 하단에 서정희를 원색적으로 비난한 다음과 같은 촌평이 실려 있다.

> 돈 안 쓰는 법이 두 가지 있다. 하나는 깍정이 짓을 하는 것이오, 또 하나는
> '社會일꾼'의 假衣를 입으면 된다. 徐某가 그러한 종류이다. 이러한 부류의 裸
> 像도 백일 밑에 드러날 날이 멀지 아니하였음을 그 자신은 모르고 있겠지.[19]

여기서 '서모'가 서정희를 가리킨다는 사실은 당시 알 만한 사람은 다
알고 있었을 것이다. 이 촌평란 전호에서도 재만동포 구제협의회 간부들

---

17) 현인은 또 《조선일보》의 논조를 '반해소론자 일군의 발악적 망상'으로, 《동아일
   보》의 강령을 "유교의 봉건적 윤리관과 손문의 삼민주의의 혼합한 것에다 간디의
   무저항정신을 가미한 잡채"로 규정하였다.
18) 권일문, 〈지사토벌론〉, 《비판》 9호, 1932. 1.
19) 홍빨찌산, 〈동정서벌〉, 《비판》 9호, 1932. 1. 74쪽.

을 '좋은 명분 그늘 밑에 숨어 앉아서 정당치 못한 행동을 하는 자'로 비방한 바 있다. 위문사 임무를 마치고 귀국한 직후 그를 위한 연회에서 서정희는 "건강이 허락하는 날까지 앞으로 더욱 사회의 심부름을 충실히 하겠노라"고 다짐하지 않았던가?(앞의 장 참조) 또 구한말 이래 좌우를 떠나서 '지조와 기개'로 분투한 사람도 많았지만 과연 서정희만큼 오랜 기간 여러 방면으로 각종 중요 운동에 항상 열과 성으로 동참한 사람이 또 있었을까? 이 직접적인 비방을 틀림없이 읽었을 서정희는 그래도 의연함과 그 특유의 유쾌함을 잃지 않았을까?

범민족단체 재건 실패

서정희가 사회주의 진영한테 집중 매도된 것은 그가 범민족 표현단체의 필요성을 단순히 역설한 것에 그치지 않고 그 재건 추진을 주동하였기 때문이다. 사회주의 진영이 그토록 좌익 민족주의자를 공격한 것도 범민족 표현단체의 재건운동이 이미 구체적으로 진행되고 있었고, 좌익 민족주의자들이 그 움직임에 동참하고 있었던 사실을 알고 있었기 때문일 것이다. 이 운동에 대한 구체적인 내용은 확인되지 않는다. 그러나 일제 경찰은 이것을 다음과 같이 보고하였다.

> 소화 7년(1932) 1월 신간회 비해소파에 속하는 안재홍·서정희·이종린 등은 修養同友會 관계의 민족주의자 이광수·조만식·심성업 등과 모의하여 민족단체통제협의회 명의로 그 조직 계획을 발표하여 각 방면의 찬동을 구하였지만, 사회주의자의 방애에 의해 좌절되었으며, 그 후 소화 7년 7월 재평양 기독교계 민족주의자로서 수양동우회회원인 조만식·김병연·김동원·조종완 등이 全鮮민족유일통제단체가 될 수 있는 建中會란 이름을 부쳐 그 창립총회를 개최하려고 하였으나 회원에 雜分子가 많이 참가하여 당

초의 기대에 부응할 수 없는 것이 되고 말았기 때문에 조만식 이하 유력한
민족주의자는 모두 탈퇴하여 결국 용두사미로 끝나고 말았다.[20]

여기서 주목되는 점은 1931년의 재건운동에서 수양동우회가 주도적으
로 참여한 사실이다. 이 단체는 1922년 이광수가 〈민족개조론〉을 기초로
당시 총독 사이토의 지원 아래 창설된 것으로 알려져 '총독부의 별동대'
란 지목도 받았다고 한다.[21] 이광수는 《동아일보》와 줄곧 긴밀한 관계가
있었고, 《동아일보》가 자치운동을 한다고 의심받은 것도 사실 이광수와
의 관계 때문이라고 해도 과언은 아니지만, 어쨌든 수양동우회의 신간회
가입 문제는 신간회의 자치운동 의혹과 관련이 있기도 하였다. 1932년 초
김약수는 수양동우회를 '투쟁단체가 아니고 후방에 앉아 지도자, 참모자
들로만 집결된 민족주의자의 영원한 은둔소'로 규정하는 한편 '민족주의
진영에서는 일종의 의문집단'이라고[22] 이 단체의 성격을 완곡히 표현하
였다. 따라서 좌익 민족주의자들의 원로로 알려진 안재홍·서정희·이종
린 등이 수양동우회와 협동한 사실은 사회주의 진영에 좌익 민족주의자
전체를 타락한 투항파로 비난할 수 있는 여지를 제공하였을 것이다. 그러
나 서정희에게 특히 포화가 집중된 것은 《조선일보》 사장 안재홍과 천도
교 구파 지도자 이종린에 비해 그가 일개 빈한한 '포의(布衣)의 지사'에
불과하였기 때문인지도 모른다.
　어쨌든 서정희 등이 수양동우회를 대동단결의 주요 대상으로 인정한
것은 동우회의 국외 자매라고 할 수 있는 흥사단 등의 기독교 세력을 중
시하고 포용함에 따라, 수양동우회 계열 기독교도 '배제하지 않을 수 없

---

20) 조선총독부경무국 편, 〈最近に於ける朝鮮治安狀況〉, 1936. 6. 93쪽(박경식 편, 《조선
　　연구자료집》 6, 1982에 수록).
21) 박찬승, 《한국근대정치사상연구―민족주의 우파의 실력양성운동론》, 역사비평사,
　　1992, 294쪽.
22) 김약수, 〈양세력의 비교〉, 《삼천리》, 1932년 3월호, 6쪽.

는 雜분자'로 평가하지 않았기 때문일 것이다. 그렇다면 과연 그들은 사회주의자들이 단정적으로 비난한 바와 같이 자치운동을 위하여 범민족적 표현단체를 재건하려고 한 것인가? 그러나 일제 경찰은 당시 이들의 재건운동을 '비타협운동'으로 보고하였다. 1936년 일제 경찰은 바타협운동과 자치운동을 다음과 같이 구별하였다.

> 자치운동은 당국이 용인하는 범위에서 민족적 권익을 기할 수 있는 것으로서 비교적 실현 가능성도 있지만, 민족적 반항심은 이와 같은 미온적 운동에 의해 만족할 수 없어, 가령 과정적인 것 같은 것도 민족의식을 소모하여 부지불식간에 당국의 동화정책에 빠지는 것이 되고, 그렇지만 종래와 같은 불온 과격한 반항운동으로서는 단지 다수의 有爲한 동포를 刑辟에 서 촉되게 하여 조선 민족을 더욱 비경으로 이끄는 것이 되어 도저히 소기의 목적을 달하기 어려운 때문에 비폭력적 수단에 의해 비타협적 정신의 배양에 노력하여, 政事에 時事에 항상 제국통치의 결함을 척결하고, 혹은 內·鮮人간의 문제를 포착하여 분규화하고, 민중의 배일적 기세의 양성에 노력하며, 때로는 대중운동을 기도함으로써 민족 不斷의 투쟁에 의해 소기의 목적을 달성하려는 사상은 공명자가 많고 일반에 보급된 것과 같은바, 곧 비타협운동으로도 불릴 수 있는 민족운동의 일 형태로서 이 운동은 소화 2년 신간회의 결성에 의해 통일되어…

이어서 이 보고서는 신간회의 활동과 1932년의 재건운동, 1933년 평안북도 정주의 기독교와 천도교 민족주의자들이 결성한 신우회, 1935년 흥사단 안창호가[23] 출옥한 뒤 수양동우회의 동향 등을 소개한 한 다음, 다음과 같은 보고를 추가하였다.

---

23) 안창호는 1932년 4월 30일 윤봉길 의사의 장거와 관련된 혐의로 체포되어, 12월 26일 경성지법에서 징역 4년을 선고받고 복역하다가 1935년 2월 10일 가출옥하였다.

소화 6년(1931)부터 경성의 민족주의자 윤치호, 남궁훈, 백관수, 유진태, 정인보를 중심으로 임진 役(임진왜란)의 해장 이순신을 추모 존숭하는 것이 조선인에 남겨진 책무라며 이충무공유적보존회를 조직하고 … 또 소화 8년 언문보존회를 설립하고, 동 6년 봄 다수의 민족주의자를 망라하여 과학연구회(경성)를 조직한 것 같은 사실은 어느 것이건 비타협운동의 일파생으로서 주의를 요하는 것이며, 또 동아 조선 중앙의 3언문신문은 항상 이런 종류의 사상에 영합하고 혹은 제국의 조선통치를 비방하고, 지방 시사문제에 대해 고의로 論難 공격하고, 혹은 조선인의 不逞 행동을 칭찬하는 것 같은 필치로써 항상 민족적 반항심을 격발하려는 기사를 게재하여 청년, 학생들이 즐겨 그 논조에 주의하여 그들의 운동지침으로 삼는 상황임. … 또 기독교, 천도교, 그 밖의 각 종교유사단체 등에서도 포교의 그늘에 숨어 민족적 반항심을 배양하는 데 노력하는 혐의가 없지 않으며, 특히 천도교는 표면적으로는 평정을 가장하고 있지만 항상 鮮內 민족운동의 패자로 자임하고 있으며 … 청년당, 농민사, 노동사, 內誠團, 여성동맹, 청년회, 소년회, 학생회를 조직하여 각 계급에 세력을 부식함으로써 타일에 대비하려 하고 최고 간부들은 애써 온건 평정을 가장하고 때때로 자치운동을 제창하고 혹은 관헌에 접근하려는 태도로 나오고 있지만, 중간 간부 이하의 敎役員에 있어서는 항상 지방에 편력하여 은어, 반어, 풍자 등으로 민족적 반항심을 사주하고 혹은 대중적 일대 운동의 준비를 하면서 교세 확장을 도모하고 있는 상황임.[24]

이 보고에서는 사회주의자들이 민족주의자들(좌익을 포함)과 동아·조선·중앙 세 신문을 조롱하고 극렬하게 매도한 것과는 너무나 대조적으로 평가하였다. 서정희와 안재홍이 천도교의 이종린, 수양동우회의 조만식과 협동하여 범민족적 표현단체를 재건하려고 한 것은 천도교와 기독

---

24) 조선총독부경무국 편, 앞의 책, 92~95쪽 참조.

교뿐 아니라 윤치호·유진태 등의 명망가 지사형 민족주의자들, 그리고
3대 신문의 주도세력도 모두 기본적으로 '비타협적 민족주의' 세력으로
인정하였기 때문일 것이다. 신간회 해소를 전후하여 그들이 보인 언행으
로 미루어 짐작건대 그들의 '합법적 운동'이 '과정으로서 자치운동'을 철
저하게 배격하리라고는 생각하기 어렵다. 그러나 그들의 자치운동은 '잡
(雜)분자(명백한 친일세력)'의 그것과 다른 '비타협적' 본질은 유지하였을
것이며, 그들이 만든 단체 역시 신간회와 비슷한 모순과 갈등을 면하기
어려웠을 것이다.

그러나 1931년 1월의 재건 노력은 사회주의자들의 방해로, 그해 7월의
운동은 '잡분자'의 대거 참여로 좌절되었으며, 평북 정주의 신우회(新友
會)도 기독교와 천도교의 대립, 좌익 세력의 공격으로 유명무실하게 되었
다고 한다. 이것은 식민지 상황에서 반민족적 친일배는 배제하고 계급혁
명을 우선하는 사회주의자들도 동참하는 범민족적 표현단체는 물론 민족
진영 자체의 대동단결도 얼마나 어려운 일이었는가를 잘 말해 준다. 안재
홍의 구속으로 이어진 《조선일보》의 만주동포 구제성금 유용사건(앞의
글 참조)은 1931년 초 재건운동에 결정적인 타격을 주었을 것이다. 7월의
재건운동이 조만식과 수양동우회 중심으로 추진된 것도 바로 이 때문으
로 해석되지만, 갖은 매도를 당할 것을 각오하고 재건에 앞장섰던 서정희
는 다시 한번 커다란 좌절의 벽에 부딪쳤을 것이다.[25] 그러나 이것은 단
순한 하나의 좌절이 아니라 사회주의자들과 예별을 의미하였다. 1920년
대 초반 사회주의자들은 서정희의 '지사적 경력과 명성' 때문에 그를 '선
생님'으로 모셨지만, 이제 바로 그 이유로 그를 매도하고 버린 것이다.

---

25) 서정희는 金武吉의 〈假面志士를 筆誅함〉(《동광》, 1932년 4월호)에서 지적한 공격 대
   상에 자신도 포함된 사실을 잘 알고 있었을 것이다.

2. 뜻을 얻지 못한 늙은 '지사'

1932년 1월 8일 상해임시정부가 일본의 요인을 암살하기 위하여 조직한 한인애국단의 단원 이봉창은 동경 사쿠라다 문 밖에서 일본 천황에게 폭탄을 투척하였으나 실패하고 말았다. 그러나 4월 29일 한인애국단원 윤봉길은 상해 홍구공원에서 '상해사변 승리' 기념식에 참석한 일본 요인들에게 폭탄을 던져, 중국 주둔 일본군 사령관 사라카와 대장은 즉사하고 10여 명의 일본 요인이 사상(死傷)하였다. 이 '장거'는 조선인 전체를 홍분과 감동으로 몰아넣었는데, 조선 안의 조선인들은 일경을 피하며 은밀히 그 감동을 나누었을 것이며, 서정희 역시 예외는 아니었을 것이다. 특히 그는 거의 30년 전 실패한 오적암살 모의에 가담하였던 젊은 날의 자신을 되돌아보았을 것이다. 이 때문일까? 커다란 좌절과 실의에 빠지지 않았다면 오히려 이상할 서정희는 1932년 9월, '비관할 여지도 없는' 참담한 조선의 현실을 절감하면서도 조선의 정치적 장래를 '낙관'하였다.

조선 현상을 만들어 놓고 있는 정치·경제·문화 삼대 강령은 과연 저열 참담합니다. 이것은 도시나 농촌에 있어 일반적으로 생활 이면을 보아서 알 수 있습니다. 정치의 實擧와 경제의 조화와 문화의 發達이 있고서는 민중생활이 현상과 같은 것은 실제상 없는 것이올시다. 이러므로 조선 현상에 대하여는 무엇이 어떠하겠다고 비관은 가질 여지가 있을 수가 없습니다. 꿈를 지내면 樂이 있는 것과 같이 앞으로는 대중의 자각과 함께 지배자들도 실제상 각오가 생기리라고 합니다. 피차 각성은 될 수밖에 없고 각성되면 낙관뿐![자료 1-17]

그러나 10월 10일 이봉창, 12월 19일 윤봉길의 사형 집행 소식을 접한 서정희는 비통함을 금치 못하였을 것이다. 사실 1932년 초 이후 그의 생애는 좌절과 실의의 연속이었다. 그래도 1932년 봄 최흥종 목사의 나병구제운동을 도왔던 일은 그에게 작은 위안이 되었을 것이다.

최흥종 목사와 재회

최흥종 목사는 3·1운동을 전후한 시기 서정희의 절친한 친구였고, 초대 광주노동공제회 회장직을 서정희에게 넘긴 사람이었다. 그는 그 후 연해주의 선교에도 참여하였지만, 광주 일대의 선교와 교육사업에 크게 공헌하였고 신간회 광주지회에도 참여하였으며, 현준호와 함께 재만조난동포구제회 광주지회를 조직하여 적극 호응하였다. 한편 그는 일찍부터 서양인 선교사 포사일의 나병환자 구제사업에 크게 감동하여 누구보다 열성적인 나병구제 활동가가 되었다. 사람들은 그를 '조선 나병환자의 은인'으로 존경하였다. 조선총독부가 소록도에 나환자 격리 치료시설을 설치한 것은 1926년. 1930년 초 조선의 나병환자는 총 1만 6천으로, 그 가운데 소록도와 여수 등의 병원에 격리된 환자는 불과 2천 5백이었고, 나머지는 거리에서 방황하고 있었다고 한다.[26] 지금은 거리에서 방황하는 나병환자를 볼 수 없지만, 1960년대까지도 '구걸하는 나환자'는 특히 어린이들에게 공포의 대상이었다. 1930년대 초 최목사는 바로 나환자를 중대한 사회문제로 제기하고 조선 지도자들의 관심을 촉구하며, 전

---

26)《신동아》, 1932년 8월호, 〈나병환자의 은인 최흥종 목사〉, 40쪽. 한편 1931년 10월 21일자 《동아일보》는 〈도처에 병균전파하는 나환자 만 8천인, 인류사회에서 완전히 구축되어 '골육도 가정도 없는' 인생, 민족보건상 최대문제〉라는 자극적인 제목을 달고 조선나병구제회의 취지서 전문을 소개하였는데, 그 기사에 따르면 유리걸식하는 나환자 수는 4천이었다고 한다.

국적인 나병구제운동을 전개하였던 것이다. 그는 이 운동을 위하여 서울로 올라와 재경 유지들의 협조를 구하였는데, 이때 서정희는 큰 힘이 되었다.[27] 그는 이미 광주운동과 인연은 멀어졌지만, 옛 동지 최목사를 반갑게 만나 최선을 다하여 도왔다고 한다.

9월 24일 김병로를 회장으로 발족한 나병구제연구회의 실행위원 20명 가운데[28] 서정희는 포함되지 않았다. 그러나 윤치호를 비롯한 위원들은 대부분 서정희와 친근한 사이였을 뿐 아니라 1932년 초 범민족적 표현단체 재건을 직간접으로 주도한 인물들이었다. 이것은 서정희의 구실, 즉 최홍종과 이 유지들을 연결시키고 함께 취지를 설득하였음을 강력히 시사한다. 그러나 한편 이 위원의 명단을 보면 나병구제연구회가 범민족 표현단체 재건운동의 전초 조직으로 이용되었을 가능성도 높다. '재건파'들은 나병구제사업을 명분으로 자연스럽게 회동할 수 있었고, 우선 누구나 공감할 수 있는 민족의 보건문제로 범민족적 단결을 다시 한번 시험할 수도 있었기 때문이다.

어쨌든 각계 유지의 전폭적인 협조를 얻은 최홍종은 1932년 봄 다시 민족지도자 37인과 함께 조선나병근절책연구회를 조직하고 종로 기독교청년 회관에 사무실을 빌려 본격적인 활동을 하였다. 이에 앞서 광주에서 출발한 150명의 나환자를 이끌고 총독부에 돌진, 총독과 단독 면담하여 '나환자 전원 수용' 약속을 받았다는 일화는 여론을 크게 환기시켰다. 중도에 합류한 환자들도 많아 서울 시내를 행진하여 총독부로 들어간 나환자는 400명이나 되었는데, 경비도 피할 뿐 시위대를 막지 못하였다고 한다.[29] 그러나 구제사업은 여의치 않았다. 최목사가 일부 환자를 병원

---

27) 오방선생기념사업위원회, 《영원한 자유인―오방 최홍종 목사의 생애》, 광주, 1976.
28) 《동아일보》 1931년 9월 26일자, 〈사회유지의 발기로 나병구제연구회, 각 방면유지를 망라 조직〉. 실행위원 20명은 다음과 같다. 윤치호·신흥우·이종린·오극선·한용운·최홍종·안재홍·김필수·현준호·조만식·김탁원·김병로·유곽경·김성수·최동규·박승복·송진우·이인·김응규.
29) 오방선생기념사업위원회, 앞의 책.

에 수용하는 데 필요한 '비용 2800원의 모금 허가를 받은 것은 3월 24일. 그러나 몇 개월이 지나도 1278원 80전밖에 모금되지 않았고,' 적자만 150여 원이 생겼을 뿐이다. 그래서 최목사는 "무정한 사회를 원망하면서 6월 23일 경성에서 방황하던 30명 환자를 데리고 여수로 내려가고 말았고" 나병환자근절책연구회도 해산하게 되었다고 한다.[30] 최목사의 쓸쓸한 귀향을 전송하였을 서정희는 처음의 예상과는 달리 별 도움이 되지 못한 자신을 한탄하였을 것이다.

그 후 최목사와 서정희가 얼마나 친밀히 왕래하였는지는 현재 알 수가 없다. 그러나 4년 후 1937년 1월 초 친구들에게 보낸 최목사 자신의 사망통고서는 서정희도 받았을 것이다. 기인 최흥종 목사의 치열한 삶의 모습이 너무나 생생하여 참고삼아 소개한다.

> 본인을 사망자로 간주하시고 우인 명부에서 삭제하여 주시기를 복망하나이다. 가정에 대한 오만자, 사회에 대한 放逸者, 사업에 대하여 방종자, 국사에 대하여 放棄者, 종교에 대하여 방랑자 소위 五放을 제창하면서도 명실이 불합한 가면극이 왕왕 연출되어 양심상 사이비한 생활을 절실히 참회하고 … 세상에 대하여 사망자가 되어 스스로 매장한 것이외다. … 자금 이후로 사망자로 인정하시고 모든 관계와 통신을 단절하여 주심을 통고하나이다.

설명이 부족하다고 생각한 최목사는 1월 15일자로 다음과 같은 편지를 《성서조선》에 투고하였다.

> 敬啓者 사망통고서에 대한 이유와 동기를 간단히 고하고자 하나이다.
> … 바울 사도 말씀과 같이 육체의 情과 慾을 십자가에 못 박고 여생을 그리

---

30)《신동아》 1932년 8월호, 〈나병환자의 은인 최흥종 목사〉.

스도인적 생활을 하여 보려는 데 있습니다. 그러나 육체의 전면이 너무나 견고히 얽혀 있어 아무리 해방을 부르짖어도 되지 않으므로 소위 五放을 제창하여 보았으나 역시 시원치 않고 의식적인 붕대에 여전히 속박되는 한탄을 벗지 못하고 烏呼 太息을 느끼다가 돌연 생각이 나서 신체에 일대 혁명을 행할 결심을 갖고 먼저 생리적 변화를 야기하려고 노력하였습니다. … 그래서 1935년 9월 25일에 거세를 단행하고 或種 사업 혹은 단체에 얽힌 줄이 늘 끊기지 못하고 왕왕이 명리적인 劇團에 출연하므로 사이비한 생활을 끝내 끊지 못하고 自悔 자책이 이만 저만이 아니건만 … 思念이 배가하여 노력한 결과 단체나 사업 등의 제반 사회의 연쇄관계를 전부 단절하였으므로 사망통고서를 발표한 것이오며…31)

이 무렵 서정희는 실제 모든 사업이나 단체와 관계가 없었다. 이미 스스로 '사회적 사망자'로 치부하고 있었을 서정희가 최흥종의 이 '기행'을 어떻게 생각하였을까? 무교회주의자 김교신은 같은 교역자인 최흥종의 사망통고서를 받고 "또 호남에서 유쾌한 통첩래(通牒來)"라고 메모하고 "거세의 가부는 별문제로 하고 이렇게까지라도 하여 주 예수께 복종하려는 노성도의 정성에 감복함을 마지못하였다"는 감상을 털어놓았다.32) 그러나 서정희는 그래도 사회의 단체와 연계되어 '봉사'하던 시절이 그리웠을지도 모른다.

우울한 파한(破閑)

1932년 이후 사실상 사회운동에서 물러난 서정희의 활동은 자연스레

---

31) 이 사망통지서와 이유서는 모두 신석정 편, 《金敎臣과 '문둥아'》, '김교신 선생의 일기' 가운데, 1937년 1월 18일 일기에 수록되었다.
32) 신석정 편, 《金敎臣과 '문둥아'》, '김교신 선생의 일기' 1937년 1월 18일.

파한적 성격을 크게 벗어나지 못하였고, 교유도 점차 민족주의 진영의 인사들에 집중되었다.

1932년 말 사회주의 진영은 김약수를 중심으로 이른바 '천도교 정체 폭로비판'에 열을 올리고 있었다. 문제의 발단은 천도교 잡지《신인간》9월호에 게재된 조기간(趙基栞, 靑友黨 당원)의 글〈조선운동의 영도권문제〉에 있는 '천도교에게 영도권을 달라'는 주장이었다. 이것을 무산계급에 대한 도전으로 간주한《신계단》11월호의〈종교시평〉은 천도교가 "가진 교태를 부리며 예민한 그러나 누가 보아도 매춘부임을 속일 수 없는 유혹의 손을 들고" 대중을 홀리려 한다고 혹평하였고, 이에 11월 19일 천도교 청우당원이 찾아가 항의하던 끝에《신단계》의 편집 겸 발행인 유진희를 폭행한 것이다. 이에 김약수·정희찬·정백·송봉우·정운영·박영희·임화·백철 등 사회주의 맹장들이 궐기하여 천도교정체폭로비판회를 조직, 대대적인 반천도교운동을 전개하였다.[33] 그들은 1933년 초 사회주의 계열의《비판》《신계단》등에 천도교를 비방, 매도하는 논설을 대거 게재하였고, '친애하는 근로대중 제군'에 고하는 성명서(〈폭력화한 천도교의 정체를 폭로함〉)를 전국 좌경단체에 발송하였으며(12월 20일),[34] 천도교의 인일(人日, 12월 24일)에 천도교회 정문 앞에서 일반 신도들에게 격문을 배포하였다. 현장에서 천도교 교도와 충돌한 행동대원은 경찰에 연행되었고, 위원장 김약수와 위원 이송규(李松圭)도 경찰에 호출되어 엄중한 훈계를 받았다. 그들은 12월 23일 대규모 집회도 계획하였으나 허가되지 않았다.[35]

여기서 그들의 천도교 공격 논지를 소개할 필요는 없지만, 서강백의 논

---

33) 일기자,〈천도교 청우당의 신계단사 습격사건과 천도교정체폭로비판회조직경과〉,《비판》20호, 1932. 2 ; 조선지광사편집부,〈천도교폭행사건의 전말과 우리의 성명〉,《신계단》, 1933년 1월호 ;〈천도교정체폭로비판회 경과보고〉,《신계단》1933년 1월호.

34) 이 성명서는《신계단》, 1933년 1월호에도 실렸다.

35) 朝京憲高普 제1028호〈天道敎正體暴露批判會ノ行動ニ關スル件 報告 '通牒'〉.

제 〈민족 팟쇼의 표면적 도량―천도교 청우당의 폭행을 보고〉(《신계단》 1933. 1), 그 제2절과 3절의 제목 '만신창이의 인내천주의(人乃天主義)' '가증할 피등(彼等)의 일루(一縷)의 난무', 그리고 다음과 같은 성명서들의 끄트머리 구호만 보아도, 그 논지는 물론 그 분위기까지도 짐작할 수 있다.

> 1. 개량주의의 魔殿 천도교를 타도하자! (2행 생략)
> 1. 彼等의 재정적 원천인 성미, 헌금을 대중적으로 거부하자! 그들의 영향하에 있는 일체의 출판물을 매장하자! 피등의 수괴 (5자 생략) 등의 행동을 대중적으로 감시하자!
> (이상 12월 20일 성명서)
>
> ◇ 자본의 종교적 용병 천도교적 제운동을 타도하라!
> ◇ 푸로레타리아적 종교비판의 완전한 자유!
> ◇ 천도교 우상의 배를 채우는 성미헌금을 거부하자!
> (이상 《조선지광》 편집부 성명서)

그들은 이 사건의 본질을 '민족개량적 반동적' 집단 천도교가 "무산계급운동 진열에 대항하여 외람되게 조선운동의 영도권 장악을 주장하다가 그것이 혹독한 박격(駁擊)을 입으면서 발작적으로 일어난 파쇼적 감정의" 발로로 규정하였다.36) 경찰은 1933년 3월 반천도교운동을 재개하려는 '공산주의자 김약수 일파'의 의도를 다음과 같이 분석하였다.

> 객년 11월 공산주의자 김약수 일파는 '천도교정체폭로비판회'를 조직하여 일시 맹렬한 반천도교운동을 야기하였지만 천도교의 무저항주의, 당국

---

36) 김동민, 〈'이러타'의 표명문을 비판함―천도교에 대한 투쟁을 그들은 어떻게 거부했나?〉, 《신계단》, 1933년 2월호, 71~72쪽.

의 조처 등 때문에 일시 정지 상태에 빠졌으나, 그 후 조선 농민·노동자의 최다수를 포용한 유일한 민족단체인 천도교의 세력을 퇴폐시키지 않으면 좌경운동에 지장되는 바가 다대하다고 생각하여 그 붕괴를 획책하여…37)

이것은 물론 천도교(신파)에 대한 의혹, '민족개량주의에 기초한 자치운동' 반대와도 직결된 문제였고, 결국 종교 전체에 대한 반대 운동으로 확대되었다.38) 그러나 '조선의 운동'은 실제 하지도 않는 상황에서 그 '영도권' 문제로 천도교 타도를 외치는 것도 모자라 종교 전체를 부정하는 것이 과연 종교인은 물론 일반인들에게 어떻게 비쳤을 것인가? 서정희는 김약수 일파와 함께 거의 10년 진 열성으로 동참하였던 '보천교 성토' 시절이 생각나지 않을 수 없었을 것이다. 이번에는 그들은 서정희에게 동참을 권하지도 않았지만, 설사 권유받았을지라도 서정희는 거부하였을 것이다. 자신과 의견이 맞지 않는 원로와 선배 지도자들을 '기탄없이' 매도, 척결하려는 작태가 당시 '운동' 문화를 휩쓸고 있었다. 그해 《동아일보》 신년호에 조선청년에게 부탁하는 글을 발표한 여운형에 대한 다음과 같은 비난은 그 한 예에 불과하였다.

이르는 곳마다 반동의 선지피를 내어뿜는 《동아일보》가 홀로 여운형에

---

37) 朝京憲高普 제217호 〈共産系金若水一派ノ反天道教運動復興ニ關スル件 報告 '通牒'〉(1933. 3. 18)

38) 많은 논설이 난무하였지만 안병주, 〈우리는 왜 종교를 비판하는가?〉, 《신계단》, 1933년 2월호의 다음과 같은 구절은 당시 반종교론자들을 대표하는 것 같다. "고로 종교에 대한 투쟁은 한갓 무신론의 사상적 선전에 그칠 것이 못되고 바로 계급×× 의 구체적 실천에 종속시키지 않으면 안 되는 것이다. … 이렇게 푸로레타리트의 종교 극복은 일반 계급××과의 연관에서만 가능하다. … 지금 조선의 종교단체들은 그 반동운동이 자못 맹렬하다. 천도교의 자×운동과 농민×취운동이며, 기독교 ××의 연맹조직과 그 농촌사업(?)을 보라. 그들의 최후 단말마적 惡戱는 확실히 수세로부터 공세에 진출하고 있다. 그럼으로 현 단계에 있어서 우리 푸로레타리아트의 반 ××운동도 거기에 대응하여 수세로부터 공세에로 역습하지 않으면 안 된다."

대해서만 초계급적 아량을 보였단 말인가? … 그러나 아무리 예측하지 못할 변괴가 생기어도《동아일보》가 그 민족개량주의적 본질을 하루밤 사이 버릴 수 없지 아니한가? … 나는 필경 그의 '부탁'을 읽었다. … <u>그의 '부탁'은 내용이 텅텅 빈 '志士式' 방송임에만 그치지 않고 도리어 반동적 경향까지를 나타내었다. … 여씨가《동아일보》에 '귀순'을 표명하는 것이었다.</u> … "우리 민족과 사회의 생명인 청년들이여!"〔여운형의 문장 — 필자〕, 몸는 또 이러한 말로 '청년들'을 부르고 있다. 그러나 참된 의미로 조선민족과 사회의 생명이 될 수 있는 청년은 결코 조선 청년 전체가 아니다. 조선민족과 사회의 참된 생명이 되기에는 일정한 계급적 及 역사적 조건을 갖추어야 하는 것이니, 조선 청년 중에서도 새 역사의 담당자 인한 부대 및 그 부대의 종국적 及 시간적 동맹자를 제외한 다른 일련의 부대들은 그것이 단정코 조선민족의 생명이 될 수 없을 뿐 아니라 도리어 그것을 빼앗고 해치는 반동적 임무를 지금도 우리들의 면전에서 열심히 이행하면서 있는 것이다. … 묻노니 씨는 스스로 제 2의 '민족개조론자'가 되고저 하는가? … <u>자기만이 가장 뜻이 있는 채 알지 못할 高所에 앉아서 감격한, 그러나 내용 공허한 언사를 민중에게 보낸다는 것은 중세기식 무능한 지사만이 할 수 있는 가련한 비명인 것이다.</u> … 몸여 … 스스로 대중의 속에 들어가서 그들과 호흡을 함께하고 대중의 선두에 서서 그들을 실천적으로 지도할 것이다. 만일 이것이 불가능할 때에는 從容히 값있는 침묵을 지키면서 대중의 나가는 길을 성실하게 따라가던지, 그것도 못 하겠으면 깨끗하게 자신의 정체를 대중의 앞에 고백하고 그리하여 몸을 위선자의 진열에서나 빼어내어야 할 것이다. 다시 말하거니와 우리들에게는 한 명사의 과대망상증을 만족시키기에 희생시킬 만한 바늘끗만 여유도 없다. <u>살아 움직이는 힘을 가지지 못한 낡은 지사나 명사의 면목을 고려하기에는 우리들의 당면한 정세가 너무나 절박하지 아니한가?</u>[39]

---

39) 北海生, 〈여운형의 '부탁'을 읽고〉,《신계단》, 1933년 4월호.

지독한 좌익 소아병에 걸린 이 글을 서정희가 직접 읽지 않았다면 틀림 없이 전해는 들었을 것이다. 그는 이 '기탄없는' 여운형 비방이 결코 자신과도 무관하지 않다는 사실을 잘 알았을 것이다. 그러나 침묵을 지키는 것은 옛 동지, 후배들에 대한 최소한의 예의였을 것이다. 그 역시 최흥종 목사와 같이 스스로 사망통고서를 돌리고 싶은 심정이었을 것이다. 김약수는 1933년 4월 좌익 잡지《대중》창간호를 발행하여 선전활동을 강화하였다. 그 잡지가《조선일보》와《동아일보》광고를 실은 것은 재정상의 타협이었을까? 어쨌든《대중》2호(1933년 5월)는 이항발 등이 검거되어 기소유예 처분으로 끝난 나주 노동조합사건을 소개하면서 다음과 같은 촌평을 덧붙였다.

> 그런데 이 사건에서 한 개의 특징은 구 신간회의 해소에 극력 반대하던 이항발이 해소에 반대의견을 청산하지 아니하였다면 이 사건의 내용을 능히 짐작할 수 있으며, 그렇지 아니한 한에서는 이항발의 전환을 ×한다.[40]

신간회 해소 반대의견 청산은커녕 그 재건에 앞장선 서정희에 대한 김약수 그룹의 감정은 짐작하고도 남는다. 공공연하게 민족주의적 세력의 재흥(再興)을 분쇄한다고 선언한 것도[41] 이미 낯선 풍경이 아니었다. 1933년《삼천리》5월호에 실린 서정희의 한시〈춘부(春賦)〉는 짧지만 당시 그의 심경을 잘 표현하였다.

때를 만나지도 못하였고 부채만 많구나　　　不遇兼多債

봄은 왔으나 이 땅의 봄은 아니로세　　　春非此地春

---

40)《대중》2호(1933. 5), "국내 뉴-스",〈이항발 박재홍 등의 나주노동조합사건〉, 29쪽.
41)〈민족주의적 세력의 재흥과 그 극복책〉은《비판》23호(1933. 6)에 社是처럼 권두에 실렸다.

그는 아직도 사회·역사·민족에 대한 부채의식을 버리지 못하고 그것을 갚을 수 있는 봄을 기다린 것이다. 그러나 필자가 주목하고 싶은 점은 갑작스러운 그의 한시다. 소년시절 5, 6년 동안 한문을 배운 그가 이 정도의 한시는 지을 수도 있었겠지만, 이전에 지은 한시는 전혀 확인되지 않으며, 사실 한시는 그에게 어울리는 것도 아니다. 또 하나 확인된 한시는 1934년 7월, 창립 6주년 축하를 위하여 삼천리사를 방문하였을 때 남긴 것이다.

> 남의 말을 들어도 내가 말을 하여도 마음은 싸우는 듯하네
> 큰 소리를 질러 긴 노래를 부르니 뜻은 다시 새로워지네
> 술에 빠지고 시에 미쳐도 한은 더욱 깊어만 가네
> 선과 악이 여러 갈래니 진실은 보이지 않네

> 或聽或語心猶戰
> 高呼長歌意更新
> 酒縱詩癖深深恨
> 善惡多端未見眞

시비를 가릴 수 없는 상호 적대와 극렬한 비방이 난무하는 속에서 뜻을 얻지 못한 노인의 심정을 토로하기에는 한시가 적합하다고 생각한 때문이었을까? '살아 움직이는 힘을 가지지 못한 낡은 지사나 명사'란 조롱을 되려 조롱하려는 듯이 '한시나 지으며 파한(破閑)하는 노인'을 과시하려는 것이었을까? 둘째 행의 '술에 빠지고 시에 미쳐도'는 그가 이 무렵 시작에 몰두했다는 인상을 준다. 그러나 실제 그는 술을 끊은 지 오래였기 때문에, '시에 미쳤다'는 구절도 단순한 비유로 보는 것이 타당하다. 그래도 그가 사회운동으로 분주하였다면 결코 한시를 지을 생각은 하지 않았을 것이다.

사회주의자들과 거리가 멀어지면서 자연히 그는 민족진영 인사들과 긴밀해졌다. 1934년 11월 28일 서정희는 윤치호를 방문하여 당시 소문이 무성한 기독교의 두 지도자 신흥우와 현동완 사이의 불화를 조정하도록 권고하였다. 이에 대해 윤치호는 서정희가 신흥우가 어떤 인간인지를 잘 모르는 것 같다고 평하였는데,〔자료 16-13-2〕 그는 일기 여러 군데에서 신흥우의 부정적인 면을 강조하였다. 어쨌든 서정희가 이런 문제를 윤치호에게 충고했다는 사실은 두 사람의 친분을 짐작케 한다. 또 1935년 초 삼천리사가 〈조선민중의 지도자 총관〉을 기획하면서 유진태의 평을 서정희에게 의뢰한 것도 편집기획자들이 이 둘의 각별한 사이를 잘 알았기 때문일 것이다. 이 글에서 서정희는 유진대를 '사회사업의 공로자'로 극찬하였다.〔자료 1-21〕 유족들은 이 무렵 서정희와 교류가 잦은 인사들로 김병로·이인·여운형·허헌·홍명희·유진태·안재홍 등을 기억하고 있는데, 1933년 1월 일제 헌병대의 다음과 같은 보고도 이들이 자주 어울린 사실을 증언한다. 즉 민족주의 선구자라고 할 수 있는 여운형·안재홍·김병로·유진태·서정희·원세훈·허헌 등은 서로 만나기만 하면 3년 안에 일본은 외국과 전쟁할 것이며, 그 상대가 미국이건 소련이건 전쟁이 나면 일본은 조선의 민족주의자들을 모두 살해할 것이라고 예상하면서 크게 동요하고 있다는 것이다.〔자료 16-12〕 이들은 모두 사회운동의 일선에서 물러났지만 회동할 때면 나름대로 국내외 정세를 분석하고 의견을 주고받는 친밀한 무리였던 것이다. 1934년 1월 김병로·여운형·윤치호·이광수·신태악 등은 조선소작령제정촉진회를 조직하였다. 서정희가 여기에 동참한 직접적인 증거는 확인되지 않지만, 왕년의 농민운동가 서정희가 소작민의 권익 신장을 요구하는 친구들의 운동에 동참하지 않을 이유는 없었을 것이다.[42]

---

42) 1920년대 말부터 농촌의 위기를 그대로 방치할 수 없다고 판단한 총독부가 일정한 범위 안에서 소작농의 권익을 보호하기 위한 소작령 제정을 추진하자, 조선인과 일본인 대지주들은 이를 맹렬히 반대하였다. 조선소작령제정촉진회는 지주들의 반대

한편 1936년 3월 14일 여순감옥에서 옥사한 신채호의 유해가 서울역을 거쳐 청주로 옮겨질 때, 서정희·홍명희·권동진·여운형·신석우·서춘·안재홍·이관구·정인보·원세훈·김약수·현동완·유진태·김동환 등을 비롯한 수십 명은 서울역으로 나가 신채호를 영결하였다. 신석우가 250원, 《동아일보》의 송진우와 《중앙일보》의 여운형이 각각 50원, 《조선일보》의 방응모가 20원, 삼천리사의 김동환이 약간을 낸 부의금으로 신채호의 장례가 치러졌고, 원세훈이 청주 고향까지 유해를 모시고 갔다고 한다.〔자료 16-16〕 이것은 대학자요 혁명가인 신채호의 장의가 일종의 작은 사회장으로 거행된 것을 말해 주는데, 서울역에 나온 사람들 가운데 거명된 인사들은 대체로 서정희가 교유한 이들이다. 이들 가운데 물론 신채호와 친분이 있었던 사람도, 신채호의 상해시절 침식을 같이한 동지들도 있었다. 그러나 서정희는 신채호와 별 인연도 없었던 듯하다. 그럼에도 그가 신채호의 역전 영결에 참석한 것은 평소 교유하던 인사들과 같이 사회적 의례에 참석한 의미도 배제할 수 없는 것 같다. 거명된 인사들 가운데 그해 11월 결혼한 넷째 딸 경남에게 사위 이홍직을 소개한 정인보가 눈에 띄는 것은 예상된 일이지만, 김약수가 이 그룹에 참여한 것은 다소 뜻밖이다. 그는 이 ‘민족주의 지사 명망가’들을 그토록 매도하던 그룹의 대장이 아니었던가? 이제 그도 변한 것인가? 그 역시 국내외에서 비밀리 조직된 공산주의 단체나 운동과는 이미 연결되지 못한 것은 사실이었다. 어쨌든 김약수는 서정희와 돈독한 관계를 계속 유지하였고, 서정희의 유족들도 그가 변함없이 서정희의 집을 출입한 것을 잘 기억하고 있다.

를 배격하고 총독부의 방안보다 더 진보한 내용(예컨대 소작권 확립 10년)이 포함된 소작령 제정을 촉구하였으나, 총독부와 일본 정부 요로에 전문을 보내는 정도의 소극성을 면치 못하였다. 당시 농민혁명을 주장한 사회주의 진영은 이 운동에 참여하지 않았다. 결국 총독부의 의도대로 법령은 제정되었지만, 소작령은 농지령으로 개명되고, 핵심 조항인 소작권 확립이 당초의 5년에서 3년으로 단축되었다. 정연태, 〈1930년대 ‘조선농지령’과 일제의 농촌통제〉, 《역사와 현실》 제4호, 역사비평사, 1992. 12. 246~252쪽 참조.

이에 앞서 1935년 여름《조선일보》와《동아일보》가 유치하기 그지없는 싸움을 벌이고 있었다.[43] 이 싸움은 세상사람들의 관심을 모았으며, 사회주의자들은 기회를 놓치지 않고 두 신문의 '추악상'을 집중 부각시켰다.[44] 이 사태는 서정희을 비롯한 많은 사람들을 더욱 우울하게 만들었을 것이다. 서정희도 이 추악한 분규의 현장을 보고 싶었던 것일까? 그는 싸움이 벌어진 보성전문 동문회대회(7월 14일)를 찾아갔다. 많은 신문·잡지 기자와 당대 평론가들이 몰려갔지만, 동문회는 일반인들의 방청을 허락하지 않았다. 서정희도 할일 없이 돌아왔겠지만, 그날 동행한 사람들 가운데는 김경재·원세훈 등과 함께 김약수도 눈에 띈다.〔자료 16-15〕

이와 같이 지인들과 함께 유명인시의 정조에 잠석하하기도 하고, 세인의 이목이 집중된 사건의 현장을 찾아가기도 하며, 때때로《삼천리》잡지

---

43) 1935년 보성전문이 신입생 236명을 선발, 입학 수속을 마쳤다. 그러나 총독부 학무국이 신입생 정원을 200명으로 제한함에 따라 36명이 입학하지 못한 사태가 발생하였고, 교장 김성수는 책임을 지고 사임하였다. 문제는《조선일보》사설이 입학하지 못한 36명의 처지를 동정한 나머지 보전을 '비방'한 때문에 발생하였다. 이 사설에 격분한 보전 동문회는 6월 16일 교우회 임시총회를 열고《조선일보》의 사과와 관계자의 퇴사를 요구하였는데,《조선일보》는 도리어 보전 교우회를 '김성수의 주구'라고 비난하였다. 더욱 격분한 보전 교우회는 2차 대회를 소집,《조선일보》비매동맹을 선언하는 한편《조선일보》가 사옥을 신축하면서 보전에 기부금을 강요하였다는 '비리'를 공개하고 방응모 사장을 '공갈 取財 미수죄'로 고발하기로 결의하였다. 사태는《동아일보》·보성전문과《조선일보》, 김성수와 방응모의 전면전으로 전개되어, 양측이 상대의 치부를 계속 '고발'하는 싸움을 계속하였고, 보전 동문회도 내분되는 사태까지 일어나게 되었다. 이 두 신문사의 대결이 세인의 관심을 집중시킨 것은 당연하였고,《삼천리》1935년 8월호는〈조선일보·동아일보 상쟁사건 진상 급 비판〉을 특별기획하여 사건의 진상, 본말과 사건에 대한 식자들의 비판을 실었다. 여러 비평 가운데 유진태의 '嗟乎 三分四裂', 신홍우의 '세상에 주는 이익이 何', 이영의 '公器의 私利性을 공격함'은 이 유치한 싸움에 대한 여론의 분노와 개탄을 대변한 것 같다. 이종린이 1924년 조직되었던 신문·잡지 기자협회 無名會의 부활을 주장한 것은 신문의 公器性과 언론의 사명을 도외시하고 자사에 충성하는 기자들을 비난하기 위한 것으로 해석된다.

44) 舌火子,〈檢鏡에 비춘 동아, 조선일보의 醜劇—현대신문의 파멸의 전초전〉; 박승극,〈동아, 조선일보의 상쟁에 대한 소견〉; 채필렬,〈십자가상의 동아〉(이상《비판》1933년 6월호).

사가 기획한 특정 문제에 대해 간단한 의견을 발표하기도 하였지만, 이것은 모두 심심풀이에 불과하였다. 그러나 그것은 유유자적 속에서 즐긴 파한(破閑)은 결코 아니었다. 그는 머지않아 일어날 일본과 중국·미국·소련의 전쟁과 이에 따라 더욱 심해질 일제의 압제와 탄압을 늘 우려하였으며, 가난을 견디지 못한 농민들이 대거 만주로 유랑하는 현실을 속수무책으로 바라보는 자책감에 시달렸던 것 같다. 《삼천리》 1935년 1월호 기획특집 〈민족발전에 대한 투표〉는 '조선인이 대부대적으로 이왕 해외에 나갈 바에는 어디로 가는 것이 좋겠는가?'라는 설문 아래 그 후보지로 1. 만주 2. 시베리아 3. 만리장성 이남 중국 4. 동경 오사카 5. 하와이·필리핀·북미 등 5항을 예시하였다. 11명 가운데 서정희를 비롯한 8명(김약수·함상훈·김경재·박완·이인·소완규·조기간)이 만주로 응답하였는데, 서정희는 그 이유를 다음과 같이 설명하였다.

> 지금의 형편으로서는 조선인의 해외 이주에는 만주가 있고 동경이나 대판에 가서 공업노동자가 되는 것밖에는 도리가 없습니다. 시베리아에는 사실상에 있어 봉쇄되어 있고 장성 이남의 중국이나 포왜, 남미 등지에도 대량 진출할 곳이 못 되는 것은 설명할 필요도 없습니다. 그러나 여기에 문제는 누가 보내서 가는 경우고 있으나 그보다도 <u>자기의 생활환경이 願不願을 불고하고 만주에 나가게 됩니다. 동경이나 대판에도 실제상에 있어서는 완전히 노동자 진출로서는 禁制된 것이 사실입니다. 만주에 가서 농군이 되는 것이 제일 가능한 일이고 또 앞으로 자꾸 나가게 될 것입니다.</u>[자료 1-20]

조선 농민의 대량 해외이주, 이것은 민족의 발전과정이 아니라 수난의 결과라는 점을 모를 사람이 없었다면, '대량 해외이주'를 '민족발전'으로 규정하고, 그 대답도 '만주'가 나올 것이 뻔한 설문을 기획한 《삼천리》 편집인의 의도를 모를 서정희는 아니었을 것이다.[45] 그 의도는 조선의 몰락

만주로 향하는 조선인 이민 행렬

농민을 만주로 내몰아 만주국 건설에 참여시키려는 일제 정책을 노골적으로 지지한 것이었다고 해도 결코 비약은 아닐 것이다.46) 그럼에도 서정희가 이에 응답한 까닭은 바로 생활 조건상 원하건 원하지 않건 내몰린 조선의 농민에게 만주를 유일한 출로로 열어 놓은 일제의 압박과 음모를 폭로하기 위함이었다. 그는 이 냉엄한 현실에서 농민을 위하여 할 수 있는 일이 아무것도 없었던 것이다. 1935년 《삼천리》 9월호가 기획한 〈아관(我觀)〉 장개석, 간디, 트로츠키, 이 세 인물은 이제 과거사상(過去史上)의 인물이

---

45) 기왕이면 만주로 가는 것이 좋겠다고 답한 이인도 먼저 "민족의 발전과정으로 과잉 인구를 영외로 진출 활약함이 아닌 貴問에 대하여 말씀하기가 거북하다"고 운을 뗀 것이나 박영희의 다음과 같은 답변은 모두 삼천리사의 의도를 간파한 것으로 보인다. 즉 "행복스러운 형편에서 조선 사람이 외지로 간다면 특히 장소를 택할 필요가 있겠으나 살 수 없어서 아무 데로나 流離漂迫하는 신세에 장소를 택할 수 있겠습니까? 가는 대로 흘러가고 … 어디고 流離해서 건강하게 살면 그만일 것입니다."

46) 1935년 4월 6일 총독부는 일본 척무성과 조선 농민 80만 인을 만주로 이민 보내려는 방안을 확정하였고, 1937년 3월 1일 제1차 이민단 11,900명이 총독부의 강권에 밀려 출발하였다.

되었는가, 또 재기가 기대되는가?〉에 대한 서정희의 다음과 같은 답변은 바로 무기력한 노인으로 전락한 자신을 한탄한 것으로 보아도 큰 잘못은 없겠다.

> 트로츠키, 간디, 장개석은 벌써 지나간 날의 사람이요. 트로츠키의 유랑 생활, 간디의 전락은 인간적으로는 동정하고 싶으나, 나 개인의 동정과 그들의 역사적 사명과는 딴 길이구려. 장개석이 아직 국민정부의 통치자이라고 하나 그도 벌써 중국 민중의 지지를 받기는 글렀소. 이제 생각하니 그들은 어느 시간의 영웅이었소. 위인이었소. 그러나 이제는 전락된 한 개의 卑人이 되었구려. 허허 世事가 다 그렇구려.〔자료 1-22〕

이 무렵 장개석은 중국공산당의 항일구국통일전선 제창(1935년 8월 1일)을 거부하고 도리어 목린령(睦隣令, 이웃과 화목하게 지내라, 1935년 6월 10일 공포)으로 항일운동을 금지하는 한편 공산당 토벌에 열을 올리고 있었다. 그는 '먼저 국내를 안정시킨 후 외적을 물리친다'는 정책을 고수한 것이지만, 반대 여론이 비등하고 항일을 요구하는 학생시위가 계속된 것은 당연한 일이었다. 서정희가 그를 '중국 민중의 지지를 받기는 글렀다'고 전망한 것은 이 사정을 잘 알고 있었기 때문일 것이다. 한편 간디에 대한 조선의 평가는 매우 상반되어 있었다. 민족진영의 인사들은 대체로 그를 크게 존경, 예찬한 반면 사회주의자들은 그를 자치운동의 상징으로 배격하였는데, 특히 1931년 3월 간디가 불복종운동을 중단하고 원탁회의에 참석한 이후 그에 대한 매도는 민망할 정도로 극렬하였다. 1932년 이몽(李蒙)의 〈간듸 협잡기〉는(《비판》 10호, 1932년 4월) 제목부터 세계 어느 나라에서 이토록 간디가 공공연하게 매도된 예가 있을까 하는 생각도 들지만, 다음과 같은 마지막 구절은 간디가 조선의 좌우투쟁에서 중요한 쟁점의 하나였음을 잘 말해 준다.

유아 깐듸는 영웅주의와 야합하며 국민 뿌르조아지를 總代하여 노농대
중의 ××적 ××운동을 저지하여 3억만 피압박대중의 사멸을 강요함이 이 어
찌 '성웅'과 '인도민중의 아버지'가 취할 바의 행동이랴 금일 깐듸의 모든
죄악을 음폐하고 '성웅'이니 '인도민중의 아버지'이니 하고 깐듸를 숭배,
예찬, 선전하는 자는 깐듸와 같이 노농대중의 ××적 해방운동을 저해하며
소 뿌르조아층의 이해를 위하여 ××××××××××도모하는 반동적 소뿌르조
아지의 □언망언이 아니면 아니 된다.

또다시 논쟁에 휘말리는 것을 피하고 싶었을까? 서정희와 함께 설문에
응한 안재홍·이인·히힌 등노 모두 간디를 부정적으로 평가하였다.[47]
그러나 서정희가 세 사람을 모두 역사적 사명이 끝난 과거의 영웅, 현재
의 전락한 초인으로 규정하면서 세상만사가 다 그런 것이 아니냐며 허탈
하게 웃는 순간, 그는 자신의 긴 인생 유전을 짙게 떠올렸을지도 모른다.

전향과 변절의 회오리, 낙향

1930년대 후반 조선의 사정은 더욱 악화되었다. 유럽에서는 나치 독일
과 파시스트 이탈리아가 제1차 세계대전 이후 약속한 베르사유체제를 무
시하고 영토 침략을 계속함에 따라 1940년 초 영국·프랑스·소련과 독

---

47) 특히 이인의 다음과 같은 평은 사회주의자들의 간디觀과 비슷하다. "시대와 생활에
뒤진 묵은 간판을 등지고 전도한 봉건적 영웅주의의 權化 간디는 때와 민중과의 거
리가 太遠하여 다시 바라볼 게 아무것도 없을 것이다." 그러나 조만식은 특별한 기
회가 아니면 간디가 정치에 다시 적극 진출하지는 않겠지만, 문화운동으로 여생을
보낼 것으로 전망하였으며, 尹益善은 "용기와 강인력이 많은 간디가 마지막 성공기
를 가질 것"으로, 실명씨는 "간디가 대중에게 정교일치로써 재기, 신임을 얻지 않
을가"라고 저마다 답변하였다. 이선근이 "적극 활동을 잃은 노쇠한 성자"로 간디를
표현한 것은 그에 대한 존경을 숨기지 않은 것이었다.

일·이탈리아의 양대 세력은 전면전으로 돌입하였다.[48] 한편 동아시아에
서 군국주의체제를 강화한 일본은 만주국 건설에 박차를 가하는 한편
1935년에는 북중국을 분리하여 제2의 만주국을 조직하려는 음모를 추진
하여 실제로 하북성 일대와 장성 이북에 대한 패권을 확립하고[49] 1936년
11월 25일 독일과 방공협정을 체결함으로써 파시스트 제국의 일원임을
선언하였다. 중국에서는 마침내 장학량이 장개석을 연금하고, 장개석이
항일에 동의하면서(1936년 12월), 중국국민당이 국공합작을 결정함에 따
라(1937년 2월) 중국과 일본의 전면전도 임박하였다. 이에 일본은 북경 교
외 노구교에서 발생한 작은 사건(1937년 7월 7일)을 빌미로 총공세를 폈
고, 장개석도 대일항전 총동원령을 내렸다(8월 15일). 그러나 전세가 일본
의 압도적인 우세로 기울자 장개석은 11월 20일 남경 천도를 선언하였고,
12월 13일 남경을 점령한 일본군은 민간인을 대량 학살하는(약 30만 명
추정) 참극을 저질렀다. 전쟁은 장기화하였다. 일본은 1938년 4월 1일 국
가 총동원령을 공포하고(5월 5일 시행), 1939년 7월 8일에는 국민징용령

---

48) 독일은 1935년 3월 재군비를 선언하고, 1936년 10월에는 이탈리아와 로마·베를린
   축을 결성, 1938년 3월 오스트리아 합병, 9월 수데텐 합병, 1939년 3월 보헤미아와
   모라비아를 보호령으로 선언, 리투아니아의 메델지방 합병, 1939년 5월 이탈리아와
   군사동맹 체결, 9월 폴란드 침공, 소련과 폴란드 분할 등의 침략을 벌였다. 한편 이
   탈리아도 1935년 10월 에티오피아 침공(1936년 5월 합병을 선언), 1935년 11월 독일
   과 함께 스페인 프랑코 정권 승인, 1937년 리비아 개입, 12월 국제연맹 탈퇴, 1939
   년 4월 알바니아 합병 등 역시 침략전쟁을 벌여 나갔다. 1939년 9월 3일 영국과 프
   랑스는 독일에 선전포고를 하였다. 그러나 독일은 1940년 4월 이후 노르웨이·덴마
   크·네덜란드·벨기에를 차례로 점령하고 6월 14일 파리에 입성하였으며, 6월 22
   일에는 소련과 전쟁을 개시하였다.
49) 하북·산동·산서·察哈爾·綏遠 5개성의 자원을 획득하고 만주국과 중국 사이에
   완충지대를 만들어 일본의 권익을 보장하기 위하여 추진한 것인데, 완전히 성공하
   지는 못하였지만, 친일 자치조직 冀東防共自治委員會·冀察政務委員會가 성립되어
   하북·북경·천진 일대와 察哈爾가 사실상 중국 정부의 관할에서 분리되었다. 중국
   정부는 들끓는 항일 여론을 외면하고 하북성 밖으로 군대를 옮기고 배외·배일을
   금지하라는 일본의 요구를 수락하였을 뿐 아니라, 이것을 뒷받침하기 위하여 '敦睦
   友邦令'을 발포하였다(1935년 6월 10일).

을 공포하여(7월 15일 시행) 전 국민을 전시체제로 조직하였다.

1940년 7월 26일 일본 각의는 대동아 신질서 국방국가 건설 방침을 결정하였다. 이른바 '대동아 공영' '동양의 평화' '왕도정치'의 미명 아래 맹주 일본에 의한 전 동아시아 지배를 선언한 것이며, 백인 세력을 아시아에서 몰아내려는 포석이었다. 9월 25일 독일·이탈리아와 삼국동맹을 체결한 일본은 미국과 오랜 갈등 끝에 1941년 12월 8일 마침내 진주만을 기습하였다. 미국과 영국이 즉각 일본에 선전포고하면서, 아시아 전역도 전쟁에 휘말리게 되었다.

총체적인 일본의 전시체제는 조선에 더욱 가혹한 형태로 적용되었다. 더욱이 일본은 조선인을 전쟁에 최대한 동원하기 위해 '내선일체'의 미명 아래 조선의 정체성을 말살시키는 여러 정책을 강행하였다. 그것은 바로 단순한 강압에 의한 협력이 아니라 일본의 '황도사상'을 체질화한 '황국신민'50)에 따른 '자발적'인 협력을 강요하기 위한 수단이었다. 1936년 8월 5일 조선총독에 부임한 미나미는 천황의 조선 방문과 조선인 징병제 실시를 시정의 양대 목표로 설정하고 '황국신민' 정책을 추진하였다. 그 결과 1938년 2월 '조선인 지원병제도'(17세 이상)가 실시되고, 그해 3월 '조선인이 일본국민이라는 자각을 철저히 갖도록 하고 학교에서 조선어 수업을 점차 없애는 것'을 골자로 한 '조선교육령'이 ― 조선군의 사전 양해를 얻어 ― 1940년 2월 11일 이후에는 악명 높은 '창씨개명'이 강요되었다. 이것은 모두 신사참배, 궁성요배, 국기게양, '황국신민서사' 제창, 기미가요 보급, 일본어 보급 등과 표리를 이루며 추진되었다. '조선인 징병제'가 결정된 것은 1942년 5월 8일, 1944년에 이르러 시행되었다.51)

---

50) '황국신민'이란 말은 이전에도 있었지만, 한 시대의 상징으로서 맹위를 떨친 곳은 조선인데, 조선인의 '황국신민'화를 추진한 미나미 총독의 최고 참모인 학무국장 鹽原時三郎가 만든 신조어라고 한다. '황국신민'은 '천황에 절대 순종하고 웃으며 순국하는 황국 병사의 理想(像'과 일치하는 새로 만들어진 조선인의 理想型이라고 한다. 宮田節子 지음, 李熒娘 옮김, 《조선민중과 '황민화' 정책》, 일조각, 1997, 104~107쪽 참조.

이 일련의 정책에 대한 조선인의 저항은 당연하였는데, 총독부는 이에 맞서 폭력적인 탄압과 병행하여 대대적인 선전활동을 전개하였다. 각종 강연회, 좌담회, 영화회, 포스터, 전시회, 삐라, 팜플렛, 전람회 등 "인간의 눈에 닿고 귀에 들리는 일체의 것은 적든 많든 선전매체로 이용될 수 있었다."[52] 여기서 조선인들의 협력이 강요된 것은 물론이며, 좌우를 가릴 것 없이 이 협력을 거부한 조선의 문인·지식인·종교인·교육자·사회 지도자들은 극소수에 불과하였다. 물론 개인에 따라 협조의 강도와 자세도 달랐지만, 유명인사일수록 '적극적 협력'이 강요된 것도 사실이다. 일본은 비협조적인 조선인을 민족주의자와 사회·공산주의자 두 범주로 분류하여, 전자는 민족 '내선일체'의 논리로, 후자는 '전향'과[53] '내선일체' 두 단계로 설득하였다. 전향은 일단 혁명적 사회·공산주의의 포기를 의미하는데, 1933년 이후 일본 공산당은 최고 지도자 사노 마나부(佐野學)와 나베야가 사다치가(鍋山貞親)의 편지를 계기로 전향자가 잇따라 생겨, 결국 괴멸되기도 하였다. 그들의 전향 명분은 천황제와 일본 국가주의 재발견이었다.[54] 그러나 식민지 조선인 혁명가의 전향은 일본인 동지와는 달리 돌아갈 국가가 없었으며, 그들이 돌아갈 곳은 결국 '황국신민'이었다.[55] 그렇다면 그 '전향'은 '내선일체' 또는 파시즘에 바탕을 둔 '신동아

---

51) 宮田節子 지음, 이형랑 옮김, 위의 책, 제2장 3절 〈황민화정책의 구조〉 참조.

52) 宮田節子 지음, 이형랑 옮김, 위의 책, 5쪽. 1937년 9월 이후 2년 동안 경찰이 동원한 시국좌담회만 195,400회 연 참가 인원 10,759,563명에 달하였다고 한다.

53) 여기서 전향은 개인적인 사상의 변화에 따라 주체적인 전향이 아니라 형사처벌 면제, 생활 보장 등의 조건을 수락한 사상 포기와 일제에 협력을 의미한다.

54) 그 편지는 일본공산당은 천황의 지도 아래 활동해야 하고, 일본은 열강의 일원으로 약한 이웃나라를 병합할 의무가 있으며, 따라서 일본의 만주정책도 지지한다는 것이 요점이었다. 이 영향을 받은 사상범들은 7월 말까지 미결수의 36%, 기결수의 30%가 사노의 예를 따랐다고 한다. 바든 리처드 H. 미첼 지음, 김윤식 옮김, 《일제의 사상통제》, 일지사, 1982, 135~137쪽 참조.

55) 일본의 전향작가 하야시 후사오(임방웅)의 이와 같은 지적에 왕년 프로문학의 맹장 시인 김용제의 다음과 같은 '항변'은 유치한 변절이라기보다는 차라리 코미디로 자학하는 전향자의 처절한 몸부림 같다. 즉 "씨의 당시의 의식이 조선의 전향자를 정

건설’에 대한 기대와 동참으로 귀결되지 않을 수 없었다.[56] 이것은 곧 민족적 ‘변절’을 의미하였다.[57] ‘변절’의 명분은 모두 ‘민족의 보존’ ‘민족의 지위 향상’이었다. 당시 상황을 충분히 고려하면 그 ‘진실성’을 일방적으로 부정하고 매도할 수만도 없으며, 어쩔 수 없이 ‘변절을 가장’한 사람도 많았을 것이다. 그리고 그 ‘변절’의 선택은 모두 깊은 고뇌와 번민의 과정을 거쳤을 것이다.

서정희는 왕년의 꼿꼿한 지사들, 자신을 비롯한 민족주의 좌파 ‘지사’들을 그토록 매도하던 젊은 투사들이 모두 ‘확신범’이 되어 내선일체와 대동아 신질서 건설을 역설하는 모습을 묵묵히 지켜보지 않을 수 없었다.

화하게 이해했나고 볼 수 없다. … 동시에 일본제국이 조선인의 조국이라는 것(이어야 한다는 것)을 씨가 아직 이해하지 못했다. … ‘우리들의 조국 일본’을 마음에서 부르짖으며 구하는 조선의 인텔리겐차가 있다.” 김민철, 〈일제하 사회주의자들의 전향 논리〉, 《역사비평》 봄, 역사비평사, 1995, 242쪽에서 재인용.

56) 지승준, 〈1930년대 일제의 ‘사상범’ 대책과 사회주의들의 전향논리〉, 《중앙사론》 10·11합집, 중앙대 중앙사학연구회, 1998. 2 ; 이수일, 〈일제말기 사회주의자의 전향론―인정식을 중심으로〉, 《국사관논총》 79집, 국사편찬위원회, 1998 참조.

57) 1934년 이후 조선 문단에서도 프로 문학가들의 전향이 시작되었다. 이 초기의 전향은 반드시 강압에 따른 것이 아니었고, 따라서 일제에 대한 협력을 전제하지는 않았다고 한다. 김윤식, 《한국근대문예비평사연구》, 일지사, 1976, 개정신판, 제5장 〈전향론〉 참조. 그러나 김윤식도 인정한 바와 같이 이들은 대부분 곧 내선일체 선전에 동원되었다. 예컨대 1936년 사상 전향자들의 모임인 白岳會는 단순히 공산주의의 부정을 목적으로 조직된 것 같다(《삼천리》 1936년 4월호, 〈삼천리 기밀실〉, ‘사상전향자와 백악회’ 참조). 그러나 1936년 전향자가 가입조건인 대동민우회의 1936년 8월 선언문의 다음과 같은 항목은 일제와 협력을 공언한 것이다. 즉 “오인은 대국가주의 의식을 강조하여 국가 전체의 번영을 위해 노력한다” “오인은 국가적 통제경제를 翼成하고…” “오인은 시대의 遭遇에 적응하는 도덕을 수렴하여 국민정신의 통일을 기한다.” 김민철, 〈일제하 사회주의들의 전향 논리〉, 242~243쪽 참조. 《삼천리》 1938년 5월호, 〈사상객들은 전시하에서 얼마나 전향했는가〉에서는 대동민우회의 활동을 다음과 같이 전하였다. “일찍이 좌익운동의 거두였던 차재정, 안준, 이승원 등 제씨는 전기 단체를 조직한 후 1, 일본제국의 깃발 아래로! 2. 공산주의파멸 등등의 기치를 높이 들고 경성 시내로 시위운동을 하였고, 또는 만주국에 있는 육군대위 윤씨 등을 초빙해서 시내 시천교 교당에서 정국에 대한 강연회를 개최하는 등 실로 이때까지 보지 못하던 전향자들의 활동을 봄에 이르렀다. 이들의 이론적 지도에 의한 전향자의 사회적 복귀는 크게 그 실적을 나타내었다.”

그는 이미 쓸모가 없다고 판단하였을까? 일제는 서정희를 '동원'하지 않았던 것 같으며, 그는 창씨개명도 피할 수 있었다. 그러나 그는 큰아들 서범석과 맏사위 김경재의 변절을 막을 수도 없었다. 그들이 조선을 떠나 만주에서 일제에 협력한 것은 그나마 다행이라 할 것인가?[58] 《동아일보》 기자로서 만보산사건 전후 크게 활약한 서범석을 서정희는 얼마나 자랑스럽게 여겼던가?

1958년 5월 4대 국회의원에 당선(2선)된 후 국회에 제출한 그의 이력서에 의하면 1934년 《동아일보》를 퇴사한 직후 서범석은 만주 장춘 《만선일보》에 입사하였으나 1년 후 퇴사(편집 의견 불일치로), 신경에서 토목 청부업, 1936년 봉천 조선인 중등학교 동광학원 이사, 재만 이주 조선인 개척지도기관 척진사를 창설하여 주간을 담당, 1940년 하얼빈 만몽산업 주식회사 취체역에 취임, 하얼빈 협조농장을 경영하다가, 해방되자 귀국하였다고 한다. 그러나 그는 '재만조선인통신' 주간, 봉천 주재 일본 육군 특무기관 산하의 공작단체인 '흥화협회' 사무장, '동남지구 특별공작 후원회' 본부 상무위원 등을 지내면서 재만 조선인의 '사상 선도'를 한 것으로 알려지고 있다.[59] 아들의 변절에 격분한 서정희는 해방 전까지 상면을 거부하였고, 서범석 역시 서울에 와도 반도호텔에 묵었고 집을 찾지 않았다고 한다. 유족들에 의하면 서정희가 서범석에게 '너는 내 자식이 아니다'라는 요지의 편지를 수취인 부담으로 자주 발송하였다고 한다.

---

58) 왕년의 독립투사와 사회주의자들이 비교적 쉽게 만주국에 협력한 것은 五族協和의 이상을 내건 만주국에서 조선인이 그래도 '이등 국민'으로 대우받을 수 있었고, 재만동포의 보호와 지위 향상을 위해 일한다는 명분으로 자위할 수 있었기 때문일 것이다. 그러나 그들이 중국을 침략하고 항일 조선인을 토벌하는 일본의 앞잡이 노릇을 스스로 담당한 것은 새삼 지적할 필요도 없을 것이다.

59) 김삼웅 외 지음, 《친일변절자 33인》, 무크/친일문제연구 제2집, 가람기획, 1995, 119~123쪽. 그러나 이 책은 해방 후 6선 국회의원 서범석의 활동을 다음과 같이 평하였다. "서범석의 야당 활동은 비교적 강직한 편이었으며 공사 생활도 청빈한 모습을 보여 주었다. 특히 유신체제 참여를 거부하고 정계 은퇴를 선언한 것은 진정한 야당인의 용기를 보여준 유일한 케이스였다."

화요회의 이론가 김경재는 1936년까지도 여러 필명으로 잡지에 논설을 기고하여, 좌익투사 논객의 면모를 과시하였다.《삼천리》1938년 5월호가 "김경재 씨도 전향 후 만주로 들어가 협화회의 간부로 다대한 활동을 하고 있다"고 전하였지만,[60] 그가 만주국의 발전과 '왕도낙토화(王道樂土化)'를 찬양하는 〈송화강반에서〉를《삼천리》1936년 11월호에 기고한 것을 보면 그 전향은 1936년 후반이었던 것 같다. 그는 계속하여 만주국과 협화회의 '이상'과 그 실천을 찬양하는 글을 조선으로 보냈고, 특히 자신이 항일 조선인의 귀순공작에 종사하는 일을 자랑스럽게 소개하기도 하였다.[61] 그는 능력이 인정되어 1940년 이후 상해 일본군 산하 정보기관의 책임자로 발탁되기도 하였는데, 여운형의 측근 최근우를 통하여 여운형계의 지하공작에 자금과 무기를 제공하였다고도 한다.[62]

김경재와 서정희의 장녀 경임과의 사이에는 자식이 없었고, 1936년 후반 김경재가 만주로 떠나면서 이들은 사실상 이혼상태였다고 한다. 그래도 김경재가 잇따라 보내온 변절의 논설들은 서정희를 크게 격분시켰을 것이다. 그리고 부부 사이의 문제로 마음 아픈 장녀가 더욱 얼굴을 들지 못하는 것을 보는 서정희의 마음은 더욱 상하였을 것이다. 김경재도 장녀 경임을 대단히 사랑하였고, 경임도 김경재를 늘 잊지 못하며 조용히 살았다고 한다.[63]

그러나 서정희가 1926년 8월 조선총독부 경무국이 작성한 〈조선공산당

60)《삼천리》, 1938년 5월호, 〈사상객들은 전시하에서 얼마나 전향했는가〉, 138쪽.

61) 김경재, 〈협화회와 조선민족의 무대〉,《삼천리》, 1938년 5월호 ; 〈일소대장의 고백 ─ 어떤 귀순자를 마지하여〉,《삼천리》, 1939년 1월호.

62) 〈통일일보 회장 고 이영근 회고록 (상)─여운형 '건준'의 좌절〉,《월간 조선》, 1990년 8월호, 436~437쪽. 김경재는 해방 후 귀국해서도 표면에 나오지 않고 최근우를 통하여 이면에서 여운형을 도왔다고 한다.

63) 서경임과 김경재 결혼의 구체적인 경위는 확인되지 않는데, 소학교 교사를 하던 서경임은 절차를 무시하고 김경재를 따라 일단 '사랑의 도피 행각'을 벌였고, 가족의 사후 승인을 받았을 정도로 그들의 사랑은 대단하였다고 한다. 필자가 기억하는 '큰 이모'와는 도무지 어울리지 않는 가족사의 한 토막이다.

사건의 검거전말〉에 포함된 조선공산당사건관계자 주소씨명(제2차 사건)의 김경재 관련 비고란의 '귀순자'란 기록을 보았다면 그야말로 기절초풍하였을 것이다. 다른 인물에는 '귀순자'란 기록이 전혀 없다. 이 사실을 그가 1926년 체포 직후 이미 일제에 귀순했다는 의미로 이해한다면, 1929년 8월 출옥 이후 그의 논설과 행적은 모두 정체를 숨기기 위한 위장에 불과하였던 것인가? 그는 '귀순'으로 친일 논객이 된 것은 아니었다. 그렇다면 일제에 귀순한 그에게 요구된 것은 사회운동계의 정보를 수집하는 밀정 노릇이었을 것이다. 상해 일본군사령부가 그를 정보기관 책임자로 기용한 것도[64] 바로 그 오랜 경력과 무관하지 않을 것이다. 황주의 부자, 명석한 머리, 옥골선풍의 풍모, 20대 초반부터 만주와 시베리아를 누비며 시작한 독립운동과 사회운동의 화려한 경력, 일세를 풍미한 문장……, 1936년 이후 공개적인 변절과 친일은 일단 두고서라도, 그 이전 적어도 10년 동안 그가 무엇 때문에 동지와 가족들을 모두 감쪽같이 속이고 '귀순자' 노릇을 계속하였을까? 혹 이중첩자의 긴장감을 즐긴 것은 아니었을까? 필자로서는 도무지 이해할 수 없는 '큰 이모부'이다.

서정희는 1936년 6월 삼천리사 잡지가 설문한 〈일본에 무산당 내각이 출현할 날이 돌아올까〉에 대해 다음과 같이 답하였다.

> 일본 내지의 국정은 세계의 다른 나라와는 조금 남다른 정세에 놓여 있는 것이다. 그러므로 금일의 현 정세로 보아서는 무산당 내각이란 쉽사리 다가올 것 같지 않다. 그러나 지금과 같은 정세가 한 고비 넘어가서 또 이와 근사한 한 고비를 뛰어넘어서 금후 적어도 20년 전후하여서는 반드시 무산당 내각이 이루어질 것으로 믿어진다.〔자료 1-23〕

---

64) 그 정보기관의 명칭은 金澤로 알려졌는데, 김경재의 창씨개명한 이름 金澤秀雄는 이 기관의 명칭을 따른 것이 분명하다.

　　많은 조선인들(특히 사회주의자들)은 일본 무산정당이 집권하면 조선 독립과 민중 해방이 실현될 것으로 믿었다. 그러므로 이 질문은 해석하기에 따라서는 조선 해방에 대한 전망을 묻는 것과 다름없는데, 이관구를 제외한 함상훈·김약수·원세훈·이여성도 모두 그 가능성을 긍정적으로 답하였다. 서정희가 20년 후 일본의 무산정당 내각, 조선의 독립을 확신하였다면, 군국주의 일본에 의한 전쟁과 압제, 그리고 '변절'이 가득 찬 현실을 참을 수도 있었을 것이다. 그러나 정세는 더욱 악화되었다. 마침내 1940년 8월 10일《동아일보》와《조선일보》도 폐간되었고, 8월 17일 국민정신총동원조선연맹은 전 조선인에게 전시생활을 강요하였다. 일제와 일체의 타협을 거부한 김병로는 1936년 이전 이미 창동에서 은거를 시작하였고, 뒤이어 송진우·정인보·홍명희 등도 걸어서 한두 시간 거리로 이사왔다고 한다.[65] 서정희도 1941년 마침내 창동에서는 좀 멀지만 종가와 선형이 있는 포천군 설운리로 낙향하였다. 농천대(農泉臺)를 지었다고는 하나 종가와 독립된 작은 초옥을 마련한 데 불과하였다. 여기서 그는 최악의 민족 수난이 한 고비를 넘길 때까지 향리의 아이들에게 글을 가르치며 세월을 낚고 있었다.

---

65) 김학준,《가인 김병로 평전》, 민음사, 1988, 241~243쪽.

3. 마지막 불꽃, 그리고 좌절

해방과 정파의 각축

1945년 8월 15일, 마침내 '그날'이 왔다. 조선의 일반인은 이 '갑작스러운 경사'를 그날 방송된 일본 천황의 육성으로 알게 되었다. 녹음 상태는 나빴으나 일본이 연합국에 무조건 항복할 것이며, 조선의 독립을 약속한 포츠담선언을 수락한 것은 분명하였다. 그날 이 소식을 '모호하게' 보도한 총독부 기관지 《매일신보》가 배달된 때는 오후였다. 그 신문은 당시 유일한 한글 일간지로서 조간이었지만 12시 뉴스를 전하기 위하여 오후에 인쇄되었다.[66] 오후부터 전국의 헌병대와 경찰서에 구속되었던 사상범, 정치범, 경제범 등이 석방되었고 태극기가 거리에 나부꼈으며, 16일부터 본격적인 감격과 환희의 물결이 전국을 휩쓸었다. 그러나 일반인이 순수한 감격과 흥분에 휩싸이고 있는 순간, '지도자'들은 총독부와 일본인이 남기고 떠날 권력과 부를 쟁탈하기 시작하였으며, 새로운 조국 건설에 '봉사'할 수 있는 기회와 주도권을 장악하려고 혈안이 되어 있었다.

서정희가 해방이 닥쳤다는 사실을 알게 된 때는 8월 초순으로, 이 소식을 갖고 포천으로 서정희를 찾아간 이는 김약수였다고 한다. 김약수는 서정희에게 앞으로 정치활동을 함께하자고 제안하였다고 한다(넷째 아들 경석의 증언).[67] 그러나 서정희와 김약수도 '그날'이 그토록 빨리 올 줄은

---

66) 정진석, 〈그날, 아무도 '해방'을 알지 못하였다〉, 《조선일보》 2005년 8월 13일자.
67) 한글학회사건으로 고초를 치른 후 양주에 은거하던 이인이 원세훈을 통하여 이 소식을 들은 때도 7월 하순이었다면, 이 증언도 신빙성이 높다. 원세훈이 이 정보를

해방 직후 서정희 부부

미처 몰랐을 것이다. 김종범에 의하면 김약수는 원세훈·서세충 등과 7월부터 8월 29일(합방 국치일)을 기하여 모종의 반전운동을 벌이기 위해 준비하였다고 하는데,[68] 이것이 사실이었다면 서정희 역시 틀림없이 이 모의에 참여하였을 것이다.

일본 내각이 무조건 항복을 공식 결정한 때는 14일이지만, 총독부는 8월 10일 이전부터 패전 준비를 하였다. 8월 8일 일본에 선전포고한 소련은 바로 그날 북한으로 진주하기 시작하였고, 8월 9일 나가사키에 다시

입수하게 된 것은 일본이 머지않아 항복할 것을 시사한 기사가 실린 《만주일보》가 일부 국내에 들어왔기 때문이라고 한다. 최영희·김호일 편저, 《애산 이인》, 애산학회, 1989, 183쪽 참조.

68) 김종범·김동운, 《해방 전후의 조선 진상 : 제2집 독립운동과 정당 급 인물》, 조선경제연구사, 1945, 179쪽.

원폭이 투하되자, 다음날 일본은 어전회의에서 국체유지를 조건으로 한 포츠담 선언 수락을 결정하였다. 총독부는 이 결정에 대한 통보를 받지 못하였다. 그러나 패전이 닥쳤다는 것을 잘 알고 있었던 총독부는 조선에 있는 일본인의 안전을 가장 우려하였고, 그들이 철수할 때까지 안전을 보장할 수 있는 조선인 '권력'이 필요하다고 판단, 11일에 먼저 송진우를 접촉하고, 치안유지권 인수를 타진하였다. 그러나 송진우는 연합군이 진주하여 총독부를 철폐하고 임시정부가 정통으로 정권을 담당해야 한다고 생각하고 있었기 때문에 총독부의 제의를 거절하였다.[69]

13일 소련군은 청진에 상륙하였다. 17일 무렵이면 소련군이 서울에 입성할 것으로 예상한 총독부는 더욱 급박해졌고, 15일 오전 여운형을 다시 접촉하였다. 당시 여운형은 임시정부보다는 국내에서 항일투쟁을 하던 인민 대중의 역량을 중심으로 국내외 혁명단체들을 망라하여 독립정부를 수립할 생각이었기 때문에 총독부의 제안을 수락하였다. 그가 국내 항일을 중시한 것은 1942년 일본이 곧 망할 것이라는 '유언비어'를 유포한 혐의로 기소되어 징역 1년 집행유예 3년을 언도 받은 후 일제의 집요한 전향 요구에 버티면서 비밀리에 조선건국동맹을 조직하며(1944년 8월) 해방을 준비하고[70] 있었기 때문인 것 같다. 단순한 치안유지가 아니라 건국준비를 염두에 두고 있었던 그는 안재홍·정백·이만규·이여성·최근우 등 건국동맹원을 중심으로 8월 15일 저녁 건국준비위원회(이하 건준으로

---

69) 송남헌, 《해방3년사 1945~1948》 I, 까치, 1985, 6쪽 ; 〈이영근 회고록 (상)—여운형과 '건준'의 좌절〉, 《월간 조선》, 1990년 8월호, 441~442쪽은 총독부가 송진우에게 치안 위임을 제안한 것은 모두 사실이 아니라고 부정하며, 그 주요 근거로 당시 송진우와 접촉하였다는 엔도 총독의 증언을 제시하고 있다. 그러나 "우리는 무정부 상태를 우려하여 여씨에게 치안대책을 위촉하였을 뿐 정권이양 교섭은 하지 않았다. 송씨는 전쟁이 끝나기 전 여러 번 협력을 요청하였으나 거부하므로 다시는 교섭하지 않았다"는 엔도의 증언은 8월 10일 전후 송진우와의 교섭을 인정했다고 보는 것이 자연스럽다.

70) 이만규, 《여운형투쟁사》, 몽양여운형선생전집발간위원회 편, 《몽양여운형전집》, 한울, 1997, 332~342쪽 참조.

약함)를 조직하고, 그 지부를 전국으로 확대하기 시작하였다.[71] 8월 말까지 전국의 건준 지부는 145개에 달하였으며, 일제가 일단 물러선 권력의 공백을 메우며 하나의 정부로서 점점 윤곽을 드러내기 시작하였다.[72]

그러나 8월 12일과 13일 여운형의 제휴 제안을 거절한 송진우 등은 15일 이후에도 협력을 거부하였다. 역시 상해정부를 정통 정부로 추대하자는 송진우의 주장을 여운영 측이 거절하였기 때문이었다.[73] 이것은 결국 지금까지도 계속되고 있는 좌와 우를 축으로 전개된 각 정당·정파·개인 사이의 깊은 반목과 분열의 첫 단추가 되었다. 여운형을 비롯한 좌익 세력이 사실상 건국준비를 독점하는 것을 건준에 참여하지 않은 세력이 좌시할 리가 없었기 때문이다. 이들은 15일 밤 이인의 집에 모여 대책을 강구하였는데, 여기에 서정희도 김약수·원세훈·백관수·조병옥 등과 함께 참석하였다. 당시 서정희는 이미 일흔을 바라보는 고령이었고, 건강도 별로 좋지 않았지만, 해방된 조국 건설에 '봉사할 열정'은 남에게 뒤지지 않았던 것이다. 여기서 그들은 우선 연합군 환영회를 준비하기로 결정하였다. 그 명분으로 세를 규합하고 대중적인 조직에 착수하려는 의도였다. 환영위원장에 권동진, 사무장에 조병옥을 일단 선임한 후 나머지 인선은 이인·서정희·정로식·김약수·김도연 5인에게 위임하였다.[74] 이것이 해방 후 서정희의 첫 정치활동이었고, 이후 그는 주로 이인의 사랑을 출입하면서 우익 진영과 행동을 같이하였으며[75] 한민당 입당, 임정 지지,

---

71) 당시 총독부는 다음과 같은 여운형의 요구를 수락하였다고 한다. 1. 전국을 통하여 정치범, 경제범을 즉시 석방할 것, 8, 9, 10월 3개월치 식량을 보장할 것, 3. 치안유지와 건국을 위한 정치활동에 절대로 간섭하지 않을 것, 4. 청년과 학생을 조직 훈련하는 데 절대로 간섭하지 말 것 5. 근로자와 농민을 건국 사업에 조직 동원하는 데 대하여 절대로 간섭하지 말 것. 송남헌, 앞의 책, 7쪽.
72) 심지연 엮음, 《해방정국 논쟁사》 I, 한울, 1986, 15쪽.
73) 송남헌, 앞의 책, 7~8쪽.
74) 최영희·김호일 편저, 앞의 책, 188~189쪽.
75) 송남헌은 해방 직후 우익 진영의 동정을 다음과 같이 전하였다. "원서동 송진우 사랑을 중심으로 김성수 김준연 외 많은 인사가 모였고, 원남동 백관수 집 사랑을 중

신탁통치 반대, 이승만 추대, 남한 단독정부 우선 수립 찬성, 한민당 제헌 국회의원으로 이어지는 정치 행로를 걸었다.

처음에 이인·김병로·백관수 등과 건준의 여운형·안재홍은 건준을 일단 해체한 후 경향 각지를 망라하여 '전국유지자대회'를 소집하고 이를 전 국민의 총의에 의한 조직체로 확대시킨다는 데 합의하였고, 그 소집일을 18일로 정하기까지 하였다. 그러나 이 합의는 건준 안 공산주의자들의 반대로 좌절되었으며, 이 과정에서 여운형이 괴한에게 피습을 당하고 건준 안에도 불화가 싹터 결국 안재홍은 건준을 탈퇴하고 말았다(8월 31일).[76] 안재홍은 함께 건준을 탈퇴한 우익 인사들과 '신민주주의'와 신민족주의를 표방하는 조선국민당을 조직하였다(9월 1일).[77] 이에 앞서 본국으로부터 일본군의 무장해제는 38선을 경계로 북은 소련군이, 남한은 미군이 담당할 것이라는 전문을 받은 총독부도 이미 건준을 인정하지 않는다는 태도로 돌아섰으며(8월 22일), 평양에 진주한 소련군 사령부는 평남 건준을 해체시키고 평남인민위원회를 조직하였다. 건준은 여운형이 조직한 건국동맹 중심의 사회주의 세력, 안재홍 중심의 우익 세력, 이영·최익한·정백 등 중심의 장안파 공산당, 박헌영·이강국·최용달 등의 재건파 공산

심으로 김병로·김용무·나용균·박명환·정광호 등이, 계동 한학수 집 사랑을 중심으로 원세훈·김병로·조병옥·전진한·박명환·이병헌·현동완·이경수·송남헌 등이, 안국동 윤보선 집 사랑을 중심으로 허정·김도연·윤치영·백남훈·홍성하 등 구미 지역과 일본을 유학한 인사들이, 청진동 이인 집 사랑을 중심으로 조병옥·박찬희·서정희·조영헌·서용길·김재학·김대석 등이 주로 결집하여 우익 진영의 정치세력 결집을 위하여 활동을 개시하였다." 송남헌, 앞의 책, 31~32쪽.

76) 여운형이 피습으로 요양할 때 안재홍은 송진우 측의 요구로 여운형과 상의 없이 독자적으로 135인을 선정 발표하였고, 청년대를 조직하여 건준 치안대에 합류하겠다는 유억겸의 요청을 안재홍이 수락하였는데, 이를 여운형이 모두 반대한 사건이 여운형과 안재홍이 갈라선 결정적인 요인이 되었다고 한다. 여운형은 안재홍이 자파의 세력을 확대하려는 것으로, 안재홍은 여운형이 좌익세력의 주도권을 유지하려는 것으로 각각 이해하였을 것이다. 심지연, 앞의 책, 23~24쪽 참조.

77) 서정희의 장남 서범석은 이 조선국민당에 입당하였는데, 조선국민당도 중경임시정부의 절대 지지를 선언하였다.

당 세력이 연합한 정치단체였는데,[78] 안재홍의 탈퇴로 건준은 급속히 좌경화하였다. 안재홍은 탈퇴의 변을 다음과 같이 성명하였다(9월 10일).

현하 조선의 정치적 단계에서 余의 신봉하는 정견은 각층 각계의 士女들이 초계급적 또는 초당파적인 저지를 견지하면서 하루 바삐 우리 3천만 민족 대중에게 부과된 일, 민족국가 건설을 완수하기에 총의, 총력을 집결하는 데 있는 것이니 모든 것을 이 목표에서 출발, 발전, 귀결시켜야 할 것이다. 즉 건준은 조선민족 해방운동 도정에 있어서의 초계급적 협동전선으로 명실상부한 과도적인 기구이어야 한다. 건준은 독자적인 정강을 가진 정당도 아니요, 그 운행자 자신들 때문의 組閣 본부도 아닌 것이요, 따라서 다년간 해외에서 해방운동에 盡悴하여 오던 혁명전사들의 지도적 집결체인 해외정권과 대립되는 존재도 아닌 것이다. 또 일시 당면한 임무로서 국내 질서의 자주적 유지와 대중생활의 확보, 그리고 신국가 건설의 기술적인 주비(籌備)로서 각 방면의 전문적인 대책의 연구와 자재 재료의 보관 관리에 관한 공작 등이다. 余는 이 굳은 일념에서 홀홀 20일간 노력하여 왔다. 그러나 이 모든 것이 余의 의도와는 배치되는 결과로 됨에서 余는 단연히 인책용퇴, 부위원장 자리를 떠났다.[79]

이 성명은 공산주의 계열이 장악하여 실제로 '준 정부' 행세를 한다는 비건준세력의 여론을 대변하였다고 해도 지나친 말은 아니다. 이와 같은 건준의 '변질'은 공산주의 세력을 통합한 박헌영 일파의 집요한 공작이 크게 작용한 결과였다고 한다.[80] 해방 직후 공산주의자들의 행보도 신속하

---

78) 과거 북풍회계가 빠진 것은 건준의 초기 실력자 정백이 그들을 의도적으로 배제시켰기 때문인데, 그는 김약수의 전화조차 받지 않고 냉대하였다고 한다. 〈이영근 회고록 (상)—여운형과 '건준'의 좌절〉, 《월간 조선》, 1990년 8월호, 447~448쪽 참조. 김약수가 건준 반대세력인 한민당에 일단 입당한 것은 바로 이 때문이었을 것이다.
79) 심지연, 앞의 책, 243쪽.
80) 송남헌, 앞의 책, 45~48쪽 ; 최영희·김호일 편저, 앞의 책, 189~190쪽 참조.

였다. 8월 15일 밤 종로 장안빌딩에 모인 그들은 16일 아침 조선공산당을 결성하고 '조선공산당 경성지구위원회' 간판을 내걸었다(세칭 장안파 공산당). 주요 인물은 이영·정백·최익한·고경흠·정재달·하필원·이승엽·정종근·강병도·조두원·이청원·문갑송 등인데, 왕년의 서울계·화요회계·ML계가 망라되었다.[81] 그러나 광주에 잠복하고 있던 박헌영은 16일 무렵 상경, 과거의 서울 콤그룹과 화요회계 인물을 모아 8월 20일 조선공산당재건위원회를 발족시키고 스스로 작성한 〈현정세와 우리의 임무〉라는 테제를 정식으로 제기, 잠정적인 정치노선으로 통과시켜 당의 정통성을 주장하는 한편 장안파 공산당을 부정하였다. 결국 8월 24일 장안파는 당의 해체를 결의, 박헌영계로 통합되었고[82] 이들은 점차 건준을 장악하였다.

안재홍이 탈퇴한 후 허헌을 부위원장으로 영입한 건준은 건국준비란 과도적 임무에서 벗어나 '인민정부를 수립하기 위한 비상한 방법'을 모색하였으며, 결국 9월 6일 인민대표회를 소집하여 '조선인민공화국'(이하 인공으로 약함)을 '수립'하였다. 주로 공산당 계열의 '대의원' 5, 6백 명이 참가한 이 대회는 중앙위원 55명과 후보위원 20명, 그리고 '공화국' 주석 이하 부장 등 52명을 선출하였는데, 이승만을 주석에 김구를 내무부장에 각각 추대하는 등 우익 인사를 일부 포함시켜 이념과 정파를 초월한 듯이 위장하였다. 그러나 대의원의 72퍼센트(38명) 후보위원의 75퍼센트(15명), 각 부서 임원의 72퍼센트(38명)가 공산당 계열이었고,[83] 우익 인사들은 실제 참여하지도 않았을 뿐 아니라 인공 반대의 태도를 분명히 하였다. 실제 일부 세력이 멋대로 급조한 '정당' 수준에도 미치지 못한 단체에 불

---

81) 김남식, 《남로당연구》 Ⅰ, 돌베개, 1984, 16~18쪽.
82) 김남식, 위의 책, 19~26쪽.
83) 더욱 가관인 것은 해외에 있거나 멋대로 이름을 올려 놓은 국내 인사의 자리에 임시 대리를 임명한 것인데, 예컨대 내정부장 김구와 외교부장 김규식에는 각각 허헌과 여운형을, 사법부장 김병로와 문교부장 김성수에는 각각 허헌과 이만규를, 체신부장 신익희에는 이강국을 대리로 임명하였다.

과하였다. 군정 당국이 기회 있을 때마다 '인공'은 '정부'가 아니라 정당의 하나에 불과하다는 점을 강조한 것은 지극히 당연하였다.

그러나 공산주의자들과 여운형은 '비상한 시기에 비상한 수단'으로 수립된 정당한 '인민의 정부'라고 주장하면서 임정을 부정하고 군정의 상대역을 자임하였다. 정국의 주도권을 장악하기 위한 편법이었다고는 하나 일종의 '정권 탈취 사기극'이라고 해도 지나친 혹평은 아닐 것이다. 훗날 북한에서 박헌영을 숙청할 때, "친미주의자 이승만을 주석으로 부르주아 공화국을 수립, 우경 투항주의적 과오를 범했다"고 논죄되었다고 한다.[84] 이 또한 웃지 못할 촌극이었다.[85] '인공'을 조직한 공산주의자들은 결국 건준을 해체하였고(10월 7일) 지방의 건준은 인민위원회로 대체되었다. 인공에 참여한 여운형은 공산당과는 별도로 인민당을 조직하여 '중간노선'을 표방하였지만 공산당에 이용되었다는 비난을 면치 못하였다.

한편 국내 우익세력이 추대하려는 임정도 귀국을 서둘렀으나, 역시 갈등은 있었다. 18일 광복군 국내 정진군(征進軍) 총사령관에 임명된 이범석은 김준엽, 장준하 등을 대동하고 미군 진주의 기초 조사를 위한 중국전구(中國戰區) 미군사절단과 함께 여의도에 도착하였으나 일본군의 입국 거부로 19일 되돌아가는 일도 있었는데, 임정의 일부 의정원들이 국무위원 총 사직과 임시 정부 해산을 주장하였기 때문이다. 그리하여 "가능한 빠른 기일 내에 대한민국 임시정부를 본국에 봉환하자"는 안건도 이정호(민혁당), 강홍대(신한민주당), 박건웅(해방당) 등의 퇴장으로 의결되지 못하였다(임시의정원 39차 4일째 회의, 8월 22일). 그러나 김구는 해산론을 잠재우고, 중국 정부에게 국내에 수립될 정부의 조속한 승인을 요청하기

---

84) 김남식, 앞의 책, 45~50쪽 참조.
85) 10월 7일 인공을 대표한 이강국 · 이승엽 · 박문규가 기자회견을 열고 "인민공화국은 좌익이 아니라는 것은 정강을 보면 잘 알 것이다. 우리는 친일분자만을 제하면 누구든지 환영한다"고 언명한 바 있었다. 북한 당국은 이것을 그대로 믿는 '순진함'을 보인 것이었을까?

도 하고 워싱턴 4국 회의에 한국의 즉각 완전독립과 국제회의 참석, 일본인 재산 접수 등을 요청하는 전문을 보내어(8월 25일) 임정을 국제적으로 부각시키려고 노력하였다. 한편 한국독립당의 강령을 발표함으로써(8월 28일) 한국독립당을 임정의 확고한 지지 기반으로 재편하면서 귀국을 준비하였다. 마침내 9월 3일 임정은 〈국내외 동포에 고함〉이란 성명을 통하여 당면 정책을 발표하고 국내 입국 후의 '임시정부' 구실을 재천명하였다. 즉 임정은 가장 빠른 기간 안에 입국할 것이며, 국내의 각 계층 각 혁명파, 각 종교 집단, 각 지방대표와 저명한 각 민주 영수회의를 통하여 과도정권이 성립되면 모든 권한을 이양하겠지만, 과도정권이 수립되기 이전은 일체 국내 질서와 대외 관계를 임정이 계속 담당하겠다는 것이다.[86]

한국민주당 감찰위원장

8월 24일 평양에 입성한 소련군 사령부는 경원선을 전곡에서 차단하였다. 8월 26일에는 해주와 서울 사이의 유선통화도 단절되었다. 8월 28일 소련군은 다시 경의선을 신막에서 차단하고 토해선(토성-해주선)과 사리원선 등 남행열차 운행을 정지시켰다. 미·소가 한국을 분할 점령할 것이라는 보도가 현실화하기 시작한 것이다. 당시 민간인에 대한 소련 병사들의 약탈과 폭행, 겁탈 등의 만행이 커다란 물의를 일으키고 있는 가운데,[87] 소련군은 조직적으로 북한의 물자와 발전소, 공장시설, 선박, 기계류 등을 본국으로 한꺼번에 많이 반출하였다.[88] 실로 '해방군'과는 거리

---

86) 심지연, 앞의 책, 225~227쪽.
87) 스칼라피노·이정식 공저, 한홍구 옮김, 《한국공산주의운동사》 2, 돌베개, 1986, 401쪽.
88) 최영희, 《격동의 해방 3년》, 한림대출판부, 1996, 15쪽. 8월 31일 조, "8월 22일부터 이날까지 함흥에서는 피복, 일용잡화, 면포, 식량, 건축자료 등 12억 3천만 원에 달하는 물품과 6만kw 변압기 1대를 실어갔으며, 원산에서는 조선은행 지점에서 현금 3천만 원과 조선석유회사의 중요 기계와 계측, 선박 24척을, 청진에서는 공작기계

가 먼 점령군의 모습이었다. 소련군 사령부는 인민정치위원회를 조직하여 각 도의 행정을 맡김으로써 북한 사람들을 앞세운 점령통치를 본격적으로 실시하는 한편, 공산주의자들을 중심으로 정치질서를 재편성하면서 김일성을 최고 실력자로 만들기 시작하였다. 10월 말 압록강변에 도착한 2천여 명의 조선이용군의 도강을 불허하다가, 11월 중순 신의주로 입국시킨 후 그날로 무장해제하고 대부분 만주로 추방한 것도[89] 김일성을 중심으로 공산정권을 수립하려는 소련군 정책의 일환이었을 것이다.

한편 9월 2일 미국 미주리 함상에서 일본의 항복조인식이 거행된 직후, 맥아더 사령관은 일반명령 제1호로 38선을 경계로 미·소 양군이 한국을 분할 점령한다고 공포하였다. 미군이 인천을 거쳐 서울에 입성한 것은 9월 8일이었다. 미국은 미군이 진주하기 이전까지 총독부 각 기관을 인정하고 재산과 기존 기관의 파괴를 엄금하는 방침을 천명하였다.

그러나 8월 15일 이후 건준을 비롯한 각 단체들은 사실상 각 기관의 접수 경쟁을 벌이기 시작하였다. 해방이 확실해진 순간 학생·노동자·농민·교사·문인·예술가·학자·체육인·종교인·학병·군인 등 실로 각계 각층의 사람들은 미군이 진주하기 이전 자신의 입지와 몫을 최대한 확보하기 위하여 '광분'하였으며, 그 결과 수많은 각종 단체, 정당, 동맹, 위원회, 협의회 등이 잇따라 출현하였다. 모두가 애국·애족을 외치고 '항일', '독립운동' 경력을 자랑하였으며, '친일분자'의 배격을 큰 소리로 외쳤다. 9월 8일 발기대회를 마치고 9월 16일 창당된 한국민주당(한민당)은 바로 우익세력의 총 결집체였다. 그들은 좌익이 주도한 건준과 '인공'을 좌시할 수 없었던 것이다.[90] 한민당은 자주독립 국가의 완성, 민주주의

류 2,700대, 화력발전기 15대, 전동기 40대, 전기로 모두, 변압기 600대를 가져갔고, 진남포 제련소에서는 금 2000톤, 아연 400톤, 구리 300톤과 철판 제조기 전부를 실어 갔다."

89) 스칼라피노·이정식 공저, 한홍구 옮김, 앞의 책, 426~427쪽.

90) 9월 8일 한민당 창당발기인 명의의 성명서 가운데 다음과 같은 구절은 건준·인공을 타도하려는 의지가 충만하다. "… 소수인이 당파를 지어 '건준'이니 '인민공화국

정체 수립, 근로대중의 복리 증진, 민족문화 앙양과 세계문화에 공헌, 국제헌장 준수와 세계평화 확립 등의 강령을 채택하였다. 이승만·김구·이시영 등 7인을 영수로 추대하고 수석 총무 송진우 체제를 출범시켰다. 재정은 주로 김성수가 책임졌으며, 일본을 비롯하여 미국과 영국 유학생 출신,《동아일보》를 비롯한 언론계 출신, 교육계 인사, 지주, 자본가 등이 대거 참여하였는데, 간부들 가운데는 일제시대 '행적이 불분명한 인사'나 친일 행적이 뚜렷한 인사들도 많이 있었다.[91]

8월 15일 이후 이인·김병로·백관수 등과 행동을 같이한 서정희는 한민당 창당발기인 600인의 명단에는 보이지 않는다. 그러나 9월 21일 이인 당무부장, 김약수 조직부장, 원세훈·백관수 총무(총무 8명), 사무국장 나용균, 김병로 감찰위원장 등이 인선되면서 서정희는 30명 감찰위원 가운데 한 사람으로 선출되었다. 신간회 시절까지도 항상 중요 간부로 추대되었던 서정희는 그다지 만족하지는 못하였을 것이다. 사실 8월 15일 이후 각종 모임이나 한민당 창당 과정에서도 서정희는 이미 중요한 구실을 하지 못하였으며, 옛 동지들이 군정과 관련된 요직에 대거 진출하였지만 역시 그에게는 기회가 없었다. 그는 해방 정국에서 특별히 주목받는 존재가 아니었다. 그는 이미 일흔의 고령이었고 국가 건설에 필요한 근대적인 고

정부'니를 참칭하여 己未 이래 독립운동의 결정체요, 국제적으로 승인된 재외 우리 임시정부를 부인하는 도배가 있다면 어찌 삼천만 민중의 용허한 바이랴. … ×××은 마치 독립정부 수립의 특전이나 맡은 듯이 45인으로써 소위 건국준비위원회를 조직하고, 혹은 신문사를 접수하여, 혹은 방송국을 점령하여, 국가 건설에 착수한 뜻을 천하에 공포하였을 뿐 아니라, 경찰서, 재판소 내지 은행, 회사까지 접수하려다가 실패하였다. … 일이 여기까지 이르면 발악밖에 남은 것은 없다. 그들은 이제 반역적인 소위 인민대회란 것을 개최하고 조선인민공화국 정부란 것을 조직하였다고 발표하였다. 가소타 하기에는 너무나 사태가 중대하다. … 인심을 현혹하고 질서를 교란하는 죄, 실로 萬死에 당한다. … 일본의 압박이 消滅되자 정무총감, 경기도 경찰부장으로부터 치안유지 협력의 위촉을 받고 피를 흘리지 않고 정권을 탈취하겠다는 야망을 가지고 나선 일본제국주의 주구들이다."

91) 심지연,《한국민주당연구 Ⅱ—한국현대정당론》, 창작과비평사, 1984, 26~33쪽.

등교육과 전문지식이 없었기 때문이었을 것이다. 그래도 창당대회에서 감찰위원회 보고를 서정희가 담당한 것은[92] 그에 대한 일정한 예우였을 것이다. 그가 1949년 개헌 반대파를 비난하면서 "나는 과학적으로 어느 학교에서 대학을 마쳤다든지 그런 사람이 아니지마는…"[자료 15-28]라고 발언한 것은 자신이 정치의 중심에서 소외된 이유와 함께 그 서운함을 토로한 것으로 보인다. 그러나 그는 희망에 불탔고 정열을 잃지 않았다. 왕년의 북풍회 동지 김종범은 서정희의 과거 투쟁과 한민당 창당 이후 근황을 다음과 같이 전하였다.

> 씨는 거금 44년 전, 즉 기원 4235년(25세), 즉 일본의 침략적 마수가 조선에 초입(初入)할 때부터 애국운동과 혁명운동에 투신하여 일생을 헌신한 국내 희유의 혁명 옹(翁)이다. …
>
> 씨의 과거 40년간의 활동은 실로 굉장하였으며 유형·피체·투옥의 회수와 기간도 상당하였다. 씨는 열정적이며 열변과 근면은 청장년을 초월하며, 동포와 국가사회를 위하여는 침식도 가정도 불고(不顧)하며, 좋은 일이면 즉 단체의 결의로써 명령하는 일이면 무조건 복종하는 하등의 사욕 사심이 없는 충실한 조선의 공복이다. 씨를 숙지하는 제 동지들은 말한다. 씨의 경력·성격·위인으로 보아서 조선혁명운동사상에 영원히 잊을 수 없는 제일인적 실천운동가란 찬사를 드리기에 주저치 아니한다.
>
> 씨는 최근 수년간 건강관계와 모든 환경상 포천지방 일 농촌에 잠거하다가 8·15 후 다시 경성에 와서 현재 한국민주당의 중앙감찰위원으로 활동하고 있다. 70의 노령이나 청장년 이상의 열을 가지고 아직 건강이 불충분하나 일일도 결근 없이 당 사무소에 출근 중이다. 씨는 말하되, 한국민주당은 부르조아적 반동단체 운운하는 일부의 비난자도 있으나 그것은 일부 세

---

92) 심지연, 위의 책, 226쪽, 〈한민당 관계 일지〉에 따르면 국내정세 보고는 원세훈이, 국제정세 보고는 장덕수가, 결산 보고는 김준연이 각각 담당하였다.

력 경쟁의 청년들의 기분적으로 떠드는 고의의 악선전이요, 내(자기)와 김약수가 이 당에 있는 이상 친일파, 반역자, 부르조아 등은 존재할 곳이 아니다. 미구에 숙청될 것이며 조선 근로대중의 복리를 무시하는 정당과 인물의 존재는 불필요하다는 강경한 태도와 철저한 의사를 가지고 좌충우돌하고 있다. 씨의 조선적 존재는 실로 위대하다 아니할 수 없다. 씨는 지위에 대하여 하등의 야심이 없는 만큼 누구에게든지 큰소리하게 되었다. 70이 다 된 나로서 더 살기를 원치 않는다. 정의를 위하여 투쟁하다가 하시에 죽어도 유감이 없다고 말하고 있다 한다.[자료 17-3][93]

이것은 서정희가 받을 수 있는 최대의 찬사였다고 해도 과언은 아니지만, 마지막 열정을 불태우는 노인의 모습이 눈에 선하다. 어쨌든 그 역시 한민당에 대한 부정적 시각을 잘 알고 있었던 것이다. 그러나 그는 이렇듯 바람직하지 못한 요소가 머지않아 청산될 것으로 확신하였다. 1946년 3월 한민당이 서정희에게 감찰위원장을 위촉한 것은 당 사무소에 매일 출근하는 그의 열성에 감복한 때문이기도 하였지만, 서정희를 중용함으로써 한민당에 대한 부정적인 시각을 다소나마 불식하려는 의도로도 해석된다.

이승만과 독립촉성중앙협의회

남북으로 분할 점령한 미·소 군정이 각기 점차 자리를 잡으면서, 북한은 급속히 공산화하였지만, 남한의 모든 정당과 단체 정파들은 미 군정의 비위를 맞추면서 더욱 치열하게 각축하였다. 이승만의 귀국(10월

---

93) 김종범·김동운, 《해방전후의 조선진상 : 제2집 독립운동과 정당 급 인물》의 발행 일자는 1945년 12월 25일.

10일), 김구를 비롯한 임정 요원의 귀국(11월 23일)으로 그 각축은 더욱 복잡한 양상을 띠었다. 실제 이승만의 해외 활동 실체야 어쨌든 모든 좌우익 단체는 그를 영수로 인정하였는데,[94] 그는 "임시정부에 복종하여 김구를 옹호하는 입장"을 강조하면서도(11월 7일 방송), 임정의 실질적인 지도자로 행세하고, 미국의 대변자(물론 개인 자격이지만)라는 인상을 풍긴데다, 타의 추종을 불허한다는 감탄을 하지 않을 수 없을 정도로 '비범한 정치적 수완'을 발휘하기 시작하였다. 임정 역시 대부분의 우익세력이 봉대(奉戴)를 천명한 존재였던 만큼, 비록 군정이 임정을 인정하지 않았고 그 요원도 모두 개인 자격으로 귀국하였지만, 임정 요인들의 거취는 가장 중요한 정치적 변수가 되지 않을 수 없었다. 먼저 귀국한 이승만은 좌우익을 모두 자신에게 결집시키기 위하여 독립촉성중앙협의회(이하 독촉협의회로 약함)를 조직하였다. 10월 23일 좌우익 각 정당 대표 200여 명(각당 2명씩)이 참석한 발기대회는 만장일치로 이승만을 회장으로 추대하고 주의주장을 초월한 단결을 다짐하였다. 12월 런던에서 개최될 유엔 총회에서 한국을 비롯한 일본의 점령지역을 신탁통치기구에서

94) 인공도 그를 주석으로 추대하였지만, 10월 16일 이승만을 면담한 박헌영은 조선공산당 당수에 취임할 것을 요청하기도 하였다. 이승만이 인공 주석 취임을 거부한다고 공식 방송한 때는 11월 7일이며, 그뒤 두 사람은 서로 비방하는 관계로 발전하였다. 아무리 정략적인 제의와 거취였지만, 이들은 과연 이념을 초월할 수 있다고 생각하였을까? 11월 21일 이승만은 〈공산당에 대한 나의 관념〉이란 방송을 통하여 다음과 같은 발언을 하였다. "일제에 대항한 공산주의자와 근로대중에게 복리를 주는 공산주의자에 대하여는 어느 정도 찬성할 수 있으나, 경제정책의 이해를 염두에 두지 않고 공산정부의 수립만을 위해 각 방면으로 선동, 소요를 일삼는 자는 한국의 독립에 방해를 가져오는 자이니 국민 각자가 자각하여 선동에 유혹되지 말기를 바란다." 또 12월 17일 이승만은 〈공산당에 대한 나의 입장〉이란 방송에서 다음과 같은 요지로 인공을 비난하였다. "한국은 현재의 형편상 공산당을 원하지 않는다. 이는 공산주의를 배척하는 것이라기보다는 공산당 극렬분자의 파괴주의를 원치 않는 것이다. 그 이유는 공산 명목을 빙자하여 사익과 사욕을 위하여 국민을 기만, 위협, 약탈하며 공화국을 조직하여 국민의 분열을 획책하기 때문이다." 송남헌, 앞의 책, 230, 237~238쪽 참조.

관할하기로 결의할 것이라는 10월 25일 외신은 한국민을 격분시켰고, 정당의 통일운동을 촉진시켰다. 그리하여 독촉협의회는 11월 2일 정식 결성되었고, 11월 4일 임시정부 봉대(奉戴) 의지와 함께 남북 분할상태의 조속한 종식과 완전 자주독립을 요구하는 결의문을 4개 연합국에 타전하였는데, 특히 다음과 같은 구절이 주목된다.

그러나 우리는 이제 합동하였다. 조선의 전 민중을 대표하여 경성에 있는 각 정당은 우리의 공동한 문제를 해결하기 위하여 중앙의회로 완전히 결합한 것이다. 우리의 공동한 목적을 위하여 한덩어리가 되었다. 우리의 목적은 즉 완전한 독립이다. … 조선을 남북의 양 점령구역으로 분할하는 가장 중요한 과오는 우리가 자취한 바가 아니요, 우리에게 강제된 바이다. 우리나라는 양단되었다. … 이 양단정책의 참담한 결과는 날로 광대하고 심각하여지는 사실을 지적하지 않을 수 없다. 우리는 이 불행한 사태로부터 속히 해결되기를 고대하고 있는 중에 또한 조선에 대한 공동신탁제가 제안되었다는 보도를 접하고 참으로 경악하지 않을 수 없었다. …

③ 우리 임시정부가 연합국의 승인을 받은 후 일 년 이내에 국민선거를 단행할 것이요, 1919년 선포된 독립선언서에 의하여 천명된 민주주의 정치 원칙을 어디까지나 존중할 것이다. 조선인은 연합국과 싸운 일이 없고, 따라서 연합국은 조선을 정복한 것이 아니라는 사실을 熱意로 귀 열국에 지적한다. 조선은 40년간 우리의 공통적인 일본과 싸워온 것이 사실이다. … 우리는 단연코 공동신탁제를 거부하며 기타 여하한 종류를 물론하고 완전독립 이외의 모든 정책을 반대하는 것이다. 우리는 우리의 자유를 위하여 전 생명을 바치기로 결의하였다.[95]

---

95) 김종범 · 김동운, 《해방전후의 조선 진상 : 제2집 독립운동과 정당 급 인물》, 1945, 151쪽.

김종범은 11월 2일 독촉협의회의 결성회의를 다음과 같이 묘사하였다.

이 역사적 장면을 보기 위하여 수천 관중은 정오부터 회장을 둘러싸고 입추의 여지조차 없는 중에 오후 2시 12분 전에 여운형 씨가 최근우를 동반하여 나타나자 군중은 박수로 환영하고, 2시 직전에 이승만 박사가 비서 윤치영을 거느리고 관중 앞에 내리자 일제히 감격에 넘쳐 만세를 불러 그칠 줄 몰랐다. … 이승만 박사가 발언하기 시작하였다. … 이 기관은 삼천만 민중을 대표하여 독립을 촉성하는 중요한 회의이다. 이 회가 분열되어서는 안 된다. 시급한 문제는 38도선 철폐문제와 신탁관리 반대이며 … 완전 독립을 기하여야 한다. … 이박사는 영문으로 지은 결의서를 낭독한 다음 이어서 열렬한 토의전이 전개되었다. 먼저 원세훈 씨(한국민주당)가 그 결의서에 무조건 동의한다 하여 박수로 찬의를 표하자 이광 씨(인민공화국 간부)로부터 38도 문제에 대한 내용이 빈약하다고 지적되었고, 박헌영 씨(공산당 당수)는 결의서 중 우리 조선을 양단한 것은 우리들이 自取한 것이 아니요, 열국이 강행한 것을 玆에 宣明하지 않을 수 없다는 문구와 열국에 대한 중요한 인식사항 제3항(재중경의 우리 임시정부가 연합국의 승인하에 환도 운운하는 것)도 부당하고 친일파를 철저히 배제함으로써 민족 통일을 완성시키자, 이 요구가 채택되지 않으면 공산당은 협의회에서 탈퇴하겠다는 비판적 열변이 장내를 흔들었고, 학도대표가 이박사를 주석으로 하는 인민공화국 절대 지지의 결의문을 열렬히 낭독하다가 시간관계로 중지당하고, 그대로 이박사 앞에 제출하였다. 장내가 잠시 혼란하자 여운형 씨(인민당 당수)가 기립하여 이박사의 결의문은 필요하며, 38도 문제 급 신탁통치문제 해결요구의 의의는 좋으나 문구의 부당과 일부의 불충분한 점은 수정하자는 발언에 혼란이 일소되어 결의문 중 일부 수정 위원 선거로 들어가 여운형·안재홍·박헌영·이갑 성 4씨가 피선되었다. 그 다음 박헌영 씨가 종시 이박사를 싸고도는 불순분자들이 협의회의 사명을 잃고 공산당에 대한 배척 행동을 솔직히 지적하자 … 이박사는 다수의 의사에 대하여 소수의 반대가 있더라도 공화주의 원칙에 비추어 복종하자고 생각하는 사람은 기립해 주십시오, 하는 요구가 있자, 각 정당 대표가 기립하였다.[96]

이승만이 주도한 독촉협의회는 한민당의 전폭적인 지지 아래 일단 성공리에 결성되었다. 한민당 감찰위원 서정희도 이 협의회의 출현을 충심으로 축하하였을 것이다. 그리고 구한말 이승만과 함께 참여한 독립협회 운동을 회상하지 않을 수 없었을 것이다. 그러나 결성대회에서 보인 공산당의 태도는 이미 분열을 예고하였지만, 결성회의 다음달(11월 3일) 박헌영은 공산당의 주장(친일파와 민족반역자 숙청문제)이 묵살된 반면 우익의 주장만 반영되고 미소 연합군에 대한 적개심으로 배타주의에 흘렀다는 이유로 반대 의사를 표명하였다. 그리고 그 대안도 제시하였는데, 특히 주목되는 것은 '조선 독립은 연합군의 희생의 선물임을 자인하자'는 주장이었다. 이것은 결국 독촉협의회 결의문이 강조한 '조선의 독립투쟁'을 과소평가함으로써 임정을 부정하려는 의도인데, 임정의 인정은 곧 인공의 부정을 의미하기 때문이었을 것이다. 이에 비해 이승만은 독촉협의회를 "정부도 아니요 대표기관도 아니다. 임시정부가 각국의 승인을 받을 때까지 과도기의 일을 하자는 것"으로 그 성격을 규정하면서 임정의 봉대 입장을 다시 천명하였다. 결국 이승만과 공산당의 불화는 공산당의 독촉협의회 탈퇴로 결말이 지어졌으며(12월 5일), 그 후 임정도 불참을 선언함으로써 독촉협의회는 사실상 이승만을 지지하는 세력의 결집체가 되었다.

11월 23일 개인 자격으로 귀국한 김구는 방송에서 국민에게 인사하면서 "앞으로 전국 동포가 하나로 되어 우리의 국가 독립을 최소한도로 단축시키자"고 호소하였다. 김구는 "내가 왔으니 정부도 왔소"라고 선언하면서 임정은 내외적으로는 개인 자격이나 대내적으로는 정부 자격으로 해석해야 한다고 천명하였다.[97] 그러나 귀국 전 내각을 개편하고 한독당

---

96) 김종범・김동운, 위의 책, 143~145쪽.

을 정비한 김구는 친일파가 많이 참여하였다는 이유로 임정에 대한 복종을 일관되게 주장해 온 한민당을 적극 포용하지 못함으로써 최대의 지지기반을 스스로 포기하였으며, 이승만과도 합작에 성공하지 못하였다. 결국 임정은 독촉협의회 불참을 선언하고 별도로 특별정치위원회를 조직하였으나(12월 23일), 그 입시를 넓힐 여지가 별로 많지 않았다. 이에 비해 한민당과 밀월관계를 계속한 이승만은 주도권을 장악하였다. 인공이 11월 20부터 3일 동안 '인민위원회전국대표자회의'를 개최한 것은 인공을 '정권'으로 기정사실화하려는 획책의 일환이었으며, 12월 12일 박헌영이 "망명정부가 일종의 임시정부인 것처럼 선전하는 것은 분열을 조장하는 행동"이라고 임정을 비난한 것은 예상된 일이었다.[98]

한국군사후원회 회장

군대가 건국의 가장 중요한 요소라면, 건군의 주도권 쟁탈 역시 치열한 것도 당연하였다. 8월 17일 좌익이 먼저 결성을 시작한 귀환장병대와 귀환군인동맹, 그리고 9월 1일 결성된 학병동맹(좌익)은 바로 그 경쟁의 일환이었다. 9월 17일 조선국군준비대(대장 이혁기)는 귀환장병대와 귀환군인동맹을 통합하고 이념을 초월하여 신정부 군대가 편성되기까지 국군 편성의 기초를 준비하자는 강령 아래 1,500명을 훈련시키기 시작하였다. 이 단체 역시 좌익계열이었다.

한편 임정계 인사들도 11월 1일 대한국군준비위원회를 창립하고(위원장 유동열, 총사령 오광선) 국군 창설의 주체를 자임하고 나서는 등 군사단체들이 난립하였다. 11월 9일에는 12개의 군사단체가 불편부당, 엄정중

---

97) 최영희, 앞의 책, 108쪽.
98) 송남헌, 앞의 책, 238~240쪽 참조.

립을 표방하고 통합하여 전국 군사준비위원회를 조직하였으며, 대한제국 시대의 군인 출신과 임정계 인사들로 조직된 대한군인회는 대한무관학교 설립을 추진하였다. 애초에 김구는 일단 귀국해서 국내의 정치적 기반을 확보한 후, 확대 편성한 광복군을 입국시켜 군사적 배경으로 삼을 계획이었다고 한다. 그러나 임정 요원들이 개인 자격으로만 입국할 수 있었던 것과 마찬가지로 광복군 역시 모두 무장을 해제하고 개인 자격으로 입국함에 따라 김구의 계획은 무산되고 말았다. 그러나 개인으로 귀국한 일부 광복군 출신들은 광복군을 재건하기 시작하였고, 오광선 등 2백여 명은 이들의 군자금을 조달하기 위하여 광복군군사원호부를 창설하였다(11월 27일). 12월 4일 군정청 군사국과 광복군의 긴밀한 연락 아래 국방군 편성안이 마련되자, 조선 국군준비대 남조선전체대회는 국군준비대총사령부와 관계를 끊고 광복군에 무조건 합류하기로 결의하였다. 광복군 주류파는 광복군을 주체로 한 국군 창설을 주장하였다. 그러나 좌익 계열과 만군, 일군, 일부 학병 출신들은 이에 반대하였다.

한편 군정은 국방군 창설에 앞서 미군과의 언어 장벽을 해소해야 한다는 명분으로 군사영어학교를 개설하여 국군 간부를 양성하기 시작하였다(12월 5일). 이에 광복군도 대한무관학교를 창립하고 500명의 입학생을 모집하였는데, 응모자도 운집하고 광복군을 후원한다는 구실로 사리를 탐하는 일이 많자 광복군 국내지대 사령부는 그때까지 광복군을 적극 지원하던 조선군사후원회, 한국광복군후원회, 대한광복군군사원호본부를 통합하여 대한민국군사후원회를 조직하고 후원금도 이곳으로만 기부해 달라고 요청하였다(12월 16일).[99]

서정희가 국회에 제출한 이력서에 의하면 그는 1945년 11월 한국군사후원회 회장에 선출되었다고 한다. 대한민국군사후원회의 총재는 조성환이었고[100] 여기에 통합된 조선군사후원회의 회장은 이해진(대한민국군사

---

99) 최영희, 앞의 책, 35·80·87·88·98·102·110·111·123쪽 참조.

후원회 부회장)이었던 만큼,[101] 한국군사후원회는 광복군 후원단체와는 무관한 별개의 단체였던 것 같다. 필자가 확인한 한국군사후원회의 정체를 밝혀주는 자료는 만주와 노령에서 30년 동안 독립운동을 하고 해방이 되자 귀국한 함경도 경원 출신 박웅세(朴雄世, 간도 화룡현 명동중학교와 왕청현 거자청사관학교 졸업)가 그 회원이었다는 사실뿐이다.[102] 사실 서정희는 임정, 특히 광복군과 특별한 인연도 없었지만, 그렇다고 좌익 계열 또는 일군이나 만군 출신 군사단체의 후원회에 참여할 인물도 아니었다. 그는 해외에서의 투쟁을 자랑하며 국내에서의 '투쟁과 수난'을 경시하거나 죄악시하는 귀국한 '개선장군'들을 별로 달갑게 여기지도 않았을 것이다. 그러나 그가 회장이었다는 한국군사후원회는 박세웅의 경력에서 확인된 한국군사후원회를 보지 않을 이유도 없다면, 그 단체는 만주나 노령에서 활동하던 귀국 '독립군'을 후원하기 위한 조직으로 추정된다. 그러나 군대와 별 인연도 없고 재력가도 아니요, 한민당 감찰위원에 불과한 그가 회장으로 추대된 경위도, 한국군사후원회 회장으로서 벌인 구체적인 활동도, 재임 기간도 모두 확인되지 않는다.[103]

---

100) 《서울신문》, 1945년 12월 13일자, 〈3개 원호단체가 대한민국 군사후원회로 통합〉.
101) 국사편찬위원회 한국사데이타베이스 한국근현대인물자료, '이해진'. 이해진은 만주 제1군관사령부 고등문관을 역임한 후 1939년 귀국하여 창덕궁 特警團長을 지낸 인물이며, 해방 후 경찰에 투신, 1949년 현재 수원경찰서장이었다.
102) 국사편찬위원회 한국사데이타베이스 한국근현대인물자료, '박세웅'. 박세웅은 철혈광복단 학생조직부장, 충렬단 단장, 흑룡강성 요하현 자위단 부단장 등을 역임하였다. 특히 맹호단 기부로 독립운동 자금을 획득하기 위하여 운송 중인 조선은행 현금 15만원을 탈취하고 기마경관 5명을 살해한 혐의로 궐석 재판에서 사형선고를 받았다.
103) 제헌국회의원 선거 때 포천군에서 서정희와 함께 출마한 후보 이해진(평화일보 포천지국장, 경찰관)은 조선군사후원회장, 대한민국군사후원회 부회장 이해진과 동일한 인물이 확실한데, 혹 그가 서정희를 조선군사후원회장 또는 대한민국군사후원회 회장으로 추대하였을 가능성도 전혀 배제할 수 없다.

신탁통치 반대

10월 25일에 전해진 한국 신탁통치론은 단지 예상과 추측에 불과하였다. 그러나 두 달쯤 뒤인 12월 27일 모스크바 삼상회의는 미·소·영·중 4개국이 최장 5년 동안 한국을 신탁통치한다는 계획을 확정, 발표하였다. 10월 말 이후 기회 있을 때마다 신탁통치론을 반대하였던 각 정당과 단체들이 일제히 궐기한 것은 당연하였다. 27일 오후 3시 한민당은 중앙집행위원회를 소집하여 '생명을 걸고 신탁통치를 배격할 것'을 선언하였으며,[104] 임정은 29일 각 정당과 단체, 각계를 망라한 '신탁통치반대국민총동원위원회'를 조직하고 거족적인 반탁운동에 돌입하였고, 공산당을 비롯한 좌익단체와 개인들도 반탁의 입장을 명백히 표명하였다.[105] 학교, 음식점, 이발소, 극장까지도 반탁성명서를 내고 철시 시위를 벌였고, 군정청의 한국인 직원, 경찰서장과 경찰관, 은행과 법조계에서도 모두 총파업, 총사직 운동이 전개되었다. 사태의 악화를 우려한 군정청은, 신탁통치는 압박과 착취를 위한 것이 아니라 정치·경제적으로 원조, 후원하는 것이 목적이며, 또 당장 실시하는 것도 아니고 앞으로 개최될 미소공동위원회에서 실시 여부가 결정될 것이므로 한국민은 냉정을 회복하고 파괴적 폭력을 지양할 것을 당부하였다.

한편 평양에서는 평양공전과 시내 각 중학교 학생 간부들을 극비리에 대거 검거하기 시작하였다. 신의주사건(11월 23일)[106]의 여파가 반탁운동

---

104) 심지연, 앞의 책, 〈한민당 관계 일지〉, 215쪽.

105) 당시 신문을 통해 반탁 의사를 표명한 좌익 정당, 단체와 개인은 다음과 같다. 공산당, 인민당, 인공중앙인민위원회, 문학동맹, 조선청년총동맹, 국군준비대, 과학자동맹, 산업노동조사소, 반파쇼공동투쟁위원회, 학병동맹, 노동조합전국평의회, 서울시인민위원회, 조선공산당서울위원회, 경기도인민위원회, 홍명희, 백남운, 정태식, 이여성. 김남식, 앞의 책, 209쪽.

106) 11월 21일 소련군에 의한 공산화정책에 항의한 학생과 시민의 시위대가, 무장한 보안서원에 의해 진압되는 과정에서 14명의 사상자가 발생하자, 11월 23일 신의주 각

격렬한 반탁시위

과 결합할 것을 우려한 사전 봉쇄였다.[107] 1946년 1월 5일 소련군은 북한의 민족주의 지도자 조만식을 감금하였다. 신탁통치 지지를 강요받았으나 거절하였기 때문이다. 12월 30일 송진우는 암살당했는데, 암살범은 송진우가 신탁통치를 찬성하였기 때문에 죽였노라고 당당히 진술하였다.[108]

그러나 공산당은 하루 만에 태도를 돌변, 1946년 1월 2일 신탁통치를 찬성하는 다음과 같은 내용의 전단을 살포하였다.

… 문제의 5년 기한은 그 책임이 3상회의에 있는 것이 아니라 우리 민족 자체의 결함(장구한 일제 지배의 해독과 민족적 분열) 등에 있다고 우리는 반성하지 않으면 안 된다. 그럼에도 불구하고 이번 결정을 의식적으로 3국에 돌리고 이것을 정면으로 반대, 배격함에 열중하고, 3국의 우호적 원조와

학교 학생과 청년회 등은 공산주의 타도와 소련군 철퇴를 요구하며 평북 임시인민 정치위원회 등 공산당 기관을 습격하였다. 그러나 기관총으로 무장한 소련군의 무차별 난사와 전투기의 기총소사로 25명이 사망하고, 352명이 중상을 입었으며, 1,010명이 구속되었고, 103명이 시베리아로 유배되었다. 이 사건 후에도 공산당은 소련군을 앞세우고 집집마다 수색하여 민족주의 인사를 구속하는 한편 '인민재판'을 벌여 수많은 사람들을 시베리아로 유배하였다. 최영희, 앞의 책, 99쪽 참조. 필자는 특히 이 사건을 혜화국민학교 6학년 담임 전일(신의주 출신, 평양사범 졸업) 선생님을 통해 여러 번 들었는데, 선생님이 자신을 '78단'의(4278년 해방을 기념한 단체) '단장 전일'로 부르며 '무용담'을 자랑하시던 모습이 지금도 생생하다.

107) 최영희, 위의 책, 134~135쪽.
108) 심지연, 앞의 책, 〈한민당 관계일지〉, 1945년 12월 30일, 215쪽,

협력 신탁을 흡사 제국주의적 위임 통치제라고 왜곡하고, 과거에 일본 제국주의의 침략과 동일시하여 조선민족을 오도하며, 민주주의적 연합국을 적대하는 방향으로 대중을 기만하는 정책을 쓰고 있는 김구 일파의 소위 반신탁운동은 조선을 위하여 극히 위험천만한 결과를 나타낼 것은 필연이다. … 이번 모스코바 결정은 카이로 결정을 더욱 발전, 구체화시킨 것이다. 우리는 무엇보다도 민족 통일을 실현해야 한다.

조선공산당은 선전부장 이강국의 방송으로 이 같은 표변(豹變)을 다음과 같이 짤막하게 해명하였다.

지난해 12월 28일 미국으로부터 우리에게 들어온 통신은 아무런 내용도 없이 다만 3상 회의가 조선에 대한 신탁통치를 결정했다고만 전해졌다. 당시 정보가 부족한 나머지 흥분한 민중들은 그대로 믿고 말았던 것이다. 그러나 우리는 점차로 3상회의의 내용이 뚜렷하여지자 이것을 분석한 결과 그것이 조선 독립을 원조하고 촉진시킨다는 것을 인식하게 되었다.

그러나 조선공산당은 소련 영사관의 지시에 따라 표변하였다는 것이 정설이며, 같은 날 북한이 발표한 〈조선에 관한 북조선 각 정당 사회단체들의 공동성명〉의 내용도 서울에서 발표된 것과 거의 같았다.[109] 소련의 지시에 따라 '격렬한 반대'에서 '열렬한 찬성'으로 돌아서지 않을 수 없었던 박헌영·이강국 등을 비롯한 공산당의 '명석한 이론가'들이 과연 어떤 표정을 지었을지 궁금하다. 이 결정에 따라 모든 좌익 계열의 단체들이

---

109) 김남식, 앞의 책, 211~212쪽. 이 공동성명은 조선공산당 북조선분국 책임비서 김일성, 조선노동조합 전국평의회 북부조선총국 위원장 현창형, 평남농민위원회 위원장 이관엽, 여성동맹위원장 박정애, 민주청년동맹 위원장 방수영, 조선독립당 대표 김두봉 명의로 발표되었다. 당시 조선민주당을 비롯한 다른 사회단체들은 소련군의 강요에도 불구하고 찬탁에 동의하지 않았음을 알 수 있다.

일사분란하게 찬탁을 외친 사실은 공산당의 조직생리를 다시 한번 실감하게 해 주지만, 좌익의 주도 아래 본래 반탁을 위하여 예정됐던 1월 3일의 민족통일자주시민대회(오후 1시 서울운동장)도 찬탁대회로 뒤바뀌어 진행된 것은 또 하나의 코미디였다. 반탁 연설을 준비했던 연사들이 하루 만에 찬탁 연설을 하게 되었을 때 과연 무슨 생각을 하였을까? 1월 3일 찬탁대회에서 공산당 대표 이승엽은 다음과 같이 선동하였다. '국제정세에 대한 정확한 판단을 가질 능력이 없고 조선이 이러한 노선(찬탁)을 가져야 할지 모르는 무능한 자에게 우리의 정치를 맡길 수 없으며, 민족의 의사를 반영치 못하고 민중의 지지를 받지 못한 그들은 도저히 조선을 요리하며 부지해 나가지 못할 것이니, 전 민중의 총의를 얻을 수 있는 자에게 정치를 맡기자.'[110] 과연 그날 이승엽이 소련의 지시로 태도를 표변한 자신들이 국제정세를 정확히 판단할 수 있는 능력의 소유자이며, 민중이 찬탁을 지지한다고 생각하였을까?

미국의 처지를 고려하여 관망적인 태도를 보이던 이승만이 반탁 주장을 선언한 것은 1946년 1월 7일. 한국문제를 논의하기 위한 1차 미소공동위원회가 서울에서 개최된 1월 16일, 정당과 정파들이 통합과 절충을 시도하기도 하였지만, 신탁통치 찬반을 둘러싼 좌우익의 공방은 더욱 치열하게 전개되었으며, 분열과 반목의 골은 깊어만 갔다.

서정희는 처음부터 열렬한 반탁론자였다. 12월 28일 오후 7시 '흉보'를 접한 35개 정당과 사회단체 대표 600여 명은 순전히 자발적으로 기독교청년회관에 모여 신탁관리배격전국대회를 개최하고 임정 즉시 승인, 신탁통치 절대 배격, 전국 학교 총휴업, 전국민 총파업, 신탁통치반대 국민대회 개최 등을 결의하였다.[111] 순전히 자발적으로 모인 회의였기 때문에 한 시간이 지나도록 사회자도 정하지 못하는 상황이 계속되었고, 이에 임

---

110) 김남식, 위의 책, 214쪽.
111) 《조선일보》 1945년 12월 29일자, 〈임정즉시승인요구, 신탁관리배격전국대회서 결의〉.

영신(초대 상공부 장관)이 공정히 사회를 볼 수 있는 사람으로 서정희를
추천하자 모두 동의하였다. 사회봉을 쥔 서정희는 먼저 '싸우는 것은 뒤
로 미루고 모인 목적만 생각하자'고 못을 박은 후, 여러 의견을 요령 있게
수렴하며 회의를 성공적으로 마무리하여 많은 사람들에게 깊은 인상을
주었다고 한다.112) 1920년대 초반 특정 문제를 협의하기 위하여 모인 각
사회단체 대표들이 많은 경우 서정희에게 첫 회의의 주재를 부탁한 것도
바로 이와 같은 그의 능력 때문이었을 것이다. 오랜만의 역할에 서정희도
감개무량하였을 것이다. 그날 서정희는 신탁통치반대 전국대회를 구성하
기 위한 전형위원에 선출되었고, 이어서 전국대회 집행위원장으로 선정
되었다. 노인이 다시 정치투쟁의 일선에 나선 것이다. 그는 임정이 조직한
신탁통치반대국민총동원위원회(위원장 권동진, 부위원장 안재홍·김준
연)의 76인 중앙위원에도 참여하였다.113)

　박헌영이 외신기자에게 '한국은 소련의 일국 신탁통치를 지지하며 몇
십 년 후에는 소련의 한 연방으로 편입되기를 희망한다'는 요지로 발언
하였다는 1월 15일자 샌프란시스코 방송이 국내에 알려지자, 반탁운동은
'매국노 박헌영'의 성토대회와 결합되었다. 박헌영은 언어문제에 따른
오해일 뿐이라며 방송 내용을 극력 부인하였다. 박헌영은 미국 기자와
영어로 회견한 것이다.114) 그러나 그 기사를 쓴《뉴욕타임즈》특파원 존
스턴도 '허위 또는 왜곡 보도란 있을 수 없다'며 즉각 반박하였으며,115)
군정청 공보국도 조사 결과 문제의 회견은 사실로 판명되었다고 발표하

---

112) 禹甲麟의 증언(1995년 4월 8일, 청진동 서울호텔 커피숍). 우갑린은 신간회 경북대
　　표 시절부터 서정희를 존경하였다고 하며, 정부수립 후 노총 사무총장 등을 지냈
　　다고 한다.
113)《조선일보》, 1945년 12월 31일자, 〈가두서 시위운동, 31일 중앙위원지령하에, 중앙
　　위원 76명 선정〉.
114)《조선일보》, 1946년 1월 17일자, 〈일연방화란 천만부당, 단호한 징치를 결의, 40여
　　단체긴급협의회에서〉〈한민당도 배격결의〉〈박헌영씨는 사실을 부인〉.
115) 최영희, 앞의 책, 132쪽.

1946년 삼일절 기념행사에서 김구와 함께(오른쪽이 서정희)

면서 관련된 부분을 증거로 제시하였다.[116] 이승만은 좌우 합당을 위한 5당(한민당·국민당·인민당·공산당·신한민족당) 회담이 결렬된 직후 (1946년 1월 14일) 민족통일에 관한 내외 기자회견에서 공산주의자 배격

---

116)《동아일보》 1947년 2월 18일자,〈미국기자와 박헌영씨의 문답, 정확한 사실임이 조사로 판명〉. 문제의 문답을 참고삼아 소개해 보자. 문 : 조선을 소련 일국의 신탁통치로 하는 문제에 대해서는 어떻게 생각하는가? 답 : (영어로) 나는 그 문제에 대해서는 아무 이의가 없다. 즉 우리는 소련 일국 신탁통치에 이의가 없다. 문 : 장래 조선의 정치발전에 대한 의견은 어떠한가? 답 : 우리는 소련화한 사회주의적 노선에 따라 10년 내지 20년 안에 자주독립 민주주의 국가로 발전되기를 바란다. 문 : 이것은 결국 가까운 장래에 조선을 소련연방의 한 연방국으로 하고자 조선을 소련화하게 되는 것이 아닌가? 답 : 그렇다고 볼 수 있다. 그러나 이것은 지금 불가능하다. 문 : 왜 지금은 불가능하나? 답 : 현재 조선인은 이것을 좋아하지 않는다. 그리고 또 지리적으로 보아서 지금 소련연방에 포함되는 것은 불가능할지도 모른다. 이에 앞서 1월 초에는 공산당과 인민당이 모스크바 삼상회의에 사람을 파견하여 '조선에 5년만 일국에 의한 신탁통치를 실시해 주면 완전 적화시켜 주겠다'는 음모를 꾸몄다는 주장도 대두하였다. 심지연, 앞의 책, 51쪽 참조.

입장을 다음과 같이 밝혔다.

> 공산분자와 합동이 사실상 될 수 없는 것을 알고도 성의를 다해왔으나
> 파괴자와 건설자가 어떻게 합동되며, 애국자와 매국자가 어떻게 한길을 갈
> 수 있을까? 이후 국권을 회복한 후에는 이 분자들에게도 친일분자와 같은
> 대우 아래 우리 민족의 재판마당에 물을 말이 있다.[117]

마침내 신탁통치 찬반은 폭력사태로까지 발전하였다. 1월 18일 반탁전
국학생총연맹이 주최한 반탁학생성토회가 끝난 후 시위를 벌인 청중들이
인민일보사와 서울시인민위원회를 습격하자, 이에 맞서 좌익계 학병동
맹·국군준비대·해방청년동맹원 50여 명이 시위학생에게 발포하여 50
여 명에게 중경상을 입혔다.[118] 2월 8일 이승만과 김구는 더 효율적인 반
탁운동을 전개하기 위하여 독촉협의회와 신탁통치반대국민총원위원회를
통합하여 대한독립촉성국민회(이하 독촉국민회로 약함)를 구성하였다.

이러한 상황에서 해방 후 처음 맞는 삼일절 기념행사가 이념을 초월한
거족적인 축제가 되지 못한 것은 예상된 일이었는지도 모른다. 해방되고
처음 맞는 삼일절. 민족 모두가 감격하였겠지만, 광주의 만세시위에 주동
적으로 참여하였고, 그 때문에 1년 반 이상 옥고를 치른 서정희는 특히
감회가 깊었을 것이다. 모두가 성대한 기념식을 치르고 싶었을 것이며 이
날만은 모두 좌우를 잊기 바라는 사람들(특히 일반 국민들은)이 대다수였
을 것이다. 그러나 서울에서는 좌우익이 저마다 따로 행사를 개최하였다.
좌우익 합동행사 협상이 결렬되었기 때문이다. 우익은 이승만·김구, 하
지 중장 등이 참석한 기념식을 가진 후 기미독립기념전국대회준비회 주
최로 서울운동장에서 대규모 시민대회를 열었고, 좌익은 민주주의민족전

---

117) 최영희, 앞의 책, 148쪽.
118) 최영희, 앞의 책, 152쪽.

선(민전)[119] 주최 기념식을 가진 후 삼일절기념전국준비위원회 주최로 남산공원에서 시민대회를 열었다. 평양에서는 일반 시민의 시위는 금지되고 민청 소속 일부 학생들의 시위행진이 있었다고 한다. 당일 전까지 두 편은 서로 비난하면서 우는 서울운동장으로, 좌는 남산공원으로 모이자고 외쳤다. 비방 성명전이 닌무한 것은 새삼 지적할 필요도 없을 것이다. 3월 4일 이승만은 민족 분열을 일삼는 공산주의자들의 반성을 촉구하는 담화를 발표하였다.[120] 서정희도 이 분열에 크게 실망하였을 것이다. 그는 바로 우익이 주최한 대한독립선언기념전국대회 부위원장이었다. 그는 좌우익이 삼일절 기념식도 같이 거행하지 못하는 상황에서 우익의 원로가 된 자신을 씁쓸히 확인하지 않을 수 없었을 것이다. 그래도 그날은 다음해 삼일절처럼 각기 기념식을 마치고 시위 행진하던 좌우익 단체가 폭력 충돌하는 불상사는 없었다. 서정희가 부위원장으로 참석한 기미독립선언기념전국대회는 김안서가 작사하고 이화여대 음악과가 작곡한 〈삼일절가〉[121]를 배포하였으며, 그 기념문을 통하여 삼일절의 의미를 다음과 같이 규정하였다.

기미운동을 修人事라 하면 을유해방은 待天命이었다. 전자는 凶이며 후

___

119) 반탁을 중심으로 우익이 단결하고, 임정을 정부로 지지하는 목소리도 높아지자 공산당과 인민당 등 좌익계 29개 단체들이 조직한 협의체(1946년 1월 19일). 과도적 임시의회 노릇을 자처하며, 조선민족의 유일한 정식 대표로 주장하였다.

120) 최영희, 앞의 책, 176~178쪽. 당시 3·1절 합동행사를 주선하다 실패한 언론계는 합동 실패의 책임을 우익에게 전가하고 우익의 행사를 일체 보도하지 않았다. 이에 민주의원 부의장 김규식은 비장한 태도로 언론계의 경솔과 과오를 경고하였는데, 《동아일보》는 3월 4, 5, 6일 사설을 통하여 과오를 인정하고 그 태도를 해명하였다.

121) 밝은 빛은 따듯이 땅을 비추고 / 새 봄빛이 넘치는 맑은 하늘엔 / 銀이런듯 구름이 고이 떠돌아 곳곳마다 화락이 물결을 치네 / (후렴) 삼일절 좋을시고 배달 아들아 / 자유의 기쁜 이날 기리어지고 / 어화어화 이날을 기리어지고 / 하늘 땅이 다토록 기리어지고 / (2절) 보드람은 봄바람 槿域에 부니 / 맑은 덕이 사해에 골고로 퍼져 / 산엔 나무들엔 풀 새움 푸르고 / 하늘 나는 새들도 노래를 하네.

자는 果였다. 만일 우리 민족으로서 이 운동이 없었다 하면 금일의 해방은 무의식적, 의타적이라는 기록을 역사에 남기고 말 것이다. 그럼으로 제1차 대전의 독립선언과 제2차대전의 독립 획득은 오로지 민족혼의 지속적 활동을 표시한 것으로서 전자를 민족 전체의 의사 발표라면 후자는 혁명 선배들의 해내 해외에서 악전고투한 결정일 것이니 이는 실로 천명과 인위의 신비적 연결이라 할 것이다.[122]

서정희가 1946년 7월 위원장으로 선정된 '매국적 박헌영 성토대회'는 반탁운동과 결합된 수많은 박헌영 규탄대회 가운데 하나였을 것이다. 서정희는 1925년 말 이후 약 2년 동안 1차 공산당사건으로 함께 옥고를 치르며 재판을 받았던 옛 동지 박헌영을 '매국적'으로 규탄하는 데 앞장서게 된 것이다. 그 무렵 공산당은 위조지폐를 만들어 당의 비용으로 사용한 것으로 알려져 더욱 큰 비난을 받고 있었으며, 인민당을 탈당한 여운홍(여운형의 동생) 등은 사회민주당을 결성하고 반탁운동에 합류하였다. 8월 초 인민당 조직부장 김세용을 중심으로 8·15를 기회로 한 좌익계의 파괴음모 사건이 발각되어 공산당과 인민당에 대한 대대적인 검거 선풍이 불었으며, 결국 8·15기념행사도 좌우익이 따로 거행하게 되었다. 이 날 군정청과 공동주최한 8·15세계평화 및 해방기념식(위원장 오세창)에서 서정희는 결의문을 낭독하였다. 이 자리에서 하지 중장, 아놀드 소장, 이승만, 김구, 김규식, 여운형, 허헌은 저마다 축사를 하였다.

9월 7일 마침내 경찰은 공산당 본부를 압수 수색하고 박헌영·이주하·이강국 등에 대한 체포령을 내렸으며, 이후 남한의 공산당은 모두 지하로 잠입하였다.[123] 공산당은 '9월 총파업'을 거쳐 10월 1일 대구를 시발

---

122) 심지연, 앞의 책, 454쪽(삼일절가), 462쪽(기념문).
123) 북조선공산당과 조선신민당이 합당하여 북조선노동당을 결성하자(1946년 7월 29일), 남한의 공산·인민·신민 좌익계 3정당도 합당을 추진하였다. 각 당내의 많은 반발과 갈등, 주도권 투쟁이 있었지만, 북조선노동당이 지지한 박헌영파를 중심으로 남

로 폭동과 소요를 전국적으로 확산시켰다. 이것이 바로 우익이 말하는 '10·1대구폭동', 좌익이 말하는 '10·1항쟁'인데, 1946년 7월 박헌영이 제시한 '정당방위의 역공세로 나가자' '테러는 테러로' '피는 피로써 갚자'는 '신전술'에 따른 것이었다. 이 폭동은 10월 중순에야 비로소 잠잠해졌다.[124] 많은 인명이 죽거나 다쳤는데, 대구에서만도 경찰 사망 33명, 부상 135명이었고, 무수한 시민들이 희생되었다고 한다.[125] '매국적' 박헌영의 성토에 앞장선 서정희의 반탁·반공 입장은 더욱 굳어졌을 것이다. 1947년 4월 그는 다시 반탁독립 투쟁위원회 지도위원에 선정되었다.

5·10총선과 제헌국회의원 당선

반탁과 찬탁으로 좌우의 분열이 깊어지는 가운데 1946년 1월 16일부터 서울에서 미소공동위원회가 개최되었다. 모스크바 삼상회의가 결정한 ① '정당 사회단체와 협의하여 임시 정부 수립을 준비하고', ②'임시 정부 참여하에 4국 신탁통치 협약을 작성하는' 것을 협의하기 위한 것인데, 우선 ①을 토의하기 시작한 것이다. 4월 18일 미소공동위원회는 협의의 대상이 될 정당과 사회단체는 '신탁통치' 조항을 포함한 모스크바 결정을 수락한다는 내용의 선언서에 서명할 것을 요구하였고, 공산당을 비롯한 32개 좌

조선노동당이 창당되었다(11월 23일). 이로써 명분상 북조선공산당의 우위에 있었던 조선공산당은 해체되고 사실상 남로당에 대한 북로당의 우위가 확보되었다.

124) 김남식, 앞의 책, 240~243쪽. 김남식은 이 폭동을 다음과 같이 총평하였다. "이 무렵 좌익에서는 공산당, 인민당, 신민당 등 3당 합당이 추진되고 있었는데, 그들 당내에서도 의견들이 대립되어 심한 진통을 겪고 있었다. 그리고 박헌영은 체포령을 핑계삼아 월북, 도피하고 말았다. 당내 사정이 이러하므로 '10·1폭동'에 대한 당의 일관적인 지휘가 없었으며 공산당 지도부의 파벌싸움에 이용되었다. 그리고 모험주의적인 극좌적 투쟁이었기 때문에 그들의 이른바 당 조직에 아무런 이익도 없었다."

125) 최영희, 앞의 책, 274쪽.

익단체는 서명한 선언서를 제출하였다. 반탁을 주장한 우익단체들은 당연히 이것을 그대로 수락할 수가 없었다. 그러나 김규식도 우익에게 협조를 호소하였지만, 미국 측 대표 아놀드 소장이 '선언서 제출이 반드시 찬탁을 전제한 것은 아니다'라고 성명하자 한민당과 한독당을 비롯한 우익 20여 단체도 선언서를 제출하였다.

그러나 공동위원회가 협의할 대상을 선정하는 과정에서,126) 미국과 소련의 의견은 대립하였다. 특히 소련이 반탁운동을 전개하는 단체와 지도자는 일체 초청할 수 없다는 입장을 고수하여 공동위원회는 사실상 결렬되었으며, 소련 측 대표단은 5월 9일 평양으로 철수하였다.127) 이것은 또다시 반탁 찬탁 대립을 격화하였지만, 많은 사람들이 좌우합작의 필요성을 다시 절감하는 계기도 되었다. 김규식과 여운형은 적극적으로 합작을 추진하였고, 하지 중장도 적극 지원하였다. 그러나 이승만은 이미 '남한만이라도 임시정부 혹은 위원회 같은 것을 조직해야 한다'는 이른바 '남한 단독정부 우선 수립'(단정론)을 주장하기 시작하였고(6월 3일, 정읍 발언), 한민당은 '진정한 민주정부의 수립과 북한에서도 남한과 같은 자유민주제의 시행'을, 한독당은 '반탁'을, 민전은 '모스크바 삼상회의의 전면적 지지'를 각각 좌우합작의 전제로 제시하였다. 이것을 제각각 고집하는 한 합작은 사실상 불가능하였다. 물론 한독당도 남한 단정은 반대하였다. 그러나 한민당은 단정론을 비난한 공산당의 성명에 대해 '민족 분열은 미·소의 분할 점령에 의한 것이며, 좌우 분열은 공산당의 분열 행동에 의한 것'이라고 반박하였다.128) 10월 7일 좌우합작 7개 원칙이 발표되었으나, 우익은 사실상 신탁통치를 승인한 조항이129) 포함되었다는 이유로 반발

---

126) 미소공동위원회는 남한 25(우 21, 좌 4), 북한 15(우 3, 좌 12) 단체를 협의대상으로 합의하고 각각 남북 단체를 내정하였던 것 같다.

127) 송남헌, 《해방 3년사》 Ⅱ, 까치, 1985, 321~323쪽.

128) 최영희, 앞의 책, 218~219, 229쪽.

129) 제1항 조선의 민주독립을 보장한 삼상회의의 결정에 의하여 남북을 통한 좌우합작으로 민주주의 임시정부를 수립할 것.

하였다. 특히 한민당은 토지개혁과 관련 '몰수, 유조건 몰수, 체감 매상 등으로 토지를 농민에게 무상으로 분배하며'라는 항목에도 반대하였다. 한민당은 토지의 '유상 매수, 유상 분배'를 주장하였기 때문이다.

10월 8일 좌우합작을 적극적으로 추진한 원세훈을 필두로 9일에는 박명환·송남헌·현동완·이병헌 등 16명이, 10월 11일에는 김용국 등이, 그리고 10월 21일에는 마침내 서정희와 함께 한민당의 부정적인 요소를 숙청하려던 김약수도 한민당을 탈당하였다. 좌우합작파의 대거 이탈로 한민당의 진보적 성격은 크게 감소하였다.[130] 그러나 서정희는 한민당을 떠나지 않았다. 그는 이미 반탁과 반공을 확실히 선택하였기 때문일 것이다. 그 선택은 곧 이승만의 지지로 연결되었다. 그 무렵 이승만은 좌우합작파를 지원하는 하지 중장의 정책에 불만을 품고, 자신의 정치구상을 미국 국무성과 세계 여론에 직접 설득하기 하기 위하여 12월 7일 미국 방문을 결행하였다. 그는 떠나기 전 국내 여론을 최대한 동원하기 위하여 대단한 수완을 발휘하였다. 그는 정읍 발언 직후 조직한 민족통일본부를 중심으로 한국민족대표외교후원회를 조직시키고 여비 염출은 물론 마치 전 민족의 외교대표로 미국을 방문하는 것처럼 행세하였다. 민주의원[131]은 개인자격으로 방문하는 그를 민주의원 의장 및 대한민국 대표 자격이라고 결의하고 여비 50만 원도 지출하였으며, 그가 떠나는 날 오후 서울운동장에서는 각 정당 청년단체 학생대표 1만여 명이 외교사절파견국민대회를 개최하고 '이승만 박사를 수반으로 하는 사절파견단을 3천만의 총의로써 결의'하였으며, 김구도 이 자리에서 열렬한 축사를 하였다.[132] 서정

---

130) 송남헌, 《시베리아의 투사—원세훈》, 천산산맥, 1990, 257~258쪽.

131) 미 군정 최고 자문기관인 남조선대한국민대표민주의원. 임정이 반탁을 위하여 조직한 비상국민회의 최고정무위원회를 전환시킨 것(1946년 2월 14일)으로 의장 이승만, 부의장 김규식. 미소공동위원회의 협의대상이 될 우익진영의 통일기구를 구상한 하지 중장의 뜻에 따라 군정 고문 굿펠로우의 알선으로 발족되었다. 국민의 대표기관으로서 비상국민회의의 집행기관인 동시에 과도정부 수립을 위한 군정청의 자문기관 성격을 띠었다. 의원 25명.

희도 이승만의 도미 외교를 지지하기 위한 한국민족대표외교후원회 상임 집행위원의 한 사람으로 선정되었다.

좌우합작운동도 계속되었고, 12월 12일 개원된 입법의원은 합작파가 주도하였다.[133] 그러나 '주권'을 선언하여 명실상부한 임시정부 구실을 하려는 임정의 움직임도 점차 표면화하였다. 수도경찰청은 독촉국민회본부에서 '군정청 관리로 임정의 명령을 위반하거나 불온한 언사나 문서로 임정을 비방하는 자는 엄중 처단할 것'이라는 '대한민국 특별행동대 사령부 포고 1호'를 압수하기도 하였다(1946년 3월 5일).[134] 군정청도 이를 비난하였다. 이승만은 서둘러 귀국하였으며(4월 21일), 소련과 협상에 진전을 보지 못한 미국은 점차 한국에 대한 정책을 바꾸었다. 이승만이 주장하는 남한 단독정부 수립을 계획하고 남한의 경제적 자립을 위한 무상원조계획을 마련한 것이다. 이승만은 4월 27일 서울운동장에서 개최된 귀국환영회에서 남한 총선거가 지연된 까닭은 하지 중장이 공산파와 합작을 고집한 때문이라고 단정하고 "현재 미국 정책은 공산주의와 합작을 단념하였으므로 우리도 입법의원에서 총선거 법안을 급속히 제정, 남북통일을 위한 남조선 과도정부를 수립하고 유엔에 참가하여 소련과 절충, 남북통일을 꾀해야 한다"고 역설하였다. 이날 광복군 사령관 이청천이 이승만

---

132) 최영희, 앞의 책, 295~296쪽.

133) 많은 논란 끝에 개원한 입법의원(의장 김규식)은 미군정과 합작파의 산물이었다. 입법의원은 입법에 한국 민중의 의사를 반영시키기 위하여 한국인으로 조직된 입법기관으로, 임시조선민주정부의 수립을 기하며 정치·경제·사회 개혁의 기초로 사용될 법률 초안을 작성하여 군정장관에게 제출하는 것이 그 임무였다. 관선 45명, 민선 45명 총 90명으로 구성되었다. 그러나 좌익의 반대는 물론 한민당과 이승만도 협조를 거부하였다. 처음에는 민선의원들 가운데 친일파가 다수 포함되어 선거 무효 논란도 있었는데다, 관선 45명의 인선을 김규식 원세훈 최동오 안재홍 김봉준과 버취 6인이 전단하여 공산당과 김구·이승만도 포함시키지 않았기 때문이다. 관선된 여운형과 장건상도 관선 수락을 거부하였으며, 민전과 사로당은 소속원이 관선 의원직을 수락할 경우 제명한다는 방침을 천명하기도 하였다.

134) 최영희, 앞의 책, 329쪽.

과 함께 귀국하여 환영 군중들을 더욱 감격시켰다.[135]

좌익은 말할 것도 없이 한독당과 좌우합작파들의 격렬한 반발에도 불구하고 이후의 상황은 이승만이 주장한 방향으로 전개되었다. 이 과정에서 장건상·백남운·이영 등과 함께 근로인민당을 결성한(1947년 5월 24일) 여운형과(7월 19일) 한민당 정치부장 장덕수기 암살되었으며(12월 20일), 해방 2주년을 전후하여 폭동음모 혐의로 좌익계에 대한 대대적인 검거선풍이 불어 장건상·이여성·백남운 등이 체포되고, 허헌 등도 지명수배되었다. 이번 검거선풍에서는 약 1,300명이 구속되었다고 한다. 김구는 남한 단독정부 수립 반대를 다시 한번 천명하고(12월 22일), 미·소 양군이 철수한 후 남북협상을 통한 총선거를 하자고 주장하며(1948년 1월 26일) 남북협상을 제안하는(3월 8일) 한편 김규식과 남북대표자회의에 참석하여(4월 19일) 김일성과 회담하기도 하였다(5월 3일). 그러나 많은 사회단체와 지식인들의 성원을 받고 북행한 김구 등이 참석한 남북연석회의가 채택한 결정서와 격문은 그때까지 좌익의 주장을 그대로 옮긴 것에 불과하여 남북협상파가 북한 당국에 이용되었다는 비난도 높았다.[136]

이에 앞서 입법의원은 보통선거법(1947년 6월 27일)과 조선임시정부약헌(約憲, 8월 6일)을 각각 통과시켰다. 미국이 주도한 유엔 총회는 한국총선거안과 선거를 감독하기 위한 유엔한국임시위원단 설치안을 가결하고(11월 4일), 유엔 소총회는 가능한 지역(남한)에서만 총선거 실시를 결정하였으며(1948년 2월 26일), 마침내 3월 1일 하지 중장은 5월 10일 남한총선거 실시를 발표하였다. 이 모든 것을 예상하였던 이승만은 지지세력을 규합하여 총선거에 대비하였으며, 한동안 활동이 침체되었던 독립촉성국민회도 다시 적극 활용하기 시작하였다. 서정희가 1947년 6월 대한독립촉성국민회본부 중앙상무집행위원으로 선출된 것은 그가 이승만의 남

---

135) 최영희, 위의 책, 329쪽.
136) 최영희, 위의 책, 475~476쪽.

제헌국회의원 선거(5·10총선) 입후보자들의 홍보가판들

한 단정수립 주장에 동조한 증거로 보아도 큰 잘못은 없는 것 같다.

남로당이 4월 3일 일으킨 '4·3폭동'은 총선을 방해하려는 공산세력의 수많은 폭력적 방해공작의 한 예에 불과하였다. 그러나 선거는 예정대로 진행되어 200명의 제헌국회의원이[137) 선출되었다. 총 유권자 수는 약 784만, 투표율은 95.5퍼센트, 총 입후보자는 948명, 평균 경쟁률은 4.7대 1이었다.[138) 경기도 포천에서 한민당 후보로 출마한 서정희도 제헌국회의원으로 당선되었다. 포천군에서는 서정희를 비롯한 7명이 입후보하였는데, 그는 8270표로 당선되었고, 차점자 이희종(조선법학회, 면장 3년)은 5938표를 얻었다. 김약수도 경남 동래에서 조선공화당 후보로 당선되었고, 서정희의 장조카 서우석(입법의원)은 전남 곡성, 그의 동서 정광호(광주 시

---

137) 독촉국민회 55, 한민당 29, 대동청년당 12, 조선민족청년당 6, 독립촉성농민연맹 2, 조민당·한독당·조선공화당·노총·교육협회·단민회·민통·부산15구락부·한청·대성회·전도회 각각 1, 무소속 85. 동대문구에서 출마한 이승만은 무투표 당선되었다.

138) 중앙선거관리위원회, 《역대국회의원선거상황》, 보진재 인쇄소, 1963, 69~70쪽. (1) 국회의원 선거투표 상황표 (2) 정당단체별 의원후보자수와 당선자수 대비 일람 참조.

제헌국회의원 선거 투표(1948년 5월 10일)

장)는 광주에서 당선되었다. 모두 한민당 후보였다. 서정희(72세)는 이승만(74세) 다음으로 최고령자였다.[139]

5·10선거는 분명 남한 단독정부 수립의 첫걸음이었다. 그 때문에 많은 사람들은 이 선거로 남북의 분단이 결정적으로 고착되었다고 비난한다. 북한이 조선최고인민회의 대의원선거(1948년 8월 25일)를 거쳐 조선민주주의인민공화국을 수립한 것은 1948년 9월 9일이었다. 그러나 북한은 해방 직후 각 도의 인민정치위원회가 행정을 담당하였고, 1946년 10월 임시인민위원회의 통제를 받는 5도 행정국의 창설은 북한을 별도의 국가로 만들려는 첫걸음이었다.[140] 특히 1947년 2월 22일 성립한 북조선인민위원회

---

139) 중앙선거관리위원회, 위의 책, '제헌국회—가. 당선자명부 나. 후보자별득표수일람' 참조.
140) 스칼라피노·이정식 공저, 한홍구 옮김, 앞의 책, 426쪽.

(위원장 김일성)는 실제로 소련군의 신탁통치를 받는 북한 단독정부라고 해도 과언이 아니다. 북조선인민위원회가 북조선최고인민회의로 '정권'을 이양한 것(9월 2일)만 보아도 북조선인민위원회의 성격을 짐작할 수 있을 것이다. 이에 앞서 북한은 1947년 6월 22일 북조선 애국가를 제정하였고, 11월 22일 작성된 임시헌법 초안은 1948년 4월 말에 채택되었다.

제헌국회의 어른

제헌국회 제1차 회의는 1948년 5월 31일 오전 10시 198명의 의원이 참석한 가운데 개회되었다. 이로써 독립정부의 첫걸음이 시작된 것이다. 최고령 이승만이 임시의장으로 사회를 본 첫 회의는 임시준칙 5조까지 통과시킨 후, 이 준칙에 따라 이승만을 의장으로, 신익희와 김동원을 부의장으로 각각 선출하였다. 마침내 건국의 대업에 직접 참여하게 된 서정희는 왕년의 열과 성을 다시 발휘하기 시작하였다. 식민통치의 암울한 시대를 겪으면서 과연 그는 자신이 독립된 조국의 국회의원으로 의정 단상에 설 줄 상상이나 하였을까? 그는 정부를 빨리 조직하기 위하여 관련법을 가능한 한 빨리 제정하는 데도 앞장섰지만(뒤에 기술), 의장인 이승만이 대통령으로 당선되면서 의회에서 최고령자가 됨으로써 국회의 어른 노릇도 하지 않을 수 없었다. 당시 국회의원의 연령은 50세 미만이 60.5퍼센트, 60세 미만이 89.5퍼센트, 65세 미만이 95.5퍼센트였으며, 이승만과 서정희를 제외한 70세 이상은 2명(경기 여주 원용한 71세, 제주 갑 홍순영 71세)뿐이었다.[141] 서정희가 국회의 회의 진행, 의례, 격식, 위신, 질서에 남달리 신경을 쓴 것도 스스로 그 어른 노릇을 자각한 때문이었을 것이다. 당

---

141) 중앙선거관리위원회, 앞의 책, '제헌국회 – 가. 당선자 명부 및 나. 각종통계 (5) 연령별 의원후보자수와 당선자수 대비일람' 참조.

개원을 선포하는 제헌의회(1948년 5월 31일)

시 국회 속기록을 보면, 공적인 회의 경험이 별로 없는 의원들이 국회법
도 전례도 없는 상태에서 회의를 진행하는 모습에 실소를 금할 수 없는
장면이 너무나 많지만, 특히 토의 주제와 무관한 장광설을 늘어놓거나 공
식 제기한 동의가 무질서한 가운데 파묻혀 버리는 일도 비일비재하였다.

국회의 위신과 존엄을 위하여　　국회가 본격적으로 업무를 시작한 1948년
6월 1일 서정희도 첫 발언을 하였다. 헌법 및 정부조직법 국회규칙기초위
원을 선출하기 위한 전형위원 10명이 선출되었을 때, 서정희는 아직 국회
의원들이 서로 얼굴도 모르는 상황임을 지적하며 중대한 임무를 띤 전형

위원들에게 앞에 나와 얼굴을 보이며 소개하라고 요청하였고, 그의 제안은 곧 실행되었다.〔자료 15-1〕 그 다음날(1회 3차 회의) 서정희는 남한만 선거하여 북한 몫으로 남겨 놓은 100석을 의식하여 국회 이름으로 유감의 성명을 낼 것을 다음과 같이 동의하였다.

여러분이 아실 대로 아시되 삼팔선 저 밖에서 우리 동포는 우리의 국회와 합류를 안 시켜 준다면 생사를 무릅쓰고 모든 일을 일으켜서 지금 당장 커다란 탄압이 있어서 여러 가지 사건이 난다는 그런 정보를 잠간 들었습니다. 그러나 그것이 사실이고 아니고는 아무렇게 여러분이 아시는 대로 아세요. 우리 국회의 개회 벽두에 제일 여기에 의석 백 개가 따로 비어 있다는 것을 우리가 얼마나 눈물겨운 일이었습니까. 그러나 지금 정세로 어떻게 할 수가 있어서 우리가 이 국회를 열고 … 별도리 없이 순서대로 법대로 이 의사를 해 나가니까 이 점에 있어서 삼팔 이북에 있는 우리 동포에게 우리의 염원하는 바가 과연 참 이렇다는 것을 자세히 써서 신문지상에나 또는 래디오를 통해서 성명을 우리 국회의 이름으로 냈으면 좋을 것 같아서 시간을 허비할 필요도 없이 여기에서 써서 그런 조건을 붙여서 동의하고 내려가려고 합니다. … 의석이 백 개가 여기 비어가지고 우리가 여러분을 기다린다는 것을 또한 우리 현실에 있어서 우리만이 이렇게 하는 것이 퍽 유감이라는 그런 등등의 모든 것을 잘 써서 성명을 내서 보낼 기관은 없고 삼팔선이 맥혀 있으니까 어쩔 수 없이 신문지에나 래디오를 통해서 … 우리 국회의 이름으로 성명을 내기로 동의합니다.〔자료 15-2〕

북한 대표를 위한 100개의 의석이 빈 국회, 그 유감스러움은 비단 서정희만 느낀 감정은 아니었을 것이다. 그러나 사회를 본 의장 이승만은 "대단히 좋은 말씀이며 우리가 깊이 생각할 점"이나 지금은 보고사항 순서이니 뒤에 다시 기회를 얻어 말하라고 넘어갔다. 뒤이어 등단한 윤치영도 서정희 의원의 말씀은 당연하고 자신도 동감이지만 지금 토의하고 있는 문제와는 무관하니 성명서 문제는 일단 보류하자고 주장하였다.[142] 남북 관계에 체면을 차리고 국회의 의젓한 모습을 보이려던 서정희의 의도는 '보다 급한' 문제 때문에 일단 뒤로 밀렸으나 결국 6월 12일 국회는 만장 일치로 북한 동포들도 하루 빨리 유엔의 결의에 따라 총선거를 실시하여 진정한 민중의 대표를 보내달라는 성명을 결의하였다. 7월 20일 대통령·부통령 선거에서 서정희의 다음과 같은 구실 역시 원로다운 처신이었다. 그 장면의 속기록을 보자.

> **부의장 김동원** 이승만 의원의 득표는 180인 것으로 3분지 2 이상의 절대다수된 것을 선포합니다.[143] 이승만 의원이 대통령으로 당선된 것을 선포합니다.
>
> (의원석 급 방청석에서 동시에 박수 2분간 계속함)
>
> ("의장" 하는 이 있음)
>
> **서정희 의원** 다른 말씀이 아니라 우리가 지금으로 커다란 경사를 마쳤습니다.
>
> ("들리지 안습니다" 하는 이 다수 있음)
>
> **부의장 김동원** 여러분 별로 말씀하실 필요는 없습니다마는 서정희 의원에게 잠간 言權 드리고는 더 언권 드리지 않으려고 합니다. 이 중대한 일을 지낸 연후에 우리가 마음으로 기뻐할 것이지 말로 발표하든지 또 다른 말을 할 것 같으면 제한이 없으니까 이 한 분에게 言權을 준 이상에는 곧 휴회하려고 합니다.
>
> **서정희 의원** 나는 역사에 그리 익숙하지 못하지만 우리 민족의 유사 이

---

142)《국회의사속기록》제3호. 윤치영은 국회 개원 벽두에 하지 중장이 각 의원에게 보낸 서한에 대한 문제를 먼저 토의하자고 한 것이다. 하지 중장이 보낸 서한 가운데 국회의원들에게 불쾌감을 준 내용이 있었기 때문이다. 즉 하지 중장이 국회 개원 날짜와 절차를 명령한 인상을 주었던 것이다.

143) 총투표 196, 이승만 180, 김구 13, 안재홍 2, 무효 1.

래 오늘 같은 경사가 없고 우리가 삼천만의 元帥를 추대하
였고, 오늘 우리 국회의원 여러분이 기뻐하는 것은 마찬가
지인 줄 압니다. 그러니까 우리는 방청석과 또 국회의원이
총기립으로써 우리 대통령 이승만 박사 만세삼창을 함으로
써 우리 기쁜 의사를 표시하는 것이 좋을 줄 생각하고 이것
을 동의합니다.

("特請하시오" 하는 이 다수 있음)

부의장 김동원 당선되신 이승만 박사에게 이 일을 가서 말씀드려서 원만
히 접수하면 그 후에……

서정희 의원 우리의 대통령 국가원수를 모셔서 이 자리에 오시도록 하
겠으니까 그때에 오신 뒤에는 우리는 방청석과 아울러 우
리 의원전체가 총기립해서 만세를 부르려고 합니다.

("좋습니다" 하는 이 다수 있음)

부의장 김동원 가만히 계세요. 잠간 여러분에게 말씀할 것 있는 것은 지금
신익희 의원과 그 중 원로이신 서정희 의원 두 분을 이승만
박사에게 지금 經過를 말씀드리고 그런 후에 어떠한 작정이
되든지 하는 것이 좋으리라고 생각하는데 여러분 거기에 별
이의 없으면…… ("이의 없습니다" 하는 이 다수 있음)
그러면 신익희 부의장하고 서정희 의원하고 두 분이 의장
에게 가서 지금 경과를 보고하기로 하겠습니다. 그러면 그
동안 잠간 보고 있을 때까지 휴회하겠습니다.

(상오 11시 35분 회의 중지) (상오 11시 54분 계속 개의)

(이승만 의장 의사당 입장 의원일동 박수)

(이승만 의장 의장석에 등단 의원일동 박수)

… 중략 …

(서정희 의원 선창으로 대통령 이승만 박사 만세 삼창)

(서정희 의원 선창으로 대한민국 만세 삼창)

오후에 속개된 그날 국회는 부통령선거에 들어갔다(1회 33차 회의). 대통령에 당선된 이승만은 이시영·오세창·조만식 3인을 추천하는 사람이 많다며 특히 이시영과 조만식을 훌륭한 부통령 감으로 소개하였는데, 투표 결과 이시영이 133표로 당선되었다.[144] 당시 이시영은 시골에서 정양 중이었다고 한다. 서정희는 이시영에 대한 예우도 다음과 같이 제안하였다.

> 대통령을 보좌하고 대통령이 유고한 때 부통령이 해 나가는데…… 시방 잠간 여기서 들으니까 부통령이 시골 가셨다가 돌아오셨다는 말도 계시고 또는 그 집을 잘 알지 못한다고…… 그러나 우리 국회는 모처럼 부통령이 되신 이시영 씨에게 부통령으로 선거 받으신 그 형편이라든지 우리 국회에서 선거한 형편이라든지 이것을 그 어른한테 여쭈는 것이 예의상으로도 적당한 것이라 생각해요…… 그리고 겸해서 허락하신다면 의원 중 많이는 가실 필요가 없이 세 분쯤 여기 국회에서 의원을 택해 가지고 그 말씀을 잘 드리고 돌아오는 화요일까지에 할 것이 좋다고 생각하는데 그렇게 국회에서 특별히 의원 세 사람을 선거해서 그분들은 보고해 주고 따라서 그 어른에게 여러 가지 말씀을 올리는 것이 좋을 줄 알고 의원 세 사람을 보내는 것이 좋다고 동의합니다.〔자료 15-9〕

서정희의 동의에 따라 장면·김상돈·이종린 세 의원이 이시영 부통령을 예방하는 특사로 선출되었다. 8월 4일, 이승만이 대통령으로 됨에 따라 공석이 된 국회의장 선거에서 부의장 신익희가 176표 가운데 103표를 얻어 당선될 때 서정희가 세 표를 받은 것도 그에 대한 최소한의 어른 대접이었을 것이다.[145] 이때 김약수는 국회 부의장이 되었다.〔자료 15-10〕

1950년 2월 국회의장과 나용균·이훈구 의원, 국회 사무총장과 전문위

---

144) 총 197표 중 나머지는 김구 62, 이구수 1, 무효 1.
145) 이 밖에 부의장 김동원 56, 이청천 7, 김약수 2, 이윤영·이훈구·이종린 각 1표씩을 받았고, 2표는 기권이었다.

원들이 국회의 외교 사절로 미국을 방문할 때 국회가 장행회(壯行會)를 열어 그들을 격려하자는 데 서정희가 동의한 것도(1월 28일)[146] 국회의 위신과 위상을 높이기 위함이었다. 이에 앞서 1948년 10월 13일 박종남 의원이 제안한 '외군철퇴에 관한 긴급동의안'의 본회 상정 여부를 둘러싸고 소란이 벌어지자 서정희가 '국회의 존엄성'을 이유로 그 의안 자체를 반대한 것도 인상적이다. 그는 정부가 시행하지 않을 것을 뻔히 알면서도 국회가 결의하면 국회의 존엄성만 훼손될 뿐 아니라 정부와 불필요한 마찰을 일으켜, 쌓여 있는 건국의 큰일들을 그르칠 우려가 있다며, 다음과 같이 정부와 국회의 관계를 정리하고 아울러 품위와 질서 있는 회의 진행을 간곡히 당부하였다.

나는 여러분에게 말씀드리고자 하는 것은 우리 국회의 존엄성은 무엇 때문에 존엄하냐, 다만 우리는 우리의 임무가 무엇인가, 우리는 입법기관이므로 정부에서 법안이 오면 축조 토의해서 한다든지 또는 글자가 잘못되었다든지 또 입법정신이 잘못되었다든지 하면, 우리는 이런 것을 개정할 권리가 있고 개정하면 정부가 이것을 실행할 의무가 있다고 생각합니다. 또 우리가 자진해서 나라를 어떻게 조직하고 어떻게 운영해 나아가야 하는

---

146) 《국회속기록》 제헌국회 제6회 17차 회의 서정희 발언, "우리 국회의 一動一靜이 모든 것이 국민의 대표가 아니고는 안 될 것입니다. 그러므로 우리 국회에서 근일 일전에 국민외교를 불가불 안 할 수 없는 까닭에 우리의 의장을 비롯해서 우리 국회의원 동지 나용균, 이훈구 씨 및 국회사무총장, 전문위원 등 미국에 건너갈 것을 결의했다 그 말이에요. 동시에 그이들이 2월 초하루에 발정하게 예정하고 있다 그 말이에요. 그러므로 우리 국회로서는 그이한테 산해와 같은 신중한 부탁도 많이 있고, 우리 국민의 의사를 국제적으로 얼마만큼 반영시킬 만한 그러한 중대한 책임을 지고 떠나는 길에 우리 국회로서 그이가 떠나는 데에 대해서 신중한 부탁도 있고, 여러 가지 의의 신중한 국제적 국민한테, 미국 국민한테 우리 국민의 의사를 전달할 모든 중대한 일이 있으메 우리 국회로서 그 일을 위해서 壯行會를 하지 아니하면 안 되겠는데, 그 일을 위해서 그 사람을 위해서가 아닙니다. 그러므로 그 사절단을 派美시키는 데 있어서 壯行會를 우리 국회로서 맨들 것을 동의합니다. 〔자료 15-25〕

가, 이것을 우리는 원하는 것이라고 생각합니다. 우리는 국회에서 법률을 제정하고 이것을 대통령이 싸인을 마쳐서 公布해서 시행케 하는 것이 우리 국회의 의무이며 동시에 우리 국회의 本義라고 생각합니다. 또 우리 헌법 상으로 봐서 우리 국회는 어데다가 건의한다든지, 무엇을 요청한다든지, 또는 법률을 제정헤서 징부에 보내서 실행케 하는 것이 우리의 임무라고 봐요. 그리고 우리는 항상 이러한 생각을 많이 가지고 있습니다. 우리는 급한 마음에 어떻게 하나…… 국제적으로도 우리가 우리의 의견을 세상에다가 발표하며 어떻게 하나…… 우리는 우리의 정견을 그대로 실행시킬 수 있는가 이러한 생각을 가지고 늘 건의를 해서 정부더러 해 달라는 요청도 하는 그러한 폐단도 있기 때문에 오늘도 국회에서 모든 일이 일시적으로 분규가 있었던 것은 사실입니다. 그것은 안건이 그르다든지 그 안건이 우리 민족적으로 또 국제적으로 틀린다는 것이 아닌데, 다만 무슨 일에 틀린 일이 있어서 모순이 있다면 정부에 건의안이라고 해서 정부에 외교적으로 정치적으로 정부가 집행하지 않으면 안 될 그러한 안건이란 말이에요. 그 안건이 근본적으로 틀린다든지 나쁘다는 것이 아니라 정부에 건의쯤 하는 것을 우리가 했다가 정부에서 실행하지 않으면 그때는 우리의 존엄이 상한다는 것이에요. 정부에다가 건의했음에도 불구하고 이것을 집행하지 않으면 우리는 헌법에 의지해서 우리 정부를 불신임할 권리를 가졌다면 곧 불신임을 할 수 있어요. 그런데 우리는 그러한 권한이 없는 이상 건의쯤 낸 우리 국회는 좀 삼가서 하지 않으면 안 될 그런 까닭에 우리 국회는 입법기관으로서 그것을 처리하는 것이 좋고 입법 면에 한해서 무슨 정치적으로 외교적으로 건의안으로 할 말이 많이 있어요. 그러나 우리가 무슨 일이든지 법률안을 내서 결정할 것이며 그 법률안이 나오면 그것을 검토해서 잘 결정하여야 됩니다. 우리는 건국 초에 법률 제일조 천조 만조가 나올지 모르는데 우리들은 시간의 분초를 다투어서 일을 해 나가지 않으면 안 되겠다고 생각했었기 때문에 저는 의장을 부른 일이 없습니다. 그러고 이 문제만은 옳은 말이지만 그것이 정부에 가서 행하여진 다할 것 같으면 꼭 해야 하지 정부에서 행해지지 못할 일을 한다면 우리 국회와 정부 사이에 많은 마찰이 생기며, 또 여러 가지로 염려하는 가운데 우리는 다만 입법 면에만 한해서만 우리가 일을 하여야 할 것을 기억해서 아까 국회 내에 고함을 친다든지 혼란이 일어나지 않도록 해주기를 간원합니다.

의원의 성실한 출석을 촉구　국회가 대통령, 부통령, 국회의장, 부의장 등을 선거하고, 많은 법안들을 통과시키면서 의원들의 출석률은 점차 낮아지고 때로는 성회가 되지 않는 경우도 있었다. 1948년 9월 15일(1회 66차 회의) 서정희는 의원들이 '스스로 만든 법을 스스로 무시하는 작태'를 개탄하며 다음과 같이 호소하였다.

　　대체 법이라고 하는 것은 만들어 놓고 실행하지 않으면 도저히 우리는 아무 일도 해갈 수 없는 것만은 사실인데 우리는…… 들어보니까 법이라고 하는 것은 웃사람이 먼저 범하면 안 된다고 그랬습니다. 그런데 우리는 입법 기관으로서의 첫째 사무당국에 물어볼 말은, 우리 국회의원이 그동안에 국회법에 의지해서 과연 청가원을 열흘 이내에는 청가원을 당국에 제출해서 의장의 허락을 맡으라고 했고 10일 이상은 우리 본 회의에서 허가를 맡으라고 한 그런 법이 자세히 있는 줄 압니다. 한데 국회를 열어온 이래에 100명 간신히 아침 정각에 되어 가지고 간신히 개회를 했고 오후에는 130명 이상 그저 40명으로서 그렇게 밖에 안나오며 그 수효 불출석한 국회의원의 수효는 여러분이 산술로 기억해서 몇 분이 안 왔는지 잘 알 것입니다. 그러면 사무당국에 지금 물어볼 것은 법대로 과연 우리 국회의원에게 일일히 법에 의지해서 청가원을 수리한 수효가 얼마나 되는가, 그것을 나는 물어보고 싶어요. 또 우리 국회로서, 의원으로서는 선거 당시부터 이미 일을 착수하여 이 의사당에 들어와서 우리가 책임진 것을 생각해 보건대 누구나 할 것 없이 이렇게 결석을 많이 하는 것은 다 각각 생각해 주세야 될 것인 줄 알아요. 하니까 의사당국은 아무쪼록 국회의원이 이렇게 휴가원 없이

출석률이 이렇게 되지 않도록 힘써 주시기 바라고 우리 국회의원 자신으로
서는 아무쪼록 휴회하기 이전에는 출석률이 이렇게 열등하지 않도록 힘써
주시기 바라며 나는 이 말씀을 드리려고 벌써부터 별렀지만 인제 나와서
말씀하는 것입니다. 여러분 용서하시고 잘 들어 주십시요.〔자료 15-12〕

제헌국회가 거의 끝나갈 무렵 국회의원의 불성실한 출석은 언론에서도
문제가 되었다. 1950년 2월 7일(6회 24차) 서정희는 다시 한번 의원들의
반성을 촉구하며, 징계자격의원장으로서 징계할 수도 있다는 강력한 의
지도 표명하였다.

우리가 오전 10시에 이 국회에 출석해서 모든 법안을 심의할 그러한 책
임이 있는 고로 내가 기억건대는 의원으로서의 그 시간을 작정해서 우리가
다같이 결정한 일이라고 생각해요. 한데 어저께 귀중한 시간을 전부를 통
해서, 의회 전부를 통해서 유회를 했단 말이에요. 그 유회한 것은 우리 국
회로서 출석한 우리 동지든지 안 출석한 동지든지 퍽 유감으로 생각합니
다. 그래서 혹 어떤 이는 생각하기를 우리가 국가에 나섰거든 정치가로서
의 그 시간 좀 어겨서 들어갔기로 말썽될 것이 무엇이 있나 소학교 학생
아닌 다음에는 이렇게 말씀할 수도 있습니다. 또한 볼일이 있어서 잠깐 못
들어갔기로 무슨 허물일까 그렇게 생각할 수도 있지만 그러나 院議로 결정
된 이상에는 우리 국회의원은 원의에 복종하는 것이 역시 헌법을 지키는
것이나 다름없는 것으로 알고 그러한 정신으로 갖지 않으면 안 될 줄 압니
다. 그런데 어저께 유회 끄트머리에는 여기에 출석한 신문기자들이 어째서
출석한 이도 출석 아니한 모양으로 신문에 발표하고 … 신문기자로서의 취
할 태도가 아니라고 생각해요. 동시에 우리는 지금 회기가 3월 20일이 회
기인 줄 알아요. 그러면 3월 20일까지라면 지금 회기가 한 달쯤 남았는데
우리 회의에서 할일이, 국회에서 할일이 가위 산처럼 쌓이고 또 총선거 시
행이 있어서 다 각기 다같이 여기에서 말씀할 것 나는 알겠어요. 무엇이냐

하면 선거비용도 변통해야 하고 여러 가지 볼일도 있을 줄 압니다. 또 선거구에 연락도 해야 하고 그렇지만 불가불 일을 하러 온 사람이니까 모든 일을 正當하게 하기 위해서는 새로 한 點까지 매달려서 결의대로 우리 院議대로 시간을 아무쪼록 지켜서 매달려서 그 일을 하지 않으면 안 된다고 생각해요. 그런데 나는 공교히 소위 징계자격위원회의 책임자라 말이에요. 그런 까닭에 院議를 지키지 않는 것은, 院議로 결정된 것을 지키지 않는 것은 당연히 징계자격위원회에서 말썽할 수밖에 없는 그러한 사정에 걸려 있어요. 그러나 우리가 일년 반 이상을 갖다가 늘 해오다가 그것쯤 늦게 왔다고 이야기하기 곤란합니다. 그러한 위원회는 특히 징계자격위원까지는 말썽을 하는 것은 좋지 않다고 생각을 본인은 가졌습니다. 그러나 이 이후에는 불가불 우리는 院議로 결정한 것만은 우리가 지키지 않으면 누가 지켜요. 정부에서 院議로 작정한 것을 더러 지켜주지 않는다고 말하기 곤란하니까 우리는 院議로 결정한 것만은 어느 때든지 명심해서 지켜 가기로 決定하고 징계자격위원회의 서정희가 가위 송구롭지 않도록 해 주시기 바랍니다. 간단하나마 이대로 말씀합니다.〔자료 15-26〕

서정희가 국회의 '규율부장' 격인 징계자격위원장에 선출된 것은 1950년 1월이었다. 때늦은 인선이었지만, 그에게 정말 합당한 자리였다.

질서 있고 합리적인 의사진행을 촉구　그는 1948년 10월 여수·순천 반란 수습책으로 국회 시국수습대책위원회가 제출한 '시국수습대책결의안'을 일정 대신, 황두연 의원이 반란군과 내통하였다는 소문의 진상을 조사하기 위해 의사일정을 변경하자는 동의가 들어오자, 다음과 같이 본래의 의사일정대로 진행할 것을 주장하였다(제1회 90차 회의, 1948년 10월 28일).

나는 오늘 이 시국수습대책에 관한 결의안이라고 하는 의사일정을 보고서 우리들이 지금 당면하고 있는 적절한 안이 나왔다고 기뻐했습니다. 그

런데 지금 이 황두연 의원의 사건은 그동안에 여러 가지로 토의해서 요전
에는 새로 한 시까지 황두연 의원 사건에 관한 이야기를 하였다 그 말씀이
에요. 지금 이때에 시국수습대책에 관한 결의안에 관련된 일 이외에는 여
러분이 이렇게 말씀할 것은 좀 우리 자신을 보아서라도 좀 생각해 보세요.
우리 국회가 지금 이때에 황두연의원의 사건만을 가지고서 이러고 있으면
이 황의원 사건이 잘되고 못되는 데에 따라서 이 시국이 수습이 되고 못되
는 줄만 아십니까. 좀 이 문제를 그만두세요. 우리는 단지 시국수습대책에
관한 결의안만을 가지고서 좀 이야기해 봅시다.

　("옳소" 하는 이 있음)

　여보쇼 너무들 그리 마세요. 어째 이러슈. 우리는 지금 어떠한 時이며
또 어떠한 일을 해야 할 것을 여러분이 잘 생각하시겠죠. 여러분 너무들
그렇게 무엇 어쩌고 어쩌고 하는 것 말씀할 것 없고 황두연 의원 사건은
황두연 의원이 할 것이고 또 우리 국회로서도 알게 되는 때에는 또 어떻게
할 것이니까 시방은 너무 다른 말씀들 마시고서 단지 이 시국수습대책에
관한 결의안이 제일 긴요한 까닭에 이것만으로써 의견 말씀하시고 이것만
으로써 대책을 말씀해 주시기를 여러분 각 의원에게 희망해서 말씀드린 것
입니다. 지금 각처에 일어난 시내에 일어난 사건 사건을 보세요. 어떻게 이
급한 이 시간에 그렇게 이야기들만 하시려고 드십니까. 그렇게 세월을 보
내시렵니까. 이래도 대책이 세워지는 줄 아슈. 이렇게 이야기만 해도 이야
기로써 시국이 수습되는 것으로 아슈. 여러분 그러므로 우리는 지금 이 의
사일정대로 시국대책에 관한 결의안만을 말씀해 주십사 하는 것을 요청하
고 내려갑니다. 아십시요, 너무들 마세요. 나는 섭섭하오.〔자료 15-16〕147)

---

147) 이 시국수습대책결의안은 결국 이틀 후(10월 30일)에 상정되었으며, 사안의 중요
　　성을 감안하여 시국수습대책위원회(20명)를 구성하여 계속 토의한 결과 11월 8일
　　에 ①정부와 각 애국단체는 방합구호부를 설치하여 군경의 유가족과 조난동포의
　　구급에 관한 생필품과 위문금을 전국적으로 모집할 것 ②양곡매입 실행은 민원을
　　사지 않도록 신중 조처할 것 ③海陸을 가리지 않고 38선의 취체를 강화할 것 ④각
　　애국정당 사회단체 연합회의를 개최하여 시국수습에 관한 국론을 통일케 할 것

　서정희는 중대한 사안을 젖혀놓고 계속 '지엽적인 문제로 너무 시간을 낭비'하는 작태에 대한 개탄과 섭섭함, 그리고 본말과 경중을 구분하지 못한 동료 의원들에 대한 실망을 숨기지 않았던 것이다. 그는 황두연 의원에 대한 '모략'도 국회의원의 신분과 권위와 관련된 중대 문제라는 것을 인정하였지만, 이미 내무위원회에서 조사 보고되었고, 새벽 1시까지 토의된 사항인 만큼 시국을 수습하는 본론을 지연시키는 것에 더 이상 참을 수 없었던 것이다. 동료 의원에 대한 서정희의 불만은 국회가 가뭄으로 피해를 본 수십만의 농민을 외면하고 그 구제법안을 부결시켰을 때도 폭발하였다. 서정희는 국회가 조세법안은 열심히 제정하면서 세금을 낼 수 있는 국민의 생존을 소홀히 하고 있다는 인상을 받은 것이다. 그는 동료 국회의원을 다음과 같이 비꼬았다(1949년 9월 24일, 제5회 6차 회의).

　　나는 국회에 나와 선 이래 헌법을 통과하고 국회법을 통과한 이후 오늘날까지는 모든 세금에 관한 법률만을 중시하고 다른 문제는 이 국회에서 토의할 것을 회피한단 말이에요. 왜 내가 그 말씀을 하게 되느냐 하면 루톨로 말하면 적어도 6백만의 생명이 한해로 신음을 하고 모든 일을 거시기하고 있는데 한해대책 문제에 대해서 어떤 의원이 제안을 하고 대책을 갖다가 여기서 토의하는 것이 좋다고 제안을 했더니 그 문제를 폐기했습니다. 우리 국회로서 못할 일일 것 같아요. 나는 한해 지구에 사는 때문에 이러한 말씀을 하는 것이 아닙니다. 그럴 리가 있어요. 5, 60만의 동포가 한해로 인연해서 천재로 해서 신음하고 있는데 그 안을 갖다가 폐기하신 것은

---

⑤정부는 금반 사건에 책임을 지고 거국적 강력 내각을 조직하여 민심을 일신케 할 것 등을 의결하고 정부에 이송하였다. 이승만은 ⑤에 강력히 반대하였고, 위원회는 계속 활동하여 1949년 2월 5일 ①계엄령을 즉시 철폐하고 피의자는 의법 처단할 것 ②양곡매상에 수반한 강권발동을 즉시 중지할 것 ③군율을 엄숙히 하기 위하여 헌병대를 강화할 것 ④군경의 제반 수용은 관에서 지급하고 민간부담은 일체 엄금할 것 ⑤반란 지구의 시국대책위원회는 해산케 할 것 등을 추가로 의결하였다. 《국회사》(대한민국 국회사무처, 1971), 76～79쪽 참조.

말씀이 아니요. 또 이렇게 생각하시면 대단히 유감으로 생각하는 동시에 우리 국회로서는 못할 일이라고 생각해요. 그런데 개인의 사람도 돈이 있어야 살고요 국가도 돈이 있어야 사는 것은 상식으로 아니까 세금도 부지런히 해서 받아드려야지요. 하지만 세금을 낼 사람을 살려놓고 세금을 받아야 하는 것을 여러분이 잘 아십시요. 나는 그 말씀 할려고 언권을 청했습니다.〔자료 15-20〕

1920년대 물난리와 가뭄으로 피해를 입은 농민들을 구제하기 위하여 기근구제회에 참가하여 열성으로 봉사했던 서정희는 너무나 당연한 한해구제법안을 부결한 동료들을 결코 이해할 수 없었을 것이다. 그러나 그의 발언이 끝나자 김동원 부의장은 "이미 다 지나간 일이올시다"라고 가볍게 응수한 후 입장세 법안 심의를 서둘러 진행하였다. 12월 1일(제5회 제5차 회의) 모든 절차를 생략한 채 〈임시관재총국 관리재산 특별회계법안〉을 통과시키자는 오주석 의원의 주장을 서정희가 다음과 같이 반박한 것 역시 '규율부장'의 면모를 다시 한번 내보인 것이었다.

> 무릇 법안을 1독회를 하고 2독회를 하고 3독회을 거쳐서 의회에서 결정하는 것이 원칙으로 정해 있는 동시에 이러한 법안을 시방 통과하는 그 형태를 보니까…… 그냥 재정경제위원회에서 무엇을 수정했다고 하고 그럭저럭 얘기한 뒤에 즉시 1독회, 2독회도 생략하고 3독회 다 생략해 버리고 그리고 자구수정에 대해서만은 법제사법위원회에 넘겨서 합시다, 동의했소…… 재청했소…… 가부취결이요…… 손들고…… 그러면 이 법에 대해서 여러분이 일일이 정통하게 다 1조 2조를 정통하게 아시는 줄 압니다마는, 무릇 일이라고 하는 것은 이렇게 해서는 경솔해서는 못 쓰겠다는 말입니다. 정당하게 법을 정해서 국가에서 잘 집행하는 것은 국가에서 정부에서 책임지겠지마는 입법하는 우리들로 해서는 신중에 신중을 가해서 이것을 하지 않으면 안 될 것을 여러분 잘 생각하셔서 이를 처리해 주시기를

바라고 잠간 내 의견을 말씀하는 겁니다. 이렇게 해서는 나는 도저히 알 수가 없어서 손도 못 들겠고 이것에 대해서는 어떻게 되는 것을 셈을 못 차려서 못하겠습니다. 하니까 여러분 나는 어리석고 무식해서 그런지는 모르지마는 이렇게 법을 갖다가 처리하는 것이 어디에 있단 말이에요. 그러니까 이 일에 대해서는 번번히 1독회, 2독회, 3독회를 거쳐서 통과하도록 하시는 것을 희망하고 의견을 잠간 말씀합니다.〔자료 15-23〕

국가 건설에 대한 열정

국회법 기초　　제헌국회의 임무는 그야말로 국가를 건설할 헌법과 필요한 각종 법안을 만들어 정부를 조직, 구성하는 근거를 제공하는 것이었다. 헌법도 없는 상태에서 제헌 국회가 먼저 만든 법은 모든 법을 만드는 국회 권한과 기능에 근거가 되는 국회법을 만드는 일이었다. 1948년 6월 1일 선출된 10명의 전형위원들은 6월 2일 서정희·김약수·정광호·윤치영·전진한 등 15명의 국회법기초위원을 인선하였고, 3일 처음 모인 국회법기초위원들은 서정희를 위원장으로 선출하고 윤길중을 비롯한 6명의 전문위원을 위촉한 후 국회법 제정에 착수하였다. 그들은 6월 7일 전문 10장 107조의 국회법 초안을 일단 완성하였고[148] 6월 8일 서정희는 그 초안을 본 회의(제1회 5차 회의)의 토의에 상정하여 질의응답을 마친 후 그 날로 통과시켜 줄 것을 요망하였다. 그는 질의에 대한 응답자로 자기 대신 김약수와 정광호 의원을 내세웠다. 그가 얼마나 국회법을 빨리 통과시키려고 하였는가를 다음의 글에 잘 나타나 있다.

　　지금 국회법 초안이 완료되었으므로 이미 기초안은 여러분이 授受하신

---

148) 《국회사》, 17쪽.

줄 압니다. 그러면 그동안에 그것으로 본 회의에서 삼독회를 거쳐 가지고 모든 의사를 합치해 가지고 통과를 해 가지고 그 안을 지금 제출한 것이올시다. 하니까 여러분이 여기에 대해서 물어 보실 말씀이 계시다든지 질의하실 점이 있거든 아무쪼록 잘 보셔서 속히 통과해 주시기를 바랍니다. 그러면 질의응답에 있어서 그 의원 가운데 정광호 의원, 김약수 의원이 질의응답에 대해서 말씀을 대답하기로 본 회의에서 결정이 되었으니 본 의장이 대답하는 것보다, 그 두 분이 차례로 대답하시는 것이 더 圓滿하게 잘 대답해 주시는 까닭에 본 회의에서는 그렇게 정했습니다. 그러면 지금 정광호 의원과 김약수 의원이 두 분이 단에 올라섰으니 질의가 있으면 대답해 주시기 바랍니다.

그러나 내용도 검토하지 못한 의원들이 충분한 시간을 요구하자 이승만 의장은 다시 한번 낭독을 한 후 질의응답하자고 제안하여 서정희는 다음과 같이 경위를 설명하며 초안을 낭독하려고 하였다.

나는 국회법 기초위원회의 한 사람인데 의장께서 주의하시는 대로 <u>여기에 올라와서 국회법을 지금 통과를 해 버려야겠다는 생각 아래에서 곧 질의응답하시는 것이 나게 되었습니다.</u> 그러나 지금 낭독한 뒤에 이제 반드시 그 조건을 질의하도록 하는 것이 좋겠다는 그 의장의 주의가 계시니까 지금 그것을 낭독하겠습니다. 하니까 다른 문제보다 이것은 상정된 것이니까 낭독하고 축조로 다시 여러분이 심의를 하시게 될 터인데 이것을 낭독하는데 들어 주십시오.

그러나 여유를 갖자는 의견도 다시 제기되고 나용균 의원도 초안의 법률정신과 참작한 외국법에 대한 설명을 요구하자 서정희는 다시 다음과 같이 설명을 추가하고 초안을 낭독하였다.

　우리가 지금 국회법에 있어서 여러분과 나의 똑같은 생각을 가졌으므로 다른 설명은 안 하였습니다마는 이 국회법이라는 것은 먼저 통과할 필요가 있다 그런 까닭으로 해서 국회법이 기초되는 대로, 완료되는 대로 여러분에게 통과해야 한다는 그런 생각을 가지게 된 것이올시다. 그런데 이 국회법이라는 것이 멀리는 미국의 또 불란서, 영국의 모든 국회법을 참작하고 또 가까운 데에는 중국이라든지 일본의 국회법을 참작해서 전문위원이 서 가지고 여러 의논이 있는 뒤에 이것이 된 것이올시다. 그러므로 지금은 먼저 축조해서 낭독하고 그 뒤에 여러분의 질의를 받고 그런 뒤에 이것을 통과하려고 하는 것이올시다. 그러면 여러분은 그렇게 아시고 지금은 순서에 있어서 불가불 조문조문 처들어서 낭독해서 여러분이 잘 들으시도록 낭독하겠습니다.〔자료 15-3〕

　그러나 6월 9일 속개된 회의에서도 논란은 계속되었다. 국회법을 먼저 제정할 경우 앞으로 제정될 헌법과 모순될 우려도 지적되었고, 전체적인 대의와 양원제에 대한 고려 여부에 대한 질문도 나왔다. 이에 대해 서정희는 다음과 같이 답변하며 계속 조속한 통과를 호소하였다.

　금번 국회법과 헌법에 관계성이 없다고 해서 국회법을 먼저 통과할려고 본 국회법기초위원회에서 생각한 것은 아닙니다. 국회법을 먼저 통과를 해서 과연 이 국회가 존엄한 의미에서 잘 진행하는 그릇, 말하자면 무슨 물건을 담을 그릇을 잘 예비하는 거와 같이 우리 국회법을 먼저 통과를 시켜 가지고 존엄한 가운데에서 우리 만년 大計를 기초로 정하는 그런 헌법을 여기서 잘 통과할려고 하는 그러한 성의고충에서 국회법을 밤을 새워서 열다섯 분이나 애를 써서 이것을 기초해 올린 것이올시다. 그런 의미에서 이 국회法을 갖다가 이렇게 통과하는 데에 대해서 여러분이 이말 저말 하시는 데에 있어서 그 국회법기초위원회의 모든 고충이라든지 그 헌법을 위해서 과연 어떠한 성의를 가지고 헌법통과를 할려고 하는 그런 의미에서 이때까지 진행해 내려온 그 점에서 여러분이 잘 이해를 아니해 주신 것과 같은 느낌을 받게 되었습니다. 그러나 지금은 국회법이 차차 통과되겠고 이 국회법 통과된 후에 또 헌법이 아주 일사천리로 잘 통과될 줄로 알고 매우 기쁘게 생각합니다.

양원제가 어떤 시간에 실현될는지 또는 지금 양원제가 憲法에 나올는지 그것은 지금 예단해서 말씀하지 못하고 지금 현하에 우리가 가진 이 국회기관을 걸쳐서 국회법을 기초할 수밖에 없고 또 기초하게 된 것이올시다. 미연에 새 원을 미리 예산해 가지고 이런 법을 기초하기도 하겠지마는 그러한 사정이 되지 못해서 그렇게 된 것이니까 그렇게 알아주시기를 바랍니다.〔자료 15-4〕

그는 조속한 헌법의 제정을 위해 조속한 국회법을 제정, 통과시키려는 자신의 충정을 이해하지 못하는 듯한 의원들에게 서운함까지 표시하였다. 그의 충정을 뒷받침한 것일까? 장조카 서우석 의원은 '헌법심의를 공포한 후 지체 없이 법제사법위원회로 하여금 국회법 개정안을 제출하게 하고 이번 국회법은 시간을 아끼기 위하여 심의절차와 1차 독회만으로 종료하고 즉시 가결할 것'을 동의하였다.149) 그러나 6월 10일에도 전문위원의 보충 설명을 듣자는 의견과 어떤 외국 국회법을 어떻게 참고하였느냐는 질문도 계속되었다. 이에 서정희는 다시 다음과 같이 답변하였다.

국회법기초위원을 대표해서 말씀하겠습니다. 이 국회법이라는 그것이 지금 설명하신 말씀과 같이 각 민주주의국가의 국회법을 참고로 해서 또 한국의 현실에 맞도록 연구해서 기초한 것이올시다. 그러면 오늘날 계속해서 하는데 지금 질의응답으로 고친 뒤에 2독회를 끝내고 2독회를 끝낸 뒤

---

149)《국회사》, 18쪽.

<u>에 통과하든지 하겠다고 하는 이렇게 하는 순서올시다.</u> 그런데 지금 질의 응답하기 위하여 전문위원을 선정해서 질의응답을 하겠는데 질의응답 하나가 들어왔습니다. 이것은 전문위원한테 돌려보내면서 대답하겠습니다.
〔자료 15-5〕

그래도 이날 회의에서는 서우석 의원이 전날 제기한 동의를 토의한 후 표결에 들어가 재석 172명 가운데 108명의 찬성으로 국회법이 마침내 통과됨으로써 제헌국회에서 최초의 법률이 탄생하였다. 서정희의 조속한 통과 열망이 3일 만에 실현된 것이다.

조속한 정부 출현을 위하여   새로 제정된 국회법에 따라 헌법도 신속하게 제정되었다. 6월 2일 백관수·김준연·허정·이종린·조봉암·이청천 등 30명의 헌법기초위원과 유진오·윤길중·고병국 등 10명의 전문위원이 선정되었으며, 이들은 6월 3일부터 6월 22일까지 16차례의 회의를 거쳐 전문 10장 102조의 헌법 초안을 작성하였다. 헌법은 국체와 정체, 국민의 기본 권리와 의무, 여러 자유권을 규정하는 모법인 만큼 국회법에 비해 훨씬 복잡하고 논란도 많았다. 특히 당초 헌법기초위원들은 이승만의 반대를 무릅쓰고 단원제 내각책임제 헌법을 일단 채택하였으나(6월 12일) 이승만이 정치일선에서 물러나겠다고 '협박'하자 대통령 중심제로 초안을 바꾸는 등 심각한 갈등도 있었다.[150] 본격적인 헌정이 시작되기도 전에 이승만의 독재가 예고된 것이다. 그래도 6월 23일 헌법초안이 상정되자 서정희는 국가 건설이 본격적인 궤도에 오르기 시작했다며 기뻐하였고, 왈가왈부할 것 없이 무조건 통과하여 하루 빨리 국가를 건설하자고 주장하였다. 그가 6월 30일(제1회 21차 회의) 행한 다음과 같은 발언을 보자.

---

150) 《국회사》, 11, 19~20쪽.

　　나는 이 헌법초안이 상정되기를 얼마나 고대하고 바랐는지 모르겠습니다. 헌법이 상정되길래 물론 우리가 민주주의와 군주주의를 지내보았습니다. 버슬도 해 보았습니다. 그렇지만 민주주의 건국도 조선은 처음으로 당하는 것이요 또는 헌법에 있어서는 양원제냐 단원제냐 하는 것에 다름이 있고 국호도 여러 가지로 다름이 있는 것 같습니다. 또 대통령 중심제냐 또는 국무총리 중심제냐 하는 것도 여러분이 논쟁에 초점이 되어 있는 줄로 압니다. 그러나 나는 감사하는 것은 헌법학자가 되지 않은 이상에 오늘 여러분의 헌법에 대한 판정이라든지 모든 교훈을 잘 받는 늙은이가 되었습니다. 그러나 나는 어떠한 생각이 있느냐 하면 민중하고 約束하기를 곧 헌법을 제정할 때하고 헌법을 제정한 뒤에는 직시 자주독립정부를 수립하겠다고 하는 것을 약속한 것입니다. 그래서 헌법 제정할 것을 나는 제정위원에 되어 주지도 않고 법률도 잘 모르기 때문에 우리 국회에서는 30명의 헌법제정위원을 내고 또 전문위원 열 분을 냈어요. 그래서 40명 전문가 또는 헌법기초위원 30명으로서 몇 날을 두고 이 헌법을 만들어 내왔다고 하는데 얼마나 기쁘고 반가웠었는지 이제 독립국가도 내일 모래 곧 보겠고 우리가 원하던 정부도 내일 모래 곧 보리라는 생각도 가졌어요. 그리고 이 헌법이 상정된 지도 벌써 몇 날이 되었습니다. 그럼에도 불구하고 오늘날 이 헌법의 대체토론 때문에 여러분의 高明하신 가르침을 받기 위해서 이 국회를 열은 것 같애요. 그러므로 나는 여러분에게 드릴려고 하는 말씀은 이 헌법은 제1조부터 102조까지 전폭적으로 나는 믿는다고 보아요. 왜 무조건하고 믿습니까. 옛 글을 보면 臨事勿疑라고 하는 말이 있는데 우리가 이 헌법을 지내볼 것 같으면 경험상으로 보아서 어떤 주권은 우리가 경험해 보니까 안 되더라 또 어떤 주권은 우리가 경험해 보니까 그것은 좋더라 이래서 探擇할 수가 있을 줄로 생각해요. 그러나 우리는 민주주의를 처음으로 보니 만큼 또 헌법을 처음으로 기초해 보니 만큼 불가불 어쩔 수가 없이 우리보다 법률을 더 잘 아는 사람들이 모여서 몇 주일을 두고 이 헌법을 기초한 줄로 압니다. 그러면 이 헌법기초를 알려고 하고 있으니 잘못되었다고 하는 점은 여러분이 말씀을 여러 가지로 하시기 때문에 이렇게 늦은 줄로 알아요. 그러면 나는 이 헌법을 1조부터 102조까지 하나로 잘못된 것이 없는 줄로 믿음이 없이는 일을 못할 줄로 알아요. 믿고 또 우리가 단원제 또는 대통령 중심제를 하고 하는 등등을 과거의 체험이나 경험이 없는 까닭에 어떤 것이 좋고 어떤 것이 나쁜지를 여러분이 체험해 보신 이는 한 분도 없을 줄로 알아요. 나는 내 나이 72세를 먹도록 늙은이가 도리어 체험하였으면 내가 먼저 해보았으리라고 생각합니다. 그런데 나는 체험도 없어요. 그러므로 이 헌법은 형식적으로 대체를 토론해 보았고 이제 축조토의해서 제2독회에 넘긴다는 형식을 밟게 된다고 합니다. <u>내가 들어보니까 축조토의 같은 것도 역시 형식상으로 지내버리고 제2독회도 넘겨서 곧 시간을 빠르게 통과시켜서 정부를 조직해 주시기를 바라고</u> 두어 마디로서 끝이겠습니다.[자료 15-6]

헌법안을 조속히 무조건 통과시키자는 서정희의 주장은 그 다음날(7월 5일 제1회 25차 회의)에도 이어졌다.

나는 이 헌법을 제1조부터 102조까지를 무조건하고 통과해야겠다는 것을 주장합니다. 주장하는데 국회법 제16조를 보면 모든 분과위원회가 아홉 부문으로 나누어 있습니다. 각 지금 부문이 산업별 부문이 전부 헌법을 갖다가 자기 부문을 위하여 주장하고 만일 수정안을 가지고 한다고 하면 헌법이라는 것은 다만 개의를 갖다가 법에 정해 놓고 거기서 토론해서 산업위원이라든지 또 노농위원회라든지 이런 것 등등이 있어 가지고 법률을 첫째로 정해서 모든 국민이 다같이 잘살자는 이런 의미에서 법률이 정해질 줄 알아요. 그런데 헌법 통과하는 기간이 법에 우리 조건에 그다지 멀지 아니하므로 이것이 된 줄 아는 것이고 헌법기초위원의 30명 또는 전문위원이 열 분이 그 이상 연구하고 연구를 가해서 헌법의 대강을 정했는데 오히려 이 사람의 생각에는 제17조 헌법 기초안을 갖다가 통과만 된다면 18조,

19조는 空文이 아닌가 생각해요. 이것은 결단코 노동자를 구사 모든 착취를 제 마음대로 하는 제국주의나 자본가는 이 세상에서 없어진 줄 알고 다만 이 문제로만 자꾸 또 하고 또 한다는 것은 시간만 걸리니까. 보십시요 우리가 국가를 형성하고 정부를 출현시키는 만큼 시간이 많은가 여러분이 애국적 심정으로 생각하세요. 그러므로 모든 문제는 그만 두시고 국회의원들이 위원된 이상 우리 민생정책을 균등한 제도를 조직하고 모든 경제를 균등히 할 줄 믿고 이안 통과하는 데 냉정한 생각을 하셔서 정부를 출현시키지 아니하면 아니 되겠다 여러분이 생각하셔 주시기를 바라고 여러분께 의사로만 표시합니다.

("간단히 하시오" 하는 이 있음)

이제 내가 말하는데 여러분은 나의 언론의 자유를 구속할려고 합니다. <u>그러니 이 헌법 통과하는 문제는 잘 속히 통과해 주시기 바라고 정부를 출현시켜주시기를 바랍니다.</u>[자료 15-7]

모든 것을 낙관적으로 믿고 무조건 통과시키자는 그의 주장이 너무 순진하다는 비난을 받을 소지도 많지만, 그가 조속한 국가 건설을 얼마나 열망하였는가는 모두 잘 이해하였을 것이다. 이승만도 축조 심의하며 수정안을 내기 시작하면 100일이 걸릴지도 모른다고 우려하며 설혹 국회법을 다소 위반하는 한이 있더라도 빨리 통과시킬 방책을 강구하자고 촉구하였다.151) 당시 원내 교섭단체도 아직 없어 정파별 의견이 사전에 조정

---

151) 《국회의사속기록》, 제헌국회 제1회 25차 회의 이승만 발언, "우리가 지금 헌법을 속히 통과하는 것은 제일 긴요한 일이니까 다른 일은 그만두고 다른 의사를 표시하지 말고 제일 중요한 일을 먼저 해야 할 터이니까 이 헌법은 헌법기초위원으로 하여금 전문위원들이 있어 가지고 얼마 동안을 시작을 해서 다 해 논 것이니까 여기에 질의를 하고 토의하고 통과시키는데 조건을 하나를 가지고 수정안이 자꾸 나오면 한 조 가지고 하루 이틀 열흘 걸린다 하면 이것은 100일 이상이 걸릴지 모릅니다. 그럼 우리는 이것을 정중하게 토의해야 하지만 우리는 이 국회법이라는 것은 이 국회법을 살리기 위하여 된 것이 아니고 나라 건설하기 위하여 국회법을 만듭시다. 그러므로 인해서 이 국회법에 위반된 것이 있다 할지라도 우리는 빨리

되지 않고 모든 의원이 개별적으로 의견을 제시하였기 때문에 시간이 너무 걸린 것도 사실이었다. 그래서 결국 의견 발표는 60여 명에 각 5분씩으로 제한하였고, 약간의 수정을 거쳐 7월 12일 마침내 헌법안은 만장일치로 통과되었다.152) 서정희가 기뻐하던 모습을 상상할 수 있을 것 같다. 새 헌법에 따라 대통령이 선출되었을 때 서정희가 이승만과 대한민국 삼창을 선도한 것도 그토록 열망한 국가 건설이 착착 진행된 것이 기뻤기 때문으로 해석되는데, 대통령과 부통령 선출로 공석이 된 국회의장과 부의장 1석을 다시 선거한 그날 서정희는 조속한 대법원장 임명으로 정부 수립을 일단 완료하자고 다음과 같이 주장하였다(8월 4일).

> 우리가 국회의 개원 이래로 커다란 건국 대업에 있어서 대통령, 부통령을 선거하는 동시에 대통령 선거로 말미암아서 금번 우리 의장이 궐위가 되었단 말씀이에요. 그런 까닭으로 오늘은 국회의장을 새로 맞이했고 부의장도 새로 맞이했습니다. 그러면 우리는 지금 우리나라의 근본 기초에 미비한 것은 무엇인가. 헌법에 의지해서 대법원장을 국무위원회에서 곧 임명하지 않으면 안 되겠습니다. 대법원장이 없으면 삼권분립에 있어서 한 모퉁이가 절름바리 같은 그러한 감을 우리 똑같이 느끼는 것이니까, 대법원장을 곧 국무위원회를 열고 승인하는 시간에 우리가 승인하기까지 우리 국회를 여전히 계속해서 대법원장의 任命을 독촉하고 또는 그 승인하는데 정부수립을 갖다가 완료하는 것이, 그렇게 생각하는 것이 좋을 듯해서, 좋을 것 같아서 그 의견을 말씀합니다.〔자료 15-10〕

빨리 나갑시다. 지금 이것 동의해 가지고 재청해 가지고 수정안이라는 것은 재청해 놓고 조건 조건 축조해서 얼른 얼른 통과시켜 가지고 제3독회를 하루 바삐 하자는 그 의견을 가지고 누구든지 동의 재청해 가지고 수정안이라는 것을 정지시켜 놓지 않으면 안 되겠소이다.

152)《국회사》, 23~26쪽.

대법원장 김병로가 국회의 인준을 받은 것은 그 다음날(8월 5일). 당일 오전 국무회의까지도 서광설을 의중에 두고 있었던 이승만은 장택상의 강한 반발로 말미암아 그를 포기하고 법무장관 이인이 강력히 추천한 김병로를 대법원장으로 지명, 당일 국회로 보냈고, 국회도 당일로 동의한 것이다.[153] 서정희는 옛 친구 김병로의 대법원장 동의에 기쁜 마음으로 표를 던졌을 것이다. 이에 앞서 국회는 대통령이 처음 국무총리로 지명한 이윤영을 부결시키고 제2차로 지명된 민족청년단 단장 이범석을 국무총리로 인준하였으며(8월 2일), 12일까지는 국무위원을 비롯한 정부 요직을 임명하였다. 8월 13일 미국과 중국은 대한민국을 승인하였으며, 8월 15일 대한민국 정부 수립이 공식으로 선포되었다. 마침내 독립국가 조직이 일단 완성된 것이다.

한글 전용의 원칙은 찬성　9월 15일 한글 전용 문제가 국회에 상정된 것도 국가체제 확립과 운영에 관한 후속 조처의 일환이었다. 이에 대한 서정희의 다음과 같은 의견은 그가 개혁을 지향하면서도 현실을 고려한 온건론자였음을 잘 보여 준다. 그는 한글 전용은 절대 찬성이지만 법으로 강제하는 것은 반대하였고 점차 한글 전용 습관을 기를 것을 주장하였다. 법에 따른 한글 전용 강제는 문화의 퇴보를 불러올 우려가 있다는 것이다.

　　나도 한글 전용이라는 문제에 동의한 사람의 하나올시다. 한글 전용이라는 문자는 대단히 찬성하고 또 찬성을 거듭하지만, 이것을 法文化 해 가지고 만일 구속을 한다고 하면 우리가 시방 현하에 가졌던 문화는 퇴보할 수밖에 없는 이러한 정도에 있는 것은 압니다. 가속도로 부지런히 한글만을 써 가지고는 그 뜻을 전적으로 이해하기 곤란한 점이 있습니다. 지금

---

153) 김학준, 《가인 김병로 평전》, 민음사, 1988, 318~320쪽.

우리의 모든 술어가 한자를 필요로 하게 되었스니까 만일 이것을 한글로만 쓴다 할 것 같으면 우리는 대단히 어려울 지경에 있을 줄 생각합니다. 그러므로 일반 사회에서 차차 사회의 여론으로 제한을 시켜서 사람 사람이 한자를 그만두고 우리 한글로만 쓰게 된다 이런 사회를 기다려서 法文化할진대 지금 법문화 해놓고 한글을 한편으로 쓰고 그 옆에 한자를 쓴다는 것이 있습니다. 이것은 문화적으로서 봐서는 유감된 바가 있을 것입니다. 그러므로 이것을 한글 전용이라는 것을 나는 절대로 찬성하는 동시에 그것을 지금 법문화시키는 것은 우리 문화 진전으로 봐서 얼마마한 지장이 있지 않은가 하는 염려가 있기 때문에 그것을 법문화시키지 말고 그냥 사회적으로 차차 관습으로 되어서 한글로 쓰도록 힘써 나가기 바라는 것입니다.〔자료 15-13〕

결국 한글전용 법안은 "원칙적으로 한글을 전용하되 필요한 경우 한자를 병용할 수 있다"는 수정안으로 통과되었다(10월 1일).[154]

반민법 기초 서정희의 온건노선은 반민족행위처벌법 제정 과정에서도 보인다. 민족반역자와 친일파 처벌은 해방 이후 어떤 형태로든 한번 정리하고 넘어가지 않을 수 없는 문제였다. 군정청 입법의원도 민족반역자, 부일협력자, 간상배에 대한 특별조례법안을 통과시켰지만(1947년 7월 2일) 군정청의 인준 거부로 시행되지 못하였는데, 8월 5일 김웅진 의원의 긴급동의로 15인으로 구성된 반민족행위처벌법(이하 반민법으로 약함) 기초특별위원회가 구성된 것이다. 서정희는 바로 이 위원회의 1인으로 선출되었다. 이 법안은 친일파의 집요한 방해로 처음부터 많은 진통이 예상되었지만, 우여곡절 끝에 기초특별위원회는 8월 20일 법안을 제출하였다. 이 초안은 또 다시 많은 논란과 일부 수정을 거쳐 9월 7일 본회를

---

154) 《국회사》, 34~35쪽.

통과하였고, 이 법안을 탐탁하게 여기지 않던 정부도 이것을 공포하였다 (9월 22일).155)

이 법에 따라 반민족행위특별조사위원회가 구성되고(이하 반민특위로 약함) 이 기구는 1949년 1월 8일 이후 본격적인 활동을 개시하였다. 민족 반역자와 친일파의 처벌문제에 대한 좌익과 임정계의 관점은 처음부터 강경하였다. 그러나 이승만과 한민당, 그리고 중도 우파(안재홍을 비롯한) 는 대체로 국가 건설을 우선하여 단결과 화합을 강조하고 처벌을 최소화 하고 특히 '유능한' 친일적인 인사도 국가 건설에 이용할 것을 주장하였 다. 그 결과 정부 수립 직후 정부 안, 특히 경찰과 군대에 친일파로 비난 받던 인사들이 많이 포진되었다. 8월 19일 김인식 의원 외 11명이 제출한 〈정부 내 친일파 숙청에 관한 건의안〉이 국회에서 가결된 것(169명 가운 데 133명 찬성)은156) 바로 이 때문이었다. 그러나 이승만은 이 건의를 무

---

155) 이 법의 주요 조항은 다음과 같다. 제1조 일본정부와 통모하여 한일합방에 적극 협력한 자, 한국을 침해하는 조약 또는 문서에 조인한 자와 모의한 자는 사형 또 는 무기징역에 처하고, 그 재산과 유산의 전부 혹은 2분의 1을 몰수한다. 제2조 일 본정부로부터 작을 수한 자 또는 일본 제국국회의 의원이 되었던 자는 무기 또는 5년 이상의 징역에 처하고, 그 재산의 전부 혹은 2분의 1을 몰수한다. 제3조 일본 치아 독립운동자나 그 가족을 악의로 살상 박해한 자, 또는 이를 지휘한 자는 사 형, 무기 또는 5년 이상의 징역에 처하고 그 재산의 전부 혹은 일부를 몰수한다. 이 밖에 습작한 자, 중추의 부의장, 고문 또는 참의, 칙임관 이상의 관리, 밀정행위 로 독립을 방해한 자, 독립을 방해하기 위한 단체를 조직한 자, 군경찰의 관리로 악질적인 행위로 민족에 해를 끼친 자, 도·부의 자문 또는 의결기관의 의원으로 서 일본에 아부하여 그 반민족적 罪迹이 현저한 자, 비행기·병기·탄약 등 군수 공업을 경영한 자, 관리 또는 종교·사회문화·경제 각 부문에서 악질적인 반민족 적 언론 저작과 기타 방법으로 민족정신과 신념을 배반한 자 등은 모두 10년 이하 의 징역에 처하거나 15년 이하의 공민권 제한을 규정하였다.
156) 《국회사》, 65~66쪽. 건의문의 주요 내용은 다음과 같다. "근일 정부가 국무위원 및 기타 고관을 임명함에 있어 대일 협력자를 기용함은 신국가건설의 정신을 몰 각한 부당한 조처라 규정치 않을 수 없다. … 국무위원 중 단기 4275년(1942) 교동 국민학교 사건의 황민화운동을 적극 추진한 자와 조선어폐지 반대를 고창하던 다 수 애국지사를 일제에 밀고하여 영어에서 신음케 한 자도 있으며, 대동아전쟁 시 에 일 군부에 물품을 헌납, 아부하여 치부를 한 자도 있으며, 조선총독부의 고관이

시하였으며,[157] 반민법 제정이 추진될 때부터 '민족을 분열시키는 선동'을 삼갈 것을 경고하였고, 반미특위의 본격적인 활동을 지나친 월권과 '불법'으로 판단하고 견제하였다. 여기에는 친일파의 구명운동과 공산주의 세력의 척결과 국가건설, 민족의 화해란 정부의 '대의명분'이 결합되었고, 반특위의 활동을 공산당의 모략과 결부시킨 반대론도 제기되면서 문제는 복잡하게 전개되었다.[158]

서정희가 기초에 참여한 반민법은 군정 때 입법의원이 만든 특별법보다 완화되었다는 평을 받는다.[159] 그가 기초위원회에서 어떤 태도를 취하였는지는 확인되지 않지만, 한민당 감찰위원장인 그가 한민당의 처지를 고려하였다면 임정계보다는 온건한 태도를 취한 것으로 추측된다. 1949년 2월 정부가 반민특위의 활동을 방해하기 위하여 제출하였다는 반민법 수정안 심의과정에서 보인 그의 태도는 이러한 추측을 뒷받침하는 것 같다. 이 법안이 제출되자 국회는 일단 토의하기로 가결하였고, 강경파 의원들은 속히 부결 처리하려고 하였다. 그러나 정부는 수정안의 제1독회에 대통령이나 국무위원이 출석하여 설명하기를 원하였고, 일부 의원들은 이것에 찬성하였다. 그러나 노일환 의원은 이것을 정부의 지연술로 판단하고 정부의 설명을 기다릴 것 없이 즉시 토의하자고 주장하였다.[160] 이

　　었던 자 또는 문필로 일제에 협력하였던 자들이 장 혹은 차석·차관에 기용됨에 鑑하여 이들을 숙청할 것을 건의한다."
157) 이 문제 지명된 국무위원의 자진 사퇴로 해결되었다.
158) 김삼웅, 〈역사의 붕괴, 반민특위의 좌절〉, 김삼웅 외 지음, 《반민특위 : 발족에서 와해까지》, 무크/친일문제연구 3, 가람기획, 1995, 23~26쪽.
159) 전체적으로 보아 두 법안의 내용은 별 차이가 없고, 오히려 반민법이 공민권 제한이나 징역을 가중시킨 조항도 있다. 그러나 반민법이 범법 사실에 '악의적' '악질적' '현저한' 등의 애매한 조건을 붙이고, 특히 '독립운동에서 변절하여 부일 협력한 자'를 일반 부일 협력자보다 무겁게 '민족반역자'로 처벌한 규정을 삭제하였다.
160) 《국회의사속기록》, 제헌국회 제2회 38차 회의(1949년 2월 23일). 노일환 의원은 "이 법안의 시행을 방해하기 위하여 수정안이 제시되었다는 것만은 우리가 토의하지 않아도 다 알고 있는 사실입니다. … 정부 당국에서 이 자리에 출석하지 않은 것을 문제해 가지고 조금이라도 지연시킬 필요가 없다고 생각합니다"라고 주장하였다.

때 서정희는 다음과 같이 발언하였다.

> 여기에 어떤 의원이 안을 하나 제출해서 그 안 제출한 의원이 모든 그 모든 제출한 취지라든지 설명한 뒤에 그 설명을 듣고 그 안을 토의하는 것이 우리 이때까지 해내려 오던 원칙으로 되어 가지고 있던 것이라 말이야요. 그러면 정부에서 안이 언짢은 안을 제출했든지 좋은 안을 제출했든지 정부에서 개정안을 제출했으니, … 그곳으로부터 그 안에 대한 설명을 한 뒤에 우리가 그 다음에 토의하자는 것이 나는 사리에 적당한 것으로 알아요. 우리가 사리에 적당한 것을 알면서도 그냥 자꾸 자기의 고집한 바가 무엇이든지 그것만 주장하는 것은 우리가 커다란 일을 의론하는 데 아주 큰 과오라고 생각합니다. … 우리의 원의의 결의가 있으니 제안자의 말도 들을 것 없이 그냥 작정하자 이러는 것은 좀 참으셨으면 좋겠습니다. … 하물며 대통령 이하 총리, 정부에서 제안한 안을 정부로 하여금 설명을 안 듣고 말자는 것은 우리 의회로 취할 태도가 아니라는 것을 알고 잠깐 말씀하는 것이올시다.〔자료 15-18〕

물론 이것은 일차적으로 단순한 의사진행의 원칙에 관한 문제이며, '규율부장'으로서 어른 노릇이며, 정부와 국회의 불필요한 갈등을 피하려는 원로다운 처신이다. 그러나 안건이 특히 첨예하게 대립된 반민법의 수정안이었고, 서정희도 그 수정안이 현재 진행되고 있는 반민특위의 활동을 견제하기 위한 점이라는 것을 잘 알고 있었다면, 위의 발언은 서정희가 일정한 선에서 정부의 입장을 지지한 것이라고 해도 큰 잘못은 없는 것 같다.

그 암울한 세월 그 자신은 그래도 '변절'을 피하고 살아남았다, 그러나 그는 주변의 많은 동지와 명망 있는 인사들이 — 심지어 가족까지도 — 거의 예외가 드물 정도로 '변절'과 '친일'의 굴레를 쓰는 경우를 목격하였다. 그 역시 분노하고 실망도 많이 하였을 것이다. 그러나 긴 세월 속에서 그는 그들을 대부분 이해하고 용서하지 않을 수도 없었을 것이다. 특히 국가 건설을 그토록 열망한 그가 지나친 '과거'의 처벌보다는 그들에게 국가건설에 공헌할 기회를 주자는 주장에 동조하였다 해도, 그것은 오히려 자연스러운 일이었을 것이다. 애초에 그에게 반민특위의 위원장이 제의되었으나 '자격이 없다'는 이유로 거절하였다고 한다. 이 역시 그가 지나친 처벌로 말미암은 분열에는 동조하지 않은 증거일 것이다. 사실 당시 상황은 순결무구한 독립·항일투사들만으로 국가를 건설할 형편도 아니었다.[161] 정부가 제출한 수정안은 노일환 의원의 주장대로 정부의 제안 설명을 기다리지 않고 그날 부결 처리되었다.[162] 정부의 간섭과 방해, 정부와 반민특위의 갈등, 친일파의 집요한 방해와 모략, 반민특위 관계자에 대한 협박과 암살 음모, 국회 프락치 사건[163] 등으로 반민특위는 그 법적

---

161) 이 문제와 관련 많은 논설이 있지만 왕년의 ML당 간부 김준연의 다음과 같은 글을 소개한다. "(입법의원에서 기초한 법안의) 부일협력자에 관한 규정을 보면 조선 내에서 활동한 사람은 누구나 걸리지 아니할 사람이 없을 줄로 생각된다. … 조선 내에 있는 사람들이 전부 백옥과 같으면 좋겠지마는 36년간의 일본 통치가 그것을 용인하지 아니하였다. 이 법안의 규정대로 한다면 외지로부터 들어온 약간의 조선사람만이 범죄자의 부류에 들지 않을 수 있을 것이다. 나 자신도 대화숙에 관계가 있는 사람이다. … (김붕준) 씨는 좌우합작위원의 일인이고 해외에서 들어온 분이다. 헌법 중에 행정부 각 부 총장을 '10년 이상 독립운동을 유일한 職志로 하고 계속 활동한 사람'에 한정하고자 하기에 나는 반대하였다. 그러면 조선 내에서는 그에 해당하는 사람이 하나도 없다. 그 자리에는 안재홍 씨도 있었는데 나는 지명하여서 안씨도 그에 해당하지 않다는 것을 직언한 일이 있다. 그러면 밖에서 들어온 분들만이 정부를 조직하십시오, 하고 放言하였다. … 그러므로 처벌은 극소수에 그친다는 태도를 갖지 아니하면 아니 될 것이다." 《동아일보》, 1947년 4월 26일자, 〈부일자 등 처단법안에 대하여, 입안 제씨의 맹성을 促함〉.

162) 김삼웅, 앞의 글, 35쪽.

163) 1949년 5월 20일, 이문원·최태규·이구수 의원이 국가보안법 위반 혐의로 체포된 후 6월 16일에는 남로당원 정재한(여)의 체포를 계기로 노일환·강욱중·김옥주·김병회·박윤원·황윤호 의원이, 그리고 6월 25일에는 이들 소장파의 리더인 김약수 부의장이 남로당 중앙위원 이삼혁과 접선하고 국회내에 남로당 프락치를 구성하였다는 죄목으로 체포된 사건. 이 밖에도 서길용·배중혁·신성균 의원도 체포, 사법처리되었다. 이들은 남로당 대남공작대의 정치공작 7개 원칙을 실현하기로 모의하였다는 것이다. 7개 원칙은 ①외군 완전 철수 ②남북한의 정치범 석방

시효(1949년 8월 31일)를 연장하지 못하고 큰 성과 없이 해체되었다.[164]

대(對)중국 원조 제안   1948년 11월 27일 국회(제1회 115차 회의)는 화태(樺太)와 천도(千島)에 징용으로 끌려간 동포의 환국운동을 촉진하는 의견서를 결의하였다. 당시 이 섬들은 소련군이 점령하고 있었고, 소련이 한국인의 자유로운 귀국을 허용하지 않고 있었기 때문이다. 이어서 〈건해태(乾海苔) 수출촉진 건의안〉이 상정되었으나 일단 관계 국무위원을 출석시켜 설명을 들은 후 다시 토의하자는 의견이 제기되어 보류되었다. 이어서 본래 그날 출석하기로 약속한 공보처장이 월요일에 출석하겠다는 연락과 관련, 김동원 부의장의 보고와 노일환 의원 사이에 간단한 문답이 있었는데, 갑자기 서정희는 국내외의 심각한 정세를 거론하며 다음과 같이 위기에 처한 중국 국민당 정부 원조문제를 논의하자고 제안하였다.

나는 그동안 몸이 약하기 때문에 열흘 청가를 하고 본집에 가서 휴양을 하고 어저께 밤에 돌아왔습니다. 그런데 오늘 국회에 출석해서 모든 공기를 보건데 지방과 바깥의 모든 공기를 살펴볼 때 국회는 피난 곳 같고 휴양하는 곳 같에요. 여기에 돌아와서 보니까 아무 근심도 없고 다만 우리가 모여서 서로 얘기하는 곳 같에요. 밖에 나가보면 모든 민생이 이것이 국가가 독립되고 정부가 수립되고 있으면 우리가 당당 살 줄 알았더니 쌀 한

---

③남북 각 정당 사회단체 대표로 정치회의 구성 ④동 회의는 보통선거에 의해 구성 ⑤동 입법기관은 헌법을 제정하고 정부를 수립 ⑥반민족자의 처단 ⑦조국 방위군의 재편성 등의 내용이었다고 한다. 《국회사》, 132~133쪽 참조. 구속된 소장 의원들은 특히 반민특위의 적극 지지파였기 때문에 이 사건으로 반민특위의 활동은 크게 위축될 수밖에 없었다.

164) 682건을 취급한 반민특위는 305건을 체포, 559건을 검찰에 송치, 그 가운데 재판이 종료된 것은 38건이었다. 재판 결과는, 체형 12건(사형 1, 징역 2년 6개월 1, 징역 1년 6개월 1, 징역 1년 3, 징역 2년 집행유예 11, 징역 1년 집행유예 4건), 공민권 제한 18건(최고 10년 3건, 7년 2건, 5년 4건, 4년 1건, 3년 8건), 무죄 6건, 형면제 2건이었다. 김삼웅, 앞의 글, 44쪽 참조.

말에 천여 원이 되는 이러한 사실인 것입니다. 우리가 이제는 다 죽었다, 우리는 신문을 볼 것 같으면 삼척으로 모두 들어와서 대기를 하고 총검을 겨누니 이런 문제, 또 중국은 남경이 함락을 당했느니, 서주가 없어졌느니 이런 등등의 신문을 보고 백성들은 나보다도 어떻게 공황을 느끼는지 모르고 있는 이러한 현상에 당하고 있습니다. 그런데 여기 와보니까, 아무 근심도 없는 이런 것을 보니까 열흘 동안 공연히 시골에 갔었던 것이 얼마나 후회가 되는지 모르겠습니다. 여기에 와서 여러분에게 말씀을 하려고 하는 것은 무엇이냐 하면 중국 민생이 지금 장개석 총통이 무엇을 했느니, 남경이 함락을 당했느니 등등, 그것도 역시 공산군의 북진 또는 '서강'으로 진주해서 지금 망했느니 이런 것을 생각할 때 나는 이렇게 생각해요. 입술이 없으면 이가 차서 살 수가 없다는 이런 말같이, 바퀴가 없으면 엔진이 구를 줄 모른다는 것과 같이 또 지금 일본은 재무장을 해서 比國과 일본을 제일 선으로 삼고 중국, 조선에 대해서 대항하지 않는지 하는 이런 것이 떠돌고 있는 모양에요. 여러분…… 중국이 5억 불의 달러를 구하고 장교 같은 것은 다른데 구하지 않으면 안 된답니다. 모든 것이 애초 중국이라는 나라가 우리가 독립을 전취해 가지고 승인을 제일 먼저 한 나라가 우방 중국이라 말이에요. 그러면 나는 생각하기를 아무리 힘이 없고 하다 하드라도 중국에 대한 외교문제에 대해서 정부에서라든지 국회에서라든지 중국의 원조를 갖다가 구하는 그 일을 적극적으로 二천만을 대표한 우리 국회로서 외교문제 또는 정치문제…… 다같이 바쁜 문제이지만 국제적으로 봐서 국회에서 장면 의원이라든지 장기영 의원이라든지 국회의 대표로 유엔총회에 파견한 것만은 여러분과 나와 다 같이 아는 바입니다. 그러면 우리 국회에서 장면 의원, 장기영 의원을 통해서 우리 국회로서의 미국 정부에 대해서 중국에 대한 원조를 추진하는 동시에 우리나라에 대한 지금 현상 여기에 대해서 여러 가지 군사적으로, 외교적으로, 경제적으로도 독립만을 얻어서 우리가 생명이 산 것이 아니라, 또는 국가만을 가졌다고 해서…… <u>우리는 중국의 흥망이 즉 우리의 흥망이라는 것을 여러분이 다 느끼시는 동시에</u>

이 점에 대해서 우리의 조치 방침을 유엔이라든지 미국 정부라든지 우리의 정부에 대해서…… 먼저 아세아 동방에 우리 대한민국으로서의 어떻게 하여야 좋을지를 우리가 생각해서 국제적으로 우리의 단순한 결의지만 3천만이 아세아 한쪽 우리 대한민국의 의사가 중국에 대한 어떠한 열의를 가졌다는 것을 표시기 되어야 하며 또 국제적으로 반향이 되도록 여러분이 좋은 의견을 내서…… 여러 가지 형편으로 봐서 우리는 중국에 대한 원조안을…… 아마 내 소견에는 중국과 조선도 아무리 보아도 거대한 물자라든지 생명을 다 희생하면서 국제적으로 적극적으로 도와준다는 그러한 계기가 지금이 아닌가 이렇게 생각을 하고…… 나 자신의 생명이라는 것보다도, 내 자손의 생명이라는 것보다도 우리 국가 민족의 전 생명을 돌아볼 때에는 참으로 부스러졌다든가 정신을 정말 차리기가 곤란한 시간입니다. 그러니까 여러분이 이 점에 대해서 충분한 의안을 내서…… 만년 대계를 세우는 동시에 소위 동양이라는 것이 어떻게 되었나 우리나라도 관련성이 있다는 것을 생각해서 거기에 대해서 안건을 여러분이 잘 생각해서 오늘 이 시간에도 잘 토의해 주시기를 바랍니다. … 지금 민중의 현상, 모든 대중이 어떠한 부르짖음이 있는가 보면은 정부에 나타난 사람들은 자기 지위를 견고히 하고 이렇게 다니는 사람은 혹시 무슨 利權이라든지 혹은 벼슬한 자리나 있는가 하는 이런 것만 돌아볼 때가 아닌가 하는 것을 여러분하고 나하고 잘 아는 까닭에…… 중국의 지금 현상과 조선의 현상이 똑같은 것을 여러분이 잘 알아서 의안을 하나만 들어서 중국에 대한 원조라든지 조선에 대한 관련을 국제적으로 잘 일으켜 주시기 바라고 이만큼 말씀을 끝입니다.〔자료 15-17〕

국가 건설을 그토록 열망하고 정부 조직에 열과 성을 바친 서정희는 이제 독립을 했다고 해서, 국가를 가지게 되었다고 해서, 당장 잘 살게 되기는커녕 민족 전체가 정신을 차리기 힘든 상황, 생존 자체도 불확실한 상황이 되었다는 위기의식을 느낀 것이다. 민생은 허덕이고 북한에서 파견된 유격대는 계속 준동하고 있었으며,[165] 관리들은 자리와 이권만 탐하고, 국제 정세는 날로 불리하게 돌아가고 있었다. 미국도 중국과 한국을 포기하고 일본과 필리핀 선으로 후퇴하려는 조짐이 보였고, 중국에서도 공산당의 승리가 예상되는 상황이었다. 11월 초까지 요양·심양 대회전의 결과 만주는 완전히 공산군이 장악하였으며, 11월 9일 시작된 회해(淮海) 전역(戰役)도 이미 대세는 기울고 있었다.[166]

그럼에도 국회에는 별다른 위기의식 없이 '피난처 휴양소'같이 한가한 분위기에 빠져 있다고 서정희는 판단한 것이다. 그가 그날의 안건과 전혀 무관한 발언을 갑자기 두서없이 길게 한 것은 바로 그 답답함과 개탄이 갑자기 폭발한 때문이었을 것이다. 그날 특히 그가 중국과 한국의 관계를 입술과 이의 관계로 비유하고 중국의 공산화가 한국의 안위를 직접 위협할 것이라 경고한 것은 동아시아 전체의 세력균형을 통찰한 결과였고, 실제 1949년 말까지 중국공산당이 대륙을 석권하지 않았다면[167] 북한이 한국전쟁을 시작하기 어려웠을 것이다. 서정희도 한국이 국민당 정부를 원조할 수 있는 경제적, 군사적 능력이 전무하다는 것을 잘 알고 있었을 것이다. 그러나 동아시아의 국제관계에서 중국의 위기를 한국이 강 건너 불

---

165) 4월의 제주반란, 10월의 여순반란도 아직 완결되지 않았지만, 북한이 1948년에 11월에서 1950년 3월 사이에 남파한 2400명의 유격대는 대부분 태백산맥을 타고 내려왔다고 한다(스칼라피노·이정식 공저, 한홍구 옮김, 앞의 책, 395쪽). 서정희가 "삼척으로 모두 들어와서 대기를 하고 총검을 겨누니"라고 발언한 것은 이 유격대의 활동을 가리킨 것이다. 다음해 1949년 9월 대공세를 위해 6월에서 9월까지 동해안과 태백산맥으로 남파된 유격대는 모두 약 1100명이며, 좌익이 과장하여 발표한 1949년 4월에서 11월까지의 전과는 다음과 같다. 연동원인원 37만 6401명, 교전 횟수 6768회, 사살 1만 103명, 각종 무기 탈취 4260정, 탄환 탈취 31만 1708발(김남식, 앞의 책, 420, 425쪽 참조).

166) 이 전투도 결국 1948년 10월 국부군의 완패로 끝났고, 11월 29일 시작된 북경·천진 지구 전투도 공산군이 완승, 12월 1일 북경에 입성하였다.

167) 1949년 4월 23일 수도 남경이 함락되자 국민당 정부는 수도를 광주(5월 22일), 중경(10월 15일), 성도(11월 29일)로 옮겼고, 결국 대만으로 철수하여(11월 8일) 대륙의 기반을 완전히 잃었다.

보듯이 할 수 없었던 것도 분명하다. 그래서 그는 한국의 확고한 중국 지원 결의만이라도 밝혀 미국과 국제 여론에 호소하자고 주장한 것인데, 이것은 곧 중국과 한국의 공동 반공전선을 주장한 것이었다. 서정희는 이 공동 전선이 미국과 동맹 못지않게 한국 국가 건설에 중요한 일부로 생각한 것이다.

그러나 그날 서정희의 제안은 아무런 반응을 얻지 못하였고, 서정희의 장광설을 '경청'한 사회 김동원 부의장은 아무 논평도 없이 국회후생위원회 조직에 관한 보고로 회의를 진행하였다. 그래도 서정희는 중국과 한국이 동일한 상황임을 환기시킴으로써 의원들에게 위기의식을 촉구한 것으로 위안을 삼았을지도 모른다. 미 국무장관 애치슨이 한국이 제외된 알래스카-일본-오키나와-대만-필리핀을 미국의 방위선으로 발표한 것은 1950년 1월 10일이었다. 1948년 11월 말 서정희가 거론한 떠도는 소문이 사실로 확인된 것이다.

정부와 이승만 비판

독립국가와 정부만 조직되면 당장 잘 살 것 같은 환상으로 들떴던 많은 사람들도 점차 냉엄한 현실 앞에 실망하기 시작하였다. 정치·경제·사회·문화 모든 분야에서 이상과 현실의 간격은 너무나 컸다. 낮은 생산력과 경제 수준에서 생활이 개선되지 못한 것은 일단 두고서라도, 국가 경영 경험과 행정 능력이 없는 지도자들과 관료, 정상적인 민주주의 경험이 없는 국민과 지도층, 정실과 학연·지연·혈연이 당연시되는 가치관, 이 속에서 관료주의의 병폐와 부정부패, 권력의 남용과 권위주의적 정치, 독재 정치 등이 새로 탄생한 정부의 부정적인 측면으로 부각되기 시작한 것은 어느 의미에서 당연한 일이었는지도 모른다. 이 부정적인 요소가 친북 또는 공산주의를 옹호 동조하는 세력을 양성하기도 하였지만, 우익 인사들

도 정부와 이승만 대통령을 비판하기 시작하였다. 이승만 대통령 당선을
축하하여 만세삼창을 선도한 서정희도 야당 기질을 발휘하기 시작하였다.
이승만은 자신을 대통령으로 만드는 데 기여한 한민당도 무시하였다.

양곡정책 비판　　서정희가 국회에서 처음 정부를 비판한 것은 양곡매입법
안이 규정한 매입 가격 때문이었다. 그는 매입 가격은 시가의 3분의 1 정
도이며, 이것은 사실상 농민에게 공출을 강요한 것과 같다면서 다음과 같
이 공격하였다(1948년 9월 28일).

> 우리는 늘 말하고 그 실상하고가 다른 그 점을 늘 피해야 할 줄 알아요.
> 이 양곡문제에 있어서 공출이라 하면 공출이고 매입이라면 매입이고 그 두
> 가지 점에서 무엇이든지 실상을 쳐들어서 우리 민중 앞에 내놓고 우리 국
> 회에 내놔야 할 것이라고 생각해요. 그러므로 매입이라는 그 문자가 산다
> 는 말인데 산다는 것이 이 법문에 나타난 그것을 보아서 산다는 게 참 실상
> 사는 건가 아닌가를 내가 생각해 봐요. … 이것은 매입이라고 이름을 짓지
> 만 가격을 왕창하니 3분지 1이나 되는 가격으로서 사겠다는 이런 점에서
> 불안이니 불평이나 이런 게 있지만 이름을 매입이라고 해서 좋을 것이 아
> 니고 이름을 공출이라고 해서 나쁜 것이 아니야요. … 40년 동안 왜놈이
> 늘 문자로 속여서 을미조약부터 거짓뿌리로 만들어서 조선을 오늘날 우리
> 의 현상을 갖다가 이 애를 쓰게 만들어 논 것이올시다. 그런데 이 매입이라
> 고 하는 문자 그대로를 국한시키기를 원하는 동시에 1200원이라고 하는 것
> 은 말하자면 생산가격의 3분지 1 정도의 값인 것은 내가 여러 농민들……
> 내가 직접 농사하는 사람의 하나올시다. 농민인 까닭에 이 말씀을 안 할
> 수가 없어서 하는 것이올시다.〔자료 15-12〕

해방 직후 쌀값이 1년 사이에 10배까지 폭등하는 등 식량문제가 심각
하여 군정청도 자유매매 금지와 일정한 배급 등 여러 가지 대책을 강구

하였다. 그러나 1946년 남한의 1인 1년 가능 평균 소비량은 1석 미만에 불과하다. 이것은 1925~1928년 1인 1년 평균 소비량 1.849석, 1929~1931년의 평균 1.700석, 1932~1934년의 1.631에 비해 턱없이 부족하였다.[168] 사정은 정부 수립 이후에도 별 차이가 없었다.[169] 이에 정부는 국민의 식생활을 보장하여 국민경제의 안정을 도모할 목적으로, 생산자는 연중 어느 때라도 방매할 수 있으나 정부에게만 매도할 수 있게 하고, 정부는 수매한 곡물을 국민에게 배급하는 제도를 시행하기 위하여, 양곡매입법안을 1948년 9월 14일 국회에 제출하였다. 심의 과정에서 가장 문제가 되었던 것은 수매가격(1말 1200원), 수매량(700만 석), 배급량(1인 3홉), 강제 여부, 수매자금 조달방법 등이었는데, 서정희는 바로 수매가격을 문제삼은 것이다.

당시 1200원은 생산 원가에도 미치지 못하므로 1800원으로 하고 600원은 현물로 지급할 것을 제안한 의견도 있었다. 그러나 서정희는 생산원가의 3분의 1에도 미치지 못하는 가격을 놓고 얼마를 인상한다는 것은 무의미하다고 생각한 것일까? 그는 가격 인상 요구를 아예 포기하고 차라리 '양곡공출'로 명시함으로써 농민의 희생을 정부가 강요하고 있다는 점을 솔직히 인정하자고 주장하였다. 이것은 그가 이 법안의 본질적인 성격을 폭로하고 반대의 주장을 밝힌 것이다. 1920년대 농민운동의 선구자로 활약한 그로서는 이처럼 농민의 희생을 강요한 법안에 크게 분개하지 않을 수가 없었을 것이다. 그는 그 분노를 야유와 역설로 표현한 것이다. 이 법안은 수정을 거쳐 정부에 이송되었으나 정부는 이의를 붙여 재심을 요구하였고, 국회는 결국 그 정부안을 가결하였다(10월 30일). 예상대로 농민의 반발은 심각하였으며, 강압적인 양곡수매가 여순반란의 한 요인이 되었다는 지적도 많았다. 그의 분노는 정부가 한 말에 1200원으로 수매한 양곡을

---

168) 김종범, 《조선 식량문제와 그 대책》, 창건사, 1946, 28, 90~92쪽 참조.
169) 1948년 정부가 예상한 양곡 생산량은 2300만 석에 불과하였다. 《국회사》, 40쪽.

1400원에 미곡반입조합에 넘긴 사실에 자극되어 다시 폭발하였다. 그는 그 결과 시중의 가격이 대폭 오르고 농민들은 자신이 강제로 수매 당한 가격보다 2, 3배 비싼 가격으로 다시 식량을 사 먹지 않을 수 없는 부조리를 고발하면서 그 시정을 다음과 같이 요구하였다(1950년 1월 16일, 제6회 6차 회의).

나는 외국말은 잘 모르지만 아침에 일어나서 하는 인사를 다 잘 압니다. 그런데 우리나라에서는 제일 문화적 인사가 '진지 잡수셨습니까', 아침이나 저녁이나 만나면 이렇게 이야기합니다. 그런데 이 양곡문제로 해서 우리 국회에서는 미곡매상법을 통과해서 벌써 매상법에 의해서 미곡수집을 정부에서 했을 것이요. 미곡자금 정부 보증융자를 우리는 국회에서 통과를 해서 아무쪼록 쌀을 잘 사서 이러한 일이 나지 않도록 했습니다. 우리는 국회에서 할일은 하나도 빼지 않고 다 했어요. 그러니까 우리는 정부에 향해서 2천만을 대표해서 국회에서 할일은 다 했으니까 '2천만에게 밥을 줍시요' 하자는 말이에요. 그래서 우리 국회에서는 미곡대가 이러한 등등보다 정부에서 시방 하고 있는 것은 무엇인가. 미곡은 약 1200원에 한 말이라도 비싸게 매기는 것인데 정부에서 미곡반입조합인가 이런 것이 있어 가지고 미곡을 갖다가 1400원에 내니까 우리 민중은 우리가 낸 쌀값보다 3배나 정부에서 장사해서 모리를 하니까 이 정부는 믿을 수가 없다고 바글바글 끓고 있는 것을 잘 아십니까. 이 미곡문제에 있어서 정부에서 왜 사들인 값이 있음에도 불구하고 1400원씩을 받아서 지금 일반 민중이 이렇게 정부가 모리를 하고 있으니 웬일인가. 정부에서 사들인 것보다도 적게 받아서 이 백성을 살려야 되지 않습니까. 그러니 정부에서는 매입한 그 가격대로 우리 민간이 정부에서 사먹도록 해달라는 것을 우리는 처리해야 됩니다. 지금 백성은 어떻게 삽니까. 내 말은 다른 것이 아니라 정부에서 산 금액대로 쌀을 시장에 내놔서 우리로 하여금 그 값에 사먹도록 하고, 돈을 가지고도 지금 굶습니다. 돈 2천 원씩 사먹을 돈이 어데 있어요. 그러니까 여러분은 잘 생각해서 미가 문제를 완전히 처리해 주시길 바랍니다. 나는 참고로 인구 20만이 사는 종로구에 쌀 5백 가마를 내서 20만 가운데 그야말로 꿈 잘 꾼 놈이 한 말 사는 정도에요. 그러니까 우리는 20만이 다 노나 먹을 수 있는 쌀을 내라는 말밖에 없다고 생각합니다.〔자료 15-24〕

서정희의 발언 이후 많은 의원들이 사태의 심각성을 지적하며 열띤 토론을 벌였다. 임영신 의원도 서정희의 발언을 지지하며 정부가 '7, 8백 원에 수매한 쌀을 1500원에 방출하는 이유를 모르겠다'며 정부 방출 가격을 천 원 아래로 내릴 것을 결의하자고 동의하였고, 김상돈 의원은 "미곡문제로 장안이 뒤숭숭하고 사느냐 죽느냐 공산당보다도 미곡문제를 더 두려워하는" 민심을 전하면서 임영신 의원을 지지하였다. 갑론을박이 계속되었으나, 결국 정부가 제출한(1949년 9월 26일) 양곡관리법을 조속히 상정하여 통과시키자는 동의가 가결되었다.[170] 정부가 제출한 이 법안은 강제 수매 방식을 자유로운 정부 매상으로 전환시키고 일정 양을 정부에 매도한 생산자는 나머지를 자유로이 처분한다는 것이 골자였다. 정부안은 1950년 1월 17일 상정, 토의와 수정을 거쳐 23일 통과되었다.[171]

38선 시찰보고 그러나 이에 앞선 1949년 4월 21~23일의 춘천 방면 38선 위문시찰은 서정희로 하여금 정부를 깊이 불신하게 하고 비판적인 목소리를 더욱 높이는 계기가 되었던 것 같다. 4월 25일 서정희는 최규옥·김인식·이종순·원용균 의원과 동행한 위문시찰을 다음과 같이 보고하였다.

38선이라는 것을 나는 오해를 하고 있었어요. 또 그 지방에 사는 사람한

---

170)《국회의사속기록》, 제헌국회 제6회 6차 회의(1950년 1월 16일)
171)《국회사》, 246~249쪽.

테만 38선이 관계가 있어서 고생하는 줄 알고 난 등한하고 있었다고 지금 생각하고 있습니다. 그런데 가만히 생각하니까 국제적으로도 우리의 남북이 갈린 38선이 관계가 되고 또 민족적으로도 38선이라는 것이 커다란 관계가 있는 것을 이번 갔다 오는 중에서 비로소 조금이라도 깨달았으니까 무던하다고 이렇게 생각하고 왔습니다. 그래서 38선 시찰한 것을 간단히 보고하겠습니다. … 본 의원 5人 등은 단기 4282년 4월 21일 정오에 중앙청 공보국장의 안내에 의하야 서울역 出發로 동일하오 5시에 38경계선인 강원도 춘천부에 도착하였다. 동일 하오 5시에 당지 공회당에서 영화 기타 연예를 개최하야 다수 군중에게 위안을 드리었다. 그 다음날…… 제1선 진지인 춘천부 外 춘성군 사북면 대곡리에 진발하였다. 그런데 제일선 진지에 가려면 소양강 상류를 渡涉치 않으면 안 되는 교통이에요. 원래 도선장이 없느니 만치 임시 도선을 간신 사용하나 피안 차안의 도로는 과연 접족이 지난한 현상이었다. 피안은 곧 적도의 眼界 내이라 적탄이 빈번히 落來하는 지점이라 한다. … 당지에서 느낌은 <u>여사한 戰地에 여사한 교통은 과연 언어도단이란 것이었다.</u> 여사히 차를 渡涉해서 제1 진지인 소위 275고지에 도착하니 진지 구축은 구축이라는 것보다도 開掘이라고 하고 싶다. 산의 峰巒을 개착하고 또는 이를 할단하야 토굴을 조성한 것이다. <u>그 토굴에서 경비의 책에 있는 경관의 담화를 청취하며 표면에 나타나는 실황을 보건데 눈물이 없는 자는 없으리라고 한다. 적도의 襲來는 매일 每夜라고 해도 과언이 아닌 동시 고지 토굴에 이 수면의 시간을 난득할 뿐만 아니라 제일 밤이면 기아가 심함이 있어 허기가 져서 전투 능력을 상실하는 때가 많다고 한다. 이를 들을 때 과연 눈물이 가리워 보이는 것이 없었다. 진지에서 수비하는 경관이 가진 무기의 부족은 可論의 여지가 없고 裝服과 식사를 들으면 此事가 何事인대 총탄은 소지하였다 할지라도 所食은 1일 3홉 5작인데 부락에서 된장이나 얻는다고 해도 그것인들 용이할 수 없는 것은 그 부근은 전부라고 하야도 과언이 아니리 만치 空家뿐인 것은 물론이요</u> 장복은 현지 수비원의 착용품은 형언을 불허하는 상태인데 제일 감촉이 심한 자는 소위 총을 가진 전사가 履物이 傾弊하고 복장이 弊垂(너털너털)한 것을 우리 정부에서 아시는지 차를 刻急히 시책하여 주지 않으면 안 된다고 한다. 이리하야 제1진지 소위 275고지 시찰을 종료하고 하오에 제2진지 모진강을 향발하였다. 모진강 모진교는 一橋가 동북 2편으로 되어 동편은 이남이요 북편은 이북이라 한다. 모진강교에 도착하자 안내 측에서는 더욱 일반에 주의를 주게 된다. 단원들은 노변 진지에서 은신 포복하였는 중 양차에 포향은 과연 웅대해서 사람의 간담을 놀래인다. 同橋 東下 강 서변에 약 십수 호의 부락은 이남에 속한 것인데 동 부락이 공허하고 그 주민은 전부 이재민으로 이산하였다. 同橋 북편은 이북인데 강 월편에 일폭 소로가 있고 그 소로 북단에는 1호의 민가가 있는데 그 집은 확실히 이북에 의지해서 생계를 도모한다는데 원거리에서 보기에 그 생활이 과히 곤난은 않은 것 같이 뵈였다. 그 집에서 소로 중간에 적치된 입관한 시체 4개가 노변에 있는데 此는 전번 전투에 我 경비원 양명이 납치되어 결국 피살되었다. 그리해서 我方이 추격해서 彼賊 4명이 피살된 고로 아방은 호의로써 此 4개의 시체를 환송하기를 요구하였음에도 불구하고 송환 시체 50여 일이 불매장하고 방언하기를 복수 이후에야 매장한다고 운운한다 하며 적은 국군이 보이면 퇴각하고 국군이 보이지 아니하면 내습하는 것이 상투적인데 가위 매일 매야에 전투가 계속하는 현상이라 한다. … 춘천부에 환착하니 하오 6시 반경이다. 계속해서 동부 공회당에 개최된 강연회에 출석하야 서정희 의원이 약 50분간 위문 연설이 있었고…… 라디오 방송 시간이 되어 김인식 의원이 방송하게 되어 만찬 중도에 김인식 동지는 방송국에 출석 방송하였다. … 이상과 같이 보고하나이다.

… 이번에 가서 항설 기타 여론이라고 할까 들어보면 정부에서인들 일선에서 고생하는 사람들을 주리게 할 까닭이 없을 것이고 또는 장비가 아무리 무엇하드라도 너털너털한 의복을 입히지 않았으리라고 생각하고 그 의복과 모든 보급이 확실히 정부에서 성의껏대로 하였겠지만 그 몸에는 아직 도착되지 않았다고 하는 말을 들었습니다. 그네들이 말하는 그 말의 이

면에는 의심스럽게 염려를 많이 포장하는 것이라고 생각하는 동시에 <u>만일 일선의 장병을 현상 그대로 둔다면 일선의 장병은 과연 오늘날까지는 애국열에서 하였겠지만 내일 그들의 마음이 어떻게 변할는지 알 수가 없는 것을 우리 동지들은 나와 같이 깨달아 주시고 또는 제일선 즉 삼팔선이라는 것은 내가 아까 깨달은 것과 같이 즉 우리가 곧 그 자리에 당한 것과 같이 생각하지 않으면 안 될 줄 알아서</u> 간단하게 보고를 끝입니다.〔자료 15-19〕

민족적, 국제적 분계선에서 서정희는 새삼 민족의 비극을 실감하고 분단 현실에 대한 자신의 안이한 생각과 타성을 깊이 자성한 것이다. 사실상 매일 전투가 계속되고 낮에도 포성이 울리는 가운데 쌍방의 희생자가 잇따라 생기는 대결의 현장도 그에게 큰 충격이었다. 그러나 더 큰 충격은 최일선에서 신생국가를 방어하는 군대의 참혹한 실태였다. 이범석 국무총리는 여순반란 당시 국군은 통신장비가 배속되지 않아 체계적인 작전이 이루어지지 못하였고, 미군의 무기와 장비 지원이 없었다면 반란을 진압하기 어려웠다고 보고한 바 있지만,[172] 서정희가 목격한 군대는 군대도 아니었던 것이다. 식량은 고작 하루 3홉 반, 된장도 민가에서 얻어먹어야 할 지경이고, 밤이면 수면 부족과 허기가 져 전투 능력이 없는 병사, 군화도 군복도 너덜너덜 다 떨어져 거지와 다름없고, 무기도 부족한 군대. 이것이 바로 목숨을 걸고 매일 전투를 치루며 38선을 지키는 '대한민국 군대'의 실상이었다.

정부가 국군조직법을 제출한 것은 1948년 9월 28일, 이 법이 국회를 통과한 것은 11월 15일(30일 공포), 여순반란은 10월 20일, 국회가 박종남 의원이 동의한 '외군 철퇴 긴급 동의안'을 논란 끝에 거수 표결로 보류한 (133석 가운데 찬 68, 부 10) 것은 10월 13일이었다.[173] 앞에서 서술한 바

---

172)《국회의사속기록》, 제헌국회 제1회 90차 회의(1948년 10월 28일). 이범석은 이 현실을 지적하며 "국회의원이 양군 철퇴를 왜 주장하시는지 꼭 용감스러히 생각합니다. 그 뜻이 어디 있느냐"고 비꼬며 반문하였다.

와 같이 서정희는 정부가 시행하지 않을 것을 국회가 결의하면 국회의 존 엄성만 훼손된다며 철군 동의안에 반대하였다. 여순반란 사건을 보고하 면서 열악한 국군의 장비를 거론하며 국군조직법을 빨리 통과시켜야 한 다고 호소하였지만, 그 법이 공포된 뒤 6개월이 지난 시점에서 서정희가 '위문시찰'한 군대는 마치 애국심의 한계를 시험 당하고 있는 것 같은 참 담한 모습이었다. 기회가 있으면 반공과 북진통일을 외친 이승만이 과연 대한민국의 군대가 이러한 상황이라는 사실을 모르고 있었을까? 더욱이 남측 경계선 부근의 인가는 모두 이산해 버렸지만 북측에 의지하여 생활 하는 한 민가(전시용?)의 생활이 그리 곤란해 보이지 않은 것도 북측이 선 전기술에서 우위를 보인 것이다.

군인들에게 서정희는 애국심과 인내, 국토방위의 신성한 의무, 그리고 반공을 역설하였을까? 또 춘천에서 50분 동안 시민들에게 위문강연을 한 서정희는 '눈물을 흘리지 않을 수 없는' 최전방 병사들의 생활을 솔직히 전하며 적극적인 성원과 위문을 호소하였을까? 서정희는 그래도 정부의 성의를 다한 우량한 보급이 현장에 도착하지 않았을 뿐일지도 모른다며 정부를 직접 공격하지는 않았다. 신생 조국의 궁박한 재정을 충분히 이해 하였기 때문일까? 그러나 그는 최전선의 군대를 이런 상태에 빠뜨려 놓고 호언장담이나 하며 이권과 권력을 다투는 대통령을 비롯한 정부 요인, 그 리고 미군철수, 남북협상, 자주독립을 외치는 인사들 모두에게 새삼 실망 하였을 것이다.

정부의 '위법' 비판　　경험과 합리적인 관행이 없는 정치문화 환경에서 국 가 건설이 조급하게 추진되는 과정에서 어느 정도의 편법과 '초법'이 끼 어드는 것은 불가피한 일이기도 하다. 그러나 그것이 독선과 개인적인 욕 심, 부정부패와 결합되면 법치의 근본이 위협될 수밖에 없는데, 건국 후

---

173)《국회의사속기록》, 제헌국회 제1회 87차 회의(1948년 10월 13일).

상황은 점점 우려할 방향으로 흘러가고 있었다. 정부의 공공연한 '위법'은 점차 일상화하는 것 같았다. 서정희의 분노는 마침내 1949년 12월 22일(제6회 2차 회의)에 폭발하였다. 회기가 시작한 12월 20일까지 제출하기로 된 1950년도 예산안을 정부가 제출하지 않은 것이다. 이날 국회에 출석한 기획처장 김훈은 법정 제출 기일을 지키지 못한 사정을 구구하게 변명한 후 다음 1월 중순이나 제출이 가능하다고 답변하였다. 1949년 예산도 역시 1월에나 제출되었다. 이에 이정래 의원이 먼저 비교적 온건한 어조로 유감을 표하고 앞으로 이런 일이 없도록 점잖게 당부하였다. 그러나 서정희는 다음과 같이 통렬하게 정부를 비난하였다.

나는 국회 개회 이래 오늘날까지 그리 빠진 날 없이 들어왔다가 오늘 제일 놀랐습니다. 세상에 법을 행하지 못한 것은 윗사람이 먼저 범한 때문이라고 나는 배웠습니다. 한데 시방 나와서 말씀하시는 이가 무엇이라고 했는고 하니 '법을 그렇게 정했을지라도 사정으로 그렇지 않았다'고 하면 우리 대한민국은 누구든지 나와서 법치국가라고 부르짖고, 세계적으로 공포해서 대한민국은 법치국가라고 했는데 법치국가에서 행정면을 맡은 이가 입법부에 나와서 '법은 그렇게 정할지라도 사정이 있어서 그랬다'는 것은 이 이상 더 놀라운 말이 없으니까 그 시방 말한 이가 나와서 그 '법은 그렇게 정했을지라도' 하는 소리는 좀 취소해 주셨으면 좋으리라고 생각해서 나는 지금 말하는 것이올시다. '법은 그렇게 정했을지라도'가 어데에 있는 말이에요. 여기에 법률로 제정해서 시행한 기일이 된 지방자치법이라든지 모든 법률이 행하지 못해 내려오는 그것은 <u>행정면이 생각하기는 '법을 어떻게 정하든지 우리 행정면이 하고 싶은 대로 한다' 이것으로써 오늘날까지 나왔다고 하면 우리는 여기서 입법할 필요도 없는 것이고 우리 대한민국은 어떻게 해 나갈 수가 없다고 생각해서</u> '법을 그렇게 정했드라도 사정상 어쩔 수 없다'는 것은 취소해 주시기를 바라고 좀 두어 마디 말씀드리는 것이올시다. 참 정말 웬일이에요. 행정 부분에서 책임지고 있는 사람이 그

렇게 입법부에 와서 한다고 하는 것은 그것은 말이 안 되는 것이올시다.〔자료 15-22〕

이어서 강선명·김상돈·윤정구 등이 정부 비판과 조속한 예산안 제출을 촉구하는 발언을 했고, 특히 조영헌 의원은 정부의 직태를 '헌법을 지키지 않은 행위'로 규탄하였으며, 사회 김동원 부의장이 "이것은 사실 중대한 문제입니다. 정부로서 위헌 문제예요"라고 정리하자 "탄핵합시다"라는 소리도 나왔지만, 김동원은 "그러니까 이만 하고" 하며 재빨리 다음 안건으로 넘어갔다.174) '중대한 정부의 위헌 문제'를 어떻게 그렇게 슬쩍 넘길 수 있었는지 궁금하다.

서정희의 분노는 이승만 대통령이 국회에 출석하여 조속한 예산안 통과를 요청한 직후에 다시 한번 터졌다. 대통령은 균형 있는 예산안을 만들지 못하면 ECA가 약속한 원조액이 4천만 달러 삭감될 우려가 있다는 것, 여기에는 해외의 좌익세력이 한국 정치의 비민주적 행태를 비난하며 한국에 대한 원조를 방해하려는 책동도 있다는 것을 강조하였다. 그러고 나서 특히 5월 31일에 종료되는 제헌국회의 임기를 연장하고 11월에 총선거를 실시하기 위하여 정부가 제출하여(1950년 1월 28일) 가결된(1950년 3월 18일, 재석 100, 찬 74, 반 0) 국회의원선거법안을175) 거부한다고 선언하였다. 이어서 윤치영 의원이 대통령의 연설을 보충하는 긴 발언을 했다. 대통령이 의원들의 기립 박수를 받으며 퇴장하자 서정희는 헌법을

---

174) 《국회의사속기록》, 제헌국회 제6회 2차 회의(1949년 12월 22일).
175) 이 선거법은 반민족 행위자에 대한 선거권과 피선거권을 주지 않는 조항을 삭제하고 선거공영제도, 선거운동의 규제와 벌칙 강화, 북한의 월남 동포를 위한 특별 선거구 설치 등 새로운 개혁도 포함되었지만, 새로운 선거법으로 국회의 임기를 연장시키려는 의도가 있었고, 이승만은 총선거를 11월로 예정하였다. 명분은 국회의원이 여유를 갖고 예산 심의를 할 수 있게 하기 위한 것이라고 하였지만(《국회속기록》 제6회 70차 회의 대통령 연설), 내각책임제 개헌을 추진한 민국당이 무소속 의원들을 설득하기 위하여 국회의 임기를 1년 이내에서 연장할 수 있다는 조항을 포함시키자(《국회사》, 240쪽), 이것을 역공하기 위한 전략으로 해석된다.

무시한 정부의 재정 지출과 국회의원 선거 연기 책동을 다음과 같이 강력하게 비난하였다.176) 이것이 자신의 마지막 국회 발언이 될 줄은 그도 몰랐을 것이다.

나는 지금 윤치영 부의장이 하신 말씀, 그 말씀이 나한테도 있는, 말씀하신 일점도 없지 않다고 보아요. 외국에서 우리 국회의 문제라든지 우리 국정 문제에 있어서 말을 하게 된 것은 그 입장으로 보아서는 그것은 당연히 자기가 돈을 준다는데 이렇게 하면 우리가 돈을 줄 수가 없다, 그러한 말을 예사로 한 말 같으나 우리로서는 대단히 어렵다고 보아집니다. 그러나 이것이 '出乎爾者反乎爾[자기가 한 일은 자기로 돌아온다―필자]'라는 것과 같이 제사랑 제가 짊어진다는 상말과 같이 우리가 헌법제정 해가지고 헌법 그대로, 그 정신 그대로를 국회라든지 정부가 꼭 가지고 나왔다고 할 것 같으면 절대로 그런 일이 있을 수도 없는 일이고, 있을 리가 없는 것입니다. 그러나 헌법은 헌법대로 만들어 놓고 헌법 밖에서 놀려고 한단 말이요. 어째서 오월 선거를 갖다가 연기할려고 하고 임기연장을 할려고 들어붙고 별별 일을 여러 가지로 다 한단 말이요. 그리고 국정감사의 결과를 보아 가지고 보면 50억이라는 커다란 돈을 갖다가 헌법을 무시하고 그대로 쓴 것만도 그것을 말을 커다랗게 할 것 같으면 위헌이란 말이요. 우리가 헌법을 만들어 놓았지만 누가 헌법을 지켜라. 정부 당국자라든지 헌법을 지키지 않으면 나라가 망할 것이라고 걱정을 하는 우리 국회의원이 여러분하고 다같이 걱정했지만 걱정 안 하는 시간이 많기 때문에 이러한 일을 당한 것을 우리가 재삼 재사 생각하는 동시에 우리 국회의원은 아무리 제가 천하 없는 장사라도 헌법에 의지해서 지금으로부터 5월 3일까지 며칠 안 남았습니다. 이 며칠 안 남은 시간에 국가에 대해서 커다란 일 시방 대통령각하께서 재삼 재사 부탁하고 가신 일, 이에 대해서 딴 꿈, 딴 잔소리하는 사람이

---

176)《국회의사속기록》, 제헌국회 제6회 70차(1950년 4월 7일)

없겠지만 혹시라도 만일 있다고 할 것 같으면 안 될 것이니까 특히 재정경
제분과라든지 또는 내무치안분과라든지 또는 법제사법분과라든지 특히 선
거법을 갖다가 대통령각하 말씀하신 바와 같이 원안 그대로 심의해서 곧
통과시키도록 노력하시며 또 재정경제위원회 여러분은 경제문제에 대해서
균형을 맞추어서 곧 통과시켜서 정부에 곧 회부시키고 우리도 국가의 일을
잊어버리지 않으신다면 여러분이 다시 얼른…… 국회의 우리가 손을 잡고
환희한 얼굴로 다시 대하기를 원하고 이번에는 국회의원 노릇만을 해주시
기를 천만 간절히 빌고 말씀은 여기에 끝입니다.[자료 15-29]

그래도 그는 정부의 처지를 이해하였고, 외국의 한국 비판과 압력에 대
해서도 정부와 국회 모두 반성할 점이 있다는 것을 인정하였다. 그래서
국회의원 선거법과 예산안을 정부가 원하는 대로 기한 안에 통과시키자
고 당부하였다. 그 역시 국가가 당면한 안팎의 위기를 직시하였기 때문이
기도 하겠지만, 더 이상 정부를 비판하며 예산안 심의를 지연시키는 것은
자칫 국회의원 임기를 연장시키려는 술책으로 오해될 우려가 있다고 판
단하였기 때문으로도 해석된다. 마지막으로 그가 다음 선거에서도 국회
의원으로 당선되고 싶은 강한 의지와 희망을 숨기지 않은 것은 역시 '노
욕'이었을까? 이승만 대통령이 국회의원 임기 연장 방침을 철회한 것은
이에 앞서 민국당이 추진한 내각제 개헌이 부결되었기 때문일 것이다.

대통령 독재 반대와 개헌 지지　　지금도 많은 사람들은 주저 없이 이승만
대통령을 '독재자'로 부르는데, 그것은 별로 틀린 말도 아니다. 필자도 초
등학교 시절(1950년대) 그의 생일이면(3월 26일) 대통령 찬가를 부르고 그
의 만수무강을 기원하는 작문을 짓거나, 종로에 나가 '탄신'을 경축하는
삼군 사열을 구경하던 일, 그리고 3·15부정선거를 둘러싼 갈등, 결국 그
를 하야시킨 4·19 전후의 학생 데모 등을 생생하게 기억하고 있다.
당초 한민당은 이승만을 추대하여 대통령으로 만드는 데 지대한 공헌

을 하였다. 그러나 총선 결과 한민당은 불과 29석을 차지한 반면, 이승만의 직계 독립촉성국민회는 오히려 55석, 더욱이 노련한 이승만은 어느 한 정파에 좌지우지되거나 대변자 노릇이나 할 사람도 아니었다. 한민당에 대한 홀대는 자연스러운 귀결이었고, 권위주의가 팽배한 정치문화에서 대통령이 '제왕'이 되는 것도 충분히 예상된 일이었다. 필자가 앞에서 굳이 어린 시절의 추억을 떠올린 것도 그 '제왕적 대통령'의 모습을 전하기 위함이었지만, 이승만이 신임하는 임영신(여)이 장관이던 상공부의 임시 국장회의에서 대통령 75회 탄신을 봉축하기 위하여 현금 5천만 원을 헌납하기로 결의하고(1949년 3월 21) 각 국별로 산하 각 사업단체에서 갹출하려고 하였다가 대통령의 질책을 받고(3월 24일) 중지하였던 사건은[177] 당시 정치문화의 한 단면을 잘 보여 준다. 그러나 많은 사람들이 이승만의 독단에 불만을 품기 시작하였으며, 국회와 정부의 마찰도 빈번하였다. 이른바 '진보적' 소장파의 반이승만 태도도 뚜렷하였고, 소외된 한민당도 정부에 대한 감시자 노릇을 자임하면서 이승만과 정면 대결을 선언하였으며, 신익희를 비롯한 국민당의 일부를 흡수하여 민주국민당(민국당)으로 개칭하면서(1949년 2월 10일) 세를 확충하였다. 이로써 민국당은 의원 69명으로 원내 제1당이 되었다. 이에 맞서 이승만은 국회의 권한을 분산시키기 위하여 양원제 개헌을 추진하였고, 민국당은 대통령의 권한을 축소시키기 위하여 내각책임제 개헌을 추진하였다.[178]

1949년 12월 1일(제5회 55차 회의), 외자구매청을 대통령 직속기구로 임시 설치하기 위한 〈외자구매청설치법안〉를 심의하는 과정에서, 서정희가 내던진 다음과 같은 비꼬는 투의 질문은 대통령 '독재'에 대한 그의 불편한 심기를 드러낸 것이었다.

---

177) 《국회사》, 122쪽.
178) 《국회사》, 82~83쪽 참조.

지금 법제처장의 설명하신 말씀을 들었는데 내가 좀 의혹되는 말이 있어서 잠간 묻고자 하는 것입니다. 내가 오래간만에 입을 벌려서 여러분 앞에 미안합니다. 나는 우리나라가 이렇게 독립되어 가지고 지금 국정에 나아가는 동안에 대통령의 직능이 어느 곳이나 못 미치는 곳이 없는 줄로 나는 아는데…… ("옳소" 하는 이 있음) 산천초목 심지어 모래 한 알갱이라도 대통령의 행정면에 있어서 대통령의 직능이 미치지 못하는 곳이 없는데, 이것이 대통령 직속이냐 대통령 직속이라도 우리나라의 기구요 대통령의 직속이 아닌 것은 우리나라 기구가 아니라고 생각하는지…… ("옳소" 하는 이 있음) 무엇이냐 하면 나는 특히 대통령 직속이라고 하는 것보다도 이것은 국가의 한 기구라면 그런 모든 것이 다 대통령 직속이라고 생각하는 관계상 법제처장은 특히 대통령 직속하에 두는 것이 옳다는 주장으로 그대로 통과해 달라는 것…… 대통령의 직능을 축소해서 말하는 것 같아서 (笑聲) 법제처장의 말씀하는 것이 대단히 불만해서 시방 묻는 바이니, 대통령의 행정문제에 있어서 혹은 직능이 미치지 못하는 곳이 있기 때문에 그런 문제를 해결하도록 좀 설명해 주셨으면 좋겠습니다.〔자료 15-1〕

서정희도 민국당 소속이 되었던 만큼 내각제 개헌을 통한 대통령권한 축소를 지지하였다. 이 개헌안은 민국당의 서상일 의원 외 78인의 이름으로 1950년 1월 27일에 제출되어 대통령의 공고(2월 6일)를 거쳐 3월 9일 첫 심의가 시작되었다. 그러나 정부의 조직적인 반대 여론 조성과 민국당의 독주에 반감을 품은 정파들이 여당 국민당과 합세하면서 개헌안은 난항에 부딪쳤고, 3월 14일 표결 결과 폐기되고 말았다(출석 179, 찬성 79, 반대 33, 기권 66, 무효 1).[179] 3월 11일 서정희는 지난해 5월 '국회 프락치' 사건으로 체포된 의원들 가운데 범죄 사실이 뚜렷하지 않다는 세평이 있는 의원 10명의 석방을 다음과 같이 긴급 동의하였다.

---

179) 《국회사》, 239~241쪽.

우리 국회에 커다란 손실이 있는 것을 우리는 다 알아야 할 것입니다. 첫째 '푸락치'사건이 일어나서 김약수, 이문원, 노일환 등이 무슨 일을 하였느냐고 하면 우리 국가 대한민국의 파괴운동을 하는 데에 가담한다는 그러한 죄명을 가지고 지금 중형으로 구형을 받고 있는 것만은 틀림없는 사실이란 말이에요. 그러면 그 사람들은 수령으로 그러한 음모에 그러한 흉도에 가담한 것이 사실이라고 하니까 그 세 사람에 대해서는 제명을 않으면 국회로서에 안 될 그러한 처지라고 봐요. 그 세 사람 이외의 사람은 지금 검사가 구형을 했다고…… 그러나 그 세 사람 이외의 사람은 퍽 범죄 사실이 뚜렷치 않다고 하는 것이 세간에 전하는 일반 평판이란 말이에요. 그러면 우리가 중요하고도 커다란 국가의 대사 즉 무엇이냐고 하면 국회에 개헌안이 제출되고 여러 가지로 국사에 다단한 이때에 10만을 대표해서 나오기는 그 사람이나 이 사람이나 똑같은 그러한 형세입니다. 그러므로 그 세 사람을 除한 외에 열 사람은 이 현실에 있어서 우리 국회로서에 내놓지 않으면 안 될 그러한 생각이 있는 까닭에 긴급히 동의하는 것입니다. 그러면 그 수괴 세 사람을 除한 외에 열 사람은 석방하는 것을 동의합니다.

그러나 이 동의를 찬성하는 4청까지 있었지만 부의장 윤치영은 동의가 성립되지 않았다고 고집하였고, 장내가 소란한 가운데 다시 5청이 들어왔지만 윤치영은 다시 6청이 없으면 동의가 성립되지 않는다고 주장하였다. 장내는 다시 소란해졌다. 이에 격분한 서정희는 다음과 같이 자신의 동의를 취소하였다.

여보시오. 긴급 동의할 권리가 없는 사람이 했단 말이요? 어째서 야단이요. 지금 긴급동의는 그 동의만은 취소합니다. 여러분이 그 동의에 재청, 3청하신 이도 그렇게 알고 취소합니다.〔자료 15-27〕

이 긴급동의를 서정희는 미리 상의하였을까? 어쨌든 이 해프닝은 구속

된 의원들이 석방될 경우 개헌안을 찬성할 것으로 기대하였기 때문에 일
어났다고 해석되는데, 적어도 서정희는 김약수·이문원·노일환을 제외
한 10명은 무고하다는 일반의 여론을 어느 정도 믿었던 것 같다. 그러나
6·25전쟁 이후 탈옥한 이들은 북한에 '납북'되자 자신들이 남로당의 비
밀당원으로서 북한을 위하여 일한 사실을 내세우며 우대를 요구하였고,
실제 이들은 다른 '납북' 인사들에 비해 나은 대접도 받았다고 한다.[180]
납북된 이후 북한에서 이것을 틀림없이 알게 되었을 서정희는 곤혹을 금
치 못하였을 것이다. 어쨌든 개헌을 지지한 서정희는 이미 대세가 기운
3월 13일, 개헌을 반대하는 '호헌파'와 이승만을 비난하며, 자신의 긴 사
회운동과 정치 역정을 다음과 같이 '역적의 일생'으로 규정하였다.

여러분 좀 우리 냉정하게 합시다. 냉정하게 하고 이 개헌문제는 국가민
족을 잘 해나가자 하는 것이 반대하는 이나 찬성하는 이나 마찬가지올시
다. 그러나 이것입니다. 나는 개헌이 잘 통과가 안 될 줄로 생각하는 일단

---

180) 이태호 지음, 신경완(전 북한조국통일민주전선 부국장, 정무원 부주임) 증언, 《압
록강변의 겨울》, 다섯수레, 1991, 93, 116~118쪽. 신경완(전 북한조국통일민주전선
부국장, 정무원 부주임) 증언 가운데 특히 182쪽의 다음과 같은 증언은 국회프락
치 사건이 반민특위의 활동을 방해하기 위한 정부의 조작이었다고 주장한 일부
논자들을 부끄럽게 할 것이다. 즉 "국회 프락치 사건에 있어서 국회 내 투쟁의 조
직과 지도선 문제를 놓고 대립을 빚어온 당사자들은 북측 관계자들 앞에서도 한
치도 양보하려 하지 않았다. 이 투쟁을 남로당 쪽이 조직·지도했느냐 북로당계의
성시백 선에서 조직·지도했느냐, 이것이 문제였다. 노일환·이문원 등 남로당원
들은 남로당에서 조직 지도했다고 주장해 왔고, 황윤호·최태규·김옥주 등 북로
당 성시백 조직선에 속한 사람들은 성시백 선에서 조직, 지도한 것이라고 주장해
왔다. 이들은 이 문제를 당에서 빨리 정확하게 결론지어 줄 것을 요구했다. 최부부
장은 이에 대해 전혀 다른 견해를 피력하며 그들을 꾸짖었다. 우리 당은 국회 프
락치 투쟁을 반미투쟁, 미국 철수를 위한 투쟁, 그것도 이승만 통치의 심장부인 국
회에서의 투쟁으로 높이 평가하고 있습니다. 이 투쟁은 우리 당과 인민의 반미투
쟁사에서 영원히 기록될 것으로 인정하고 있습니다. 이 투쟁은 우리 당원들과 동
지들이 했고, 우리 당 조직이 지도해서 한 것이니 누가 지도했나, 어느 선이 지도
했나 따지는 것은 엄격히 말해 분파적 경향으로 지적될 수 있습니다."

을 내 말씀합니다. 왜, 나는 과학적으로 어느 학교에서 대학을 마쳤다든지 그런 사람이 아니지마는 내 체험으로 봐서 똑 53년 전의 이 사회의 얼굴이 지금 다시 사진 백인 것같이 나타나 있단 말이에요. ("시간 문제만 얘기하세요" 하는 이 있음) 시간 문제를 얘기할려니까 그래요. 어째 당신네들이 도무지 말하는 것을 이렇게 듣기 싫소. '충언이 逆이나 利於行'이라는 말이 있고 '狂夫之言을 성인이 擇焉'이라 하니 당신네들이 서정희가 말하는 것을 그렇게 못 들을게 무에 있소? 서정희가 당신네들을 욕할 사람이란 말이에요? 53년 전의 사회의 얼굴이 지금에 사진 백여 논 것같이 나타났단 말이에요. 53년 전의 우리 독립협회는, 내가 댕기던 독립협회는 이승만 박사하고 같이 개최를 하고 수십만이 모여서 우리 대황제폐하 광무황제께 자유와 민권을 주장하고 상소를 갖다가 정교라고 하는 시종을 내왕을 시켜서 상소를 임금께 바친 것이올시다. 그 광무황제폐하의 아주 신임하던 충신 그 사람, 신해영이라든지 최영하라든지 또 인제 강석호 내시라든지 이러한 사람들이 무슨 책동을 했던가 褓商과 負商을 일으켜서 물미작대기로 때렸단 말이에요. 습격했단 말이에요. 그런 까닭에 이승만 박사는 잡혀가고 나는 그 물미몽둥이를 맞아서 석 달을 치료받은 사람이 나란 말이에요. 그러면 황권을 주장하는 황국협회가 승리를 해서 이승만 박사는 투옥을 했고 서정희는 치료를 받은 것이올시다. 그러면 지금 대통령 전제 밑에서 살지 않으면 이 국가를 구하지 못한다는 것이 그때에 황국협회와 똑같은 사진이고…… ("옳소" 하는 이 있음) 또 지금에 불가불 대통령 일인독재가 안 되었다, 그러니까 우리는 민주정치를 해나가는 방법대로 하자고 하는 것이 이것이 개헌파란 말이에요. 그런데 우리 양심껏 생각해 보면 이 民衆은…… 여러분 이 민중이 과연 이 정부를 신뢰하며, 과연 여러분 주장하는 말과 똑같아요? 여보 밖에서 '데모'한 것이, 과연 '데모'하는 자신도 여러분이 생각하는 바와 똑같지 않은 줄을 알아야지…… 그러므로 이것을 내일 모래 표결을 해도 대통령 전제 밑에서 살고 또 표결하는데 말야, 표결하는 데에 있어서 표시를…… 반대하는 표시를 가령 '여기에 김의원, 신의원이 반대올시다',

이런 것을 대통령 각하께 알려드리고 싶은 의원도 여기에 많이 있단 말이에요. ("옳소" 하는 이 있음) 그러므로 대통령 각하께 알려드리고 그 반대하는 공로를 대통령 각하에게 상을 탈려고 하는 그런 사람……("옳소" 하는 이 있음) ("상을 누가 탄단 말이요" 하는 이 있음) 여보 어쩐 말이요, ("정부를 쓰러뜨리는 역적들아" 하는 이 있음) 그래서 나는, 개헌하는 사람이 역적이라고 하니까, 나는 역적이, 그때도 독립협회 때도 역적이고 대한협회와 일진회와 싸울 때에 나도 그때에 역적이란 말이에요. 그러므로 이 시간을 단축하기 위해서 도무지 말하는 사람 없이 표결을 즉시해서 개헌을 불통과시켜…… 나는 그 말이에요. 개헌불통과시키고 어쨌든지 민족국가가 망하나 흥하나 좀 세력을 가지고 좀 어데 활동해 봅시다. 나도 대통령 각하께 뵈옵고 나도 개헌 반대하는 표명을 하고, 나 이런 생각도 하고 싶어요. 하도 고기가 먹고 싶어서…… 나 할 말 그만하겠습니다.[자료 15-28]

서정희가 개헌파를 독립협회파로, 개헌을 반대하는 호헌파를 독립협회를 폭력으로 탄압한 황국협회로 각각 비유한 것은, 독립협회의 일원으로 앞장서서 민권과 자유를 요구하다 '역적'으로 몰려 투옥된 이승만은 53년 후 '제왕적' 대통령이 되어 그 전제를 유지 강화하기 위하여 갖은 수단을 동원하여 개헌을 반대하고 있는 반면, 이승만과 함께 투쟁하다 중상을 입고 3개월 동안 치료를 받은 자신은 아직도 '제왕'의 전제를 반대하는 '역적'이 된 현실을 새삼 직시하였기 때문일 것이다.

여러 날 계속 '호헌'을 주장하는 데모대를 황국협회가 동원한 보부상에 비유한 점도 흥미롭다. 그는 '호헌파'를 '고기가 먹고 싶어서' 전제를 살 길로 찬양하는 아부배로 비난하였기 때문에 자신도 이제 '고기가 먹고 싶어서' 이승만에게 개헌 반대파라고 알리고 싶다는 역설을 던졌을 것이다. 그러나 이 역설에는 긴 '역적의 일생'에 지친 그의 모습이 짙게 배어 나온 것 같기도 하다. 사실 그는 53년 전의 정치적 상황과 '사진처럼 똑같은' 현실에 분노하고 한심함을 금치 못하였을 것이다. 그러나 그 과장적인 동일시와 현재의 자신을 '역적' 독립협회에 비유한 것은 자신의 긴 '역적 일생'이 처음 정치운동에 참여한 이래 초지일관 민권과 자유를 위한 투쟁이었음을 자부한 것으로 해석된다. 특히 개헌안이 통과되지 않은 이후 '어디 국가와 민족이 흥하나 망하나를 두고 보고 활동해 보자'는 구절은 74세 노인의 불굴의 투지를 과시한 것이 분명하다.

개헌안은 결국 부결되었고, 서정희는 다시 '역적'의 길을 걸을 각오를 새삼 다졌을 것이다. 그가 국회의 마지막 발언에서 정부의 위헌적 행정을 비난한 것은 역시 '역적'다운 모습이었고, 그가 총선 후 다시 국회에 돌아오기를 희망한 것은 바로 나이를 잊은 노 '역적'의 투지였다.

에필로그

　1970년 3월 10일에서 15일 사이 서울 성북구 정릉동 국회의원 서범석의 자택 정원에서는 특이한 장례가 치러지고 있었다. 실제는 서의원의 어머니 김용원 여사의 장례였다. 그러나 김여사는 6·25전쟁 직후 납북된 남편 서정희와 함께 합장할 것을 유언하였고, 서의원과 동생들은 어머니의 뜻에 따라 서정희의 위관(僞棺)을 만들어 어머니와 함께 장례식도 치르고 포천 설운리 선영에 합장하기로 한 것이다. 이 장례식에는 유진산·김영삼·김대중·이재형·장기영·김학렬 등 많은 정·관계 고위 인사들이 참여하였고,[1] 정부는 그에게 훈장을 뒤늦게 추서하였다. 3월 15일 발인 영결식도 성대히 거행되었다. 이 영결식에는 애산 이인도 참여하여 우정어린 조사를 하였는데, 그는 구한말 이래 서정희의 '빛나는' 사회운동과 정치활동을 회고하며 그를 자기가 알고 있는 '가장 사심 없는 순수한 애국자'로 격찬하였다. 그가 혹 살아 있다면 94세. 사실 그는 이미 세상을 떠난 지 오래되었을 것이며, 너무나 오랜 세월 장례식도 제사도 드리지 못한 것을 부인과 자식들은 항상 한스럽게 생각하고 있었다. 그러나 이제 그는 파란만장한 긴 생애를 공식으로 마감하고 영면한 것이다.

　제헌국회의 회기가 종료되기 하루 전날인 1950년 5월 30일 제2대 국회의원 선거가 끝났다. 서정희는 이번에도 포천군에서 민국당 후보로 출마하였다. 그러나 20명의 후보가 난립한 포천군 선거에서 서정희는 낙선하였다. 그가 받은 표는 불과 2080표, 4등에 그치고 말았다. 당선자는 윤성

---

1) 《동아일보》, 1970년 3월 13일자, 〈어느 납북인사의 장례〉.

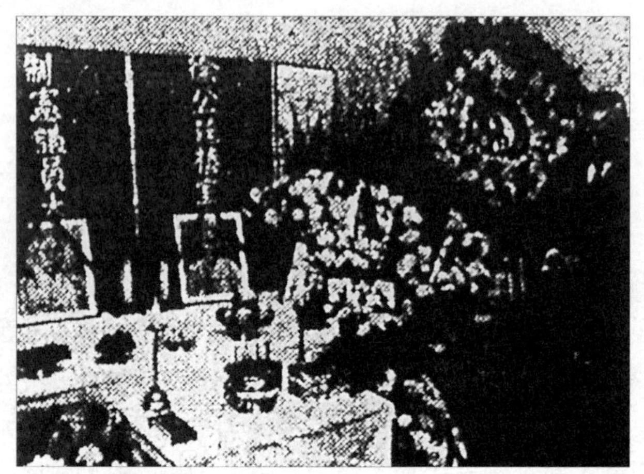

《동아일보》. 1970년 3월 13일자에 실린 서정희의 장례식

순(무소속, 52세, 6008표).2) 이 참담한 결과로 서정희는 크게 상심하였다
고 한다. 사실 그 빛나는 경력과 지조, 노익장을 과시한 의정활동을 한 자
신을 유권자들이 젖혀 놓고 미국 박사 출신의 광공(鑛工)국장에 불과한 윤
성순(6008표), 중학교 교장 10년 경력의 이범영(4144표), 청년운동에 단기
간 종사한 이활(3604표)에게 훨씬 많은 표를 던진 사실을 서정희는 결코
이해하기 어려웠을 것이다. 그래도 장남 서범석이 옹진군에서 출마하여
당선되어 그에게 큰 위안이 되었을 것이다.

　그러나 그 상심과 충격이 채 사라지기도 전에 북한의 대대적인 남침이
개시되었고, 전쟁 사흘 만에 서울이 함락되어, 정부는 수원으로, 대전으
로, 대구로, 부산으로 쫓겨 갔다. 정부의 서울 사수 약속을 믿었던 대부분
의 서울 시민들은 9월 28일까지 공산치하에 무방비 상태로 방치되었다.
그래도 국회의원에 당선된 서범석은 정부를 따라 피난갔으며, 아버지 서
정희에게 동행을 간청하였다고 한다. 그러나 서정희는 '국민을 버리고 떠
날 수 없다'며 거절하고 서울에 남았다. 서정희는 공산당원들도 사회운동

---

2)《역대국회의원선거상황》, 102～103쪽.

서정희 장례식 빈소

의 대선배인 자기를 감히 어찌하지 못할 것으로 믿었는지도 모른다. 그는
자신이 이미 최고의 반공투사가 된 사실을 잠시 잊었던 것일까? 그는 이
전쟁이 4년 동안이나 계속된 민족 최대 비극의 서막일 줄은 몰랐을 것이
며, 곧 사태가 수습될 것으로 낙관하였는지도 모른다. 그러나 서울을 접수
한 인민군은 '반동분자의 숙청'과 함께 '요인 모시기' 작전에 착수하였다.
그들이 서정희를 빼놓을 리가 없었다.

　서정희는 종로구 명륜동 자택에서 연행되었다. 그 직전 그도 사태의 심
각성을 깨닫고 다락으로 몸을 숨겼다고 한다. 그는 자신을 '모시러 온' 요
원들에게 호통을 치며 꾸짖었고, 하얀 모시 두루마기와 모자를 단정히 갖
춘 후 단장을 짚고 당당히 연행되었다고 한다. 부인 김용원은 어린 외손
자들(다섯째 딸 경자의 자녀들)을 데리고 경찰서마다 찾으며 남편의 행방
을 물었으나 모든 것이 허사였다. 어딘가에 구금되었던 서정희는 다른
'납북' 인사들과 함께 8월 중순 북으로 압송되었다고 한다. 미군의 폭격을
피해 강행된 험난한 압송 길에서 1949년 4월 38선 시찰에서 목격했던 군
대의 참담한 생활 모습이 서정희의 뇌리에서 떠나지 않았을 것이다. 과연
1년 동안 그 군대도 아닌 군대의 생활이 얼마나 개선되었을 것인가? 서정

392

희는 그 개선운동을 적극적으로 벌이지 못한 자신을 내내 후회하였을 것
이다.

그 후 서정희의 행방은 전혀 알려지지 않았다. 안재홍·조소앙 등은 대
남방송에 이따금 등장하여 생존을 확인시켜 주었지만, 서정희는 그 방송
에도 나오지 않았다. 그러나 일본에서 간행된 《현대조선인명사전》(1962
년도판, 외무성 아시아국 감수, 霞關會 편)은 서정희가 1956년 7월 재북평
화통일협의회 중앙위원에 취임한 것으로 전한다.[3] 이 기록이 정확하다면
서정희가 적어도 1956년 7월까지 생존한 것은 확실하다. '재북평화통일협
의회'는 1956년 7월 2일 납북 인사들이 북한 당국의 설득과 회유에 의해
만든 재북평화통일촉진회와 동일한 단체로 추정된다. 이 단체를 만든 주
요 인사들은[4] 남북협상을 주체적으로 주선할 수 있는 제3세력으로서 구
실을 기대하였고, 많은 인사들은 정치적 지조와 민족과 국가에 다시 봉사
할 수 있는 꿈을 버리지 않았다고 한다. 그러나 재북평화통일촉진회가 내
건 7대 행동강령 가운데 제7항을 제외한 나머지 6개 항은 '국회 프락치'
가 공작하였다는 7개 원칙과 대동소이하다(주 163 참조). 제7항 '통일된
후 중립국으로서 국제적 자유를 확보하고 사회주의도 자본주의도 아닌
모든 균등에 기초한 진보적인 민주주의 사회를 건설하도록 할 것'은 조소
앙이 주장한 중립국론이 반영된 것이다. 납북 인사들의 정치적 상징성을
'통일전선' 전략에 이용하기 위하여 북한 당국은 그들에게 일정한 '예우'
와 '독자 노선의 보장'을 약속하기도 하였지만, 납북인사들은 사실상 연

---

3) 《현대조선인명사전》, 300쪽. 그러나 이 사전이 서정희를 "조선사변 후는 북조선에
  잔류"로 기술한 것은 잘못이다. 그는 강제 납북, 억류된 것이다.
4) 최고위원 : 조소앙·안재홍·오하영. 상무위원 : 조소앙·안재홍·오하영·윤기섭·최
  동오·엄항섭·김약수·박열·박보렴·원세훈·노일환. 집행위원 : 상무위원 전원과
  명제세·조헌영·박승호·김효석·구중회·장연송·황윤호·양재하·김동영·신석
  빈·류기수·김의환·김칠성·김장렬·구덕환·권태희·김헌식·김병배, 서기국장
  윤기섭, 총무부장 남상원, 조직선전부장 노일환, 대외섭외부장 권태희, 연구자료부장
  김병회, 경리부장 이문원.

금된 '정치적 포로'로서 북한의 대남 평화통일 선전공세에 이용된 존재에 불과하였다.[5)]

어쨌든 1956년 7월 재북평화통일협의회 중앙위원이 되었다는 서정희는 이 단체의 발기, 결성, 활동과 관련하여 한 번도 그 이름이 등장하지 않았으며, 6·25전쟁 이후 이 단체가 결성되기 이전까지 납북 인사들의 행방과 생활도 증언한 《압록강변의 겨울》에도 서정희의 이름은 보이지 않는다. 이 책은 주로 남북협상을 주장한 임정요인과 중도 우파, 국회 프락치 사건 관련자들의 생활을 증언하고 있으며, '반동'으로 낙인찍힌 최린·현상윤·백관수·손진태·명제세·김용무·정광호 등은 다른 장소에 분산 수용되어 가장 박해받았다고 한다. 서정희는 이 그룹에 분류되었을 것으로 추측되는데, 이들은 재북평화통일촉진회에 참여하라는 권유를 거부하였으며, 멋대로 발기위원에 이름을 넣는 것도 항의하였다고 한다. 서정희는 아무리 늙었어도 북한의 요구에 순순히 응할 위인이 아니었다. 북에서도 그는 '역적' 노릇을 포기하지 않았을 것이다. 그 모진 박해 속에서 70대 후반의 노인 서정희는 얼마나 견딜 수 있었을까? 이 부류의 인사들이 다수 거명될 때도 서정희가 전혀 보이지 않는 것은 납득하기 어려운 일이다.

그렇다면 그는 납북 인사들과는 또 다른 별도 관리 대상이었던가? 아니면 그는 실종 또는 사망한 것일까? 그러나 정인보·이광수·김규식 등의 사망은 공식 보고되지 않았던가? 그의 사망만 유독 확인되지 않을 특별한 이유가 있었을까? 1993년 평양을 방문한 한국 정부의 요인이 서정희의 행방을 물었을 때, 북측 안내원은 성의 없게 '서정희 선생은 북에 오지 않았다'고 답변하였다고 한다. 최근 《동아일보》는 평양 교외에 새로 마련한 묘역에 안장된 납북·월북 인사 62명의 명단을 소개하였는데,[6)] 김약수를

---

5) 이태호 지음, 신경완 증언, 앞의 책, 371~399쪽 참조. 이하 납북 인사들의 재북 생활과 관련된 기술도 모두 이 책을 참고하였다.

6) 《동아일보》, 2005년 7월 27일자, 〈북, 납북·월북 62인 평양 묘역 공개〉.

주인을 기다리고 있는 서정희의 허묘

비롯한 국회 프락치 사건 인사들과 정인보·백관수·현상윤·이광수·원세훈·안재홍·김동원 등 낯익은 이름도 보이지만, 역시 서정희의 이름은 보이지 않는다. 이 보도에 따르면 이 묘역은 '계속 조영 중'이라고 한다. 앞으로 서정희의 묘도 이곳으로 안장될 것인가? 이 모든 의문은 남북이 자유롭게 왕래하고, 비극의 역사가 하나씩 공개되면 풀릴지 모른다.

그날이 오면 포천에 안장된 서정희의 빈 관에 북에서 확인된 한 줌의 흙이라도 채울 수 있을 것인가? 아니, 그의 빈 관도, 그를 애타게 기다리던 부인 김용원의 시신도 이미 모두 흙이 되었을 것이다. 그래도 흙과 흙이 만나 함께 잠들게 하는 것이 일생 '역적'으로 고투한 서정희에 대한 최소한의 예우가 아닐까? 그것은 그의 생애와 중첩된 한국 근현대사의 고난과 비극을 치유하는 우리의 엄숙한 의식일 것이다.

부 록

관련 자료 총목록

1. 서정희의 논설

1-1 〈大衆本位 세계적으로 살자〉,《朝鮮日報》, 1924년 1월 1일자

1-2 〈遺憾千萬이외다〉,《新民》 5호, 1925년 9월(기획란 ‘衡平社員對農民衝突에 就하야’ 가운데)

1-3 〈小作人의 最小限度의 要求〉,《신민》 8호, 1925년 12월(기획란 ‘小作問題에 就하야’ 가운데)

1-4 〈徐範錫評-意思와 信念이 强한데 滿足〉,《三千里》, 1929년 4월호, 20쪽(기획란 ‘아들의 人物評’ 가운데)

1-5 〈所信邁進-農總中央委員 徐廷禧氏談〉,《東亞日報》, 1930년 1월 1일자

1-6 〈新幹本部徐廷禧氏談〉,《동아일보》, 1930년 12월 18일자

1-7 〈解消論은 一種誤論〉,《별건곤》 6-2, 1931년 2월(기획란 ‘新幹會解消可否論’ 가운데)

1-8 〈大韓協會로부터 勞動運動에 이르기까지 興味絶頂의 兩大事件〉,《批判》, 1931년 5월 창간호(기획란 ‘過去戰線回想記’ 가운데)

1-9 〈岩泰의 小作運動〉,《삼천리》, 1931년 5월호, 34~35쪽(기획란 ‘勞工爭議實際記’ 가운데)

1-10 〈걱정〉,《彗星》, 1931년 5월(‘麒麟兒의 片端 (11)’ 가운데)

1-11 〈뜨거운 情誠에 老少가 感泣!〉,《조선일보》, 1931년 12월 6일자

1-12 〈滿洲에서 永遠히 生活策講究〉,《동아일보》, 1931년 12월 8일자

1-13 〈父子相會의 슬픔〉,《삼천리》, 1931년 12월호(기획란 ‘눈물의 監獄面會室’ 가운데)

1-14 〈新幹會解消不當〉,《조선일보》, 1932년 1월 3일자

1-15 〈半生의 最大感激〉,《조선일보》, 1932년 1월 4일자

1-16 〈徐廷禧氏 新年街頭問答〉,《批判》, 1932년 1월호

1-17 〈朝鮮의 政治的 將來를 悲觀乎·樂觀乎〉,《삼천리》, 1932년 9월호(기획란 ‘三千里全體會議’ 가운데)

1-18 〈신년에 여성에 보내는 멧세지〉,《女性朝鮮》 신년호, 1933년 1월

1-19 〈春賦〉, 《삼천리》, 1933년 5월호, 13쪽

1-20 〈삼천리사 창립 6주년 축하 漢詩〉, 《삼천리》, 1934년 7월호

1-21 〈그래도 滿洲밖에〉, 《삼천리》, 1935년 1월호, 55~56쪽(기획란 '民族發展에 對한 人民投票' 가운데)

1-22 〈救濟事業의 功勞者 兪鎭泰氏〉, 《삼천리》, 1935년 3월호, 37~38쪽(기획란 '朝鮮民衆의 指導者總觀' 가운데)

1-23 〈我觀 蔣介石, 간디, 트로츠키〉, 《삼천리》, 1935년 9월호, 39쪽

1-24 〈今後 二十年 뒤에는 반드시〉, 《삼천리》, 1936년 6월호, 51쪽(기획란 '日本 에 無産黨內閣이 出現할 날이 돌아올까' 가운데)

2. 오적암살사건

2-1 《朝鮮王朝 高宗實錄》 권48, 광무 11년(1907) 7월, 468~470쪽

2-2 《독립운동사자료집》 11권, 541~545쪽

2-3 《官報》, 광무 11년(1907) 7월 15일, 56~59쪽

3. 대한협회

3-1 《大韓協會會報》 8호, 1908년 10월 10일, 54~55쪽

3-2 《대한협회회보》 9호, 1908년, 68~69쪽

3-3 《대한협회회보》 10호, 1909년, 65~66쪽

4. 3·1운동

4-1 《每日新報》, 1919년 4월 15일자

4-2 《光州市史》 권2, 1980, 275~289쪽

5. 노동공제회

5-1 〈勞働共濟光州支會〉, 《동아일보》, 1920년 8월 29일자

5-2 〈光州勞働共濟總會〉, 《동아일보》, 1921년 6월 16일자

5-3 〈光州勞働共濟懇親〉, 《동아일보》, 1921년 7월 24일자

5-4 〈女子講演會의 盛況〉,《동아일보》, 1921년 8월 19일자

5-5 〈女子夜學進級式〉,《동아일보》, 1921년 9월 30일자

5-6 〈光州勞働共濟總會〉,《동아일보》, 1921년 9월 30일자

5-7 〈光州勞働夜學開始〉,《동아일보》, 1921년 10월 2일자

5-8 〈共濟支會議事會〉,《동아일보》, 1921년 12월 8일자

5-9 〈光州歌劇大會盛況〉,《동아일보》, 1922년 1월 28일자

5-10 〈兩牧師送別會盛況〉,《동아일보》, 1922년 3월 24일자

5-11 〈勞働共濟總會〉,《동아일보》, 1922년 4월 1일자

5-12 〈共濟光州支會總會〉,《동아일보》, 1922년 4월 13일자

5-13 〈光州講習所入學式〉,《동아일보》, 1922년 4월 13일자

5-14 〈光州婦人大講演〉,《동아일보》, 1922년 5월 15일자

5-15 〈在東苦學巡劇着光〉,《동아일보》, 1922년 7월 24일자

5-16 〈光州勞働共濟創立〉,《동아일보》, 1922년 11월 18일자

5-17 〈勞働夜學進級式〉,《조선일보》, 1923년 4월 7일자

5-18 〈勞働聯盟總會〉,《동아일보》, 1923년 4월 29일자

5-19 〈勞働紀念講演〉,《동아일보》, 1923년 4월 29일자

5-20 〈光州勞共委員會〉,《동아일보》, 1923년 6월 10일자

5-21 〈光州勞働宣傳〉,《동아일보》, 1923년 6월 15일자

5-22 〈所有財産萬餘圓을 勞働共濟會에 寄附〉,《동아일보》, 1923년 7월 22일자

5-23 〈光州勞働共濟總會〉,《동아일보》, 1923년 8월 1일자

5-24 〈光州勞働會總會狀況〉,《조선일보》, 1923년 8월 2일자

5-25 〈北星會講演〉,《동아일보》, 1923년 8월 11일자

5-26 〈學友會巡講〉,《동아일보》, 1923년 8월 12일자

5-27 〈勞農總同盟發起〉,《조선일보》, 1923년 9월 12일자

5-28 〈光州賃銀勞働總會〉,《조선일보》, 1923년 9월 30일자

5-29 〈水害救濟會에 同情金〉,《조선일보》, 1923년 9월 30일자

5-30 〈西鮮水害救濟會〉,《동아일보》, 1923년 9월 30일자

5-31 〈勞働共濟會總會預期〉,《조선일보》, 1923년 11월 22일자

5-32 〈光州勞働定期總會〉,《時代日報》, 1924년 5월 24일자

5-33 〈勞働夜學擴張〉,《동아일보》, 1924년 5월 25일자

5-34 〈'모히'密賣한 醫師들 光州各團體가 聲討〉,《시대일보》, 1924년 6월 13일자

5-35 〈思想問題 大講演 十五日 光州에서〉,《동아일보》, 1924년 8월 18일자
5-36 〈光州勞働共濟會 新陣容〉,《조선일보》, 1924년 9월 6일자
5-37 〈大邱에 修養團〉,《동아일보》, 1924년 12월 17일자
5-38 〈光州勞働共濟會 執行委員會〉,《시대일보》, 1925년 12월 24일자

6. 소작문제

6-1 〈小作人과 煙針問題로 민정시찰관을 육박공격〉,《동아일보》, 1922년 3월 7일자
6-2 〈七面에서 一齊宣傳〉,《동아일보》, 1923년 3월 9일자
6-3 〈小作人會創立〉,《조선일보》, 1923년 3월 25일자
6-4 〈瑞坊面에도 小作會〉,《조선일보》, 1923년 3월 27일자
6-5 〈小作人會創立〉,《조선일보》, 1923년 4월 11일자
6-6 〈四面小作人會員蹶起〉,《조선일보》, 1923년 4월 22일자
6-7 〈小作人會次第蹶起〉,《조선일보》, 1923년 4월 28일자
6-8 〈小作會處處蹶起〉,《조선일보》, 1923년 4월 30일자
6-9 〈光州小作聯合〉,《동아일보》, 1923년 5월 3일자
6-10 〈不良地主攻擊演說會〉,《조선일보》, 1923년 5월 13일자
6-11 〈光州小作聯合總會〉,《조선일보》, 1923년 5월 15일자
6-12 〈光州小作聯合 講演과 決議〉,《동아일보》, 1923년 5월 17일자
6-13 〈不良地主攻擊演說後報〉,《조선일보》, 1923년 5월 19일자
6-14 〈地主及小作組合〉,《조선일보》, 1923년 5월 28일자
6-15 〈光州小作會議〉,《동아일보》, 1923년 6월 15일자
6-16 〈光州小作聯合會狀況〉,《조선일보》, 1923년 6월 18일자
6-17 〈光州에도 移秧戰〉,《동아일보》, 1923년 6월 21일자
6-18 〈河南小作人會總會〉,《동아일보》, 1923년 6월 21일자
6-19 〈光州小作會宣傳〉,《동아일보》, 1923년 7월 2일자
6-20 〈光州面小作人總會〉,《조선일보》, 1923년 10월 10일자
6-21 〈光州小作會 坪지를 實行〉,《동아일보》, 1923년 10월 12일자
6-22 〈光州小作臨時總會〉,《조선일보》, 1923년 11월 5일자
6-23 〈郡守彈劾演說을 將開 光州小作人聯合會에서 決議〉,《조선일보》, 1923년 11월 6일자
6-24 〈光州郡守彈劾節次〉,《동아일보》, 1923년 11월 8일자

6-25 〈光州小作活動〉,《동아일보》, 1923년 11월 15일자

6-26 〈小作人聯合會의 決議〉,《조선일보》, 1923년 11월 16일자

6-27 〈光倅彈劾演說延期〉,《조선일보》, 1923년 11월 22일자

6-28 〈小作會臨時總會〉,《조선일보》, 1923년 11월 22일자

6-29 〈巡廻講演의 活動〉,《조선일보》, 1923년 11월 22일자

6-30 〈一年再次의 小作料 이제부터는 줄 수 없다고 동맹〉,《조선일보》, 1923년 11월 29일자

6-31 〈小作會의 決議 着着 實施〉,《조선일보》, 1923년 12월 8일자

6-32 〈小作人會總會決議〉,《조선일보》, 1923년 12월 12일자

6-33 〈小作爭議와 光州郡守〉,《조선일보》, 1923년 12월 15일자

6-34 〈牛峙小作臨時總會〉,《조선일보》, 1924년 1월 9일자

6-35 〈農民五百名 光州警察에 殺到〉,《동아일보》, 1924년 1월 17일자

6-36 〈牛峙小作人會總會〉,《조선일보》, 1924년 1월 18일자

6-37 〈小作會長 引致〉,《조선일보》, 1924년 1월 20일자

6-38 〈四面楚歌의 光州郡守〉,《조선일보》, 1924년 1월 27일자

6-39 〈鄭地主無理要求로 小作人團結은 漸次 鞏固〉,《조선일보》, 1924년 1월 27일자

6-40 〈小作爭議圓滿解決 光州石仃右峙羊面의 問題〉,《조선일보》, 1924년 2월 16일자

6-41 〈順天農聯 決議 聯合會席上에서〉,《동아일보》, 1924년 2월 27일자

6-42 〈過失없는 小作奪取엔 不應〉,《시대일보》, 1924년 5월 23일자

6-43 〈小作團結鞏固〉,《시대일보》, 1924년 5월 25일자

6-44 〈牛峙小作總會〉,《시대일보》, 1924년 5월 27일자

6-45 〈小作爭議 調査次로〉,《동아일보》, 1924년 6월 19일자

6-46 〈岩泰事件의 同情金을〉,《동아일보》, 1924년 7월 14일자

6-47 〈岩泰小作의 爭議解決〉,《동아일보》, 1924년 9월 2일자

6-48 〈文地主와 和解條約〉,《동아일보》, 1924년 9월 4일자

6-49 〈光州小作聯合 第三回總會〉,《조선일보》, 1924년 9월 6일자

6-50 〈牛峙小作會 新陣容〉,《조선일보》, 1925년 12월 14일자

6-50 〈無理한 木浦警察 調査員入島를 禁止〉,《동아일보》, 1925년 10월 28일자

6-51 〈四百地主에 警告〉,《동아일보》, 1925년 11월 14,일자

6-52 〈宮三面民에 激勵文發送〉,《조선일보》, 1925년 12월 14일자

7. 형평운동

7-1 〈光州에도 衡平社〉,《조선일보》, 1923년 5월 30일자

7-2 〈衡平支社祝賀式〉,《동아일보》, 1923년 7월 5일자

7-3 〈醴泉事件의 影響〉,《시대일보》, 1925년 8월 21일자

8. 노농총동맹

8-1 〈慶南勞農運動者懇親會〉,《조선일보》, 1924년 1월 7일자

8-2 〈六十餘個團體가 勞農同盟을 發起〉,《동아일보》, 1924년 1월 19일자

8-3 〈慶南勞農運動者 新年聯合懇親會〉,《조선일보》, 1924년 1월 20일자

8-4 〈無産同盟決議〉,《동아일보》, 1924년 2월 27일자

8-5 〈南鮮勞農同盟 勞働團體參加〉,《동아일보》, 1924년 3월 3일자

8-6 〈南朝鮮의 勞農同盟創立會〉,《동아일보》, 1924년 3월 7일자

8-7 〈光州에도 勞農聯盟創立會〉,《동아일보》, 1924년 3월 8일자

8-8 〈赤色勞働旗下에 雲集한 勞農代表〉,《동아일보》, 1924년 3월 11일자

8-9 〈南鮮勞盟第二日〉,《동아일보》, 1924년 3월 12일자

8-10 〈南鮮勞盟決議案〉,《동아일보》, 1924년 3월 14일자

8-11 〈反動勢力의 撲滅 南鮮勞農同盟의 決議 〉,《동아일보》, 1924년 3월 15일자

8-12 〈地主에게 警告文 南鮮勞農同盟에서〉

8-13 〈各處 '白盜'報告〉,《동아일보》, 1924년 4월 5일자

8-14 〈今日부터 勞農大會〉,《동아일보》, 1924년 4월 15일자

8-15 〈開幕된 全朝鮮勞農大會〉,《동아일보》, 1924년 4월 16일자

8-16 〈熱血이 沸騰한 勞農大會는 初日〉,《시대일보》, 1924년 4월 16일자

8-17 〈朝鮮勞農大會는 圓滿無缺히 進行〉,《시대일보》, 1924년 4월 17일자

8-18 〈南鮮勞農의 臨時總會〉,《시대일보》, 1924년 4월 17일자

8-19 〈全羅道 團體의 赤色旗〉,《시대일보》, 1924년 4월 17일자

8-20-1 〈總同盟이 成立되면 노농대회는 해체하고〉,《동아일보》, 1924년 4월 18일자

8-20-2 〈形式을 버리고 大同團結說有力〉,《동아일보》, 1924년 4월 18일자

8-21 〈全朝鮮總同盟을 發起〉,《동아일보》, 1924년 4월 19일자

8-22 〈發起에서 創立에〉,《동아일보》, 1924년 4월 20일자

9. 언론압박 반대투쟁

10. 기근구제활동

10-1 〈朝鮮饑饉救濟會〉,《시대일보》, 1924년 9월 29일자

10-2 〈饑饉救濟會의 實行方針決定〉,《동아일보》, 1924년 10월 2일자

10-3 〈事務를 分掌한 饑饉救濟會〉,《시대일보》, 1924년 10월 10일자

10-4 〈饑饉救濟會 幹部義損釀出〉,《시대일보》, 1924년 10월 21일자

10-5 〈饑饉救濟會 積極方針進行〉,《동아일보》, 1925년 1월 21일자

10-6 〈十一處 一千百戶에 눈물의 五圓金〉,《조선일보》, 1925년 2월 4일자

10-7 〈泰仁에 救濟講演盛況 徐特派來泰를 期하여〉,《조선일보》, 1925년 2월 25일자

10-8 〈高敞에서 또 徐廷禧氏講演〉,《조선일보》, 1925년 2월 25일자

10-9 〈救濟品分配 高敞에서 每一人一圓〉,《동아일보》, 1925년 2월 25일자

10-10 〈靈光에 饑饉講演 同情金도 遝至〉,《조선일보》, 1925년 3월 2일자

10-11 〈饑饉救濟會 第二回로 八千圓〉,《조선일보》, 1925년 5월 4일자

10-12 〈救濟講演 十八日 扶安에서〉,《조선일보》, 1925년 5월 22일자

10-13 〈井邑에 救濟大講演〉,《조선일보》, 1925년 5월 23일자

10-14 〈長城에도 救濟應援會〉,《조선일보》, 1925년 5월 27일자

10-15 〈徐委員來光〉,《조선일보》, 1925년 5월 28일자

10-16 〈二千六百餘 水災民에 朝飯과 麵麭를 供饋〉,《동아일보》, 1925년 7월 15일자

10-17 〈廿三個團體聯合으로 水害救濟를 講究〉,《동아일보》, 1925년 7월 16일자

10-18 〈救濟委員派送〉,《동아일보》, 1925년 7월 19일자

10-19 〈熱烈한 同胞愛로 相扶相助하라〉,《동아일보》, 1925년 7월 20일자

10-20 〈朝鮮饑饉救濟會 南道地方에 活動〉,《동아일보》, 1925년 7월 27일자

10-21 〈徐氏 咸安에 特派〉,《동아일보》, 1925년 8월 1일자

10-22 〈各地水害情報〉,《동아일보》, 1925년 8월 3일자

11. 북풍회

11-1 〈解放運動社〉,《동아일보》, 1924년 7월 21일자

11-2 〈小說 記念式〉,《시대일보》, 1924년 10월 13일자

11-3 〈北風會創立〉,《동아일보》, 1924년 11월 27일자

11-4 〈兩大運動의 倂行을 期한 北風會의 宣言, 綱領〉,《동아일보》, 1924년 11월 29일자

11-5 〈赤雹團 主旨〉,《동아일보》, 1924년 12월 12일자

11-6 〈日本同志에게 보내는 書信〉, 1924년 12월 13일

11-7 〈北風會事務所를 赤雹團圓이 襲擊〉,《동아일보》, 1924년 12월 14일자

11-8 〈京青臨時總會〉,《동아일보》, 1924년 12월 15일자

11-9 〈仁川鐵工組合創立〉,《조선일보》, 1925년 1월 13일자

11-10 〈麵屋勞働組合〉,《동아일보》, 1925년 1월 28일자

11-11 〈印工青年同盟發會式〉,《조선일보》, 1925년 3월 17일자

11-12 〈레닌追慕〉,《조선일보》, 1925년 10월 19일자

11-13 〈赤露의 革命祝日과 各 團體紀念準備〉,《동아일보》, 1925년 11월 5일자

11-14 〈'解放運動' 續刊〉,《동아일보》, 1926년 5월 20일자

12. 조선공산당사건

12-1 〈主義者續續檢擧 勞總의 徐廷禧氏又檢擧〉,《조선일보》, 1925년 12월 15일자

12-2 〈歸國中의 金若水氏 大邱에서 被捉〉,《동아일보》, 1925년 12월 16일자

12-3-1 〈보석허가원〉(1926. 5. 14), 고려대 아세아문제연구소 소장 희귀문헌
　　　　300-1-090, 0487~0489쪽

12-3-2 〈(보석) 請書〉(日文, 1926. 5. 15), 고려대 아세아문제연구소 소장 희귀문헌
　　　　300-1-090, 0431~0432쪽

12-3-3 〈(歸家)請書〉(한글, 1926. 5. 18), 고려대 아세아문제연구소 소장 희귀문헌
　　　　300-1-090, 519~0520쪽

12-3-4 〈徐廷禧氏歸京 신병이 ·침중하여〉,《조선일보》, 1926년 5월 24일자

12-4 〈共産黨最終審問 徐氏 保釋取消로 入監〉,《동아일보》, 1927년 3월 8일자

12-5 〈己未運動以後 朝鮮初有의 秘密結社事件 … 被告九十碑名〉,《동아일보》,
　　　 1927년 4월 3일자

12-6 〈… 朝鮮共産黨公判今日開廷 … 百一名被告〉,《동아일보》, 1927년 9월 13일자

12-7 〈朝鮮共産黨公判 … 兩被告는 冒病出廷〉,《동아일보》, 1928년 1월 10일자

12-8 〈病中 兩被告 十二日부터 出廷〉,《조선일보》, 1928년 1월 10일자

12-9 〈被告 徐廷禧 病態益危重〉,《동아일보》, 1928년 2월 11일자

12-10 〈… 朝鮮共産黨 刑期言渡 … 判決된 九十五名〉,《조선일보》, 1928년 2월 14일자

12-11 〈感慨쌓인 迎接속에 十四共黨員出獄〉,《조선일보》, 1928년 2월 15일자

12-12 〈出張한 平壤署員 四氏를 召喚取調〉,《조선일보》, 1928년 12월 1일자

12-13 〈徐, 鄭, 南 三氏 無事釋放〉,《조선일보》, 1928년 12월 2일자

12-14 김준엽·김창순,《한국공산주의운동사》자료편 I, 고려대 아세아문제연구소, 1979

12-14-1　피의자 서정희 신문조서(1925년 12월 14일), 786~787쪽

12-14-2　피의자 金尙珠 청취서(제2회, 1925년 12월 15일), 788~789쪽

12-14-3　피의자 金枓全 신문조서(1925년 12월 16일), 796쪽

12-14-4　피의자 徐廷禧 신문조서(제2회, 1925년 12월 17일), 808쪽

12-14-5　피의자 尹德炳 신문조서(1925년 12월 18일), 809~810쪽

12-14-6　피의자 尹德炳 신문조서(제2회, 1925년 12월 19일), 810쪽

12-14-7　피의자 金枓全 신문조서(제3회, 1925년 12월 18일), 812쪽

12-14-8　신의주경찰서 도 경부보(警部補) 의견서(1925년 12월 19일), 816쪽

12-14-9　피의자 金枓全 신문조서(1925년 12월 21일), 817~818쪽

12-14-10 피의자 徐廷禧 신문조서(1925년 12월 21일), 820쪽

12-14-11 피의자 徐廷禧 신문조서(제2회, 1925년 12월 22일), 832~833쪽

12-14-12 피의자 尹德炳 신문조서(제2회, 1925년 12월 22일), 834쪽

12-14-13 피의자 金枓全 신문조서(제2회, 1925년 12월 22일), 830쪽

12-14-14 피고인 徐廷禧 신문조서(제1회, 1926년 2월 3일), 469쪽

12-14-15 피고인 金若水 신문조서(제2회, 1926년 5월 12일), 545~547쪽

12-14-16 피고인 金在鳳 신문조서(제3회, 1926년 5월 13일), 551쪽

12-14-17 피고인 徐廷禧 신문조서(제2회, 1926년 5월 18일), 556~558쪽

12-14-18 豫審移送(1926년 7월 12일), 608쪽

12-14-19 피고인 金枓全 신문조서(1927년 2월 21일), 620쪽

12-14-20 피고인 金在鳳 신문조서(제3회, 1927년 3월 5일), 663쪽

12-14-21 피고인 서정희 신문조서(1927년 3월 7일), 667쪽

12-15 조선공산당사건증거물 寫(一),〈停權黨員의 반동에 관한 보고」, 高等法院檢
　　　查局思想部,《思想月報》제2권 제8호, 1932. 11. 15. 13~20쪽

12-16 〈勾留更新決定〉(1927. 7. 9), 고려대 아세아문제연구소 소장, 희귀문헌
　　　300-101, 611쪽

12-17 〈제1, 2차 조선 공산당사건판결〉(김정명 편,《조선독립운동－공산주의운동
　　　편》, 동경, 1967, 940~956쪽)

13. 신간회운동

13-1 〈新幹京城支會大會〉, 《동아일보》, 1929년 1월 21일자

13-2 〈新幹會京城支會〉, 《동아일보》, 1929년 1월 22일자

13-3 〈警察部突然緊張 各團體幹部檢擧〉, 《조선일보》, 1929년 12월 14일자

13-4 〈新幹中央委員會〉, 《동아일보》, 1930년 11월 10일자

13-5 〈新幹部選擧〉, 《동아일보》, 1930년 11월 11일자

13-6 〈新幹中央委員會〉, 《동아일보》, 1930년 11월 20일자

13-7 〈新幹運動激勵次 巡廻員派遣〉, 《동아일보》, 1930년 12월 25일자

13-8 〈京城支會 간부의 정권처분〉, 경기도경찰부, 《治安狀況》(1931. 7), (朴慶植 編 《朝鮮問題資料叢書 第六卷－1920～30年代民族運動》, アジア問題研究 所刊, 1982, 323～325쪽)

13-9 〈新幹支會 會員除名處分〉, 《동아일보》, 1931년 1월 12일자

13-10 〈경성지회 최윤경·우봉운·권승렬·김용기 4인의 결의문〉, 경기도경찰부, 《치안상황》(1931. 7)(朴慶植 編, 《朝鮮問題資料叢書 第六卷－1920～30年代 民族運動》, アジア問題研究所刊, 1982, 373～375쪽)

13-11 〈해소문제의 귀결, 신간회본부의 전체대회〉, 경기도경찰부, 《치안상황》(1931. 7), (朴慶植 編, 《朝鮮問題資料叢書 第六卷－1920～30年代民族運動》, アジ ア問題研究 所刊, 1982, 416～417쪽)

13-12 〈新幹最後全鮮大會記〉, 《彗星》1-4, 1931. 6

13-13 〈新幹大會 雜觀雜評〉, 《혜성》1-4, 1931. 6. 38～42쪽

13-14 〈非安協運動〉, (朝鮮總督府警務局 編, 《最近における朝鮮治安狀況》, 1936. 6. 92～94쪽)

14. 만주조난동포 위문

14-1-1 〈在滿同胞問題協議會 第1次發起會〉(京鍾警高秘 제13097호), 고려대 아세 아문제연구소 소장, 희귀문헌 1100-015, 〈集會取締狀況報告〉

14-1-2 〈遭難同胞問題協議會組織〉, 《동아일보》, 1931년 10월 29일자

14-2 〈九委員增選 部署를 組織〉, 《동아일보》, 1931년 10월 30일자

14-3 〈故國同胞에 感謝不己라고〉, 《조선일보》, 1931년 11월 5일자

14-4 〈協議會慰問使 徐廷禧氏特派〉, 《동아일보》, 1931년 11월 6일자

14-5 〈協議會慰問使 徐廷禧氏特派〉,《조선일보》, 1931년 11월 6일자

14-6 〈避難同胞로부터 協議會에 感謝狀〉,《동아일보》, 1931년 11월 15일자

14-7 〈協議會의 慰問使 徐氏一行活動〉,《동아일보》, 1931년 11월 18일자

14-8 〈遭難同胞에 六百圓又現送〉,《동아일보》, 1931년 11월 19일자

14-9 〈本社에 依賴된 慰問品〉,《조선일보》, 1931년 11월 20일자

14-10 〈會名改稱, 委員改選〉,《조선일보》, 1931년 11월 27일자

14-11 〈營口避難同胞 協議會에 感謝〉,《조선일보》, 1931년 12월 4일자

14-12 〈同胞慘禍의 地 淸原을 다녀와서〉,《조선일보》, 1931년 12월 5일자

14-13 〈滿洲遭難同胞問題協議會에 感謝狀〉,《조선일보》, 1931년 12월 6일자

14-14 〈뜨거운 情誠에 老少가 感泣!…協議會徐廷禧氏歸京〉,《조선일보》, 1931년
12월 6일자

14-15 〈淸源縣同胞 慰護會를 組織〉,《동아일보》, 1931년 12월 7일자

14-16 〈協議會慰問使 徐廷禧氏 慰勞〉,《동아일보》, 1931년 12월 7일자

14-17 〈滿洲에서 永遠히 生活策講究〉,《동아일보》, 1931년 12월 8일자

14-18 〈徐慰問使歡迎會盛況〉,《동아일보》, 1931년 12월 9일자

14-19 〈協議會에도 感謝狀到着〉,《조선일보》, 1931년 12월 14일자

14-20 〈協議會委員會 十九日의 經過〉,《동아일보》, 1931년 12월 22일자

14-21 〈滿洲被害同胞弔慰式〉,《동아일보》, 1932년 1월 18일자

14-22 〈滿洲同胞問題 協議會遂解體〉,《조선일보》, 1932년 3월 27일자

15. 제헌국회 의정 활동

(*《대한민국 국회 속기록》을 참조하였음)

15-1 〈헌법 및 정부조직법 국회규칙기초위원 선출에 관한 보고〉(1회 본회 2차,
1948년 6월 1일), 26쪽

15-2 〈삼팔선 이북에 대한 국회명의 성명서 동의〉(1회 본회 3차, 1948년 6월 2일),
27~28쪽

15-3 〈국회법 및 국회규칙기초위원회 보고〉(1회 본회 5차, 1948년 6월 8일), 69~70, 74쪽

15-4 〈국회법안 설명〉(1회 본회 6차, 1948년 6월 9일), 82, 86쪽

15-5 〈국회법안 설명〉(1회 본회 7차, 1948년 6월 10일), 88쪽

15-6 〈헌법안 조기통과촉구〉(1회본회 21차, 1948년 6월 30일), 323~324쪽

16. 기 타

16-2 〈靑年紀念會解散〉,《시대일보》, 1924년 10월 8일자

16-3 〈朝鮮敎育協會〉,《동아일보》, 1928년 6월 18일자

16-4 〈李正洙氏葬儀〉,《동아일보》, 1929년 2월 19일자

16-5 〈火田民衝火事件〉,《조선일보》, 1929년 7월 20일자

16-6 〈思想團體幹部等 六十餘名을 檢擧〉,《동아일보》, 1931년 7월 7일

16-7 〈鐘路署에서 四十餘名釋放〉,《동아일보》, 1931년 7월 10일

16-8 〈留置場風景〉,《批判》, 1931년 7·8월

16-9 〈민족주의선구자로 칭하는 자들의 동향〉 1(1933년 1년 16일, 朝憲高秘 제22호)

16-10《尹致昊日記》권9, 420쪽 ; 권10, 358쪽(韓國史料叢書 第19, 時事文化社, 1988)

16-11 〈結婚講座-主禮하는 法〉,《혜성》 2-2, 1932. 2. 97쪽

16-12 〈朝鮮日報對東亞日報 相爭事件眞相及批判〉,《삼천리》, 1935년 8월호

16-13 〈申丹齋 오는 날의 南大門驛頭〉,《삼천리》, 1936년 4월호, 26쪽

16-14 〈朝鮮日報 東亞日報 社長公薦結果發表〉,《삼천리》, 1936년 4월호, 36쪽

17. 서정희에 대한 인물평

17-1 徐範錫, 〈徐廷禧評－策士라기보다 鬪士 金錢에 淡泊 외골수〉(《삼천리》, 1929년 4월호, 16~18쪽. 기획란 '아버지 人物評' 가운데)

17-2 〈社會運動者의 이 모양, 저 모양〉,《혜성》, 1931. 9. 79쪽

17-3 〈조선혁명운동투사와 정계활약의 인물약력〉가운데 '徐廷禧'(金鍾範·金東雲, 《解放前後의 朝鮮眞相－第二輯 獨立運動과 政黨及人物》, 朝鮮政經硏究社, 1945 ;《해방전후의 조선진상》, 돌베개, 1984 재출간, 176~178쪽)

주요 자료의 내용

1. 서정희 논설

1-1 《조선일보》, 1924년 1월 1일자

大衆本位 세계적으로 살자

나는 조선인의 금후 진로는 아주 말하기 쉬운 것이라 한다. 과거와 현재를 보아서 확정적으로 단언할 수가 있다. 과거 조선인의 운동도 그 살기를 위하여 한 것이고 현재도 미래도 모두 그러한 것이다. 그런데 오늘날 우리의 생활 현상을 보면 인간 생활에 합당한 생활이 아닐 뿐 아니라 도리어 죽음의 구렁에서 울고 있는 불쌍한 현상이다. 따라서 이런 현상을 나타나게 한 과거 조선인의 모든 운동이라는 것은 누구나 다 그 착오된 것을 판정하게 되었다. 즉 그 착오는 이것이다. 과거의 그것이 조선인 대중을 본위로 한 운동이 아니요 오직 소수계급의 쟁패운동이었다. 그러므로 그 결과는 대중의 행복을 위한다는 것보다도 먼저 소수의 안일을 도모함에 지나지 못하였다. 이제 우리는 이러한 모든 경험에 의하여 당연히 새 길을 찾지 않을 수 없게 되는 동시에 그것은 곧 대중본위운동에 있다 한다. 이제부터 조선인은 과거를 저주하고 현재를 각오한 처지에서 세계적으로 호흡을 同하야 세계의 약한 자들로 더불어 똑같은 보조를 취함에 있다. 민족주의를 고집하야 일대일의 투쟁을 계속하여 조선인의 장래의 행복을 도모한다 함은 언제나 몽상일 것을 나는 단언하기를 주저치 아니한다.

1-2 《新民》 5호, 1925년 9월, 기획란 '衡平社員對農民衝突에 就하야' 가운데

유감천만이외다

부자유에서 자유로 불합리에서 합리로 이 세상은 점차 개조되어 가는 도상에 있음은 다시 말할 것도 없습니다. 그러나 이것은 결코 자연에 방임하여서 스스로 개조됨을 기다릴 것은 아니외다. 우리들의 분투와 노력에 因하야 그 시기는 얼마라도 단축케 할 수가 있을 것이외다.

이 의미에 있어서 우리는 형평운동을 절대로 긍정하지 아니할 수가 없습니다. 수 백년래 그들이 당한 학대는 생각기만 하여도 미안하외다. 이것을 어느 때까지 그대로 두자 할 이는 아마 없을 줄 압니다. 그리고 금번 예천사건으로 말하더라도 농민 측에서 무슨 큰 계급관념으로부터 형평사원을 누르고자 하였거나 또는 그 운동을 방해하여 보자는 깊은 의식에서 나온 행동은 아닐 줄 압니다. 왜 그러냐하면 그 양편은 같은 처지에 있는 이들인 까닭이외다. 그리고 직업상의 계급의식이 아직까지 그렇게 심각할 줄은 믿지 않겠습니다. 결국 말하면 평시 서로의 이해가 박약하였다는 것이 최대의 원인일 것이요 그 다음은 군중심리에 끄을림이 아닌가 함이다. 여하간 큰 유감이 아니라고 할 수 없습니다. 더구나 나로 볼 때는 부끄러워서 아무 말도 못할 처지에 섰습니다. 말하면 지금까지 농민운동에 명색이 종사하고 있다는 나로서는 다만 내 자신의 깊은 책임을 느낄 따름이외다. 그리고 금후의 조처라고 하여도 우리는 우리의 동지에게 사회에 대한 생활의식이 좀더 늘어가도록 최선의 노력을 하여보겠다는 이외에 아직 아무 구체적 생각은 없습니다.

1-3 《신민》 8호, 1925년 12월, 기획란 '小作問題에 就하야' 가운데

小作人의 最小限度의 要求

세상에서는 소작인의 주장은 一槪히 불온사상이라고 배척을 한다. 그러나 소작인도 사람이니까 살겠다고 부르짖는 것이야 무슨 힘으로도 뜯어 막을 수가 없을 것이다.

그런데 우리도 현실 사회에 있어서는 무턱대고 생산물의 공동관리라든가 土地의 국유라든가 하는 것을 주장하는 것이 아니다. 현상의 지주로서 될 수 있는 범주 내의 것을 요구하자는 것이다. 말하자면 최소한도로 네 가지 要求를 하고 있다.

제1 소작권의 확보와 舍音 폐지 소작권이라는 것은 어느 나라에서든지 법률상 일종 물권으로 공인되어야 절대보장이 있거늘 유독 조선은 이것이 없어 地主는 하시든지 마음대로 소작지를 이동하고 있다. '땅띤다'는 것이 소작인에게 얼마나 큰 생존권의 위협인가. 어느 때 이 사형선고를 받을는지 모르고 그 토지에 안심 애착하고 있을 소작인이 누구인가를 생각하라.

그리고 이런 위협은 지주보다 舍音農監의 사적 감정에서 나오는 것이 더욱 많으므로 그만큼 더 위험한 것이다. 舍音의 폐해는 세상이 다 아는 바와 같이 지주와 소작인 간에 개재하야 하등 필요가 없이 공연히 악수단을 弄하야 사복을 充하기만

좋게 되었다. 우리가 단연코 그 폐지를 주장하는 점도 여기에 있다.

 제2 소작료는 4할제로 현상으로서는 지주의 착취는 너무 혹심하다. 고래 관례로 말하면 기호지방은 종자와 지세공과를 지주가 부담하고 5할로 분배하던 것도 소작인이 억울타 하였다. 삼남지방으로 말하면 대부분은 白文地稅로 세금이나 부담하고 토지는 그저 경작하여 달라고 하던 것이 그 후 소작인의 근로에 依하여 추수를 多生하게 되면 지주는 직황을 돌아보고 지세부담을 가져가는 대신으로 매 두락 2.3斗式 분배를 청구하여 가던 것이 금일 看坪執穗法의 남상이라 한다. 그런데 지금은 도리어 지세공과도 소작인에게 물리고 執穗라고는 지주의 마음대로 6할 이상을 잡아간다. 이런 악례를 開한 자는 동척이다. 동척은 공인사회의 체면 상 세금은 소작인에게 부담시키지 아니하나 그 대신 執穗에 그 보충을 하고 있는 모양이다. 최초에 사회가 無價値한 박토를 간상 등의 手를 經하야 고가로 매입한 것을 지질 생각은 않고 투자액에 대한 배당만 산출하랴 그 노력함으로 자연 무리한 착취만 하게 된 것이다. 조선 측 지주들은 폐일언하고 동척의 예를 구실로 하야 더욱 착취를 심히 한다.

 가령 地稅公課를 지주가 부담하고 소작료를 5할로 한다 할지라도 금년 같은 곡가에는 소작인은 부채를 지게 된다. 이제 지가 100원짜리 일단보에서 수확 1석 6두를 얻었다 하고 여기에 대한 지주의 소작인의 계산을 하여보자.

    ◇지주의 계산

투 자 금 100원

收　　入　十二圓 (租八斗代 石十五圓換算)

支　　出　一圓 (地稅公課及管理諸費)

差引純益　十一圓 (投資에 對한 一割一步利)

    ◇소작인의 계산

收　　入　十三圓 (租八斗代十二圓 藁百束代一圓)

支　　出　十八圓十六錢

　內　譯

種 子 代　一圓二十六錢 (七升代 單價十八錢)

堆 肥 代　一圓 (二□代 單價五十錢)

綠 肥 代　六十錢 (三負代 單價二十錢)

大豆稫代　一圓四十錢 (苗代用半枚分 單價二圓七十錢)

農 具 費　五十錢 (一家年五圓의 十分一)

牛 耕 賃　二圓 (一日三段賃六圓의 三分一)

利　　子　一圓(□□, 種子, 農具, 牛□□□□五圓利子二割)

人 夫 賃　十圓四十錢 (小作人의 勞動賃金一日四十錢二十六日分)

　計　　十八圓十六錢

差引不足　五圓十六錢 (小作人의 勞動賃金缺損)

실지계산이 보통 如是하니 지주의 이득에 비하야 소작인의 손실이 과다하다. 고로 이를 사할로 하면〔소작인수입 15원 70전내 소작인로동임금 7원 20전(1일 28전에 상당)〕幾分間 模衡을 유지할까 한다.

제3 無料運搬은 一里까지　자래로 소작료를 無料運搬하는 관례는 대개 舍音宅이나 지주창고가 부근 洞里에 있어(멀어야 1리) 소작인이 格別한 노력과 비용을 不要하던 시기에 발생된 관례이다. 현재와 같이 원거리에 不少한 비용을 나게 하는 때는 일당이나 실비를 지주가 부담하는 것은 당연한 事이다. 더구나 東拓 기타 대농장에서는 일시에 多數히 수납하는 고로 소작인은 납입을 완료하기까지 수일을 체재하며 심한즉 수납취급자에게 贈賂하야 遠收納을 圖하는 사례가 왕왕이 있다. 그 層生疊出하는 소작인에 대한 폐해야말로 일일히 예언할 수도 없다.

제4 再調製의 廢止及斗槪使用　소작인이 납입한 것에 지주는 품질의 精選을 慾求하는 결과 반드시 再調製를 시행한다. 有芒租라도 이를 打落하야 唐箕와 萬石으로 精撰에 精撰을 加하야 一石이라도 보통 一石二三斗에 상당하게 하고 斗量을 할 때도 斗上加斗로 산같이 高捧을 한다. 穀類에 斗槪를 사용하라는 것은 度量法에 규정이 있건만 이런 것은 官憲도 取締를 안 하는 것은 더욱 奇怪하다. 지주는 이같이 □慾을 충만하려 함으로 소작인은 가령 일석의 소작료를 납입하려면 一石四五斗를 준비치 않을 수 없으니 이런 불공평한 일이 어디 또 있을 것인가?

요컨대 이러한 무리와 부정이 금일 소작인의 위에 공연히 現行되고 있는 것은 지주는 무한한 권력을 가지고 소작인을 얼마든지 屈從하여 온 까닭이다. 그러나 屈從도 견딜 수 있는 데까지가 한도이다. 이러나 저러나 살 수 없을 지경에 이르러서는 屈從도 할 수 없는 것은 사리의 당연이니 지주가 재산권력을 유일무기로 하는 것과 같이 우리 소작인도 단체의 힘을 유일의 무기로 하고 일어서게 된 것이다. 지주로서 소작인의 생활을 위협하고 있을 때까지 이 항쟁은 쉬는 날이 없으리라고 믿는다. 또한 그러하여야 할 것이다.

이상은 우리가 한갓 선동적으로만 제창하는 것이 아니라 살겠다는 절실한 요구에서 타산을 기초로 한 조건이니 지주도 아마 별단의 이론이 없을 것이라 한다.

1-4 《三千里》, 1929년 4월호, 20쪽

아들의 인물평 – 의사와 신념이 강한 데 만족

아직 연령 三十未滿의 범석이를 가지고 그를 비평함은 피할 일이다. 그러기에 청에 이기지 못하여 간단하게 두어 마디 쓰겠다.

범석이는 열다섯 살 이후는 충분한 교육을 받지 못하였다. 아버지 된 내 자신이 항상 집에 붙어 있지 않았기에 가정교육인들 충분히 힘쓰지 못하였다. 그러나 그는 현실사회에 대한 인식과 비판하는 힘은 동년배의 다른 靑年들에게 결코 지지 않을 줄 안다. 이것은 환경의 소치다. 그러기에 결과에 있어서는 나 같은 부친과 가정을 가졌기에 범석의 성격과 사상은 오히려 가야 할 곳에 간 듯한 느낌을 갖는다.

그는 어릴 때부터 남에게 지지 않는 기백이 있었다. 그뿐더러 지식에 대한 진취욕이 훨씬 강하였다. 또 한 가지 特徵을 말한다면 모험하는 힘이 있었다.

전체에 있어서 그는 의사가 강하여 즉 어떤 사물에든지 꿋꿋한 신념을 가진 듯이 보이니, 이것은 나로서 심히 만족하게 여기는 바이다.

1-5 《동아일보》, 1930년 1월 1일자

所信邁進 – 農總中央委員 徐廷禧氏談

조선 전 인구의 팔할이나 점령한 조선의 농민(농민)운동이 어느 부분의 운동보다도 건실하고 또는 힘이 있어야 할 것은 두말을 요할 바 아니나 아직까지도 집단적으로 큰 보람이 없게 된 것은 농민자체의 각성이 작은 것도 원인이 되려니와 그보다도 주위의 환경이 그 생장을 저해하는 것도 가릴 수 없는 큰 원인이 될 것이외다. 이러한 환경에 처해 있다고 하야서 농민자체의 운동이 결코 퇴보하거나 또는 지지할 리는 만무한 것이외다. 새해에는 어찌하겠느냐? 소신한 바 있으니 소신한 그대로 나아갈 것 뿐이지오. 한 거름 더 나아가서 구체적으로 어찌할 것을 말하기는 여러 가지로 보아 거북합니다마는 쪼각쪼각으로 비추인다 하면 농촌의 계몽운동과 농민자체가 스스로서 자기에 대한 이해를 갖도록 할 것과 단결권을 자체가 찾아 갖도록 할 것이외다. 그리만 된다면 우리의 앞길에는 천백의 지장도 문제되지 않고 해결될 그날이 가까운 장래에 있을 것입니다.

1-6 《동아일보》, 1930년 12월 18일자

新幹本部徐廷禧氏談
"朝鮮現實을 無視한 主張, 보고들은 후 태도를 결정"

전기 新幹釜山支會에서 해소를 결의하였다는 보도를 가지고 신간회본부를 방문한 즉 그의 간부 중 한 사람인 徐廷禧 씨는 말하되 "아직 아무 보고가 없으니까 무엇이라고 말하기는 곤란합니다마는 그 해체이론이라는 것이 너무도 조선의 현실을 무시한 일이 아닌가 생각합니다. 곧 부산지회에 명령하여 사실 진상을 보고토록 하겠습니다. 그리고 그 보고에 의하여 하여튼 본부의 태도를 결정하려 합니다."

1-7 《별건곤》 6-2, 1931년 2월, 기획란 '新幹會解消可否論'

解消論은 一種誤論

新幹會는 小뿔조아적 政治運動의 民族主義團體요 決코 階級鬪爭의 社會主義團體는 아니다. 朝鮮의 정세로 보아서 어느 程度 어느 時代까지 社會主義者가 民族主義者와 協同戰線에 나서서 最高理想을 到達하도록 互相努力을 할 것은 勿論이나 元來에 그 主義를 抹殺하거나 忘却할 수는 없는 것이다. 新幹會가 처음 誕生할 때에 一般의 大勢가 그리되었던지 一時的 政策으로 그리하였던지 京鄕을 勿論하고 社會主義者 個人으로나 團體로나 모도 異口同聲으로 曰 新幹會를 支持하자, 援助하자하고 公然宣言을 하고 甚至於 엇던 地方에서는 農民運動團體와 勞動運動團體를 解散까지하고 新幹運動으로 들어왔었다. 爾來 數個 星箱에 外勢의 不和로 그리 되었던지 內在的 力量의 不及으로 그리 되었던지 新幹會가 큰 役割을 遂行치 못한 것은 事實이나 新幹會自體가 解消論者 等의 云云함과가티 農民運動이나 기타 各 部分運動을 妨害하거나 抹殺식힌 것은 아니라고 생각된다. 一步를 讓하야 解消를 容認한다 하야도 現下 朝鮮의 政勢에 잇서서 그 以上의 더 조흔 團體를 産出할 수 있을까. 萬一에 誤謬가 있다면 最初 誕生當時에 社會主義者가 民族

主義運動에 加擔한 것이 第一의 誤謬요 旣往 合同을 하였다면 그 內部의 組織을 現在보다 더 充實하고 힘있게 하고 各 部門으로 나아가서 勞動運動이나 農民運動으로 積極的 進出을 하도록 하는 것이 當然할 것이요 그냥 盲目으로 解消만 한다면 그보다 以上의 誤謬는 없을 줄로 안다. 그럼으로 나는 어디까지 解消論을 否認하는 同時에 노농운동을 土臺로 삼아 新幹運動의 新進路를 展開하랴 한다.

1-8 《비판》, 1931년 5월 창간호, 기획란 '過去戰線回想記' 가운데

大韓協會로부터 勞動運動에 이르기까지 興味絶頂의 兩大事件

나는 舊韓國時代의 最終을 經驗한 一分子이다. 나의 過去는 그 歲月을 短縮하여 一八九四年(甲午로부터 一九三一年까지) 三十八個年만을 回想하여 볼지라도 우리 半島의 氣運은 慘憺에 陷入하여 二千萬의 大民族은 自民族의 內部的 階級을 區別할 것 없이 全部 死線에 轉着되는 途程에서 서 있는 現狀은 마치 無人曠野에서 暗夜의 暴風雨를 만난 幼年兒와 같다. 이러므로 이 千倒萬顚의 과정을 차라리 말하고자도 아니하거든 차마 記憶으로부터 쓰기까지는 果然 極難하다. 그러나 나는 이 暴風雨 曠野에서 暗夜에 길을 잃고 彷徨하는 幼年兒의 하나이다. 그러므로 呼吸은 艱辛치만 있기는 있다. 今日까지 찾는 것이 오직 나의 生 그것뿐이었었다. 이 生을 찾는 中間에는 이러한 社會的 歷史를 直接으로 體驗하게 되었다. 一八八三年 春에 當時 外部顧問인 徐載弼氏(甲申十月改革黨首領中一人)의 中心으로 獨立協會라는 團體를 組織하게 되었다. 元來 이 半島는 中國과 外交內政에 大體로 보아 別로 干涉은 없었으나 主從的 關係가 있었던 것이다. 그리하여 이것을 排除하려는 것인데 이것은 獨立協會의 政策中一이요 오직 主義로 보아서는 自由平等主義가 우리 權域에 처음으로 들어온 것이다. 이 主義의 實現을 理想하고 이것을 貫徹하려는 運動인 同時에 經濟的으로 政治的으로 秋毫라도 外國의 干涉을 不受하려는 것이다. 나는 이 運動에 加擔하여 活動하였다. 內政에 있어서는 賣官賣爵의 惡廢를 矯正하였고 外勢侵入에 있어서는 當時 帝政 露國의 干涉의 黑手를 斷絶케 하였다. 그 當時 各部에 또 軍隊에 露官의 顧問 及 敎官 등을 ――(히) 驅逐한 實跡을 쳐들어 보았다. 그 當時의 이것을 나로서는 가장 希望과 進步가 있다고 하여 果然 스스로 得意한 것 같은 느낌을 가지게 된 때로도 生覺난다. 그리고 이 團體는 自由와 平等을 부르짖는 만큼 當時 執政者들은 極端의 反對로써 모든 陰謀와 術策을 가지고 迫害함을 마지아니하였다. 그리하여 그 中心人物들은 結局 亡命과 投獄見殺 等의 慘禍를 形容할 수 없이 받았다. 이 主義를 그대로 在續하고 있는 志士들은 一九〇〇年 春에 大韓協會라는 團體를 結成하여 儼然이 政黨的으로 猛烈하게 運動하게 되었다. 이 團體의 發起文의 槪意는 國民의 資格을 養成하여서 隣邦의 賢勞들 누끼치지 않는다는 것이다. 이것은 一九〇六年 十一月 十七日 韓國은 日本帝國 保護 下에 있게 된 五個條約이 成立된 其后이다. 그리하여 隣邦賢勞를 未安하게 여기는 誠意를 表示한 것이다. 나는 이 大韓協會에 對하여 亦是 一支會의 責任者로서 活動하였다. 一九〇八年 八月 二十八日은 곧 舊韓國 隆熙二年인 卽位紀念日이다. 이날 내가 責任지고 있는 大韓協會 光州支會에서는 이 紀念式을 視賀하게 되었다. 이에 對하여 數萬 群衆은 新衣를 改着하고 光州 楊林前平野에 集合하여 盛大한 祝賀宴을 設하였다. 來賓으로는 西洋人과 支那人과 日本人官民이 있었다. 나는 當時 그 會를 代表하여 祝賀禮式을 行하는데 數萬 群衆과 各 外國人과 함께 祝杯를 높히 들고 萬歲를 三唱하고 쫓아서 流暢한 軍樂소리를 따라 춤추며 唱歌하였다. 그리하여 數萬의 大衆은 卽時 行隊를 지어 市內를 向하였다. 그 楊林平野에서 光州觀察使의 宣化堂이 直徑으로 三里에 不過하나 그곳에서 光州橋로 北門通 大路를 通하면 距離가 十里가 푼푼이 된다. 그 行列의 先頭만이 宣化堂앞에 다았을 뿐이요 그 行列 後段은 楊林平野 卽 禮式場을 떠나지 못하게 되었다. 그때 氣勢는 果然 天翻地覆이라도 할 것을 自信하였다. 그때에 나는 이런 생각을 하였다. 통일된 정신을 가지고 동원된 대중의 힘은 무엇보다도 위력이 크다. 위력은 능히 세계를 匡正하리라는 느낌을 가지게 되는 동시에 과연 유쾌한 느낌을 가지게 되었었다. 一九二二年 六月中에 나는 朝鮮勞働共濟會 光州支會의 재흥을 圖하게 되었다. 당시 勞働共濟會는 대다수의 노동자의 단결체인 동시에 지식계급들이 영도하게 되었다. 나는 이 대회에 출석하여 노동자 대중을 대하여 자연의 느낌가운데 이러한 눈물이 웃을 젓게 하였다. 이 눈물은 재래 유전적 過謬 及 자신의 범행을 뉘우침에서 나오는 눈물이다. 나는 늘 뉘우치는 가운데 나는 봉건적 유물인 것을 언명하는 것이다. 봉건적 유물이니만큼 자신이 대중을 박해 賊視 驅使 착취 등 별별 범죄를 많이 하였고 또는 유전성으로 하여 망자존대도 하였다. 이 눈물은 이것을 뉘우친 것이다. 이로부터 노동운동 농민운동자의 일인이 되었다. 一九二三年 七月中에 광주에 가장 덕망을 가진 崔道敬氏의 寵愛子인 崔錫洙君은 당시 二十四歲의 청년이다. 이는 富豪의 愛子로 모든 각오를 가지고 自己의 소유 가옥 及 토지는 물론이요 동산까지도 一物도 자기로 소유치 않고 부부는 적신으로 노동생활을 期必하고 隣家에 夾房을 借居하는 勇決的 壯行이 있었다. 이것은 우리 노동운동과 농민운동에 대하여 물질적 고통을 통절하게 생각한 결과였다. 이것의 환산금은 약 1만 원의 거액이다. 당시 광주 노동공제회는 가일층 활기를 가지게 되었다. 당년 十月中 全羅南北道를 通하여 勞働團體와 農民團體를 合하여 略 一百三十個 團體이다. 이것을 聯合하여 全羅 勞働農聯合會의 創立을 보게 되었고 따라서 나는 이 聯合會의 責任者의 一人인 同時에 모든 運動을 實力으로써 整頓하여 가지고 中央에 있는 모든 不純한 紛糾를 制止시키고 分裂에서 統一을 圖한다는 것이다. 그리하여 一九二四年 一月 上旬에 慶南晉州에서 열리는 社會運動者懇親會에 出席하였다. 이 懇親會에서는 南鮮勞農同盟 發起會 及 發起備準會를 마치고 創立大會召集期日까지 定함을 보게 되었다. 이 大會 日字는 同年 二月九日로 되었다. 나는 이에 對하여 重大한 責任을 가진 者의 一人인 同時에 全羅勞農聯合會 加入團體 全部 이에 發起團體이다. 이러므로 나는 매우 분망하게 되었다. 이때는 거의 不眠不休狀態에 있었다. 그리하여 全羅南北 慶尙南北 忠淸南北 六道를 合하여 南鮮勞農同盟이 創立되게 되는 터이다. 創立大會場所는 大邱勞働共濟會館이다. 이 會館에 南鮮六道에 各 勞農團體代表者 三百九十餘人을 召集하고 南鮮勞農同盟을 組織하였다. 이 組織을 마치고 代表者 三百九十餘人과 各 附近에 있는 各 勞農團體員들을 合하여 數三千의 大衆은 勞働旗를 높다랗게 드날리며 大邱西城町에서 出發하여 大邱 各町 市街를 巡廻하고 達城公園에 休憩하고 會館으로 다시 돌아왔다. 이 時機에 中央에 있는 모든 不純한 紛糾는 宛然히 退治된 徵狀이 나타나게 되었다. 그리하여 京城을 中央으로 하는 勞農團體總機關의 組織促成을 圖謀할 議論이 成熟하게 되었다. 나는 이로부터 朝鮮勞農團體總聯合機關設立促成委員의 一人으로 被選되었다. 따라서 光州에 會館을 둔 全羅勞農聯合會의 任務로는 十五個日을 光州에 十五個日을 大邱에 南鮮勞農同盟의 任務를 分暇監察하게 됨으로써 甚히 紛忙하였다. 나는 朝鮮勞農運動統一의 任務를 가지고 京城에 오게 되었다. 그리하여 京城에 滯在中에는 朝鮮勞農團體總聯合機關組織促成의 任務를 遂行하는 全朝鮮勞農各團體의 大會를 모두 京城으로 召集하였다. 이것은 一九二四年 四月 中旬이다. 이리하여 南鮮勞農同盟 朝鮮勞働聯盟 朝鮮勞農大會 三個團體가 各 大會를 中央에 召集한 것인데 이것이 統一되어 朝鮮勞農總同盟이 創立된 것이다. 나는 이 모든 複雜多忙한 가운데에서 두 가지의 큰 愉快를 느끼게 되었었다. 하나는 노동운동을 처음으로 할 때에 勞働大衆에 對하여 과거의 犯罪를 悔悟하는 實感에서 떨어지는 방울방울의 눈물이요 또 하나는 中央인 京城에서 各派가 紛糾를 쉬고 朝鮮勞農總同盟의 創立으로 運動의 統一됨을 表明했던 이 두 가지이다. 이 동안에 勞農爭議에 있어서는 成功이 失敗보다 多部分이었었다. 그러나 이는 快感이라든가 得意라든가 말하고 싶지 않다. 끝.

1-9 《삼천리》, 1931년 5월호, 34~35쪽

勞工爭議實際記 '岩泰의 小作運動'

우리는 농산국인 조선에서 생활하고 있다. 따라서 우리 전체도 모두 다 농민이라고 할 수 있다고 본다. 이것은 地主로서도 곁의 사람이 그 직업을 물으면 농업이라고 한다. 이것은 나도 이렇게 한다. 그러므로 우리 농민은 옛적부터 지금까지 계속하여 무슨 집단적 運動이라 하면 十의 八, 九는 농민이 하고 있었다. 지금에 조선농민운동이 새삼스러운 운동이 아니요 예로부터 있던 운동이 좀더 진전되어 전에 무슨 稧라고 稱하여 집단하고 온갖 공공한 사업을 집행하였고 節目이니 完文이니 하여 그것을 憲章으로 시행하여 오던 것인데 今日은 稧 그것을 組合이니 회의 명칭을 시대의 술어를 적용하여 시행하는 동시에 그 내부에 있어 일반농민의 경제생활이 그 형태가 옛날과 현격히 변환됨에 따라 우리 농민의 일반운동이 경제문제에 치중하는 동시에 필연적으로 정치운동의 형태가 이루어진다. 나는 一九二二年 春으로부터 全南光州에서 노동공제회 일부사업으로 하여 면 본위로 光州를 一圓으로 光州 十五面 十五個所의 소작인회를 조직하고 광주군 읍내를 中心으로 하여 光州小作人會聯合會를 조직하였다. 각 회를 通하여 會員 總數는 三萬餘가 되었다. 農民運動의 自然成長의 順路를 말하기 위하여 在來農業者의 農業條件과 慣習의 大槪를 들어 말하려 한다. 원래 '소경돈' 과세에 치중하고 '곡슈'소작료에 置重치 아니하였다. 그러므로 토지에 對한 公課的 의무를 경작자 즉 소작인이 부담하였다. 이것이 耕作者도 서로 모두 상대방인 지주가 없고 자기가 경작하는 토지는 자기가 타의 牽制를 不受하고 오직 국가에 貢稅만을 하고 있는 관계였던 것을 알려준 증좌로 본다. 이러한데 이 경작자들은 各自의 생활과정이 복잡함에 따라 자연적으로 토지 그것을 경작자 圈外人과 다소 牽制를 받을 만한 조건이 발생하게 되어 그 관계자에게 과세 이외에 사인에게 농작물을 다소간 분여하게 되었던 것이다. 경작자는 수확기에 이르러 자연으로 생긴 관계자 즉 지주란 양반에 수확할 시기의 이름을 알게 하면 지주는 그 경작지 현장으로

來하여 이것의 풍작과 흉작을 시찰하고 따라서 수확물 분여수량을 지정하여 요구하게 된다. '곡수친다' '추감한다' 등 술어가 곧 이것이다. 一九一〇年 일한합병이전까지도 경작자 卽 소작인은 例히 과세를 부담하는 의무를 가지고 소작료에 있어서는 극히 輕하여 一斗落畓에 對하여 보통 3斗 이상 5斗 이내의 正租를 분여함에 족하였다. 이때 斗量은 지금 半斗이다. 그러므로 20斗 2石이다. 課稅는 今日에 比하여 略 9할 이상의 輕微를 보고 작물의 분여는 금일에 比하여 약 6할 이상의 경미를 보게 되었다. 이때에도 농촌경제가 오히려 피폐부진하였다. 이러한 농촌경제에 있어서 소위 지주급은 과세대로 본래 관습을 이용하여 경작자에게 징수하기를 말지 아니하고 소작료에 대하여는 不奪不厭의 욕망을 충당하기 위하여서는 수단방법을 가리지 않고 온갖 책략을 희롱하고 있다. 과세는 지주가 부담한다는 법령이 제정되어 있음에도 불구하고 이것을 징수하며 소작료는 그 중에 善地主類라야 전 수확에 대한 三分二 이상의 착취를 감행한다. 그들의 聲言은 반분이라 하나 실제 있어서는 이런 명목 저런 핑계로 또한 소작인은 地主의 威權에 공포하여 지주의 의향을 영합할까 하는 眞 妄想으로 지고 가는 볏섬 위에 가축 중 돼지나 닭, 계란 등속이며, 떡을 만든다, 엿을 곱는다, 때를 맞추어 생선을 산다, 자기 병든 노부모 弱妻子는 내음새도 못 맡는 터에 쇠고기를 산다 등 여러 가지 물품을 納賂的으로 가져다가 정참봉 나리나, 朴舍音, 김참봉, 安大監 등에게 공급하게 된다. 이리하니 결국은 이런 언단 저런 말썽으로 臨農 곧 하면 奪農하는 폐단이 전부라고 한다.

그 중에 어떤 地主님은 소작권을 許與하려면 그저 그런 저런 뇌물 대금으로 하여 一圓乃至 三圓의 금전을 수수하는 폐단이 있단다. 地主의 이런 것은 새로이 舍音까지도 中間에서 이런 재조를 가진 者 있단다. 이것이 다 지금 농촌의 현상이며 지주 소작인간에 쌓이고 있는 사실이다.

이리하여 우리는 이런 폐단을 격파하고 지주자체의 양심을 회복케 하며 소작인 등의 勸勞를 표현하며 사회원칙을 匡正시킬 생각으로 이상과 같이 농민운동을 개시하였다. 우리의 운동을 개시함에 있어서 행동강령이라고 발표한 것이 이러하다.

一, 小作權을 保障할 것

二, 地稅와 公課金을 法令으로 發表하여 地主가 負擔하게 된 以後에 地主로 徵 食한 稅金을 小作人에 返還케 하며 또 實際的으로 法令 그것대로 實行할 것

三, 斗量은 度量衡器法에 依하여 斗를 使用할 것

四, (二十一字削除)

五, 小作料運搬은 運搬道程이 (朝鮮里) 十里가 超過한 時는 그 超過部分은 地

主가 負擔할 것

六, 堤堰防築費 等은 一圓以上이 超過한 時는 그 超過部分을 地主가 負擔할 것

七, 種子 및 肥料代金은 地主가 負擔할 것

八, 小作料 以外의 他品의 授受를 嚴禁할 것 等이다.

以上이 우리 農民運動의 唯一한 綱領이었었다. 이 綱領에 依하여 運動을 進行함에 있어서 小作權保障問題에 抗爭할 때마다 成功이 많았던 半面에 失敗도 있었다. 失敗가 있을 때는 반드시 附近 會員이 力量을 一束하여 共同移秧과 共同耕耘을 執行하였다. 그리하여 地主級으로부터 無數의 告訴를 받은 일도 있다. 運動을 繼續하는 時間에 있어서는 오직 地稅公課金 返還問題를 해결치 못하고 그 외에는 대개 實施하였다. 그러나 그 당시 岩泰爭議, 牛峙爭議 等은 地主級이 農民運動에 對하여 (此間十三字略) 岩泰에 대한 地主는 小作會幹部를 大計劃으로 ××한 後 無理한 徵索이 말할 수 없는 同時 小作會의 運動을 全部 無視한다. 그리하여 岩泰에서 數千農民이 地主를 보려고 가깝지 아니한 航路에서 배를 타고 木浦에 왔다. 이곳에 와서 地主 때문에 ××된 幹部의 釋放을 求하는 등 要求로 이 大衆은 ××同盟까지 組織되었던 사실인데 나는 當時 全羅勞農聯盟 責任者인 同時에 朝鮮勞農總同盟 責任者의 一人으로 이 解決에 臨하게 되었다. 이것은 그렇게 解決되었다. 在監人은 釋放할 것, 三個年間 滯納된 小作料는 四個年年賦로 無利子償還할 것, 地主는 農業獎勵費로 하여 二千圓을 支拂할 것, 小作料는 十의 四割로 할 것 등을 地主小作人會間에 各 提案協定하여 解決하였었다. 나는 이 解決에 있어서 積極的으로 책임상 努力을 다 하였었다. 牛峙爭議에 있어서도 事實의 內容이 秋毫도 다름이 없다. 이 問題는 光州에 牛峙面이 三十里에 距離가 있다. 이러한대 上午 十時頃에 千餘農民이 萬里 排除하고 光州에 와서 幹部의 釋放을 運動하였다. 運動이 强烈하면서도 條理가 明白하여 한 사람의 犧牲者가 없이 目的을 達成하게 되었다. 이제 있어서 朝鮮에 小作問題는 惟獨 南鮮에 가장 차마 못할 條件이 많다. 現下는 모든 過敏한 客觀的 情勢에서 農民運動이 停滯됨을 따라 地主의 跋扈的 共酷處置로 말미암아 農村의 經濟的 破滅이야말로 말조차 할 수 없다. 우리가 運動을 進展하고 있는 當時에는 地主의 모든 正體를 暴露하여 보았다. 지주 중 불량지주를 따로이 명부를 작성하는 동시에 불량지主에 대하여 白盜란 명칭을 부여하고 … (중략) … 이란 명칭을 확립하여 불량지主로 하여금 양심에 돌아오도록 한 일도 있었다. 우리 농민운동은 이상 8개의 강령으로 실행함에 있어서 정의가 정의인 만큼 아무리 과민한 객관적 정세가 있다고 하여도 小毫의 지장이 없다고 생각한다.

1-10 《혜성》, 1931. 5. '麒麟兒의 片端 (11)'

걱 정

문 : 당신의 걱정거리가 없으세요.

답(서정희) : 있다 뿐이겠소 수두룩하오. 하나만 말한다면 運動이 안 되어서 큰
걱징이요.

1-11 《朝鮮日報》, 1931년 12월 6일자, '만주동포 위문 감상'

뜨거운 情誠에 老少가 感泣!
十四處收容所 慰問하고 協議會徐廷禧氏歸京

滿洲同胞問題協議會의 徐廷禧 씨는 만주 각지 피난동포 수용소를 친히 방문하
고 그들의 참경을 여실히 보고 만나서 따뜻한 위문의 환담을 교환하는 한편 조선
내 동포의 뜨거운 동정과 동족애로써 한 가지 한 푼씩 보내준 위문품을 나누어주고
12월 4일 밤 경성역착 열차로 협의회 제씨와 다수 친지의 환영 리에 무사히 귀환하
였는바 갔다 온 감상담으로 다음과 같이 말한다.

내가 11월 5일 경성역을 떠나서 오늘 돌아올 때까지 꼭 한 달 동안에 각지 피난동
포가 모여 있는 수용소 14개소를 찾아보고 왔소이다. 동행은 귀보 봉천지국기자 崔
逸秀 군과 같이 다녔소. 가는 곳마다 피난동포를 한곳에 모아 놓고 적어도 두 시간
혹은 세 시간씩은 서로 무릎을 마주대고 여러 가지 이야기를 하고 들었소이다. 우리
가 가지고 간 것은 결코 구제품이 아니고 위문품임을 분명히 말하고 따라서 조선의
뜨거운 정성을 전하자 남녀노소 할 것 없이 다같이 울고 말았소이다. 그리고 가는
곳마다 조선 내의 뜨거운 동정에 대하여 감격하는 한편 이와 같이 조선에서 동정해
주니 우리는 비록 어떠한 참경에 있다 할지라도 마음이 탁 놓이고 든든하게 믿는
힘이 생깁니다 하고 감격하여 진정으로 말하는 데는 우리도 기뻤소이다. 이 앞으로
구제할 제는 군부 혹은 외무성 측에서 할 것으로 비참하나마 과동은 할 것 같소이다.
그러나 계속하여 자꾸 연선으로 더욱 모여들 것이요. 오지에 남아 있던 동포는 그나
마 노자가 없어 못 오는 사람이 많이 있는 모양으로 이들은 이리저리 쫓기다가 추운
만주벌판에서 얼어 죽을는지도 모르겠소이다. 이번 사변을 계기로 하여 확실히 만주
의 조선인의 사상이 변한 것은 사실이오. 그러나 앞으로 어떻게 하여야 살겠냐는 문

제에 대하여서는 나 역시 아직까지 결론이 나지 않소이다. 그러나 여러 가지 깊이 생각할 시기는 왔는 줄 아오. 내가 위문갔을 때에 각지 수용소 동포 수는 다음과 같으며 각처에 동포가 친절히 맞아주었으므로 나는 금번 사명을 유쾌하게 수행한 줄 믿소이다.

▲安東縣 一〇九人 ▲奉天 一三〇人 ▲撫順 二三七 ▲新豪子 四九 ▲鐵嶺 四三一 ▲開原 二三七 ▲四平街 六三二 ▲蘇家屯 五三六 ▲公主嶺 四六二 ▲長春 二二〇 ▲哈爾賓 一〇〇 ▲吉林 一八七 ▲營口 三〇〇 ▲清原 一七八〇

1-12《동아일보》, 1931년 12월 8일자

滿洲에서 永遠히 生活策講究 길이 살 도리를 강구-徐廷禧氏感想談

재만동포위문협의회에서 파견한 위문사 서정희 씨는 저간 한 달 동안이나 만주 각지에서 피난동포를 위문하고 지난 5일 밤차로 돌아왔다 함은 기보와 같거니와 씨는 다음과 같이 말했다.

나는 지난 11월 5일 밤에 경성을 출발하여 약 한 달 동안이나 撫順 등 14개소에 수용된 동포 7천여 명을 위문했습니다. 이번 사건은 오직 돌발적인 동시에 그 틈에 끼어서 참화를 받은 우리 동포들의 형편은 피가 섞인 눈물뿐이었습니다. 더욱이 그들은 어느 때든지 생명재산의 완전한 보장이 없이 지낸 것이 사실인 동시에 흉년이나 풍년을 물론하고 영구하게 거주를 하지 못하고 표류생활을 합니다. 그러므로 이러한 사변이 있을 때에는 그 생활이 그야말로 풍전등화와 같습니다. 더군다나 중국인 퇴잔병과 도적들이 조선인이라는 명사를 들어 악행을 한 것도 사실이며 또 그후 일본군대가 일본인을 철귀케 하는 동시에 그들을 구호하기에 노력한 것도 사실입니다. 그래서 지금은 그 여위로 일시 놀란 가슴은 좀 진정되었으나 대체 그들은 만주에서 떠날 수는 없고 영주할 수밖에 없는데 그러자면 그 태도를 선명하여서 중국인을 절대로 감정으로 상대할 것이 아니라 사변전보다 더욱 친선을 도모해 가지고 그들 병비와 도적들을 선량한 중국인과 합력하여야 퇴멸하면서 영구한 계획을 강구하는 것이 좋으리라고 생각합니다.

1-13 《삼천리》, 1931년 12월호, 기획란 '눈물의 監獄面會室' 가운데

父子相會의 슬픔

1927년의 깊은 겨울은 춥기도 하더니 그때에 나는 제1차 공산당사건으로 신의주 경찰서에 잡히어서 다시 국경의 감옥으로 넘어가서 그 추운 겨울을 널마루 바닥 위에서 낫다. 신의주에 한번 발을 드렸다 놓은 이는 누구나 다 상상할 일이지만 압록강을 너머 기어드는 찬바람은 실로 사람의 뼈를 깎고 살을 에어 낸다. 감방 안에 외로히 앉으면 처음은 발이 얼고 그 다음은 손이 얼고 그 다음은 전신의 오장육부로 흘러내리던 뜨겁던 혈관이 고드름에 채인 수차통 같이 얼려진다.

이렇게 추운 어느 날― 생각건대 11월에 잡히어 4개월 만이었으니 아마 그 이듬해 2월 초승쯤이 되는 듯 하루는 간수가 부르기에 나가니 면회실 문이 딸각하고 열린다. 손바닥만한 문 쪽 저편에 아들 범석이 와서 서 있었다.

나는 얼른 그의 손을 쥐고 싶은 충동에 견딜 수 없었다. 악수라는 것은 비단 우리같이 부자상회하는 이 마당이 아닐 지라도 그저 친우끼리라도 서로 손을 잡았다 놓으면 어떻게나 마음이 상쾌하고 피가 끓어오르는지 모른다.

그러나 감옥 안에서 그리 할 자유가 어디 있으랴.

범석이 얼굴을 보매 내 역시 할말 없고 그 역시 할말 없는 듯 서로 물끄러미 쳐다볼 뿐. 한참 만에 나는 겨우 "집에 다 잘 있느냐?" "네, 잘 있습니다."

어느새 시간인가 널조각문은 딸각하고 닫쳐 버릴 뿐. 범석이가 눈에 쌓인 그 감옥문전을 머리 숙이고 혼자 터벅터벅 걸어 나갈 생각을 함에 어쩐지 간수에게 끌리어 독방으로 돌아오는 내 마음은 무한히 쓰리고 춥다.

감옥의 면회실! 그는 얼마나 슬픈 기록을 이 땅 사람들에게 날마다 끼쳐 주는가?

1-14 《조선일보》, 1932년 1월 3일자

朝鮮運動의 今後方向 各團體要人諸氏의 見解
說問 一, 新幹會解消에 對한 貴見 如何
四, 汎民族的 表現團體 再建設 如何

○ 新幹會解消不當 再建은 不可避

農民事件研究必要―協議會 徐廷禧氏 談

一, 나는 1931년을 회고할 때에 신간회해소를 가장 유감으로 생각합니다. 신간회를 조직할 당시에는 조선이라는 특수성을 가진 지대에서 이 같은 전 민족적 결성체인 단체조직의 필요를 느낀 까닭이라 합니다. 그런데 조선이 이러한 중대한 필요에서 解脫되어 이른바 특수성이 소멸된 형적이 없다는 점으로 보아서나 해소를 주장하는 이유의 준비된 역량이 불완전한 점에서 이러한 초조무지한 해소는 조선운동선에 있어서 많은 중대한 과오를 범하였다고 단언합니다.

四, 신간회 해소를 특수한 우리 조선에 있어서 중대한 過誤를 범하였다고 본 나로서는 그 과오를 과오대로 放棄한다면 문제를 문제할 필요도 없습니다마는 과오를 회오하여 다만 한 대표적 ×성기관 즉 민족적 표현단체의 재건이 있지 아니하면 아니 될 조선인 동시에 물론 재건될 것은 추세인 까닭이 되고 말 것입니다.

1-15 《조선일보》, 1932년 1월 4일자

徐廷禧氏 半生의 最大感激

"글세, 감격이요? 원망과 비애 가운데서 반생을 지내온 나에게는 이렇다 할 만한 감격이 없습니다"라고 우울한 표정으로 서서히 한마디씩 침착하게 전 줄러 가며 기자에게 이야기 하여주시는 분은 우리 사회운동 초창기 이래 많은 고난을 겪으며 지나왔고 오늘도 사회의 일이라면 가사를 잊고 발분망식하고 다니시는 서정희 씨이다.

감격이라면 좀더 큰 기쁨을 느끼고 또 산 같은 물결이 가슴에 밀려 오는듯한 무엇을 급히 느끼는 것이 있어야 할 터인데…… "허허 내 생활에야 그럴 것이 있어야지요." 호걸기풍의 웃음을 한번 던지고 씨는 다시 엄숙한 표정을 지으며 "여러 가지 일을 하는 가운데 지도자 되는 동지간에 사소한 일로 서로 신의를 깨뜨리고 헤어지고 배신하는 일을 당한 것이 한두 가지가 아니었습니다. 거의 그런 가운데서 지나며 적지 않은 설움을 신산히 맛보아 온 내게는 큰 환희에 넘치는 감격이 거의 없었다는 것도 무리가 아닐 것입니다. 그러나 때로는 대중적으로 민족적으로 넘쳐 오는 힘을 볼 때 그때만은 환희의 감격을 몇 번 느끼었습니다."

"바로 이번(작년 말 중) 在滿遭難同胞協議會의 한 일꾼으로 일을 보게 될 때 나는 비통과 동시에 큰 기쁨에 넘치는 감격을 느끼었습니다. 일단 문제가 전 만주에 퍼지어 광막한 만주벌에 올 곳 갈 곳 없이 병난에 쫓기는 동포의 참상을 가만히 눈을 감고 생각할 때 뼈를 끊어내는 듯한 아픔을 느끼었다는 것은 나뿐이 아니라 조선민족의 한 사람된 자는 누구나 한가지로 느끼었을 것입니다. 그때 보십시오. 이 문제에 대하여 미리 대책을 협의하고 각지의 여론을 집중할 만한 기관도 없지 않습니까. 그때 민중이 뜻을 물을 곳이 없어 한참 허둥거리던 것도 딱한 사정의 하나겠지요.”

“그런 때에 창졸간에 생긴 것이었으나 협의회의 간판을 내걸고 전 민족에게 미약하나마 한 뜻을 발표할 때 각지각층으로부터 소낙비 쏟아지듯이 민족의 열성이 모여드는 것을 볼 때 협의회 한 모퉁이 의자에 걸터앉아 있던 나는 스스로 가슴에 뭉게뭉게 치받쳐 올라오는 기쁨—그야말로 형용할 수 없는 감격을 느낀 것입니다. 그것은 돈을 많이 가졌다는 사람들보다 빈한한 생활을 하는 가정에서 더 많이 혹은 돈으로 혹은 입었던 옷을 벗어 아낌없이 바치는 민족적, 대중적 열성을 볼 때 우리 민족의 장래에는 앞으로 다시 더 큰 희망이 있을 것을 생각하였습니다. 그것도 역시 민족적 대중의 힘으로써 일 것입니다.”

흥분되고 긴장된 얼골로 여기까지 이야기한 씨는 “허허!” 하고 한번 다시 씨의 독특한 득의의 웃음을 하며 “우리 민족은 적어도 우리의 역사, 우리의 문화를 가진 민족이니까!”라고 하며 말을 맺었다.

1-16 《비판》, 1932년 1월

新年街頭問答

문 : 새해의 所感이 없습니까.

답(서정희) : 在滿遭難同胞의 참상을 차라리 보지 아니하였던들 좋았을 것을 보고 온 뒤에는 그들의 정황이 자나 깨나 잊혀지지 않소. 소감이라면 이것밖에 없소.

1-17 《삼천리》, 1932년 9월호

三千里 全體會議 : 朝鮮의 政治的 將來를 悲觀乎·樂觀乎
—아울러 文化的·經濟的으로 半島의 現狀과 今後 十年의 觀測—

徐廷禧

署炎이 孔酷함에 不拘하시고 健鬪하심을 쉬어 주지 아니하시는 誠意를 感激하오며 더욱 貴誌의 發展을 祝賀하나이다.

一, 朝鮮現狀을 만들어 놓고 있는 政治, 經濟, 文化 三大綱領은 果然 低劣慘憺합니다. 이것은 都市나 農村에 있어 一般的으로 生活 裏面을 보아서 알 수 있습니다. 政治의 實擧와 經濟의 調和와 文化의 發達이 있고서는 民衆生活이 現狀과 같은 것은 實際 上 없는 것이올시다. 이러므로 朝鮮現狀에 대하여는 무엇이 어떠하겠다고 悲觀은 가질 餘地가 있을 수가 없습니다. 苦를 지내면 樂이 있는 것과 같이 앞으로는 大衆의 自覺과 함께 支配者들도 實際 上 覺悟가 생기리라고 합니다. 彼此覺醒은 될 수밖에 없고 覺醒되면 樂觀뿐!

1-18 《여성조선》 신년호, 1933년 1월

新年에 女性에 보내는 멧세지
徐廷禧

1. 허영심을 버리라.

   이유 : 남달리 그것이 많으니까
2. 미신을 버리라(그것이 성하니까).
3. 경제지식이 많아야 한다.

   이유 : 일가의 생활을 쥐고 있는 여성이 그것을 모르고는 살아가지 못한다.

1-19 《삼천리》, 1933년 5월호, 13쪽

春 賦

不遇兼多債　　　때를 만나지도 못하였고 부채만 많구나
春非此地春　　　봄은 왔으나 이 땅의 봄은 아니로네

1-20 《삼천리》, 1934년 7월호

삼천리 6주년 축하 한시

或聽或語心猶戰　　남의 말을 들어도 내가 말을 하여도 마음은 전쟁하는 것 같네

高呼長歌意更新　　큰 소리를 질러 긴 노래를 부르니 뜻은 다시 새로워지네
酒縱詩癖深深恨　　술에 빠지고 시에 미쳐도 한은 더욱 깊어만 가네
善惡多端未見眞　　선과 악이 여러 갈래니 진실은 보이지 않네

1-21 《삼천리》, 1935년 1월호, 55～56쪽

民族發展에 對한 人民投票

朝鮮人이 大部隊的으로 已往 海外로 자꾸 移民되어 나갈 바에는

1. 滿洲로 감이　　　　　　좋겠습니까
2. 西伯利亞가　　　　　　좋겠습니까
3. 萬里長城以南의 中國이 좋겠습니까
4. 東京 大阪이　　　　　　좋겠습니까
5. 布哇, 比律賓, 北米가　좋겠습니까

○ 그래도 滿洲밖에─徐廷禧

　지금의 形便으로서는 朝鮮人의 海外移住에는 滿洲가 있고 東京이나 大阪에 가서 工業勞働者가 되는 것밖에는 도리가 없습니다. 西伯利亞에는 事實上에 있어 封鎖되어 있고 長城以南의 南中國이나 布哇南米 등지에도 大量進出할 곳이 못 되는 것은 說明할 必要도 없습니다. 그러나 여기에 問題는 누가 보내서 가는 경우도 있으나 그보다도 자기의 生活環境이 願不願을 不願하고 滿洲에 나가게 됩니다. 東京이나 大阪에도 實際上에 있어서는 完全히 勞働者 進出로서는 禁制된 것이 事實입니다. 滿洲에 가서 農軍이 되는 것이 第一 可能한 일이고 또 앞으로 자꾸 나가게 될 것입니다.

1-22 《삼천리》, 1935년 3월호, 37～38쪽

朝鮮民衆의 指導者總觀

○ 救濟事業의 功勞者 兪鎭泰氏─徐廷禧

　翁은 우리 社會의 唯一의 救濟事業家인 줄 압니다. 밤낮으로 항상 社會事業 때문에 勞心焦思하여 왔습니다. 翁의 過去에 對하여는 世人이 周知하는 사실이므로

내가 다시 奴奴할 필요가 없지만은 待人接物에 있어서 寬厚합니다. 그리하여 무엇보다도 患亂相救의 赤誠이란 後進靑年들에게 果然 模範될 만합니다. 敎育協會를 찾아오는 시골어린 學生들에게 救援하여 주고 周旋하여 준 눈물겨운 事實은 우리가 한번 두고 紀念할 만합니다. 月謝金 못내는 學生도 翁을 찾아서 救助를 받았고 寄宿할 곳이 없는 學生도 翁을 찾아서 寄宿할 곳을 얻었고 回顧無依한 孤兒나 半身不遂의 患者도 翁을 찾아서 救助를 받았습니다. 어찌 그뿐이겠습니까. 關北의 水災와 三南의 水災, 滿洲同胞遭難 時에도 翁은 救濟會의 一人으로 必死의 努力을 다하였습니다. 이 會 저 會合에 반드시 參席하여 우리 民衆때문에 努力한 것을 생각하면 翁은 朝鮮의 寶物이올시다. 翁의 過去經歷을 走馬看山格으로 대강만 살펴본다면 畿湖學會發起人으로 中央學校를 創立하여 經營하였고, 또 民立大學發起人으로 많은 活動이 있었고, 一時는 波瀾 中의 朝鮮日報社長으로 많은 活躍이 있었고, 지금까지 꾸준히 難關이 重疊한 敎育協會會長의 重任을 가지고 있습니다. 이런 모든 것을 推究하여 볼 때 누구보다도 救濟事業에는 翁이 千萬番 適任이라고 생각합니다. 이 敬歎할 만한 過去는 오로지 救濟事業에 대한 熱誠의 結晶이라고 생각합니다. 過去으 모든 功勞도 놀랍지만은 앞날에 있어서도 一生이 救濟事業에 邁進하여 주셨으면 합니다.

1-23 《삼천리》, 1935년 9월호, 39쪽

我觀 蔣介石, 간디, 트로츠키, 이 세 人物은 이제는 過去史上의 人物이 되었는가, 또는 再起가 期待되는가?

- 徐廷禧

트로츠키, 간디, 蔣介石은 벌써 지나간 날의 사람이요. 트로츠키의 流浪生活, 간디의 轉落은 人間的으로는 同情하고 싶으나 나 個人의 同情과 그들의 歷史的 使命과는 딴 길이구려. 蔣介石이 아직 國民政府의 統治者이라고 하나 그도 벌써 中國民衆의 支持를 받기는 글렀소. 이제 생각하니 그들은 어느 時間의 英雄이었소. 偉人이었소. 그러나 이제는 轉落된 한 個의 超人이 되었구려. 허허 世事가 다 그렇구려.

1-24 《삼천리》, 1936년 6월호, 51쪽

日本에 無産黨內閣이 出現할 날이 돌아올까

ㅇ 今後 二十年 뒤에는 반드시 - 徐廷禧

日本內地의 國情은 世界의 다른 나라와는 조금 남다른 情勢에 놓여 있는 것이다. 그러므로 今日의 現 情勢로 보아서는 無産黨內閣이란 쉽사리 다기올 것 같지 않다. 그러나 지금과 같은 情勢가 한 고비 넘어가서 또 이와 近似한 한 고비를 뛰어넘어서 今後 적어도 二十年 前後하여서는 반드시 無産黨內閣이 이루어질 것으로 믿어진다.

2. 조선공산당사건 관련 자료

12-3-2 고려대 아세아문제연구소 《희귀문헌》 300-1-090, 0431~0432쪽

(보석) 請書(日文, 1926년 5월 15일)

본인은 치안유지법위반 피고사건으로 귀청에서 취조를 받고 있는 중인 바, 금번 보석허가가 되면 보석 중에는 신의주부 眞砂町 153번지 張學龍씨 집에 거주하고 무단 다른 곳으로 가지 않을 것이며 何時라도 호출하심에 응하여 출두할 것을 약속함.

대정 15년 5월 15일 서정희

신의주 지방법원 예심판사 殿

12-3-3 고려대 아세아문제연구소 《희귀문헌》 300-1-090, 0519~0520쪽

(歸家)請書(한글, 1926년 5월 18일)

본인은 감옥에서 보석을 得하여 출옥 중이온 바 今回에 귀가의 허가를 得하여 귀가 중에는 명령에 의하여 확실히 근신하기로 합니다. 각종의 노동운동과 청년운동에는 관계치 아니 하오며 또는 그 운동 관계인과는 왕래치 아니할 것과 또는 자

기 피고사건에 대하여는 절대 出틂치 아니 할 것과를 맹서하고 御廳으로부터 소환
명령이 有하면 즉시 출두할 일을 맹서함.

대정 15년 5월 18일

경성부 장사동 208번지   서정희

신의주 지방법원 예심판사 殿

12-14-1 김준엽·김창순,《한국공산주의운동사》자료편Ⅰ, 고려대 아세아문제연
구소, 1979, 786~787쪽

피의자 서정희 신문조서(1925년 12월 14일

右의 치안유지위반사건에 대해 大正 14년 12월 14일 신의주경찰서에서 사법경
찰리 도순사 趙成煜을 입회시켜 피의자에 대해 신문한바 다음과 같다.

문 : 성명, 연령, 신분, 직업, 주거 및 본적은 어디인가?

답 : 성명 徐廷禧, 연령 當 49세, 신분 常民, 직업 무직, 주거 경성부 관수동 105
번지, 본적 전라남도 광주군 광주면 서광산町.

문 : 작위, 훈장, 기장 등이 있어 연금, 은급을 받거나 혹은 공무원은 없는가?

답 : 없소

문 : 지금까지 형사처분, 기소유예 혹은 훈계방면을 받은 적은 없는가?

답 : 대정 8년 3월 광주지방법원에서 보안법위반으로 징역 2년의 처벌을 받았었소.

여기에서 피의사건을 告知시키고 그 사건에 대해 진술할 것이 있는지 여부를 묻
자 피의자는 다음과 같이 답했다.

답 : 그런 일은 결코 없소. 나는 농민운동이라든가 노동운동에 힘쓴 바는 있으
나 공산당이라는 것에 (힘쓴 바는) 절대로 없기 때문에 그 이상 말할 것도
없소.

문 : 金若水를 알고 있나?

답 : 나와 함께 북풍회라는 사상단체에 있던 자이므로 알고 있었소.

문 : 당신은 북풍회에서 무엇을 하고 있었나?

답 : 나는 집행위원을 하고 있었으며, 맡은 사무는 서무부였소.

문 : 金若水는 북풍회에서 무엇을 하고 있었나?

답 : 북풍회 중앙집행위원 서무부에 직을 두고 있었소.

문 : 북풍회는 언제 조직되었나?

답 : 大正 13년 12월경에 출발했소.

문 : 북풍회의 목적은 무엇이었나?

답 : 청년운동 및 사상운동을 하는 것이 목적이었소.

문 : 청년운동, 사상운동은 무엇인가?

답 : 청년운동은 각자의 수양, 그리고 사상운동은 자기의 마음을 견고히 하는 것
  이라고 말할 수 있는 바로서, 요컨대 각자의 수양이요.

문 : 정말 조선공산당이란 비밀결사를 조직하지 않았다고 말할 수 있는가?

답 : 정말 그런 바가 없소.

문 : 말을 듣지도 못했나?

답 : 들은 바도 없었소.

문 : 金若水와 당신이 상담한 것은 무엇인가?

답 : 아무것도 없소.

문 : 자산은 어떤가?

답 : 무자산이요.

문 : 종교는?

답 : 무종교.

문 : 교육은?

답 : 한문을 약 6, 7년 수학한 것이 전부입니다.

문 : 현재의 월수는 어느 정도인가?

답 : 수입이 없소.

문 : 생활비는 어디에서 얻는가?

답 : 내 자식이 월급을 받고 있기 때문에 그로부터 생활을 하고 있었소.

문 : 당신 자식은 어디에서 근무하고 있나?

답 : 조선일보 기자를 하다가 9월에 해고 당해서 현재는 놀고 있소.

문 : 다시 묻지만 공산주의 비밀결사를 조직할 때 정말로 金若水, 金在鳳 등과
  하등의 모의에 참여하지 않았는가?

답 : 정말로 그런 일은 없소.

문 : 본건에 관해 다른 이로운 것은 진술하겠는가?

답 : 어떠한 각별한 것도 없소이다.

供述者　徐廷禧 ㉞

이상을 녹취하고 통역을 거쳐 讀聞한 바 相違가 없다는 취지를 지장으로 署名했다.

大正 14년 12월 15일
新義州警察署
司法警察官道警部補　　　　　茅根龍夫 ㉞
司法警察吏通譯兼立會人 道巡查　趙成煜 ㉞

12-14-3 김준엽·김창순, 《한국공산주의운동사》 자료편Ⅰ, 고려대 아세아문제연구소, 1979, 796쪽

피의자 金枓全 신문조서(1925년 12월 16일)

右의 치안유지법위반사건에 대해 大正 14년 12월 16일 신의주경찰서에서 사법경찰리 도순사 朴裕成을 입회시켜 피의자에 대해 신문한바 다음과 같다.

… 중략 …

문 : (조선공산당이) 조직된 후 가입한 당원의 성명을 진술하라.

답 : 金在鳳이 총괄하고 있었기 때문에 나는 모르오.

문 : 徐廷禧는 어떠했나?

답 : 徐廷禧는 노농총동맹에 있던 자로 조선공산당이라고까지 적나라하게 말하지는 않았지만 어느 정도까지는 사정을 밝히고 이해를 구하자 그 사람도 찬성해 주었으나, 그 후 내가 이용하였던 것에 지나지 않소.

… 중략 …

供述者　金若水 ㉞

12-14-4 김준엽·김창순, 《한국공산주의운동사》 자료편Ⅰ, 고려대 아세아문제연구소, 1979, 808쪽

피의자 서정희 신문조서(제2회, 1925년 12월 17일)

右의 치안유지법위반사건에 대해 대정 14년 12월 17일 신의주경찰서에서 사법경찰리 도순사 朴裕成을 입회시켜 전회에 이어 피의자에 대해 신문한 바 다음과

같다.

　문 : 그대가 서정희, 당 49세, 틀림없나?

　답 : 틀림없소.

　문 : 지난번 신문은 진술한 대로 틀림은 없었겠지?

　답 : 그렇소. 틀림없소.

　문 : 그러나 金若水는 비밀결사의 정황을 밝혔고 당신도 찬성의 뜻을 표하며 조
　　　선공산당에 가입했다고 주장하고 있는데 어떻게 된 것인가?

　답 : 그런 일은 없으며, 그러한 이야기를 들은 바도 없소이다.

　문 : 정직하게 진술하는 것이 이로울 텐데, 어떤가?

　답 : 뭐라고 이야기하든 지금 이야기하는 그대로요.

　문 : 본건에 관해 달리 진술할 것은 없는가?

　답 : 없소이다.

　문 : 金若水를 아는가?

　답 : 알고 있소이다. 그 사람은 북풍회에서 간부로 있었기 때문에 알고 있었소.
　　　게다가 나는 북풍회 집행위원이기도 했기 때문에 가깝게 지내고 있었소.

供述者　徐 廷 禧　㊞

12-14-10 김준엽 · 김창순, 《한국공산주의운동사》 자료편 I , 고려대 아세아문제
　　　　　연구소, 1979, 820쪽

피의자 서정희 신문조서(1925년 12월 21일)

　右의 자에 대한 치안유지법 위반사건에 대해 大正 14년 12월 21일 신의주지방
법원검사국에서

朝鮮總督府檢査　　　　本 島 文 市
朝鮮總督府裁判所書記　川 野 藤 太 郎

이 열석한 가운데 검사가 피의자에 대해 신문한 바 다음과 같다.

　문 : 성명, 연령, 신분, 직업, 주거 및 본적은 어디인가?

　답 : 성명은 徐廷禧, 연령은 49세, 신분은 상민, 직업은 무직, 주거는 경성부 관수
　　　동105번지, 본적 전라남도 광주군 광주면 서광산町.

문 : 작위, 훈장, 記章 등이 있어 年金, 은급을 받거나 혹은 공무원의 직에 있는
　　자는 없는가?

답 : 없소.

문 : 지금까지 형벌을 받은 적은 없는가?

답 : 大正 8년 3월 중 광주지방법원에서 보안법 위반죄에 의해 징역 2년의 처벌
　　을 받았었소.

이에 검사는 피의사건을 告知시키고 그 사건에 대해 진술할 것이 있는지 여부를
묻자 피의자는 다음과 같이 답했다.

문 : 가족 및 재산 상황은 어떤가?

답 : 처, 자식 여덟 및 맏며느리가 있으며 재산은 동산 약 600원이 있소.

문 : 당신은 金若水 등이 組織한 共産黨員이 되거나 關係하였는가?

답 : 그렇지 않소.

본 신문은 조선총독부재판소 통역생 崔宗彦의 통역에 의해 행해졌고, 이상의 조
서를 그 통역생을 통해 공술자에게 讀聞한 바 相違가 없다는 취지를 지장으로 서명
했다.

공술자　徐廷禧 ㊞

조선총독부재판소통역생　崔宗彦 ㊞

　　　　　　　大正 14년 12월 21일
　　　　　　　신의주지방법원검사국
　　　　　　　　　조선총독부검사　　　　本 島 文 市 ㊞
　　　　　　　　　조선총독부재판소서기　川野藤太郎 ㊞

12-14-11 김준엽 · 김창순, 《한국공산주의운동사》 자료편 I, 고려대 아세아문제
　　　　연구소, 1979, 832～833쪽

피의자 서정희 신문조서(제2회, 1925년 12월 22일)

　　右의 자에 대한 치안유지법위반사건에 대해 大正 14년 12월 22일 신의주 지방
법원 검사국에서

　　　　　　　　　조선총독부검사　　　　本 島 文 市

조선총독부재판소서기　川野藤太郎

이 열석한 가운데 검사가 전회에 이어 피의자에 대해 신문한 바 다음과 같다.

문 : 당신이 徐廷禧인가?

답 : 그렇소.

문 : 학력은 어떻게 되나?

답 : 어릴 적에 5, 6년간 한문을 배운 깃에 불과하오.

문 : 당신은 어떤 종류의 신문·잡지를 읽는가?

답 : 잡지는 읽지 않지만 조선어로 된 신문은 대저 읽고 있소.

문 : 당신이 근래 친교하는 우인은 누구인가?

답 : 金若水 등이오.

문 : 당신은 공산주의를 연구한 적이 없는가?

답 : 연구한 바 없소.

문 : 그러나 당신은 공산주의를 위해 金若水 등이 공산당을 조직함에 따라 종종
　　편의를 제공하지 않았나?

답 : 내가 직접 나서서 그들에게 편의를 제공했던 일은 없어도 오히려 내가 관계
　　하고 있는 소작쟁의, 노동문제 등에 그들이 원조했다고 할 수 있으며, 서로
　　왕래하고 있던 것에 지나지 않소.

문 : 그렇다면 당신은 소작쟁의, 노동문제 등에 어떻게 관여하고 있었나?

답 : 나는 전남광주에서 노동공제회를 大正 12년 6월에 조직해서 노동자의 편의
　　를 도모했으며 또 같은 곳에서 소작인회를 건설하여 지주와 소작인간의 소
　　작료 등에 대해 종종 절충을 하여 소작인들에게 편의를 주었소.

문 : 당신은 북풍회원인가?

답 : 그렇소. 북풍회 집행위원이오.

문 : 북풍회의 목적은 무엇인가?

답 : 노농운동자를 돕고 청년운동 등을 원조하는 것이오.

문 : 그것은 표면상의 운동이고 이면에서는 사회주의 즉 공산주의운동 등을 목
　　적으로 한 것이 아닌가?

답 : 이면의 운동은 모르오.

문 : 당신은 金若水 등이 올해 4월 중 공산당을 조직했던 사실을 아는가?

답 : 모르오.

문 : 그래도 공산당은 주로 북풍회원으로 조직되었는데 당신도 상담에 참여하지
　　않았나?

답 : 결코 그런 일은 없소이다.

문 : 당신은 공산당의 목적을 위해 金若水 등에 금전과 기타의 원조를 한 일은 없는
　　가?

답 : 그런 일은 없소.

본 신문은 조선총독부재판소 통역생 金泰熙의 통역에 의해 행해졌고 이상의 조서
를 그 통역생을 통해 공술자에게 讀聞한 바 相違가 없다는 취지를 지장으로 署名했다.

供述者　徐廷禧 ㊞

朝鮮總督府裁判所通譯生　金泰熙 ㊞

大正十四年十二月二十二日

新義州地方法院檢査局

朝鮮總督府檢査　本島文市 ㊞

朝鮮總督府裁判所書記　川野藤太郎 ㊞

12-14-13 김준엽·김창순,《한국공산주의운동사》자료편Ⅰ, 고려대 아세아문제
　　연구소, 1979, 830쪽

피의자 金枓全 신문조서(제2회, 1925년 12월 22일)

右의 자에 대한 치안유지법위반사건에 대해 대정 14년 12월 22일 신의주지방법
원검사국에서

조선총독부검사　本島文市

조선총독부재판소서기　川野藤太郎

이 열석한 가운데 검사가 전회에 이어 피의자에 대해 신문한 바 다음과 같다.

… 중략 …

문 : 우 공산당과 徐廷禧와의 관계는 어떠한가?

답 : 하등의 관계가 없소.

문 : 그러나 경찰관에게는 동인은 공산당에 어느 정도 이해를 지닌 종종의 편에
　　대해 편의를 주고 있었다고 진술했는데 어떠한가?

답 : 동인이 주의에 대해서 다소 이해하고 있다는 점은 틀림없지만 공산당으로
　　서가 아니라 개인으로서 저와 교유한 것에 지나지 않소. 따라서 공산당, 기
　　타 공산주의를 위해 제가 동인을 이용한 것은 전혀 아니요.
　… 중략 …

12-14-14 김준엽·김창순, 《한국공산주의운동사》 자료편Ⅰ, 고려대 아세아문제
　　　　연구소, 1979, 469쪽

피고인 서정희 신문조서(제1회, 1926년 2월 3일)

右의 자에 대한 치안유지법 위반사건에 대해 大正 15년 2월 3일 신의주 지방법원에서
　　　　　　　　　　　　　　예심 掛 조선총독부판사　　越尾鎭男
　　　　　　　　　　　　　조선총독부재판소서기　　朴承俊
이 열석한 가운데 판사가 피고인에 대해 신문한 바 다음과 같다.

문 : 성명, 연령, 신분, 직업, 주거 및 본적은 어디인가?
답 : 성명은 서정희, 연령은 50세, 身分은 (상민), 직업은 무직, 주거는 경성부 관
　　수동 105번지, 본적은 전라남도 광주군 광주면 서광산町.
문 : 작위, 훈장, 記章 등이 있어 연금, 은급을 받거나 혹은 공무원의 직에 있는
　　일은 없는가?
답 : 없소.
문 : 지금까지 형벌을 받은 적은 없는가?
답 : 大正 8년 3월 중 광주지방법원에서 보안법위반으로 징역 2년의 처벌을 받
　　았었소.
여기에서 판사는 피고사건을 告知시키고 그 사건에 대해 진술할 것 있는지 여부
를 묻자 피고인은 심문에 대해 진술할 뜻을 비쳤다.
문 : 당신은 金若水 등이 작년 4월 17일 조직한 조선공산당에 가입한 일이 있는가?
답 : 그런 일은 없소.
문 : 조선공산당 조직 당시는 참가하지 않았지만 그 후 가입하지 않았는가?
답 : 나는 공산당의 어떠한 것도 알지 못하고 가입한 적도 없소.
문 : 북풍회원인가?
답 : 그렇소. 내 본적지인 광주군 읍내에서 노동공제회를 조직하여 주로 소작쟁

의 조정사무에 있던 관계로 본적지에 있던 중, 북풍회의 金若水 등이 내 의견을 듣지 않고 마음대로 북풍회 집행위원으로 선임하여 그 사실을 신문광고에 내자 비로소 북풍회 집행위원이 된 것을 알게 되었소. 그렇지만 나는 그후 북풍회 위원을 사임하지도 않았고 또 북풍회 사무를 맡은 적도 없소.

本 신문은 입회서기인 조선총독부재판소 通譯生의 통역에 의해 행해졌고 이상의 조서를 그 통역생을 통해 공술자에게 讀聞한 바 相違가 없다는 취지를 지장으로 서명했다.

大正 15년 2월 3일

供述者 徐廷禧 ㊞

12-14-15 김준엽·김창순,《한국공산주의운동사》자료편Ⅰ, 고려대 아세아문제 연구소, 1979, 545~547쪽

피고인 金若水 신문조서(제2회, 1926년 5월 12일)

右의 자에 대한 치안유지법위반사건에 대해 대정 15년 5월 12일 신의주지방법원 예심정에서

豫審 掛 조선총독부판사 越尾鎭男

조선총독부재판소서기 朴 敏 求

가 열석한 가운데 판사가 전회에 이어 被告人에 대해 신문한 바 다음과 같다.

문 : 서정희와 종래 관계는 어떤가?

답 : 대정 13년 봄 처음으로 알게 되었소. 그가 그 이전부터 南鮮地方에서 소작문제에 분투하고 있던 자라는 사실을 알고 있었소. 그 사람의 처가 운영하는 여관(경성에 있다)에 내가 아는 사람이 숙박하고 있어 내가 출입하면서 알게 된 것이오. 서정희는 소작문제에 관계하고 있던 자였기 때문에 내가 주재하는 북풍회로 끌어들이면 회에 이익이 될 것으로 생각하여 그 후 13년 겨울 내가 그 사람을 북풍회로 끌어들여 작년 가을 집행위원의 한사람으로 삼았소. 북풍회에 입회 후에도 徐廷禧는 변함없이 소작문제로 활동하고 있었지만, 그것은 그가 속한 勞農總同盟 집행위원으로 활동한 것이며 북풍회 일원으로 활동한 상황은 아니오.

문 : 서정희를 이용하기 위해 그를 북풍회로 끌어들였다면 직접 북풍회위원으로
　　 활동시키면 되지 않은가?

답 : 그의 명성, 지위 등만을 이용할 목적으로 단지 회에 가입시킨 것에 지나지 않소.

문 : 서정희는 회 조직 후 공산당에 관여했나?

답 : 그 사람은 전혀 관계가 없소.

문 : 그러나 작년 12월 15일 신의주경찰서에서 취조를 받을 때는 서정희에게 어
　　 느 정도 사정을 밝히고 공산당에 가입시켰다는 취지를 신술하지 않았나?

답 : 그때 이야기는 사회운동, 노동문제 등에 있어서 객관적으로는 서정희가 우
　　 리들에게 이용당하고 있는 것으로 보이지만, 그는 소작문제에 대해 우경적
　　 이었기 때문에 내부에서는 우리와 밀접한 관계가 있는 것은 오히려 곤란하
　　 게 될 것이라고 말했던 것이오.

… 중략 …

12-14-17 김준엽·김창순,《한국공산주의운동사》자료편 I, 고려대 아세아문제
　　　　 연구소, 1979, 556~558쪽

피고인 徐廷禧 신문조서(제2회, 1926년 5월 18일)

右의 자에 대한 치안유지법위반사건에 대해 대정 15년 5월 18일 신의주 지방법
원예심정에서

豫審掛 조선총독부판사 越尾鎭男

신의주지방법원서기직무대리 판임관 견습 金 載 源

이 열석한 가운데 판사가 전회에 이어 피고인에 대해 신문한 바 다음과 같다.

문 : 대정 8년3월 징역 2년에 처벌받은 것은 무슨 죄를 범해서였나?

답 : 보안법위반이었소. 만세사건에 가담했기 때문이오.

문 : 그 당시 조선독립을 희망하고 있었나?

답 : 그런 것이 아니라 독립이 되었다고 듣고서 만세를 부른 것이오.

문 : 지금은 어떤가?

답 : 지금은 달리 생각하는 바는 없지만 만일 조선이 독립이 된다면 나는 기쁠
　　 것이오.

문 : 조선의 현상, 특히 사회경제방면에 관해서는 어떻게 보고 있나?

답 : 농민의 生活을 향상시키지 않으면 안 된다고 생각하고 있소. 오늘날 농민의
생활은 감옥의 생활보다도 열악합니다. 어떻게든 감옥만큼의 생활로 향상
시키려고 생각하고 있으며, 그 밖에는 달리 생각한 바가 없소.

문 : 그렇다면 농민의 생활이 비참한 원인은 어디에 있다고 생각하나?

답 : 결국 지주가 농민을 착취하기 때문에 농민의 생활이 점점 곤란하게 된 것이오.

문 : 그렇다면 어떻게 하면 좋은가?

답 : 구제책으로는 소작권의 이동을 제한하고 소작료 분배를 4와 6으로 하여 지주
가 그 4를 취하는 것이오. 그리고 모든 공과금을 지주가 부담하는 것 등이오.

문 : 요컨대 개인의 소유를 인정한 이상 완전하게 토지를 관리한다는 것은 도저
히 불가능한 것이 아닌가. 사회 또는 국가에서 토지를 관리하지 않고는 결
국은 해결되지 않는 것이 아닌가?

답 : 아니오. 나는 현재의 조직을 파괴하자는 것이 아니고 개량하자는 것이오.

문 : 종래 소작문제에 분주했던 일이 있는 것 같은데?

답 : 있소. 광주군내에서 3, 4년 전 '소작인연합회'를 읍내에 만들어 각 면에 그
지부로 '소작인회'를 조직했소. 나, 全龍基, 文泰坤 3인이 발기하여 만들었
소. 소작인으로 조직하여 각 면장을 회장으로 하였소. 회원수는 약 1만인이
며, 지금까지 한 일은 소작권을 잃은 자에게 되돌려 주고 지주와 소작인간
의 소작쟁의를 조정하는 일 등이었소.

문 : 북풍회, 화요회, 노농총동맹 등의 단체에 관여한 일은 없는가?

답 : 북풍회 집행위원이었소. 그러나 그것은 金若水가 무단으로 나를 집행위원
으로 만든 것으로 신문을 보고 알았소. 그 후 집행위원으로 하등 회의 업무
에 관여한 일이 없소. 화요회는 원래 신사상연구회로 불리며 그 회원이었소.
노농총동맹에도 광주소작인회 대표로 가입하고 있었소. 그 외에 관여하고
있는 단체는 없소.

문 : 김약수와는 종래 어떠한 교제를 하고 있었나?

답 : 4년 전부터 알고 있었지만 단지 친한 사이일 뿐 하등의 관계는 없소.

문 : 김약수가 당신을 북풍회 집행위원으로 만든 것에 대해 어떻게 생각하는가?

답 : 어떠한 사정으로 무단 나를 집행위원으로 맡겼는지는 모르겠으나 그 후 김
약수에게 물어본 적도 없소.

문 : 兪鎭熙, 趙奉岩, 金燦, 朴憲永, 林元根, 尹德炳, 金在鳳, 朱鍾建 등과는 평소
친교가 있었나?

답 : 유진희, 김찬, 박헌영, 윤덕병 등과는 익히 알고 있었지만 그 외는 모르오.

문 : 유진희, 김찬, 박헌영, 윤덕병 등의 집에 출입한 적이 있나?

답 : 4인의 집에 출입한 적은 없소.

문 : 작년 4월에 개최했던 全朝鮮民衆運動者大會에 관여한 적이 있나?

답 : 후원자의 한사람이었습니다만 단지 이름을 올린 데에 불과하오.

문 : 당신은 신문과 관계가 있나?

답 : 조선일보 광주지국 고문으로 있었소.

문 : 가족은?

답 : 나와 처, 아들 넷, 딸 넷이오. 장남 範錫은 조선일보사에, 차녀는 보통학교
　　선생으로 근무하지만 그 외 밑에 자식들은 아직 학교에 다니고 있는 중이오.

문 : 재산은?

답 : 없소. 처가 여관을 경영하고 장남, 차녀의 월급으로 일가가 생계를 꾸려가고
　　있소.

문 : 학력 및 이력은 어떤가?

답 : 어릴 적 수년간 서당에 다녔고 다른 학교에 다닌 적은 없소. 지금부터 29년
　　전 구한국시대 광주에서 육품관으로 8, 9년간 우편사무를 맡은 일이 있습니
　　다. 그 후 취직했던 적은 없습니다.

문 : 당신은 공산당 조직 후에 당에 참가한 적이 있었나?

답 : 전혀 관계없습니다. 또 그런 당이 있었다는 것도 몰랐습니다.

문 : 고려공산청년회와는 어떤가?

답 : 하등의 관계가 없소.

문 : 당신은 조선공산당의 목적을 알고서 가입했다는 혐의로 기소되어 있는데,
　　뭔가 변론할 것이라도 있는가 또는 제출할 만한 증거라도 있나?

답 : 나는 전혀 관계가 없기 때문에 뭐라고 이야기 할 것도 제출할 것도 없소.

3. 서정희에 대한 인물평

17-1 《삼천리》, 1929년 4월호, 16~18쪽

徐廷禧評 — 策士라기보다 鬪士 金錢에 淡泊 외골수
徐範錫

　서정희 씨는 나의 아버지이다. 아버지인 반면에 또한 나의 동지다. 그는 실로 54세에 이르기까지 파란많은 과거를 가졌으니 벌써 이십 남짓하던 청년시대에 영어를 알아가지고 배재학당 창립자이던 양인 아펜셀러와 같이 태서문명의 번역수입에 몰두하면서 세상이 돌아가는 것을 비로소 알았다. 그런 뒤부터는 날 때에 가지고 왔던 젊은 피를 감출 길 없어 정치운동으로 내달렸었다. 오조약이 체결된 뒤 그는 누구누구의 동지들과 같이 ○○○의 암살을 계획하여 교수대의 문 앞까지 갔었다. 다행히 그때 임군의 특지로 형일등을 감하여 사형을 면하고 전남 智[完의 잘못 — 필자]島에 정배갔었지만, 그 뒤에도 계속하여 이모의 아들을 구라파로 誘出하려던 일, 그러다가 기미운동엔 3년을 대구감옥소에서 치렀고 그 뒤는 무수한 그 방면의 고난을 겪었다. 어쨌든 내가 나이를 먹어서 지각이 들 때부터 나의 아버지의 하는 일을 바라볼 때에 그의 일이란 어느 것이나 정치적 또는 사회적 운동이 아닌 것이 없었다. 더구나 맑스사상의 세례를 받은 뒤부터는 그는 삼남각지를 돌아다니며 농민운동방면에 가장 많은 힘을 쓴 듯이 기억된다. 그 중에도 소작쟁의에 있어서는 과거에 경험도 많았던 것만치 그 자신도 상당한 자신을 가진 듯이 보였다. 그러나 육친의 일을 아들의 입으로 이렇다 저렇다 말하기가 거북한 노릇이 되어 말하기 싫으나 솔직하게 말하자면 나는 나의 아버지의 꾸준한 노력과 '제몸 이외의 일'에 헌신하는 그 의지와 정성에 아들로서의 프라우드를 느낀다.

　小作爭議 말이 났으니 말이지만 삼남의 산촌이므로 船車도 없어 대개는 걸어다니시는데 그 추운 동삼에 4, 5일씩, 10여 일씩 돌아다니시다가 (此間十行略)

　그런데 그렇게 돌아다니는 반면에 육신상 즉 침식에 괴로움이 많았었던 모양으로 한 번만 돌아다녀 오시면 입으신 샤쓰 속에는 이가 어떻게나 많이 꾀었는지 놀랄 만 하였다. 추우면 가는 곳곳에서 샤쓰를 자꾸 주어 덧껴입으신 관계로 추위는 혹 除하였을는지 몰라도 이의 골림에 상당히 괴로워하였으리라. 그러기에 어머니는 아버지가 어디 갔다 오시면 이를 짊어지고 오셨다고 야단하시는 것이 무리가 아니었다.

아버지는 비교적 건강한 몸을 가졌던 관계로 여러 번 징역살이에도 그리 모진 병환을 가지신 일은 없지만 옛날 한국시대에 한번 몹시 주리를 틀리신 뒤부터는 비오는 날이나 일기가 습하는 때면 두 옆구리가 저리고 사지의 피가 잘 돌아가지 않아서 지금도 괴로워하신다.

아버지는 돈을 모른다. 지금도 기억하는 일은 벌써 먼 옛날 내가 어릴 때에 아버지는 무슨 일로 새벽에 나갔다가 밤이 깊이 든 뒤에야 겨우 돌아오시곤 돌아오시곤 이러하기를 한참 계속하였다. (뒤에 아니 그때가 ××암살의 음모하던 때였다)

그때 우리 집은 가난으로 말이 아니었다. 때를 놓거나 불을 못 때이던 일이 빈번하여 집에는 쌀 한 되 나무 한 단 없어서 어머니의 머리 긁는 말씀이 빠질 날이 없었다. 그럴 때에 아버지는 하루아침에 어디서 난 돈인지 금전과 수원 홍화문 그려진 값나가는 지전을 많이 가지고 오신 적이 있다. 예에 의하면 어머니는 火木 근심으로 울면서 호소하시건만 아버지는 그때 그 많은 지폐 속에서 겨우 백동 두 푼을 덜렁 땅바닥에 떨어뜨리고 획! 나가버리셨다. 무슨 돈인지 모르거니와 그 흔한 돈을 가지고도 그러하였다. 어쨌든 아버지는 가정살림 같은 것은 俗事라 하여 도무지 개념 아니하시는 편이다. 자녀들이 자란 뒤부터는 집안 살림을 우리들에게 맡겨버리시는 性格으로 보아도 그의 금전에 대한 태도를 알만하다.

그는 근래에 신간회 소임을 맡으신 모양이다. 그러나 나는 여기에는 다른 의견을 가졌다. 어쨌든 내가 본 서정희 씨는 책사라기보다 투사요, 학자라기보다 실행가요, 준순 주저하는 편보다 너무 외골수로 강직한 성격의 소유자였다.

17-2 《혜성》, 1931. 9. '사회운동자의 이 모양, 저 모양'

서정희 오십이 넘어서 백수를 날리는 노인에게 君字를 놓기는 좀 황송스러운 일이다. 氏字를 부치기로 하자. 씨는 전남광주출생으로 민족운동 당시부터 지사였다고 한다. 그 후 시대의 변천에 따라 남선지방에서 농민운동으로부터 진출하여 조선사회운동의 중진이 되었다.

북풍회의 중견인물로서 나이는 이미 노인층에 속한 분이나 청년들을 좋아하여 젊은 사람들과 농하기가 일쑤이다. 그러나 때로는 중인량반의 게트럼도 하는 때가 없지 않다. 社會 일이라면 무엇이나 좋아하는 노장으로서 다소 덤비는 일도 있으나 어쨌든 그 성의야말로 감복할 일이다.

본래는 가산도 좀 있었으나 점점 영체하여져서 지금은 장남 범석군의 수입으로 근근히 지나간다고 한다.

17-3 김종범·김동운, 《해방전후의 조선진상》, 돌베개, 1984, 176~178쪽, '조선혁명운동투사와 정계활약의 인물약력' 가운데

서정희(徐廷禧) 씨(경성인, 69세)

씨는 거금 44년 전, 즉 기원 4235년(25세), 즉 일본의 침략적 마수가 조선에 초입(初入)할 때부터 애국운동과 혁명운동에 투신하여 일생을 헌신한 국내 희유(稀有)의 혁명옹(翁)이다.

4235년[4240년의 잘못-필자] 기사[己巳, 丁未의 잘못-필자] 2월에 동지 나철(羅喆), 정인국(鄭寅國), 이기(李沂) 제씨와 결합하여 비밀결사 동지회를 조직하고 소위 일한협정서를 반대하는 동시에 당시의 정부대신 전부의 암살계획을 실현코자 기회를 엿보다가 4237[4240의 잘못-필자]년 군부대신 권중현(權重顯)에 대한 의사(義士) 강상원(姜相元) 씨의 단포(短砲)사격 살해미수사건의 연루자로 피체되어 전남 진도에 유배되었다가, 익년에 도탈(逃脫)하여 광주에 이거한 후 대한협회 광주지회를 조직하였다.

그 후 씨는 의병대장 안(安)모와 연락 또는 후원하였다는 혐의로 2차나 체포되어 근 일 년간의 세월을 허송하였다가 합방 후에 석방되었다. 그리고 기미년의 독립운동에 관계하였다가 대구 감옥에서 2년의 형을 마치고 4252[4254의 잘못-필자]년 9월에 석방되었으며, 4254[4255의 잘못-필자]년에는 광주노동공제회 집행위원장이 되어서 노동자와 농민을 위하여 활동하던 중, 4256년[4257의 잘못, 대정13년-필자]부터 전라노농연맹 집행위원장, 동년 9월[3월의 잘못-필자]의 대구에서 조직된 남선노농동맹 집행위원장, 동8월에 조선노농총동맹 상무집행위원, 익년의 조선기근구제회 상무집행위원 등을 역임하고, 4259년 9월[4258년 12월의 잘못-필자] 신의주서에 제1차 공산당사건으로 피체되었던 바, 동지 김약수씨가 무관계하다고 열렬히 주장하여 익년에 모면·보석되었던 바, 동년 9월[3월의 잘못-필자]에 농인잡지(農人雜誌) 사건으로 재투옥, 익년 12월[2월의 잘못-필자]에 무죄 석방되었으며, 4262[4263의 잘못-필자]년에는 신간회 조직부장으로 선임되어 그 후 동회지회 사정 시찰 급 선전차로 각 지방에 순회하였고, 4264년에는 재만조난(遭難) 동포위문회의 위문사로 동주 각지에 파견되는 등.

씨의 과거 40년간의 활동은 실로 굉상하였으며 유형·피체·투옥의 회수와 기간도 상당하였다. 씨는 열정적이며 열변과 근면은 청장년을 초월하며, 동포와 국가사회를 위하여는 침식도 가정도 불고(不顧)하며, 좋은 일이면 즉 단체의 결의로써 명령하는 일이면 무조건 복종하는 하등의 사욕사심이 없는 충실한 조선의 공복이다. 씨를 숙지하는 제동지들은 말한다. 씨의 경력·성격·위인으로 보아서 조선혁명운동사상에 영원히 잊을 수 없는 제일인적 실천운동가란 찬사를 드리기에 주저치 아니한다.

씨는 최근 수년간 건강관계와 모든 환경 상 포천지방 일(一)농촌에 잠거(潛居)하다가 8·15후 다시 경성에 와서 현재 한국민주당의 중앙감찰위원으로 활동하고 있다. 70의 노령이나 청장년 이상의 열을 가지고 아직 건강이 불충분하나 일일도 결근 없이 당사무소에 출근 중이다.

씨는 말하되, 한국민주당은 부르조아적 반동단체 운운하는 일부의 비난자도 있으나 그것은 일부 세력경쟁의 청년들의 기분적으로 떠드는 고의의 악선전이요, 내(자기)와 김약수가 이 당에 있는 이상 친일파, 반역자, 부르조아 등은 존재할 곳이 아니다. 미구에 숙청될 것이며 조선근로대중의 복리를 무시하는 정당과 인물의 존재는 불필요하다는 강경한 태도와 철저한 의사를 가지고 좌충우돌하고 있다. 씨의 조선적 존재는 실로 위대하다 아니할 수 없다.

씨는 지위에 대하여 하등의 야심이 없는 만큼 누구에게든지 큰소리 하게 되었다. 70이 다된 나로서 더 살기를 원치 않는다. 정의를 위하여 투쟁하다가 하시(何時)에 죽어도 유감이 없다고 말하고 있다 한다.

4. 주요 문서

5-21 《동아일보》, 1923년 6월 15일자, 광주노동공제회 賃銀勞動組合 선전문

光州勞働宣傳

光州勞働共濟會의 賃銀勞働組合에서는 去六月 一日에 光州市日을 利用하여 左와 如한 宣傳文을 配布하였더라.

일어나거라
강한자여 너의 이름은 노동자이다

노동자여 일어나거라 힘있게
모든 자유가 너를 기다린다
뭉기어라 굿세이게 많은 행복이 너를 찾는다
돌아보자 지나간 길을
네 손으로 온갖 문명을 다 지어놓고도
너-홀로 생활이 비참하였슴은
가진 物貨를 다 만들어 주고도
홀로 생활이 빈핍하였슴은
사람된 권리를 찾을 줄 모르고
너무도 오래 누어 잔 까닭이었다
깊은 꿈을 깨워주며
잃은 것을 찾게 할 곳 어대인가
광주노동공제회로 차자가서
賃銀勞働組合에 들어야 한다
그리고 둥그러운 사랑줄에
뭉기어 한 덩이가 되어 보자
아! 신성하다 노동
강하다 노동자의 힘
내 것임을 나 모를 때
가졌던 자 누구인가
내 것임을 각성하니
왼갖 살림 내 것일세

6-51《동아일보》, 1925년 11월 14일자, 전남 광양군 노농연합회가 지주들에게
보낸 경고문

四百地主에 警告－光陽勞農聯合會에서

全南光陽勞農聯合會에서는 광양군에 土地를 둔 東拓出張所 金鍾翊 金谷一二
朴勝稷 洪敬連 金漢昇 徐丙至 등 대지주를 위시하야 400여명의 지주에게 左와 如
한 경고문을 지난 9일 발송하였다고.

◇警告文

여름이 가고 가을이 오매 번영하던 초목이 절서를 따라 현상과 같이 變態되었다. 舊往新來에 인류도 시대를 따라 개조할 것이 피치 못할 대자연의 법칙이다.

보라, 紅塵煤煙에 하루도 영일이 없이 노동하는 노동계급참상과 春耕夏耘에 寸時의 休隙이 없이 경작하는 소작계급의 빈궁을. 그들은 생명과 같이 귀중한 血汗을 흘려 勤勤務務히 근로하여도 그 소득은 오직 기한과 빈곤뿐 아니냐. 그 반면에 十脂를 不動하는 자본계급과 지주계급은 高樓巨閣에서 錦衣玉食으로 優遊度日하지 아니하는가. 이것이 과연 어떠한 모순이며 당착이냐. 이에 우리는 종전과 같이 남을 위하야 희생치 아니하고 자기의 생을 확충하려한다. 이것이 곧 소작운동과 노동운동이나 이 운동은 決漢의 勢로 전 세계를 풍미하야 자본계급과 지주계급에 대하야 투쟁을 선포하고 대항한지 已久이었다. 이에 우리 조선에도 요원의 勢로 이 운동이 전조선 각지에 치열되어 점차 조직화하여짐은 사회진화의 법칙상 필연한 理勢이다. 그러므로 본 연합회에서는 누차 결의하여 지주 제군에게 반성을 促함이 재삼이 아니었으나 선량한 일, 이의 지주를 除한 외에는 소작료징수를 갈수록 愈酷케 할 뿐 아니라 심한 자에 있어서는 소작권을 매도하는 악폐를 감행하며 또한 현하 법령 소정의 지세공과금도 혹은 음적 양적으로 징수하며 혹은 소작료에 환산수취할 뿐 아니라 소작권 이동을 濫行하야 소작인의 활로를 奪하고 따라서 산업발전상 심대한 저해를 及케 함은 어떠한 방면으로 보든지 실로 용인치 못할 죄악이다. 제군이여, 다시 맹성하라 脣亡齒寒은 필연의 法度이니 제군이 비록 금일에 불의의 권세를 남용할지라도 그것이 결코 제군의 복리가 되지 못할지니 제군이여 금년과 같이 충재 수재 풍재의 모든 재해가 답지함에도 불구하고 소작료를 예년과 같이 수취하면 인류의 양심상 적당한 요구로 인정하는가. 소작료는 연합회에서 소정한 바 4할 이내로 할 것은 물론이요 收捧할 시에도 高斗 濫捧을 폐할지며 지세공과금은 당연히 제군이 부담하야 참경에 빠진 소작인으로 하여금 그 근로의 대가를 보상하라. 본 연합회에서는 광양군 4만 8천의 소작인을 대표하야 제군에게 경고하노니 제군은 양심에 비추어 사욕을 떠나 대중의 생활을 위하야 많은 숙고를 바라노라.

을축 10월 30일

6-52 《조선일보》, 1925년 12월 14일자, 광주군 우치면 소작인회가 나주군 宮三面 농민에게 보낸 격려문

宮三面民에 激勵文發送－牛峙勞農會에서

全南光州牛峙 勞農靑年會 同面 小作人會에서는 羅州宮三面民 對 東拓間의 小作爭議 持久戰에 피로한 소작인의 최후승리를 위하야 去十日 양단체의 연서로 궁삼면농민조합에 좌와 如한 격려문을 발하였다더라.

◇ 激勵文 ◇

同志여! 너희들의 설움은 우리가 안다. 오랫동안 强者群의 착취와 압박에 인내 타 못하야 최후의 결사적 의분을 외치는 것이 너희들의 현실이 아니냐. 싸워라 굳세게! 너희의 이상을 실현하기까지! 세계 인류의 자유와 평화를 위하야는 生命을 희생하고라도! 싸워라 굳세게! 정의 앞에는 모든 魔物이 다 倒壞한다. 너희의 앞에는 오직 승리가 있다. 동지여! 兄弟.

1925년 12월 10일

牛峙小作人會　㊞
牛峙勞農靑年會　㊞

11-6 북풍회가 일본 동지에게 보낸 書信(1924년 12월 13일)

우리들은 한결같이

일본 동지의 고귀한 과거에 대해 滿腔의 경의로 감사를 표합니다. 그리고 지금보다 더한 건투를 기원합니다. 우리 조선의 사회운동은 역사가 미처 5, 6年에 지나지 않았으나 그간 수많은 파란의 곡절을 거쳐 지금은 바로 대중이 서서히 진출하는 제 2기에 들어서 있습니다. 우리는 물론 지금까지의 단순한 선전적 사상전에서 진일보하여 대중이 요구하고 있는 현실에 합치되는 방향으로 전환할 필요를 절실히 느끼고 있지만, 아무래도 우리 조선에 있어서는 그대들도 알다시피 관헌의 반동정책이 극도로 엄하고 또 운동의 내면에 있어서도 다소의 암초가 가로놓여 있는 관계로 금일까지 새로운 국면에 대한 하등의 새로운 운동을 시작하지 못하고 있었습니다. 그러나 우리는 언제까지 현 상태에 만족할 수 없으며 헤아릴 수 없는 대중의 요구가 절박함을 살펴 마침내 이번에 만난을 물리치고 결연히 사회운동단체 북풍

회를 조직하였습니다. 본회가 강령으로 하는 것은 철저한 마르크스주의로써 대중과 일층 밀접한 관계를 보지하여 현실적 요구를 들고 돌진코자 하는 것입니다. 즉 본회는 무산자계급해방운동의 일대 신조인 만국 무산계급 단결의 필요를 항상 제창함은 물론이며, 특히 공통의 이해관계를 갖는 日鮮 양 무산계급의 연락과 제휴를 과거와 같이 放漫함이 없이 일층 유기적으로 완전히 할 수 있도록 노력하려고 하는 것입니다. 우선은 본회에 참석한 동지 제군을 통지하며 금후 배전의 원조와 지도를 바랍니다.

1924년 12월 13일

京城齋洞八四 北風會 執行委員

徐廷禧 鄭雲海 裵德秀 南廷晳 金若水 金鍾範

宋奉瑀 林世熙 金章鉉 辛 鐵 李利奎 馬 鳴

참고문헌

1. 자 료

경기도경찰부, 《昭和4年5月治安狀況,その一》(박경식 편, 《조선연구자료집》 6 수록)

──────────, 《치안개황》, 1925년 5월 (한홍구·이재화 편, 《한국민족해방운동사
　　　　자료총서》 2, 경원문화사 수록)

고려대 아세아문제연구소 소장 희귀문헌, 문서번호 100-001-029, 100-011, 100-013,
　　　　100-015, 100-027, 100-004-033, 100-004-038, 300-101, 0006, 0065, 0077,
　　　　0261, 0427, 0645, 0818, 1273, 1895, 0613-0614 등.

《국회속기록》(제헌국회 제1회 90차 회의, 1948년 10월 28일)

김　구, 《백범일지-김구 자서전》, 1948, 국토원.

김종범, 《조선 식량 문제와 그 대책》, 창건사, 1946.

《勞農運動槪況》(1923. 6), (한홍구·이재화 편, 《한국민족해방운동사자료총서》 2
　　　　에 수록)

《勞農運動槪況》(1924. 6), 〈朝鮮勞農總同盟ノ組織〉

《대중신문》 13권(1928. 4. 29) (박경식 편, 《조선연구자료집》에 수록)

김종범·김동운, 《해방 전후의 조선 진상 : 제2집 독립운동과 정당 급 인물》, 조선
　　　　경제연구사, 1945.

이　기, 《해학유서》 권12, 국사편찬위원회, 1953.

《日帝下社會運動資料叢書》 4, 江高 제16345호(1923. 10. 9), 京高秘 제12731호, 京
　　　　高秘 제5699호(1923. 8. 11), 京高秘 제15260호(1923. 10. 24), 京高秘 제
　　　　5699호(1923. 3. 31), 京高秘 제7963호(1923. 5. 2), 京高秘 제8402호(1931.
　　　　10. 29), 京高秘 제14603호(1923. 11. 3).

중앙선거관리위원회, 《역대국회의원선거상황》, 보진재인쇄소, 1963.

황　현, 《매천야록》, 국사편찬위원회, 1953.

S　　Y, 〈소작운동의 귀착점〉, 《개벽》, 1925년 신년 특별호.

T Y 生, 〈사회운동단체의 현황-단체, 강령, 사업, 인물〉, 《개벽》, 1926년 3월호.

고영환, 〈신간회 선후책〉, 《동광》 23호, 1931.

관측생, 〈신간경성지회 임시대회 방청기〉, 《혜성》 1-3, 1931. 5.

권일문, 〈지사토벌론〉, 《비판》 9호, 1932. 1.

기석구, 〈최린론〉, 《비판》, 1931. 5.

김경재, 〈사회운동자가 본 사회운동〉, 《개벽》, 1925년 5월호.

———, 〈일소대장의 고백―어떤 귀순자를 마지하여〉, 《삼천리》, 1939년 1월호.

———, 〈장자풍의 박문희씨〉, 《삼천리》, 1932년 8월호.

———, 〈최근의 조선운동〉, 《삼천리》, 1932년 10월호.

———, 〈협화회와 조선민족의 무대〉, 《삼천리》, 1938년 5월호.

———, 〈화요, 북풍, 신간회 등의 明滅〉, 《삼천리》, 1934년 7월호.

김기림, 〈1936. 5. 16 P.M. 4(신간회 최후의 전체대회를 보고)〉, 《비판》, 1931. 6.

———, 〈신간회전체대회, 대행중앙집행위원회광경〉, 《삼천리》, 1931년 1월호.

김동민, 〈'이러타'의 표명문을 비판함―천도교에 대한 투쟁을 그들은 어떻게 거부
         했나?〉, 《신계단》, 1933년 2월호.

김명식, 〈재만조선인문제 해결책에 대하여―박일형씨의 소론을 박함〉, 《비판》 8
         호, 1931. 11.

김명식, 〈중국인사에 여함〉, 《비판》 7호, 1931. 11.

김무길, 〈가면지사를 필주함〉, 《동광》, 1932년 4월호,

김병로, 〈단천 농민 학살 사건〉(김진배, 《가인 김병로》, 가인기념회, 1983에 수록).

———, 〈백두산 화전민 박해사건〉(김진배, 《가인 김병로》, 가인기념회, 1983에 수록).

김세민, 〈동만의 정변과 재만동포 생활의 서광〉, 《혜성》 1-7, 1930, 10.

김세성(김경재의 필명), 〈유치장 생활〉, 《혜성》 1-1, 1931. 3.

김약수, 〈무산청년운동을 제창함〉, 《進め》 1-6, 1923. 7.

———, 〈삼천리 전체회의, 제1부문=민족문제, 현하의 민족주의 세력과 사회주의
         세력―양 세력의 비교〉, 《삼천리》, 1932년 6월호.

———, 〈양세력의 비교〉, 《삼천리》, 1932년 3월호.

———, 〈재만조선인문제에 대한 견해 검토〉, 《비판》 7호, 1931. 11.

김영진, 〈일천만소작인을 대하여〉, 《신민》 8호, 1925. 12.

김용복, 〈소작인의 고백〉, 《신민》 8호, 1925. 12.

김 찬, 〈사회운동과 민족운동―차이점과 일치점〉, 《동아일보》, 1925년 1월 5일자.

돌 이, 〈지주는 엇지할고?-특히 부업공진회를 기회로 入京하는 이에게〉, 《개벽》, 1923년 10월 임시호.

동관생, 〈A와 B의 문답〉, 《개벽》, 1925년 5월.

명원호, 〈신간회분규 측면관〉, 《신민》, 1931-3.

묘향산인, 〈남북조선을 순회한 자의 수작〉, 《개벽》, 1922년 11월호.

─────, 〈조선토지겸병의 원인 급 현상〉, 《개벽》, 1922년 8월호.

박달성, 〈천지를 뒤집어 흔들던 수국대변란기〉, 《개벽》, 1925년 8월호.

박만춘, 〈안재홍씨의 표현단체재건론을 박함〉, 《혜성》, 1932. 2.

박문희, 〈사회단체에 보내는 독촉장, 재조직기에 임한 노·농총동맹〉, 《혜성》 1-3, 1935. 5.

박문희, 〈전국적 해소와 시기〉, 《삼천리》, 1931년 1월호.

─────, 〈지모겸전한 책사 김경재〉, 《삼천리》, 1932년 8월호.

박승극, 〈동아·조선일보의 상쟁에 대한 소견〉, 《비판》, 1933. 6.

박원일, 〈과거 일년간의 조선사회운동〉, 《동광》, 1931년 12월호.

─────, 〈만주사변과 중국혁명〉, 《동광》, 1932년 12월호.

박일형, 〈만주문제를 여시아관〉, 《비판》 7호, 1931. 10.

─────, 〈재만조선인문제재론-김명식씨의 미망을 교함〉, 《비판》 9호, 1932. 1.

박창덕, 〈반해소파의 두상에 일봉〉, 《비판》 31-7.8

배성룡, 〈조선사회운동의 사적고찰〉 1, 《개벽》, 1926년 3월호.

벽상생, 〈조중인충돌사변여문-소란 와중의 넌센스 극〉, 《혜성》 1-5, 1931. 8.

북해생, 〈여운형의, '부탁'을 읽고〉, 《신계단》, 1933년 4월호.

비봉산인, 〈정읍의 차천자를 방문하고〉, 《개벽》, 1922년 8월호.

서범석, 〈만주사변 이래의 재만동포 현상〉, 《신동아》, 1932년 5월호.

─────, 〈중국인의 호의로 5처에 수용 구호, 위문사마저 소리를 내며 통곡, 철령에 는 삼백여명〉, 《동아일보》, 1931년 11월 8일자.

설화자, 〈검경에 비춘 동아·조선일보의 추극-현대신문의 파멸의 전초전〉, 《비판》, 1933. 6.

송봉우, 〈재감중 어머니 병보를 듣고〉, 《삼천리》, 1931년 12월호.

신간회 이원지회, 〈아등의 운동과 신간회-금춘 전체대회와 해소론의 전망을 겸하여〉, 《삼천리》, 1931년 4월호.

신언준, 〈재만동포 문제에 대하여 협의회조직을 제창함〉, 《동광》, 1931년 10월호.

신흥우, 〈금후의 활동〉, 《청년》, 1922년 4월호.

안재홍, 〈기로에 선 신간회-처음된 전체대회〉, 《조선일보》, 1931년 5월 16일자.

────, 〈병화만난 재만동포─수난과정에서 각성할 일〉, 《조선일보》, 1931년 10월 9일자.

────, 〈삼천리 전체회의, 제1부문=민족문제, 현하의 민족주의 세력과 사회주의 세력─민족주의 세력의 계열〉, 《삼천리》, 1932년 3월호.

────, 〈은둔생활과 투쟁생활〉, 《조선지광》 61호, 1926. 11.

────, 〈추회〉, 1928. 12. 10(《민세안재홍선집》 1, 지식산업사, 1981에 수록).

────, 〈표현단체 재건의 필요〉, 《삼천리》, 1931년 12월호.

야 성, 〈유치장 풍경〉, 《비판》 3·4호, 1931. 8.

양봉근, 〈기후의 정세와 오인의 태도〉, 《삼천리》, 1931년 12월호.

여운홍, 〈대전감방의 형여운형─그물뜨며, 소화불량으로 아러〉, 《삼천리》, 1931년 12월호.

오기영, 〈평양폭동사건 회고〉, 《동광》, 1931년 9월호.

이광수, 〈'민족개조론'과, '경륜'〉, 《삼천리》, 1931년 4월호.

이극로, 〈만주왕 장학량씨 회견기〉, 《혜성》 5-12, 1930. 12.

이돈화, 〈조선노농운동의 단결방법〉, 《개벽》, 1924년 2월호.

이봉수, 〈철창회고 (5)〉, 《동아일보》, 1925년 7월 21일자.

이성환, 〈농촌의 쇠퇴를 염연시하는 당국─소작법제정이 목하의 급무〉, 《개벽》, 1922년 11월호.

이순탁, 〈노동운동과 소작운동의 협동〉, 《개벽》, 1924년 5월호.

이여성, 〈조선의 소작쟁의〉, 《비판》 8호, 1931.

이정섭, 〈최근 정세와 최린씨〉, 《삼천리》, 1932년 10월호.

─記者, 〈'조선운동의 재음미'의 음미─박완씨의 데마를 박살함〉, 《비판》 10호, 1932. 2.

────, 〈문제의 시대일보 분규의 전말과 사회여론〉, 《개벽》, 1924년 8월호.

────, 〈천도교 청우당의 신계단사 습격사건과 천도교정체폭로비판회조직경과〉, 《비판》 10호, 1932. 2.

저 암, 〈암영중에 무쳐있는 보천교의 진상〉, 《개벽》, 1922년 8월호.

적　성, 〈유치장 스케취〉, 《비판》 2, 1936. 6.

田中義一 殿, 〈조선공산당사건공판과 신문기사에 관한 건〉, 《조선공산당관계잡
　　　　건》 1, 고려원, 1990.

정　백, 〈중국의 비종교운동의 유래와 경향〉, 《신생활》, 1922, 7.

──, 〈지식계급의 미망〉, 《신생활》, 1922. 10.

정동인, 〈지주의 사정은 여시하다〉, 《신민》 8호, 1925. 12.

정상호, 〈지주와 소작인의 협조공생〉, 《신민》 8호, 1925. 12.

정운영, 〈과거전선 회상기─삼총창립시대〉, 《비판》, 1931. 5.

──, 〈사회주의 세력 일별〉, 《삼천리》, 1932년 2월호.

정태철, 〈조선일보사 간부의 만주동포구제금사건비판, 아울러 사회단체와 언론기
　　　　관의 태도에 급함〉 대하여, 《혜성》, 1932. 4.

朝京憲高普　제1028호, 〈天道敎正體暴露批判會ノ行動ニ關スル件 報告, 通牒〉.

朝京憲高普　제217호, 〈共産系金若水一派ノ反天道敎運動復興ニ關スル件 報告,
　　　　通牒〉(1933. 3. 18).

조동간, 〈결사대의 일원으로서〉, 《개벽》, 1925년 8월호.

조봉암, 〈내가 걸어온 길〉(정태영, 《조봉암과 진보당》, 한길사, 1991에 수록)

朝鮮軍司令部, 〈不逞鮮人ニ關スル基礎的硏究(1924)〉(朴慶植 編, 《朝鮮硏究資料
　　　　集》 6권, 1982에 수록)

조선지광사 편집부, 〈천도교정체폭로비판회 경과보고〉, 《산계단》, 1933년 1월호.

──, 〈천도교폭행사건의 전말과 우리의 성명〉, 《산계단》, 1933년 1월호

조선총독부 경무국, 〈조선공산당 사건의 검거 전말〉(1926. 8)(박경식 편, 《조선연구
　　　　자료집》 6권, 1982에 수록).

──, 〈조선의 치안개황(1927)〉(박경식 편, 《조선연구자료집》 6권, 1982에 수록).

──, 〈最近に於ける朝鮮治安狀況(1936. 6)〉(박경식 편, 《조선연구자료집》 6권,
　　　　1982에 수록)

조선총독부 총무국, 〈노농운동개황(1924. 6)〉(한홍구·이재화 편, 《한국민족운동사
　　　　자료총서》 2에 수록)

주요한, 〈만주문제 종횡담〉, ‘재만동포문제 특집’, 《동광》, 1931년 9월호.

주종건, 〈사회운동과 민족운동─차이점과 일치점〉, 《동아일보》, 1925년 1월 3일자.

진　원, 〈‘민족적 표현단체 재조직 문제’에 대한 비판〉, 《비판》 10호, 1932. 2.

진영철, 〈신간회해소과정의 재음미〉, 《삼천리》, 1931년 12월호.

차상찬, 〈전라남도답사기〉, 《개벽》, 1925년 11월호.

채필렬, 〈십자가상의 동아〉, 《비판》, 1933. 6.

첨구생, 〈까마구의 자웅〉, 《개벽》, 1923년 4월호.

추철령, 〈조선일보사 구제금유용사건 검토〉, 《비판》 13호, 1932. 5.

한용운, 〈사회운동과 민족운동―차이점과 일치점〉, 《동아일보》, 1925년 1월 2일자.

해금강, 〈금년 기사월기사일에 등극한다는 차경석회견기〉, 《별건곤》 4권 4호,
        1929.

현   인, 〈신문신년호개평〉, 《비판》 10호, 1932, 2.

홍 빨치산, 〈동정서벌〉, 《비판》 8호, 1931. 12.

홍효민, 〈만몽문제와 일중충돌의 벽상관〉, 《비판》 7호, 1931. 11.

2. 연구논저

F. A. 매켄지 지음, 이광린 옮김, 《한국의 독립운동》, 일조각, 1969.

姜東振, 《日本의 朝鮮支配政策史硏究》, 동경대학출판회, 1979.

강만길, 《일제시대 빈민생활사연구》, 창작과비평사, 1987.

강상덕 편, 《현대사자료》 29(조선 5), 東京 : みすず書房, 1972.

강재언, 《한국근대사연구》, 한울, 1982.

강태경, 《동척회사의 경제수탈사》, 계명대출판부, 1995.

고하선생편찬기념위원회, 《고하 송진우 전기―독립을 위한 집넘》, 1990.

광주시사편찬위원회 편, 《광주시사》 2, 1980.

광주직할시사편찬위원회 편, 《광주직할시사》 2, 1993.

宮田節子 지음, 이형낭 옮김, 《조선민중과 ‘황민화’ 정책》, 일조각, 1997.

권영민, 《한국계급문학운동사》, 문예출판사, 1998.

김남식, 《남로당연구》 I, 돌베개, 1984

김삼웅 외 지음, 《친일변절자 33인》, 무크/친일문제연구 제2집, 가람기획, 1995

김영범, 《한국근대민족운동과 의열단》, 창작과비평사, 1997.

김윤식, 《한국근대문예비평사연구》, 개정신판, 일지사, 1976.

김준엽·김창순 편,《한국공산주의운동사》1~5, 고려대 아세아문제연구소, 1963~1976

김중섭,《형평운동연구일제침략기 백정의 사회사》, 민영사, 1994.

김천배 엮음,《오방 최흥종 목사의 삶》, 광주YMCA, 1976.

김학준,《가인 김병로평전-민족주의적 법률가·정치가의 생애》, 민음사, 1988.

대종교경종교편수위원회 편,《대종교중광60년사》, 대종교총본사, 1871.

대한민국국회사무처,《국회사》, 1971.

梶村秀樹·강덕상 편,《현대사자료》29, 東京 : みすず書房, 1972.

바든 리차드 H. 미첼 지음, 김윤식 옮김,《일제의 사상통제》, 일지사, 1982.

박영석,《만보산사건연구》, 아세아문화사, 1978.

박찬승,《한국근대정치사상연구-민족주의 우파의 실력양성운동론》, 역사비평사, 1992.

―――,《한국근대정치사상사연구-민족주의 우파의 실력양성운동론》, 역사비평사, 1991.

서 성,《약봉유고》, 대구서씨대종회, 1994.

서대숙 지음, 현대사연구회 옮김,《한국공산주의사연구》, 이론과실천, 1985.

송남헌,《시베리아의 투사 원세훈》, 천산산맥, 1990.

―――,《해방 3년사 1945~1948》 Ⅰ, 까치, 1985.

스칼라피노·이정식 공저, 한홍구 옮김,《한국공산주의운동사》 1, 돌베개, 1986.

신용하,《독립협회연구-독립신문·독립협회·만민공동회의 사상과 운동》, 일조각, 1976.

심지연,《한국민주당연구 Ⅱ-한국현대정당론》, 창작과비평사, 1984.

―――,《해방정국 논쟁사》 Ⅰ, 한울, 1986.

염인호,《김원봉연구》, 창작과비평사, 1993.

오천석,《한국교육사》, 현대교육총서출판사, 1964.

유동준,《유길준전》, 일조각, 1987.

유영렬,《대한제국기의 민족운동》, 일조각, 1997.

윤여덕,《한국초기노동운동연구》, 일조각, 1991.

이균영,《신간회연구》, 역사비평사, 1993.

이만규,《여운형투쟁사》(몽양여운형전집), 한울, 1997.

―――,《조선교육사》 Ⅱ, 거름, 1991.

이만열,《한국사연표》, 역민사, 1985.

이 인,《반세기의 증언》, 명지대출판부, 1974.

이태호 지음, 신경완 증언, {압록강변의 겨울}, 다섯수레, 1992.

이현희, 《임정과 이동녕연구》, 일조각, 1989.
인촌기념회, 《인촌 김성수전》, 1976.
전기간행위원회 편, 《남파 박찬익전기》, 을유문화사, 1989.
정 교, 《대한계년사》, 국사편찬위원회, 1967.
정진석, 《한국언론사연구》, 한길사 1983.
정태영, 《조봉암과 진보당》, 한길사, 1991.
차종순, 《양림교회구십년사(1904~1994)》, 양림교회, 1994.
최영희, 《격동의 해방 3년》, 한림대출판부, 1996.
최영희·김호일 편저, 《애산 이인》, 애산학회, 1989.
홍순권, 《한말호남지역의병운동사연구》, 서울대출판부, 1994.

〈이영근 회고록 (상)-여운형, '건준'의 좌절〉, 《월간 조선》, 1990년 8월호.
김도형, 〈실학계승론자의 활동과 사상〉, 《대한제국기의 정치사상연구》, 지식산업사, 1994.
김민철, 〈일제하 사회주의자들의 전향 논리〉, 《역사비평》 봄, 1995.
김삼웅, 〈역사의 붕괴, 반민특위의 좌절〉, 《반민특위: 발족에서 와해까지》, 무크/친
        일문제연구 3, 1995.
김영우, 〈구한말 외국어교육에 관한 연구 (Ⅰ)〉, 《공주사대논문집》 16집, 1978.
———, 〈구한말 외국어교육에 관한 연구 (Ⅱ)〉, 《공주사대논문집》 17집, 1979.
김용섭, 〈광무년간의 양전·지계사업〉, 《증보판 한국근대농업사연구》 하, 지식산
        업사, 2004.
김의환, 〈일제치하의 형평운동고-천민(백정)의 근대로의 해소과정과 그 운동〉,
        《향토서울》 31호, 1967.
———, 〈일제치하형평운동고〉, 《향토서울》 31, 1967.
김정인, 〈1910~25년간 천도교 세력의 동향과 민족운동〉, 《한국사론》 32, 1944. 12.
김준형, 〈진주지역 형평운동의 역사적 배경〉, 형평운동70주년기념사업회 엮음,
        《형평운동의 재인식》, 솔출판사, 1993.
김희곤, 〈신한청년당의 결성과 활동〉, 《한국민족운동사연구》 1, 1986.
노영택, 〈민립대학 설립운동연구〉, 《국사관논총》 11, 1981.
노용필, 〈대한제국기 자신회 관련 고문서에 대한 검토〉, 《한국현대사연구》 5집, 1996.
大和和明, 〈1920年代前半期の朝鮮農民運動〉, 《植民地期の朝鮮民衆運動》, 東

京 : 緑蔭書房, 1994.

민두기, 〈국민혁명운동과 반기독교운동〉, 《중국초기혁명운동의 연구》, 서울대출판부, 1997.

———, 〈만주에서의 만보산사건(1931)과 한국 언론의 대응〉, 《시간과의 경쟁》, 연세대출판부, 2001.

박 환, 〈나철의 인물과 활동-대종교 창시 이전을 중심으로〉, 《만주한인민족운동사연구》, 일조각, 1991.

박순동, 〈암태소도 소작쟁의〉, 《신동아》, 1969년 9월호.

박애림, 〈조선노동공제회의 활동과 이념〉, 연세대 석사논문, 1992.

박영석, 〈대종교의 독립운동에 관한 연구-김교헌 교주시기를 중심으로〉, 《사총》 21·22합, 강진철교수화갑기념한국사논총, 1977.

———, 〈대종교의 민족의식과 민족독립운동〉, 《일제하독립운동사연구-만주노령지역을 중심으로》, 일조각, 1984.

박찬승, 〈일제하 안재홍의 신간회 운동론〉, 한국사연구회 편, 《근대국민국가와 민족문제》, 지식산업사, 1995.

———, 〈한말 호남학회연구〉, 《국사관논총》 53, 1994.

박철하, 〈북풍파 공산주의 그룹의 형성〉, 《역사와 현실》 28호, 1998. 6

박화성, 〈나의 교유록 (9)〉, 《동아일보》, 1981년 1월 14일자.

———, 〈나의 교유록 (10)〉, 《동아일보》, 1981년 1월 16일자.

———, 〈나의 교유록 (12)〉, 《동아일보》, 1981년 1월 18일자.

서범석, 〈을축년 대홍수와 북풍회사건〉, 《언론비화 50편-원로기자들의 직필수기》, 일간내외경제·코리아헤럴드, 1978.

송준호, 〈약봉 서성의 생애와 업적〉, 《약봉유고》, 1994.

水野直樹, 〈신간회 동경지회의 활동에 대하여〉, 스칼라피노·이정식 외, 《신간회연구》, 동녘, 1983.

신용하, 〈조선노동공제회의 창립과 노동운동〉, 《한국사회사연구회논문집 3-한국의 사회신분과 사회계층》, 문학과지성사, 1986.

신주백, 〈1925~1928년 시기 전남지방 사회운동연구-조공전남도당의 조직과 활동을 중심으로〉, 역사문제연구소, 《한국근현대지역운동사 Ⅱ-호남편》, 여강, 1993.

유광열, 〈기자 반세기〉, 《민세안재홍선집》 2, 지식산업사, 1983.

유병용, 〈안재홍의 정치사상에 관한 재검토〉, 《한국민족운동사연구》 1, 1986.

유영렬, 〈대한협회의 애국계몽사상〉, 《대한제국기의 민족운동》, 일조각, 1997.

───, 〈대한협회지회의 조직과 성격〉, 《대한제국기의 민족운동》, 일조각, 1997.

윤병석, 〈1910년대 서북간도 한인단체의 민족운동〉, 《국외한인사회와 민족운동》, 일조각, 1990.

───, 〈1910년대 연해주지방에서의 한국독립운동〉, 《국외한인사회와 민족운동》, 일조각, 1990.

윤병희, 〈일본망명시절 유길준의 쿠데타음모사건〉, 《한국현대사연구》, 1995년 제3집.

───, 〈제2차 일본망명시절 박영효 쿠데타음모사건〉, 《이기백선생고회기념 한국사학논총》 하, 일조각, 1994.

윤해동, 〈일제하 물산장려운동의 배경과 그 이념〉, 《한국사론》 27, 서울대 국사학과, 1992. 6.

이 강, 〈조선청년운동의 사적 고찰〉, 《한국근현대사연구》 제9집, 한울, 1998년.

이광린, 〈구한말의 관립외국어학교〉, 《한국개화사연구》, 일조각, 1969.

───, 〈육영공원의 설치와 그 변천〉, 《한국개화사연구》, 일조각, 1969.

이명화, 〈민립대학운동의 배경과 성격〉, 《한국독립운동사연구》 제5집, 1991.

이상식, 〈쌍봉사의 의병과 이백래〉, 《금호문화》, 1989년 3호.

이상찬, 〈1906~1910년의 지방행정제도 변화와 지방자치논의〉, 《한국학보》 42, 일지사, 1986.

이수일, 〈일제말기 사회주의자의 전향론―인정식을 중심으로〉, 《국사관논총》 79집, 국사편찬위원회, 1998.

이애숙, 〈1920년대 광주지방의 민중운동〉, 《전남사학》 9, 전남사학회, 1995. 12.

───, 〈1920년대 전남 광주지방의 청년운동〉, 한국역사연구회 근현대사청년연구반, 《한국근현대사청년운동사》, 풀빛, 1995.

───, 〈1922~1924년 국내의 민족통일전선운동〉, 《역사와 현실》 28호, 역사비평사, 1998. 6.

이현종, 〈대한협회에 관한 연구〉, 《아세아연구》 XⅢ-3, 고려대 아세아문제연구소, 1970.

이현주, 〈전조선청년당대회연구〉, 《한국근현대사연구》 제9집, 1998년.

이호철, 〈일제침략하의 농업경제를 형성한 역사적 배경에 관한 연구〉, 안병직·박성수 외, 《한국근대민족운동사》, 돌베개, 1980.

임경석, 〈서울파공산주의 그룹의 형성〉, 《역사와 현실》 28호, 역사비평사, 1998. 6.

임순만, 〈기독교전파가 백정공동체에 미친 영향〉, 《형평운동의 재인식》, 솔출판사, 1993.

장석홍, 〈1924년 언론집회탄압탁핵운동의 전개와 성격〉, 《한국학논총》 21집, 국민
　　　대학교 한국학연구소, 1998.

――――, 〈사회주의의 수용과 신사상연구회의 성립〉, 《한국독립운동사연구》 5, 한
　　　국독립운동사연구소, 1991.

장안영, 〈광주의 소작쟁의〉, 《예향》, 1991년 11월호.

――――, 〈나주 궁삼면 토지회수 투쟁 (상)〉, 《예향》, 1990년 4월호.

――――, 〈나주 궁삼면 토지회수 투쟁 (중)〉, 《예향》, 1990년 5월호.

――――, 〈나주 궁삼면 토지회수 투쟁 (하)〉, 《예향》, 1990년 6월호.

――――, 〈진도 농민조합운동〉, 《예향》, 1990년 7월호.

전명혁, 〈1920년대 까엔당과 북풍회의 성립과 활동〉, 《성대사림》 12 · 13합집, 성
　　　대사학회, 1997.

정연태, 〈1930년대 ‘조선농지령’과 일제의 농촌통제〉, 《역사와 현실》 제4호, 역사
　　　비평사, 1992. 12.

정진석, 〈‘동아’와 ‘조선’의 언론으로서의 성격과 방향―20년대 전반기 민족지도론
　　　의 방향〉, 《한국독립운동사연구》 5, 한국독립운동사연구소, 1991.

조동걸, 〈대한광복회의 결성과 그 선행조직〉 〈대한광복회연구〉, 《한국민족주의의
　　　성립과 독립운동사연구》, 지식산업사, 1989.

――――, 〈안동유림의 도만경위와 독립운동상의 성향〉, 《한국민족주의의 성립과 독
　　　립운동사연구》, 지식산업사, 1989.

――――, 〈임시정부수립을 위한 1917년의 ‘대동단결선언’〉, 《한국민족주의의 성립
　　　과 독립운동사연구》, 지식산업사, 1989.

조문제, 〈한말의 영어학교 교육연구〉, 《서울교대논문집》 11, 서울교육대학, 1978.

조지 O. 타튼 지음, 정광하 · 이행 옮김, 《일본의 사회민주주의 운동》, 한울, 1997.

지승준, 〈1930년대 일제의 ‘사상범’ 대책과 사회주의들의 전향논리〉, 중앙대 중앙
　　　사학연구회, 《중앙사론》 10 · 11합집, 1998. 2.

진덕규, 〈형평운동의 사상사적 인식〉, 형평운동70주년기념사업회 엮음, 《형평운동
　　　의 재인식》, 솔출판사, 1993.

최한영, 〈비밀결사 ‘신문잡지종람소’〉, 《신동아》, 1966년 3월호.

한상구, 〈1926~28년 민족주의 세력의 운동론과 신간회〉, 《한국사연구》 86, 한국
　　　사연구회, 1994.
한송주, 〈암태도 소작쟁의 (상)〉, 《예향》, 1989년 5월호.
―――, 〈암태도 소작쟁의 (중)〉, 《예향》, 1989년 6월호.
―――, 〈암태도 소작쟁의 (하)〉, 《예향》, 1898년 7월호.
홍영기, 〈구한말 '호남창의소'에 대한 몇 가지 문제〉, 《한국민족운동사연구》 제5
　　　집, 지식산업사, 1991.

찾아보기